地球の歩き方 **KJ0068** 2024～2025版

# CANADA

‡ 加拿大 ‡

U0094858

矗立在維多利亞內灣的圖騰柱及省議會大廈

地球の歩き方編集室　　MOOK墨刻出版

# Canada CONTENTS

## 書中所使用的符號與簡稱

- ❷ 遊客中心
- ⓘ 住址
- Ⓣ 電話號碼
- Ⓕ 當地的免費電話
- Ⓕ 傳真號碼
- Ⓤ 網址
  （省略http://）
- ⓔ Email
- 開 開館時間
- 營 營業時間
- 週 行駛時間
- 期 活動期間、時間
- 休 公休日、休館日
  （節日、歲末年初、
  耶誕節除外）
- 費 費用
- ⓂAP 地圖頁碼、地區
- ⓧ 交通方式

### 【英文】
| | |
|---|---|
| St. | Street |
| Ave. | Avenue |
| Rd. | Road |
| Dr. | Drive |
| Pwy. | Parkway |
| Hwy. | Highway |
| Sq. | Square |
| E. | East |
| W. | West |
| N. | North |
| S. | South |

### 【法文】
| | |
|---|---|
| Boul. | Boulevard |
| Cres. | Crescent |
| St- | Saint |
| Ste- | Sainte |
| O. | Ouest |
| E. | Est |

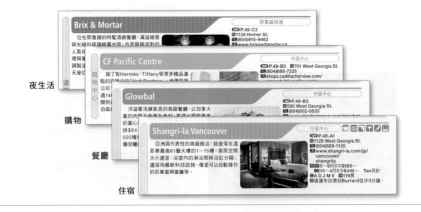

由上到下分別是省或
區域名,接著為城市名
稱。

溫哥華Vancouver ●

## 地　圖

- ·—·—·—· 國界
- ·—·—·—· 省界
- **?** 遊客中心
- **H** 飯店
- **R** 餐廳
- **S** 商店
- **N** 夜生活
- **M** 博物館
- **✉** 郵局　　**8** 銀行
- **⑤** 匯兌處　**⊞** 醫院
- **P** 停車場　**✝** 教堂
- **⑩** 加拿大橫貫公路
- 　 公路(主要公路)號碼
- **④** 公路(次要公路)號碼
- **━** 鐵路
- ●●●●●●●● 渡輪航線
- ●●●●●●●● 健行路線(步道)
- **▲** 露營場
- 　 公園、綠地
- **⚑** 高爾夫球場

### ★★★ 景點推薦度
景點以★★★～★★★標示推薦
程度,3星為最高等級。

### 信用卡
- **C** 可使用的信用卡
- A American Express 美國運通
- D Diners 大來卡
- J JCB
- M Master Card
- V VISA

### 餐廳
- **圆** 每人的預算

### 飯店客房
- Ⓢ 單人房
- Ⓓ 1大床雙人房或2小床雙人房
　 ※房價並非以每人計算,而是以房
　 間為單位。
- **HGH** 旺季房價
- **LOW** 淡季房價
- **房** 客房總數

## ■本書的特色
本書主要以想前往加拿大自助旅行的遊客為對
象,為了使讀者能安全地盡情享受旅行,而刊
載出各城市的地圖、交通方式、飯店、餐廳等資
訊,即使是參加旅行團也可以派上用場。

## ■關於刊載資訊的利用
編輯部盡可能提供最新且正確的情報,然而當
地的規定及手續時常會有變動,有時候也會發
生見解不同的情況,若是因為這些理由或弊社
並沒有重大過失時,讀者們因為參考本書所產
生的損失及不便,皆不在弊社負責範圍內,敬
請見諒。在參考本書時,請讀者自行判斷本書
提供的情報與建議,是否適用於您本身的情況
或計畫。

## ■當地採訪以及調查時間
本書是以2022年9月～2023年3月的採訪資料
編輯而成,並於2023年7月進行了後續的追蹤
調查,不過這些情報有時會隨著時間而有變
動,尤其是飯店、餐廳的相關費用,在正式踏上
旅途時經常會有所不同;因此請將本書資訊作
為估價參考,到達當地之後,盡可能先至遊客
中心等處獲取最新資訊再開始旅行。此外,各
景點的開館時間與營業時間基本上為2023年
資訊,因每年資訊會有所變動,偶爾也會有臨
時休息的狀況,請記得上網再次確認。

## ■原住民的稱呼方式
因「印第安人Indian」這個字彙帶有強烈的種
族歧視,現在已經不使用,加拿大以「原住民
Native」或「第一民族First Nation」來稱呼原
住民。但本書為了區別各地不同的部落,將居
住在極地的原住民稱為「因紐特人Inuit」,居住
在太平洋沿岸與平原的原住民稱為「印第安人
Indian」。

## 加拿大的基本資訊

▶ 旅行英語會話
→ P.559

### 國旗
作為加拿大象徵的楓樹樹葉就位於正中央,而左右兩條線則分別代表太平洋與大西洋。

### 正式國名
加拿大Canada

### 國歌
啊,加拿大
O Canada

### 面積
998萬4607km²
(全世界第2大)

### 人口
約3892萬9902人(2022年7月)

### 首都
渥太華Ottawa(安大略省)

### 元首
查爾斯三世國王Charles III

### 政治體制
君主立憲制

### 民族結構
由超過200個不同民族所組成,不過大多數人都會回答自己是加拿大人,然後才是英國及法國後裔,人口約有20.6%是誕生於加拿大以外的第一代移民;至於原住民中的北美印第安人、梅蒂斯人Métis、因紐特人Inuit,則占總人口約4.3%。
※原住民的稱呼方式(→P.7)。

### 宗教
80%為基督教徒,其他則為猶太教、伊斯蘭教、佛教等,另外還有約16.5%的人沒有宗教信仰。

### 語言
官方語言為英文和法文,人口中約50%是以英文為母語,約20%則以法文為母語;不過各省都有各自制訂的官方語言,在極地地區更是將原住民語也納入官方語言。

## 貨幣與匯率

▶ 旅行預算與金錢
→ P.526

貨幣單位為加拿大元Canadian Dollar,縮寫為$、C$(CAD),較小單位則為分¢(Cent)。$1=100分=台幣約23.59元(2024年11月11日匯率)。

紙鈔的種類有$5、10、20、50、100等5種,2018年只發行$10新鈔;至於硬幣的種類則有5、10、25(Quarter)、$1(Loonie)、$2等5種。

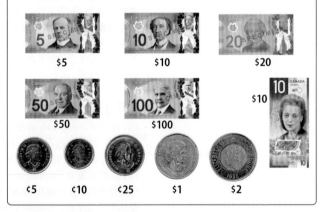

$5  $10  $20  $50  $100  $10

¢5  ¢10  ¢25  $1  $2

## 如何撥打電話

▶ 電話與郵政
→ P.552

**從台灣撥往加拿大(例:溫哥華(604)123-4567)**

| 國際電話識別碼 | | 加拿大國碼 | | 區域號碼 | | 對方的電話號碼 |
|:---:|:---:|:---:|:---:|:---:|:---:|:---:|
| **002** | + | **1** | + | **604** | + | **123-4567** |

## 出入境

### 簽證與eTA（電子旅行證）
以觀光為目的且停留時間在6個月以內不需要簽證，不過包含台灣在內的免簽證國國民，需要先辦理eTA，可上網申請。

### 護照
護照的有效期限必須比停留加拿大的時間多1天以上。

▶簽證、eTA → P.529
▶入出境手續 → P.535

從桃園機場前往溫哥華，有中華航空、長榮航空、加拿大航空的直飛航班，所需時間約11～12小時；飛往多倫多則有長榮航空、加拿大航空的直飛航班，所需時間約14～16小時。

經由美國進入加拿大或由加拿大前往美國，需要另外申請電子旅行授權ESTA。

## 從台灣出發的飛行時間

▶購買機票 → P.530

## 氣候

由於國土幅員遼闊，因此也擁有多種不同的氣候，像是在溫哥華等太平洋沿岸的降雨量豐沛，加拿大洛磯山脈則冬季極為寒冷，即使是夏天如遇壞天氣時也需要穿著外套；而在卡加利等平原地區則是溫差變化相當劇烈，五大湖區一帶的四季分明，愈往東邊的夏季就愈涼爽，而冬天也相對溫暖；至於北極圈內的極地則一整年都非常酷寒。

▶旅行季節 → P.520

### 溫哥華的氣溫與降雨量
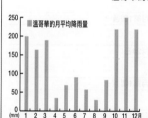
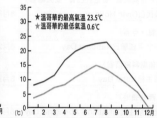

## 時差與夏令時間

加拿大一共分為6個時區，最東邊的紐芬蘭標準時間與最西邊的太平洋標準時間有4小時30分的時差，紐芬蘭標準時間比格林威治標準時間（GMT）慢3小時30分，由東往西會陸續減慢1個小時（與台灣的時差也會跟著增加）。

夏令時間是從3月第2個週日～11月第1個週日為止（薩克其萬省除外），這段期間的時鐘指針都要調快1小時。

▶時區 → P.12「加拿大全圖」

## 營業時間

以下為一般大致的營業時間，不過還是會依各店家而有30分鐘～1小時左右的差異。

### 銀行
通常都是週一～五9:30～16:00，週六、日、節日不營業。

### 百貨公司與商店
週一～六10:00～18:00（多數在週四、五會營業到20:00），班夫等地還會營業到更晚，至於位在郊外的購物中心也會在週日營業。

### 酒鋪
週一～六9:00～18:00，大城市或夏季時也會在週日營業，部分酒鋪甚至還會營業到22:00左右。

### 從加拿大撥往台灣（例：台北(02)1234-5678）

| 國際電話識別碼 | + | 台灣國碼 | + | 區域號碼（去除開頭的0） | + | 對方的電話號碼 |
|---|---|---|---|---|---|---|
| **011** ※1 | | **886** | | **2** ※2 | | **1234-5678** |

※1使用公共電話打回台灣時，依照以上順序撥打，若從飯店房間撥打時須加上外線號碼。
※2撥打行動電話時，「0912」、「0928」等最前面的0不需要撥打。

▶加拿大國內通話
撥市內電話不需要區域號碼（溫哥華需要），但撥打長途電話時則要先按長途識別碼「1」。此外，市內電話與長途電話是以地區來做區分，而非區域號碼。

▶如何撥打公共電話
拿起話筒，若是撥打市內電話，先投幣再撥號；若是撥打長途電話，則是先撥號，待總機說明費用後再投幣。撥打市內電話首先要投入￠25（依地區有些要投￠35或￠50），之後就沒有時間限制。也有可使用電話卡和信用卡的公共電話。

9

## 節日
（主要節日）

除了國家所制訂的休假日之外，還有各省獨自的節日。以下為2025年的節日日期。

| 1月 | 1/1 | 新年New Year's Day | |
|---|---|---|---|
| 4月 | 4/18（※） | 耶穌受難日Good Friday | |
| | 4/21（※） | 復活節星期一Easter Monday | |
| 5月 | 5/19（※） | 維多利亞日Victoria Day | |
| 7月 | 7/1 | 國慶日Canada Day | |
| 9月 | 9/1（※） | 勞動節Labour Day | |
| 10月 | 10/13（※） | 感恩節Thanksgiving Day | |
| 11月 | 11/11 | 國殤紀念日Remembrance Day | |
| 12月 | 12/25 | 耶誕節Christmas Day | |
| | 12/26 | 節禮日Boxing Day | （※記號）為變動節日。 |

### 各省的主要節日

〈卑詩省〉

| 卑詩省紀念日British Columbia Day | 8月第1個週一 |
|---|---|

〈亞伯達省〉

| 亞伯達省家庭日Alberta Family Day | 2月第3個週一 |
|---|---|
| 傳統紀念日Heritage Day | 8月第1個週一 |

〈薩克其萬省、曼尼托巴省、安大略省〉

| 公民日Civic Holiday | 8月第1個週一 |
|---|---|

〈魁北克省〉

| 魁北克國慶日National Day | 6月24日 |
|---|---|

〈新斯科細亞省〉

| 新生節Natal Day | 8月第1個週一 |
|---|---|

〈西北領地〉

| 全國原住民日National Aboriginal Day | 6月21日 |
|---|---|
| 公民日Civic Holiday | 8月第1個週一 |

## 電壓與插頭

電壓為110V～120V，頻率為60Hz，插頭與台灣相同屬於A型，因此吹風機、刮鬍刀等多數台灣的電器用品都可以直接使用，電腦等相關物品的使用也都不成問題。

## 錄放影機規格

與台灣同樣是採行NTSC的規格，可以正常播放從台灣帶去的錄影帶，不過DVD因為區域碼Region Code不同（台灣為3，加拿大為1）而無法播放。至於藍光光碟，台灣與加拿大的區碼皆為「A」，因此可以正常播放。

## 小費

▶關於小費
→ P.551

有給小費的習慣，在餐廳或計程車結帳時，一般都會再加上10～20%左右的小費；如果價格已經包含服務費的話，就不需要再額外給小費。

## 飲用水

大多數場所的自來水都可以直接飲用，不過體質較為敏感的人若擔心身體會不適的話，不妨購買礦泉水飲用會比較安心。在書報攤、便利商店或商店等地都能購買到礦泉水，500mℓ約$2（台幣約48元）左右。

寄送至台灣的航空郵件如明信片、30g以下的平信都是$2.71，郵票可在郵局或飯店櫃台、車站、機場、巴士總站等處的商店購買，送抵台灣的天數雖然會依照寄信地點而異，航空郵件需要1～3週左右。加拿大的郵局大多數都會設置在藥妝店內稱為Postal Outlet，營業時間通常是週一～五9:00～17:00、週六10:00～14:00，週日不提供郵務服務，部分城市的郵局也會在週六休息。

### 郵 政

▶ 電話與郵政
→P.553

會針對商品、住宿費、餐飲、服務等，課徵5%的聯邦銷售稅GST及省稅PST（各省稅金不同，請參考各省概要）。育空領地、西北領地及努勒維特地區僅課徵GST稅金，安大略省課徵13%的合併銷售稅HST，愛德華王子島省、新伯倫瑞克省、紐芬蘭＆拉布拉多省及新斯科細亞省則是徵收15%的HST。加拿大的商品與住宿價格為含稅費用，此外各省當中有部分城市、村鎮，會針對住宿額外徵收3.5～8%，或是加收$3作為住宿稅，大城市與觀光勝地的費用相對較高。

### 稅 金
TAX
▶ 關於稅金
→P.526

比起歐美各國來說，治安算是相當良好的國家，不過近年來以遊客為下手目標的偷竊、強盜犯罪有增加的趨勢，因此要記得別讓行李離開自己的視線，也儘量避免夜間孤身一人走在街頭。

**緊急時**（警察／救護車／消防隊）**911**

### 安全與糾紛

▶ 旅行糾紛與安全對策
→P.557

除了有未滿18歲禁止吸菸的規定外，未滿19歲（亞伯達省、曼尼托巴省、魁北克省的規定是未滿18歲）也禁止喝酒與進入賭場。

租車的年齡限制基本為25歲以上，未滿25歲有可能租不到車，或需要額外加錢。

### 年齡限制

▶ 關於租車
→ P.537

與台灣相同，長度用公尺，道路標誌也是以公里來標示；但是在重量方面，雖然一般大多以磅為單位（1ℓb≒453g），而實際上的測量計算則還是以公斤為主。

### 度量衡

**抽菸與飲酒**
　　除了部分例外，公共場合全面禁止抽菸喝酒，餐廳與酒吧也是全面禁菸。

**網路**
　　加拿大的網路普及率相當高，多數長途巴士及VIA國鐵的車內、國內機場都會提供免費Wi-Fi，而飯店、餐廳和咖啡館也大多有免費Wi-Fi可以使用。

### 其他
▶ 禮儀→ P.551
▶ 網路→ P.554

11

# 加拿大全圖

部標準時間（EST），
13小時

斯米爾島
esmere I.

文島
von I.

巴芬灣
Baffin Bay

西亞灣
hia Bay

巴芬島
Baffin I.

福克斯灣
Foxe Basin

南安普頓島
Southampton I.

哈德森海峽
Hudson Str.

哈德森灣
Hudson Bay

50°W 180° 60°N 70°W 150°W 120°W 00°W 60°W 30°W

ICELAND

格陵蘭
格陵蘭（DNK）

加拿大
CANADA

太平洋
PACIFIC OCEAN
150°W

溫哥華
Vancouver

渥太華
Ottawa

美國
UNITED STATES OF AMERICA

大西洋
ATLANTIC OCEAN

大西洋標準時間（AST）
－12小時

伊魁特 P.516
Iqaluit

大西洋
Atlantic Ocean

紐芬蘭＆拉布拉多省
Newfoundland & Labrador P.449

紐芬蘭標準時間（NST）
－11小時30分

紅海灣巴斯克捕鯨站
Red Bay Basque Whaling Station

朗索梅多斯國家歷史遺址
L'Anse aux Meadows
National Historic Site P.498

魁北克省
Québec P.379

塔杜薩克
Tadoussac P.443

加斯佩半島
Gaspésie P.444

格羅摩恩國家公園
Gros Morne National Park

米瓜莎國家公園
P.National de Miguasha

科納布魯克
Corner Brook P.502

紐芬蘭島
Is. of Newfoundland

聖約翰
St. John's P.483

巴斯克港
Port-aux Basques

迷斯塔肯角 P.483
Cape Mistaken

布雷頓角 P.483
Cape Breton

新伯倫瑞克省
New Brunswick P.449

三河市 P.418
Trois-Rivières

夏洛瓦 P.436
Charlevoix

魁北克市
Québec City P.492

卡文迪許
Cavendish P.581

夏綠蒂鎮
Charlottetown P.457

愛德華王子島省
Prince Edward Island

安大略省
Ontario P.271

塔伯拉山
Mont-Tremblant P.411

蒙特婁 P.382
Montréal

弗雷德里克頓
Fredericton P.486

聖約翰 P.490
Saint John

夢克頓 P.492
Moncton

哈利法克斯 P.473
Halifax

新斯科細亞省
Nova Scotia P.449

蘇必略湖
Superior L.

聖雅各
St. Jacobs

休倫湖
Huron L.

渥太華
Ottawa P.359

阿岡昆省立公園
P.

加拿大運河

京士頓 P.354
Kingston

喬金斯化石崖壁
Joggins Fossil Cliffs

大西村 P.482
Grand Pré

嬌嬈饗宴城堡
P.481

尼加拉湖邊小鎮 P.346
Niagara on the Lake

史特拉福 P.350
Stratford

安大略湖
Ontario L.

多倫多 P.271
Toronto

波士頓
Boston

魁北克琴史塔區
P.

密西根湖
Michigan L.

芝加哥
Chicago

溫莎 P.352
Windsor

伊利湖
Erie L.

尼加拉瀑布
Niagara Falls P.321

紐約
New York P.426

13

# 快速認識加拿大 NAVI

幅員廣闊的加拿大，國土分為10省3領地，每個地區都擁有各自的氣候、自然與文化，要先認識各地的特色、城市及景點，才能規劃旅遊行程！

育空領地

白馬市

道森市

西北領地

努勒維特地區

卑詩省

亞伯達省

薩克其萬省

印吉爾

曼尼托巴省

托菲諾
惠斯勒
溫哥華
維多利亞
基隆拿
班夫
卡加利
里賈納
溫尼伯
瓦特頓湖國家公園

## 位於加拿大最西端

### 卑詩省（BC省）

**British Columbia** ➡ **P.41**

以加拿大西部的入口城市溫哥華為首，距離台灣最近。省府維多利亞以春季到秋季盛開花卉的花園城市而聞名，海岸地區則有賞鯨船等野生動物的觀察行程；溫哥華的北邊有山岳假勝地的惠斯勒，夏天可體驗健行，冬天則能享受滑雪之樂。

| 主要城市·自然公園 |
|---|
| 溫哥華（→P.44） |
| 惠斯勒（→P.86） |
| 維多利亞（→P.99） |
| 托菲諾（→P.126） |
| 基隆拿（→P.133） |

維多利亞省議會大廈前豎立著
伊莉莎白女王雕像

| 主 | 要 | 景 | 點 |
|---|---|---|---|
| 蓋士鎮（→P.61） | | 卡皮拉諾吊橋（→P.68） | |
| 史丹利公園（→P.62） | | 省議會大廈（→P.106） | |
| 格蘭佛島（→P.64） | | 布查花園（→P.110） | |
| 卑詩大學（UBC） | | 歐肯納根葡萄酒路線 | |
| （→P.66） | | （→P.136） | |

## 延伸於BC省與亞伯達省境內

### 加拿大洛磯山脈

**Canadian Rocky** ➡ **P.181**

由班夫、傑士伯、優鶴等7個國家公園所組成的山岳度假區，而分布在群山之間如寶石般璀璨的湖泊，從任何角度取景都跟風景明信片一樣美麗。連接班夫與傑士伯的冰原大道，是行進在冰河切割谷底的景觀道路，可代表加拿大的絕美風景不斷出現眼前。

| 主要城市·自然公園 |
|---|
| 班夫（→P.200） |
| 坎摩爾（→P.224） |
| 露易絲湖（→P.227） |
| 傑士伯（→P.237） |

優鶴國家公園的翡翠湖

| 主 | 要 | 景 | 點 |
|---|---|---|---|
| 冰原大道（→P.193） | | 翡翠湖（→P.236） | |
| 哥倫比亞冰原（→P.198） | | 瑪琳湖（→P.244） | |
| 硫磺山（→P.208） | | 艾迪斯卡維爾山&天使冰河 | |
| 露易絲湖（→P.229） | | （→P.245） | |
| 夢蓮湖（→P.229） | | | |

## 大平原和山脈的區域

### 亞伯達省 Alberta ➡ P.145

西倚洛磯山脈，中央往東則是遼闊的大平原，近年石油產業有著顯著的發展，省府艾德蒙頓及卡加利的市中心出現高樓林立的景象，也擁有許多平原印第安的歷史遺址與自然公園等景點。

| 主要城市·自然公園 |
|---|
| 卡加利（→P.148） |
| 惡地（→P.158） |
| 瓦特頓湖國家公園 |
| （→P.169） |
| 愛德蒙頓（→P.173） |

惡地的皇家泰瑞爾古生物博物館內展示許多恐龍化石

| 主 | 要 | 景 | 點 |
|---|---|---|---|
| 卡加利塔（→P.154） | | 頭骨粉碎野牛跳崖遺址 | |
| 葛倫堡博物館（→P.154） | | （→P.166） | |
| 皇家泰瑞爾古生物博物館 | | 瓦特頓湖（→P.170） | |
| （→P.159） | | | |

## 一望無際的平原地帶

### 薩克其萬省&曼尼托巴省

**Saskatchewan & Manitoba** ➡ **P.253**

地處加拿大中央大平原地帶的2個省，雖然對台灣而言，知名度較低、觀光客少，卻呈現出恰如其分的悠閒景色。曼尼托巴省北部的邱吉爾是世界上唯一能參加野生北極熊觀察之旅的地方。

古典建築林立的
溫尼伯交易區

## 極光飛舞的極北之地

# 極地

## Arctic Canada → P.503

位 於加拿大北方的3個領地是原住民因紐特人居住之地，觀光重點為閃耀在夜空的神祕光芒——極光，白馬市和黃刀鎮則是名聞全球的極光觀測地。

觀賞極光雖然以冬季為主，最近秋天的遊客也很多

▲▲ 主 要 景 點 ▲▲
觀賞極光(→P.506)(→P.511)
克朗代克號蒸汽輪船(→P.508)
省議會大廈(→P.514)
冰路(→P.514)

主要城市·自然公園
白馬市(→P.506)
黃刀鎮(→P.511)

---

紐芬蘭&拉布拉多省

魁北克省

安大略省

阿岡昆省立公園
洛朗區
魁北克市
渥太華
蒙特婁
東方鎮
多倫多
尼加拉瀑布
愛德華王子島省
愛德華王子島
哈利法克斯
新斯科細亞省
聖約翰
新伯倫瑞克省
格羅摩恩國家公園

---

## 加拿大東部的4個省

# 大西洋省分

## Atlantic Canada → P.449

地 處加拿大東部4個省的總稱。愛德華王子島是《紅髮安妮》作者露西·蒙哥馬利的出生地，島上分布著安妮居住過的綠屋等相關景點，還有洋溢著蘇格蘭風的港都哈利法克斯、世界遺產的格羅摩恩國家公園，以及加拿大誕生的歷史遺址巡禮等豐富觀光地。

書迷心中的聖地——綠屋

主要城市·自然公園
愛德華王子島(→P.452)
哈利法克斯(→P.473)
聖約翰(→P.493)
格羅摩恩國家公園
(→P.498)

▲▲ 主 要 景 點 ▲▲
綠屋(紅髮安妮之家)　　哈利法克斯城堡(→P.477)
(→P.463)　　　　　　　燈塔路線(→P.480)
綠屋博物館(→P.467)　　信號山丘國家公園(→P.495)
蒙哥馬利故居(→P.467)　西布魯克湖(→P.501)

---

## 加拿大的首都所在

# 安大略省　Ontario → P.271

擁 有加拿大最大的城市多倫多，以及首都渥太華2大都市；南邊面對著五大湖，在伊利湖與安大略湖之間有名列世界三大瀑布的尼加拉瀑布，城市聚集在南部，往郊外走去則是廣闊的蓊綠森林。跨越安大略和魁北克2省之間的闊葉林，被稱為「楓葉街道」，入秋時分呈現一片繽紛的紅葉森林。

位於美國與加拿大邊界的尼加拉瀑布

主要城市·自然公園
多倫多(→P.277)
尼加拉瀑布(→P.321)
渥太華(→P.359)
阿岡昆省立公園(→P.376)

▲▲ 主 要 景 點 ▲▲
楓葉街道(→P.274)　　　桌岩(→P.330)
西恩塔(→P.296)　　　　尼加拉市觀光船(→P.332)
聖勞倫斯市場(→P.299)　尼加拉葡萄酒路線(→P.344)
皇家安大略博物館　　　國會大廈(→P.364)
(→P.302)　　　　　　　加拿大國家美術館(→P.367)

主要城市·自然公園
里賈納(→P.256)
溫尼伯(→P.264)
邱吉爾(→P.270)

▲▲ 主 要 景 點 ▲▲
瓦斯卡那中心(→P.258)
福克斯(→P.266)
交易區(→P.268)

---

## 至今仍保有法國文化

# 魁北克省　Québec → P.379

為 法國北美洲殖民地——新法蘭西的中心地區，街道建築和文化都充滿法國風情。大城市位於聖勞倫斯河畔，作為河中沙洲而發展的蒙特婁，是僅次於巴黎的世界第2大法語區城市；以舊城區登錄為世界遺產的魁北克市、楓葉街道中心的洛朗區為觀光重點。

被紅葉妝點的魁北克市舊城區

主要城市·自然公園
蒙特婁(→P.382)
洛朗區(→P.407)
東方鎮(→P.414)
魁北克市(→P.420)

▲▲ 主 要 景 點 ▲▲
聖母大教堂(→P.397)　　星形城堡要塞(→P.430)
皇家山公園(→P.398)　　小尚普蘭區(→P.431)
聖約瑟夫教堂(→P.398)　魁北克省議會大廈(→P.433)
塔伯拉山(→P.412)　　　奧爾良島(→P.435)

# 加拿大不可錯過的10大體驗之旅

列出在加拿大最想體驗的10種觀光之旅！
從賞花、感受大自然、紅髮安妮景點、看楓葉
到觀極光，一次玩遍加拿大的旅遊重點！

## 不可錯過 01

# 巡遊優美庭園

溫哥華＆維多利亞

## 在BC省的2大城市花園
## 欣賞當季盛開的花朵

位 於加拿大西海岸、屬於溫暖氣候的
溫哥華（→P.44）和維多利亞
（→P.99），是群花競相綻放的花園城市，
主要景點為布查花園The Butchart
Gardens及溫杜森植物園VanDusen
Botanical Garden等知名庭園；園內種滿
世界各種花卉，美得讓人無法言喻，或是
在市區四處的花園遊逛也很開心。

### 據點城市

**溫哥華、維多利亞** ★
卑詩省British Columbia

| 建議旅遊天數 4天3夜～ | 如果要拜訪溫哥華和維多利亞2地的話，需要4天3夜，任選1地則為2天1夜。 |
|---|---|
| 最佳季節 4～5月 | 春季到秋季都很適合，不過旺季為初夏；溫杜森植物園則是5月中旬～下旬。 |

### ADVICE

溫哥華～維多利亞之間的交通有巴士和
渡輪，都需要花上4小時，若要節省時間
不妨搭乘水上飛機。

1. 位在溫哥華的溫杜森植物園，長達100m金鏈花Laburnum拱門的盛開季節為5月中旬～下旬
2. 宛如七彩調色盤般的寬廣花園，是維多利亞的布查花園
3. 據說是英國大使送給創辦者布查夫人禮物的藍罌粟（布查花園）
4. 省議會大廈前的花園也盛開！（維多利亞）

# 02 參加大自然戶外活動
## 加拿大洛磯山脈

在大自然中健行是洛磯山脈最受歡迎的戶外活動，也有當地旅遊團可參加

## 雄偉的山脈和碧綠湖水
## 在加拿大的大自然裡冒險旅行

置 身於一望無際、如風景明信片般絕美景致的加拿大洛磯山脈（→P.181），面對這片大自然不能只是欣賞，一定要參加戶外活動去體驗；有健行、騎馬、搭乘冰原雪車前往冰河等豐富活動可供選擇。唯有親身接觸大自然，才能近距離感受其偉大力量。

### 據點城市

**班夫、坎摩爾**
加拿大洛磯山脈Canadian Rocky

**建議旅遊天數**
4天3夜～
住在市區，前往郊外湖泊觀光或健行，4天3夜就很足夠。

**最佳季節**
7～8月
享受戶外活動的時間非常短，為6～9月，又以高山植物盛開的7～8月為最佳。

1. 位於傑士伯國家公園的哥倫比亞冰原，可以搭乘冰原雪車行走於冰河上
2. 參加在地觀光之旅也可以體驗在湖上划獨木舟
3. 參加完戶外活動之後，不妨到班夫上溫泉放鬆一下
4. 班夫是世界聞名的山岳度假地

## ADVICE

建議住在山岳度假村，參加在地觀光之旅前往湖泊和冰河；也有中文導遊，比較安心。

也有健行旅遊團

17

# 03 感受瀑布的震撼力
## 尼加拉瀑布

穿著雨衣，忍受著猛烈的飛濺水花向瀑布前進！
（尼加拉城市觀光船）

1. 美國境內最受歡迎的風洞之旅
2. 2022年開幕的尼加拉公園發電廠，可以從地底50m的隧道欣賞瀑布
3. 向瀑布滑降的高空滑索Zipline to the Falls
4. 靠近瀑布才能看到的桌岩

## 參加極具震撼力的活動
## 實際感受瀑布的威力

從 57m高度流洩而下，寬度達670m的尼加拉瀑布（→P.321），位於美加邊境，連結五大湖中伊利湖及安大略湖的尼加拉河畔，周圍飯店與餐廳林立，形成一大觀光度假勝地。最能感受瀑布威力的活動，就是可以最靠近瀑布水潭的觀光船；也有高空滑索和觀景台，適合享受1整天。

### 據點城市

### 尼加拉瀑布
安大略省Ontario

| 建議旅遊天數 | 雖然從多倫多可以當天往返，不過時間上會很急促，建議還是住1天比較悠閒。 |
| 2天1夜～ | |

| 最佳季節 | 瀑布全年都能遊覽，但部分活動有期間限定，夏天是最佳觀光季節。 |
| 5～10月 | |

**ADVICE**

尼加拉瀑布分為加拿大與美國境內兩邊，各自擁有景點；若要前往美國境內，需要事先申請ESTA。

橫跨於兩國邊界的彩虹橋

可錯過

# 04

# 沉醉《紅髮安妮》的世界

## 愛德華王子島

## 安妮住過的家等
## 相關地點巡禮

《紅髮安妮》是以加拿大東部的愛德華王子島（→P.452）為舞台的作品，作者露西・蒙哥馬利L. M. Montgomery就是住在島上時撰寫這個故事，島上分布著安妮住過的綠屋等故事相關的景點。因為島很大，遊覽時需要租車，或是參加在地觀光之旅。

1. 綠屋內的安妮房間，重現安妮來約1年後的房間原貌
2. 書迷心中的聖地──綠屋
3. 島上四處都是寧靜而美麗的小鎮，這裡是法國河
4. 馬鈴薯花是島上的知名景色
5. 品嚐特產龍蝦要到Lobster Suppers專門餐廳

### 據點城市

#### 夏綠蒂鎮、
#### 卡文迪許

愛德華王子島省Prince Edward Island

| 建議旅遊天數 3天2夜～ | 當地旅遊為1天，若加上遊覽夏綠蒂鎮及周邊城鎮則需要3天2夜。 |
|---|---|
| 最佳季節 6～9月 | 最適合的時間為夏～秋天的6～9月，由於冬季為淡季，特別是11～4月觀光景點會暫停開放。 |

搭乘
廂型休旅車
遊覽島上

ADVICE

可以租車自行遊覽，也能選擇參加在地觀光之旅，聽英文嚮導詳細解說也不錯。

# 不可錯過 05 眺望一望無際的 紅葉森林
## 楓葉街道

延伸於加拿大東部闊葉林的楓葉街道

## 走遍加東城市 追尋紅葉森林

「楓葉街道」（→P.274）指的是橫跨延伸安大略省與魁北克省的闊葉林，這片西起尼加拉、東到魁北克市的區域，全長達800km；安大略省與魁北克省各地都有賞楓勝地，一邊在據點城市之間移動，一邊前往這些紅葉景點。雖然名為「街道」卻並不是集中在一條路線上，可以配合行程天數來安排景點。

### 據點城市

**多倫多、渥太華**
安大略省Ontario
**蒙特婁、魁北克市**
魁北克省Québec 等

| 建議旅遊天數 | 只遊覽重要景點就需要這些天數，想全部走遍的話則要花費 |
|---|---|
| 5天4夜～ | 超過1週。 |

| 最佳季節 | 楓紅時間依地區而有所不同，大 |
|---|---|
| 9月下旬～ 10月上旬 | 約為9月下旬～10月上旬，可以視紅葉狀況來安排景點與行程。 |

### ADVICE

雖然可以從據點城市當日往返各賞楓景點，還是建議住1晚讓行程寬鬆一些。

## Maple 賞楓 3 大景點！

**阿岡昆省立公園**
安大略省
距離渥太華、多倫多約3小時車程的自然公園，擁有健行、獨木舟等豐富戶外活動。（→P.376）

**洛朗區**
魁北克省
蒙特婁北邊的高原地區，可以從最遠的塔伯拉山山頂，眺望整片紅葉森林。（→P.407）

**東方鎮**
魁北克省
位於蒙特婁的東邊，以葡萄酒產地而聞名，能同時享受賞楓與酒莊巡禮雙重樂趣。（→P.414）

# 不可錯過 06 為飛舞夜空的極光所感動
## 白馬市、黃刀鎮

1. 在黃刀鎮極光村的原住民帳篷（Tipi）裡，等待極光出現
2. 白天可以體驗狗拉雪橇等冬季活動
3. 若是住宿位於郊外的獨棟小木屋，在飯店就能看到極光

可愛的狗狗

### 在酷寒的極地
### 被神祕的極光所震撼

在寒冷到彷彿空氣也凍結一般的極地，在夜空中飛舞的光幕是人生一定要看一次的珍貴景色。西北領地的黃刀鎮（→P.511）、育空領地的白馬市（→P.506）為兩大觀賞極光地點，若旅遊主要目標是極光，推薦前往晴天機率高的黃刀鎮；白馬市則以交通方便及城鎮活動豐富為特色，而白天不妨參加狗拉雪橇、雪鞋健行等活動。

> 據點城市

**白馬市**
育空領地 Yukon Territory
**黃刀鎮**
西北領地 Northwest Territories

| 建議旅遊天數 | 標準套裝行程為在當地住宿3 |
|---|---|
| 4天3夜～ | 晚，可以有3次機會，能看到極光的機率比較高。 |

| 最佳季節 | 以晴天比率高且夜晚長的冬季 |
|---|---|
| 12～3月 | 為旺季，氣溫會低到零下30℃。秋天的旅遊團也很受歡迎。 |

**ADVICE**

要看極光必須參加在地極光之旅，住宿地則有市區飯店及郊外的獨棟小木屋等多種選擇。

## 07 在嚮往的育空河順流泛舟

**白馬市**

### 順著長又寬的育空河而下
### 5天4夜的泛舟露營之旅

全 長3185km的育空河，是全世界獨木舟愛好者所嚮往的天堂。划獨木舟順流而下，從白馬市（→P.506）到小鮭魚湖Little Salmon Lake約160km，在河邊營地露營的5天4夜泛舟行程，是加拿大特有的極致之旅；雖然是沒有廁所和浴室的克難之旅，卻是讓人能真誠面對自然的珍貴體驗。

1. 在雄偉的育空河上划獨木舟
2. 還能享受釣魚之樂，釣到的魚就給晚餐加菜！
3. 晚上就體驗露營，三餐則交給嚮導準備

### DATA
Kanoe People（→P.508）
●Yukon River Guided Trip 7天
圖8/11～17（2024年）
圖$2895（在白馬機場集合、解散，包含住宿、獨木舟、露營、水上飛機及露營中的三餐等費用）

### 據點城市
**白馬市**
育空領地Yukon Territory

| 建議旅遊天數 | 雖然行程本身為5天4夜，但前後需要住宿白馬市各1晚。必須攜帶物品要在報名時確認。 |
|---|---|
| 7天6夜～ | |
| 最佳季節 | |
| 7～8月 | |

---

## 08 在島上的露天市集購物 **鹽泉島**

### 深受在地人所喜愛
### 充滿開放感的市集

位 於溫哥華南方的鹽泉島（→P.73），每年夏天的週六，在市區的更居鎮都會舉辦加拿大最大的露天市集Saturday's Market，由當地的農家、麵包店、起司、手工藝店等充滿個性的小攤林立，吸引許多人從溫哥華、維多利亞前來購物，也有很多適合做為伴手禮的商品！

### 據點城市
**更居鎮**
卑詩省British Columbia

| 建議旅遊天數 | 市集舉辦的期間為4～10月，可以從哥華或維多利亞搭船到島上，因為市集是一大早開始，前一天要住宿1晚。 |
|---|---|
| 2天1夜～ | |
| 最佳季節 | |
| 4～10月 | |

1. 公園內聚集了140間店家　2. 麵包、甜點、外帶食物也很多元
3. 還有很多有機農場來擺攤

## 09 陶醉在首都繽紛的鬱金香
### 渥太華

### 擁有象徵友好的100萬朵鬱金香

渥太華（→P.359）每逢春季，就會開設9個會場來舉辦鬱金香節，其中以位於國會大廈的國會山及麗都運河旁的將軍丘公園，最值得一看；這些鬱金香是荷蘭為感謝第二次世界大戰時協助王室躲藏而贈送，妝點首都的鬱金香是兩國友好的證明。

國會大廈的花園被鮮紅色的鬱金香淹沒

1. 拜沃市場是渥太華市民的廚房
2. 美術館與博物館聚集的文化城市

### 據點城市

**渥太華**
安大略省Ontario

| 建議旅遊天數 | 鬱金香的盛開期是5月，所到之處放眼都是花田，可以同時享受賞花與觀光。市區並不算太大，2天1夜就能逛完。 |
|---|---|
| 2天1夜〜 | |
| 最佳季節 | |
| 5月 | |

## 10 在加拿大最大的城市感受SDGs
### 多倫多

### 與人類生活密不可分 看見對SDGs的努力

在多倫多（→P.277），永續發展目標SDGs被認為是理所當然的事，也是全球很早就推動共享單車的城市，也深受市民及觀光客的歡迎；同時接納世界各地的移民，擁有40個國家的文化城，作為平等的象徵。近年來古釀酒廠區等老建築再利用的景點，以及二手服飾也造成風潮。

### 據點城市

**多倫多**
安大略省Ontario

| 建議旅遊天數 | 雖然市區很大，觀光景點卻很集中，3天2夜就足以走透透。由於冬季氣候嚴寒，建議春〜秋天來訪。 |
|---|---|
| 3天2夜〜 | |
| 最佳季節 | |
| 4〜10月 | |

1. 從多倫多群島眺望市中心
2. 有超高環保意識的多倫多，現在正掀起二手服飾店熱潮
3. 在聚集全世界移民的各國文化城，擁有各國料理的餐廳

# 觀察野生動物

這就是極致

## 陸上動物

這能看到北極熊親子

國土面積相當於台灣277倍的加拿大，是未經破壞的大自然寶庫，在大自然裡棲息著許多野生動物，與動物接觸的觀察之旅，是加拿大才有的體驗。

## 世界最大的肉食動物
# 北極熊

在這裡看得到！
邱吉爾（➡P.270）

披 著厚厚白色皮毛的北極熊，在邱吉爾可以搭乘特殊凍原車造訪北極熊棲息地。這是世界最大的肉食性動物，相遇時的震撼力極為驚人！雖然行程費用高昂，但絕對能帶來感動。

1. 裝配著與人身高相當輪胎的巨輪熊車
2. 一身雪白的北極狐

偶爾會出現在車子附近

1. 在傑士伯國家公園裡，喜歡行動於岩壁上的山羊
2. 阿岡昆省立公園裡經常可以看到駝鹿（Moose）
3. 灰熊是洛磯山脈的生態系頂點，極為危險，千萬不要靠近
4. 在洛磯山脈的班夫附近有機會看見麋鹿

# 棲息在未經開發的森林
# 自然公園的
# 動物們

**在這裡看得到！**
加拿大洛磯山脈（➡P.181）
阿岡昆省立公園（➡P.376）
格羅摩恩國家公園（➡P.498）

加拿大的自然公園裡棲息著許多野生動物，從熊、鹿等大型動物，到河狸、松鼠、鼠兔等小型動物，種類繁多；在健行或旅遊行程中，甚至是漫步在市區裡，都有遇見動物的機會。

5. 成為阿岡昆省立公園象徵的河狸
6. 在健行時若聽見「啾～」的獨特叫聲，就是鼠兔出現身邊

# 空中飛行的
# 白頭海鵰

夏天時白頭海鵰會停留在阿拉斯加和育空領地，之後就會為了捕食洄游而上的鮭魚南下，最後聚集在位於溫哥華與惠斯勒之間的史夸米希鎮，每年1月都會舉辦老鷹節。

**在這裡看得到！**
史夸米希鎮
（➡P.91）

經常停在樹梢上

展開雙翼達180cm

# 海洋動物

1. 經常翻過來、又翻過去⋯⋯！豎琴海豹寶寶怎麼都看不膩！⋯**A** 2. 參加觀光之旅也可以從這麼近的距離拍攝⋯**A** 3. 豎琴海豹媽媽也好可愛！⋯**A** 4. 有時會看到激烈的跳躍姿態⋯**B** 5. 觀光之旅會搭乘小船或橡膠艇Zodiac⋯**B·C**

---

冰上的白蓬蓬偶像

## A 豎琴海豹

**棲**息在北極海的豎琴海豹，每年春天為了生產，便乘著流冰來到聖羅倫斯灣。在馬德萊娜島十分盛行觀察剛出生豎琴海豹寶寶的觀光之旅，能以伸手可及的距離接近牠們。

在這裡看得到！
馬德萊娜島（➡P.448）

威風的海中霸王

## B 虎鯨（殺人鯨）

**位**於加拿大本土與溫哥華之間的喬治亞海峽，是全球知名的殺人鯨棲息地，維多利亞在3～12月都會推出賞殺人鯨的觀光船，幸運的話有機會遇到超過20隻的鯨群！

在這裡看得到！
維多利亞（➡P.108）

洄游在加拿大海域

## C 鯨魚

**時**序進入春天，許多大型海洋生物也隨之來到加拿大沿岸，尤其是最受歡迎的鯨魚。賞鯨之旅是加拿大沿海的招牌行程，太平洋與大西洋兩邊都有舉辦。

在這裡看得到！
維多利亞（➡P.108）
托菲諾（➡P.127）
塔杜薩克（➡P.443）
聖約翰（➡P.493）

6. 在海面上躍身擊浪的座頭鯨…C 7. 將尾巴伸出海面的灰鯨…C 8. 除了西海岸，東海岸也有賞鯨之旅…C 9. 雖然沒有專門的觀光之旅去看海獅，不過只要參加賞鯨之旅出海就100%能看到…E 10. 海獺主要棲息地在托菲諾附近的海上…D

棲息在西部海岸線

## D 海獺

海獺的生活領域分布在北太平洋，而溫哥華島北部就有其棲息地；雖然沒有專門的觀光之旅，但從托菲諾出發的賞鯨或殺人鯨船，行程途中就會看到牠們的蹤跡。

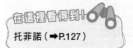

在這裡看得到！
托菲諾（➡P.127）

群聚在岩石上

## E 海獅

沿岸的岩礁就是海獅等動物的天堂！維多利亞及托菲諾的賞鯨或殺人鯨船行程會接近牠們的棲息地，東海岸也有去看在礁岩上休息海鳥的行程。

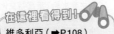

在這裡看得到！
維多利亞（➡P.108）
托菲諾（➡P.127）

### ! 觀察野生動物的注意事項

**1. 確認出沒季節**
可以看見動物的季節是固定的，務必確認各觀光之旅的舉辦期間。

**2. 避免個人單獨前往**
加拿大對觀察野生動物有所規定，為了保護自然，請參加有嚮導帶領的觀光之旅。

**3. 不要過於靠近**
即使是偶遇動物的狀況，也不要太靠近動物，以免給予壓力。

# 知識 加拿大原住民的

## 傳統文化至今依然存在

橫渡過去與大陸連接的白令海峽來到此地的原住民族，不久便分散至北美各地，並在各地孕育出符合當地風土的獨特文化。一起來學習原住民族群代代傳承下來的傳統文化。

1. 頭骨粉碎野牛跳崖遺址在夏季可以看到原住民的舞蹈活動。
2. 豎立在溫哥華卡皮拉諾吊橋附近的圖騰柱。
3. UBC人類學博物館內的原創圖騰柱。

## ✕✕✕✕✕✕
## 因地域而異的
## 各個部落族群

加拿大的原住民依地域可分為因紐特Inuit、印第安（※註）、梅蒂斯Métis等3大族群，居住在北極圈內的是因紐特人，印第安人則是在其他地區，至於梅蒂斯人是原住民和開拓者的混血，分布區域與印第安人相同。因紐特人廣泛分布在現在的極地，雖然每個村落經過細密的分枝，但大多仍擁有共通的生活樣式及文化。印第安人則依居住區域而細分為太平洋沿岸（西北沿岸）、大平原地帶、五大湖周邊等族群，擁有不同的生活樣式及文化。

### 認識原住民
### 主要的博物館

▶UBC人類學博物館（溫哥華）→P.67
▶史夸米希·萊瓦特文化中心（惠斯勒）→P.90
▶皇家卑詩博物館（維多利亞）→P.107
▶葛倫堡博物館（卡加利）→P.154
▶頭骨粉碎野牛跳崖遺址（亞伯達省南部）→P.166

※因為印第安人這個字彙帶有歧視，現在已經不使用，本書為了區別各地不同的部落而使用。

位於溫哥華英倫灣的Inukshuk石頭人，作為因紐特人的標誌

## ✕✕✕✕✕✕
# 圖騰柱

**北**美原住民中，特別是居住在西北沿岸的印第安人所打造的傳統文化——圖騰柱，所有柱子都有其意義，原本是為表現家族或個人的出身而製作。雕像以各部落代代傳承的文化傳統為基礎來創作，也有許多象徵著故事或發生過的事情；圖騰柱以製作目的來區分，則有墓碑或住家柱子等各種用途。在溫哥華與維多利亞，隨處皆可見到。

1. 溫哥華的史丹利公園內豎立著8座圖騰柱
2. 位在溫哥華國際機場的接待者雕像圖騰柱
3. 皇家卑詩博物館的後方重現昔日原住民住所

比爾·里德美術館
展出的首飾

1. 比爾·里德的代表作《The Raven and the First Men》，於UBC人類學博物館
2. 展出許多愛蜜莉·嘉爾作品的溫哥華美術館

## ✕✕✕✕✕✕
# 原住民藝術

**原**住民的傳統文化終究昇華成為藝術，談到原住民藝術不可或缺的是比爾·里德Bill Reid與愛蜜莉·嘉爾Emily Carr。身為海達族的比爾·里德（1920～1998年），自從23歲時造訪了自己的故鄉海達瓜依之後，便致力於海達族的傳統藝術復興，以部落傳說為主題的圖騰柱為代表作。愛蜜莉·嘉爾（1871～1945年），則是維多利亞的女性畫家，創作以圖騰柱為主題的繪畫。

## 可以看到原住民藝術
## 主要的博物館

▶溫哥華美術館（溫哥華）→P.60
▶比爾·里德美術館（溫哥華）→P.60
▶加拿大國家美術館（渥太華）→P.367

## ✕✕✕✕✕✕
# 傳統工藝
# 運用於時尚

**原**住民製作的傳統工藝品成為加拿大代表性的伴手禮，從印第安珠寶到考津毛衣、護身符或雜貨，種類相當豐富；將傳統花紋應用在現代的商品很多，也有許多是日常生活中常用的物品。在溫哥華和維多利亞有許多原住民商品的專賣店。

現代花紋的
考津毛衣

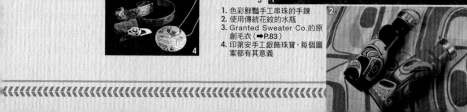

1. 色彩鮮豔手工串珠的手鍊
2. 使用傳統花紋的水瓶
3. Granted Sweater Co.的原創毛衣（→P.83）
4. 印第安手工銀飾珠寶，每個圖案都有其意義

# 魁北克省的 法國小鎮相簿

*Frenchtown*

## 世界第2大的法語區城市
## 蒙特婁 *Montréal*

01

為聖勞倫斯河中沙洲而發展，是加拿大的第2大城市，聖凱瑟琳街、拉丁區、皇家山高原區等街道或地名都是法文；市中心雖然高樓林立，稍微離開市區就會出現洋溢法國風情的建築。觀光的重點在河邊的舊市區，漫步在現今仍保有開拓當時風貌的街道，會有種置身於法國鄉下城鎮的錯覺。

4. 許多在地藝術家入住的皇家山高原區，近年時尚咖啡館也增加中
5. 富蘭克林也曾住過的哈默介城堡博物館
6. 餐廳、商店林立，很適合散步的舊市區
7. 交通號誌和招牌也都是法文

30

1534年由傑克‧卡地爾Jacques Cartier所創立、宣言，山姆‧德‧尚普蘭Samuel de Champlain進行開拓的法國殖民地——新法蘭西，雖然在1763年被英國打敗而撤退，歷經超過200年已根深蒂固的法國文化，至今仍保有濃厚色彩。

1. 從皇家山公園眺望被紅葉包圍的市區街道
2. 舊市區最大的景點——聖母大教堂
3. 拉丁區裡彩色屋頂的可愛住宅林立

8. 在Restaurant L'Express品嚐擺盤也很美的法國料理
9. 位於市郊的在地市集
10. 有許多販賣馬卡龍等法國甜點的店家

也有法國小鎮的經典甜點

31

# 02 北美唯一的要塞城市 *Québec City*
# 魁北克市

這裡是由尚普蘭Samuel de Champlain建造開拓，也是魁北克省最古老的城市。被城牆包圍的舊市區擁有彷彿中古世紀歐洲的街道，可以仰望位於中央的夫隆納克城堡飯店；城牆外則是加拿大軍隊駐守的星形城堡要塞，以及法蘭西文藝復興樣式建築的省議會大廈。雖然城市規模比蒙特婁小，卻仍保有昔日的古老建築。

1. 在聖勞倫斯河沿岸發展起來的要塞城市　2. 耶誕節時期的小尚普蘭區　3. 位於下城區中心的皇家廣場　4. 下城區有描繪魁北克歷史的壁畫　5. 發源於魁北克的肉汁起司薯條Poutine，在炸薯條上淋滿起司和肉汁　6. 有很多利用古典建築作為客棧Auberge

# 地處2大城市正中間

## 03 三河市
### Trois-Rivières

於蒙特婁與魁北克市的正中央，開拓歷史近次於魁北克市，自古便以重要的交通地位而繁榮，完整保存了18世紀建造的教堂及建築。市區中心小巧典雅，觀光景點都在徒步範圍內，悠閒漫步在可愛魁北克樣式的住宅間，真是一大享受！

1. 石牆鐵皮屋頂的建築林立　2. 市區有許多公園綠地　3. 跨越聖勞倫斯河的大橋Le Pont

## 魁北克市郊外的度假島嶼

## 04 奧爾良島
### Île d'Orléans

居魁北克市西方、外圍約67km的小島，從17世紀開始接受殖民，至今仍可看到很多傳統魁北克樣式的住宅。島上擁有寬廣的葡萄園、楓樹林及牧草地，充滿悠閒氛圍；還有知名賞楓景點，以楓葉街道的觀光重點之一而為人熟知。由於島上沒有公共交通工具，只能租車遊覽。

1. 平緩大地、田園與鐵皮屋頂的小房子，是島上代表性的景色　2. 紅或綠色的鮮豔屋頂非常可愛　3. 秋天可以欣賞紅葉和油菜花的共同演出

# 加拿大
## 超級市場的極致利用法★

市民最強力的後盾超級市場，是尋找加拿大特色伴手禮的寶庫！從尋找自用或分送的伴手禮，到高水準熟食區的利用法，徹底介紹當地風格超市的利用方式！

商品分門別類陳列於架上，一目瞭然且方便尋找

生鮮食品區也很豐富多元

也有秤重販售的堅果與穀物

## 利用法 其 1

### 自用伴手禮就是這個！
### 採買當地食物☆

回國後想馬上品嚐的食物類伴手禮大集合！
關鍵字就是健康&當地製造。
可愛包裝也值得好好欣賞！

❶蜂蜜，小熊造型的包裝讓人一眼就愛上 ❷螃蟹與龍蝦的法式濃湯，只要用鍋子加熱後就可食用 ❸素食醬汁，口味清爽 ❹鹽泉島的檸檬與薰衣草莓醬 ❺畫著黑熊圖案的草莓果醬 ❻由當地主廚監製的調味料，以15種辛香料調配而成 ❼無添加色素的酥脆穀片

## 一次買齊方便分送的
## 零食點心商品

想要數量多且價格合理,但又不想送千篇一律的伴手禮!那就一定要到超市的零食區!特色十足的零食點心應有盡有☆

①說到加拿大的健康零食,就是蔬菜脆餅了。圖是甜菜根口味 ②還有像楓糖培根等很多沒看過的洋芋片口味! ③加入蜂蜜的巧克力,卡通圖案的包裝讓人印象深刻 ④甜度適中的香蕉巧克力 ⑤經過烘乾的羽衣甘藍脆片

## 到高水準熟食區
## 外帶健康食物

加拿大超市的熟食區超棒!從熟食小菜到甜點琳瑯滿目,叫人目不暇給。不妨嘗試外帶去外面野餐?

※照片都是Whole Foods Market的熟食

色彩繽紛的豐富熟食

起司菠菜沙拉

鷹嘴豆沙拉

某天的菜色

烤辣椒與茄子

**How to Order**

Step 1
選擇容器與熟食
決定好大小後選擇熟食,只要指著喜歡的料理並指定公克數即可

Step 2
秤重後貼上標籤
以重量來計價。員工在秤重後會貼上標註價格的標籤

Step 3
領回後去結帳
取回貼上標籤的商品後前往收銀台結帳,別忘了索取餐具

---

### 溫哥華的主要超級市場

來自美國的超人氣超市

# Whole Foods Market

**市中心西區**

Map P.48-A2
🏠1675 Robson St.
TEL (604) 687-5288
🕐每日8:00～21:00 休無休 CC A M V
🚇搭乘市區巴士#5到羅伯斯街與Cardero St.的岔路口下車,徒步1分鐘

要買有機商品就來這裡

# Urban Fare　　**耶魯鎮**

Map P.49-C3
🏠177 Davie St.
TEL (604) 975-7550
🕐每日6:00～22:00 休無休 CC A M V
🚇從捷運耶魯鎮・弘毅車站Yaletown-Roundhouse徒步2分鐘

市中心首屈一指的大型商店

# Safeway　　**市中心西區**

Map P.48-A2 🏠1766 Robson St.
TEL (604) 683-6155
URL www.safeway.ca
🕐每日7:00～23:00 休無休 CC A M V
🚇搭乘市區巴士#5至羅伯森街與Denman St.的岔路口下車,徒步2分鐘

---

### 加拿大各城市的超級市場

#### 班夫

班夫最大的超市是在「Cascade Shops(→P.220)」後方的IGA Banff(Map P.202-C1),位於市區所以相當方便,商品也很齊全。在坎摩爾還有Safeway(Map P.224-A2)。

#### 多倫多

大型超市幾乎都在郊外,從市中心前往交通最方便的就是位於布洛爾/約克維爾的Whole Foods Market(Map P.302-A2),中國城則分布個人經營的小型商店。

#### 蒙特婁

購物中心的地下樓層幾乎都有超市,對遊客來說也很方便,其中規模較大的是Complexe Desjardins內的IGA(Map P.384-B2～C2);除此之外,隨處也有小型超市。

# 加拿大的伴手禮

伴手禮是為愉快旅程畫下句點的重要元素，除了加拿大3大代表性伴手禮，也一併介紹可在各地找到的必買商品！

**別錯過楓糖商品☆**

楓糖口味的商品是大受歡迎的伴手禮，餅乾、紅茶也很適合拿來分送朋友。

❶ 經典的餅乾，餅乾內餡為楓糖奶油
❷ 帶有微微甜味的楓糖茶
❸ 也有許多特殊商品！此為沾醬

## 01 楓糖漿

**說** 到加拿大，當然就是楓糖漿了，全球約85%的楓糖漿產量都來自加拿大，其中以魁北克與安大略為主要產地，由名為糖楓的楓樹樹液製作而成。

→最近添加口味的楓糖漿也變多了

**\ 挑選法① /**

**講究等級**
加拿大產的楓糖漿依採集季節分成5個等級。Grade，最受歡迎的味道為下列3種。

→裝在塑膠容器的楓糖漿

**\ 挑選法② /**

**依包裝挑選**
楓糖漿的包裝可說是五花八門。推薦懷舊派買鐵罐、塑膠包裝，現代派則可選擇玻璃瓶裝。

←可愛的罐裝楓糖漿，有鬆餅圖案更棒 ↑加拿大特有、以楓葉造型玻璃瓶販售的楓糖漿，等級為Extra Light

| Extra Light | 當年度最早採集的一批。顏色淡雅，味道纖細且不過甜。 |
|---|---|
| Medium | 最為常見，呈現美麗的琥珀色，適合淋在鬆餅上享用。 |
| Amber | 顏色深且味道濃郁，可感受到楓糖獨特的風味。 |

**加拿大的3大伴手禮要這樣挑選！**

## 02 鮭魚

**自** 古以來就是原住民食物而廣泛食用的鮭魚，是加拿大的代表性食物，直接從一旁大海捕撈的鮭魚真的相當美味！

→數量稀少故價格高昂的野生粉紅鮭魚罐頭

**\ 挑選法① /**

**選擇種類**
加拿大沿海有好幾種鮭魚，以國王鮭魚、紅鮭、粉紅鮭魚3種為主，國王鮭魚的油脂豐富，喜歡清爽口味就選野生的粉紅鮭魚。

←以不影響海洋生態的漁業方式捕撈，印有Ocean Wise標章的紅鮭罐頭

**\ 挑選法② /**

**伴手禮就選加工品**
生鮮鮭魚無法帶回台灣，只能選擇加工品，煙燻鮭魚可選真空包裝的常溫商品，未開封可以保存2年。

❶ 煙燻鮭魚抹醬，塗在麵包或餅乾上品嚐 ❷ 裝在原住民圖案木箱中的煙燻鮭魚

## 03 冰酒

**是** 以嚴冬寒冷氣溫中自然結凍的葡萄，榨汁後釀造而成的甜點酒，多次得到國際權威性品評會的獎項，是世界一流的葡萄酒。

**\ 挑選法① /**

**VQA為高品質保證！**
「VQA」是「Vintners Quality Alliance」的縮寫，是葡萄酒品質管理的一大證明，貼上「VAQ」認證的冰酒，表示是用天然冰凍而成葡萄所釀造的貨真價實冰酒。

❶ 數量稀少因此價格品貴的紅色冰酒，價格比白色貴1.5～2倍左右
❷ 濃縮葡萄甜味的冰酒，一般價格為375ml $50～

**\ 挑選法② /**

**注意混搭口味商品**
最近很受歡迎的是冰酒風味的食品，其中最經典的是巧克力，但更推薦結合煙燻鮭魚及楓糖的商品！

❶ 楓糖與冰酒混搭口味的糖果 ❷ 添加冰酒香氣的煙燻鮭魚

## 極地

←因紐特人當作道路標示的Inukshuk石頭人迷你版

→用白樺木樹皮製作的收納盒，是因紐特人的手工藝品

## 愛德華王子島

←將島上特產馬鈴薯做成的洋芋片裹上一層巧克力，在Anne's Chocolates（→P.472）販售

↓戴上這頂帽子，誰都可以變身成紅髮安妮，在The Anne of Green Gables Store（→P.472）販售

↓在The Anne of Green Gables Store找到的綠屋雪花球

### 能在加拿大各地找到！伴手禮大集合

白馬市
伊魁特
黃刀鎮
哈德森灣
溫哥華
愛德蒙頓
聖約翰
弗雷德里克頓
魁北克市
蒙特婁
維多利亞
卡加利
里賈納
溫伯尼
渥太華
哈利法克斯
多倫多

## 安大略省

→穿著加拿大皇家騎警紅色制服的玩偶
↓位在尼加拉湖邊小鎮的Greaves（→P.320）手工果醬

## 卑詩省

←全都是手工製作的印第安珠寶，依圖案而有不同含意。在Silver Gallery（→P.83）販售

Back!

↓Granted品牌的考津毛衣，不同於傳統設計，竟然還有草裙舞圖案！在Granted Sweater（→P.83）販售

Front!

↓來自維多利亞的Rogers' Chocolates（→P.117）

## 加拿大洛磯山脈

←在洛磯山脈製作的天然香皂，有10種以上的香味，在Rocky Mountain Soap Company（→P.220）販售

↑戶外活動不可或缺的琺瑯杯，在Cascade Shops（→P.220）內的Branched Marketplace販售

→可愛的木製飾品，左為麋鹿，右為黑熊

37

## 肉食主義？海鮮至上？ 加拿大知名美食 排行榜

有來自世界各國移民居住的加拿大，各地知名料理的種類也相當豐富，從分量十足的肉類料理到新鮮的海產都能享用，一起來嚐嚐這片土地才有的料理吧！

$⋯大致價格。3個為最高價

### 1 亞伯達牛
Alberta Beef

在大平原上自在成長的亞伯達牛，精心燒烤而成的牛肋排Prime Rib，香嫩又多汁。

加拿大全境 $ $ $

**MEAT**

挑戰看看水牛或馴鹿等具有加拿大特色的肉類料理！牛肉則有牛排、漢堡排等豐富選擇。

### 2 水牛
Buffalo

原住民當作主食的水牛，給人豪邁狂野的印象，但卻沒有腥味，風味濃郁。

加拿大全境 $ $

### 3 馴鹿
Caribou

楓地 $ $

馴鹿肉的脂肪含量少而健康，由於肉質較硬，推薦選擇燉肉或湯品。

### 4 魁北克料理
Québec Cuisine

麋鹿或野牛的燒烤料理、肉丸、楓糖派都是招牌餐點，由法國家庭料理演變而成。

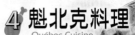
魁北克省 $ $

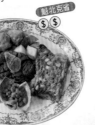

### 5 漢堡
Hamburger

加拿大全境 $

除了經典口味的漢堡，使用亞伯達牛等品牌牛肉製作的漢堡也愈來愈多！

蒙特婁

### 6 燻肉
Smoke Meat

用香料醃製後煙燻而成的牛肉，肉質軟嫩入口即化，Schwartz's（→P.404）的燻肉三明治很受歡迎。

### 7 熱狗
Hot Dog

加拿大全境 $

經典配料為番茄醬、洋蔥、酸黃瓜，JapaDog（→P.81）還推出加上白蘿蔔泥等配料的特殊口味，相當受到歡迎。

## 1 龍蝦
### Lobster

將檸檬汁淋在汆燙過的Q彈龍蝦肉上享用，是最經典的吃法！僅在大西洋省分才能捕撈得到。

加拿大東海岸 $$$

## SEAFOOD

國土三邊被海洋圍繞的加拿大，新鮮海產的種類非常豐富，也很適合作為啤酒或葡萄酒的下酒菜。

加拿大全境 $$

## 2 鮭魚
### Salmon

加拿大的代表性海鮮，可以用燒烤或夾在貝果裡等，有各式各樣的品嚐方式。

溫哥華 $$$

## 4 炸魚薯條
### Fish & Chips

加拿大全境 $

炸得酥脆的白肉魚與炸薯條搭在一起分量十足！是酒館的招牌料理。

## 3 黃金蟹
### Dungeness Crab

以肉多、味道濃郁為特色，沾辣椒醬等醬料都很適合，主要產地為溫哥華沿岸。

溫哥華　多倫多　愛德華王子島 $$

## 5 淡菜
### Mussels

加拿大岸線以淡菜漁場而聞名，用鹽水汆燙的淡菜和檸檬很搭。

$

## 6 生蠔
### Oyster

可生吃也可油炸，是餐廳與酒館的招牌海鮮，好好享受那Q彈水嫩的口感吧！

溫哥華　多倫多　愛德華王子島 $$

溫哥華　多倫多　愛德華王子島 $

## 7 扇貝
### Scallops

以油煎、燒烤、沙拉等多元的料理方式，和其他食材的搭配性也極佳，風味淡雅。

# 源自加拿大的速食店

雖然當地美食很適合慢食，但如果說
B級美食正是加拿大料理的精粹，一點都不為過。
以下一口氣介紹加拿大人熱愛的速食店！

最受歡迎的是
小型甜甜圈
Timbits

## 加拿大全境
### 速食店之王
## Tim Hortons

在加拿大開設超過2000間分店的甜甜圈店，除了甜甜圈也有各式早餐與午餐，從早到晚都擠滿了加拿大人。旅遊期間一定要光顧一次！ URL www.timhortons.com

主要分店：溫哥華（Map P.48-A1）、班夫（Map P.202-B1）、多倫多（Map P.283-A3）、尼加拉瀑布（Map P.329-C1）

❶從市區到郊外到處都有分店 ❷早上來外帶咖啡就是在地加拿大人的證明 ❸午餐有加入墨西哥辣肉醬等滿滿食材的人氣湯品

---

渥太華拜沃德市場旁的第一家店

## 渥太華與加拿大各地
## Beaver Tails

河狸尾巴造型、口感酥脆的酥皮點心，雖然是渥太華的在地店鋪，近幾年已陸續進軍加拿大全國各地的觀光區。
URL www.beavertails.com
●詳細介紹→P.372

可自選
楓糖、巧克力、
水果等配料！

---

## 加拿大全境
## A&W

在日本等地也有開設分店的速食店，可品嚐到價格划算的漢堡，另外也一定要試試口味獨特的麥根沙士。
URL web.aw.ca

店鋪設在稍微遠離市區的地方，以及美食街
主要分店：溫哥華（Map P.49-B3）、多倫多（Map P.297-1）

每個漢堡
都分量十足

---

## 安大略省
## Pizza Pizza

可宅配或事先預訂
主要分店：多倫多（Map P.282-B2）

源自多倫多的披薩店，可品嚐到便宜美味的最棒加拿大披薩，店鋪主要開在安大略省，並擴散至加拿大全國各地。
URL www.pizzapizza.ca

加上
蘑菇、培根的
Canadian Eh！

---

## 魁北克省
## Chez Ashton

魁北克省才有，共24間分店

這間餐廳開發出人氣擴及全加拿大的B級美食——肉汁起司薯條Poutine，是炸薯條×起司×肉汁的熱量爆表絕品美食！
URL chezashton.ca
●詳細介紹→P.440

這個
小份薯條的分量
相當驚人！

# British Columbia

溫哥華的溫哥華科學館

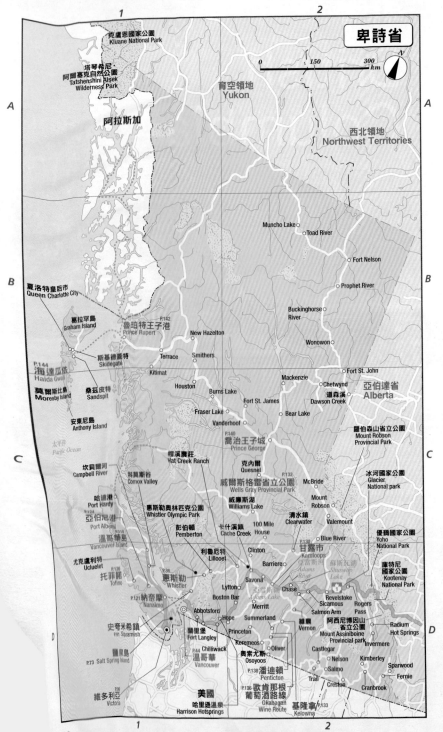

卑詩省

克盧恩國家公園
Kluane National Park

塔琴希尼・
阿爾塞克自然公園
Tatshenshini Alsek
Wilderness Park

阿拉斯加

育空領地
Yukon

西北領地
Northwest Territories

0   150   300
km

N

Muncho Lake
Toad River

Fort Nelson

夏洛特皇后市
Queen Charlotte City

慕拉罕島
Graham Island

P.142
魯珀特王子港
Prince Rupert

New Hazelton

Prophet River

Buckinghorse
River

Wonowon

斯基德蓋特
Skidegate

Terrace
Smithers

Fort St. John

P.144
海達瓜依
Haida Gwaii

Kitimat

Mackenzie
Chetwynd

亞伯達省
Alberta

莫爾斯比島
Moresby Island

桑茲皮特
Sandspit

Houston

Burns Lake

Fort St. James

道森溪
Dawson Creek

安東尼島
Anthony Island

Fraser Lake

Vanderhoof

Bear Lake

羅伯森山省立公園
Mount Robson
Provincial Park

坎貝爾河
Campbell River

帽溪農莊
Hat Creek Ranch

喬治王子城
Prince George

克內爾
Quesnel

McBride

冰河國家公園
Glacier
National park

太平洋
Pacific Ocean

科莫斯谷
Comox Valley

威爾斯格雷省立公園
Wells Gray Provincial Park

Mount
Robson

哈迪港
Port Hardy

惠斯勒奧林匹克公園
Whistler Olympic Park

威廉斯湖
Williams Lake

清水鎮
Clearwater

Valemount

優鶴國家公園
Yoho
National Park

亞伯尼港
Port Alberni

P.318
溫哥華島
Vancouver Island

彭伯頓
Pemberton

卡什溪鎮
Cache Creek

100 Mile
House

P.130
Blue River

甘露市
Kamloops

庫特尼
國家公園
Kootenay
National Park

尤克盧利特
Ucluelet

利魯厄特
Lillooet

Clinton

舒斯瓦湖
Shuswap
Lake

P.126
托菲諾
Tofino

P.86
惠斯勒
Whistler

Barriere

Revelstoke
Sicamous

Rogers
Pass

P.134

P.121納奈摩
Nanaimo

Savona

Salmon Arm

Lytton

Chase

Radium
Hot Springs

Boston Bar

Merritt

雷鳥
Vernon

阿西尼博因山
省立公園
Mount Assiniboine
Provincial park

Invermere

史奎米鎮
P.91 Squamish

Abbotsford

Hope

Summerland

蘭里堡
Fort Langley

Princeton

Keremeos

Oliver

Castlegar

Nelson

Kimberley

Sparwood

鹽泉島
P.73 Salt Spring Island

P.44 Chilliwack
溫哥華
Vancouver

奧索尤斯
Osoyoos

P.138潘迪頓
Penticton

Salmo

Creston

Cranbrook

Fernie

維多利亞
Victoria

美國

哈里遜溫泉
Harrison Hotsprings

P.136 歐肯那根
葡萄酒路線
Okanagan
Wine Route

基隆拿 P.133
Kelowna

Trail

42

# 卑詩省
## BRITISH COLUMBIA

西起太平洋沿岸地帶，一路往東至洛磯山脈西側，擁有多樣地形變化的卑詩省，按照地形與氣候區分成6大區域，而溫哥華更是加拿大所有城市中，距離台灣最接近且有直飛航班抵達的玄關城市。

| 首府 | 維多利亞 |
|---|---|
| 面積 | 94萬4735km² |
| 人口 | 500萬879人（2021年人口普查） |
| 時間 | 太平洋標準時間（PST）與台灣時差−16小時（夏令時間−15小時）※部分地區採山區標準時間（與台灣時差−15小時） |
| 省稅 | 銷售稅7%　住宿稅8%（除了部分城市外，需加收2～4%住宿稅） |

**主要兜風路線 ▶▶▶**
★歐肯那根葡萄酒路線（→P.136）

### 湯普森歐肯那根
#### Thompson Okanagan

除了一望無際的平坦牧草地，還擁有深邃險峻的溪谷、延伸於湯普森河岸的開闊沙漠景色，以及無比遼闊的富饒果園與葡萄園，是由豐富多變地形與風土交織成的魅力地區。

**主要城市**
甘露市（→P.130）
基隆拿（→P.133）
潘迪頓（→P.138）

### 北卑詩
#### Northern British Columbia

終年積雪不退的群山及原始大森林，一路綿延至育空領地Yukon Territory、阿拉斯加Alaska，屬於卑詩省的最遠處，而已經融入這片天然景色很久的原住民圖騰柱，也彷彿在向人們訴說著過往的見聞。

**主要城市**
魯珀特王子港（→P.142）

**B.C.洛磯山脈**
B.C. 洛磯山脈
B.C. Rockies
（→P.183）

溫哥華

維多利亞

### 卡里布區
#### Cariboo Country

過去因為菲沙河Fraser River上游發現金礦，而湧現淘金熱的一條路線，至今依舊殘留著如西部片般濃厚的氣息，特別是來到利魯厄特Lillooet、巴克維爾Barkerville等城市，還能追尋昔日淘金追夢的足跡。

**主要城市**
喬治王子城（→P.140）

### 溫哥華島
#### Vancouver Island

由開闊的沙灘與峽灣打造的內灣，而景致變化多端的海岸線，也是出海賞鯨、海上獨木舟等海上活動的天堂；首府維多利亞的花園及雨林大自然更是不能錯過。

**主要城市**
維多利亞（→P.99）
納奈摩（→P.121）
亞伯尼港（→P.124）
托菲諾（→P.126）

### 溫哥華、海岸山脈
#### Vancouver, Coast Mountain

擁有面對太平洋而建的西部玄關城市溫哥華，以及山岳度假勝地的惠斯勒，加拿大的西海岸不僅可以享受舒適的城市遊，更能體驗滑雪、高爾夫、腳踏車等戶外活動樂趣，為動靜皆宜之地。

**主要城市**
溫哥華（→P.44）
惠斯勒（→P.86）

# 溫哥華

## 卑詩省

MAP P.42-D1/P.119-B4
人口 242萬6160
區碼 604

溫哥華情報網
URL www.destination
vancouver.com

### 溫哥華的活動

溫哥華美食節
Dine Out Vancouver
TEL (604)682-2222
URL www.dineoutvancouver.
com
時1月中旬～2月初
從2003年首次舉辦至今，
已經成為加拿大規模最大的
美食活動，超過300間店參
加，就連高級餐廳的套餐都能
以優惠價格品嚐。

溫哥華國際爵士音樂節
Vancouver International Jazz
Festival
TEL (604)872-5200
FREE (1-888)438-5200
URL www.coastaljazz.ca
時6月下旬～7月初
夏季登場的爵士音樂節，活
動期間於市內各爵士酒吧、音
樂廳等各種場地都會舉辦演
奏會。

溫哥華煙火節
Honda Celebration of Light
URL hondacelebrationoflight.
com
時7月下旬3天
在英倫灣海灘舉辦的煙火
節。

溫哥華國際影展
Vancouver International Film
Festival
TEL (604)683-3456
URL www.viff.org
時9月下旬～10月上旬
從1982年開始舉辦的國際
電影展，吸引海內外120部以
上的長片與100部以上的短片
參展，並於市區的電影院上
映。

作為加拿大西部的玄關城市而為人所熟知的溫哥華，是隔著喬治亞海峽與溫哥華島遙遙相對的港灣城市；離街道不遠處便是連綿山巒，在現代化的高樓

➡史丹利公園的圖騰柱

大廈間不時點綴著綠意盎然的公園，雖然是僅次於多倫多Toronto、蒙特婁Montréal的加拿大第3大城，卻是環山面海且擁有森林，以及隨時都可以接觸到大自然的環境，難怪擁有「世界最適合居住的城市」的美稱。不僅如此，市區內的博物館、美術館、大型公園、四季綻放各色花卉的花園、植物園及各個觀光景點，都令人目不暇給。而在2010年舉辦冬季奧運之後，國際間的知名度因此更上層樓。

溫哥華之名源自於1792年在喬治亞海峽一帶進行測量調查的英國海軍艦長喬治・溫哥華George Van-couver，當時的溫哥華附近棲息著印第安的瑪斯昆族Musqueam、史夸米希族Squamish等海岸薩利希語族Coast Salish，歐洲移民則是到19世紀後半才開始出現。1867年從英國來的第一批移民，以John Deigh-ton所開設的鋸木廠及住宿為中心發展起來的聚落，最後就以他「愛講話Gassy」的綽號而取名為「蓋士鎮Gastown」。溫哥華在1880年代開始急速發展，契機是1885年在菲沙河Fraser River上游發現金礦所帶動起的「淘金熱」，以及1887年橫越北美大陸的鐵路；推展市政之後，於1886年正式命名為溫哥華，距今不過約140年前的歷史。

➡蓋士鎮的蒸汽時鐘每隔15分鐘就會響起汽笛聲

※在溫哥華撥打市內電話時，也一定要加上區域號碼(604)。

※開館時間、營業時間等日期時間基本上為2023年資訊，因每年資訊會有所變動，請記得上網再次確認。(→P.7)

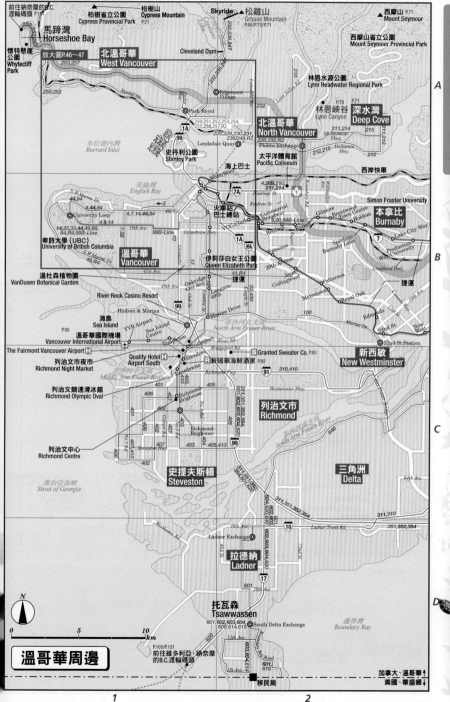

前往納奈摩的B.C.
渡輪碼頭 P.121

懷特懸崖
公園
Whytecliff
Park

馬蹄灣
Horseshoe Bay

放大圖 P.46～47

250,253

253,257

柏樹省立公園
Cypress Provincial Park

柏樹山
Cypress Mountain P.71

Skyride

松雞山
Grouse Mountain P.88/P.70/P.71

西摩山 P.71
Mount Seymour

西摩山省立公園
Mount Seymour Provincial Park

232,236,247

北溫哥華
West Vancouver

Cleveland Dam

Marine Dr.

210

林恩水源公園
Lynn Headwater Regional Park

A

Edgemont
Village

232

林恩峽谷 P.70
Lynn Canyon

深水灣
Deep Cove

Park Royal

250,251,252,253,254,
255,256,257,R2

北溫哥華
North Vancouver 228,232,R2

211,214

215

211,212

Londsdale Quay

228,229,230,231,
236,249,R2

史丹利公園
Stanley Park

海上巴士

Phibbs Exchange

太平洋體育館
Pacific Coliseum

Dollarton
Hwy.

212

212,215

Burrard Inlet

英倫灣
English Bay

N.W. Marine Dr.
44,84

Whitefront

火車站
巴士總站

7A

4,209,210,
211,214

西岸快車

Simon Fraster University

University Loop

4,7,14,44,84

4th Ave.

10th Ave.

99B-Line

Gilmore

本拿比
Burnaby

卑詩大學（UBC）
University of British Columbia

14,25,33,44,49,68,
84,R4,99B-Line

4,9,14

Grandview Hwy.

99A

溫哥華
Vancouver

41st Ave.

伊利莎白女王公園
Queen Elizabeth Park

R4

捷運

7

B

溫杜森植物園
VanDusen Botanical Garden

49th Ave.

29th Avenue

Metrotown

捷運

River Rock Casino Resort

99

Marine Drive

100

Royal Oak

Lougheed Hwy.

海島
Sea Island

Hudson & Marina

YVR Airport

Sea Island

非沙河北支流
North Arm Fraser River

Edmonds

22nd St.

溫哥華國際機場
Vancouver International Airport

Templeton

River Rd.

22nd St.Station

The Fairmont Vancouver Airport

Bridgeport

Bridgeport Rd.

Granted Sweater Co. P.83

新西敏
New Westminster

列治文市夜市
Richmond Night Market

Quality Hotel
Airport South

Aberdeen

新瑞華海鮮酒家 P.82

310,410

C

列治文競速溜冰館
Richmond Olympic Oval

Lansdowne

Richmond Hwy.

91

Westminster Hwy.

401

405

列治文市
Richmond

列治文中心
Richmond Centre

406

407

Richmond-
Brighouse

No.1 Rd.

311,351,352,354
602,603,604,640

640

405

407

403

403

404

405,413

Richmond-
Brighouse

99

三角洲
Delta

64th Ave.

史提夫斯頓
Steveston

402

Steveston Hwy.

311,351,352,354

311,310

10

351,352,354

拉德納
Ladner

Ladner Exchange

601,602,603,604,
609,614,619

18th Ave.

Ladner Trunk Rd.

17

28th Ave.

601

喬治亞海峽
Strait of Georgia

N

0    5    10
km

托瓦森
Tsawwassen

601,602,603,604,
609,614,619

South Delta Exchange

邊界灣
Boundary Bay

D

溫哥華周邊

P.103/P.121
前往維多利亞·納奈摩
的B.C.渡輪碼頭

12th Ave.

603,604,614

601
619

1st Ave.

移民局

加拿大·溫哥華
美國·華盛頓

45

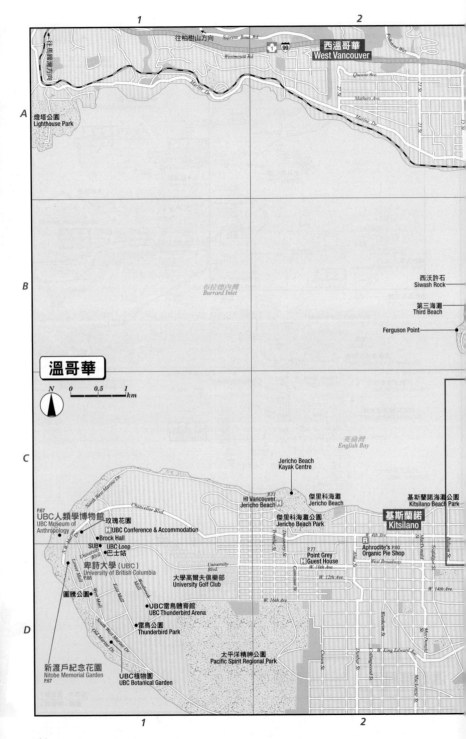

往馬蹄灣方向

往柏樹山方向　Sypress Bowl Rd.

Westmount Rd.

**西溫哥華**
**West Vancouver**

Folkstone Way

Marine Dr.

Queens Ave.

Mathers Ave.

Marine Dr.

**A**

燈塔公園
Lighthouse Park

**B**

布拉德内灣
Burrard Inlet

西沃許石
Siwash Rock

第三海灘
Third Beach

Ferguson Point

**溫哥華**

N　0　0.5　1
km

英倫灣
English Bay

**C**

Jericho Beach
Kayak Centre

HI Vancouver
Jericho Beach

傑里科海灘
Jericho Beach

基斯蘭諾海灘公園
Kitsilano Beach Park

P.67
UBC人類學博物館
UBC Museum of
Anthropology

玫瑰花園

UBC Conference & Accommodation

Brock Hall

傑里科海灘公園
Jericho Beach Park

**基斯蘭諾**
**Kitsilano**

North West Marine Dr.

Chancellor Blvd.

SUB　UBC Loop
巴士站

卑詩大學 (UBC)
University of British Columbia
P.66

University
Blvd.

West Mall

East Mall

P.77
Point Grey
Guest House
W. 10th Ave.

W. 12th Ave.

4th Ave.

Aphrodite's P.80
Organic Pie Shop

West Broadway

W. 14th Ave.

Trafalgar St.

Balsam St.

MacDonald St.

圖騰公園

Lower Mall

大學高爾夫俱樂部
University Golf Club

W. 14th Ave.

**D**

UBC雷鳥體育館
UBC Thunderbird Arena

雷鳥公園
Thunderbird Park

W. 16th Ave.

Crown St.

Dunbar St.

Collingwood St.

Elizabeth St.

Blenheim St.

MacDonald St.

W. King Edward Ave.

Mackenzie St.

新渡戶紀念花園
Nitobe Memorial Garden
P.67

South West Marine Dr.

UBC植物園
UBC Botanical Garden

太平洋精神公園
Pacific Spirit Regional Park

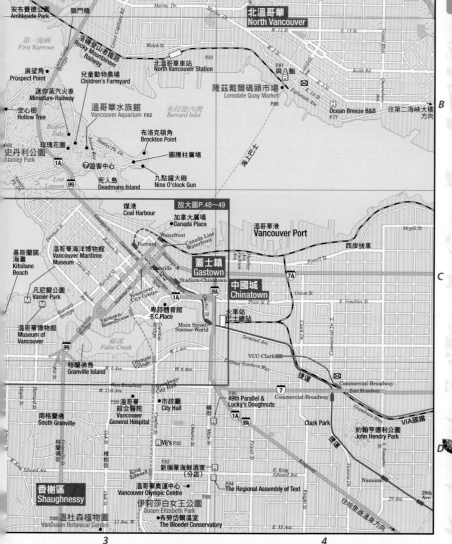

**3**　　　　　　**4**

卡皮拉諾高爾夫俱樂部
Capilano Golf Club

鮭魚孵化場
Capilano Salmon Hatchery

往格勞斯山方向

Mosquito Creek Park

卡皮拉諾河公園
Capilano River Regional Park

卡皮拉諾吊橋
Capilano Suspension Bridge P.68

W. Queens Rd.

E. 29 St.

往林恩水源公園方向

**A**

安布賽德公園
Ambleside Park

獅門橋

北溫哥華
North Vancouver

洛磯登山景觀路
Rocky Mountaineer Railway

第一海峽
First Narrows

北溫哥華火車站
North Vancouver Station P.51

與八鮨
R

展望角
Prospect Point

兒童動物農場
Children's Farmyard

迷你蒸汽火車
Miniature-Railway

溫哥華水族館
Vancouver Aquarium P.62

布拉德內灣
Burrard Inlet

隆茲戴爾碼頭市場
Lonsdale Quay Market P.68

Ocean Breeze B&B
P.77

往第二海峽大橋方向

**B**

空心樹
Hollow Tree

Beaver Lake

布洛克頓角
Brockton Point

圖騰柱廣場

海上巴士

玫瑰花園 P.62

史丹利公園
Stanley Park

遊客中心

死人島
Deadmans Island

九點鐘大砲
Nine O'clock Gun

Lost Lagoon

煤港
Coal Harbour

放大圖P.48～49

加拿大廣場
Canada Place

溫哥華港
Vancouver Port

西岸快車

**C**

溫哥華海洋博物館
Vancouver Maritime Museum

Waterfront

Canada Line
Waterfront

蓋士鎮
Gastown

基斯蘭諾海灘
Kitsilano Beach

凡尼爾公園
Vanier Park

溫哥華城市中心
Vancouver City Centre

中國城
Chinatown

卑詩體育館
B.C. Place

溫哥華博物館
Museum of Vancouver

Yaletown Roundhouse

火車站
巴士總站

溫哥華市
False Creek

Main Street-
Science World

VCC-Clark

格蘭佛島
Granville Island

奧運村
Olympic Village

E. Great Northern Way

捷運

Commercial-Broadway
East Broadway

**D**

W. Broadway

市政廳
City Hall

49th Parallel &
Lucky's Doughnuts P.80

Commercial-Broadway

VIA國鐵

南格蘭佛
South Granville

溫哥華綜合醫院 P.59
Vancouver General Hospital

Clark Park

約翰亨德利公園
John Hendry Park

Vij's P.82
R

新瑞華海鮮酒家(分店) P.82
R

香榭區
Shaughnessy

溫哥華奧運中心 P.89
Vancouver Olympic Centre

The Regional Assembly of Text P.84
S

Nanaimo

溫杜森植物園 P.69
VanDusen Botanical Garden

伊莉莎白女王公園
Queen Elizabeth Park

布勞岱爾溫室
The Bloedel Conservatory

往哈里遜溫泉方向

**3**　　　　　　**4**

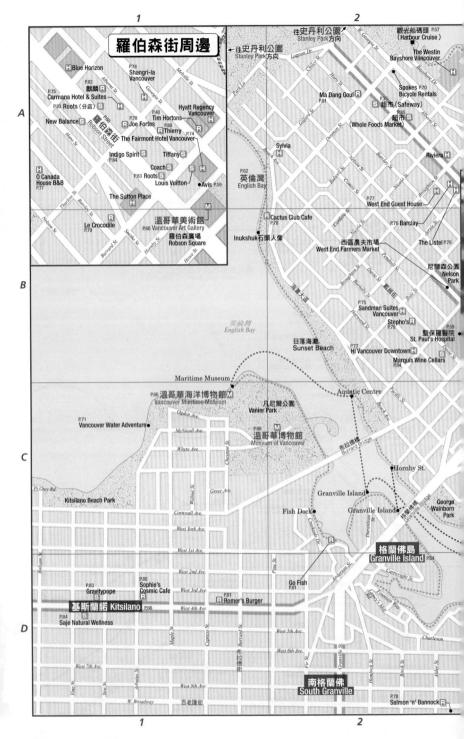

**1**

**2**

往史丹利公園
Stanley Park 方向

觀光船碼頭 P.57
(Harbour Cruise)

The Westin
Bayshore Vancouver

往史丹利公園
Stanley Park 方向

**羅伯森街周邊**

H Blue Horizon

P.74
Shangri-la
Vancouver

P.82
麒麟

P.75
Carmana Hotel & Suites

P.83 Roots (分店) S

New Balance S

Hyatt Regency
Vancouver

P.78
Tim Hortons

P.40
Joe Fortes

P.80
Thierry

P.74
The Fairmont Hotel Vancouver

羅伯森街
Robson Street

Ma Dang Goul R
P.81

超市 (Safeway) S
P.35

P.35
超市
(Whole Foods Market)

Sylvia

Riviera H

Spokes P.70
Bicycle Rentals

**A**

O Canada H
House B&B
P.77

Indigo Spirit S
P.84

Tiffany S

Coach S

P.83 Roots S

Louis Vuitton

The Sutton Place

P.62
英倫灣
English Bay

Avis P.59

West End Guest House

P.76 Barclay

The Listel P.76

P.77

**B**

Le Crocodile R
P.79

溫哥華美術館
P.60 Vancouver Art Gallery
羅伯森廣場
Robson Square

M

Cactus Club Cafe
P.78

Inukshuk 石頭人像

西區農夫市場
West End Farmers Market

尼爾森公園
Nelson
Park

P.75
Sandman Suites
Vancouver

Stepho's R
P.79

聖保羅醫院 P.59
St. Paul's Hospital

HI Vancouver Downtown
P.77

Marquis Wine Cellars
P.84

英倫灣
English Bay

日落海灘
Sunset Beach

Maritime Museum

Aquatic Centre

P.66 溫哥華海洋博物館 M
Vancouver Maritime Museum

凡尼爾公園
Vanier Park

P.71
Vancouver Water Adventure

P.66
溫哥華博物館
Museum of Vancouver

布拉德橋
Burrard Bridge

Hornby St.

**C**

Pt. Grey Rd.

Kitsilano Beach Park

Granville Island

Fish Dock

Granville Island

固蘭佛橋
Granville Bridge

George
Wainborn
Park

**D**

P.83
Gravitypope

P.80
Sophie's
Cosmic Cafe

基斯蘭諾 Kitsilano
P.66

P.84
Saje Natural Wellness

Go Fish
P.81

R Romer's Burger
P.81

格蘭佛島
Granville Island P.64

南格蘭佛
South Granville

Salmon 'n' Bannock R
P.78

**1**

**2**

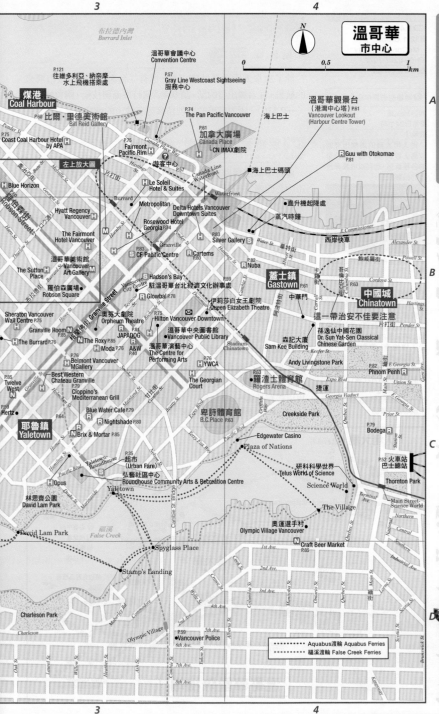

3　　　　　　　4

布拉德內灣
Burrard Inlet

溫哥華
市中心

N

0　　0.5　　1
km

A

**煤港**
**Coal Harbour**

P.121
往維多利亞、納奈摩
水上飛機搭乘處

溫哥華會議中心
Convention Centre

P.57
Gray Line Westcoast Sightseeing
服務中心

溫哥華觀景台
(港灣中心塔) P.61
Vancouver Lookout
(Harbour Centre Tower)

P.60 比爾·里德美術館
Bill Reid Gallery

P.74
The Pan Pacific Vancouver

海上巴士

P.75
Coast Coal Harbour Hotel
by APA

P.75
Fairmont
Pacific Rim

加拿大廣場
Canada Place

CN IMAX劇院

左上放大圖

遊客中心
P.57

Blue Horizon

Le Soleil
Hotel & Suites

Guu with Otokomae
P.81

海上巴士碼頭

Metropolitan

Delta Hotels Vancouver
Downtown Suites

直升機起降處

E. Commissioner

Hyatt Regency
Vancouver

Rosewood Hotel
Georgia P.74

蒸汽時鐘

西岸快車

Alexander St.

The Fairmont
Hotel Vancouver

Granville

P.83
Silver Gallery

Water St.

Powell St.

溫哥華美術館
Vancouver
Art Gallery

P.83
CF Pacific Centre

Cartems
P.80

Nuba

鮑威爾街

Cordova St.

B

The Sutton
Place

羅伯森廣場
Robson Square

Hadson's Bay

駐溫哥華台北經濟文化辦事處

Globwal P.78

**蓋士鎮**
**Gastown** P.61

中華門

中國城
Chinatown

Hastings

Sheraton Vancouver
Wall Centre P.75

伊莉莎白女王劇院
Queen Elizabeth Theatre

這一帶治安不佳要注意

Granville Room

奧芬大劇院
Orpheum Theatre

Hilton Vancouver Downtown

孫逸仙中國花園
Dr. Sun Yat-Sen Classical
Chinese Garden

The Roxy P.85

JAPADOG

溫哥華中央圖書館
Vancouver Public Library

The Burrard P.76

Moda P.76

A&W
P.40

森記大廈
Sam Kee Building

Belmont Vancouver
MGallery

P.76

溫哥華演藝中心
The Centre for
Performing Arts

Stadium-
Chinatown

YWCA

Andy Livingstone Park

Phnom Penh
P.82

E. Georgia St.

P.85
Twelve
West

Best Western
Chateau Granville

The Georgian
Court

羅渣士體育館
Rogers Arena

Union St.

Hertz

Cloppino's
Mediterranean Grill

Prior St.

**耶魯鎮**
**Yaletown**

Blue Water Cafe P.79

P.64

Nightshade P.80

卑詩體育館
B.C.Place P.63

Creekside Park

Georgia Viaduct

Bodega
P.79

Brix & Mortar P.85

Edgewater Casino

C

Opus

超市
(Urban Fare)

P.35
Yaletown
Roundhouse

Plaza of Nations

研科科學世界
Telus World of Science

P.52 火車站
巴士總站

弘藝社區中心
Roundhouse Community Arts & Recreation Centre

Yaletown

Science World

Thornton Park

林思齊公園
David Lam Park

The Village

Main Street-
Science World

David Lam Park

福溪
False Creek

奧運選手村
Olympic Village Vancouver

Northern

Spyglass Place

Craft Beer Market
P.85

1st Ave.

Central

Stamp's Landing

2nd Ave.

Industrial Ave

D

Charleson Park

3rd Ave.

Charleson

4th Ave.

Olympic Village

P.99
Vancouver Police

5th Ave.

6th Ave.

Aquabus渡輪 Aquabus Ferries

福溪渡輪 False Creek Ferries

7th Ave.

8th Ave.

3　　　　　　　4

49

# 如何前往溫哥華

## ▶▶▶ 飛機

除了加拿大國內各城市之外，也有從台灣、美國各城市飛來的航班，從台灣出發的話，請參考「旅行準備與技術・購買機票」（→P.530），國內航班的話則請參考各城市的前往方式。

## ✈ 溫哥華國際機場
### Vancouver International Airport

溫哥華國際機場Vancouver International Airport座落在市中心西南方約15km處，菲沙河Fraser River的沙洲之上；機場航運大廈為2層樓建築，有著玻璃帷幕的外觀與挑高空間，顯得明亮而開闊。入境大廳在Level 2（1樓），出來外面就是前往維多利亞、惠斯勒的巴士與計程車乘車處，至於到市中心的捷運Sky Train，可經由Level 4（3樓）的專用通道直接前往搭乘。各個樓層都分為東西兩翼，有飛往美國的航班及其他國際線登機門，在國際線出境大廳的正面階梯旁，有座高達4m的青銅藝術雕刻，則是比爾・里德Bill Reid（→P.60）的作品《海達瓜依精神─翠玉獨木舟The Spirit of Haida Gwaii-The Jade Canoe》，堪稱是機場的代表象徵。國內線航廈緊鄰在國際線航廈隔壁，經由通道可以輕鬆往來。

⇒內部設計方便的溫哥華國際機場

# 機場前往市區

## 捷運 Sky Train

捷運加拿大線Canada Line負責銜接機場與市中心兩地交通，不過中途會在Bridgeport站分成2個方向，要往列治文市Richmond方向要在這裡換車；由機場出發前往市中心的終點站Waterfront，所需

↑從機場前往市區的交通十分便捷

時間約25分鐘。若是從市區前往機場，因為有往列治文市（Richmond-Brighouse）及機場（YVR Airport）2個方向，記得搭乘前往機場方向列車。至於車資方面，除了一般車資費用外還要額外支付$5，不過若從市區前往機場時，支付Zone 2的車資即可。

## 市區巴士 City Bus

往來於市中心與機場間的巴士，僅有於深夜行駛的夜間巴士N10而已。巴士站在國內線航運大廈Level 3（出發大廳）處，從機場到市中心所需時間約30分鐘。

## 計程車／小型巴士 Taxi/Limousine

到市中心20～30分鐘，計程車最多可搭載4人，採分區收費制度，還有能乘坐5～6人的小型巴士（目前停駛中）也會前往市中心。除此之外，也可以選擇Uber等獲得機場許可的3家共乘服務公司。

## ▶▶▶ 長途巴士

有許多巴士公司經營從溫哥華出發的路線，主要包含前往維多利亞的BC Ferries Connector、前往惠斯勒的各巴士公司（→P.86）、前往卡加利的Rider Express、前往甘露市與基隆拿的E Bus等，由於每家巴士公司的發地地點不同，請事先確認；其中BC Ferries Connector、Rider Express、E Bus等在巴士總站發車。

## ▶▶▶ 鐵路

溫哥華的鐵路，有連結溫哥華～多倫多的VIA國鐵加拿大人號The Canadian，也是洛磯登山者鐵路Rocky Mountaineer Railway的西端起點，還有從西雅圖跨越邊境的美國國鐵Amtrak；而連結溫哥華～惠斯勒～傑士伯的雨林至淘金熱之旅Rainforest to Gold Rush（洛磯登山者鐵路），則由北溫哥華車站North Vancouver Station出發。

---

**捷運**

搭乘方式請參考P.54。
路線圖請參考P.53。

機場→市中心
🚋每日5:07～翌日0:56
💲$9.55（包含加收車資。週一～五18:30～及週六・日為$8.15，使用康百世卡Compass Card則為$8.75或$7.55）

Waterfront車站→機場
🚋每日4:48～翌日1:05
💲$4.55（Zone 2，週一～五18:30～及週六・日為$3.15，使用康百世卡則為$3.75或$2.55）
　兩者皆為6～20分鐘發車。

**市區巴士**

搭乘方式請參考P.55。

N10
機場→市中心
🚋1:38、2:08、2:38
💲$3.15（使用康百世卡則為$2.55）
　即使同樣是N10巴士，有分成往市中心的Waterfront或是郊區列治文市的2種方向，千萬注意別搞錯了。

**計程車**
💲到市中心$31～43

**小型巴士**
💲到市中心$64～

**機場許可的共乘服務**
Uber
Lyft
KABU
　國內線、國際線的出境大廳，以及南航廈都有乘車處。

**BC Ferries Connector**（→P.543）
☎(1-888)788-8840
🌐bcfconnector.com

**Rider Express**（→P.543）
☎(1-833)583-3636
🌐riderexpress.ca

**E Bus**（→P.543）
☎(1-877)769-3287
🌐myebus.ca

**VIA國鐵**（→P.545）

**洛磯登山者鐵路**（→P.546）

**Amtrak**
☎(1-800)872-7245
🌐www.amtrak.com

**北溫哥華車站**
MAP P.47-B3

↑巴士總站與火車站在同一棟
建築物裡

**巴士總站／火車站**
**MAP** P.49-C4
🏠 1150 Station St.

**Translink**
☎ (604)953-3333
遺失物品 ☎ (604)682-7887
URL www.translink.ca
車資
🎫 單程票
Zone 1
大人$3.15、銀髮族・青少年$2.1
Zone 2
大人$4.55、銀髮族・青少年$3.1
Zone 3
大人$6.2、銀髮族・青少年$4.25
1日乘車券Day Pass
大人$11.25、銀髮族・青少年
$8.85
使用康百世卡時
Zone 1
大人$2.55、銀髮族・青少年$2.1
Zone 2
大人$3.75、銀髮族・青少年$3.1
Zone 3
大人$4.8、銀髮族・青少年$4.25
※「青少年」為13～18歲。

**康百世卡**
　和台灣悠遊卡、一卡通一樣
的儲值式IC卡,在捷運或海上
巴士的入口處、巴士乘車處旁
都設有專用讀卡機,使用者需
要感應卡片來支付車資。
　另外也有紙式單程車票(康
百世票)與1日乘車券Day
Pass,使用時也是在讀卡機
感應(市區巴士上購買的單程
票除外)。

可以儲值使用的康百世卡

**Aquabus渡輪**
☎ (604)689-5858
URL theaquabus.com
🎫 $4～10

**福溪渡輪**
☎ (604)684-7781
URL granvilleislandferries.bc.ca
🎫 $4～11

## 巴士總站／火車站前往市區

　巴士總站與火車站(太平洋中央車站Pacific Central
Station)位於同一棟建築物裡,地點在中國城以南約1km處,
從一旁的緬街・科學世界站Main Street-Science World搭乘
往西行(Westbound)的捷運,就能直接抵達市中心。若是搭
乘市區巴士前往市中心、中國城等地的話,以緬街・科學世界站
前出發的#3、#8、#19最為方便;至於從火車站正前方發車的
#23則經由耶魯鎮前往英倫灣海灘English Bay Beach。

# 市區交通

　Translink經營市區巴士、捷運及海上巴士共3種交通工具,
若能善加利用,就可以在市區暢行無阻,而且市區巴士、捷運、
海上巴士還能在90分鐘內互相轉乘(僅限同一Zone內)。另
外也有從Waterfront站通往近郊城市的西岸快車West Coast
Express,不過主要為溫哥華市民通勤時所使用,一般觀光客很
少利用得到。位於市中心與格蘭佛島之間的福溪False Creek內
灣,則是由民營的Aquabus渡輪Aquabus Ferries與福溪渡輪
False Creek Ferries提供運輸服務。

## Translink 的車資與車票

　Translink採取分區收費的系統,Zone也就是所謂的區域
劃分,經過越多區車資就會越高;一般來說,觀光景點都是在
Zone 1之內,萬一需要跨越多區搭乘的話,就是支付最高金額
區域的車資。

　不過在週一～五18:30之後,以及週六・日、節日期間,不論到
哪裡都只會收取Zone 1的車資;此外,只有搭乘市區巴士的話,
車資皆為Zone 1;還有未滿12歲的兒童搭車免費(要有大人陪
同)。

## 車票的種類

　使用康百世卡Compass Card的系統,車票大致可分為紙式與
卡式,若搭乘次數不多可選擇紙式的康百世票,要搭乘一整天的
話可使用1日乘車券Day Pass,若會在數天內多次搭乘則可用康
百世卡。

### ■ 康百世票 Compass Ticket

　只能乘車1次的單程票,為紙質磁卡車票。使用時,在巴士車
內或捷運、海上巴士月台入口處的讀卡機感應(Tap In),下車
時一樣要在讀卡機感應(Tap Out);不過市區巴士不需要Tap
Out,請注意不要弄錯。

## ■ 1日乘車券 Day Pass

1天內可無限次搭乘捷運、市區巴士、海上巴士的1日券，除了有和康百世票一樣屬於紙質磁卡的車票，也可以使用下述的康百世卡在自動售票機加購1日乘車券。

## ■ 康百世卡 Compass Card(Adult)

和台灣悠遊卡、一卡通一樣的儲值式IC卡，購卡時需要$6押金，可在捷運、海上巴士車站設置的自動售票機儲值；另外也有兒童、青少年（13～18歲）、銀髮族使用的Concession Card，使用方式與康百世票相同。

購買車票

包含康百世卡在內的所有車票，可至捷運、海上巴士各車站內的自動售票機購買。

自動售票機全部都採取觸控式螢幕，首先決定語言之後，再選擇車票種類，如果是購買康百世卡，就點選「Single Ticket」，接著選擇前往目的地的所屬區域、付款方式，最後投錢即可；自動售票機能使用所有硬幣及$5、10、20的紙鈔，也可使用信用卡。車票的種類除了一般的單程票，還有給銀髮族、青少年使用的折扣車票「Concession」，此外也能在售票機買到1日乘車券。自動售票機可選擇中文介面，讓人感到安心，而自動售票機所販售的1日乘車券僅限當天使用。此外，康百世卡也可在自動售票機購買，先選擇「New Compass Card」，接著點選「Add

### 市區巴士上購買單程票

在市區巴士上購買的單程票並非磁卡，捷運與水上巴士入口處設置的讀卡機無法感應，因此不能從市區巴士轉乘捷運或海上巴士。市區巴士之間則可轉乘，換車時，在司機旁邊收費機上寫有Transfer的地方插入卡片。

### 康百世卡退卡

將不需要的卡片拿到捷運Waterfront站內的康百世客戶服務中心Compass Service Centre，即可退回$6押金。

### 不搭霸王車

由於捷運沒有閘門，不必買票也能搭乘，但是這樣的方式其實是建立在信任市民的道德良知之上，所以無票搭車當然是犯罪行為，萬一被頻頻進行的突擊檢查發現的話，就會被處以罰金。

↑可購買各種車票的自動售票機

**Zone劃分與捷運路線**

Zone 2 北溫哥華 North Vancouver

Waterfront　Lonsdale Quay

布拉德內灣

Burrard
Vancouver City Centre
Granville
Yaletown-Roundhouse
Olympic Village
Broadway-City Hall
VCC-Clark
King Edward
Oakridge-41st Avenue
Langara-49th Avenue

Stadium-Chinatown
火車站
Main Street-Science World

Commercial-Broadway
Renfrew　Gilmore
Rupert
Nanaimo
29th Avenue
Joyce-Collingwood
Patterson
Metrotown
Royal Oak
Edmonds

溫哥華 Vancouver
Zone 1

Lincoln, Lafarge Lake-Douglas へ

Brentwood Town Centre
Sperling-Burnaby Lake
Lake City Way
Holdom
Production Way-University
Lougheed Town Centre

本拿比 Burnaby
Zone 2

Moody Centre
Burquitlam
Inlet Centre
Coquitlam Central

Braid
Sapperton
Columbia
New West
22nd Street

Scott Road
Gateway

Surrey Central
King George

素里 Surrey
Zone 3

溫哥華國際機場
Sea Island Centre
Bridgeport
Templeton
Aberdeen
Lansdowne
Richmond-Brighouse
YVR Airport
Marine Drive

列治文市 Richmond
Zone 2

━━ 世博線 Expo Line
━━ 千禧線 Millennium Line
━━ 加拿大線 Canada Line

↑在閘門感應康百世卡後進入

Stored Value」就可選擇啟用時的儲值金額，購卡時會收取$6的押金，因此儲值金額加$6即為購卡費用。購買1日乘車券的話，在選擇「New Compass Card」後點選「Day Pass」；若要再次儲值，則先選擇「Load Compass Card」，之後進行一樣的操作即可。

市區巴士上也可買到單程票，只要將錢投入司機旁邊的收費機就會印出車票來；不過要注意的是：康百世票的使用方式不一樣（→P.53邊欄），而且機器不會找零。

## ■ 捷運 Sky Train

↑捷運是市區內最舒適快捷的交通工具

是由電腦控制的無人駕駛輕軌鐵路，每輛列車由3～5節車廂組成，市中心區於地下行駛，到了郊區就會出地面行駛於高架上。捷運車門為自動開關，到站時會自動開啟，時間一到便自動關上；車廂內都有路線圖，並有停靠站的站名廣播，不必擔心會坐過站。捷運共有3條路線，從Waterfront車站出發的路線有2條，包含在東南方Columbia站岔前往King George站和Production Way-University站的世博線Expo Line，以及南下經過耶魯鎮、Broadway等地後通往溫哥華國際機場或列治文市的加拿大線Canada Line，還有從VCC-Clark站前往東北方Lafarge Lake-Douglass站的千禧線Millennium Line。在千禧線終點站前的Commercial Broadway站有2座月台，可以利用專用通道前往世博線。

## ■ 海上巴士 Sea Bus

↑即使是乘船欣賞風景也很值得

海上巴士是從市中心Waterfront站相通的Waterfront碼頭，前往北溫哥華North Vancouver的隆茲戴爾碼頭Lonsdale Quay，行駛時間約12分鐘，可搭載395人的渡輪。在船內可以遠眺市中心、史丹利公園Stanley Park、獅門橋Lions Gate Bridge的景致，特別是華燈初上的璀璨夜景更是迷人。如果是從市區巴士或捷運轉乘的話，注意會橫跨2區。

## ■市區巴士 City Bus

市區巴士的路線可說是四通八達，涵蓋範圍相當廣，因此在有限的捷運路線上加以善用市區巴士，就是溫哥華觀光的交通祕訣。由於大多數主要路線都是行駛於捷運的

⬆溫哥華市民們的代步工具

格蘭佛站Granville及溫哥華市中心站Vancouver City Centre周邊，所以搭乘市區巴士觀光時，不妨以這2站為起點會更加方便。巴士是以號碼來區分路線，正前方與後頭都會有電子螢幕顯示車號及前往方向，幾乎所有的市區巴士去程與回程路線都是相同的，因此搭車時要確認別搭錯方向。除了一般路線之外，也有在尖峰時間行駛的巴士、深夜1:00過後發車的深夜巴士Night Bus，以及快速巴士Rapid Bus。

■市區巴士
　Translink官網上的「Trip Planner」是跟Google Map互相連接的，只要輸入地址、路名或捷運站名，就能以時間查詢時刻表及線路方向，還可以設定出發或到達時間，非常方便。如果使用手機或平板電腦查詢，則推薦使用「Transit Subway & Bus Times」。
Trip Planner
URL www.translink.ca/
　trip-planner

⬆市區巴士的車內景象，交通尖峰以外時間幾乎都有位子可坐

溫哥華 Vancouver ◆ 市區交通

市中心・市區巴士路線圖

N　0　0.5　1 km

往19 Stanley Park Loop方向
史丹利公園
觀光船碼頭
加拿大廣場
遊客中心
海上巴士・Waterfront碼頭
Waterfront站
布拉德站
蓋士鎮
西岸快車
格蘭佛站
溫哥華美術館
港灣中心塔
4.7.209. 210.211. 214.
4.7.209.210. 211.214.
14.16.20.R5
溫哥華市中心站
中國城
聖保羅醫院
溫哥華中央圖書館
溫哥華海洋博物館
羅渣士體育館
卑詩體育館
溫哥華博物館
體育館・中國城站
凡尼爾公園
巴士總站・火車站
耶魯鎮・弘毅站
研科科學世界
縉街・科學世界站
格蘭佛島
楓漢

巴士路線
5 紅色數字：一般行駛
32 藍色數字：限定時間行駛
R5 紅色數字前加R：Rapid Bus（快速）
6 無箭頭數字：兩個方向都行駛
←3 有→與數字：僅往1個方向行駛
捷運站

9.99 B-Line
Broadway
9.99 B-Line
Broadway

巴士採前門上車、後門下車的方式，在停靠各個站牌之前會有車內廣播，車內前面上方還有站牌顯示看板，會標出下一站的站名，因此只要有地圖就能確認自己的所在位置，萬一還是不放心的話，可以告知司機下車站名。下車時可以拉下車窗旁的

↑巴士站設有長椅及標示停靠巴士號碼的看板

拉繩，或是按下走道、出口附近桿上的紅色停車鈕，等到巴士停妥、後車門上方的燈亮以後，從出口階梯往下走1階，車門就會自動開啟；不過有些巴士後門沒有階梯，則要等門上綠燈亮了，再自行壓下把手開門。此外，從市區巴士下車時記得不要感應康百世卡。

## 市區巴士前往主要景點一覽表

| 目的地 | 巴士No. | 乘車地點 |
|---|---|---|
| 史丹利公園（→P.62） | #19 | 片打街、緬街 |
| 格蘭佛島（→P.64） | #50 | Waterfront站、格蘭佛街 |
| | #4、#7、#10、#14、#16 | 格蘭佛街 |
| 基斯蘭諾（→P.66） | #4、#7 | Waterfront站、格蘭佛街 |
| | #44 | Waterfront站、布拉德站、布拉德街 |
| 溫哥華博物館（→P.66） | #2 | 布拉德站、布拉德街 |
| | #44（僅限平日） | Waterfront站、布拉德站、布拉德街 |
| 卑詩大學（→P.66） | #4、#14 | 格蘭佛街 |
| | #44（僅限平日） | Waterfront站、布拉德站、布拉德街 |
| 卡皮拉諾吊橋（→P.68） | #236 | 隆茲戴爾碼頭 |
| 松雞山（→P.68） | #236 | 隆茲戴爾碼頭、卡皮拉諾吊橋 |
| | #232 | 卡皮拉諾吊橋 |
| 溫杜森植物園（→P.69） | #17 | 羅伯森街、格蘭佛街、片打街、甘比街 Cambie St. |

## ■計程車 Taxi

溫哥華隨招隨停的計程車相當多，因此在市中心很容易叫到車，招車方式與台灣相同，舉手就會有空車停下來；車頂的燈亮起時表示可以載客，沒亮就是已經有人搭乘。所有的計程車都採跳表收費，起跳價為$3.5，每走1km會增加$2.03。

↑計程車除了黃色，還有藍白雙色等，車身非常多彩

# 漫遊溫哥華

溫哥華的市中心位在突出於英倫灣English Bay的半島地帶，最繁華熱鬧的區域則是羅伯森街Robson St.與格蘭佛街Granville St.的交叉口，從這裡沿著格蘭佛街一路往東北走，就是現代化高樓大廈林立的Waterfront。

羅伯森街是從西北往東南貫穿市中心長達約3km的大街，西北端是史丹利公園Stanley Park，東南方則為卑詩體育館B.C. Place，而在卑詩體育館的西南邊則是時髦的重劃區——耶魯鎮Yaletown。整個市中心的街道呈現棋盤狀設計，非常清楚易懂，羅伯森街與往北相隔1個街區的喬治亞街Gerogia St.，以及格蘭佛街為市中心的主要大街，再加上格蘭佛街以西3條街的布拉德街Burrard St.、西北邊小餐廳群聚的Denman St.、羅伯森街以南4～6條街的戴維街Davie St.，只要記清楚這6條街道及捷運站的位置，就不必擔心會迷路了。

要離開半島地區，必須經過格蘭佛橋Granville Bridge及布拉德橋Burrard Bridge 2座橫亙於福溪之上的橋樑，而位於格蘭佛橋下的島嶼是格蘭佛島。從格蘭佛街直接往南行，則是溫杜森植物園VanDusen Botanical Garden、伊莉莎白女王公園Queen Elizabeth Park等開闊的庭園。

而順著格蘭佛街往西轉進4th Ave.直走，就是基斯蘭諾Kitsilano，若沿4th Ave.一直走下去，則會抵達卑詩大學University of British Columbia（UBC）。

隔著布拉德內灣Burrard Inlet與市中心相望的地區是北溫哥華，住宅區的後方矗立著山脈，這片如海浪般起伏的稜線稱為北海岸North Shore，擁有卡皮拉諾吊橋Capilano Suspension Bridge、松雞山Grouse Mountain等非常多自然景點。

溫哥華 Vancouver ◆ 市區交通／漫遊

## ❓遊客中心
Destination Vancouver
**MAP** P.49-A3
📍210-200 Burrard St.
☎(604)683-2000
(604)682-2222
🔗www.destinationvancouver.com
🕐每日9:00～16:00（依時期而變動）
🚫無休

可索取市區地圖或免費導覽小手冊，更方便觀光；還提供豐富的飯店與B&B名單、在地之旅、活動情報等資訊，還能夠免費幫忙預訂飯店。需要諮詢櫃台人員時，只要抽號碼牌，等待叫號即可。

↑遊客中心外觀

### 市中心的治安
位於片打街Pender St.往北3條街道的鮑威爾街Powell St.，在過去又被稱為日本人街，如今因荒廢而使得治安不佳；中國城入夜之後，由於行人稀少也要特別注意。至於中國城的北方及通往蓋士鎮街道週邊的治安也不好，千萬不要步行經過（**MAP** P.49-B4）。

## 🍁 在 地 觀 光 之 旅 🍁

### Gray Line Westcoast Sightseeing

推出繞行於市區14個景點的Hop-on, Hop-off觀光巴士，購票（Class Pass）後即可24小時內無限搭乘，繞行1周約1小時。車票可以在官網或會議中心Convention Centre前的服務中心販售。

**DATA**
Gray Line Westcoast Sightseeing
**MAP** P.49-A3 📠(1-877)451-1777
🔗westcoastsightseeing.com
🕐每日8:45～17:15每隔30分鐘發車（冬季則時間縮短、減班）
💲24小時Class Pass 大人$65／兒童（3～12歲）$33

### Harbour Cruise

於夏季推出，航行於溫哥華港內的觀光船之旅Vancouver Harbour Tours，在欣賞沿途現代化的Waterfront、滿盈綠意的史丹利公園、北溫哥華的山脈景色的同時，一路航向馬蹄灣前方。此外，能欣賞美麗夕陽餘暉的Sunset Dinner Cruise也很受歡迎。

**DATA**
Harbour Cruise
**MAP** P.48-A2 📍501 Denman St.
☎(604)688-7246 🔗www.boatcruises.com
Vancouver Harbour Tours
🕐4/27～9/30 每日11:00、12:15、13:30、14:45出發，所需時間約1小時
💲大人$65、銀髮族・青少年（12～17歲）$59、兒童$44
Sunset Dinner Cruise
🕐5/1～10/15 每日19:00出發，所需時間約2小時30分
💲大人、銀髮族・青少年（12～17歲）$159、兒童$149

餐廳與商店齊聚

### A 市中心

溫哥華最熱鬧的區域,其中大型百貨、餐廳、紀念品店雲集的羅伯森街,以及高級飯店、辦公大樓聚集的喬治亞街Gerogia St.為主要街道;羅伯森街即使入夜之後依舊人潮不斷,夏季時咖啡館與酒吧還會設置露天座位,氣氛也更加熱鬧。這裡有許多美術館、藝廊等景點與地標的摩天大樓,幾乎是所有遊客都會一訪的地區。

| 景點 | ★★★★ |
|---|---|
| 美食 | ★★★★★ |
| 購物 | ★★★★★ |

**主要景點**

羅伯森街(→P.60)
溫哥華美術館(→P.60)
比爾‧里德美術館(→P.60)

↑溫哥華的主要大街──羅伯森街

面海的時尚地區

### B Waterfront

現代化的高樓大廈林立在平穩的布拉德內灣旁,堪稱是海港城市溫哥華的一大代表地區,以市區交通樞紐Waterfront站為中心,往西是延伸至加拿大廣場、設有港邊步道的煤港Coal Harbour,往東則是溫哥華發源地的蓋士鎮。由於擁有遊客中心、會議中心等地標建築,不妨從這裡開始觀光行程。

↑視野絕佳餐廳林立的煤港

| 景點 | ★★★★ |
|---|---|
| 美食 | ★★★★ |
| 購物 | ★★★★ |

**主要景點**

加拿大廣場(→P.61)
溫哥華觀景台(→P.61)
蓋士鎮(→P.61)

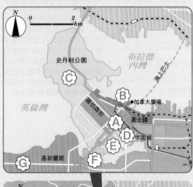

代表加拿大的自然公園

### C 市中心西區

在市中心西邊Denman St.以西之處,主要就是加拿大最有名的市民公園──史丹利公園,雖然位處市中心卻擁有盎然綠意的這座公園,是非常受到在地居民喜愛的休憩場所,園內也有許多景點。在Denman St.除了腳踏車出租店之外,還匯聚了亞洲、異國、西歐料理等世界各地的餐廳,相當熱鬧。

→也可體驗騎腳踏車、健行等戶外活動的史丹利公園

| 景點 | ★★★ |
|---|---|
| 美食 | ★★ |
| 購物 | ★ |

**主要景點**

史丹利公園(→P.62)
溫哥華水族館(→P.62)
英倫灣(→P.62)

## D 市中心東區
半島銜結陸地處

位於溫哥華中央圖書館的東邊，羅伯森街的東端起點是卑詩體育館，而捷運體育館・中國城站的東北方則是中國城，中國餐廳櫛比鱗次。

↑卑詩體育館的後方為福溪

| 景點 ★★ | 主要景點 |
|---|---|
| 美食 ★★★★ | 卑詩體育館(→P.63) |
| 購物 ★ | 中國城(→P.63) |

## E 耶魯鎮周邊
美食&夜生活的人氣地區

以重新改裝的倉庫街為特色的耶魯鎮，雖然景點不多，但洗鍊的咖啡館、老字號酒館及最時尚的夜店等聚集，是大人享受夜生活不可或缺的區域。

↑最新的公寓大廈林立

| 景點 ★★ | 主要景點 |
|---|---|
| 美食 ★★★★★ | 耶魯鎮(→P.64) |
| 購物 ★★★★ | |

## F 格蘭佛島
美食豐富的娛樂城

格蘭佛橋的正下方就是這座突出於福溪的小半島，將荒廢工廠重新開發，如今成為享受購物與美食樂趣的人氣地區。半島兩端的距離僅有500m。

↑可搭乘巴士或渡輪前往

| 景點 ★★ | 主要景點 |
|---|---|
| 美食 ★★★★ | 格蘭佛島(→P.64) |
| 購物 ★★★★ | |

## G 基斯蘭諾周邊
過去的嬉皮居所

英倫灣南岸一帶稱為基斯蘭諾，參觀完位在入口處的凡尼爾公園Vanier Park博物館之後，可以沿著基斯蘭諾中心的West 4th Ave.、基斯蘭諾海灘等地漫步遊逛，西端則是卑詩大學。

↑West 4th Ave.上商店林立

| 景點 ★★★★★ | 主要景點 |
|---|---|
| 美食 ★★★★ | 基斯蘭諾(→P.66) |
| 購物 ★★★★ | 卑詩大學(→P.66) |
| | UBC人類學博物館(→P.67) |

## H 北溫哥華
大自然懷抱中的住宅區

隔著布拉德內灣，座落於市中心對岸的北溫哥華，起伏平穩的山巒緊靠在住宅區旁，這片如海浪般起伏的稜線又被稱為「北海岸North Shore」。

↑有著可盡情享受大自然的豐富景點

| 景點 ★★★★★ | 主要景點 |
|---|---|
| 美食 ★★ | 隆茲戴爾碼頭市場(→P.68) |
| 購物 ★ | 卡皮拉諾吊橋(→P.68) |
| | 松雞山(→P.68) |

## 郊區

郊區也有許多景點，若是將腳步從市中心延伸到南邊，會發現這裡遍布著開闊的自然公園，知名的庭園如溫杜森植物園及伊莉莎白女王公園，都不容錯過。在更南方的菲沙河河口處，則是溫哥華國際機場。

↑溫杜森植物園在春天可欣賞金鏈花拱門

| 景點 ★★★★ | 主要景點 |
|---|---|
| 美食 ★★ | 伊莉莎白女王公園(→P.69) |
| 購物 ★ | 溫杜森植物園(→P.69) |

---

## 實用資訊
Useful Informaiton

**駐溫哥華台北經濟文化辦事處**
Taipei Economic and Cultural Office, Vancouver
MAP P.49-B3
🏠 Suite 2200, 650 West Georgia Street
☎ (604)689-4111
🌐 www.taiwanembassy.org/cayvr/
🕐 週一〜五9:00〜17:00 🚫週六・日・節日

**醫院**
溫哥華綜合醫院 Vancouver General Hospital
MAP P.47-D3
🏠 899 W. 12th Ave. ☎ (604)875-4111
聖保羅醫院 St. Paul's Hospital
MAP P.48-B2
🏠 1081 Burrard St. ☎ (604)682-2344

**警察**
Vancouver Police
MAP P.49-D3
🏠 2120 Cambie St. ☎ (604)717-3321

**主要租車公司**
Avis 溫哥華國際機場
☎ (604)606-2847
市中心 MAP P.48-A1
🏠 757 Hornby St. ☎ (604)606-2868
Hertz 溫哥華國際機場
☎ (604)606-3700
市中心 MAP P.49-C3
🏠 1270 Graville St. ☎ (604)606-4711
火車站、加拿大廣場等地也設有服務據點。

↑溫哥華的主要街道

**溫哥華美術館**
🏠750 Hornby St.
📞(604)662-4700
🌐www.vanartgallery.bc.ca
🕐週四‧五10:00～20:00
　週六一‧三10:00～17:00
🚫週二
💰大人$29、18歲以下免費
　（每月第一個週五的16:00～
　可免費入館）

**愛蜜莉‧嘉爾** ✒
　1871年出生於維多利亞的女畫家、作家，27歲時出遊尤克盧利特Ucluelet，親眼見識到原住民印第安人的生活、文化，深受太平洋沿岸的森林所感動，之後開始拜訪卑詩省的各個印第安部落，留下許多描繪溫帶雨林及圖騰柱的作品；可說是非原住民出身卻能細膩畫出印第安世界，相當罕有的畫家。除此之外，她也熱衷於發表短篇文章或自述式傳記等寫作活動，在1945年與世長辭。

**比爾‧里德美術館**
🏠639 Hornby St.
📞(604)682-3455
🌐www.billreidgallery.ca
🕐5～9月
　每日10:00～17:00
　10～4月
　週三～日10:00～17:00
🚫10～4月的週一‧二
💰大人$13、銀髮族$10、青少年（13～17歲）$6、兒童免費

**比爾‧里德** ✒
　加拿大最具代表性的藝術家，為印第安雕刻大師。1920年身為海達族Haida的母親在維多利亞生下他，直到20多歲都從事廣播電台的播音工作，但自從23歲造訪故鄉海達瓜依Haida Gwaii之後，便致力於海達族傳統藝術的復興運動。他以海達族的傳說為主題，不斷創作出動物、人類等雕刻作品，素材除了木頭，也有青銅雕像等。於1998年過世。

# 主要景點

## 市中心

### 🍁 羅伯森街　MAP P.48-A2～P.49-B3
Robson Street　★★★

羅伯森街從卑詩體育館B.C. Place延伸至史丹利公園Stanley Park，是條貫穿市中心的街道，以位於Howe St.轉角的羅伯森廣場Robson Square為主軸，特別是從格蘭佛街Granville St.的十字路口到史丹利公園，沿途兩側盡是大型百貨公司、飯店、精品店、誕生自加拿大的休閒或化妝品牌，以及高級餐廳與速食店等林立，直到深夜依然人聲鼎沸。這裡還有不少的日本、韓國料理餐廳，因此經常看見許多亞洲人出沒。這條街道的名稱是來自於1889～1892年間，擔任卑詩省省長的約翰‧羅伯森John Robson之名。

### 🍁 溫哥華美術館　MAP P.48-A1～B1
Vancouver Art Gallery　★★★

溫哥華美術館座落於羅伯森廣場正前方，外觀有如希臘神殿的氣派石頭建築，過去曾經是法院。美術館內共有4層樓，以卑詩省藝術家的作品為主，收藏並展出17～18世紀的加拿大美術、20世紀中葉的英國繪畫雕刻等，共計約1

↑不少人會坐在階梯上享用午餐或吃冰淇淋

萬2000件的藝術品，攝影及現代藝術的作品也很多；至於整座美術館最大的看點，當屬3樓的愛蜜莉‧嘉爾廳。愛蜜莉‧嘉爾Emily Carr是加拿大的代表性畫家，留下非常多以原住民圖騰柱為主題的作品；美術館所收藏的是她過世後捐贈給卑詩省政府的作品。在館內還有精緻時尚的咖啡館和紀念品店，逛完美術館別忘了來看看。

### 🍁 比爾‧里德美術館　MAP P.49-B3
Bill Reid Gallery　★★★

同樣是加拿大的代表性藝術家之一，且直接冠上其名的比爾‧里德美術館，館內陳列著比爾‧里德代表作《海達瓜依精神—翠玉獨木舟 The Spirit of Haida Gwaii-The Jade Canoe》、《The Raven and the First Men》等的試作品。在介紹比爾‧里德一生的展區裡，還能看到他在小學時期利用粉筆所雕塑的迷你茶具組等作品，由此可以看出他的手指有多麼靈巧。

◀以翡翠製作的殺人鯨雕像《Killer Whale》

## Waterfront

### 加拿大廣場
Canada Place
★★★

突出於布拉德內灣Burrard Inlet，彷彿眾多帳棚串連在一起的獨特造型建築物，就是以船隻桅杆、風帆為設計靈感的加拿大廣場；在1986年的溫哥華世界博覽會作為加拿大館之用，成為溫哥華的一大重要象

↑夏季時會有來自全世界的郵輪進港停靠

徵，如今則是國際會議或活動的會場。這裡還設有面海的步道，除了可以漫遊一圈之外，還有能感受加拿大大自然與城市上空飛行遊覽的4D影像虛擬體驗——飛越加拿大Fly Over Canada。

### 溫哥華觀景台
Vancouver Lookout
★★★

在溫哥華地標建築之一、高達177m的溫哥華中心塔Harbour Centre Tower內所設置的觀景台，站在離地面168m高的環狀觀景台上，能將溫哥華市中心及環繞周邊的山巒盡收眼底；白天是非常震撼人心的遼闊全景，入夜後燈火璀璨的Waterfront也一樣美麗，值得一賞。

### 蓋士鎮
Gastown
★★★

1867年一位孑然一身、名叫John Deighton的英國男子來到此地，在廣大的原野上蓋起一棟房子，而後便以他家為中心開始發展成村落，並且以其綽號「愛吹牛的傑克Gassy Jack」為名，將此地命名為蓋士鎮Gastown，成為溫哥華的發源地。之後不斷發展的蓋士鎮卻在1886年時遭大火燒毀，雖然靠著橫越北美大陸的太平洋鐵路通車而恢復建設，但進入20世紀後卻再失人氣，成為人煙稀少的鬼鎮；直到1960年代後半的都市重建計畫，將老舊建築重新改裝為餐廳或商店，才搖身一變成為溫哥華代表性的觀光勝地。在石板鋪成的華特街Water St.上，座落著高達5.5m的蒸汽時鐘Steam Clock，每隔15分鐘就會響起嘹亮的汽笛聲；而城鎮東端的楓葉廣場，則豎立著一尊站在威士忌酒桶上的愛吹牛傑克（John Deighton）雕像，是非常受到觀光客喜愛的拍照景點；不過在2022年被示威抗議者毀壞而搬離。至於蓋士鎮東側哥倫比亞街Columbia St.的北邊，則是全溫哥華治安最糟糕的區域，為了安全最好不要前往。

➡座落著品味絕佳的商店與餐廳

**飛越加拿大**
🏠 201-999 Canada Place
📞 (1-855)463-4822
🌐 www.flyovercanada.com
🕐 每日9:30～22:00
（依時期而變動）
休 無休
💰 大人\$33（\$28～）、兒童
（15歲以下、身高超過
102cm）\$23（\$18～）
※（　）內為網路購買票價，依時期而變動。

**溫哥華觀景台**
🏠 555 West Hastings St.
📞 (604)689-0421
🌐 vancouverlookout.com
🕐 每日10:00～19:00
（依天候狀況而變動，前往觀景台的電梯營運到關門前30分鐘）
休 無休
💰 大人・銀髮族\$18.25、學生・青少年（6～17歲）\$13.25、兒童免費

↑能享受璀璨光華的美麗夜景

**蓋士鎮**
📞 (604)683-5650
🌐 gastown.org

**史丹利公園**

URL vancouver.ca/parks-recreation-culture/stanley-park.aspx

馬車之旅
Stanley Park Horse-Drawn Tours
TEL (604)681-5115
URL www.stanleypark.com
開 3～6月、9/5～10/31
　每日10:00～16:00
　7/1～9/4
　每日10:00～17:30
　（依時期而變動）
費 大人$68、銀髮族・學生
　$62、兒童（3～12歲）$25
　暢遊公園主要景點的馬車
之旅，所需時間約1小時，從
遊客中心一旁每隔30～40分
鐘出發。

**溫哥華水族館**

住 845 Avison Way
TEL (778)655-9554
URL www.vanaqua.org
開 6/24～9/3
　每日9:30～17:30
　9/4～6/23
　每日10:00～17:00
休 無休
費 大人$39.95～、銀髮族・學
　生$35.2～、兒童（3～12
　歲）$25.2～、2歲以下免費
　（依時期而變動）

⬆水族館內還有可愛的水獺

⬇極地原住民因紐特人的道路標誌——Inukshuk石頭人像

## 史丹利公園 🍁
Stanley Park　　　　　MAP P.46-B2～P.47-B3　★★★

在市中心的西北端，也就是突出於英倫灣的半島尖端地區，正是溫哥華市民平日最佳休憩場所的史丹利公園；這個參天巨木遍生、約400公頃的廣大園區，原屬於原住民印第安人，是加拿大政府以半永久性方式租借而來。

⬆矗立眾多圖騰柱的圖騰柱廣場

公園成立於1888年，名稱也取自當時的加拿大總督史丹利伯爵Lord Stanley；保留著原始森林與大自然的公園內，除了設有水族館、圖騰柱林立的圖騰柱廣場、玫瑰花園、兒童動物農場之外，還有網球場及海灘等休閒設施，而餐廳、咖啡館當然也少不

⬆最適合騎乘腳踏車的海堤步道

了。環繞在公園最外圍的是長約8.8km、名為海堤Seawall的完善步道，海堤沿途設置有好幾處觀景點，可以一邊悠閒散步、一邊欣賞美景；除了步行，也很推薦騎腳踏車暢遊，另外也有周遊公園內主要景點的馬車之旅。

## 溫哥華水族館 🍁
Vancouver Aquarium　　　MAP P.47-B3　★★★

位在史丹利公園內的水族館，擺放在門口前方的青銅殺人鯨原住民藝術就是最佳標誌。館內一共飼養著約7萬隻的魚類與海中哺乳類生物，其中最受矚目的是可藉由影音、風、霧等效果感受自然與動物世界的4D體驗劇院，也就是有巨大鯊魚從銀幕裡飛出來的影片BBC Earth's Shark:A-4D Experience，像是置身於海中般令人震撼。而能接觸海洋生物的Wet Lab也很受歡迎。

## 英倫灣 🍁
English Bay　　　　　MAP P.48-A1～B2　★★★

由史丹利公園西端一路往南綿延不斷的海岸線就是英倫灣，海灘上擺放著巨大漂流木座椅，坐在這裡欣賞海潮起落的悠閒時光，可說是溫哥華市民的一大享受。海灘旁也規劃有完善的單車專用道與慢跑路線，周圍還聚集著氣氛絕佳的咖啡館、餐廳及酒吧，每逢休假日便吸引眾多民眾湧入而熱鬧不已。在海灘的南端，還豎立有作為溫哥華奧運標誌的Inukshuk石頭人像。

# 市中心東區

## 卑詩體育館＆羅渣士體育館

B.C. Place & Rogers Arena
MAP P.49-C3・4 ★★★

座落在羅伯森街以東盡頭處的卑詩體育館，堪稱為整條大街的地標建築，是可以容納約5萬4500名觀眾的開關式圓頂型室內體育館；雖然作為加拿大足球聯賽（CFL）中B.C. Lions隊的大本營，但同時也是舉

↑卑詩體育館是漫遊街頭時的方向指標

辦各種活動、音樂會的場地。在體育館正面大門A所在處，還設有卑詩體育名人堂與博物館The BC Sports Hall of Fame and Museum，展出關於冰上曲棍球、棒球等卑詩省的體育史，以及經典畫面的照片等。

緊鄰在卑詩體育館旁的羅渣士體育館（前G.M.體育館），則是國家冰球聯盟NHL中溫哥華加人隊Vancouver Canucks的主場。

## 中國城

Chinatown
MAP P.49-B4 ★★★

溫哥華的中國城是在19世紀後半開始出現，據說最早來這裡的中國人是為了加州的淘金熱而來，當時他們在菲沙河上游發現了金礦因而北上，之後又成為興建太平洋鐵路的勞工而在此地定居下來。從體育館‧中國城站Stadium-

↑充滿活力的中國城

Chinatown Station出來，沿著阿波特街Abbott St.往北走，到片打街Pender St.後右轉就會看見中華門；穿越牌樓之後，座落在右手邊的正是深度僅有178cm，被金氏世界紀錄公認的「全世界最窄的大樓」森記大廈Sam Kee Building。而片打街與緬街Main St.的交叉口附近則是中國城的中心，至於與片打街交會的卡羅街Carrall St.上，有座名為孫逸仙中國花園Dr. Sun Yat-Sen Classical Chinese Garden充滿明朝風格的庭園，是有「中國革命之父」稱號的孫中山，在1911年為了籌措創立國民黨的資金而造訪過溫哥華。

中國城裡各式各樣的中華料理餐廳雲集，其中一定要品嚐看看午餐時段提供的港式飲茶Dim Sum，只要$15左右就能飽餐一頓，味道也很棒。這裡總會有各種熱鬧的活動登場，又以農曆正月期間會在片打街與緬街推出穿著中國傳統服飾的新春大遊行Chinatown Spring Festival最為有名。

---

### 卑詩體育館
🏠777 Pacific Blvd.
☎(604)669-2300
🌐www.bcplace.com

卑詩體育名人堂與博物館
☎(604)687-5520
🌐bcsportshall.com
🕐週二～日10:00～17:00
休週一
💰大人$20、銀髮族$16、青少年（5～14歲）$12、兒童免費
舉辦活動時會臨時公休，持有B.C. Lions隊等的比賽門票即可享有半價優惠。

### 羅渣士體育館
🗺MAP P.49-C4
🏠800 Griffiths Way
☎(604)899-7400
🌐rogersarena.com

### 中國城
🌐www.vancouver-chinatown.com

孫逸仙中國花園
🏠578 Carrall St.
☎(604)662-3207
🌐vancouverchinesegarden.com
🕐5～9月
　週三～日9:30～16:00
　10～4月
　週三～日10:00～15:00
休週一・二
💰大人$16、銀髮族$13、學生（6～17歲）$12、兒童免費
花園旁還設有孫文的銅像及名為中山公園的庭園，但是屬於其他設施。

### 新春大遊行
Chinatown Spring Festival
🕐農曆正月的第1個週日

### 如何前往中國城
中國城位於蓋士鎮的東南方，不過中間的街道治安狀況相當差，因此建議從捷運體育館‧中國城站前往；或是從緬街‧科學世界站Main Street-Science World Station搭乘市區巴士#3、#8、#19、#22前往。

↑中華門位於中國城的入口

**耶魯鎮**
☒捷運耶魯鎮・弘藝站Yaletown-Roundhouse徒步即達。

## 耶魯鎮
Yaletown

MAP P.49-C3
★★★

優雅紅磚建築林立的耶魯鎮,是對時下流行十分敏銳的商務人士與設計師群聚的地點。大多數的建築物原本都是鐵路倉庫,藉由1986年溫哥華舉辦世界博覽會之際,經過再開發計畫而保留原有的紅磚外觀,內部則改裝成餐廳或商店。而原來是蒸汽火車頭扇形車庫的弘藝社區中心Roundhouse Community Arts & Recreation Centre,則展示著古老的蒸汽火車頭。

↑紅磚建築的時髦商店櫛比鱗次,是溫哥華流行時尚的最前端

# 格蘭佛島

## 格蘭佛島
Granville Island

MAP P.48-C2〜D2/P.64〜65
★★★

位在格蘭佛橋正下方的格蘭佛島,是座位於福溪的小島,20世紀初期時,這裡曾經是支撐溫哥華產業發展的工廠區,之後

**格蘭佛島**
☏(604)666-6655
URL granvilleisland.com
☒搭乘市區巴士#50經格蘭佛橋至W. 2nd Ave.與Anderson St.的交叉口下車,過橋後就是。或者是搭乘#4、#7、#10、#14、#16經格蘭佛橋後到下一個站牌下車,徒步5〜10分鐘,也很推薦搭乘迷你渡輪前往。

**迷你渡輪(Aquabus)**
大約可乘坐10人左右的小型渡輪,往來於福溪之間,由2家渡輪公司經營,都是每隔5〜30分鐘發船。
Aquabus渡輪、福溪渡輪資訊都在P.52邊欄。

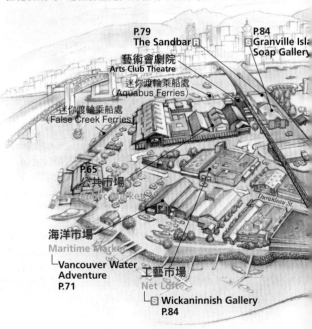

P.79
The Sandbar R

P.84
S Granville Isla
Soap Gallery

藝術會劇院
Arts Club Theatre

迷你渡輪乘船處
(Aquabus Ferries)

迷你渡輪乘船處
(False Creek Ferries)

P.65
公共市場
Public Market

海洋市場
Maritime Market

Vancouver Water
Adventure
P.71

工藝市場
Net Loft

Duranleau St.

S Wickaninnish Gallery
P.84

↑塗上彩虹色彩的可愛Aquabus渡輪

一度沉寂變得人煙稀少，經過重新開發才成為享受購物美食的觀光景點。雖然是座東西兩端距離只有約500m的小島，卻聚集許多別具特色的市場、餐廳及酒吧；若以逛市場為主要目的，大約需要1小時，悠

⬆停靠著為數眾多的船隻

⬆從島上眺望福溪與耶魯鎮的建築

閒走逛餐廳與商店則至少要3小時。夏季時到處可見街頭音樂家及街頭藝人的表演，熱鬧非凡，也可以到藝術會劇院Art Club Theatre或Waterfront劇院Waterfront Theatre欣賞各種演出。

 ## 公共市場
### Public Market
MAP P.64 ★★★

是位於格蘭佛島的室內市場，也是溫哥華市面積最大的市場。建築內擠滿了販賣新鮮蔬菜、水果及海鮮類的店家，每逢週末會有許多在地人湧入；也有熟食店和美食街，不妨買份三明治等輕食，一邊品嚐一邊在市場內閒逛，別有一番樂趣。

⬆陳列著各式各樣的生鮮食品，是溫哥華規模最大的室內市場

愛蜜莉・嘉爾藝術設計大學
Arts & Innovation Hub

R Granville Island Brewing
P.82

H Granville Island

Johnston St.

Waterfront劇院
Waterfront Theatre

水公園
Splash Park

兒童市場
Kids Market

---

**公共市場**
🕐 每日9:00〜18:00
休 無休

**公共市場的美食之旅**
全程約2小時，是遊覽公共市場內部的導覽之旅；沿途會造訪20間店家，可試吃並詢問食材的講究之處等資訊。
Granville Island Market Tour
☎ (604)295-8844
URL foodietours.ca/
granville-island-market-tour
🕐 每日10:30〜
（冬季有時會限定星期幾舉行）
💰 大人$99.99〜、兒童（4〜12歲）$89.99〜
須以電話或網路事先預約。

**格蘭佛島的市場**
除了公共市場之外，還有販售兒童用品與玩具的兒童市場Kids Market、各式手工藝品店或精品店進駐的工藝市場Net Loft，以及聚集供應海鮮與海洋相關產品的商店、負責海上活動的旅遊公司等的海洋市場Maritime Market。
兒童市場
🕐 每日10:00〜18:00
休 無休
工藝市場
🕐 每日10:00〜18:00
休 無休
海洋市場
🕐/休 依店鋪而異

### 基斯蘭諾
🚇搭乘市區巴士#4、#7越過格蘭佛橋，再經過布拉德街就可以下車；或是搭乘#44越過布拉德橋，轉入4th Ave.後下車。

### 基斯蘭諾 MAP P.48-D1
Kitsilano

🔼在林蔭街道兩旁分布著許多時尚店家

被溫哥華市民暱稱為「Kits」的基斯蘭諾，可說是溫哥華的流行時尚發源地；從市中心越過格蘭佛橋轉進4th Ave.後，再往西行約2km都算是基斯蘭諾的範圍。名稱源自於過去居住此地的印第安瑪斯昆族Musqueam酋長名，1970年代曾是非常知名的嬉皮城鎮，之後經過重新規劃才變成時尚街道的樣貌。在地人習慣把延伸至北邊基斯蘭諾海灘Kitsilano Beach的地區統稱為基斯蘭諾，不過商店則集中在4th Ave.一帶，最熱鬧的中心區在布拉德街Burrard St.與Balsam St.交會處附近，人氣餐廳、生活雜貨、化妝品、園藝等店家櫛比鱗次，學生等年輕人聚集，氣氛比耶魯鎮更加悠閒。

### 溫哥華博物館
📍1100 Chestnut St.
☎(604)736-4431
🌐museumofvancouver.ca
🕐週日～三10:00～17:00
　週四～六10:00～20:00
❌無休
💲大人$20、銀髮族・青少年・學生$15、5歲以下免費
🚇市區巴士#2、#44過布拉德橋後的第1個巴士站下車，徒步約10分鐘。
　在大門口前的螃蟹雕塑內，藏有2067年才會開啟的時空膠囊。
麥克米蘭太空中心
☎(604)738-7827
🌐www.spacecentre.ca
🕐週三・五18:30～22:30
　週四・六・二 9:30～16:30
❌無休
💲大人・銀髮族・青少年$19.75、兒童免費

### 溫哥華博物館 MAP P.48-C2
Museum of Vancouver ★★★

位於凡尼爾公園Vanier Park內的博物館，擁有獨特的三角形屋頂而格外醒目，主要展出溫哥華的相關歷史，還會舉行許多期間限定的展覽。

🔼大門前的螃蟹雕塑，是George Harris以海達族傳說所完成的作品

2樓則是可以體驗太空的麥克米蘭太空中心H.R. Macmillan Space Centre，還會舉辦天文與宇宙相關的表演活動。

### 溫哥華海洋博物館
📍1905 Ogden Ave.
☎(604)257-8300
🌐vanmaritime.com
🕐週二～日10:00～17:00
❌週一
💲大人$15、銀髮族$11、青少年（6～18歲）・學生$12.5、兒童免費
🚇從溫哥華博物館徒步5分鐘。

### 溫哥華海洋博物館 MAP P.48-C1
Vancouver Maritime Museum ★★★

可以認識溫哥華的發展史，以及與海洋相關的各種資訊，包括從大航海時代到現代的船隻模型、船上用具、船員制服等展覽，非常豐富。館內部還陳列著全世界第一艘航行北美一圈的帆船——聖勞殊號St. Roch，必須透過免費的導覽之旅才能參觀帆船。

### 卑詩大學(UBC) MAP P.46-C1～D1
University of British Columbia ★★★

創立於1915年，是加拿大屈指可數的名校，學生人數多達約5萬8000人，為加拿大西部規模最大的大學，加上以積極招攬留

學生而聞名，因此也看得到許多來自亞洲的留學生。整座大學的校園面積超過4km²，擁有公園、海灘、玫瑰花園等設施，以及UBC人類學博物館、新渡戶紀念花園等溫哥華的代表性景點，其中UBC植物園UBC Botanical Garden

↑開闊的校園裡分布不少景點

更是非常出名。夏季時會有免費巡迴校區的校園導覽之旅，而緊鄰在巴士站牌旁的是咖啡館、速食店集中的學生會大樓Student Union Building（SUB），以及可以購買到各種有著UBC標誌紀念品的UBC書店UBC Bookstore。由於校區幅員廣大，最好先到SUB 1樓的遊客中心索取地圖，才不會迷路。

MAP P.46-C1

## 🍁 UBC人類學博物館
UBC Museum of Anthropology

★★★

位於蒼翠蓊鬱的森林之中，大門口前豎立著一座大型圖騰柱；博物館的建築使用大量玻璃，是相當時尚且採光明亮的設計。這裡以擁有全世界屈指可數的加拿大西海岸原住民族相關展覽而

↑館內各種圖騰柱林立

自豪，櫃台後方就是寬敞的大廳，陳列著眾多過去原住民所製作的圖騰柱，參觀者無不為之讚嘆。位在博物館中央圓形大廳Rotunda的則是比爾·里德Bill Reid的代表作《The Raven and the First Men》，而中庭的「雕刻森林」內也看得到圖騰柱及印第安人的居所，都是經由現代印第安藝術家之手所重新復刻出來的作品。

比爾·里德的《The Raven and the First Men》↑

## 🍁 新渡戶紀念花園
Nitobe Memorial Garden

★★★

MAP P.46-D1

↑在其他國度感受日本文化

為了紀念於1933年前往班夫Banff參加國際會議，卻在回程途中客死維多利亞的新渡戶稻造博士（1862～1933年）而建，在水池周圍栽種著櫻花、菖蒲、楓樹等四季各有不同色彩的植物，還建有一座非常道地的日本茶室，可說是北美地區相當少見的純日式庭園。

↑中庭擺放著復刻版的圖騰柱

---

**卑詩大學**
☎(604)822-2211
URL www.ubc.ca
URL visit.ubc.ca
🚌從市中心搭乘市區巴士#44、#84至終點站的UBC Exchange下車，徒步即達。
**校園導覽之旅**
☎(604)822-3313
URL visit.ubc.ca/campus-tours
🕐3月中旬～11月中旬
週六10:30～12:00
從Brock Hall出發，所需時間約50分鐘～1小時30分，必須事先在官網或服務中心Wellcome Center申請。

**UBC人類學博物館**
🏠6393 N.W. Marine Dr.
☎(604)827-5932
URL moa.ubc.ca
🕐每日10:00～17:00
💲大人$25、銀髮族·學生$22、青少年（6～18歲）$10、兒童免費

**新渡戶紀念花園**
🏠1895 Lower Mall
☎(604)822-4208
URL botanicalgarden.ubc.ca/visit/nitobe-memorial-garden
🕐4～10月
週二～日10:00～16:30
11～12月下旬
週二～日10:00～14:00
🚫週一、12月下旬～3月
💲大人$7、銀髮族·青少年（13～17歲）$6、兒童（6～12歲）$4、5歲以下免費

## 🍁 隆茲戴爾碼頭市場
　Lonsdale Quay Market　　　🗺 P.47-B4　★★★

　隆茲戴爾碼頭市場是位於海上巴士隆茲戴爾碼頭旁的室內市場，2層樓高的建築物採用挑高空間設計，1樓是生鮮食品店及熟食店、美食街，2樓則聚集以年輕人為主要客群的店鋪。

## 🍁 卡皮拉諾吊橋
　Capilano Suspension Bridge　　🗺 P.47-A3　★★★

　流經北溫哥華的卡皮拉諾河Capilano River，兩側是深邃險峻的溪谷，而架設在溪谷上的卡皮拉諾吊橋也成為一大觀光名勝；吊橋長134m，從溪谷底到橋面的高度約70m，走過搖搖晃晃的吊橋可說是刺激又驚險。過橋之後，前方是規劃完善的公園，種滿卑詩省沿岸特有的寒帶雨林，周圍的樹種以花旗松Douglas Fir居多，樹高約80m、樹齡超過200年。除了吊橋之外，還可體驗以花旗松為支柱連接7座吊橋的樹梢探險Treetops Adventure、漫步在高掛於懸崖旁的空中步道——懸崖步道Cliffwalk等各種活動。在吊橋前方多達40座的圖騰柱更是必看焦點，11/17～1/21還可欣賞「Canyon Light」燈光秀。

⬆行走時會左搖右晃的吊橋，讓人忍不住腳底發軟

## 🍁 松雞山
　Grouse Mountain　　　　　🗺 P.45-A2　★★★

⬆搭上纜車前進山頂

　聳立於北溫哥華後方，是座海拔1250m的山，從山腳下可以搭乘名為Skyride的纜車一路登上1128m處，在纜車終點站還附設峰頂山莊Peak Chalet，進駐著景觀餐廳與咖啡館等設施。峰頂山莊周圍則是娛樂園區，山頂豎立著外型為風力發電機的觀景台——風之眼The Eye of the Wind（目前關閉中）。除了有步道能體驗大自然的樂趣，夏季還會推出直升機之旅及滑翔傘，不過最受矚目的是吊在鋼索上橫越溪谷的空中飛索Mountain Zipline。另外，還有一條從山麓通往山頂的Grouse Grind登山步道（→P.70），冬季時則變身成為滑雪場。

## 伊莉莎白女王公園
Queen Elizabeth Park
MAP P.47-D3 ★★★

位於市中心的南邊，是全加拿大最早成立的市立植物園，公園名稱是為了紀念於1940年拜訪溫哥華的英國伊莉莎白王妃（伊莉莎白二世女王的母親，2002年以101歲高壽辭世）而來。公園腹

↑從山丘遠眺市中心及北海岸的山脈

地面積廣達52公頃，在草坪與森林之間栽種著數量繁多的各色花卉，四季都會綻放不同的風情。由於公園設置在海拔167m的小山丘上，站在這裡可以一覽整個市中心與大海的無敵全景；公園頂端還有溫哥華唯一的熱帶溫室——布勞岱爾溫室The Bloedel Floral Conservatory，在以玻璃帷幕打造的圓頂溫室內種植著約500種熱帶植物，並放養超過100隻鳥兒，還有一間以能俯瞰城鎮景致而自豪的餐廳「Seasons in the Park」。

## 溫杜森植物園
VanDusen Botanical Garden
MAP P.47-D3 ★★★

位在伊莉莎白女王公園的西側，擁有22公頃的遼闊面積原本是高爾夫球場，園內目前總共種植7500種來自全球6大洲的植物，沿著步道走上一圈就可以看盡全世界各地的植物。有競相比美的繽紛花卉區，也有細心栽培、巨樹林立的庭園區等，依照主題共分成55區，而在湖泊、水池映襯下的景致更加迷人。彷彿全世界花園優點盡在此植物園內，最有名的是由金鏈花Laburnum形成的拱門，讓人想在隨風搖曳的黃金花朵下漫步而行，金鏈花的綻放季節每年都不一定，但大約是在5月中旬～下旬左右，大門口的遊客中心都會擺放目前園內盛開的花卉，可以先在這裡確認。到了耶誕節時期，則會有各色燈飾妝點得熱鬧無比的耶誕燈節Christmas Festival of Lights登場，加上紀念品店及餐廳，很適合在這裡悠閒度過一整天。

↑金鏈花的黃金拱門，讓人心醉神迷

**伊莉莎白女王公園**
🏠 33rd Ave. & Cambie St.
🔗 vancouver.ca/parks-recreation-culture/queen-elizabeth-park.aspx
**布勞岱爾溫室**
☎ (604)257-8584
🕐 3・10月
　　每日10:00～17:00
　　4～9月
　　每日10:00～18:00
　　11～2月
　　每日10:00～16:00
🚫 無休
💰 大人$8.29、銀髮族・青少年（13～18歲）$5.82、兒童（5～12歲）$3.7、4歲以下免費
🚇 從捷運King Edward車站徒步5分鐘即達。

**溫杜森植物園**
🏠 5151 Oak St.
☎ (604)257-8463
🔗 www.vandusengarden.org
🕐 3～5・10月
　　每日10:00～17:00
　　6・7月
　　週一～四9:00～17:00
　　週五～日9:00～18:00
　　8月
　　週一～三9:00～17:00
　　週四9:00～19:00
　　週五～日9:00～18:00
　　9月
　　週一～三10:00～17:00
　　週四10:00～19:00
　　週五10:00～18:00
　　11～2月
　　每日10:00～15:00
🚫 無休
💰 大人$12.3（$8.9）、銀髮族・青少年（13～18歲）$8.6（$6.25）、兒童（5～12歲）$6.15（$4.45）、4歲以下免費
※（　）內為11～3月的票價
**耶誕燈節**
🕐 11月下旬～1月上旬
　　16:00～22:00
💰 大人$21、銀髮族・青少年$15.5、兒童$11
🚌 搭乘市區巴士＃17，在Oak St.與37th Ave.的交叉口下車即達。從伊莉莎白女王公園徒步過來約20分鐘。

# 溫哥華的 戶外體驗
## Activities in Vancouver

持續陡上坡的Grouse Grind登山步道

↑途中會行經長長吊橋的林恩峽谷

### 登山健行 Hiking

溫哥華的登山健行地點都集中在山脈起伏的北溫哥華，有適合登山高手到初級者的各種路線，幾乎都可以在當天之內輕鬆完成挑戰。步道起點無法搭乘捷運前往，因此必須利用海上巴士或市區巴士；此外，登山靴、飲用水、緊急糧食等裝備都是需要的。

**主要的登山健行路線**

**Grouse Grind**

從松雞山山麓延伸至山頂的登山步道，以溫哥華最陡上坡的路線而聞名，全程1小時30分的路況為持續險峻上坡，山頂就位在Skyride的山頂站旁，通常回程時會搭乘Skyride下山（下山單程票價$10）。

| | |
|---|---|
| 步行距離 | 單程2.9km |
| 所需時間 | 1小時30分 |
| 海拔高低落差 | 854m |

如何前往登山口：前往步道起點所在的松雞山Skyride搭乘處（**MAP** P.45-A2），可從隆茲戴爾碼頭搭乘市區巴士#236，車程約25分鐘。

**林恩峽谷**
Lynn Canyon

沿著北溫哥華林恩峽谷而行的健行步道，規劃有多條步道，可視自己的體力、時間來選擇路線，其中推薦Lynn Loop步道、山谷步道Valley Trail、Baden Powell Trail 3條步道，途中會經過橫跨溪谷上的吊橋。

| | |
|---|---|
| 步行距離 | 12km |
| 所需時間 | 4小時 |
| 海拔高低落差 | 240m |

如何前往登山口：從隆茲戴爾碼頭搭乘市區巴士#228，車程約20分鐘，於Lynn Valley下車。
**MAP** P.45-A2

**出租腳踏車**

Spokes Bicycle Rentals
**MAP** P.48-A2
🏠1798 West Georgia St.
☎(604)688-5141
🌐spokesbicyclerentals.com
🕐每日8:00～21:00
（冬季會縮短時間）
休無休
🚲租腳踏車
1小時$12～、半日（6小時）
$36～、1日$48～
租借腳踏車時需要出示護照、信用卡等。

### 慢跑 & 腳踏車
### Running & Cycling

↑史丹利公園的海堤

對市民來說最為輕鬆且受歡迎的戶外活動，就是慢跑&腳踏車，而最人氣的路線正是史丹利公園的海堤（→P.72），迷人的景致從市中心的高樓大廈、海港、獅門橋Lions Gate Bridge到北溫哥華依序變化，而且海堤1圈長度為8.8km，即使是初學的慢跑者也不成問題。覺得這樣還不過癮或騎腳踏車的人，還可以沿著英倫灣往福溪、基斯蘭諾海灘路線繼續前進（→P.72），史丹利公園裡也有著通往中心地帶的越野步道。通常慢跑與單車道為相同路線，只是跑道與車道會分開，在公園周邊的租車店就可以租到腳踏車。

## 海洋獨木舟 Sea Kayak

　　溫哥華的經典水上活動就是海洋獨木舟，在市中心旁的格蘭佛島、基斯蘭諾西北方的傑里科海灘Jericho Beach沿岸，都能體驗這項運動，不僅同屬於內灣區域、波浪較為平穩，不論是初學者或觀光客都能放心嘗試；雖然有提供出租服務，但建議還是先參加體驗之旅比較安全。

　　海洋獨木舟分成單人用Single、雙人用Double 2種，穩定性都相當好，利用腳踩踏獨木舟前端的踏板來操控設置於後方的船舵；服裝則以方便活動為佳，而在上下獨木舟時很容易弄濕腳，記得也要準備海灘涼鞋或獨木舟專用鞋，還有海上日照強烈，帽子、防曬乳、太陽眼鏡也都不可或缺。

　　若是想要體驗更正統的海洋獨木舟，不妨前往北溫哥華以東的深灣Deep Cove，這裡是許多獨木舟愛好者在週末時的聚集地，可以租借獨木舟或參加體驗之旅；在北邊還有登山健行勝地──西摩山省立公園Mount Seymour Provincial Park。深灣的中心區進駐許多餐廳與咖啡館，其中特別受歡迎的是甜甜圈店「Honey Doughnuts & Goodies」，在運動身體之後吃個甜甜的甜甜圈，則是深灣的招牌行程。

🔼濱海的溫哥華才有的戶外體驗

**海洋獨木舟**
Vancouver Water Adventures
**MAP** P.48-C1/P.64
**TEL** (604)736-5155
**URL** www.vancouverwater
adventures.com
**图** 租獨木舟2小時$40
（Single）、$55
（Double）
獨木舟體驗之旅$79～
　　體驗之旅從基斯蘭諾海灘出發，格蘭佛島、基斯蘭諾海灘2處地點都有服務據點，也都推出有導遊陪同的體驗之旅，以及獨木舟出租服務。僅在夏季提供服務。

**深灣**
**MAP** P.45-A2
**图** 從捷運布拉德街站或Cordova St.搭乘市區巴士#211約1小時。
Deep Cove Kayak Centre
**图** 2156 Banbury Rd.
**TEL** (604)929-2268
**URL** deepcovekayak.com
**图** 獨木舟體驗之旅$95～
租獨木舟2小時$49～、
1日$115～

COLUMN

# 溫哥華的滑雪場

　　溫哥華每到冬天便會開放滑雪場營業，市區內有3座滑雪場，地點都座落在北溫哥華。3座滑雪場中，距離市中心最近的是松雞山，這裡與西摩山Mount Seymour擁有眾多的初學者專用滑雪道，可以放心挑戰。

　　塞普勒斯山Cypress Mountain的滑雪場，在2010年溫哥華冬季奧運時是滑雪板與自由式滑雪項目的比賽會場，擁有許多中、高階滑雪者的雪道，滑雪老手可以前來此地。雪季依各滑雪場而異，約12～4月左右，詳情請參考官網。

🔼松雞山擁有俯瞰市中心的絕景

DATA
松雞山
**MAP** P.45-A2　**URL** www.grousemountain.com
西摩山
**MAP** P.45-A2　**URL** mtseymour.ca
塞普勒斯山
**MAP** P.45-A1　**URL** cypressmountain.com

# 租腳踏車
# 暢遊溫哥華

旅程就從溫哥華市民的休憩場所，同時也是人氣景點而聞名的史丹利公園（→P.62）出發。腳踏車可在公園周邊的店家租借，手續只需要在表格上填寫地址與姓名等資訊即可，之後便有工作人員幫忙挑選車款。

史丹利公園的最外圍有長約8.8km的海堤道路，採用單行道設計不必擔心對向來車，可以安心享受騎車的樂趣。而最值得推薦的是由綠意盎然的史丹利公園沿著充滿海潮氣息的海灘大道Beach Ave.往南行，朝福溪False Creek方向前進，最後騎到基斯蘭諾海灘Kitsilano Beach約2小時30分的路線。透過戶外活動來感受搭乘捷運或市區巴士時，無法發現的溫哥華另一面。

⬆在史丹利公園海堤踩著腳踏車，一邊享受海風吹拂，相當舒適

**Start!**

**1** 腳踏車出租店

從史丹利公園旁的腳踏車出租店Spokes Bicycle Rentals（→P.70）出發。

**2** 布洛克頓角
Brockton Point

綿延於史丹利公園東側的海岬，是可以眺望布拉德內灣往來交錯船隻的最佳觀景區。

**3** 獅門橋
Lions Gate Bridge

站在橋墩望向對岸，右手邊是北溫哥華，左手邊則是西溫哥華。

**4** 第三海灘～英倫灣
Third Beach & English Bay

前往以黃昏日落最佳觀賞點而聞名的海灘區，從史丹利公園的第三海灘延伸到英倫灣海灘、日落海灘，在海岸線上還豎立著巨大的Inukshuk石頭人像。

**5** 格蘭佛橋
Granville Bridge

穿越過擁有公共市場、個性店家集中的格蘭佛島入口處，因為時尚咖啡館與餐廳聚集，不妨停下來稍作休息。

**Goal!** 基斯蘭諾海灘
Kitsilano Beach

站在被暱稱為「Kits Beach」而備受喜愛的海灘，可以一覽史丹利公園、英倫灣海灘的美景，晴朗的日子裡則滿是做日光浴或玩沙灘排球的民眾。

## 安全騎腳踏車的注意事項

**1** 一定要戴安全帽
別忘了上鎖預防被偷

在溫哥華騎腳踏車一定要戴安全帽，只要稍有鬆懈就可能發生偷竊事件，因此需要停車暫時離開時，務必要上鎖，可在租車店借車鎖。

**2** 事先索取
腳踏車地圖
比較方便

除了租車店，遊客中心等地也會提供腳踏車路線地圖，推薦Metro Vancouver Cycling Map。

**3** 看清楚腳踏車
專用的標誌、信號

在單行道或單車專用道上，都會設置腳踏車專用的交通標誌，千萬不要漏看了。

# 郊區小旅行

## 鹽泉島
### Salt Spring Island

↑擺滿有機蔬菜、水果與起司的週六市集

**MAP P.42-D1** ★★★

　　位處於溫哥華與維多利亞之間的鹽泉島，擁有豐富的大自然及有機餐飲等，是座讓人享受自然生活的慢活島嶼，因此有眾多深受美麗自然所吸引的藝術家定居此地，分布著超過30座關於陶瓷、繪畫、手工藝等藝術工作坊；中心區則是遊客中心所在地的更居鎮Ganges，從溫哥華搭乘渡輪抵達島上的長港Long Harbour，再搭車過來約需10分鐘。而在更居鎮的百年紀念公園Centennial Park，每年4～10月的週六9:00～16:00推出的鹽泉島週六市集The Salt Spring Saturday Market（**MAP P.73-2**）更是島上的一大招牌活動，販賣在地藝術家的手工藝品、有機農產品、起司、化妝品等攤販林立，熱鬧非凡。

　　雖然有周遊島上的循環巴士，不過因為班次很少，建議還是搭乘計程車或租車比較方便。若想開車兜風，不妨沿著海景絕佳的North Beach Rd.一路向北前行，再轉入往維蘇威灣Vesuvius Bay的山路，而海拔595m的麥克斯威爾山省立公園Mt. Maxwell Provincial Park的觀景台，更能一覽絕妙美景。

**鹽泉島**

維蘇威灣 Vesuvius Bay
更居鎮市中心
右側放大圖
長港 Long Harbour
更居鎮港 Ganges Harbour
往溫哥華方向
厄斯金山 Mount Erskine
麥克斯威爾山立公園 Mt. Maxwell Provincial Park
福爾特碼頭 Fulford Harbour
往維多利亞方向

North End Rd.
Sunset Dr.
Vesuvius Bay Rd.
North Beach Rd.
Broadwell Rd.
Rainbow Rd.
Collins Rd.
Beddis Rd.
Stewart Rd.
Fulford-Ganges Rd.
Beaver Point Rd.
Reynolds Rd.

N
0　　5　　10 km

**更居鎮中心區**

N
0　100　200 m

RCMP
● Hospital
更居鎮港 Ganges Harbour
Long Harbour Rd.
Churchill Rd.
Lower Ganges Rd.
Salt Spring Inn H
Rainbow Rd.
Purvis Lane
百年紀念公園 Centennial Park P.73
遊客中心 P.73
鹽泉島週六市集 The Salt Spring Saturday Market
McPhillips Ave.
Seaview Ave.
Jackson Ave.
Drake Rd.
Fulford-Ganges Rd.

1

2

▶▶▶ 如何前往鹽泉島

✈ 從溫哥華出發有Harbour Air Seaplanes的水上飛機，每日3～5航班，所需時間約35分鐘。

🚢 B.C.渡輪則往來於溫哥華的托瓦森Tsawwassen與長港之間，1日2～4班，所需時間1小時30分～3小時，大人$19.8～（車輛為$86.45～）；以及維多利亞斯瓦茲灣Swartz Bay到福爾福特碼頭Fulford Harbour之間的直達船班，1日7～8班，所需時間約35分鐘，大人$11.95～（車輛為$47.05～）。

❓ 鹽泉島的遊客中心
Visitor Info Centre
**MAP P.73-2**
🏠 121 Lower Ganges Rd.
📞 (250)537-5252
🌐 www.saltspringtourism.com
🕐 每日10:00～16:00（依時期而變動）
🚫 無休

鹽泉島的飯店
　　可以讓遊客中心幫忙介紹B&B。
Salt Spring Inn
**MAP P.73-2**
🏠 132 Lower Ganges Rd.
📞 (250)537-9339
🌐 saltspringinn.com
HG 5～9月　共用衛浴ⓈⒹ$139～、附衛浴ⓈⒹ$204～
LOW 10～4月　共用衛浴ⓈⒹ$119～、附衛浴ⓈⒹ$169～
Tax另計

# 溫哥華的住宿
## ── Hotels in Vancouver ──

在市區中心的布拉德Burrard、Howe、喬治亞Georgia等街道上分布許多高級飯店，雖然單人房的價格超過$200，卻是舒適又安全，同時也是用餐、購物與觀光都很便捷的地點；從格蘭佛街Granville St.到卑詩體育館B.C. Place間的東側，也有一些中～高級飯店。

在布拉德橋、格蘭佛橋所在的市中心南區則是以中級飯店居多，格蘭佛街上更是林立著汽車旅館、連鎖系列的中級飯店。至於蓋士鎮或中國城雖然有許多廉價住宿，但因為治安不佳，最好還是避開此區。

B&B分布的範圍較廣，在北溫哥華、西溫哥華West Vancouver則有許多時髦的B&B，雖然旅遊淡季的房價也要$150左右，卻很適合想接觸加拿大在地人生活的旅客。

---

最高級飯店

## Shangri-la Vancouver

市區中心

亞洲具代表性的高級飯店，就座落在溫哥華最高61層大樓的1～15樓。客房空間大小適宜，浴室內的淋浴間與浴缸分隔；還採用最新科技設施，像是可以自動操作的百葉窗與窗簾等。

MAP P.48-A1
1128 West Georgia St.
TEL(604)689-1120
URL www.shangri-la.com/jp/vancouver/shangrila
HIGH5～9月S①$565～
LOW10～4月S①$445～　Tax另計
CC A D J M V　119房
捷運布拉德站Burrard徒步3分鐘。

## The Fairmont Hotel Vancouver

市區中心

創業於1939年，堪稱是溫哥華地標的老字號飯店，青銅屋頂是漫遊溫哥華街頭時的最佳方向指標，搭配上古董家具的室內空間，營造出優雅而舒適的氣息。SPA、游泳池、三溫暖、按摩池等一應俱全，飯店內還有Gucci、Louis Vuitton等高級精品名店進駐。

MAP P.48-A1
900 West Georgia St.
TEL(604)684-3131
FREE(1-866)540-4452
URL www.fairmont.jp/hotel-vancouver
HIGH5～10月S①$489～
LOW11～4月S①$296～　Tax另計
CC A D J M V　557房
捷運布拉德站徒步5分鐘。

## Rosewood Hotel Georgia

市區中心

英國皇室、貓王等世界級名流也下榻於此，是創立於1927年的知名飯店。裝飾藝術風格的外觀與時髦現代的內部裝潢所形成的反差相當酷。進駐了包含西岸料理名店「Hawksworth」等3家餐廳，還設有戶外貴賓室，可享用輕食與酒飲。

MAP P.49-B3
801 West Georgia St.
TEL(604)682-5566
URL www.rosewoodhotels.com/en/hotel-georgia-vancouver
HIGH5～10月S①$535～
LOW11～4月S①$400～　Tax另計
CC A D M V　156房
捷運溫哥華市中心站Vancouver City Centre徒步1分鐘。

## The Pan Pacific Vancouver

Waterfront

位於加拿大廣場內的最高級飯店，可以欣賞到布拉德內灣、北溫哥華的絕佳美景，就位在海上巴士的Waterfront碼頭、遊客中心附近，座落地點非常好。擁有「Five Sails」等深受好評的餐廳，飯店內還有提供SPA服務。

MAP P.49-A3
300-999 Canada Place
TEL(604)662-8111
URL www.panpacific.com
HIGH5月中旬～10月中旬S①$475～
LOW10月中旬～5月中旬S①$254～　Tax另計
CC A D J M V　503房
捷運Waterfront站徒步3分鐘。

---

浴缸　電視　吹風機　Minibar和冰箱　保險箱　網路
部分房間　部分房間　出借　部分房間　櫃台提供

## Fairmont Pacific Rim

Waterfront

以奢華與自然共存為宗旨的最高級飯店，地點位在Waterfront，從高樓層客房可眺望綠意盎然的史丹利公園與北海岸山景；內部裝潢統一採用優雅設計，可遠眺北溫哥華山脈的露台泳池很受歡迎。

MAP P.49-A3
1038 Canada Place
(604)695-5300
FREE(1-888)264-6877
URL www.fairmontpacificrim.com
HIGH5月～10月下旬⑤⑩$719～
LOW10月下旬～4月⑤⑩$512～ Tax另計
CA D J M V 房367房
捷運巴拉德站Burrard、Waterfront站徒步7分鐘。

## Sheraton Vancouver Wall Centre Hotel

市區中心

位居於市區中心的高級飯店，屬於設計相當時尚的飯店，無論是玻璃帷幕外觀，還是內部的時尚裝潢都可以看得出來；飯店客房更是整個溫哥華最高處，從高樓層眺望到的景致無可比擬。至於游泳池、健身中心、SPA、三溫暖、按摩池等設備也非常齊全。

MAP P.49-B3
1000 Burrard St.
(604)331-1000
FREE(1-888)627-7058
URL www.marriott.com
HIGH6～9月⑤⑩$449～
LOW10～5月⑤⑩$224～ Tax另計
CA J M V 房733房
捷運溫哥華市中心站徒步10分鐘。

## Hilton Vancouver Downtown

市區中心

全部客房都屬套房格局，相當新穎時尚，到處都可以看到新銳設計師的全新概念，給人洗練又安心的感覺。所有床鋪至少為加大雙人床，廚房裡有餐具、冰箱等完善設備，推薦給商務人士或度蜜月的新婚夫妻，也提供SPA、健身中心。

MAP P.49-B3
433 Robson St.
(604)602-1999
URL www.hilton.com
HIGH5～9月⑤⑩$449～
LOW10～4月⑤⑩$211～ Tax另計
CA D M V 房207房
捷運溫哥華市中心站徒步5分鐘。

## Carmana Hotel & Suites

市區中心

座落在羅伯森街一旁的出租式公寓飯店，所有客房都是包含廚房設備的套房，臥室與客廳、餐廳＆廚房都是獨立分開的格局。1間房最多能容納4人，廚房則提供微波爐、烤箱、瓦斯爐等齊全設備。

MAP P.48-A1
1128 Alberni St.
(604)683-1399
URL www.carmanahotel.com
HIGH5～10月⑤⑩$459～
LOW11～4月⑤⑩$219～ Tax另計
CA M V 房96房
捷運布拉德站徒步5分鐘。

## Sandman Suites Vancouver

市區中心

位在熱鬧無比戴維街Davie St.上的一間高樓層飯店，客房全部採套房設計，有擺放著大型冰箱、微波爐、洗碗機的廚房，部分客房還有陽台，樓層愈高的客房愈能夠享受到整個市中心的開闊景致，而飯店內如商務中心、SPA或餐廳等服務也很充足。

MAP P.48-B2
1160 Davie St.
(604)681-7263
URL www.sandmanhotels.com/vancouver-davie-street
HIGH5～9月⑤⑩$250～
LOW10～4月⑤⑩$148～ Tax另計
CA M V 房198房
搭乘市區巴士#6至戴維街與Thurlow St.的交叉口下車，徒步即達。

## Coast Coal Harbour Hotel by APA

市區中心

由知名日本商務飯店APA飯店直接經營管理，所在地點不僅鄰近羅伯森街，觀光、用餐、購物也相當方便。所有客房備有免治馬桶與室內拖鞋，也有可收看日語頻道的電視，日本飯店特有的服務深具魅力。

MAP P.49-A3
1180 West Hastings St.
(604)697-0202 FREE(1-800)716-6199
URL www.coasthotels.com/coast-coal-harbour-vancouver-hotel-by-apa/japanese
HIGH5～9月⑤⑩$259～
LOW10～4月⑤⑩$179～ Tax另計
CA D M V 房220房
捷運布拉德站徒步7分鐘。

## Moda Hotel

將創立於1908年的老字號飯店重新改裝的設計飯店，客房全以紅與黑兩色為主軸，非常時尚，亦採用平板電視、可放進筆記型電腦的保險箱等新穎設備；衛浴用品也非常講究品質，使用的是來自義大利的Antica Farmacista品牌。

市區中心

MAP P.49-B3
900 Seymour St.
TEL(604)683-4251
FAX(1-877)683-5522
URL www.modahotel.ca
HIG 5～10月⑤⑩$320～
LOW 11～4月⑤⑩$124～
Tax另計
CA A M V 69房
捷運溫哥華市中心站徒步5分鐘。

## The Burrard

以1956年成立的汽車旅館全面翻新的飯店，以單一色彩為主軸的內部裝潢，設計具清潔感且時尚，頂樓還設有開放式露台。雖然官網的設計有些奇特，卻是一間從情侶到家庭都適合的普通飯店，可以安心入住。

市區中心

MAP P.49-B3
1100 Burrard St.
TEL(604)681-2331
FAX(1-800)663-0366
URL theburrard.com
HIG 5～9月⑤⑩$289～
LOW 10～4月⑤⑩$134～ Tax另計
CA A D J M V
72房
捷運溫哥華市中心站徒步13分鐘。

## The Listel Hotel

裝飾著現代藝術的獨特飯店，內部設有展出西北領地現代藝術作品的博物館樓層，以及展示從近代到現代活躍於世界舞台作家作品的藝廊樓層等。另外還附設餐廳「Forage」，供應以當地蔬菜、海鮮烹調的料理。

市區中心

MAP P.48-A2
1300 Robson St.
TEL(604)684-8461
FAX(1-800)663-5491
URL www.thelistelhotel.com
HIG 5～9月⑤⑩$278～
LOW 10～4月⑤⑩$188～
Tax另計
CA A D J M V
129房
捷運布拉德站徒步11分鐘。

## Barclay Hotel

不論觀光或購物都很便捷，擁有歐風特色的木造飯店，雖然建築物有點老舊沒有電梯，但是以白色為基調的內部空間，非常乾淨整潔。依照客房所提供的服務，房價並不算貴，2～3人推薦選擇寬敞的套房（夏季$209～、冬季$109～），另外還有咖啡館與酒吧。

市區中心

MAP P.48-A2
1348 Robson St.
TEL(604)688-8850
URL www.barclayhotel.ca
HIG 5～9月⑤$119～ ⑩$159～
LOW 10～4月⑤$64～ ⑩$85～
Tax另計
CA A M V
85房
捷運布拉德站徒步12分鐘。

## Hotel Belmont Vancouver MGallery

位於格蘭佛街附近、地理位置絕佳，櫃台也有亞洲工作人員。現代的客房設有能收看有線節目的液晶電視、咖啡機、衣櫃等設備，有些還能欣賞市區景致。地下室有酒吧及夜店。

市區中心

MAP P.49-B3
654 Nelson St.
TEL(604)605-4333
URL www.hotelbelmont.ca
⑤⑩$174～ Tax另計 含早餐
CA A M V
82房
捷運溫哥華市中心站徒步7分鐘。

## YWCA

連電梯都要使用專屬的鑰匙才能啟動，安全上可以完全放心；提供有3人床、單人床共5張的家庭房，公共空間或廚房都相當寬敞。不論是市中心的中央地區、耶魯鎮、卑詩體育館或中國城都在徒步範圍內。雖然是YWCA，男性也可以下榻。

市中心東區

MAP P.49-B3
733 Beatty St.
TEL(604)895-5830
URL ywcavan.org/hotel
HIG 5～9月共用衛浴⑤⑩$135～、附衛浴⑤⑩$108～
LOW 10～5月共用衛浴⑤⑩$98～、附衛浴⑤⑩$81～ Tax另計
CA A D J M V 220房
捷運溫哥華市中心站徒步8分鐘。

中級飯店

經濟型旅館

## O Canada House B&B

市區中心

擁有照顧完善的花園，是維多利亞建築風格的獨棟式B&B，由1897年漢彌爾頓銀行總裁Bacon的住家重新裝潢而成，同時也是1910年公布加拿大國歌《啊，加拿大O Canada》的地點而聞名。館內統一使用古董家具，適合想優雅度假的人下榻。

**MAP** P.48-A1
🏠 1114 Barclay St.
☎ (604)688-0555
**URL** ocanadahouse.com
HIGH 5～10月⑤⑩$329～
LOW 11～4月⑤⑩$159～
Tax另計 含早餐
**A M V** 房7房
🚇 捷運溫哥華市中心站徒步12分鐘。

## Point Grey Guest House

基斯蘭諾周邊

1990年開業以來，就以主人友善親切的人品風格而聞名的B&B，靠近卑詩大學，傑里科海灘Jericho Beach也在徒步範圍。建議長期停留者可以選擇附設廚房的庭園套房。供應水果沙拉和自製手工果醬的早餐，也頗受好評。

**MAP** P.46-D2
🏠 4103 West 10th Ave.
☎ (604)222-4104
**URL** www.pointgreyguesthouse.com
HIGH 6月～9月中旬⑤⑩$120～165
9月中旬～5月⑤⑩$115～155
Tax另計 含早餐
**M V** 房5房
🚌 搭乘市區巴士#14至W 10th Ave.與Camosun St.的交叉口下車，徒步即達。

## Ocean Breeze B&B

北溫哥華

客房內部裝潢有Romantica Suite或French Provincial Suite等不同主題，其中有3間附有陽台，可以眺望絕佳的市中心景致。早餐是每天變換餐點的全套英式早餐，可享用班尼迪克蛋與鬆餅。旺季時必須住3晚以上才能訂房。

**MAP** P.47-B4
🏠 462 East 1st St.
☎ (604)988-0546
**FREE** (1-800)567-5171
**URL** www.oceanbreezevancouver.com
HIGH 5～9月⑤$215～259 ⑩$269～315
LOW 10～4月⑤$170～199 ⑩$199～265 Tax另計 含早餐
**M V** 房6房
🚌 距離海上巴士隆茲戴爾碼頭6分鐘車程。

## West End Guest House

市區中心

改建自1906年歷史建築的民宿，共用空間與客房內皆統一使用現代式家具，也全面採用最新設備；早餐是大量使用有機食材的全套英式早餐，手工麵包相當受到好評。雖然位在市區中心，但環境卻很幽靜。

**MAP** P.48-A2
🏠 1362 Haro St.
☎ (604)681-2889
**URL** www.westendguesthouse.com
⑤⑩$199～ Tax另計 含早餐
**A D M V**
房8房
🚇 捷運布拉德站徒步12分鐘。

## HI Vancouver Downtown

市區中心

位於市區中心，2023年6月剛完成改裝，在清潔方面大為升級。即使是個人房也都必須共用浴室、廁所，電視室、廚房及洗衣間等設備應有盡有，接待台更是24小時無休。還提供越野腳踏車的出租服務，可以輕鬆享受騎腳踏車的樂趣。

**MAP** P.48-B2
🏠 1114 Burnaby St.
☎ (604)684-4565
**FREE** (1-866)762-4122
**URL** hihostels.ca
團體房$65.7～（會員）、$73～（非會員）、衛浴共用⑤⑩$159.7～（會員）、$177.45～（非會員）Tax另計 含早餐
**M V** 房68房、222床
🚌 搭乘市區巴士#2、#32、#44至布拉德街與戴維街的交叉口下車，徒步9分鐘。

## HI Vancouver Jericho Beach

基斯蘭諾周邊

吸引來自世界各地的遊客，是全加拿大規模最大的青年旅館，鄰近基斯蘭諾的傑里科海灘，環境非常棒。館內有供應輕食的咖啡館、廚房、衛浴櫃，在接待台一旁還有上網連結處（收費）。由於夏季很容易客滿，最好儘早預訂。

**MAP** P.46-C2
🏠 1515 Discovery St.
☎ (604)224-3208
**FREE** (1-866)762-4122
**URL** hihostels.ca
團體房$35～（會員）、$39～（非會員）、衛浴共用⑤⑩$81～（會員）、$90～（非會員） Tax另計
**J M V** 房23房、218床
🚌 搭乘市區巴士#4至W 4th Ave.與N.W. Marine Dr.的交叉口下車，徒步7分鐘。

# 溫哥華的餐廳
## —— Restaurants in Vancouver ——

　　溫哥華堪稱是最能代表加拿大的「美食城市」，充分運用在地的海鮮及蔬菜等新鮮食材，再加上各地移民帶來的豐富國際美食，形成獨有的飲食文化。

　　說起市中心的餐廳街，當屬以觀光客為目標且店家集中的羅伯森街Robson St.，以及小型食堂林立的Denman St.，而現在不斷有餐廳進駐的則是蓋士鎮，時髦且氣氛絕佳的店家櫛比鱗次。除了市中心之外，耶魯鎮、格蘭佛島及中國城也是品嚐美食絕對不能錯過的地區，至於基斯蘭諾周邊則分布許多話題性十足的咖啡館、名店餐廳；尤其是近年鋒頭最盛的格蘭佛街Granville St.與百老匯街Broadway交叉口，被稱為南格蘭佛South Granville的區域，則錯落著多間知名主廚的餐廳。

---

加拿大料理

## Glowbal

市區中心

　　洋溢著洗練氣息的高級餐廳，以加拿大產的肉類及魚獲為食材，烹調出擺盤華美的賞心悅目料理。推薦餐點為亞伯達牛牛排$64、熟成油封鴨$42等，並有收藏約500種葡萄酒的酒窖，獨特的露台座位也備受矚目。

MAP P.49-B3
590 West Georgia St.
TEL (604)602-0835
URL www.glowbalgroup.com/glowbal
週一〜五11:30〜24:00
週六・日10:30〜24:00
休無休
午餐$40〜、晚餐$70〜
A J M V
捷運溫哥華市中心站徒步3分鐘。

## Salmon n' Bannock

溫哥華南部

　　原住民的主廚使用駝鹿、鮭魚、藥草等天然動植物為食材，傳統料理以現代風格來擺盤，呈現出獨一無二的滋味。為人氣名店必須提早訂位，2022年在溫哥華國際機場內開設分店「Salmon's Bannock on the Fly」。

MAP P.48-D2
7-1128 West Broadway
TEL (604)568-8971
URL www.salmonandbannock.net
每日15:00〜21:00
（依時期而變動）
休無休 $40〜
M V
搭乘市區巴士#9至West Broadway St.與Spruce St.的交叉口下車，徒步即達。

## Cactus Club Cafe

市中心西區（英倫灣）

　　面對英倫灣海灘的玻璃帷幕建築，是一邊欣賞夕陽沉入大海、一邊用餐的最佳地點。以在地食材烹調的創作料理很受歡迎，菜單上從牛排等肉類料理到海鮮、義大利麵、亞洲料理等應有盡有，選擇相當豐富，也有由加拿大明星主廚監製的菜色。

MAP P.48-B1・2
1790 Beach Ave.
TEL (604)681-2582
URL www.cactusclubcafe.com
週日〜四11:30〜24:00
週五・六11:30〜24:30
休無休
$30〜
A M V
搭乘市區巴士#5、#6至Denman St.與戴維街的交叉口下車，徒步1分鐘。

海鮮

## Joe Fortes

市區中心

　　位在羅伯森中心的高級餐廳，通過永續海鮮認證的海鮮料理大獲好評，被當地雜誌評價為溫哥華的最佳餐廳。店內的生蠔吧除了卑詩省生產的，也有來自加拿大各地的生蠔$4.15。還有鋼琴演奏。

MAP P.48-A1
777 Thurlow St.
TEL (604)669-1940
URL www.joefortes.ca
每日11:00〜23:00
休無休
午餐$20〜、晚餐$40〜
A J M V
捷運布拉德站徒步6分鐘。

海鮮

## Blue Water Cafe

多次榮獲溫哥華最美味海鮮盛名的名店，許多當地人只要提到海鮮就會想到這裡，可以盡情享用從加拿大近海捕獲的新鮮海產；像是裝滿8種海鮮的海鮮塔$99、燒烤扇貝$43等，每道料理不僅細膩更是賞心悅目。

> 耶魯鎮周邊

**MAP** P.49-C3
1095 Hamilton St.
**TL** (604)688-8078
**URL** www.bluewatercafe.net
每日17:00～23:00（酒吧為16:30～）
無休
$50～
**CA M V**
捷運耶魯鎮・弘藝站Yaletown-Roundhouse徒步3分鐘。

## The Sandbar

想要在格蘭佛島享受美食，就要到這間餐廳來。利用大型船隻做裝飾的餐廳內部採挑高空間，開放感十足，2樓還有陽台座位可以一覽福溪景致。推薦這裡的燒烤近海鮭魚$32.5、牛排$52，還有日本主廚大展身手的壽司吧。

> 格蘭佛島

**MAP** P.64
1535 Johnston St.
**TL** (604)669-9030
**URL** www.vancouverdine.com/sandbar
週一～五11:30～22:30
週六・日11:00～23:00
無休 午餐$25～、晚餐$35～
**CA M V**
搭乘市區巴士#50至West 2nd Ave.與Anderson St.的交叉口下車，徒步8分鐘。

法國料理

## Le Crocodile

以在地海鮮及亞伯達牛等加拿大著名食材為主，提供非常傳統道地的法國料理；有醇厚口感的龍蝦濃湯$20、香酥蟹肉餅$28等，每道菜餚都非常精緻美味。晚餐時段的主菜為$35～。

> 市區中心

**MAP** P.48-B1
100-909 Burrard St.
**TL** (604)669-4298
**URL** lecrocodilerestaurant.com
週二～六17:30～22:00
週日・一
$60～
**CA M V**
捷運溫哥華市中心站徒步8分鐘。

西班牙料理

## Bodega

可以品嚐到正統西班牙料理而受當地人好評的餐廳，知名的自家製桑格莉亞水果酒Sangria $14～，幾乎是每位顧客都會點上一杯的人氣飲料，還有散發著海鮮香氣的西班牙海鮮飯Paella $42、伊比利豬的西班牙香腸$14等可以分食的菜色非常豐富，甜度適中的吉拿棒$12則是非吃不可的甜點。

> 市中心東部

**MAP** P.49-C4
1014 Main St.
**TL** (604)565-8815
**URL** www.bodegaonmain.ca
每日11:00～24:00
無休 午餐$15～、晚餐$30～
**CA M V**
捷運縉街・科學世界站Main Street-Science World徒步3分鐘。

義大利料理

## Cioppino's Mediterranean Grill

溫哥華代表性的高級義大利餐廳，主廚兼老闆的Pino將傳統義大利菜餚經過巧思加以變化，非常受到饕客的讚賞。推薦菜色有以小牛頰肉燉煮的醬汁配上牛肝菌菇的Pappardelle義大利麵$38，隔壁的Enoteca也很受歡迎。

> 耶魯鎮周邊

**MAP** P.49-C3
1133 Hamilton St.
**TL** (604)688-7466
**URL** www.cioppinosyaletown.com
週一・三・六17:00～22:30
週四・五12:00～14:00/17:00～22:30
休週日・一
午餐$30～、晚餐$60～
**CA M V**
捷運耶魯鎮・弘藝站徒步2分鐘。

希臘料理

## Stepho's

總是大排長龍的希臘料理餐廳，最出名的菜色是烤羊肉$22.95，使用獨家香料醃漬加10天，再放入烤箱中慢慢燒烤的帶骨羊肉，軟嫩得讓人驚訝，而且愈咬肉汁愈是滿溢。由於為人氣名店，若預約不到座位時，不妨避開用餐時間再來。

> 市區中心

**MAP** P.48-B2
1124 Davie St.
**TL** (604)683-2555
每日11:30～22:00
無休
$25～
**CA M V**
捷運布拉德站徒步9分鐘。

# Nightshade

在少數的蔬食餐廳中唯一入選米其林必比登推介的實力派，以新鮮的在地食材重現世界各國的鄉土料理，從義大利的正統美食到印尼仁當等亞洲熟悉的傳統菜餚，選擇豐富。招牌雞尾酒$14～。

耶魯鎮周邊

**MAP** P.49-C3
**住** 1079 Mainland St.
**TEL** (604)566-2955
**URL** www.nightshadevr.com
**營** 週一‧二17:00～22:00　週三～五11:30～22:00　週六‧日10:30～22:00
**休** 無休
**费** 午餐$15～、晚餐$30～
**卡** A M V
**交** 捷運布拉德站徒步4分鐘。

# Thierry

溫哥華名聲響亮的巧克力專賣店，來自法國的甜點師所製作的甜點，每樣都細膩又漂亮，巧克力三重奏蛋糕$10.95～、馬卡龍像$2.8～都深獲好評。店內設有內用空間，而且營業到深夜，也可以當作深夜咖啡館造訪。

市區中心

**MAP** P.48-A1
**住** 1059 Alberni St.
**TEL** (604)608-6870
**URL** www.thierrychocolates.com
**營** 週日～四8:00～22:00　週五‧六8:00～23:00
**休** 無休
**费** $10～
**卡** A M V
**交** 捷運布拉德站徒步6分鐘。

# Cartems

每天現炸&現烤出爐的甜甜圈，使用講究在地產地消的嚴選食材來製作。店內固定販售14種口味的甜甜圈，其中伯爵紅茶$4.5、炸蘋果餡餅$4.35、倫敦之霧$4.7等口味都很暢銷；也會推出每月變換口味的當季水果或蔬菜口味，一定要嘗試看看特殊口味。

市區中心

**MAP** P.49-B3
**住** 534 West Pender St.
**TEL** (778)708-0996
**URL** www.cartems.com
**營** 週一～五8:30～16:30　週六‧日9:30～16:00
**休** 無休
**费** $6～
**卡** M V
**交** 捷運格蘭佛站徒步3分鐘。

# 49th Parallel & Lucky's Doughnuts

提供以公平貿易或有機咖啡豆，再經過自家烘焙咖啡的店家，一早就擠滿在地顧客，好不熱鬧。使用傳統古老方式在店內現做的甜甜圈，最受歡迎的是最簡單的糖粉口味，還有機會能品嚐到剛出爐的甜甜圈。店裡提供Wi-Fi。

郊區

**MAP** P.47-D3‧4
**住** 2902 Main St.
**TEL** (604)872-4901
**URL** 49thcoffee.com
**營** 每日7:30～17:00（依時期而變動）
**休** 無休
**费** $10～
**卡** A M V
**交** 捷運Broadway-City Hall站徒步15分鐘。

# Sophie's Cosmic Cafe

非常受到年輕人喜愛，基斯蘭諾代表的咖啡館，店裡用鐵盒午餐盒來裝飾一整面牆，光是欣賞就讓人興致盎然。坐在復古的包廂座位裡，不妨點個漢堡$23、總匯三明治$21、奶昔$7.49等餐點來享用，還有兒童餐$8～13。

基斯蘭諾周邊

**MAP** P.48-D1
**住** 2095 West 4th Ave.
**TEL** (604)732-6810
**URL** www.sophiescosmiccafe.com
**營** 每日8:00～15:00
**休** 無休
**费** $20～
**卡** M V
**交** 搭乘市區巴士#4、#7、#44至West 4th Ave.與Arbutus St.的交叉口下車，徒步1分鐘。

# Aphrodite's Organic Pie Shop

位於基斯蘭諾邊緣的一間小店，卻是溫哥華首屈一指的有機咖啡名店。使用當地水果製作的有機派$15～很受歡迎，其中推薦草莓或大黃口味，在菜單上也有標明蔬食及無麩質的派。在對街還設有餐廳。

基斯蘭諾周邊

**MAP** P.46-C‧D2
**住** 3598 West 4th Ave.
**TEL** (604)738-5879
**URL** www.organiccafe.ca
**營** 每日8:00～18:00
**休** 無休
**费** $20～
**卡** M V
**交** 搭乘市區巴士#4、#7、#44至West 4th Ave.與Collingwood St.的交叉口下車，徒步1分鐘。

## JAPADOG

由日本人經營的熱狗路邊攤兼餐廳，因為經過許多媒體介紹的緣故而總是大排長龍，有Oroshi或Terimayo等日本風味的熱狗，非常受到在地加拿大人的喜愛；最值得推薦的是在大大的白熱狗上加滿蘿蔔泥的Oroshi $7.39，在機場、郊區的商場也有分店。

市區中心

**MAP** P.49-B3
🏠530 Robson St.
**TEL** (604)569-1158
**URL** www.japadog.com
🕐週日～四10:00～翌日3:00　週五・六10:00～翌日4:00
**休**不定休
**預**$5～
**Card** M V
**交**捷運溫哥華市中心站徒步6分鐘。

## Romer's Burger

在溫哥華擁有3家店的休閒式餐廳，招牌料理是分量飽足的多汁漢堡$19.95～，使用有機肉餅與新鮮的當地蔬菜，對食材相當講究。與漢堡絕配的在地啤酒$6.95、葡萄酒$7.95等酒類也很豐富。

基斯蘭諾周邊

**MAP** P.48-D1
🏠1873 West 4th Ave.
**TEL** (604)732-9545
**URL** romersburgerbar.com
🕐週一～11:00～22:00　週二～四11:00～23:00　週五11:00～24:00　週六10:00～24:00　週日10:00～22:00
**休**無休
**預**$20～
**Card** A M V
**交**搭乘市區巴士#4、#7、#44至West 4th Ave.與布拉德街的交叉口下車，徒步1分鐘。

## Go Fish

座落在格蘭佛島附近漁港處的露天餐廳，午餐時間經常大排長龍。最出名的是在麵粉中混入啤酒，炸得香酥脆嫩的炸魚薯條，可以選擇鱈魚$14.3、大比目魚$19.5；黑板上還會寫出當季推薦的海鮮料理，也別忘了看看有無中意的菜色。

基斯蘭諾周邊

**MAP** P.48-C2
🏠1505 West 1st Ave.
**TEL** (604)730-5040
🕐週二～五11:30～19:00　週六・日12:00～19:00
**休**週一
**預**$10～
**Card** M V
**交**搭乘市區巴士#50至West 2nd Ave.與Anderson St.的交叉口下車，徒步3分鐘。

## Guu with Otokomae

可感受時尚的蓋士鎮氣氛的日本居酒屋，菜色中最推薦的是今日生魚片沙拉$14.8、鮭魚與納豆拌生牛肉$14.8。在市中心有4家店，每家店擁有不同的氣氛與口味，夏季週末最好事先預約。午餐時段的西京燒豬肉、南蠻雞肉等便當定食$13～很受歡迎。

Waterfront（蓋士鎮）

**MAP** P.49-B4
🏠105-375 Water St.
**TEL** (604)685-8682
**URL** guu-izakaya.com
🕐週日～四11:30～23:00　週五・六11:30～24:00
**休**無休
**預**$25～
**Card** A J M V
**交**捷運Waterfront站徒步2分鐘。

## 與八鮨
### Yohachi Sushi

由日本人經營的壽司店，以鍋燒烏龍麵$22、滷豬肉$15最受歡迎，還有綜合壽司$39及散壽司$25也很推薦；除了有新鮮海鮮製成的壽司、生魚片，還能品嚐到天婦羅、燒烤、麵類等各式各樣的日本料理。只要從市中心搭乘海上巴士就能到達，交通相當便利。

北溫哥華

**MAP** P.47-B4
🏠161-171 West Esplanade
**TEL** (604)984-6886
**URL** yohachi.ca
🕐每日11:00～21:45
**休**無休
**預**$30～
**Card** A D J M V
**交**海上巴士隆茲戴爾碼頭徒步4分鐘。

## Ma Dang Goul

位在世界料理餐廳林立的Denman St.上，雖然店面空間小巧，由於可以合理價格享用到正統的韓國料理，所以店裡總是擠滿來此的韓國人而熱鬧不已。推薦菜色為洋釀炸雞$23、石鍋拌飯$14～、豆腐鍋$15～等。

市中心西區

**MAP** P.48-A2
🏠847 Denman St.
**TEL** (604)688-3585
🕐週二～四11:30～15:00/16:30～21:00　週五・六11:30～15:00/16:00～21:00
**休**週日・一・三
**預**午餐$10～、晚餐$20～
**Card** M V
**交**市搭乘市區巴士#5至Denman St.與Haro St.的交叉口下車，徒步即達。

## 麒麟
### Kirin

溫哥華的老字號中華料理名店，寧靜舒適的用餐環境與道地的口味，非常受到好評。除了有北京烤鴨、魚翅、鮑魚、龍蝦等高級菜色，海鮮、肉類、麵食、湯品應有盡有，餐點非常豐富。午餐時推出的飲茶每道$7.75～也獲得好評。

市區中心

**MAP** P.48-A1
住 1172 Alberni St.
TEL (604)682-8833
URL www.kirinrestaurants.com
營 週一～五11:00～14:30/17:00～22:30
週六・日10:00～14:30/17:00～23:00
休 無休
用 午餐$20～、晚餐$50～
CC A M V
交 捷運布拉德站徒步7分鐘。

## 新瑞華海鮮酒家
### Sun Sui Wah Seafood

在溫哥華想吃飲茶小點的首選，飲茶時間為週一～五10:30～15:00（週六・日10:00～），提供種類豐富的點心，有著不油膩而高雅的口味，點餐時可以填寫菜單交給工作人員，提供附有照片的菜單，點餐相當方便，在住3888 Main St. (**MAP** P.47-D3・4)也有分店。

郊區（列治文市）

**MAP** P.45-C1
住 102, 4940 No.3 Rd.
TEL (604)273-8208 免費 (1-866)683-8208
URL www.sunsuiwah.ca
營 週一～五10:30～15:00/17:00～22:00
週六・日10:00～15:00/17:00～22:00
休 無休
用 午餐$20～、晚餐$35～
CC A D M V
交 捷運Aberdeen站徒步9分鐘。

## Phnom Penh

位在中國城一隅的柬埔寨與越南餐廳，是用餐時段便大排長龍的人氣店家。招牌料理是有著濃烈大蒜與香料味道的金邊口味炸雞翅$10.95～，麵食、炒飯等選擇也很豐富，亞洲甜點$7.5～等每道菜都在$10左右，便宜的價格也是一大魅力。

市中心東區（中國城）

**MAP** P.49-B・C4
住 244 E. Georgia St.
TEL (604)682-5777
營 週一・三・四10:00～20:00
週六・日11:00～21:00
休 週二
用 $15～
CC M V
交 捷運緬街・科學世界站徒步10分鐘。

## Vij's

1994年創業，是溫哥華最有名的印度餐廳，由孟買出身的大廚Vikram負責，推出許多創意十足的印度餐點，吸引許多美食家聚集，推薦菜色有使用大量香料的羊肉奶油咖哩$34等，無肉的單品料理也很受注目。可以在網站上訂位，十分方便。

郊區

**MAP** P.47-D3
住 3106 Cambie St.
TEL (604)736-6664
URL vijs.ca
營 週日～四17:30～21:30
週五・六17:30～22:00
休 無休
用 $40～ CC A M V
交 捷運Broadway-City Hall站徒步10分鐘。

## Nuba

可以享用因提供素食料理而受到矚目的黎巴嫩料理餐廳，店內總是聚集著注重健康的當地人。人氣餐點是放上鷹嘴豆、炸花椰菜等小菜的前菜綜合拼盤$29.95，烤羊肉的沙威瑪$39.95等傳統肉類料理也應有盡有。

Waterfront（蓋士鎮）

**MAP** P.49-B4
住 207 West Hastings St.
TEL (604)688-1655
URL www.nuba.ca
營 週日～四11:30～21:00
週五11:30～22:00
週六9:30～22:00
休 無休
用 $25～ CC A M V
交 捷運Waterfront站徒步6分鐘。

## Granville Island Brewing

附設於啤酒廠內的Pub，可以嘗試具有特色的精釀啤酒，經常供應4～6種啤酒，生啤酒Draft $7～，同時品嚐4種口味啤酒的試喝組合為$12。也推出啤酒廠參觀之旅（所需時間約45分鐘，詳情見官網），並且附設販售啤酒、酒杯的商店。

格蘭佛島

**MAP** P.65
住 1441 Cartwright St.
TEL (604)687-2739
URL www.granvilleislandbrewing.ca
營 夏季 每日11:00～21:00
冬季 每日12:00～20:00
休 無休 用 $15～
CC M V
交 搭乘市區巴士#50至West 2nd Ave.與Anderson St.的交叉口下車，徒步2分鐘。

# 溫哥華的購物
## — Shops in Vancouver —

大型購物商場集中在市中心，羅伯森街從高級精品店到小物雜貨等各式店家林立，像是楓糖漿、鮭魚等經典伴手禮在這裡都能買到。至於蓋士鎮、基斯蘭諾、耶魯鎮及格蘭佛島也是不可錯過的購物區。

---

## 購物中心

## CF Pacific Centre

除了有Hermès、Tiffany等眾多精品進駐的百貨公司「Holt Renfrew」、老牌百貨公司「Hudson's Bay」之外，總共吸引超過140間店鋪的一大購物中心。占地之廣闊是從格蘭佛街一路橫跨到片打街、羅伯森街這3大街區。

市區中心

**MAP** P.49-B3　**住** 701 West Georgia St.
**TEL** (604)688-7235
**URL** shops.cadillacfairview.com/property/cf-pacific-centre
**營** 週一～三10:00～19:00
週四・五10:00～21:00
週六10:00～20:00
週日11:00～19:00
**休** 無休　**信用卡** 依店鋪而異
**交** 捷運格蘭佛站徒步即達。

---

## 時尚

## Roots

堪稱是加拿大流行品牌代名詞的Roots，在羅伯森街就設有店面，大多數都是運動風格的設計，最受歡迎的還是印有品牌字樣或「CANADA」、「Vancouver」的連帽上衣和T恤等。在CF Pacific Centre內及羅伯森街相隔約300m處還有一間分店（**MAP** P.48-A1）。

市區中心

**MAP** P.48-A1
**住** 1001 Robson St.
**TEL** (604)683-4305
**URL** www.roots.com
**營** 每日9:30～21:00
**休** 無休
**信用卡** A M V
**交** 捷運布拉德站徒步7分鐘。

---

## Granted Sweater Co.

加拿大製造的毛衣品牌工坊，由當地人精心手織的原創設計很受歡迎，除了自然與動物圖案之外，草裙舞女孩等新穎設計也很多樣，至於尼泊爾生產的Day系列商品則以輕而舒適為特色。雖然附設商店，但因為營業時間不固定，造訪前記得事先聯絡。

郊區（列治文市）

**MAP** P.45-C2
**住** 130-11181 Voyageur Way
**TEL** (604)207-9392
**URL** www.grantedclothing.com
**營** 週一～五9:00～17:00
**休** 週六・日
**信用卡** A M V
**交** 捷運Bridgeport站搭乘市區巴士#407至Bridgeport Rd.與Simpson Rd.的交叉口下車，徒步3分鐘。

---

## 珠寶

## Silver Gallery

主要販售卑詩省印第安原住民藝術家所製作的珠寶，從居住在世界遺產海達瓜依（→P.144）的海達族到溫哥華周邊部落的藝術家，作品相當豐富多彩。由於雕刻在飾品上的動物各有不同含意，購買時不妨向員工仔細詢問。

Waterfront（蓋士鎮）

**MAP** P.49-B4
**住** 312 Water St.
**TEL** (604)681-6884
**URL** silvertalks.com
**營** 夏季　每日11:00～19:00
冬季　每日11:00～18:00
**休** 無休
**信用卡** A D J M V
**交** 捷運Waterfront站徒步4分鐘。

---

## 鞋類

## Gravitypope

源自愛德蒙頓Edmonton的鞋子專賣店，店內販售「Native Shoes」等加拿大品牌與歐洲品牌鞋子，共有超過100種款式可供選擇，從休閒到時尚設計等各色分類應有盡有，受到當地流行愛好者的好評。緊鄰一旁的則是同名的服飾選物店。

基斯蘭諾周邊

**MAP** P.48-D1
**住** 2205 West 4th Ave.
**TEL** (604)731-7673
**URL** www.gravitypope.com
**營** 週一～四、六10:00～19:00
週五10:00～20:00
週日11:00～18:00
**休** 無休　**信用卡** A M V
**交** 搭乘市區巴士#4、#7、#44至West 4th Ave.與Arbutus St.的交叉口下車，徒步3分鐘。

## The Regional Assembly of Text

郊區

販售老闆親自設計的明信片、文具的時尚雜貨店，原創明信片$6~裝飾著胸章等小巧思，設計中流露著少女感；另外還有加拿大主題的筆記本與T恤，最適合當作手禮，品味絕佳的陳列擺設也值得關注。

**MAP** P.47-D3・4
**住** 3934 Main St.
**TEL** (604)877-2247
**URL** www.assemblyoftext.com
**營** 週一～六11:00～18:00
週日12:00～17:00
**休** 無休
**CA** M V
**交** 搭乘市區巴士#3至緬街與East 22nd Ave.的交叉口下車，徒步1分鐘。

## Wickaninnish Gallery

格蘭佛島

位於格蘭佛島Net Loft內的紀念品店，蒐羅原住民藝術家所製作的流行雜貨、蜂鳥的壁飾及老鷹圖案的餐具等，光是欣賞就讓人心情愉悅。項鍊墜子$99.99~等絕無僅有的印第安珠寶，則是店內重點商品。

**MAP** P.64
**住** 14-1666 Johnston St.
**TEL** (604)681-1057
**URL** wickaninnishgallery.com
**營** 1～3月　每日10:00～18:00
4～12月　每日10:00～19:00
**休** 無休
**CA** A J M V
**交** 搭乘市區巴士#50至West 2nd Ave.與Arbutus St.的交叉口下車，徒步7分鐘。

## Indigo Spirit

市區中心

羅伯森街上當地學生經常光顧的書店，小說、雜誌、旅遊書、食譜等各種書籍就整齊地陳列在書架上，還能買到筆記本$12.99~、鉛筆盒$14.99~等獨家設計的文具及小東西；2樓除了書籍之外，也有販售生活小物。

**MAP** P.48-A1
**住** 1033 Robson St.
**TEL** (778)783-3978
**URL** www.chapters.indigo.ca
**營** 日11:00～19:00
週一～六10:00～20:00
**休** 無休
**CA** A M V
**交** 捷運溫哥華市中心站徒步2分鐘。

## Saje Natural Wellness

基斯蘭諾周邊

誕生於溫哥華的天然保養品專賣店，除了有種類豐富的放鬆身心的香氛商品，還有塗在太陽穴等處的精油滾珠瓶$30~，則以薄荷最為暢銷。至於放入各種類複方精油的禮盒$66，是分送親友的最佳伴手禮。

**MAP** P.48-D1
**住** 2252 West 4th Ave.
**TEL** (604)738-7253
**URL** www.saje.com
**營** 每日10:00～18:00
**休** 無休
**CA** A M V
**交** 搭乘市區巴士#4、#7、#44至West 4th Ave.與Arbutus St.的交叉口下車，徒步5分鐘。

## Granville Island Soap Gallery

格蘭佛島

販賣老闆Darren手工製香皂的專賣店，使用卑詩省生產的天然材料，不僅對肌膚溫和，香味也很淡雅，做成蛋糕、甜甜圈等甜點造型、外觀相當可愛的香皂$11~，另外也有販售浴鹽與保濕霜。

**MAP** P.64
**住** 104-1535 Johnston St.
**TEL** (604)669-3649
**營** 5～10月
每日10:00～18:00
11～4月
每日10:00～17:00
**休** 無休
**CA** A M V
**交** 市區巴士#50至West 2nd Ave.與Anderson St.的交叉口下車，徒步8分鐘。

## Marquis Wine Cellars

市區中心

除了蒐羅超過100種卑詩省當地出產，還有歐洲、南非、大洋洲、南美等全世界的葡萄酒，而在店員推薦區則擺滿新進貨及超值優惠商品，不妨逛逛。店內還定期舉辦免費的試喝活動。

**MAP** P.48-B2
**住** 1034 Davie St.
**TEL** (604)684-0445
**URL** www.marquis-wines.com
**營** 每日11:00～19:00
**休** 無休
**CA** A M V
**交** 搭乘市區巴士#2、#32、#44至布拉德街與戴維街的交叉口下車，徒步1分鐘。

# 溫哥華的夜生活
## —— Night Spots in Vancouver ——

從酒吧、Pub到夜店,各種夜生活據點分布整個溫哥華,其中的話題名店大多集中在耶魯鎮及基斯蘭諾;其中耶魯鎮以吸引商務人士聚集、時尚又氣氛舒適的店家居多,基斯蘭諾則是屬於年輕人的天堂。不過部分夜店曾經發生槍擊、販售毒品等事件,要格外注意。

## 酒吧

### Brix & Mortar

耶魯鎮周邊

位在耶魯鎮的時髦酒廊餐廳,滿溢綠意與光線的玻璃帷幕中庭,也是舉辦派對的人氣地點。店內設有能品嚐精緻加拿大料理與葡萄酒的用餐區,以及可享受調酒師調製道地雞尾酒的吧台,夏季還會設置露天座位;每週二、三則會舉辦表演活動。

MAP P.49-C3
1138 Homer St.
TEL (604)915-9463
URL www.brixandmortar.ca
週日・二〜四16:00〜22:00
週五・六16:00〜23:00
休週一
捷運耶魯鎮・弘藝站Yaletown-Roundhouse徒步3分鐘。

### Granville Room

市區中心

以紅磚牆面與優雅室內裝潢讓人印象深刻的酒吧,每到週末便會擠滿許多當地民眾,氣氛偏向成熟大人感而非吸引年輕人;雞尾酒與啤酒的種類也很豐富,最受歡迎的食物則是源自魁北克的平民美食——肉汁起司薯條Poutine、以在地食材製作的披薩等。現場表演等活動資訊請上官網查詢。

MAP P.49-B3
957 Granville St.
TEL (604)633-0056
URL safeandsoundent.com/cocktail-venue/granville-room
週日・二〜四23:00〜翌日3:00
週五・六22:00〜翌日3:00
休週一
CARD A M V
捷運溫哥華市中心站徒步5分鐘。

## 啤酒餐廳

### Craft Beer Market

市中心東部

可品嚐精釀啤酒與當地食物的休閒式Pub,販售140種以上的啤酒,全都由啤酒機倒出,泡沫濃密而新鮮;至於善用當地食材的漢堡、魚料理等下酒菜色也很豐富。週一〜五14:00〜17:00及週日21:00之後推出Happy Hour活動。

MAP P.49-C4〜D4
85 West 1st Ave.
TEL (604)709-2337
URL craftbeermarket.ca/vancouver
週一〜四11:00〜24:00
週五11:00〜翌日1:00
週六10:30〜翌日1:00
週日10:30〜24:00
休無休 CARD A M V
捷運緬街・科學世界站徒步9分鐘。

## 夜店

### The Roxy

市區中心

位於格蘭佛街上的絕佳地理位置,外加高度的娛樂性,讓店內總是人聲鼎沸;而樂團現場表演、知名DJ主持活動的入場門票,則可以在官網上購買。飲料除了精釀啤酒、葡萄酒1杯$9,也有無酒精飲料。

MAP P.49-B3
932 Granville St.
TEL (604)331-7999
URL www.roxyvan.com
週一〜四21:00〜翌日3:00
週五21:00〜翌日3:00
休無休
CARD A M V
捷運溫哥華市中心站徒步5分鐘。

### Twelve West

耶魯鎮周邊

即使只在週末營業,仍是溫哥華人氣沸騰的話題夜店。店內設有隔間座位,洋溢著洗練的氣息,除了加拿大本國DJ,也會舉辦全球知名DJ的夜店活動;除此之外,還會舉辦各式各樣的活動,可上官網查詢。

MAP P.49-C3
1219 Granville St.
TEL (604)653-6335
URL twelvewest.ca
週五・六21:30〜翌日3:00
週日21:30〜翌日2:00
休週一〜四
CARD A M V
捷運耶魯鎮・弘藝站徒步7分鐘。

# WHISTLER
# 惠斯勒
## 卑詩省

位處溫哥華以北約120km的惠斯勒,不僅是2010年溫哥華冬季奧運的比賽會場,更是全世界滑雪迷心目中最憧憬的滑雪度假勝地。作為城市中心的惠斯勒村內小木屋風格的飯店、餐廳林立,還能欣賞到惠斯勒山及黑梳山等海岸山脈的山勢美景;周圍則環繞著湖泊、河川,夏季時成為登山健行等戶外活動的天堂,可說是一年四季都能親近享樂的山岳度假勝地而備受矚目。

**MAP** P.42-D1
**人口** 9974
**區碼** 604
惠斯勒情報網
**URL** www.whistler.com
**URL** www.whistlerblackcomb.com

惠斯勒是全年都能享受戶外活動的山岳度假勝地

**Skylynx**
**TEL** (604)326-1616
**URL** yvrskylynx.com
溫哥華國際機場出發
**車** 單程 1人$65～
溫哥華市中心出發
**車** 單程 1人$32～

**Epic Ride**
**TEL** (604)349-1234
**URL** epicrides.ca
溫哥華市中心出發
**車** 單程 1人$32.5～

**Perimeter**
**URL** www.perimeterbus.com

**Ride Booker**
**URL** www.ridebooker.com

**巴士總站(Bus Loop)**
**MAP** P.88-C1
**住** 4230 Gateway Dr.

**惠斯勒車站**
**MAP** P.87-C1

## 如何前往惠斯勒

### ▶▶▶ 長途巴士

溫哥華與惠斯勒之間有多家巴士路線,最普遍是從溫哥華國際機場、市中心2處發車的Skylynx,從溫哥華國際機場出發為1日7班,所需時間約3小時,從市中心發車為1日5班,途經史夸米希鎮Squamish(→P.91);惠斯勒的下車地點在惠斯勒村遊客中心旁的巴士總站(Bus Loop)。另外也有從溫哥華市中心發車的Epic Ride巴士,從市中心出發1日4～7班,所需時間約1小時45分;滑雪季時也有從卑詩大學UBC(→P.66)校園發車的早班車。上述2家巴士於市中心的乘車處都在捷運布拉德站Burrard旁的Melville St.上,惠斯勒的起站則位於巴士總站(Bus Loop)。

此外還有Perimeter、Ride Booker等數家巴士行駛,詳細資訊請上網確認。

# 市區交通

BC Transit推出惠斯勒村Whistler Village往Creekside、綠湖Green Lake方向等周邊地區的市區巴士，還有周遊於惠斯勒村內的循環巴士Village Shuttle。循環巴士Village Shuttle分成2條路線，一是連結3座村莊交通的Marketplace Shuttle（#4，僅限滑雪季行駛），另一條是經過上村Upper Village，沿著Blackcomb Way一路向北前進的Upper Village/Benchlands Shuttle（#5）；不論哪一條路線的巴士都是從惠斯勒村內的Gondola Transit Exchange發車。

**BC Transit**
☎ (604)932-4020
🌐 www.bctransit.com/whistler/home
市區巴士
🕐 每小時1～2班
💰 單程票
大人・銀髮族・學生$2.5
1日乘車券Day Pass
大人・銀髮族・學生$7
※12歲以下搭車免費。
Village Shuttle（#4）
🕐 11月中旬～4月中旬
每日7:00～21:00左右
Village Shuttle（#5）
🕐 每日9:40～翌日1:05每小時2班
💰 免費
路線圖及時刻表可在遊客中心索取。

**Gondola Transit Exchange**
MAP P.88-D2

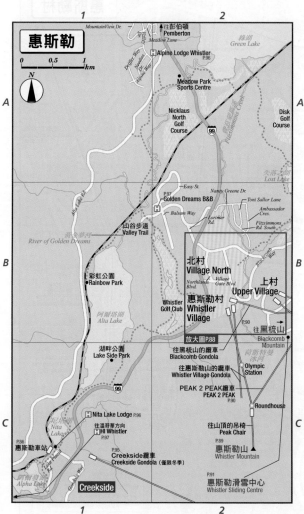

惠斯勒

MountainView Dr.
往彭伯頓
Pemberton
Meadow Lane
綠湖
Green Lake
0    0.5    1 km
N
Alpine Lodge Whistler P.96
Meadow Park Sports Centre
Nicklaus North Golf Course
Disk Golf Course
99
失落之湖
Lost Lake
Easy St.
Golden Dreams B&B P.97
Nancy Greene Dr.
Toni Sailor Lane
Ambassador Cres.
Balsam Way
Lorimer Rd.
Fitzsimmons Rd. South
山谷步道 Valley Trail
River of Golden Dreams
黃金夢河
彩虹公園 Rainbow Park
北村 Village North
Northlands Blvd.
Village Gate Blvd.
上村 Upper Village
Whistler Golf Club
惠斯勒村 Whistler Village
阿爾塔湖
Alta Lake
放大圖 P.88
往黑梳山 Blackcomb Mountain
湖畔公園 Lake Side Park
99
往黑梳山的纜車 Blackcomb Gondola
往惠斯勒山的纜車 Whistler Village Gondola
Olympic Station
荷斯特溪
PEAK 2 PEAK纜車 PEAK 2 PEAK P.90
Roundhouse
Nita Lake Lodge P.96
往溫哥華方向 HI Whistler P.97
往山頂的吊椅 Peak Chair P.89
Nita Lake
尼塔湖
惠斯勒站 P.86
惠斯勒車站
Creekside纜車 Creekside Gondola（僅限冬季）P.95
惠斯勒山 Whistler Mountain
阿爾發湖
Alpha Lake
Creekside
P.91
惠斯勒滑雪中心 Whistler Sliding Centre

A    B    C

1    2

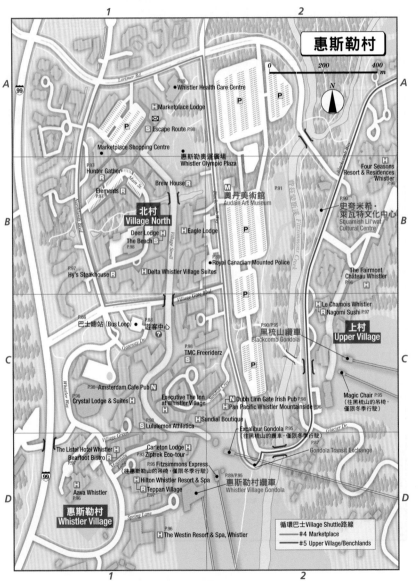

## 遊客中心

Whistler Visitor Centre
**MAP** P.88-C1
4230 Gateway Dr.
**TEL** (604)935-3357
**FREE** (1-877)991-9988
**URL** www.whistler.com
每日9:00〜17:00
（依時期而變動）
無休

# 漫遊惠斯勒

## 惠斯勒村

惠斯勒的市中心是以惠斯勒村Whistler Village為主軸，再加上北側的北村Village North、黑梳山腳下的上村Upper Village 3大村莊所組成；這裡從規劃開始就是以無障礙空間村莊來打造，因此即使是行動不便坐輪椅的遊客，也可以透過步

**惠斯勒村**

0  200  400 m

N

Lorimer Rd.

- Whistler Health Care Centre P.89
- Marketplace Lodge H
- Escape Route P.98 S
- Marketplace Shopping Centre
- Hunter Gather P.97
- Brew House R
- Elements R P.97
- Deer Lodge H
- The Beach S P.98
- Hy's Steakhouse R P.97
- Eagle Lodge H
- Delta Whistler Village Suites H
- 巴士總站（Bus Loop）P.86
- 遊客中心 P.88
- TMC Freeriderz P.98
- Amsterdam Cafe Pub N P.98
- Crystal Lodge & Suites H P.96
- Executive The Inn at Whistler Village
- Lululemon Athletica S P.98
- The Listel Hotel Whistler H
- Bearfoot Bistro R P.97
- Aava Whistler H P.96

**北村 Village North**

惠斯勒奧運廣場
Whistler Olympic Plaza

奧丹美術館
Audain Art Museum M

P.91

Royal Canadian Mounted Police H P.89

- Four Seasons Resort & Residences Whistler P.96
- 史夸米希・萊瓦特文化中心 P.90
  Squamish Lil'wat Cultural Centre
- The Fairmont Château Whistler P.96 H
- Le Chamois Whistler H
- Nagomi Sushi P.97 R
- 黑梳山纜車 P.90/P.95
  Blackcomb Gondola

**上村 Upper Village**

- Magic Chair P.95
  （往黑梳山的吊椅，僅限冬季行駛）

- Dubh Linn Gate Irish Pub P.98 N
- Pan Pacific Whistler Mountainside P.96
- Sundial Boutique H
- Excalibur Gondola P.95
  （往黑梳山的纜車，僅限冬季行駛）
- Carleton Lodge H
- Ziptrek Eco-tour P.93
- Fitzsimmons Express P.95
  （往惠斯勒山的吊椅，僅限冬季行駛）
- Hilton Whistler Resort & Spa H P.89/P.95
- Teppan Village R P.98
- Gondola Transit Exchange P.87
- 惠斯勒村纜車 P.89/P.95
  Whistler Village Gondola

**惠斯勒村 Whistler Village**

- The Westin Resort & Spa, Whistler H P.96

循環巴士Village Shuttle路線
—— #4 Marketplace
—— #5 Upper Village/Benchlands

道輕鬆到處移動。設有遊客中心、前往惠斯勒山纜車站的惠斯勒村，也聚集許多飯店、餐廳、紀念品店及咖啡館，夏季時還會有各式各樣的活動登場。在上村看得到The Fairmont Château Whistler、Four Seasons Resort Whistler（→P.96）等最高級飯店，以及前往黑梳山的纜車與吊椅站。至於北村的商店主要集中在惠斯勒奧運廣場Whistler Olympic Plaza及Marketplace Shopping Centre附近，成為購物區。

### 實用資訊

**警察**
Royal Canadian Mounted Police
MAP P.88-B2
📍 4315 Blackcomb Way
📞 (604)932-3044

**醫院**
Whistler Health Care Centre
MAP P.88-A1
📍 4380 Lorimer Rd.
📞 (604)932-4911

**主要計程車公司**
Whistler Taxi
📞 (604)932-3333

---

## 郊區

　　惠斯勒村周邊分布著大小5座湖泊，湖泊之間規劃有健行步道，可以從村莊步行或騎腳踏車前往；從村莊沿著#99公路往溫哥華方向前行，首先看到的是阿爾塔湖Alta Lake。阿爾塔湖是惠斯勒的代表性湖泊，湖畔有多座公園，其中位於西北湖岸的彩虹公園Rainbow Park設有碼頭、沙灘及野餐、BBQ區等。阿爾塔湖的南邊是尼塔湖Nita Lake，尼塔湖

與再往南的阿爾發湖Alpha Lake之間，則是稱為Creekside的地區，這

↑綠湖是惠斯勒最大的湖泊

裡有惠斯勒車站及通往惠斯勒山的纜車（僅限滑雪季行駛）等設施。在惠斯勒村以北還看得到擁有沙灘和開闊綠地的失落之湖Lost Lake，以及散發著如哈密瓜般淡綠色澤的冰河湖——綠湖Green Lake。

### 前往失落之湖的免費接駁巴士

僅限夏季行駛，BC Transit有從Gondola Transit Exchange出發的接駁巴士Lost Lake Shuttle (#8)。
🗓 6/17〜9/4
　每日11:00〜18:00間每隔20分鐘出發

### 惠斯勒山

📞 (604)967-8950
📠 (1-800)766-0449
🔗 www.whistlerblackcomb.com
夏季開山
6/10〜9/24
滑雪季
11月下旬〜4月中旬

### 惠斯勒村纜車

MAP P.88-D1
🗓 6/10〜16
　每日10:00〜17:00
　6/17〜9/4
　週一〜四10:00〜17:00
　週五〜日10:00〜20:00
　（依時期而變動，11月下旬〜4月下旬作為滑雪場纜車之用）
🚫 9/5〜11月下旬
💲 1日券
　大人$90、銀髮族$80、青少年（13〜18歲）$80、兒童（7〜12歲）$45、6歲以下免費（依時期而變動，與惠斯勒山、黑梳山的纜車、吊椅、PEAK 2 PEAK纜車通用）

# 主要景點

### ⚜ 惠斯勒山
　Whistler Mountain　　　　　　　MAP P.87-C2　★★★

↑山頂上矗立著作為奧運標誌的Inukshuk石頭人像

　　從上村一直到惠斯勒山的中麓，夏季時會行駛觀光專屬的惠斯勒村纜車Whistler Village Gondola，中途停靠的奧林匹克站Olympic Station則有一座惠斯勒山單車公園Whistler Mountain Bike Park（→P.92），在纜車終點站Roundhouse的上方還有吊椅Peak Chair，可以搭上惠斯勒山頂。Roundhouse站也是多條健行步道的起點，最推薦的是可眺望湖泊壯闊景致的「Harmony Lake Trail」（來回1小時〜1小時30分），以及可登上惠斯勒山頂的「Half Note Trail」（所需時間約6小時）。

**黑梳山**
- ☎ (604)967-8950
- ⅢX (1-800)766-0449
- URL www. whistlerblackcomb.com
- 夏季開山
- 6/10～9/24
- 滑雪季
- 11月下旬～5月下旬

**黑梳山纜車**
- MAP P.88-C2
- 圈6/10～9/24
- 每日10:00～17:00
- （依時期而變動，11月下旬～5月下旬作為滑雪場纜車之用）
- 休9/25～11月下旬、4月中旬～6/9

**夏季滑雪／雪板**
- ※2024年夏季並未開放，請上官網確認。

**史夸米希・萊瓦特文化中心**
- 圓4584 Blackcomb Way
- ⅢX (1-866)441-7522
- URL slcc.ca
- 圈週二～日10:00～17:00
- 休週一
- 圖大人$20、兒童（6～18歲）$10、5歲以下免費

## 黑梳山
### Blackcomb Mountain
MAP P.87-B2外　★★★

↑Creekside有著奧運時的比賽路線

　隔著費茲蒙斯溪Fitzsimmons Creek與惠斯勒山比鄰相對的黑梳山，海拔2284m，夏季時可以搭乘黑梳山纜車Blackcomb Gondola直達山頂附近，在荷斯特曼冰河Horstman Glacier體驗夏季滑雪或登山健行等戶外運動。在吊椅的終點站附近也規劃有多條健行步道，推薦可眺望冰河並欣賞美麗高山植物花朵的「Overlord & Decker Loop」（所需時間約6小時30分）等步道。

## 史夸米希・萊瓦特文化中心
### Squamish Lil'wat Cultural Centre
MAP P.88-B2　★★★

　介紹生活在惠斯勒周邊的加拿大原住民——史夸米希族Squamish與萊瓦特族Lil'wat的文化中心，館內以傳統歌舞、樂器等表演為主，能透過各種展示接觸這些原住民族的文化，可聆聽展示品詳細說明的導覽行程（免費，10:00～16:00每隔1小時）也很受歡迎，此外還提供傳統工藝之木皮手環的製作體驗。文化

↑不只參觀也可以參與體驗

中心還設有販售著莫卡辛鞋Moccasin、手刻胸章等商品的紀念品店，以及享用以原住民族傳統餐飲為發想餐點的咖啡館。至於仿造史夸米希族、萊瓦特族傳統住宅而設計的建築，也值得一看。

---

COLUMN

# 搭乘世界最高的纜車

↑票券與其他纜車通用

　連結惠斯勒山的Roundhouse Lodge與黑梳山的Rendezvous・Christine's之間的纜車P2P（PEAK 2 PEAK），以前要往來這2座山必須先走到山腳下，現在有了這座纜車，就可以從山頂附近輕鬆前往。而且纜車距離地面的高度為436m！是目前的世界紀錄。全長4.4km的纜車路線大約需時11分鐘，從高處能欣賞的景色無與倫比，也成為惠斯勒的一大知名設施。

**PEAK 2 PEAK纜車**　DATA
- MAP P.87-C2
- 圈6/10～9/10　每日10:00～17:00
- 9/11～24　週六・日10:00～17:00
- 圖1日券　大人$90～（與惠斯勒山、黑梳山的纜車、吊椅等通用）

## 奧丹美術館
### Audain Art Museum

☆☆☆ MAP P.88-B2

館內蒐羅卑詩省的藝術作品，與惠斯勒的森林融為一體的建築令人印象深刻。2樓的主展場展出從18世紀到現約200件原住民族的藝術品，巨擘愛蜜莉·嘉爾（→P.60）的收藏品也很值得一看。

## 惠斯勒滑雪中心
### Whistler Sliding Centre

☆☆☆ MAP P.87-B2

座落於黑梳山腳下，在溫哥華冬季奧運期間是雪車Bobsleigh、雪橇Luge、俯臥式雪車Skeleton等滑行競技的比賽場地，設施開放一般大眾參觀，內部可看到比賽時正式使用過的雪橇。6月下旬～9月上旬推出雪車體驗Summer Bobsleigh（$129，12歲以上），12月中旬～3月下旬則有俯臥式雪車體驗Public Skeleton（$209，16歲以上），兩項體驗都要事先在官網預約。

# 郊區小旅行

## 史夸米希鎮
### Squamish

☆☆☆ MAP P.42-D1

從惠斯勒往南行約60km，座落在史夸米希溪谷Squamish Valley間的小鎮，這裡在每年11～2月吸引來自美國阿拉斯加、亞利桑納、加拿大育空領地等北美洲各地的白頭海鵰聚集；1994年時觀測到3769隻白頭海鵰，這也是北美洲觀測史上數量最多的紀錄。而造訪史夸米希鎮的白頭海鵰數量最高峰期是在1月左右，只要來到流經溪谷周邊的史夸米希河Squamish River或切卡穆斯河Cheakamus River等河流旁，就有機會欣賞到牠們的身

↑因白頭海鵰與攀岩而出名的小鎮

影。而且每年1月，在史夸米希鎮北方布萊克戴爾Brackendale地區的布萊克戴爾藝術中心Brackendale Art Gallery都會舉辦老鷹節，還會推出音樂會、講座等活動。雖然可以搭乘巴士前往史夸米希鎮，但是巴士總站與老鷹觀測點距離太遠，還是建議參加在地旅遊團或租車比較方便。在史夸米希鎮周邊有高低落差達335m的香儂瀑布Shannon Falls等景點，而2015年在香儂瀑布附近又開設了海天纜車Sea to Sky Gondola，可從海拔約850m的山頂眺望暱稱為「酋長岩The Chief」的攀岩聖地與周邊群山。在山頂站旁還有座讓人心驚膽顫的吊橋，夏天可享受登山健行，冬天則可穿著雪鞋下山或以內胎滑下山坡。

---

卑詩省

## 奧丹美術館
🏠 4350 Blackcomb Way
📞 (604)962-0413
🌐 audainartmuseum.com
🕐 週四～11:00～18:00
休 週二・三
💰 大人$20、銀髮族$18、19～25歲$10、18歲以下免費

## 惠斯勒滑雪中心
🏠 4910 Glacier Lane
📞 (604)964-0040
🌐 www.whistlersportlegacies.com/venues/whistler-sliding-centre
🕐 每日9:00～16:00
休 無休
💰 免費
🚌 BC Transit巴士#7（Staff Housing）終點站徒步5分鐘。

↑可以接觸真正的比賽雪橇

## ❓史夸米希鎮遊客中心
Squamish Adventure Centre
🏠 101-38551 Loggers Lane, Squamish
📞 (604)815-5084
🌐 www.exploresquamish.com
🕐 每日8:30～16:30
休 無休

## 布萊克戴爾藝術中心
📞 (604)898-3333
🌐 www.brackendaleartgallery.com
🕐 週日～四8:00～17:00 週五・六8:00～22:00

## 海天纜車
📞 (604)892-2550
🌐 www.seatoskygondola.com
🕐 週一～四9:00～18:00 週五～日9:00～20:00
休 無休
💰 大人$66、銀髮族$60、青少年（13～18歲）$39、兒童（6～12歲）$26、5歲以下免費

惠斯勒 Whistler ◆ 主要景點／郊區小旅行

# 惠斯勒的戶外體驗
## Activities in Whistler

**登山健行**
The Adventure Group
URL tagwhistler.com
圖 古代西洋杉健行Ancient
　Cedars Guided Hike
　$97.99

**直升機遊覽飛行**
Blackcomb Helicopters
FREE (1-800)330-4354
URL blackcombhelicopters.com
圖 遊覽飛行15分鐘$195
　半日直升機健行$2035(2
　人)

**腳踏車／越野腳踏車**
Whistler Mountain Bike Park
URL www.whistlerblackcomb.
　com
圖 6/10～10/9
　每日10:00～18:00
　(依時期而變動)
休 10/10～6/9
圖 1日券
　大人$88、銀髮族．青少年
　80、兒童$51
　(包含纜車費)

↑失落之湖周邊很適合騎腳踏車

**騎馬**
Copper Cayuse Outfitters
URL www.
　coppercayuseoutfitters.ca
圖 4月中旬～10月中旬
圖 2小時行程1人$189
Tourism Whislter
TEL (1-800)944-7853
URL www.whistler.com
圖 1小時行程1人$94～

## 登山健行　Hiking

在惠斯勒周邊有各式各樣的健行步道，其中最受歡迎的是搭乘惠斯勒村纜車到惠斯勒山山頂的「Half Note Trail(→P.89)」，以及漫遊於原生林間最後抵達冰河湖的「切卡穆斯湖步道

↑Half Note步道

Cheakamus Lake Trail」(來回約2小時30分)等。由於步道周邊是野生熊的棲息地，絕對不能單獨步行；在纜車站的告示板上會有當天的觀光行程介紹，不妨從中尋找合適的行程。山中天氣變化劇烈，一定要記得攜帶禦寒衣物，至於健行步道地圖可在遊客中心索取。

## 直升機遊覽飛行　Helicopter

全年都可以體驗的是Blackcomb Helicopters的遊覽飛行，費用會根據飛行時間而不同。搭乘直升機升空，經過綠湖Green Lake上空可以看到閃耀藍色光芒的冰河就近在眼前；另外也有遊覽惠斯勒山、黑梳山上空的行程。

## 腳踏車／越野腳踏車
### Cycling / Mountain Bike

從鋪設柏油的單車專用道路到穿越森林、山路的專家級越野路線，腳踏車行程非常豐富多樣；其中從惠斯勒村出發到阿爾塔湖Alta Lake的來回路線是最輕鬆的，也有可以攜帶越野腳踏車搭乘吊椅上山，再騎下山的路線。整座惠斯勒山規劃為惠斯勒山單車公園Whistler Mountain Bike Park，由下往上依序劃分為Fitzsimmons、Garbanzo、Peak 3區，可以享受各種等級的健行步道、單車路線。

## 騎馬　Horseback Riding

每匹馬都被調教得很溫馴，即使是第一次騎馬的人(至少8歲以上)也能立刻騎上山路或漫步於草原步道。從惠斯勒村附近推出的騎馬行程，到郊區森林中的西部騎馬等，有許多路線可供選擇。

↑從不同於平常的視角飽覽景色

## 泛舟 Rafting

惠斯勒的泛舟行程中，最受歡迎就是在綠湖北邊的綠河Green River針對初學者推出的行程（所需時間約2小時30分），想要更加驚險刺激體驗的人，建議可以挑戰流經惠斯勒郊區西南部的切卡穆斯河（所需時間約4小時30分），或是參加Elaho Squamish River順流而下的行程。順帶一提，在旅遊手冊上經常可以看到的激流泛舟White Water屬於更加水花四濺的活動，大多都是屬於經驗老到者才合適的路線。小船、船槳和救生衣等用具都可以提供租借，不過最好事先穿好泳衣。泛舟季節大概為5～9月上旬，特別是山間雪水融化讓溪流水量大增的5～6月，驚險度百分百。

## 釣魚 Fishing

位於惠斯勒郊區的5座湖泊及周邊河川，堪稱是虹鱒與鮭魚的天堂，可以參加導覽之旅，搭乘四輪傳動車、小船、直升機等交通工具抵達釣魚點；不過在加拿大，釣魚的基本原則是「釣後放流Catch & Release」。大多數場合都是團費與釣魚證費用分開計算，最好先確認。釣魚證可以在惠斯勒村內的遊客中心購買，雖然全年都可以體驗釣魚樂，不過最佳季節還是在5～8月。

---

**泛舟**
The Adventure Group
FREE(1-855)824-9955
URLtagwhistler.com
團綠河2小時30分之旅
$154.99
Elaho Whitewater
Rafting 8小時之旅
$184.99

**釣魚**
Trout Country Fishing Guides
TEL(604)905-0088
FREE(1-888)363-2233
導覽之旅
圖5小時之旅$395
9小時之旅$495
釣魚證
圖1日$21.98
8日$54.96
1年$87.92
（有效期限為4/1～3/31）

---

COLUMN

# 挑 戰 高 空 滑 索 冒 險 生 態 之 旅

所謂的高空滑索冒險生態之旅Ziptrek Ecotour，是透過連結惠斯勒山與黑梳山之間的高空纜繩Zipline，從空中橫渡溪谷既刺激又爽快的活動。

參加活動的遊客，首先得在惠斯勒村纜車站旁的練習區，綁上安全繩後進行滑行練習，然後才搭乘移動前往溪谷。走過架設在巨樹間的吊橋之後，前往能眺望整座山谷的觀景台，導遊會向大家解說眼前幅員遼闊的溫帶雨林，接著就真正開始高空滑索冒險的重頭戲。在導遊的指令下，一路出腳步就會隨著體重而加速向前滑動，僅僅幾秒鐘就抵達對岸。繩索與溪谷間的距離最高有60m，雖然腳底懸空讓人相當害怕，不過只要挑戰過一次就會對速度快感上癮；如果是參加5段高空滑索冒險的Ziptrek Bear Tour，玩到第5次時還

會以更刺激的頭下腳上方式體驗。參加限制是必須年滿6歲以上，體重在125kg以下，活動全年都能報名，不過因為很受歡迎，建議最好事先預約；另外也有只參觀吊橋、觀景台的Tree Trek行程。

↑絕對刺激的人氣活動

DATA
高空滑索冒險生態之旅
MAP P.88-D1（Carleton Lodge內）
TEL(604)935-0001 FREE(1-866)935-0001
URLwhistler.ziptrek.com
圖Ziptrek Bear Tour
大人$149.99、青少年（6～12歲）$119.99
Tree Trek Tour
大人$69.99、青少年（6～12歲）$39.99

滑雪度假勝地的最高峰！

# 到惠斯勒體驗滑雪樂

惠斯勒曾是2010年冬季奧運的舉辦地，而座落於惠斯勒、黑梳山2座山上的滑雪場，擁有在氣溫與濕度極高的加拿大西部所特有的粉雪雪質。在遼闊宏偉的滑雪場上恣意穿梭奔馳後，再回到村內的飯店、餐廳裡悠閒地享受一番。

深受世界各國滑雪雜誌大力讚揚，並在人氣票選上獨占鰲頭，惠斯勒可說是名符其實的滑雪度假勝地；由惠斯勒山與黑梳山所組成的滑雪場，也因為是滑雪、雪板的世界盃大賽舉辦場地而出名。能夠提供各種不同程度滑雪客的多樣滑雪道，滑雪場旁就是飯店、餐廳與商店林立的村莊等，集眾多優點於一身，在世界獲得相當高的評價，是滑雪客無不嚮往的度假勝地。

## 黑梳山
### Blackcomb Mountain

擁有的滑雪路線大多為被壓雪車整理過後的陡峭滑雪道，比起惠斯勒山更適合高級滑雪客來體驗，起伏斜坡也很多，另外像是全世界少有的困難滑雪道（世界盃雪上技巧Mogul Skiing的比賽路線）、世界各國滑雪好手為練習而來的滑雪公園等也都相當齊備。

## 惠斯勒山
### Whistler Mountain

惠斯勒山分成惠斯勒村所在的北側斜坡，以及西側斜坡的Creekside 2處，Creekside在2010年2月的溫哥華冬季奧運中，是阿爾卑斯式滑雪的比賽會場，這裡最受歡迎的滑雪道，就是從惠斯勒山頂一口氣滑下來的Peak to Creek，滑雪道全長達11km！因為富含彎道與起伏的多變地勢，是完全不會無聊的極致滑雪路線。

横跨2座山而成的巨大滑雪場

## 滑雪場綜合情報

**惠斯勒&黑梳**

☎(604)967-8950/(604)932-4211(降雪資訊) FAX(1-888)403-4727
URL www.whistlerblackcomb.com 吊椅1日券 大人$135〜、2日券$250〜

### 黑梳山

滑雪季:11月下旬〜5月下旬
吊椅行駛時間:
11月下旬〜1月下旬8:30〜15:00
1月下旬〜2月下旬8:30〜15:30
2月下旬〜4月中旬8:30〜16:00
4月中旬〜5月下旬10:00〜16:00
吊椅數量:12座
最長滑行距離:1萬1000m
海拔落差:1609m(675〜2284m)
路線總數:100條以上

【路線結構】
初級15%
高級30%
中級55%

交通:從上村搭乘黑梳纜車、Magic Chair (MAP P.88-C2),或從惠斯勒村搭乘Excalibur Gondola(MAP P.88-D2)前往。

### 惠斯勒山

滑雪季:11月下旬〜4月中旬
吊椅行駛時間:
11月下旬〜1月下旬8:30〜15:00
1月下旬〜2月下旬8:30〜15:30
2月下旬〜4月中旬8:30〜16:00
吊椅數量:19座
最長滑行距離:1萬1000m
海拔落差:1530m(653〜2182m)
路線總數:100條以上

【路線結構】
初級20%
高級25%
中級55%

交通:可從惠斯勒村搭乘惠斯勒村纜車、Fitzsimmons Express(MAP P.88-D2),也可以搭乘Creekside的Creekside Gondola(MAP P.87-C1)前往。

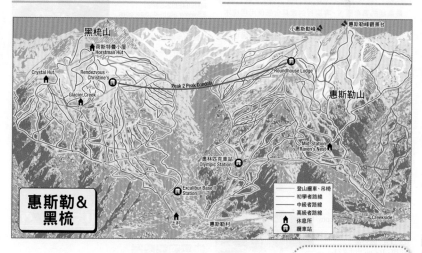

惠斯勒&黑梳

## COLUMN

### 躍入銀白雪世界!直升機滑雪

想要真切體驗粉雪四濺的終極樂趣,就得參加直升機滑雪之旅,搭乘直升機逼近山頂顛峰處,可在完全未經踩踏的新雪上盡情滑降;而且只要天氣許可,甚至還能滑行在冰河上。一般來說,直升機滑雪都會有經驗豐富的嚮導帶領,只要具有中級以上的滑雪或雪板經驗即可參加。若是使用幅度較寬的胖胖板,甚至還可以體驗到獨特的漂浮感受。

**DATA**
Whistler Heli-Skiing
🏠4545 Blackcomb Way
☎(604)905-3337
FAX(1-888)435-4754
📅12月上旬〜4月中旬
(依降雪狀況而改變)
4Runs(海拔1800〜3500m間滑行4趟):$1345〜
6Runs(海拔2700〜4600m間滑行6趟):$1730〜

# 惠斯勒的住宿
## Hotels in Whistler

## The Fairmont Château Whistler

惠斯勒最具代表性的高級飯店，設有游泳池、健身中心、高爾夫球場等完善設施，「Vida Spa」則提供精油芳療、阿育吠陀等療程。

MAP P.88-B2
4599 Chateau Blvd.
TEL(604)938-8000
FREE(1-866)540-4424
URL www.fairmont.com/whistler
LOW 4月中旬～12月中旬
ⓈⒹ$243～
HIG 12月中旬～4月中旬
ⓈⒹ$599～ Tax另計
CA A D J M V 房550房

## Four Seasons Resort & Residences Whistler

最高級的奢華飯店，客房裡的家具全部使用櫻桃木，營造出時尚的氣氛。所有客房都有陽台，也有附廚房的Private Residence Room；SPA或游泳池等設備也是應有盡有。

MAP P.88-B2　4591 Blackcomb Way
TEL(604)935-3400　FREE(1-800)819-5053
URL www.fourseasons.com/whistler
LOW 4～11月ⓈⒹ$344～ HIG 12～3月ⓈⒹ$808～ Tax另計
CA A D M V 房291房

## Nita Lake Lodge

奢華的精品飯店，就座落在惠斯勒車站旁，擁有能眺望尼塔湖的湖畔寧靜氣息，夏季時還提供獨木舟、小船的出租服務。

MAP P.87-C1
2131 Lake Placid Rd.
TEL(604)966-5700
FREE(1-888)755-6482
URL www.nitalakelodge.com
ⓈⒹ$149～ Tax另計
含早餐
CA A M V 房77房
BC Transit巴士#21
(Spring Creek) 約15分
鐘，至Sarajevo Drive交叉口下車，徒步5分鐘。

## The Westin Resort & Spa, Whistler

位於惠斯勒村的斜前方，是以SPA深受喜愛的大型度假村，按摩池、三溫暖及健身中心等設備齊全，全部客房皆為行政套房規格，並且附設廚房及暖爐。

MAP P.88-D1　4090 Whistler Way
TEL(604)905-5000
FREE(1-888)634-5577
URL www.marriott.com
LOW 4月中旬～12月中旬ⓈⒹ$173～
HIG 12月中旬～4月中旬ⓈⒹ$478～ Tax另計
CA A M V 房400房

## Pan Pacific Whistler Mountainside

矗立在前往黑梳山纜車站旁的高級度假飯店，全部客房都有暖爐、廚房和陽台，至於游泳池、SPA、愛爾蘭酒吧也一應俱全。並設有體育用品店，也提供滑雪服裝租借。

MAP P.88-C2　4320 Sundial Cres.
TEL(604)905-2999　URL www.panpacific.com
LOW 4月上旬～11月下旬ⓈⒹ$145～
HIG 11月下旬～4月上旬ⓈⒹ$436～ Tax另計
CA A M V 房121房

## Alpine Lodge Whistler

青年旅館形式的旅館，主人是熱愛滑雪的Geoff，有團體房及套房2種房型，並設有三溫暖、按摩池等設施。

MAP P.87-A1．2
8135 Alpine Way
TEL(604)932-5966
URL www.alpinelodge.com
LOW 夏季團體房～$40～50、套房$220
HIG 冬季團體房$50～60、套房$320
Tax另計　含早餐
CA M V 房7房
BC Transit巴士#30 (Emerald) 約15分鐘，至#99公路與Alpine Way的交叉口下車，徒步2分鐘。

## Aava Whistler Hotel

氣氛時尚的飯店，健身中心、三溫暖、游泳池等設備都很齊全，並提供滑雪用具的租借服務。

MAP P.88-D1
4005 Whistler Way
TEL(604)932-2522
FREE(1-800)663-5644
URL www.aavawhistlerhotel.com
LOW 4～11月ⓈⒹ$148～
HIG 12～3月ⓈⒹ$263～
Tax另計　CA A M V
房192房

## Crystal Lodge & Suites

擁有瑞士木屋風格外觀的山莊，游泳池、按摩池、健身中心等設備一應俱全，並有高爾夫與滑雪等活動的套裝價格。客房共有5種類型，每種房型都寬敞而舒適。

MAP P.88-C1
4154 Village Green
TEL(604)932-2221
FREE(1-800)667-3363
URL www.crystal-lodge.com
LOW 4月上旬～11月中旬ⓈⒹ$202～
HIG 11月中旬～4月上旬ⓈⒹ$281～ Tax另計
CA A M V 房158房

---

## Golden Dreams B&B

主人親手做的早餐受到好評，每間客房有「黑熊」、「雨林」等不同主題，相當獨特，還附有按摩池。

**MAP** P.87-B2
**住** 6412 Easy St.
**TEL** (604)932-2667
**URL** goldendreamswhistler.
com
**料 LOW** 夏季⑤Ⓓ$155～395
**HIGH** 冬季⑤Ⓓ$195～395
公寓式飯店$195～525
Tax另計　含早餐
**CC** M V
**房** 6房
**交** 搭乘市區巴士Tapley's/Blueberry（#6）於Lorimer Rd.往西行，過Balsam Way後下車，徒步2分鐘。

## HI Whistler

距離惠斯勒村6km，是當年溫哥華冬奧選手村所改成的青年旅館。超級市場就在對面，非常方便。

**MAP** P.87-C1外
**住** 1035 Legacy Way
**TEL** (604)962-0025
**FREE** (1-866)762-4122
**URL** hihostels.ca
**料 LOW** 3～11月　團體房$35.9
～（會員）、$39.9～（非會員）　⑤Ⓓ$89～（會員）、
⑤Ⓓ$99～（非會員）
**HIGH** 12～2月　團體房
$50.75～（會員）、$56.4～
（非會員）　⑤Ⓓ$181～（會員）、⑤Ⓓ$201.25～（非會員）　Tax另計
**CC** M V　**房** 188床、14房
**交** 市區巴士Cheakamus（#20）約20分鐘，越過切卡穆斯河Cheakamus River之後的站牌下車，徒步即達。

# 惠斯勒的餐廳
## Restaurants in Whistler

## Bearfoot Bistro

位於「The Listel Hotel Whistler」1樓的典雅餐廳，可以品嚐到堅持以龍蝦、亞伯達牛等，加拿大生產的新鮮食材所製成的料理。

**MAP** P.88-D1
**住** 4121 Village Green
**TEL** (604)932-3433
**URL** bearfootbistro.com
**營** 每日16:30～22:00
（依時期而變動）
**休** 無休
**料** $50～　**CC** A M V

## Hy's Steakhouse

位於巴士總站附近的牛排屋，餐廳內的餐桌全鋪上白色桌巾，搭配蠟燭來營造出相當舒適的氣氛。最受歡迎的餐點為AAA亞伯達牛的菲力牛排$49.95～等。

**MAP** P.88-B1
**住** 4308 Main St.
**TEL** (604)905-5555
**URL** www.hyssteakhouse.com
**營** 週一～四16:00～21:00
週五16:00～22:00
週六‧日15:00～21:00
**休** 無休
**料** $60～　**CC** A M V

## Elements

提供Tapas類型小菜的餐廳，菜單會放在小碟子裡送上桌，可以品嚐到以有機蔬菜、鮭魚等在地食材烹調而成的創意料理。

**MAP** P.88-B1
**住** 4359 Main St.
**TEL** (604)932-5569
**URL** www.elementswhistler.
com
**營** 每日9:00～14:00
**休** 無休
**料** $30～
**CC** M V

## Teppan Village

可以品嚐到龍蝦、亞伯達牛等加拿大生產的嚴選食材，以鐵板燒的方式烹調，還能享受淋上白蘭地點燃一片火光的表演。

**MAP** P.88-D1
**住** 301-4293 Mountain
Square
**TEL** (604)932-2223
**URL** teppanvillage.ca
**營** 每日17:00～24:00
（依時期而變動）
**料** $50～　**CC** A J M V

## Hunter Gather

愛山客聚集的休閒餐廳，以使用大量在地食材的創作料理，以及精釀啤酒而自豪，煙燻長達18小時的牛五花肉$31。

**MAP** P.88-B1
**住** 101-4368 Main Street
**TEL** (604)-966-2372
**URL** www.huntergather
whistler.com
**營** 每日9:00～22:00
**休** 無休
**料** $25～　**CC** A M V

## Nagomi Sushi

位於「Le Chamois Whistler Hotel」1樓的日本料理餐廳，夾著紫蘇葉的鯖魚棒壽司$16最有人氣，還有蓋飯、鍋類、爐端燒菜餚。

**MAP** P.88-C2
**住** 108-4557 Blackcomb
Way
**TEL** (604)962-0404
**URL** nagomisushi.com
**營** 每日17:00～21:00
**休** 無休
**料** $25～
**CC** M V

# 惠斯勒的購物
## Shops in Whistler

## TMC Freeriderz

世界盃選手也曾經光顧，由日本人經營的自由滑雪用品店，店內並設有檢修服務區，不僅會幫忙維修整理，還有出租、滑雪講座等服務。

**MAP** P.88-C1
**住** 4433 Sundial Place
**TEL** (604)932-1918
**URL** www.tmcfreeriderz.com
**營** 週一～四11:00～18:00
　　週五11:00～20:00
　　週六10:00～20:00
　　週日10:00～18:00
**休** 無休　**CC** M V

## Escape Route

戶外活動的專賣店，提供露營設備或健行鞋、攀岩用品、登山小背包等多樣商品。

**MAP** P.88-A1
**住** 113-4350 Lorimer Rd.
**TEL** (604)938-3228
**URL** escaperoute.ca
**營** 週一～四9:00～18:00
　　週五・六9:00～19:00
　　（依時期而變動）
**休** 無休
**CC** A M V

## The Beach

在惠斯勒很稀有的泳裝專賣店，男用泳裝$35～、女用泳裝$70～，另外還有兒童泳裝，以及墨鏡、毛巾等湖畔戲水時需要的裝備。

**MAP** P.88-B1
**住** 39-4314 Main St.
**URL** www.thebeachwhistler.com
**營** 週日～四10:00～18:00
　　週五・六10:00～19:00
**休** 無休　**CC** A M V

## Lululemon Athletica

知名的瑜伽、跳舞服飾品牌店，因為提供到XS的小尺寸，對於體型嬌小的台灣女性來說，也可以放心購買，購物包也很時尚。

**MAP** P.88-C1　**住** 118-4154 Village Green
**TEL** (604)332-8236
**URL** shop.lululemon.com
**營** 週日9:00～20:00
　　週一～四10:00～20:00
　　週五10:00～21:00
　　週六一9:00～21:00
　　（依時期而變動）
**休** 無休　**CC** A M V

# 惠斯勒的夜生活
## Night Spots in Whistler

## Dubh Linn Gate Irish Pub

總是準備超過25種啤酒，至於威士忌、葡萄酒的種類也很豐富。在夏季的週五・六及冬季每晚約21:00起會有現場表演，接受點餐到22:00為止。

**MAP** P.88-C2
**住** 4320 Sundial Cres.
**TEL** (604)905-4047
**URL** www.dubhlinngate.com
**營** 每日10:00～翌日1:00
**休** 無休
**CC** A M V

## Amsterdam Cafe Pub

白天是輕食餐廳，晚上則成為Pub，啤酒$7.5～、雞翅$19.5以超高辣度讓人上癮。

**MAP** P.88-C1
**住** 4232 Village Stroll
**TEL** (604)932-8334
**URL** www.amsterdampub.ca
**營** 每日11:00～翌日1:00
**休** 無休
**CC** A M V

---

COLUMN

## 駕車徜徉於海天公路

從溫哥華一路綿延至惠斯勒的＃99公路，距離約120km，因為在僅僅2個多小時的車程裡，沿路景觀從大海突然轉變為山岳，所以這條路也被稱為「海天公路Sea to Sky Highway」。沿途有史夸米希鎮Squamish（→P.91）、可了解過去礦山樣貌的不列顛礦業博物館Britannia Mine Museum（**URL** www.britanniaminemuseum.ca）所在的不列顛海

灘Britannia Beach等城市，還有高低落差335m的香儂瀑布Shannon Falls、愛麗絲湖Alice Lake、白蘭地瀑布Brandywine Falls等景點分布。在香儂湖Shannon Lake、愛麗絲湖、白蘭地瀑布周邊還有登山健行路線，推薦不妨順道前往一訪。雖然也可以從溫哥華搭巴士一口氣直接到達，若時間充裕的話，可以預留1天的時間好好享受兜風樂趣。

# 維多利亞

卑詩省

位居於溫哥華島南端的維多利亞是卑詩省的首府，整座城市的歷史可以回溯到1843年，當時Hudson's

省議會大廈前方的花園有著Welcome的文字

Bay公司為了在西部地區開拓動物毛皮貿易，在此地修築碉堡作為據點而開始。之後的維多利亞不但是毛皮交易的商用港口，也發展為英國海軍的前線基地，直到1849年正式成為英國殖民地，將城市以當時英國女王「維多利亞」來命名。

當時在美國加州的淘金熱正方興未艾，湧入大量想趁機一夜致富的人，雖然不久後熱潮逐漸消退，卻又傳出在卑詩省的菲沙河流域與卡里布地區Cariboo也發現金礦，於是許多美國淘金客經由維多利亞往北前進，因此使得美國對維多利亞的影響力與日俱增。深刻感受到威脅的殖民地總督James Douglas乾脆直接宣布，溫哥華島及包含溫哥華在內的對岸整片土地全都是英屬直轄殖民地，藉此強調英國的統治權。維多利亞在1862年時升格為城市，1871年再由英國獲得自治權且加入加拿大聯邦。

儘管不斷感受來自美國的威脅，但長久以來接受英國治理的維多利亞，至今仍舊保留著喝下午茶、園藝等充滿英國風格的生活習慣，尤其是每年春夏兩季，城市裡無數繁花綻放，總能讓造訪此地的人陶醉其間。

街頭到處都裝飾著鮮豔的花朵

惠斯勒 Whistler／維多利亞 Victoria ◆

MAP P.42-D1/P.119-B4
人口 39萬7237
區域號碼 250

維多利亞情報網
URL www.tourism victoria.com

### 維多利亞的活動

Moss街市集
Moss Street Market
MAP P.101-B2
URL www.mossstreetmarket.com
營 5～10月
週六10:00～14:00
在Moss St.與Fairfield St.交叉口的廣場舉行，聚集各種販售在地農產品、手工藝品的攤販。11～4月會遷移到室內的場地，舉行冬季市集Winter Market（週六10:00～13:00）。

維多利亞日遊行
Victoria Day Parade
營 5月中旬
為了慶祝維多利亞女王生日而舉行的遊行，為維多利亞最大規模，由當地學校的學生等團體組成形形色色的隊伍參與遊行，總會吸引超過8萬人的觀光客湧入。

維多利亞國際爵士節
Victoria International Jazzfest
TEL (250)388-4423
URL jazzvictoria.ca
營 6月中旬～下旬
開始於1981年的一大爵士樂慶典，活動舉辦期間會在市區各處展開現場演出。

維多利亞慶耶誕
A Victorian Christmas
營 11月～12月下旬
耶誕節期間推出的點燈活動，在省議會大廈、橡樹灣等地都會有美麗的燈光裝飾。

加拿大航空（→P.542）

西捷航空（→P.542）

太平洋海岸航空
（→P.542）
TEL (604)273-8666
FREE (1-800)663-2872
URL www.pacificcoastal.com

維多利亞國際機場（YYJ）
MAP P.100-A
住 201-1640 Electra Blvd.
TEL (250)953-7500
URL www.victoriaairport.com

↑機場位於郊區北邊的薩尼奇
Saanich

BC Transit（→P.104）
市區巴士#88
機場→McTavish Exchange
Bay
運週一～五6:37～21:07
　週六8:07～21:06
　週日8:40～20:37

# 如何前往維多利亞

## ▶▶▶ 飛機

從加拿大各大城市飛往維多利亞，基本上都需要經過溫哥華，從溫哥華起飛的航班有加拿大航空Air Canada（AC）1日7～10班、西捷航空West Jet（WS）1日4～5班，以及太平洋海岸航空Pacific Coastal Airlines（8P）1日2～3班，所需時間約30分鐘。從卡加利Calgary出發則為加拿大航空1日8～10班、西捷航空West Jet（WS）1日14～19班，所需時間約1小時30分～1小時45分。至於加拿大東部也有航班，多倫多出發的加拿大航空1日12～16班、西捷航空1日5～6班，所需時間約5小時10分。

## ✈ 維多利亞國際機場
Victoria International Airport

維多利亞國際機場Victoria International Airport座落在市中心以北約25km處，規模並不大，加拿大國內的加拿大航空、西捷航空及溫哥華起飛的太平洋海岸航空都是從這裡起降。不過要注意的是：水上飛機（→P.101）不會停靠在機場，而是在內港Inner Harbour。

### 機場前往市區

#### ■ 市區巴士 City Bus

維多利亞周邊
（薩尼奇半島）

目前維多利亞國際機場與市中心之間沒有直達巴士，而是由卑詩省的大眾交通機關BC Transit所經營的市區巴士行駛，首先搭乘市區巴士#88（Airport/Sidney）前往McTavish Exchange Bay，再轉乘#70或#71（Swartz Bay/Downtown），便可到達道格拉斯街Douglas St.；所需時間約1小時，車資為大人$5。

↑車票可以在車上向司機購買

### ■機場巴士／計程車 Airport Shuttle/Taxi

以前連結機場與市中心之間交通的YYJ機場接駁巴士YYJ Airport Shuttle，目前已經停駛（最新訊息請上機場官網確認）。至於計程車可以選擇獲得機場許可的共乘服務公司。

**機場許可的共乘服務公司**
Uber
KABU

**從機場搭計程車前往市中心**

到市中心所需時間為30分鐘，$70左右。

## ▶▶▶ 水上飛機

溫哥華的加拿大廣場旁有水上飛機的起降處，可飛往維多利亞的內港，由Harbour Air Seaplanes（H3）經營，1日12～25班，所需時間約35分鐘；從14人座小飛機上所眺望的景色無與倫比。另外要注意週末或冬季會減少航班。

↑可從空中欣賞美景的水上飛機

**Harbour Air Seaplanes**
- MAP P.102-B1
- 950 Wharf St.
- TEL (250)384-2215
- FREE (1-800)665-0212
- URL www.harbourair.com
- 溫哥華
- TEL (604)274-1277
- 單程　1人$157～
　（依時期而變動）

維多利亞市區

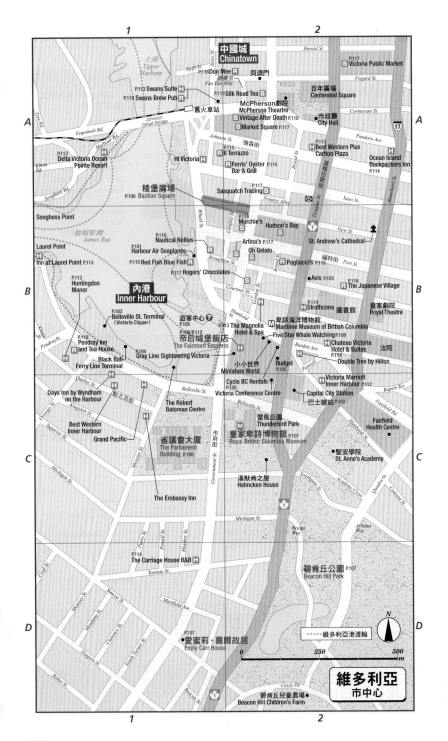

中國城
Chinatown

P.117 Victoria Public Market S

Herald St.

Swift St. P.116 Don Mee R
同濟門
翻扇里 Fan Tan Alley

Fisgard St.

P.113 Swans Suite H
P.118 Swans Brew Pub R

P.113 Silk Road Tea S

百年廣場
Centennial Square

舊火車站

McPherson劇院
McPherson Theatre
Vintage After Death P.118 S
Market Square P.117 S

市政廳
City Hall

Cormorant St.

上港
Upper
Harbour

Shore St.
Johnson St.

Johnson Street Bridge

A

Esquimalt Rd.
Harbour Rd.

Johnson St. 強森街
P.115 Il Terrazzo R

P.113 Best Western Plus
Carlton Plaza H

道格拉斯街

Pandora Ave.

(17)

A

River Rd.
Kimta Rd.

P.113 Delta Victoria Ocean
Pointe Resort

HI Victoria H

Ferris' Oyster
Bar & Grill R P.115

Broad St.

Ocean Island
Backpackers Inn
P.114

Songhees Rd.

Songhess Point

稜堡廣場
P.106 Bastion Square

Sasquatch Trading P.117

Trounce Alley

Yates St.

Blanshard St.

詹姆斯灣
James Bay

P.116 Nautical Nellies R

Murchie's P.116
Artina's P.117

Hudson's Bay S

St. Andrew's Cathedral

View St.

P.101
Harbour Air Seaplanes H
P.115 Red Fish Blue Fish

Oh Gelato

Broad St.

福特街 Fort St.

Laurel Point

Inn at Laurel Point P.113 H

P.117 Rogers' Chocolates S

Pagliacci's P.115 R

Avis P.105 R

P.116
The Japanese Village R

B

P.113
Huntingdon
Manor H

Courtney St.

Gordon St.

Broughton St.

Humbolt

B

內港
Inner Harbour

Strathcona H P.114

圖書館

皇家劇院
Royal Theatre

Cross St.

Pendray St.

P.103
Belleville St. Terminal
(Victoria Clipper)

遊客中心
P.105

P.112
P.106/P.112
帝后城堡飯店
The Fairmont Empress

卑詩海洋博物館 H
Maritime Museum of British Columbia
Five Star Whale Watching P.108

P.116
Pendray Inn
R and Tea House H

P.43 The Magnolia
Hotel & Spa H

Chateau Victoria
Hotel & Suites H
P.114

法院

P.104
Gray Line Sightseeing Victoria

Black Ball
Ferry Line Terminal H

Burdett Ave.

Double Tree by Hilton

Quebec St.

小小世界
Miniature World

Budget R
P.105

Pembroke

Days Inn by Wyndham
on the Harbour H

鉅北克街

Cycle BC Rentals R
P.105
Victoria Conference Centre

Victoria Marriott
Inner Harbour H P.112

Rupert Ter.

Oswego St.
Kingston St.

The Robert
Bateman Centre

Belleville St.

Capital City Station
巴士總站 P.103

Fairfield Rd.

Best Western
Inner Harbour H

Grand Pacific

省議會大廈
The Parliament
Building P.106

雷鳥公園
Thunderbird Park

Fairfield
Health Centre

Superior St.

皇家卑詩博物館 M
Royal British Columbia Museum P.107

Humbolt St.

Quadra St.

Convent St.

C

Michigan St.

市府街
Government St.

聖安學院
St. Anne's Academy

Academy Close

C

The Embassy Inn

漢默肯之屋
Helmcken House

Southgate St.

Menzies St.

Michigan St.

Bridge
Way

Arbutus Way

P.114
The Carriage House B&B H

Toronto St.

碧肯丘公園 P.107
Beacon Hill Park

Parry St.
Powell St.
Heather St.

Marifield Ave.

Menzies St.
Medana St.

Simcoe St.

Croft St.

D

Clarence St.

N

維多利亞港渡輪

D

South Turner St.

Niagara St.

Rithet St.

P.107
愛蜜莉・嘉爾故居
Emily Carr House

0          250          500
                              m

維多利亞
市中心

Beacon St.

Circle Dr.

碧肯丘兒童農場
Beacon Hill Children's Farm

## ▶▶▶ 長途巴士

↑連結溫哥華與維多利亞的BC Ferries Connector

BC Ferries Connector有從溫哥華出發的巴士，發車地點為巴士總站與溫哥華國際機場。溫哥華南部的港口托瓦森Tsawwassen（**MAP** P.45-D1）與維多利亞北部的史華茲灣Swartz Bay之間，則可以搭乘巴士直接上B.C.渡輪B.C. Ferries，終點站在維多利亞的巴士總站。在渡輪上雖然可以自由下車用餐，不過聽到廣播時就要趕快回到巴士上，因此下車時要記清楚巴士的車牌號碼或外觀特徵。1日2～4班，所需時間約3小時40分，車票在機場入境大廳內與BC Ferries Connector有合作關係的Skylinx售票處購買，也可以網路預約。

此外，從溫哥華島上的各個城鎮，有限定在夏季行駛的托菲諾巴士Tofino Bus與Island Link Bus，詳情請見「溫哥華島的交通」（→P.120）。

## ▶▶▶ 巴士總站前往市區

巴士總站座落在帝后城堡飯店The Fairmont Empress（→P.106、P.112）的後方，於道格拉斯街Douglas St.上Capital City Station的一隅。由於位在市中心，前往景點及飯店也很方便。

↑巴士總站就在Victoria Conference Centre對面

## ▶▶▶ 市區巴士&渡輪

↑還可以登上甲板感受海風吹拂

從溫哥華市中心到維多利亞的市中心，可利用市區巴士及渡輪來接駁。先從格蘭佛站搭乘溫哥華捷運的加拿大線至Bridgeport站（**MAP** P.45-C1），再轉乘市區巴士＃620至托瓦森，接著搭上前往史華茲灣的B.C.渡輪（**MAP** P.45-D1），最後由史華茲灣坐市區巴士＃70或＃72到維多利亞市中心的道格拉斯街。整趟路程的交通時間，合計為4小時～4小時30分。

**BC Ferries Connector**
FREE (1-888)788-8840
URL bcfconnector.com
溫哥華出發
單程　大人$71.96～、銀髮族$64.76～、學生$50.37～、青少年（12～18歲）$43.19～、兒童（5～11歲）$35.98～、4歲以下$30.85～

**Skylinks**
TEL (604)326-1616
URL yvrskylynx.com/ferry

**托菲諾巴士（→P.543）**
FREE (1-866)986-3466
URL tofinobus.com

**Island Link Bus**
URL www.islandlinkbus.com

**巴士總站**
MAP P.102-C2
721 Douglas St.

**B.C.渡輪**
MAP P.100-A
FREE (1-888)223-3779
URL www.bcferries.com
溫哥華出發
1日8～15班，所需時間約1小時35分
大人$18.5、兒童（5～11歲）$9.25
車輛$63.85～
（依時期及車種而變動）

**西雅圖出發的渡輪**
從美國西雅圖Seattle出發的Victoria Clipper 1日1～2班，所需時間2小時45分～3小時，記得要攜帶護照。
Victoria Clipper
MAP P.102-B1
FREE (1-800)888-2535
URL www.clippervacations.com/seattle-victoria-ferry
西雅圖出發
單程
大人US$99～119
兒童（1～11歲）US$49.5～59.5

**BC Transit公司**
- ☎ (250)382-6161
- 🌐 bctransit.com/victoria
- 💰 單程票
  1人$2.5
  Day Pass
  1人$5
  回數票（10張）
  1人$22.5

**維多利亞港渡輪**
- ☎ (250)514-9794
- 🌐 victoriaharbourferry.
  com
- 🕐 每日10:00～21:00
  （依時期及天候而變動）
- 休 無休
- Harbour Tour
- 💰 大人$40、兒童（6～12歲）
  $20
- Gorge Tour
- 💰 大人$40、兒童（6～12歲）
  $20
- 水上計程車
- 💰 單程
  大人$15、兒童（6～12歲）$7

**主要計程車公司**
- Yellow Cab of Victoria
- ☎ (250)381-2222
- FAX (1-800)808-6881
- Victoria Taxi
- ☎ (250)383-7111

## 市區巴士 City Bus

市區巴士是由BC Transit所經營，從市中心周邊一直到史華茲灣，行駛路線範圍相當廣，而車資一律相同，且幾乎所有行駛於市中心的巴士路線都會經過道格拉斯街，時刻表或路線圖可至遊客中心索取，也能在BC Transit的官網上查詢；確認路線、乘車時刻及行車狀況之後，前往景點時心情也會比較踏實。至於1日乘車券Day Pass、回數券則可在便利商店、藥局購買，而12歲以下的兒童搭車免費。

## 渡輪 Victoria Harbour Ferry

維多利亞港渡輪Victoria Harbour Ferry所推出的小型渡輪，會從內港碼頭出發並停靠在維多利亞港Victoria Harbour內14個地點，分成Harbour Tour（所需時間45分鐘，每隔30分鐘出發）及Gorge Tour（所需時間約1小時15分，每隔30分鐘～1小時出發）2條路線。此外也可以當成水上計程車來使用。

↑外型很時尚的水上計程車

## 計程車 Taxi

帝后城堡飯店和巴士總站前等地點都有計程車停靠站，行駛在街上的計程車也很多，只要舉手就可以招車，起跳車資是$3.4，每走1km就多加$1.99。

---

## ♦ 在 地 觀 光 之 旅 ♦

### Gray Line Sightseeing Victoria

對於自行搭車沒有信心，或是想有效率地周遊景點的人，推薦參加Gray Line Sightseeing Victoria（舊CVS Tours）的市區觀光之旅。

最受歡迎的就是搭乘大紅色雙層巴士繞行於市區15個景點的Hop on Hop off CitySights行程，從帝后城堡飯店前的售票處出發，將內港、中國城、魁達洛古堡、橡樹灣等知名景點走透透，行駛1圈約1小時30分，可以自由上下車；若是想在魁達洛古堡多做停留，不妨選擇Hop

↑最適合市區觀光的交通工具

on Hop off CitySights Craigdarroch Castle Experience。

如果是以布查花園為觀光目的，則推薦參加包含來回交通費及花園門票的Butterfly Gardens Express Shuttle。所有行程的巴士都從帝后城堡飯店（MAP P.102-B2）前出發。

**Gray Line Sightseeing Victoria** 〔DATA〕
- MAP P.102-B2
- ☎ (250)385-6553 FAX (1-855)385-6553
- 🌐 sightseeingvictoria.com
- Hop on Hop off CitySights
- 🕐 3～10月 💰 1日券 大人$60、青少年（13～17歲）$38、兒童（5～12歲）$15
- Hop on Hop off CitySights Craigdarroch Castle Experience
- 🕐 3～12月 💰 大人$80、青少年$52、兒童$25（包含魁達洛古堡的門票）
- Butterfly Gardens Express Shuttle
- 全年9:00～14:00（依時期而變動）1～2小時1班
- 💰 大人$88、兒童$30（包含門票）

# 漫遊維多利亞

市中心的中央所在就位於內港周邊，由於景點分布範圍相當廣，最好善加利用市區巴士、在地觀光之旅、渡輪等方式。至於布查花園位在市區西北方約21km處，可以搭乘市區巴士或接駁巴士前往。

## 內港周邊

▲停泊著眾多遊艇的內港

縱貫南北的市府街Government St.及道格拉斯街是主要幹道，而這2條街與南邊的省議會大廈The Parliament Building到北邊強森街Johnson St.所包圍的地區，屬於市中心的中央所在。在內港正前方隔著市府街的是帝后城堡飯店The Fairmont Empress，往北是維多利亞發源地的稜堡廣場Bastion Square，南側則座落著皇家卑詩博物館Royal British Columbia Museum與省議會大廈，算是一個機能性十足的小區域，觀光靠步行就很足夠。

## 市中心周邊

從道格拉斯街轉進福特街Fort St.往東走，就是各色小店林立的古董街Antique Row，再往前則是美麗的住宅區，這裡看得到許多維多利亞風格的建築及漂亮的庭園，是很適合悠閒漫步的城市一隅。市中心以北是中國城Chinatown，往南則有著碧肯丘公園Beacon Hill Park，從市中心出發的話，這些景點都在徒步範圍以內，不過如果從中國城走到碧肯丘公園，則約需45分鐘。

**❓遊客中心**

Tourism Victoria Visitor Information Centre
**MAP** P.102-B1
🏠812 Wharf St.
☎(250)953-2033
📠(1-800)663-3883
🔗www.tourismvictoria.com
📅週日～四9:00～17:00
　週五・六9:00～20:30
🈵無休

**維多利亞的治安**

相對來說治安比較良好，不過在市中心以北、舊火車站（**MAP** P.102-A1）及晚上的市政廳附近（**MAP** P.102-A2）治安較差，要多加注意。

**中國城**

在市府街與Fisgard St.的交叉口附近，就是中國城所在，在Fisgard St.上還矗立著巨大的同濟門，中華料理餐廳及超級市場林立；而小巷弄的翻攤里Fan Tan Alley（**MAP** P.102-A2）則能緬懷往日氣氛。

⬆在滿是醒目招牌的翻攤里散步片刻

---

## 實用資訊
### Useful Information

**警察**

Victoria Police　**MAP** P.101-A2
🏠850 Caledonia Ave.　☎(250)995-7654

**醫院**

Victoria General Hospital　**MAP** P.100-B
🏠1 Hospital Way　☎(250)727-4212

**主要租車公司**

Avis
維多利亞國際機場　☎(250)656-6033
市中心
**MAP** P.102-B2
🏠1001 Douglas St.　☎(250)386-8468

Hertz
維多利亞國際機場　☎(250)657-0380
Budget
**MAP** P.102-B2　🏠724 Douglas St.　☎(250)953-5218

**出租腳踏車＆機車**

Cycle BC Rentals
**MAP** P.102-B2　🏠685 Humboldt St.
☎(250)380-2453　🔗victoria.cyclebc.ca
🈺6～9月　每日9:00～19:00
　10～5月　每日9:00～17:00（依時期而變動）
🈵無休
💰腳踏車　1小時$12～、1日$45～
　機車　1時間$25～、1日$100～
　租借機車需要國際駕照。

## 內港周邊

↑散發著莊嚴的氛圍

### 省議會大廈
The Parliament Building
MAP P.102-C1　★★★

俯瞰著整個內灣的省議會大廈，由英國建築師Francis Rattenbury從1893年起耗費5年歲月所完成，在議會大廈前的廣場上還豎立著維多利亞女王的雕像，至於青銅圓頂上則是發現溫哥華島的喬治‧溫

↑省議會大廈前的草坪及噴水池

哥華George Vancouver雕像，而一到夜晚，整棟建築還會點亮超過3000盞五彩燈光。議會大廈內部平日開放給一般旅客參觀，也推出免費的導覽之旅，而且還有提供議員用餐的餐廳Dinning Room，也對外開放，不妨在優雅的氣氛中享用一頓午餐。

### 帝后城堡飯店
The Fairmont Empress
MAP P.102-B2～C2　★★★

南有省議會大廈，以西俯瞰著內灣，是座落在絕佳地理位置上的最高級飯店，擁有英式建築美感的優雅外觀，經常吸引觀光客合影留念。飯店內的接待大廳與會

↑也是經典觀光景點的高級飯店

客廳洋溢著濃厚英國風，來到1樓的Tea Lobby則可以享受延續自19世紀的下午茶(要預約，可以電話或網路預約)，但是穿著牛仔褲、短褲、T恤或涼鞋的遊客，無法進入。

### 稜堡廣場
Bastion Square
MAP P.102-A1～B2　★★★

1843年Hudson's Bay公司在這裡打造動物毛皮交易的據點，成為維多利亞的發源地；廣場周邊的歷史建築保留著原有的古老外觀，內部則是重新改裝成咖啡館、Pub繼續營業。此外，每週週四～日4天會舉辦稜堡廣場公共市集Bastion Square Public Market，吸引各式各樣的攤販進駐，氣氛相當熱鬧。

## 皇家卑詩博物館 MAP P.102-C2
### Royal British Columbia Museum

★★★

▲維多利亞最具代表性的博物館

緊鄰著省議會大廈而建的博物館，館內分為3個樓層，展覽集中在2樓與3樓，2樓的主題是卑詩省的大自然，展示著從冰河時期一直到現在的氣候變遷，以及維多利亞周邊森林與海洋的立體模型等；3樓則是以卑詩省的印第安原住民相關展示為主，博物館內還附設一間IMAX劇院IMAX Theatre。至於博物館外則有矗立著圖騰柱的雷鳥公園Thunderbird Park，以及建於1852年的漢默肯之屋Helmcken House。

皇家卑詩博物館
住675 Belleville St.
TEL(250)356-7226
FREE(1-888)447-7977
URLroyalbcmuseum.bc.ca
開6/2～9/9
週日～四10:00～17:00
週五・六10:00～22:00
9/10～6/1
每日10:00～17:00
休無休
費大人$29.95、銀髮族・學生$19.95、青少年（6～18歲）$16.95、兒童免費
IMAX劇院
開週日～四10:00～19:00
週五・六10:00～20:15
休無休
費大人$11.95～、銀髮族・青少年（6～18歲）$10.25～、學生$10.75～、兒童（3～5歲）$5.4～

---

## 市中心周邊

## 碧肯丘公園 MAP P.102-D2
### Beacon Hill Park

★★★

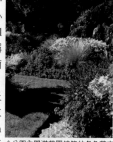
▲公園內開滿花團錦簇的各色花卉

臨海而建的遼闊公園，座落在平緩斜坡上的公園內有花園、可接觸小動物的碧肯丘兒童農場Beacon Hill Children's Farm等設施。公園的名稱來自於過去為了給航行於維多利亞南邊海峽內水手的方向指引（Beacon），在園內的最高處設置燈塔而來；山丘的最高處是一座觀景台，附近還豎立著過去曾為全世界最高，高達38.9m的圖騰柱。在公園西南邊的道格拉斯街與達拉斯街Dallas Rd.交叉口，立有加拿大橫貫公路Trans-Canada Highway起點的「零里程碑Mile Zero」標誌。

碧肯丘公園
碧肯丘兒童農場
TEL(250)381-2532
URLbeaconhillchildrensfarm.ca
開4月～10月中旬
每日10:00～17:00
（依期間而變動）
休10月中旬～3月
費自由捐款

↑在池畔悠閒放鬆

---

## 愛蜜莉・嘉爾故居 MAP P.102-D1
### Emily Carr House

★★★

↑經過悉心整理的庭園也值得一看

是誕生於維多利亞，加拿大的代表性畫家愛蜜莉・嘉爾Emily Carr（→P.60邊欄）的老家，從這棟建造於1863年的英國風格優雅宅邸，不難想像她曾擁有過的優渥童年時代。室內1樓是客廳與餐廳，完全保留了愛蜜莉・嘉爾生活年代的模樣，除了藝廊、紀念品店之外，還有房間專門播放介紹愛蜜莉・嘉爾一生的影片。

愛蜜莉・嘉爾故居
住207 Government St.
TEL(250)383-5843
URLcarrhouse.ca
開週二～日10:00～15:00
休週一
費大人$8、銀髮族・學生$7、兒童$5

↑遙想畫家的童年時代

**魁達洛古堡**
- 1050 Joan Crescent
- (250)592-5323
- www.thecastle.ca
- 週三～日10:00～16:00
- 週一、二
- 大人\$20.6、銀髮族\$19.6、青少年（13～17歲）\$14.8、兒童（6～12歲）\$10、5歲以下免費
- 搭乘市區巴士 #11、#14、#15至福特街與Fernwood St.的交叉口下車，徒步5分鐘。

↑完全符合城堡名稱的氣派外觀

**艾利斯角宅邸**
- 2616 Pleasant St.
- (250)800-1831
- www.pointellicehouse.com
- 週四～日10:00～16:00
- 週一～三
- 大人\$12、銀髮族\$10、青少年（12～17歲）\$10、兒童免費
- 從內港搭乘維多利亞港渡輪的水上計程車，約15分鐘。

## 古董街
### Antique Row
MAP P.101-A2 ★★★

維多利亞是加拿大數一數二的古董城市，特別在福特街Fort St.的Blanshard St.與Cook St.之間的3個街區，就是非常知名的古董街，街道兩旁分布著古董店。

## 魁達洛古堡
### Craigdarroch Castle
MAP P.101-A2 ★★★

來自蘇格蘭的移民Robert Dunsmuir，在1887～1889年所建築的豪華氣派宅邸，靠著在溫哥華島中部的坎伯蘭Cumberland挖掘到豐富煤礦而致富，特別砸下重金為妻子Joan打造出這棟城堡豪宅，只可惜他本人等不到房子落成就因急病而死，最後只有妻兒住進去。宅邸內部以19世紀彩繪玻璃、水晶吊燈、古董家具妝點，非常富麗堂皇。

## 艾利斯角宅邸
### Point Ellice House
MAP P.101-A1

艾利斯角宅邸是位於市中心以北的維多利亞風格房舍，是為了1867年到任的維多利亞長官Peter O'Reilly而建，現在則當成博物館對外開放參觀，可以見識到內部豪華的裝潢擺設；庭園也非常優美，光是散步其中就相當享受。

←完整保留維多利亞時期的餐具與服飾

---

COLUMN

# 在 維 多 利 亞 觀 賞 殺 人 鯨

分隔加拿大本土與溫哥華島的喬治亞海峽Strait of Georgia，是全世界少數的虎鯨（殺人鯨）棲息地，在每年春天到秋天之間，可以在維多利亞附近海域發現殺人鯨的蹤影。許多旅行社會在此時推出賞鯨船的行程，不過在選擇旅行社及相關行程時，要留意的關鍵是搭乘船隻的種類。賞鯨之旅所搭乘的船隻，大致區分成稱為Zodiac的橡膠艇及有頂棚的高速船2種；高速船不容易搖晃加上速度快，可以出海到較遠的地方，Zodiac橡膠艇因為沒有頂棚能擋風會比較冷，但是卻可以非常靠近殺人鯨而成為優勢。不論是哪一種船型都會有是否提供廁所、有無免費提供防寒用具租借等多種選擇，可以先一一比較後再做決定。

旅行社之一的Five Star Whale Watching使用的是雙體船Catamaran式的高速船，雖然外型與遊艇相同，卻擁有高速船能靈活轉彎的特性，船艙內除了設有廁所，還供應熱咖啡服務及防水衣的租賃；不過即使穿上防水衣，海上還是相當冷，裡面最好再加件刷毛衣或薄毛衣禦寒。

**Five Star Whale Watching** ━DATA━
- MAP P.102-B2　645 Humboldt St.
- (250)388-7223　(1-800)634-9617
- 5starwhales.com
- 5～12月　每日10:00、14:00（依時期而變動）所需時間約3小時
- 大人\$130、青少年（13～17歲）\$109、兒童（3～12歲）\$95、2歲以下免費

##  橡樹灣
### Oak Bay

MAP P.100-B
★★★

↑可享受悠閒漫步的可愛街道

位在市中心以東，面海而建的維多利亞高級住宅區，特別是分布在橡樹灣大道Oak Bay Ave.旁的橡樹灣村Oak Bay Village，擁有許多時尚的精品店、商店及餐廳。若是開車從橡樹灣返回市中心，不妨沿著海灣景觀兜風公路而行，就能欣賞到無與倫比的美麗海景。

而橡樹灣也是深受英國文化薰陶的知名社區，據說比英國還要更有英國氣息。

---

**橡樹灣**
搭乘市區巴士#2會沿著橡樹灣大道直行前往橡樹灣。

**橡樹灣的夜市**
每年6～9月的第2個週三，橡樹灣大道會成為行人專用道來舉辦橡樹灣夜市Oak Bay Night Market，除了販售在地藝術家製作的雜貨與農產品的攤販之外，也有街頭藝人表演，相當熱鬧！活動時間為16:00～20:00。

---

---

COLUMN

# 享受優雅午後時光的下午茶

一口大小的三明治與甜點，配上香氣濃郁的紅茶，英國如此優雅的下午茶習慣，據說是由一位肚子餓得受不了的公爵夫人所發想的點子。

19世紀中葉，住在倫敦郊區Bedford公爵宅邸的第7代公爵夫人Anna Maria，在某一天的午後忽然覺得飢腸轆轆，但是當時人們習慣一天只吃2餐，在早餐與晚餐之間經常只會吃些點心來墊胃。剛好就在此時，因為嗜賭愛玩牌而廢寢忘食的Sandwich伯爵，認為「吃飯太浪費時間」而發明出2片麵包中間夾上配料的「三明治Sandwich」，只需要單手就能用餐的好點子；肚子餓的公爵夫人Anna Maria靈機一動，就在下午4、5點以三明治、司康配上紅茶當作點心，據說就成為下午茶的起源。沒過多久，下午茶風靡了英國的貴族圈，也成為最新的優雅社交場所。順帶一提，與下午茶相當類似的High Tea，是當時的工人在傍晚6點左右結束工作後，以紅茶搭配晚餐而產生的習慣，因此吃的不是點心而是有肉類的正餐；雖然High Tea是過去工人階級的生活習慣，不過最近也漸漸開始流行起來。

在維多利亞有好幾處地點可以品嘗下午茶，其中人氣最高的是帝后城堡飯店The Fairmont Empress，擁有非常華麗裝潢的Tea Lobby，非常值得來欣賞。

↑將夾有水果或小黃瓜的三明治、司康等點心，分別擺放在3層盤子上是最傳統的下午茶風格

DATA

可享受下午茶的地點
帝后城堡飯店（→P.106/P.112）
布查花園
（The Dining Room Restaurant）（→P.111）
Pendray Inn and Tea House（→P.116）
White Heather Tea Room（→P.116）

# 遍賞色彩繽紛花香處處的庭園

# 造訪布查花園

## The Butchart Gardens

維多利亞是百花撩亂能深切感受到春天腳步到來的城市，
尤其是布查花園有25萬朵各色花卉同時吐露花蕊來迎春。
華麗絢爛的模樣總是擄獲無數人的心。
還加上加拿大花卉具有花期較長的特性，
園內也不時會有植栽替換，使得全年都有花朵可賞。

1

## 布查花園

### The Butchart Gardens　MAP P.100-A ★ ★ ★

四季都有不同花卉盛開的布查花園，距離市中心以北約22km，可說是維多利亞首屈一指的觀光名勝，是1904年時由Jonny Butchart與其夫人將過去的石灰岩挖掘場經過整理，搖身一變成為美麗的花園。在約22公頃的廣大面積中，分為低窪花園Sunken Garden、玫瑰花園、日本庭園、義大利花園及地中海庭園5大區，其中又以擁有絕佳眺望景致觀景台的低窪花園最為出色。另外，到了夏季會舉行夜間音樂會，冬季則有耶誕點燈等各式各樣的活動。

布查花園
**TEL** (250)652-4422
**FAX** (1-866)652-4422
**URL** www.butchartgardens.com
**開** 【3月、10月】每日9:00～16:00
　　【4、5月、9/16～9/30】每日9:00～17:00
　　【6/1～9/15】週一・二9:00～17:00、週三～日9:00～22:00
　　【11月、1/7～2/29】每日9:00～15:30
　　【12/1～1/6】每日15:00～21:00
**休** 無休
**費** 大人$25.5～39.5（依時期而變動）
**交** 在道格拉斯街搭乘市區巴士#75（#30、#31到中途的Royal Oak Exchange，部分班次的#75也是如此），所需時間約1小時，部分班次並不會停靠在布查花園，乘車時要確認清楚（週六・日會減少班次）。從史華茲灣的渡輪碼頭搭乘市區巴士#81，所需時間約50分鐘；另外參加Gray Line Sightseeing Victoria（→P.104）的觀光之旅也能造訪。

①布查花園的焦點所在──低窪花園，精心設計下的美景令人摒息 ②穿越過低窪花園就會看到噴泉 ③7～8月玫瑰競相綻放的玫瑰花園，洋溢著甜甜香氣 ④過去曾是網球場的場地上，建造了小巧精緻的義大利花園 ⑤由日本園藝師岸田伊三郎協助建造的日本庭園，設有朱紅色欄杆的拱橋 ⑥4月時可以欣賞到許多鬱金香

散步後喝杯紅茶小歇片刻

# 享受下午茶
Let's Enjoy Afternoon Tea

造訪布查花園時，還有一處非看不可的就是緊鄰在玫瑰花園旁的餐廳The Dining Room Restaurant，能被四季不同的植物環繞，在優雅的氣氛裡享用下午茶，還可以從9種不同的品牌中挑選紅茶，再搭配自製的司康、果醬等來品嚐。由於在旅遊淡季也經常會客滿，建議最好事先以電話、官網或是透過園區的遊客中心來預約。

**The Dining Room Restaurant**
☎(250) 652-8222（預約） 🕐【下午茶】每日11:00～15:00（依時期而變動）💰1人$49.5【晚餐】6月～9月中旬、12月～1月上旬 週三～六17:00～20:00

①陳列著水果塔、酥派等小巧可愛的甜點 ②餐廳內以各種植物做裝飾，呈現如溫室般的氣氛 ③傳統的3層式點心盤，還有隨季節改變的莓果Trifle

# 維多利亞的住宿
## ── Hotels in Victoria ──

在內港周邊林立著游泳池、陽台、花園等設施齊全的度假式高級飯店,尤其是以靠近海港側的客房,能夠眺望到維多利亞特有的浪漫夜景,而且幾乎所有的高級飯店都附設有SPA,其水準之高可說是傲視全加拿大而深受好評。如果是想尋找經濟型旅館,不妨前往省議會大廈以南的Superior St.或福特街再往南1條的Broughton St.、百貨公司Hudson's Bay北邊、省議會大廈西邊的魁北克街Quebec St.沿途,這附近擁有相當多的商務型飯店、汽車旅館。至於B&B則分布在市區各地,有重視內部裝潢與早餐且充滿高級氛圍的B&B,也有價格實惠的住宿,選擇非常豐富,可以根據各人喜好來選擇合適的B&B。

---

## The Fairmont Empress
帝后城堡飯店

最高級飯店

內港周邊

創業於1908年,也是維多利亞一大觀光名勝的最高級飯店,不論是房內家具、家飾用品都走古董風格,充滿典雅復古氣息。還能到1樓大廳的茶房享用下午茶(→P.106專欄、P.109),以及四季開滿不同花卉的花園等,是可以充分體會英國文化魅力的飯店。

**MAP** P.102-B2～C2
**住** 721 Goverment St.
**TEL** (250)384-8111
**FREE** (1-866)540-4429
**URL** www.fairmont.com/empress-victoria
**費** 5～9月⑤D$549～
**LOW** 10～4月⑤D$305～  Tax另計
**CC** A M V **房** 464房

---

## Abigail's Hotel

市中心東區

由建於1930年代、英國都鐸王朝風格的建築重新裝修而成的飯店,外圍還有迷你花園,春夏兩季都被盛開的各色花卉所淹沒;客房內也以優雅歐風作為設計主軸,古董家具、貓腳浴缸等,浪漫的氣氛深獲情侶喜愛。至於供應自製麵包、燻魚等每日更換主菜的早餐也非常豪華。房客的年齡限制為16歲以下不能入住,飯店還推出划算的購物之旅、美食之旅等,能讓房客更加享受住宿時光的豐富加購行程。

**MAP** P.101-A2
**住** 906 McClure St.
**TEL** (250)388-5363 **FREE** (1-800)561-6565
**URL** www.abigailshotel.com
**費** 5月～9月下旬⑤D$259～
**LOW** 9月下旬～4月⑤D$199～  含早餐
**CC** A M V
**房** 30房

↑床罩有著可愛花朵圖案的客房
←英國都鐸王朝風格的建築外觀相當典雅

---

## Victoria Marriott Inner Harbour

高級飯店

內港周邊

從內港徒步約5分鐘,就可以抵達的大型度假飯店。放置雙人床的客房空間規劃得相當寬敞舒適,幾乎所有房間都有迷人的海景或山景可賞,能仔細品味維多利亞的豐富景觀;至於餐廳、游泳池、三溫暖、按摩池等設備也很齊全。

**MAP** P.102-C2
**住** 728 Humboldt St.
**TEL** (250)480-3800
**FREE** (1-866)306-5451
**URL** www.marriottvictoria.com
**費** 5～9月⑤D$357～
**LOW** 10～4月⑤D$274～
Tax另計
**CC** A M V **房** 236房

---

🛁 浴缸　📺 電視　🌬 吹風機　🧊 Minibar和冰箱　🔒 保險箱　💻 網路
🛁 部分房間　📺 部分房間　🌬 出借　🧊 部分房間　🔒 櫃台提供

## The Magnolia Hotel & Spa

內港周邊

獲得AAA 4顆鑽石認證的高級飯店,雖然規模不大只有64間客房,卻秉持著無微不至服務的信念。客房空間相當寬敞,以白色為設計主調並搭配咖啡色家具,呈現出優雅的氣氛;飯店內還有以臉部美容療程深獲好評的高人氣SPA,並且使用天然取向的商品。

**MAP** P.102-B2
623 Courtney St.
**TEL** (250)381-0999
**FREE** (1-877)624-6654
**URL** www.magnoliahotel.com
**夏** 5～9月ⓈⒹ$290～
**冬** 10～4月ⓈⒹ$215～
Tax另計　含早餐
**CA** A M V
**房** 64房

## Inn at Laurel Point

內港周邊

沿著內港而建的高級飯店,每間客房都擁有景觀陽台,大部分客房都可以一覽內港美景。至於鋼琴酒吧、餐廳、紀念品店、室內游泳池、按摩池、三溫暖等設備也應有盡有,飯店腹地內還有經過細心整理的日本庭園,讓人心情平靜。

**MAP** P.102-B1
680 Montreal St.
**TEL** (250)386-8721
**FREE** (1-800)663-7667
**URL** www.laurelpoint.com
**夏** 5月～10月上旬ⓈⒹ$305～
**冬** 10月上旬～4月ⓈⒹ$230～
Tax另計
**CA** A M V
**房** 200房

## Swans Suite Hotel

市中心北區

以3隻並列天鵝的招牌為指標,是間富有歷史的飯店。4種類型的客房都是備有廚房的套房,洋溢古典氛圍;旺季時還會在外牆掛上花籃裝飾,讓街上充滿繽紛氣息。在飯店內還有Swans Brew Pub (→P.118),以及商店、餐廳等設施。

**MAP** P.102-A1
506 Pandora Ave.
**TEL** (250)361-3310
**URL** swanshotel.com
**夏** 6月下旬～9月ⓈⒹ$195～
**冬** 10月～6月下旬ⓈⒹ$145～
Tax另計
**CA** A M V
**房** 30房

## Delta Victoria Ocean Pointe Resort

市中心北區

因為座落在內港對岸,周圍環境相當寧靜,飯店周圍還有規劃完善的散步道。客房非常寬敞,加上大片窗戶而擁有絕佳的內港美景;除了游泳池、按摩池之外,還附設有由加拿大12家高級飯店所採用的「Damara Day Spa」。

**MAP** P.102-A1
100 Harbour Rd.
**TEL** (250)360-2999
**URL** www.marriott.com
**夏** 6～9月ⓈⒹ$336～
**冬** 10～5月ⓈⒹ$316～　Tax另計
**CA** A D J M V
**房** 240房
**交** 從內港搭乘維多利亞港渡輪的Harbour Tour約5分鐘。

## Huntingdon Manor

內港周邊

座落於大自然的環抱中,以白色為主軸的外觀令人印象深刻,接待大廳、走廊、客房等全部使用充滿英國古董風格的穩重裝潢,可以沉浸在優雅的氛圍裡。除了可以在對面的Pendray Inn and Tea House (→P.116)享用下午茶,還附設有餐廳與酒吧。

**MAP** P.102-B1
330 Quebec St.
**TEL** (250)381-3456
**FREE** (1-800)663-7557
**URL** huntingdonmanor.com
**夏** 6月～9月中旬ⓈⒹ$163～
**冬** 9月中旬～5月ⓈⒹ$159～
Tax另計
**CA** A M V
**房** 113房

## Best Western Plus Carlton Plaza

市中心北區

位於市中心中央地區的中級飯店,擁有便利的地理位置。客房的裝潢雖然簡單,但空間寬敞,能享受舒適的住宿時光,行政套房還附有可使用烤箱的廚房。設有餐廳(僅供應早餐及午餐)、商務中心、旅遊服務櫃台、健身中心等設施。

**MAP** P.102-A2
642 Johnson St.
**TEL** (250)388-5513
**FREE** (1-800)663-7241
**URL** www.bestwesterncarltonplazahotel.com
**夏** 5～10月ⓈⒹ$185～
**冬** 11～4月ⓈⒹ$109～
Tax另計
**CA** A J M V
**房** 103房

## Chateau Victoria Hotel & Suites

內港周邊

價格實惠且設備齊全，是間物超所值的飯店，位於18樓的餐廳是全維多利亞唯一的景觀餐廳，可以一邊欣賞整個市中心一邊用餐。除了飯店前有前往布查花園的市區巴士，也提供前往市中心景點的免費接駁巴士服務。

MAP P.102-B2
住 740 Burdett Ave.
TEL (250)382-4221
FAX (1-800)663-5891
URL www.chateauvictoria.com
費 HC 6～9月ⓈⒹ$229～
LOW 10～5月ⓈⒹ$163～
Tax另計
CC A D M V
房 176房

## Strathcona Hotel

內港周邊

擁有古典外觀的經濟型旅館，附設有超受年輕人喜愛的Pub「The Sticky Wicket」，以及推出現場演奏等各式各樣活動的夜店，提供豐富的夜生活選擇。客房內陳設簡單，而且因為有夜店和Pub，週末夜晚會比較吵鬧。

MAP P.102-B2
住 919 Douglas St.
TEL (250)383-7137
FAX (1-800)663-7476
URL www.strathconahotel.com
費 HC 6月中旬～9月中旬ⓈⒹ$223～
LOW 10月～6月中旬ⓈⒹ$133～
Tax另計 含早餐
CC A M V
房 69房

## Marketa's B&B

市中心西區

改裝自超過110年維多利亞風格古老建築，洋溢古典氛圍的B&B，內部裝潢展現歐洲主人的優雅品味。淋上促進食慾自製醬汁的班尼迪克蛋、蒙特婁式的貝果等早餐大受好評，並以庭園現摘的香草及水果來妝點餐桌。由於是獨棟房屋還附設停車場。

MAP P.101-A1
住 239 Superior St.
TEL (250)384-9844
URL www.marketas.com
費 HC 含衛浴ⓈⒹ$262～
衛浴共用ⓈⒹ$189～
LOW 含衛浴ⓈⒹ$192～
衛浴共用ⓈⒹ$155～
Tax另計 含早餐
CC M V
房 7房

## The Carriage House B&B

市中心南區

老闆是擔任英文老師的Dan與日本太太直子，客房整理得非常整潔，有2間附衛浴的客房，並有天窗設計，充滿浪漫氣氛。從省議會大廈徒步過來約7分鐘，提供9折優惠的賞鯨之旅。

MAP P.102-D1
住 596 Toronto St.
TEL (250)384-7437
URL carriagehousebandb.ca
費 含衛浴ⓈⒹ$95～130
小木屋ⓈⒹ$160～180
Tax另計 含早餐
CC A M V
房 3房、小木屋1間

## Turtle Hostel

市中心東區

由2層樓民宅改裝，以烏龜為主題綠黃相間的個性外觀為標誌；雖然館內稍嫌老舊，不過工作人員十分友善，對於觀光諮詢的回應也很快速。距離市中心徒步約10分鐘，也許不算太便利，卻有著在地氣氛，適合注重CP值的遊客。

MAP P.101-A2
住 1608 Quadra St.
TEL (250)381-3210
URL www.turtlehostel.ca
費 團體房$28.5～ ⓈⒹ$50～
Tax另計
CC 不可
房 10房、20床

## Ocean Island Backpackers Inn

市中心北區

櫃台提供24小時服務，工作人員都非常友善親切，由於1天打掃3次，旅館內相當潔淨，各個房間都有上鎖，安全度很高。到了夏季是擠滿遊客，個人房依照房型而有不同價格，還有單獨客房、可住4人的家庭房。

MAP P.102-A2
住 791 Pandora Ave.
TEL (250)385-1789
FAX (1-888)888-4180
URL www.oceanisland.com
費 團體房$40～
ⓈⒹ$90～
Tax另計
CC A M V
房 90房、200床

# 維多利亞的餐廳
## — Restaurants in Victoria —

來到溫哥華島一定要品嚐的美食就是海鮮，鮭魚、生蠔、龍蝦等，蒐羅許多新鮮的在地食材，在內港周邊海鮮餐廳林立。此外，由於保留著濃厚的英國文化，因此可以享受正統的英式下午茶（→P.109），也成為一大魅力。

海鮮

## Ferris' Oyster Bar & Grill

1樓是休閒式餐廳，可享用在溫哥華島近海捕撈的數種生蠔所烹調的各式料理，像是沾雞尾酒醬或酸桔醋品嚐的生蠔1個$3.5、12個$38，也有供應日式炸生蠔、煙燻生蠔。2樓則是氣氛洗練的生蠔吧，夏季還可以在露台上用餐。

內港周邊
MAP P.102-A2
住 536 Yates St.
TEL (250)360-1824
URL www.ferrisoysterbar.com
營 週一～四12:00～21:00
　 週五・六12:00～22:00
　 生蠔吧
　 週一～四17:00～21:00
　 週五・六17:00～22:00
休 無休
料 $15～　CARD A J M V

## Barb's Fish & Chips

座落在漁人碼頭的海鮮專賣店，餐桌都設置在碼頭邊的露天座，用餐氣氛相當好。招牌餐點的炸魚薯條附涼拌高麗菜沙拉1份$15.99～，海鮮漢堡有鱈魚$16.99、紅鮭$17.95、牡蠣$16.95。

市中心西區
MAP P.101-A1
住 1 Dallas Rd.
TEL (250)384-6515
URL barbsfishandchips.com
營 3月中旬～10月
　 每日11:00～20:30
休 11月～3月中旬
料 $15～　CARD A M V
交 從內港搭乘維多利亞港渡輪的Harbour Tour，約10分鐘。

## Red Fish Blue Fish

位在內港的碼頭上，是使用貨櫃車開設的露天餐廳，能享用以維多利亞近郊捕撈的漁獲所製作的輕食，像是可選擇比目魚、鮭魚或鱈魚口味的炸魚薯條$15～，也很推薦巧達濃湯$6。午餐時段常會有排隊人潮，11～2月暫停營業。

內港周邊
MAP P.102-B1
住 1006 Wharf St.
TEL (250)298-6877
URL www.redfish-bluefish.com
營 3～10月
　 每日11:00～21:00
　 （依時期而變動）
休 11～2月
料 $15～
CARD M V

義大利料理

## Pagliacci's

1979年開幕的老字號義大利餐廳，店內以過往的電影海報或演員照片做為裝飾，就連菜色也使用電影名稱或演員名字，招牌的海明威短篇小說Hemingway short story $22～，就是3種起司與奶油白醬的義大利餛飩Tortellini。週日～四的20:00～22:00店內會有現場演出。

內港周邊
MAP P.102-B2
住 1011 Broad St.
TEL (250)386-1662
URL www.pagliaccis.ca
營 週一～四11:30～22:00
　 週五・六11:30～23:00
　 週日10:00～22:00
休 無休
料 午餐$20～、晚餐$40～
CARD A M V

## Il Terrazzo

連續10年以上獲選為維多利亞最佳義大利餐廳的名店，紅磚打造的餐廳地點位於巷尾，店內洋溢沉穩的氣氛。以北義料理為基礎，搭配上當季食材，有義大利麵$26～、窯烤披薩$19～等，菜單相當豐富。由於非常受歡迎，建議最好先預約。

內港周邊
MAP P.102-A1
住 555 Johnson St.
TEL (250)361-0028
URL www.ilterrazzo.com
營 每日16:00～21:15
休 無休
料 $30～
CARD A M V

## Nautical Nellies

內港周邊

牛排

以休閒氣氛卻得獎無數而自豪，深受當地好評的牛排與海鮮餐廳。招牌的牛排$38.5～使用熟成28日以上的安格斯牛，備有海產大水槽，黃金蟹等魚貝類鮮度自不在話下。推薦的午餐菜色有料多實在的龍蝦潛艇堡$26.95等。

MAP P.102-B1
住 1001 Wharf St.
TEL (250) 380-2260
URL nauticalnelliesrestaurant.com
營 每日11:30～21:00
休 無休
預 $30～
CC M V

---

## Pendray Inn and Tea House

內港周邊

利用建造於1800年代後半的維多利亞式建築改建而成，除了在眺望船隻來回穿梭景象的同時享用傳統的下午茶$62，還有西海岸風格及蔬食的形式可供選擇；紅茶則可從TWG等品牌中挑選，搭配剛出爐的司康和招牌的酥皮糕點最適合。能眺望庭園的靠窗座位最受歡迎。

MAP P.102-B1
住 309 Belleville St.
TEL (250)388-3892
URL www.pendrayinnandteahouse.com
營 早餐
　 每日7:00～10:00
　 下午茶
　 週一～四11:00～16:00
　 週五～日11:00～18:00
休 無休
預 $65～　CC A M V

---

## The Blue Fox Cafe

市中心東區

咖啡館

一定要排隊的人氣咖啡館，擁有大片玻璃窗而顯得非常明亮的店內，到處裝飾著藝術品而顯得時尚。分量超多的早餐菜色一整天都有供應，值得推薦的是歐姆蛋加上培根、香腸等的Fox Grill套餐$22，還有$16～的法式吐司等。

MAP P.101-A2
住 101-919 Fort St.
TEL (250)380-1683
URL thebluefoxcafe.com
營 週一・三・四・五・日8:00～14:00
　 週六・日8:00～15:00
休 週二
預 $20～
CC M V

---

## White Heather Tea Room

郊區（橡樹灣）

位於橡樹灣的時尚茶室，下午茶有小份的The Wee Tea $42及招牌的The Big Muckle Tea $60等4種，也提供蔬食口味。甜點都是店家自製，也有販售自有品牌紅茶，週四・五還供應午餐套餐$29。

MAP P.101-A2外
住 1885 Oak Bay Ave.
TEL (250)595-8020
URL www.whiteheather-tearoom.com
營 週四・五・日11:30～15:00
　 週六11:30～17:00
休 週一～三
預 $12～　CC M V
交 搭乘市區巴士#2約10分鐘，至橡樹灣大道與Chamberlain St.的交叉口下車，徒步1分鐘。

---

## The Japanese Village Restaurant

內港周邊

日本料理

為人所知的日本料理老店，還供應維多利亞少見的鐵板燒，挑選照燒雞肉等主餐1種，附湯、沙拉、白飯、甜點$37～；也有烤雞肉串、生牛肉等居酒屋的菜色。融合日式風格及娛樂性的店內，亦設有喝酒吧檯。

MAP P.102-B2
住 734 Broughton St.
TEL (250)382-5165
URL www.japanesevillage.bc.ca
營 週二～四・日15:00～20:30
　 週五・六15:00～21:00
休 週一
預 $25～
CC M V

---

## Don Mee

市中心北區

中華料理

位於中國城內，以大燈籠為標誌，菜色從特製炒麵$16.99、炒飯$14.99～，到以自己喜好的方式烹調龍蝦與螃蟹的海鮮料理（時價），選擇相當豐富；午餐（～16:00）供應的飲茶點心多達60種，還有麻婆豆腐等四川料理。

MAP P.102-A2
住 538 Fisgard St.
TEL (250)383-1032
URL www.donmee.com
營 週一～五11:00～21:00
　 週六・日10:00～21:00
休 無休
預 $15～
CC A J M V

# 維多利亞的購物
## ─Shops in Victoria─

幾乎所有的店鋪都集中在市中心的徒步範圍內，特別是從市府街的遊客中心往北，一整排的紀念品店、專賣店、精品名店等林立，也看得到許多洋溢著英國風格的商品，如陶瓷器、紅茶等；若是喜歡古董的話，就要去福特街Fort St.的古董街Antique Row。

## Victoria Public Market

市場

開設於1921年知名百貨公司原址的室內市場，現在小巧精緻的1層樓裡進駐了咖啡館、烘焙麵包、廚房雜貨等10家卑詩省獨創品牌的店家，還設有用餐區，方便遊客休息，並不定期會舉辦活動。

市中心北區

**MAP** P.102-A2
住6-1701 Douglas St.
TEL (778)433-2787
URL victoriapublicmarket.com
營週一～六11:00～18:00
　週日11:00～17:00
　（依店鋪而異）
休無休
CC依店鋪而異

## Market Square

位於淘金熱時期飯店、酒吧聚集的繁榮舊市區，距離中國城也很近；雅緻的紅磚建築內進駐了時尚的流行服飾、飾品、餐廳等約37間店鋪，挑高的中庭則舉行各式各樣的活動。

市中心北區

**MAP** P.102-A2
住560 Johnson St.
TEL (250)386-2441
URL www.marketsquare.ca
營每日10:00～17:00
　（依店鋪而異）
休無休
CC依店鋪而異

## Artina's

珠寶

由加拿大藝術家手工製作的珠寶專賣店，最受歡迎的是印第安圖案設計，以及使用加拿大特有斑彩螺寶石製作的珠寶。彷彿藝廊般的店內陳設充滿高級感，也有項鍊墜子、戒子等平價的商品。

內港周邊

**MAP** P.102-B2
住1002 Government St.
TEL (250)386-7000
FAX (1-877)386-7700
URL artinas.com
營週一～六10:00～17:30
　週日11:00～17:00
　（依時期而變動）
休無休
CC A M V

## Sasquatch Trading

紀念品

店內販賣由溫哥華島上的原住民考津族Cowichan手工製作的豐富商品，店鋪最裡面的牆面上吊掛著看起來非常溫暖的考津毛衣，$200左右，另外還有以天然皮革製作的印第安莫卡辛鞋，以及圍巾、戒指、手鍊等首飾的款式也很多樣。

內港周邊

**MAP** P.102-A2
住1233 Government St.
TEL (250)386-9033
URL www.cowichantrading.com
營週日11:00～17:00
　週一～三・六10:00～18:00
　週四・五10:00～19:00
休無休
CC A J M V

## Rogers' Chocolates

巧克力

由Charles Roger在1885年於維多利亞創立的品牌，是販售香濃甜蜜巧克力的人氣商店，招牌商品是包著水果、堅果、酒類口味內餡的巧克力Victoria Creams，共有10種以上的口味，以綜合口味或禮盒作為伴手禮保證很受歡迎。

內港周邊

**MAP** P.102-B2
住913 Government St.
TEL (250)881-8771
URL www.rogerschocolates.com
營週日11:00～20:00
　週一～六10:00～22:00
　（依時期而變動）
休無休
CC A J M V

## Murchie's

紅茶

位於市府街上誕生於維多利亞的專賣店，在BC省擁有9家分店的老品牌，包含過去帝后城堡飯店下午茶所使用的Murchie's Afternoon Blend Tea等紅茶約有130種，也有販售茶杯、果醬、茶具組等商品，並附設有茶室。

**MAP** P.102-B2
**住** 1110 Government St.
**TEL** (250)383-3112
**URL** www.murchies.com
**營** 每日9:00~18:00
　茶室
　週一~六7:30~18:00
　週日8:00~18:00
**休** 無休
**CA** A J M V

---

## Silk Road Tea

香氛&茶葉

店內分為1樓的香氛商品店與2樓的茶葉專賣店，除了精油香皂等護膚用品外，也有販售種類豐富的精油；茶葉方面，有中國茶與紅茶、日本茶、香草茶等應有盡有，可試喝後再行選購。

**MAP** P.102-A2
**住** 1624 Government St.
**TEL** (250)382-0006
**URL** www.silkroadteastore.com
**營** 週三~六10:30~17:30
　週日11:00~16:00
　（依時期而變動）
**休** 週一・二
**CA** A M V

---

## Vintage After Death

古著

想找有個性的古著就來這裡，以古著為中心，收集家飾雜貨、首飾等來自加拿大全國各地的商品，是挖寶的好地方。所有的商品都附上店員手寫的心得評論，還能了解商品的來由。位於Market Square（→P.117）內，也可以從潘朵拉大道Pandora Ave.進入。

**MAP** P.102-A2
**住** 523 Pandora Ave.
**TEL** (778)433-1333
**URL** www.vintageafterdeath.com
**營** 每日11:00~18:00
**休** 無休
**CA** M V

---

## COLUMN

# 遍布加拿大的「在地啤酒」

在加拿大各地區都會生產數量繁多的在地啤酒，其中又以維多利亞是釀造業特別興盛的城市，加拿大第一家釀酒廠就是維多利亞的「Spinnakers Brewpub」，創立於1884年，是可以現場品嚐鮮釀在地啤酒的酒館餐廳。店內空間相當寬敞，分成Pub（2樓）與餐廳（1樓），啤酒以帶有苦味的愛爾啤酒Ale為主，還有提供歐洲、美式的拉格啤酒Lager等約20種不同品牌，單杯$8~。

位於Sawns Suite Hotel（→P.113）內的「Swans Brew Pub」，也是維多利亞具代表性的一家老酒館。改裝自1913年興建的歷史建築，店內氣氛超棒，而滋味清爽的覆盆子金黃艾爾Blonde Ale最適合在街頭散步小歇片刻時飲用。

對於深受英國殖民文化影響的維多利亞人來說，比起順口的拉格啤酒，更喜愛味道紮實

的愛爾啤酒。愛爾啤酒是種頂層常溫發酵的啤酒，以13~15度而非冷藏來飲用，與低溫且底層發酵的拉格啤酒完全不同，是因為愛爾啤酒的酵母需要在18~22度的常溫中發酵，因此對於喜愛大口喝冰啤酒的台灣人來說，愛爾啤酒的味道相當有個性。

**DATA**

**Spinnakers Brewpub**
**MAP** P.101-A1　**住** 308 Catherine St.
**TEL** (250)386-2739　**FAX** (1-877)838-2739
**URL** www.spinnakers.com
**營** 每日9:00~23:00
**休** 無休　**預** $15~　**CA** A M V

**Swans Brew Pub**
**MAP** P.102-A1
**住** 506 Pandora Ave.
**TEL** (250)940-7513
**URL** swansbrewery.com/brewery
**營** 週二・三・日11:30~23:00
　週四11:30~24:00
　週五・六11:30~翌日1:00
**休** 週一　**預** $20~　**CA** A M V

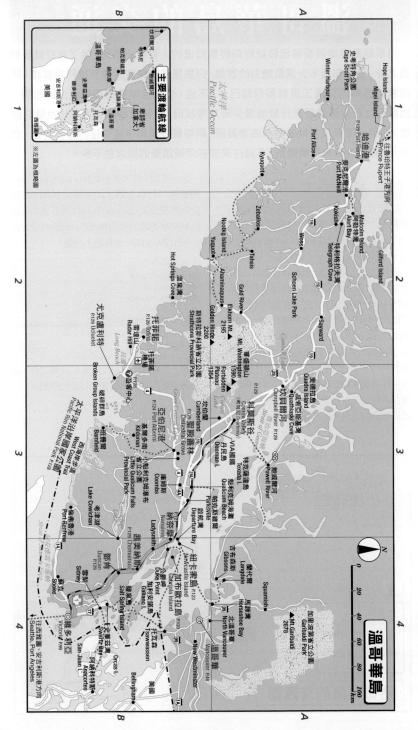

太平洋
Pacific Ocean

史考特角公園
Cape Scott Park

Hope Island
Nigel Island

往喬治王子老方向
往喬治王子老方向
Prince Rupert

Winter Harbour

哈迪港
Port Hardy
麥克尼爾港
同勒特港
Port McNeill

Port Alice

Kyuquot

麥克尼爾港
Malcolm Island
同勒特港
Alert Bay

Gifford Island

Zeballos

特利格拉夫灣
Telegraph Cove

Woss

Nootka Island
Yuquot

Tahsis

Gold River
Ahaminaquus

Schoen Lake Park

Sayward

Hot Springs Cove

溫泉灣

Elkhorn Mt.
2195

艾爾峰山
Golden Hinde
2200
斯特拉科納省立公園
Strathcona Provincial Park

曼甯頓山
Mt. Washington
1590

Forbidden
Plateau
1354

托菲諾
Tofino
P126 Tofino

雪諾山
Radar Hill
雷達山

丘奎
遊客中心

尤克盧利特
P125 Ucluelet

Long Beach
長灘

Broken Group Islands
破碎群島

Comox Lake

昆德拉島
Quadra Island

昆德拉島
Cortes Island
寇特斯灣
Quathiaski Cove

坎貝爾河
Campbell River P129

（28）

科莫斯谷
Comox Valley
（考莫斯/Comox）

坎伯蘭
Cumberland

大教堂林園
Cathedral Grove

VIA車站

丹尼島
Denman I.

Texada I.
特克薩達島

鮑威爾河
Powell River P129

（10）

亞伯尼港
P124 Port Alberni

25伯尼港
P124 Port Alberni

小鮭河克姆瀑布
省立公園
Little Qualicum Falls
Provincial Park

庫姆斯
Coombs

鮭魚灣海灣
Qualicum Beach

啟航灣
Departure Bay

帕克斯維爾
Parksville

拿奈摩
Nanaimo

吉布森
Gibsons

藍代爾
Langdale

Lake Cowichan
考維湖

Bamfield

Port Renfrew
倫弗魯港

西海岸步道
West Coast Trail

太平洋沿岸國家公園
Pacific Rim National Park P128

（4）

（4A）

（19）

（19A）

紐卡素島
Newcastle Island P123

加布廖拉島
Gabriola Island

加利亞諾島
Galiano Island P122
Duke Point

鹽泉島
Salt Spring Island

北溫哥華
North Vancouver

馬蹄灣
Horseshoe Bay

加里波第省立公園
Garibaldi Park
▲ Mt. Garibaldi
2678

斯闊米什
Squamish

溫哥華 P44
Vancouver

拉德史密斯
Ladysmith

西奇梅納斯
Chemainus P129

鄧肯
Duncan P124

雪梨
Sidney

斯沃茲灣
Swartz Bay

薩尼奇半島
Saanich Peninsula

維多利亞
Victoria P99

往西雅圖、安吉利斯港方向
Seattle, Port Angeles

San Juan I.

Orcas I.

阿納科特斯
Anacortes

Bellingham

新西敏
New Westminster

往西雅圖、安吉利斯港方向

（17）

（14）

（1）

（99）

（99）

大华盛
Tsawwassen

托瓦森
Tsawwassen

美國

美國

美國

※左下圖為局部地圖

N

0  20  40  60  80  100
km

主要渡輪航線

主要渡輪航線（加拿大）

卑詩省（加拿大）

美國

溫哥華河
Fraser River

史雅多維亞

帕茨馬港

納納莫

史雅亞灣

維多利亞

安吉利斯

托瓦森

阿納科特斯

西雅圖

1
2
3
4

A
B

# 溫哥華島的交通

溫哥華島是從溫哥華出發就能夠輕鬆抵達的人氣觀光景點，除了首府維多利亞之外，還分布著不少深具魅力的城鎮，只要搭乘渡輪或飛機到達門戶城鎮，暢遊整座島嶼的交通工具就要仰賴巴士。不過，受到近年來使用者減少的影響，出現巴士配合旅遊旺季行駛或減少班次等狀況，使得遊客的交通方式也隨之改變；必須一邊收集當地的最新旅遊資訊，同時做好租車等富彈性的行程計畫。此外，雖然島內也有飛機航班，不過往來於各個城鎮間的班次並不多。

## ▶▶▶ 長途巴士

行駛在溫哥華島上的長途巴士，有托菲諾巴士Tofino Bus、與托菲諾巴士聯營的Vancouver Island Connecter（VI Connecter）及Island Link Bus 3間公司。

托菲諾巴士與VI Connecter取消以往的全年行駛，從2023年起改為僅限夏季營運。5/2～10/2（'23）期間，北上路線為週四～日1日1班，9:45從起站維多利亞出發，經由納奈摩Nanaimo、尤克盧利特Ucluelet等地，16:20到達終點托菲諾Tofino；而托菲諾出發的南下路線為週五～一行駛，從維多利亞～托菲諾需時約6小時35分。至於車票必須在乘車當天9:30前在官網購買訂位，除了部分停靠站之外，沒有訂位就無法搭車。

另一方面，班次不多的Island Link Bus則是全年行駛於島上的主要城鎮間，還有少數地點為Express Bus負責營運；像是比納奈摩更遠的坎貝爾河Campbell River（→P.129）沿線，也有巴士行駛。

Tofino Bus／Vancouver Island Connecter
FREE (1-866)986-3466
URL tofinobus.ca
URL viconnector.com
Island Link Bus
URL www.islandlinkbus.com

## ▶▶▶ 渡輪

除了往來本土與島上的B.C.渡輪之外，過去連結島內的在地觀光船目前已停駛。

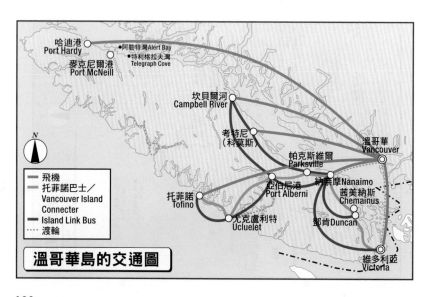

溫哥華島的交通圖

哈迪港 Port Hardy
阿勒特灣 Alert Bay
麥克尼爾港 Port McNeill
特利格拉夫灣 Telegraph Cove
坎貝爾河 Campbell River
考特尼（科莫斯）
溫哥華 Vancouver
帕克斯維爾 Parksville
亞伯尼港 Port Alberni
納奈摩 Nanaimo
托菲諾 Tofino
茜美納斯 Chemainus
尤克盧利特 Ucluelet
鄧肯 Duncan
維多利亞 Victoria

飛機
托菲諾巴士／Vancouver Island Connecter
Island Link Bus
渡輪

# 納奈摩

### 卑詩省

作為溫哥華島第2大城市的納奈摩，位於維多利亞以北約114km處，自古以來就是有名的煤礦之城，現在則是以觀光及漁業、林業維生的海港城市，同時也是西北往坎貝爾河Campbell River、哈迪港Port Hardy，西至太平洋沿岸國家公園Pacific Rim National Park的重要交通據點。

↑納奈摩是臨港而建的恬靜城市

MAP P.42-D1/P.119-B4
人口 9萬9863
區域號碼 250

納奈摩情報網
URL www.tourism
nanaimo.com

納奈摩

---

卑詩省

## 溫哥華島的交通／納奈摩 Nanaimo ◆

▶▶▶ 如何前往

✈ 從溫哥華起飛的班機有加拿大航空1日4班、西捷航空West Jet 1日2班，所需時間約30分鐘；從機場前往市中心可搭乘Nanaimo Airporter（$31），或從溫哥華的水上飛機搭乘處（MAP P.49-A3）乘坐水上飛機Harbour Air Seaplanes至納奈摩港，1日7～9班，所需時間約20分鐘，單程大人$114～。

🚌 維多利亞出發的Island Link Bus 1日1～5班，所需時間約2小時，大人單程$37～。5～10月也有托菲諾巴士Tofino Bus行駛，1日1班（週四～日）。

⛴ 溫哥華出發的B.C.渡輪，分成馬蹄灣Horseshoe Bay（MAP P.45-A1）出發及托瓦森Tsawwassen（MAP P.45-D1）出發2條航線，馬蹄灣出發的船班會抵達市中心北邊的啟航灣Departure Bay，1日6～8班，所需時間1小時40分；托瓦森出發則抵達市中心南邊的公爵岬Duke Point，1日4～8班，所需時間約2小時，兩者船資都是大人$19.45。從港口前往市中心可搭乘Nanaimo Airporter（要預約）。

加拿大航空（→P.542）

西捷航空（→P.542）

### 納奈摩機場（YCD）
- MAP P.121-B2外
- TEL (250)924-2157
- URL www.nanaimoairport.com

### Nanaimo Airporter
- TEL (778)441-2133
- URL nanaimoairporter.com

### Harbour Air Seaplanes
- MAP P.121-A2
- TEL (250)714-0900
- FREE (1-800)665-0212
- URL www.harbourair.com

### Island Link Bus
- URL www.islandlinkbus.com

### 托菲諾巴士（→P.543）

### B.C.渡輪
- FREE (1-888)223-3779
- URL www.bcferries.com

### 啟航灣
- MAP P.121-A1外
- 住 680 Trans Canada Hwy.

### 公爵岬
- MAP P.121-B2外
- 住 400 Duke Point Hwy.

### ❓ 遊客中心
Tourism Nanaimo
- MAP P.121-A1外
- 住 2450 Northfield Rd.
- TEL (250)-751-1556
- FREE (1-800)663-7337
- URL www.tourismnanaimo.com
- 開 週二～六9:30～17:00
- 休 週日・一

位在市區的西部郊外的全年開放據點，市中心的則是僅限夏季開放的簡易遊客中心。

### 稜堡
- 住 98 Front St.
- URL nanaimomuseum.ca
- 開 7/1～9/4
　每日10:00～16:00
- 休 9/5～6/30
- 費 自由捐款

### 納奈摩博物館
- 住 100 Museum Way
- TEL (250)753-1821
- URL nanaimomuseum.ca
- 開 週二～六10:00～16:00
- 休 週日・一
- 費 大人$2、銀髮族・學生
　$1.75、兒童（5～12歲）
　$0.75、5歲以下免費

# 漫遊納奈摩

稱為市中心的地區只要花1個小時就可以徒步逛完，由於屬於度假城市，因此在海邊景觀良好之處飯店、餐廳林立，也看得到歷史古蹟及設備完善的公園。另外還規劃有探訪納奈摩過往歷史的散步路線，只要沿著有相關說明的導覽指標一路走下去即可。首先從稜堡附近出發，沿著港邊步道漫步，最後到購物區所在的舊城區。

# 主要景點

## 🍁 稜堡　Bastion
MAP P.121-A2　★★★

作為納奈摩地標、擁有特殊八角造型的稜堡，是Hudson's Bay公司在1853年建來放置交易貨品的倉庫，萬一發生戰爭時可當作臨時碉堡。過去在加拿大其他地方也曾有類似的建築物，不過目前只剩下這裡還保留著。稜堡內部如今是小型鄉土歷史博物館，擺放著納奈摩過去的歷史照片及生活用品。

➡面對納奈摩灣的白色建築

## 🍁 納奈摩博物館　Nanaimo Museum
MAP P.121-B1・2　★★★

位於納奈摩港中心Port of Nanaimo Centre內，豐富展示與這座煤礦城市發展相關的礦坑展覽，每年還不時會舉辦多次特別展。

⬅禮品店中陳列著眾多在地藝術家的作品

## 🍁 舊城區　Old City Quarter
MAP P.121-A1～B1　★★★

鋪設著咖啡色石板的街道，重現過往城市風華的舊城區，周邊林立著日用雜貨鋪、書店，還有購物中心；而在Wesley St.街道上也看得到販賣航海圖的店家，不由得讓人深切感受納奈摩的確是一座海港城市。

➡座落在舊城區裡，充滿古樸趣味的教堂

### 🍁 Maffeo Sutton公園
Maffeo Sutton Park
`MAP P.121-A1・2` ★★★

　座落在往紐卡索島渡輪碼頭旁的廣闊公園，園內四季滿開著各色花朵，是市民最好的休憩場所。位於公園中央的水池Swy-a-Lana Lagoon則是全加拿大唯一擁有人工造浪的水池。

↑悠閒的Maffeo Sutton公園

### 🍁 紐卡索島
Newcastle Island
`MAP P.119-B4` ★★★

　整座島嶼都規劃成省立海洋公園，也是鹿、浣熊等野生動物棲息的大自然天堂，島上也設置有林道及沿海健行步道；特別是海岸邊的景色非常迷人，夏季時也可以在海裡游泳戲水。

### 🍁 加布歐拉島
Gabriola Island
`MAP P.119-B4` ★★★

　以美麗海岸線聞名、南北長約16km的島嶼，並且深受藝術家的喜愛，在約4200人的居民中大部分是作家與畫家。島上擁有2座省立公園，加上還有海灘，每到夏天就會吸引無數民眾來野餐或戲水而熱鬧不已；幸運的話還有機會看到海豹、海獅、殺人鯨的身影。這裡還看得到造型奇特的怪岩，不少岩石上更保留著印第安原住民的雕刻，也是潛水、健行等戶外活動的好所在。

#### 紐卡索島
📠(1-866)788-6243
URL www.newcastleisland.ca
🚢7/1～9/7的9:00～20:30（9/8～10/15為9:00～16:30）間，從Maffeo Sutton公園（`MAP P.121-A2`）的海岬每隔30分鐘會有1班渡輪出發，所需時間約15分鐘，單程大人$15。從渡輪碼頭繼續往上走，就是小島的遊客中心。

#### 加布歐拉島
📞(250)247-9332
URL hellogabriola.ca
🚢Port Place Shopping Centre（`MAP P.121-B2`）前有B.C.渡輪可搭乘，1日20班左右的航班，所需時間約20～25分鐘，來回大人$10.55。沿著渡輪碼頭的陡坡往上徒步20分鐘，在Folklife Village內有遊客中心。

# 納奈摩的住宿
―― Hotels in Nanaimo ――

## Coast Bastion Hotel
　臨海而建的高級飯店，就座落在市中心，設備也一應俱全，餐廳、酒吧、健身中心、三溫暖、按摩池完善。
`MAP P.121-A2`　🏠11 Bastion St.
📞(250)753-6601　📠(1-800)716-6199
URL www.coasthotels.com
💰⑤⑩$152～　Tax另計
💳A M V　🛏179房

## Best Western Dorchester Nanaimo Hotel
　位於市中心的標準飯店，客房充滿整潔感而簡樸，館內還有2間餐廳，其中「The Oceanside Grill」的海鮮料理頗受好評。
`MAP P.121-A2`　🏠70 Church St.
📞(250)754-6835　📠(1-800)661-2449
URL www.dorchesternanaimo.com
💰⑤⑩$139～　Tax另計
💳A M V　🛏70房

## Travelodge by Wyndham Nanaimo
　附豪華早餐的飯店，乾淨整潔的客房內備品相當齊全，地點鄰近莫雷爾自然保護區Morrell Nature Sanctuary，可體驗登山健行的樂趣。
`MAP P.121-A1`　🏠96 Terminal Ave. N.
📞(250)754-6355
URL www.wyndhamhotels.com/travelodge
💰⑤⑩$115～　Tax另計　含早餐
💳A M V　🛏76房

## Painted Turtle Guesthouse
　在市中心的青年旅館，廚房、供應免費紅茶的起居廳、洗衣房等公共區域設施相當齊全。青年旅館會員享有折扣。
`MAP P.121-B1`　🏠121 Bastion St.
📞(250)753-4432　📠(1-866)309-4432
URL www.paintedturtle.ca
💰夏季 團體房$48～　⑤⑩$99～
　冬季 團體房$45～　⑤⑩86～
Tax另計
💳M V　🛏24房

---

🛁浴缸　　📺電視　　💨吹風機　　🍸Minibar和冰箱　　🔒保險箱　　🖥網路
部分房間　　部分房間　　🔈出借　　部分房間　　　　　　　櫃台提供

# PORT ALBERNI
# 亞伯尼港
### 卑 詩 省

**MAP** P.42-D1/P.119-B3
**人口** 1萬8529
**面積** 250

亞伯尼港情報網
**URL** albernivalleytourism.
com

---

**▶▶▶ 如何前往**

從維多利亞有Island
Link Bus行駛，1日1～
2班，所需時間約4小時，單
程大人$61.99～。5～10月
還有托菲諾巴士Tofino
Bus，1日行駛1班（週四～
日）。

**Island Link Bus**
**URL** www.islandlinkbus.com

**托菲諾巴士 (→P.543)**

---

從西海岸深入內陸數十公里，位於亞伯尼內灣最尾端的城市就是亞伯尼港，因為周邊正好是海水與淡水交會處而成為著名的豐富漁場，與坎貝爾河Campbell River並稱為鮭魚的絕佳釣場，每年一到6月下旬～10月左右的釣魚季節，就會吸引眾多釣魚迷湧入；在9月上旬還會舉辦鮭魚節Salmon Festival Derby，除了有煙燻鮭魚晚宴等活動登場之外，當然也少不了釣鮭魚大賽。

與漁業一起支持亞伯尼港的產業還有林業，儘管最近幾年有步入衰退的傾向，但是遍布在城市周圍的遼闊針葉林與民眾的生活淵源極深，而相關歷史的介紹則在麥克萊恩鋸木廠國家歷史遺址。

⬆立有鐘塔的亞伯尼港碼頭

## 漫遊亞伯尼港

亞伯尼港 亞伯尼港的中心區就在鐘塔Clock Tower矗立的亞伯尼港碼頭The Alberni Harbour Quay周邊，環繞在噴泉廣場的是多家咖啡館，前往破碎群島、尤克盧利特渡輪停靠的Argyle碼頭Argyle Pier也在附近，每週六還有農夫市集登場（9:00～12:00左右），吸引許多遊客前來。由於城市範圍相當廣，駕車出遊會更方便。

⬆人群聚集而熱鬧不已的市集

# 主要景點

## 麥克萊恩鋸木廠國家歷史遺址
### McLean Mill Historic Park
 P.124外 ★★★

　將1965年封廠、擁有約40年歷史，曾是本地林業中心的麥克萊恩鋸木廠，修復之後的主題公園，園區範圍相當寬廣，保存著工廠及工人們居住的房舍等超過30棟建築，夏季也會開放咖啡館與紀念品店，還設有高人氣的露營場。蒸汽火車Alberni Pacific Railway目前停止開放搭乘，正在募款集資以重新恢復營運，可以入內參觀。

## 聖殿叢林
### Cathedral Grove
 P.119-B3/P.124外 ★★★

▲高75m，直徑達3m的巨型花旗松

　從亞伯尼港驅車沿著＃4公路前行，忽然間陽光被完全遮住，視野頓時一片陰暗；原來是沿著公路周邊生長，僅在這個區域裡鬱鬱綿延的巨樹森林，營造出彷彿與外界隔絕的靜謐空間，也因此享有「聖殿叢林」的美譽。

　森林裡規劃了多條完善的健行步道，其中以Big Tree Trail最輕鬆，約10分鐘就可以走完。沿著林間小徑而走，立刻就能深入茂密森林之中，地面長滿碩大的蕨類植物，從巨木枝葉間垂下如蕾絲般的苔蘚，步行大概5分鐘之後聳立在眼前的，竟是樹齡約1000年的巨型花旗松，無論如何努力仰頭都難以看到巨樹的頂端，高聳入雲的雄偉姿態讓人震撼不已。

---

### 遊客中心
Alberni Valley Chamber of Commerce/Visitor Centre
MAP P.124
住2533 Port Alberni Hwy.
TEL (250)724-6535
URL albernivalleytourism.com
開週一～五10:00～16:00
休週六‧日

### 實用資訊
警察
Royal Canadian Mounted Police
MAP P.124
TEL (250)723-2424
醫院
West Coast General Hospital
MAP P.124
TEL (250)731-1370
主要租車公司
Budget
MAP P.124
TEL (250)724-4511

### 麥克萊恩鋸木廠國家歷史遺址
住5633 Smith Rd.
TEL (250)723-1376
URL mcleanmill.ca
開每日7:00～日落
休無休
費免費

### 聖殿叢林
交距離亞伯尼港市中心約15km，必須靠租車或搭計程車前往。

---

# 亞伯尼港的住宿
## —— Hotels in Port Alberni ——

## Bluebird Motel

　從巴士總站徒步10分鐘可至，是座落在大馬路旁的汽車旅館，附近也有餐廳。客房裝潢簡單但保持得很乾淨，也有附設廚房的房間。

MAP P.124
住3755 3rd Ave.
TEL (250)723-1153
FAX (1-888)591-3888
URL bluebirdalberni.ca
費HG 5～10月⑤D$79～
　 LOW 11～4月⑤D$69～　Tax另計
CC A M V　房23房

## The Hospitality Inn

　座落在市區中心，是擁有英式風格外觀、極具魅力的高級飯店。客房內使用現代風的家飾寢具，可以享受舒適的住宿時光；還設有健身中心、游泳池、按摩池等完善設備。

MAP P.124
住3835 Redford St.
TEL (250)723-8111
費HG 夏季⑤D$120～
　 LOW 冬季⑤D$99～　Tax另計
CC A M V　房50房

---

 浴缸　 電視　 吹風機　 Minibar和冰箱　 保險箱　 網路
部分房間　部分房間　出借　部分房間　櫃台提供

# Tofino

# 托菲諾

## 卑詩省

MAP P.42-D1/P.119-B2

人口 2516

面積 250

托菲諾情報網
URL www.tourismtofino.
com

### ▶▶▶ 如何前往

✈ 從溫哥華有太平洋海岸航空Pacific Coastal Airlines的航班，1日1～2班，所需時間45分鐘，出發地點為溫哥華國際機場的南航運大廈。從機場可搭計程車，也可以乘坐水上飛機Harbour Air Seaplanes。

🚌 從維多利亞或納奈摩有Island Link Bus行駛，1日1班，維多利亞出發所需時間約6小時40分，單程大人$90.99～；納奈摩出發所需時間約3小時40分，單程大人$64.99～。5～10月還有托菲諾巴士Tofino Bus，1日行駛1班（週四～日）。

**太平洋海岸航空**
**（→P.542）**

**托菲諾機場（YAZ）**
MAP P.126-B2外

**Harbour Air Seaplanes**
FreeD (1-800)665-0212
URL www.harbourair.com

**Island Link Bus**
URL www.islandlinkbus.com

**托菲諾巴士（→P.543）**
MAP P.126-A1
住 346 Campbell St.

**❓ 遊客中心**

Tourism Tofino
MAP P.126-B2外
住 1426 Pacific Rim Hwy.
TEL (250)725-3414
FreeD (1-888)720-3414
URL www.tourismtofino.com
開 每日8:30～18:00
（依時期而變動）
休 無休

吸引來自世界各地遊客的托菲諾，雖然是觀光度假地卻未被世俗化，而洋溢著寧靜祥和的氣息。夏季時會吸引逐浪而來的衝浪客、享受獨木舟之樂的玩家，甚至是為接觸溫帶雨林等豐富大自然的自然主義者等聚集；托菲諾近郊的海洋也是賞鯨的知名地點，城市裡有許多推出戶外活動的旅行社。

↑美麗的落日餘暉也是托菲諾的魅力之一

不論是海上活動或出海賞鯨，實際去參加體驗才是認識這座城市的最佳方法。

## 漫遊托菲諾

　　無論是餐廳、超級市場或各種活動出發的碼頭等，全部都集中在托菲諾的海岬前端附近，市中心就在徒步能逛完的範圍內，大約散步1小時即可掌握城市的全貌。

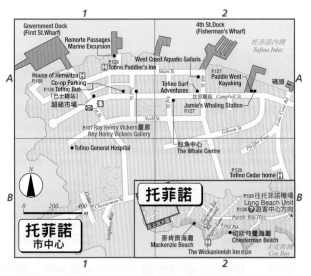

※開館時間、營業時間等日期時間基本上為2023年資訊，因每年資訊會有所變動，請記得上網再次確認。(→P.7)

## 主要景點

### ![🍁] Roy Henry Vickers 書廊

`MAP` P.126-A1

Roy Henry Vickers Gallery

★★★

位於坎貝爾街Campbell St.屬於印第安藝術家Roy Henry Vickers（1946～）的私人畫廊，仿西海岸傳統原住民建築打造而成的外觀令人印象深刻，至於畫廊內則展示著圖騰柱、版畫等藝術創作。從這些作品看得出來，在漁夫父親及教師母親教育下成長的藝術家，於傳統文化與現代都市文化的夾縫中所產生的細膩思維。

**Roy Henry Vickers畫廊**
- 🏠350 Campbell St.
- ☎(250)725-3235
- URL www.royhenryvickers.com
- 🕙每日10:00～17:00
- 休無休
- 料免費

⬆建築物本身就是藝術作品

# 托菲諾的戶外體驗
## Activities in Tofino

### 賞鯨　Whale Watching

托菲諾附近海域是灰鯨Gray Whale在太平洋洄游時的行經路線，搭船出海的賞鯨行程，是托菲諾最受歡迎的戶外體驗。所搭乘的船是有頂棚的小型船，或是被稱為Zodiac的橡膠船艇；小型船因為有頂棚可以遮擋海風或海浪，Zodiac橡膠船則沒有那麼舒適，但是卻擁有行動靈巧的優點，可以更靠近鯨魚。費用方面則是小型船稍微高一點，可以自行選擇想搭乘的船隻。

賞鯨季節為3月上旬～11月上旬，在船上容易受寒，即使在夏季也記得要穿著外套。

**賞鯨**
Jamie's Whaling Station
- `MAP` P.126-A2
- 🏠606 Campbell St.
- ☎(250)725-3919
- FREE(1-800)667-9913
- URL www.jamies.com

小型船
- 🕙3月上旬～11月上旬
- 料大人\$149、銀髮族・青少年（13～18歲）\$139、兒童（3～12歲）\$109

Zodiac橡膠船
- 🕙3月上旬～11月上旬
- 料大人\$149、銀髮族・青少年（13～18歲）\$139、兒童（12歲以下、身高142cm以上）\$109
- 2種旅程的所需時間都是2～3小時。

⬆成年鯨魚可達體重30噸、體長12公尺

### 海洋獨木舟　Sea Kayak

有出租獨木舟供遊客自由划船的租借式獨木舟，也有獨木舟行程可參加，選擇五花八門；行程則有半日、1日，還有一邊露營好幾天，一邊體驗獨木舟的選擇，初學者則推薦有教練帶領的半日行程。

**海洋獨木舟**
Paddle West Kayaking
- `MAP` P.126-A2
- 🏠606 Campbell St.
- ☎(250)725-3232
- FREE(1-877)479-3232
- URL www.paddlewest kayaking.com

Discover the Islands
- 🕙3～10月 每日7:00～18:00 間舉辦2～5次
- 料1人\$79
- 所需時間約2小時30分。

⬆划船航向汪洋大海

☎(250)726-3500
URL parks.canada.ca/pn-np/
bc/pacificrim
⊞全年（西海岸步道為5～9
月）
💲大人$10.5、銀髮族$9、17
歲以下免費
🚌5～10月有期間限定的托菲
諾巴士Tofino Bus，行駛於
維多利亞與托菲諾之間，途
中會停靠Long Beach。從
托菲諾出發為週五～一日1
班，所需時間約15分鐘；尤
克盧利特出發則為週四～一日
1日1班，所需時間約15分鐘。

❓太平洋沿岸國家公園遊
客中心
Pacific Rim Visitor Centre
MAP P.119-B3
🏠2791 Pacific Rim Hwy.
☎(250)726-4600
URL www.discoverucluelet.com
⊞每日10:00～17:30
休無休
位在#4公路托菲諾與尤克
盧利特的交叉路口。

# 郊區小旅行

## 🍁 太平洋沿岸國家公園
### Pacific Rim National Park
MAP P.119-B3 ★★★

是加拿大第一座國家海洋公園，從溫哥華島西海岸的托菲諾到Port Renfrew，綿延約125km的廣闊範圍，幾乎是渺無人煙的原始大自然。公園由3大區塊所組成，擁有長達16km海岸線的Long Beach Unit、超過100座小島所組成的破碎群島Broken Group Islands、75km長的西海岸步道West Coast Trail，不過大部分遊客的焦點都鎖定在Long Beach Unit，但這裡屬於公園範圍內，住宿設施只有露營區，飯店都分布在外圍的托菲諾。

國家公園內最容易到達的地點是Long Beach，夏天會擠滿大批衝浪客，好不熱鬧，還有規劃完善的健行步道，可以輕鬆享受健行的樂趣。

➡夏天吸引觀光客來訪的Long Beach Unit

# 托菲諾的住宿
## Hotels in Tofino

## The Wickaninnish Inn

位於市中心以南，面對切斯特曼海灘Chesterman Beach的高級度假村，每間客房都擁有無敵海景，還擁有飯店專屬的私人沙灘。餐廳「The Pointe」很受歡迎。
MAP P.126-B2
🏠500 Osprey Lane
☎(250)725-3100
URL www.wickinn.com
💰⑤Ⓓ$540～2000
　Tax另計　預約從2晚起
💳A M V
🛏75房

## Tofino Cedar home

從市中心徒步約6分鐘可至，周邊環境閑靜，飯店內設有廚房、洗衣房，很適合長期居住地遊客。從房間還可眺望托菲諾內灣與山巒景色，距離Long Beach約15分鐘車程。
MAP P.126-B2
🏠335 Lone Cone Rd.
☎(250)858-8373
💰⑤Ⓓ$294～
　Tax另計　預約從2晚起
💳不可
🛏2房

## House of Himwitsa

老闆是原住民的小木屋式住宿設施，客房空間寬敞，所有房間都有衛浴設備。飯店內還附設販賣燻魚商店與原住民藝廊。
MAP P.126-A1
🏠300 Main St.
☎(250)725-2017
URL himwitsa.com
💰⑤Ⓓ$495～
　Tax另計
💳M V
🛏5房

## Tofino Paddler's Inn

由擁有超過100年歷史的古老建築所改裝、為獨木舟玩家專屬的住宿。由於老房子的牆壁較薄，使得馬路側的客房會被外面聲音所干擾，卻會被毫無遮蔽的美麗海景所療癒。室內陳設簡樸，廚房及浴室為共用，房客可享有海洋獨木舟1日行程的9折優惠。
MAP P.126-A1
🏠320 Main St.
☎(250)725-4222
URL tofinopaddlersinn.com
💰⑤Ⓓ$140～　Tax另計　含早餐
💳M V
🛏5房

---

🛁浴缸　📺電視　💨吹風機　🧊Minibar和冰箱　🔒保險箱　🌐網路
🛋部分房間　📺部分房間　💨出借　🍸部分房間　🔒櫃台提供

卑詩省

# 溫哥華島上的魅力城鎮

與加拿大本土只有喬治亞海峽一水之隔的溫哥華島，在南北長500km，寬150km的島上分布不少魅力獨具的城鎮，有保留完整豐富大自然的地區，也有賞鯨、健行等多樣的戶外活動可以體驗。

**MAP** P.119　**URL** www.vancouverisland.com

## 鄧肯　Duncan
**MAP** P.119-B4　**URL** www.duncancc.bc.ca

從維多利亞驅車過來不到1個小時，鄰近印第安原住民考津族的居留地，是少數能夠直接接觸西海岸原民文化的城市之一。城裡豎立著超過80座圖騰柱，可以用徒步方式一一觀賞；在傳統文化中心Quw'utsun' Cultural and Conference Centre，則有機會一睹圖騰柱或考津毛衣的製作過程。

## 茜美納斯　Chemainus
**MAP** P.119-B4　**URL** www.chemainus.bc.ca

位在鄧肯隔壁的茜美納斯擁有「壁畫之都」的稱號，原本鎮上賴以維生的鋸木廠關閉，卻因為壁畫而成功地享有名氣，現在每年都會吸引多達40萬名觀光客造訪，可以一邊逛逛古董小鋪或精品店，享受悠閒的散步樂趣。

## 坎貝爾河　Campbell River
**MAP** P.119-A3　**URL** www.campbellriver.ca

被稱為「世界的鮭魚首都」，也是全加拿大首屈一指的釣鮭魚地點；坎貝爾河周邊的海域受到海流影響而成為豐富的漁場，每到5月下旬～10月間便會吸引成群鮭魚來到這裡。

城鎮的中心在前往奎德拉島Quadra Island渡輪乘船處的西側一帶，以購物中心Tyee Plaza為主軸，附近聚集遊客中心、巴士總站、飯店等設施；而南邊的探索碼頭Discovery Pier則是一個可以輕鬆垂釣的場所，商店內都有提供販賣釣魚證、出租釣具等服務。

在碼頭的南邊，則有介紹城鎮歷史的坎貝爾河博物館Museum at Campbell River。

若想去遠一點的地方，不妨前往搭乘渡輪約10分鐘就能到的奎德拉島，或是位於城鎮西南方的斯特拉斯科納省立公園Strathcona Provinvial Park。

## 科莫斯谷　Comox Valley
**MAP** P.119-A3　**URL** experiencecomoxvalley.ca

遠眺冰河與起伏山巒的科莫斯谷，中心城鎮為考特尼Courtenay，從城鎮往西約25km的郊區是華盛頓山滑雪度假勝地，也擁有豐富的大自然地區。至於曾經因為煤礦而興盛的坎伯蘭Cumberland，則看得到曾經懷抱夢想來到加拿大的日本人墓地，是了解過去日系移民歷史的重要場所。

## 尤克盧利特　Ucluelet
**MAP** P.119-B3　**URL** ucluelet.ca

在印第安語中意味著「安全港口」的尤克盧利特，是前往太平洋沿岸國家公園(→P.128)必經的重要海港城市，而超級市場、教堂林立的中心區，卻有如田園般悠閒愜意。

貫穿狹長城鎮的主要街道是Peninsula Rd.，與Main St.交會的路口一帶就是中心區，聚集飯店、餐廳、巴士總站等設施。

B&B則分布在尤克盧利特港邊的住宅區，來到時間緩慢流逝的這個城鎮，不妨前往沿著太平洋海濱而建的Big Beach Trail（600m，所需時間15分鐘）、He-Tin-Kis Trail（2km，所需時間20分鐘）、Wild Pacific Trail（2.7km，所需時間45分鐘）3條步道健行漫遊，其中He-Tin-Kis Trail是穿越溫帶雨林來到海岸線的步道；在城鎮的南邊還有一條從Amphitrite岬的海岸警備隊燈塔延伸出來的步道，同樣可以欣賞到無敵大海美景。

## 哈迪港　Port Hardy
**MAP** P.119-A1　**URL** www.visitporthardy.com

規模比較接近聚落，若時間充裕，不妨參觀一下中心區的哈迪港博物館Port Hardy Museum & Archives，展示著約8000年前生活於島嶼北部印第安人的歷史、殖民時代的白人屯墾經過、哈迪港的源起等相關事物。從這裡通往魯珀特王子港Prince Rupert的B.C.渡輪路線，又被稱為Inside Passage很有人氣(→P.142邊欄)。

※前往各城市的交通，請參考溫哥華島的交通(→P.120)

托菲諾 Tofino ◆

129

# KAMLOOPS
# 甘露市
### 卑詩省

座落在溫哥華東北方約350km，為印第安蘇斯瓦族Shuswap語「匯流點」之意的甘露市，正是南北2條湯

☝在河濱公園度過悠閒時光

**MAP** P.42-D2
**人口** 9萬7902
**面積** 250
甘露市情報網
**URL** www.tourism
kamloops.com

▶▶▶ 如何前往

✈ 從溫哥華與卡加利Calgary出發的加拿大航空1日3～4班、西捷航空1日1班。從機場到市中心可搭乘機場接駁巴士$11～。

🚌 從溫哥華火車站出發的E Bus及Rider Express，1日1～3班，所需時間約4小時30分，單程大人$66.66～。

🚃 溫哥華可搭乘VIA國鐵加拿大人號，溫哥華出發為週一・五、洛磯登山者鐵路則是4月中旬～10月中旬行駛，每週2班，途中在甘露市住一晚。

普森河Thompson River的匯流地，自古以來就是以貿易、開墾而繁榮的交通要衝，由於夏天氣溫高，也被加拿大人一致認為「甘露市很熱」。甘露市周邊因為曾經是蘇斯瓦族冬季的居留地，所以對於印第安原住民族文化有興趣的人，千萬別錯過賽克維派克博物館、帕瓦節Pow Wow等景點活動。此外，流經甘露市郊區的亞當斯河Adams River則是鮭魚溯溪迴游地，因而成為垂釣鮭魚和鱒魚的知名聖地。

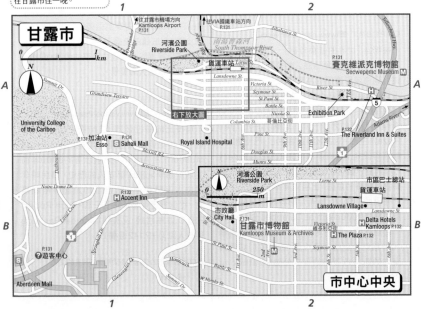

※開館時間、營業時間等日期時間基本上為2023年資訊，因每年資訊會有所變動，請記得上網再次確認。（→P.7）

# 漫遊甘露市

　市中心分布在南湯普森河South Thompson River的南岸，主要街道為維多利亞街Victoria St.，只在中心區逛逛可以只靠徒步，如果加上周邊景點，沒有車就會比較辛苦。從哥倫比亞街Columbia St.往西走，可以接上市區外的加拿大橫貫公路Trans-Canada Highway，遊客中心也在公路沿線；雖然有市區巴士行駛，但班次極少。至於河流北側則為蘇斯瓦族的居留地。

# 主要景點

## 甘露市博物館
Kamloops Museum & Archives
　MAP P.130-B2　★★★

　展示著開墾時代的城市生活景象、行駛在湯普森河的渡輪——蒸汽外輪船、糜鹿和美洲獅標本的民俗博物館，其中最吸引遊客目光的是，身為法國人與印第安人混血，在此地致力推廣基督教的St. Paul之家，將廢棄的房舍搬到博物館內，重現當年毛皮商人的生活狀況。

↑木造的St. Paul之家

## 賽克維派克博物館
Secwepemc Museum
　MAP P.130-A2　★★★

↑巴士不會在附近停靠，請多加留意

　在市中心以東，越過橫跨南湯普森河橋梁的這座博物館，原本是為了向印第安蘇斯瓦族宣揚基督教而建的教會學校。當時的原住民孩子必須離開父母住進學校宿舍，除了要穿制服，說蘇斯瓦語還會受到體罰，過著相當嚴格的學生生活。館內展示著以樹皮縫製而成的獨木舟等許多珍貴的原住民物品，而館外則規劃成原住民歷史公園Native Heritage Park，還在河岸複製當年蘇斯瓦族冬季的半地底式住居，也提供導覽之旅（要預約，須付費）。以柳樹Red Willow細枝圓拱做成的橫穴，猛一看很像是進出的正門，其實是專為婦女設計的後門；正面玄關處在屋頂正中央有煙囪，以及兼作採光窗戶之用、直徑約1m左右的洞，從這裡沿著原木做成的階梯往下進入洞穴中。此外，園區內還有每年夏季都會舉辦的蘇斯瓦族最大盛事——帕瓦節Pow Wow的會場。

---

**加拿大航空（→P.542）**

**西捷航空（→P.542）**

**甘露市機場（YKA）**
MAP P.130-A1外

**甘露市機場接駁巴士**
TEL (250)314-4803

**E Bus（→P.543）**
　起始站為購物中心Sahali Mall（MAP P.130-A1），前往市中心可搭乘市區巴士＃7、＃9。

**Rider Express（→P.543）**
　起始站為Sahali Mall旁的加油站Esso（MAP P.130-A1）。

**VIA國鐵（→P.545）**

**VIA國鐵車站**
MAP P.130-A1外
　市中心以北約20km，也稱為甘露市北車站Kamloops North Train。

**洛磯登山者鐵路（→P.546）**

**洛磯登山者鐵路車站**
MAP P.130-B2

**❓ 遊客中心**
Tourism Kamloops
TEL (778)586-8687
URL www.tourismkamloops.com
開 週一～五8:30～16:30
休 週六・日
　市中心沒有常設的遊客中心，只能以電話或Email聯絡。

**甘露市博物館**
住 207 Seymour St.
TEL (250)828-3576
URL kamloopsmuseum.ca
開 週二～六9:30～16:30
休 週日・一
費 自由捐款（大人$3）

**賽克維派克博物館**
TEL (250)828-9749
URL secwepemcmuseum.ca
開 週一～五8:00～16:00
休 週六・日
費 大人$12.67・銀髮族・學生$8.88、青少年（7～17歲）$7.63、6歲以下免費
帕瓦節Pow Wow
TEL (250)319-8318
開 夏季

MAP P.42-C2

## 威爾斯格雷省立公園
### Wells Gray Provincial Park
★★★

↑省立公園最具代表性的漢默肯瀑布

位在甘露市以北約129km的省立公園，距離入口處約36km有一座綠山塔Green Mt. Tower，站在觀景台可以一覽Trophy山Trophy Mt.、金字塔山Pyramid Mt.及整座公園的全貌。繼續往前會看到經常出現在廣告裡的道森瀑布Dawson Falls，豐沛的水量從90m寬的岩塊上流洩；再往北約2km則是高低落差達141m的漢默肯瀑布Helmcken Falls，氣勢驚人的水流落入碗狀的水潭中，噴濺起的水花則形成遠達數公里的濃密白霧。

在公園以北尾端還有著冰河湖——清水湖Clearwater Lake及碧空湖Azure Lake，環繞在周邊的則是樹齡超過500年的茂密原生林。

# 甘露市的住宿
## —— Hotels in Kamloops ——

## Accent Inn

位在#1公路附近的連鎖飯店，寬敞的客房全都備有咖啡機，飯店內的White Spot餐廳則供應以當地新鮮食材製作的料理；寵物也可入住。

MAP P.130-B1　🏠1325 Columbia St. West
☎(250)374-8877　FAX(1-800)663-0298
URL www.accentinns.com/locations/kamloops
💰ⓈⒹ$185～　Tax另計
💳A M V　🛏83房

## The Riverland Inn & Suites

建於南湯普森河畔的汽車旅館，從市中心徒步過來要20分鐘，雖然有點遠，不過從客房寬敞度與設備齊全度來看，相當物超所值；房間內寬闊且乾淨，並設有按摩池及游泳池。

MAP P.130-A2　🏠1530 River St.
FAX(1-800)663-1530
URL www.riverlandinn.com
💰ⓗⓘ6～9月ⓈⒹ$164.4～
　ⓛⓦ10～5月ⓈⒹ$79.4～　Tax另計　含早餐
💳A M V　🛏58房

## The Plaza Hotel

位於市中心，1928年開幕的老牌飯店。客房洋溢著現代感，卻保留著開幕當時的窗框、古董衣櫥等裝潢，是能享受新舊融合的設計；並附設酒鋪。

MAP P.130-B2　🏠405 Victoria St.
☎(250)377-8075　FAX(1-877)977-5292
URL www.theplazahotel.ca
💰ⓗⓘ5月中旬～10月中旬ⓈⒹ$139～
　ⓛⓦ10月中旬～5月中旬ⓈⒹ$89～　Tax另計　含早餐
💳A M V　🛏67房

## Delta Hotels Kamloops

地處市中心的大型高級飯店，按摩池及游泳池、餐廳、酒吧、健身中心等設施一應俱全。

MAP P.130-B2　🏠540 Victoria St.
☎(250)372-2281
URL www.marriott.com
💰ⓗⓘ夏季ⓈⒹ$273～　ⓛⓦ冬季ⓈⒹ$164～　Tax另計
💳A M V　🛏149房

🛁浴缸　📺電視　💨吹風機　●Minibar和冰箱　🔒保險箱　🖥網路
🛁部分房間　📺部分房間　💨出借　●部分房間　🔒櫃台提供

# 基隆拿

## 卑詩省

↑可一望歐肯那根湖的城市公園

在印第安原住民薩利希語系Salish意味著「灰熊」的基隆拿，是歐肯那根地區Okanagan規模最大的城市，也是卑詩省第3大的城市；座落在南北狹長的歐肯那根湖的正中央位置，由於這裡剛好是歐肯那根湖最狹窄的地帶，站在湖畔就可以眺望對岸平緩的丘陵。作為全加拿大知名的避暑勝地，綿延於湖畔的沙灘總是吸引許多戲水客前來，而且也是退休人士聚居的城市，街上的人們看起來都很悠閒自在。

溫哥華
●●基隆拿

**MAP** P.42-D2
**人口** 22萬2162
**區碼** 250
基隆拿情報網
**URL** www.tourism
kelowna.com

### ▶▶▶ 如何前往

從溫哥華出發，加拿大航空1日6～8班、西捷航空1日7班，所需時間約1小時；此外也有Air North、天賦航空Flair Airlines等廉航（LCC）飛行。從機場前往市區可搭乘Kelowna Airport Shuttle，1人$20～30（要預約）。

E Bus從溫哥華出發1日2班，所需時間約5小時40分，單程大人$85.24；甘露市出發1日2班，所需時間約2小時50分，單程大人$44.1。

加拿大航空（→P.542）
西捷航空（→P.542）
Air North（→P.542）
天賦航空（→P.542）

基隆拿國際機場（YLW）
**MAP** P.133-A2外
**TEL** (250)807-4300
**URL** www.kelownaairport.com

Kelowna Airport Shuttle
**TEL** (250)863-4213

E Bus（→P.543）

甘露市 Kamloops／基隆拿 Kelowna

基隆拿

# 漫遊基隆拿

　以面對歐肯那根湖Okanagan Lake的城市公園為中心，半徑2、3個街區內都屬於市中心範圍，在公園前的街道兩旁有小而美的度假式汽車旅館及餐廳，在湖畔是咖啡館、旅行社、商店林立，至於住宅與大型購物中心則位於郊區。由於城市範圍相當廣，如果不開車很難掌握全貌；雖然有BC Transit的市區巴士，但路線並不多，巴士總站在市中心的歐肯那根歷史博物館對面，可以從這裡搭車。

　城市公園的南邊是一大片沙灘，可以悠閒做日光浴，或是租輛腳踏車迎風馳騁，都很舒服。

# 主要景點

## 🍁 城市公園
City Park

**MAP** P.133-A1～B1

★★★

⬆傳說中的歐肯那根水怪

座落在歐肯那根湖難得一見浮橋旁的公園，倒映在金黃色水面上的是聳立對岸的丘陵，是景色如畫的美麗之地。在公園中心附近還立有傳說棲息於歐肯那根湖內的「歐肯那根水怪Ogopogo」雕像，是孩子們最愛的遊戲場；往北則有碼頭，可以租借電動船等船隻遊湖。不過這裡經常有年輕人群聚喧囂直到深夜，黃昏之後路過時最好要多加注意。

## 🍁 歐肯那根葡萄酒&果樹博物館
Okanagan Wine & Orchard Museum

**MAP** P.133-A2

★★★

　利用歐肯那根地區所擁有的溫暖氣候，從1890年代起誕生的蘋果栽種事業，最後發展成在地一大重要產業，除了銷往加拿大各地，還成功出口至美國北部各州。這座博物館就是以果樹產業為

⬆隨處展示著釀造葡萄酒所使用的工具

主題，可參觀實際使用的工具等展示；在館內還附設著展示古董葡萄酒與酒瓶的小型葡萄酒博物館。

## 歐肯那根歷史博物館
### Okanagan Heritage Museum
★★★ MAP P.133-A2

　展示著印第安、毛皮獵人、參與鐵路興建的中國移民歷史等，規模雖小卻有完整介紹。基隆拿還是日本愛知縣春日井市的姊妹市，在博物館旁設有日式庭園的春日井庭園Kasugai Garden Park。

**歐肯那根歷史博物館**
- 470 Queensway Ave.
- (250)763-2417
- www.kelownamuseums.ca
- 週一～六10:00～17:00
  週日11:00～17:00
- 無休
- 自由捐款(1人\$10)

# 基隆拿的住宿
## —— Hotels in Kelowna ——

## Delta Hotels Grand Okanagan Resort

　位於市中心北邊、面湖而建的最高級飯店，緊鄰碼頭，擁有賭場、SPA、三溫暖、按摩池等完善設施，客房內床鋪都為Queen以上尺寸，非常舒適。

- MAP P.133-A1
- 1310 Water St.
- (250)763-4500
- www.marriott.com
- HIGH 4～10月⑤⑩\$317～
  LOW 11～3月⑤⑩\$232～
  Tax另計
- CA A D J M V　324房

## Prestige Beach House

　歐肯那根湖與城市公園就在眼前，周圍還有許多餐廳與商店。簡約乾淨的客房空間寬敞，館內還設有室內游泳池與戶外按摩池。

- MAP P.133-A1
- 1675 Abbott St.
- (250)860-7900
- (1-800)772-7081
- www.bestwestern.com
- ⑤⑩\$184.95～
  Tax另計
- CA A M V　67房

## Comfort Suites Kelowna

　座落在#97公路上，從巴士總站徒步約20分鐘距離的飯店。客房裝潢為現代風格，飯店內還設有室內游泳池、按摩池、健身中心等設施。

- MAP P.133-A2外
- 2656 Hwy. 97
- (250)861-1110
- (1-888)348-2186
- www.comfortsuites
  kelowna.com
- HIGH 7.8月⑤⑩\$208～
  LOW 9～6月⑤⑩\$121～
  Tax另計　含早餐
- CA A M V　83房

## Hotel ZED Kelowna

　開幕於2016年，客房以60～70年代為設計主題，與外觀同樣統一使用多彩風格。除了有游泳池及三溫暖，還能免費借腳踏車。

- MAP P.133-A1
- 1627 Abbott St.
- (250)763-7771
- (1-855)763-7771
- hotelzed.com
- HIGH 5～9月⑤⑩\$175～
  LOW 10～4月⑤⑩\$89～
  Tax另計
- CA A M V　54房

# 基隆拿的餐廳
## —— Restaurants in Kelowna ——

## RauDZ

　非常重視新鮮與使用在地生產食材，提供裝盤精緻的創意料理，歐肯那根葡萄酒的種類也相當豐富，菜單會隨季節而變化。

- MAP P.133-A1
- 1560 Water St.
- (250)868-8805　www.raudz.com
- 週二～六17:30～22:00
- 週日・一　\$55～　CM V

## Antico Pizza Napoletana

　供應正統的窯烤拿坡里披薩，除了瑪格麗特\$15等12種口味的披薩，還有沙拉\$8～、甜點\$7.5～等豐富菜色，以及葡萄酒。

- MAP P.133-A1
- 347 Bernard Ave.
- (250)717-3741
- anticapizza.ca
- 週二～五16:00～22:00　週六・日11:30～22:00　週一
- \$25～　CM V

 浴缸　 電視　 吹風機　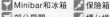 Minibar和冰箱　 保險箱　 網路
部分房間　部分房間　出借　部分房間　櫃台提供

135

# 歐肯那根葡萄酒路線
## Okanagan Wine Route

　　據說距今約160年前，由一位神父帶來的幾株小樹苗，成為造就此地釀酒業的開始。冷熱溫差劇烈且日照時間長的歐肯那根地區，非常適合栽種葡萄，沿著南北狹長的歐肯那根湖周邊，分布許多特色獨具的葡萄酒莊。中心城市則為基隆拿與潘迪頓。

| 歐肯那根葡萄酒路線<br>基本DATA<br>MAP P.42-D2 | 據點城市：基隆拿、潘迪頓<br>歷史景點：★<br>自然景點：★★★ | 歐肯那根情報網<br>URL okanaganwines.ca |
| --- | --- | --- |

## 歐肯那根葡萄酒路線

基隆拿 Kelowna
Rollingdale Winery
Westbank
Little Straw
傳教山家族酒莊
Mission Hill Family Estate
Hainle Vineyards Estate Winery
Gray Monk Estate Winery
Calona Wines
Summerhill Pyramid Winery
St. Hubertus
Cedar Creek
Quails' Gate Estate Winery
歐肯那根湖 Okanagan Lake
桃子地 Peachland
Summerland Estate Winery
Thornhaven Estates Winery
Dirty Laundry Vineyard
Silk Scarf Winery
Lake Breeze Vineyards
潘迪頓 Penticton
歐肯那根瀑布 Okanagan Falls
Hawthorne Mountain
Clos du Soleil
基里米奧斯 Keremeos
考斯頓 Cawston
Crowsnest Vineyards
Fairview
Tinhorn Creek
Intersection Estate
Rust Wine Co
Marverick
Burrowing Owl
奧索尤斯 Osoyoos
Sumac Ridge
薩默蘭 Summerland
Paradise Ranch
納拉瑪塔 Naramata
Kettle Valley
Nichol Vineyards
Lang Vineyards
Hillside Cellars
Poplar Grove
Pentage
斯卡哈湖 Skaha Lake
Pointed Rock Estate
Wild Goose
Stag's Hollow
Blue Mountain
Jackson-Triggs
奧利弗 Oliver
Quinta Ferreia Estate
Hester Creek
Gehringer Brothers
Silver Sage
Black Hills
Nk' Mip
奧索尤斯湖 Osoyoos Lake

=酒莊
=地區名

## 周遊葡萄酒路線

　　想要享受暢遊酒莊樂趣的方式，通常是租車或參加基隆拿Kelowna、潘迪頓Penticton出發的在地之旅，而租車不僅能參觀酒莊，還可以一邊自在兜風欣賞眼前遼闊的葡萄園，以及迷人的湖水美景；不過在加拿大也嚴禁酒後駕車，駕駛則無法參與品酒。若是參加在地之旅，則會周遊3～5家酒莊。

酒莊之旅是搭乘6～8人座的小巴士

酒類豐富的酒莊

工作人員會針對葡萄酒的特色細心說明

# 葡萄酒路線與酒莊之旅

來到葡萄酒莊，除了可以參觀釀酒造流程，也提供試飲服務（部分酒莊會收費），不妨參加葡萄酒飲用方式的課程，仔細尋找自己喜歡的酒種。

參加在地之旅的話，雖然會依旅行社安排參觀不同的酒莊，不過基本上都是5小時左右的1日行程，暢遊3～5家酒莊，由於導遊會事先預約酒莊的試飲活動，酒莊本身也會準備好推薦酒種，還有機會買到在市區酒鋪少見的各種好酒；如果是包含午餐的酒莊之旅，則能造訪擁有餐廳的大型酒莊，品嚐搭配葡萄酒的各式美食。

### 情報收集方法
關於暢遊酒莊的資訊，可至基隆拿（→P.133）或潘迪頓（→P.138）的遊客中心索取。

↑世界知名的夏丘金字塔酒莊
Summerhill Pyramid Estate

# 主要酒莊

### Silk Scarf Winery
家族經營的小巧酒莊，以色澤濃郁並帶有胡椒般香氣的希哈Shiraz為中心，販售許多得獎葡萄酒。

📍4917 Gartrell Rd., Summerland
☎(250)494-7455
🌐silkscarf-winery.com
🕐4‧10月
　週六‧日10:00～17:30
　5～9月
　每日11:00～16:00
🚫4‧10月的週一～五、11～3月

### Dirty Laundry Vineyard
這家酒莊販售許多以「賞心悅目的葡萄酒」為主旨、具設計感的瓶裝葡萄酒，也有販售以軟木栓製作的雜貨、印上標誌的T恤等商品。

📍7311 Fiske St., Summerland
☎(250)494-8815
🌐www.dirtylaundry.ca
🕐7‧8月
　每日11:00～18:00
　9～6月
　每日11:00～17:00
🚫無休

### Summerland Estate Winery
擁有可俯瞰歐肯納根湖的露台，品味葡萄酒時也可享用帕尼尼、披薩等輕食。

📍21606 Bridgeman Rd., Summerland
☎(250)494-9323
🌐summerlandwinery.ca
🕐5～9月
　週三～一11:00～18:00
🚫週二、10～4月

### Rollingdale Winery
蒐羅豐富冰酒的酒莊，可當場品嚐以玻璃管從酒桶直接取出的葡萄酒，這項服務相當受到歡迎。

📍2306 Hayman Rd., West Kelowna
☎(250)769-9224 🌐www.rollingdale.ca
🕐4～10月
　每日10:00～18:00
　11～3月
　週一～五10:00～17:00
　週六‧日12:00～16:00
🚫無休

### Hainle Vineyards Estate Winery
以1800年代的釀造方式為基礎，釀製出無添加物葡萄酒的酒莊。

📍5355 Trapanier Bench Rd., Peachland
☎(250)767-2525
🌐hainle.com
🕐週二～六10:00～17:00
🚫週日、一

### Thornhaven Estates
位在可一望湖泊與街景的高台上，是間擁有城堡外觀的酒莊。

📍6816 Andrew Ave., Summerland
☎(250)494-7778
🌐www.thornhaven.com
🕐5～10月
　每日10:30～17:00
🚫11～4月

### 酒莊之旅
所有旅行社都會在5～10月間幾乎每天推出行程，而11～4月則是不定期舉辦，要事先確認。下列的旅行社推出從基隆拿出發的1日之旅。

**Okanagan Wine Country Tours**
☎(250)868-9463
📠(1-866)689-9463
🌐www.okwinetours.com
**The Daytripper**
🕐4～10月
💰$225（午餐費另計）
　9:30從基隆拿出發，周遊南歐肯納根的5家酒莊；中途在景觀絕佳處休息並享用午餐。所需時間約7小時，4人以上成行。

**Kelowna Concierge**
☎(250)863-4213
🌐kelownaconcierge.ca
**Private South Okanagan Wine Tour**
🕐全年
💰$362（午餐費另計）
　南下到奧利弗Oliver，造訪Tinhorn Creek、Black Hills等4家酒莊享受品酒之樂。所需時間約8小時30分，也有推出半日之旅及西歐肯納根遊之旅。

### 葡萄酒節
**歐肯那根葡萄酒節**
Okanagan Wine Festivals
☎(250)864-4139
🌐www.thewinefestivals.com
　一年四季都各有一次慶典，活動期間各家酒莊或基隆拿、潘迪頓的飯店都會配合，推出午餐與美酒、音樂與美酒、晚餐與美酒等各式各樣結合葡萄酒的活動。

# 潘迪頓

## 卑詩省

被稱為「沙灘首都」的潘迪頓,是水蜜桃、葡萄等水果的知名產地,周圍更遍布出產歐肯那根葡萄酒的酒莊,暢遊這些酒莊的行程成為

▲潘迪頓知名的活動——救生圈遊河

潘迪頓觀光的一大焦點。而且作為歐肯那根湖與斯卡哈湖Skaha Lake之間的度假地,每到夏季就熱鬧不已。

MAP P.42-D2
人口 3萬6885
區域號碼 250

潘迪頓情報網
URL www.penticton.ca

▶▶▶ 如何前往

從溫哥華出發的加拿大航空1日7～9班、西捷航空1日5～7班,所需時間約1小時。從機場搭計程車到市區約10分鐘。

從基隆拿的市區巴士總站(MAP P.133-A2)可搭乘BC Transit的市區巴士#70(Penticton/Kelowna),所需時間約1小時10分,起始地點為Wade Av.和馬丁街Martin St.的交叉口。

潘迪頓機場(YYF)
MAP P.138-B1 外

## 漫遊潘迪頓

市中心位在緬因街Main St.與馬丁街Martin St.,觀光客聚集的度假地區則是東西兩側的公園,或是沙灘綿延不絕的歐肯那根湖Okanagan Lake湖畔一帶,其中最具有度假氛圍

▲停靠在歐肯那根湖的夕卡摩號蒸汽外輪船

河濱公園
Riverside Park
歐肯那根湖
Okanagan Lake

Penticton Lakeside Resort
碼頭出租船

出租腳踏車
Rotary公園
Rotary Park
●飛翔拖曳傘

夕卡摩號蒸汽外輪船
S.S.Sicamous
歐肯那根沙灘

Vancouver Ave.

**A**

97

Lakeshore Dr.

Casa Grande Inn

Power St.

Churchill Ave.

Westminster Ave.

Alexandes Ave.

Nanaimo Ave.

Riverside Dr.

Days Inn & Conference Centre

Brunswick St.

Westminster Ave.

Burnaby Ave.

遊客中心❷
貿易會議中心
Trade & Convention Centre

市區巴士#70站牌

HI Penticton

Coyote Cruises
救生圈遊河出發點

Queens Park

Vees Dr.
Wade Ave.

Main St.

Martin St.

Ellis St.

White Ave.

**B**

97

BC VQA葡萄酒服務中心

Winnipeg St.

Eckhardt Ave.

N

0  250  500 m

潘迪頓

往潘迪頓機場方向約6km

往Cherry Lane
Shopping Centre方向

潘迪頓博物館
Penticton Museum

**1**　　　　　　　　　　　　　　**2**

※開館時間、營業時間等日期時間基本上為2023年資訊,因每年資訊會有所變動,請記得上網再次確認。(→P.7)

的，就是沿著湖畔Lakeshore Dr.街道的西半邊。從作為博物館的夕卡摩號蒸汽外輪船S.S. Sicamous所停泊處，一路往東約500m的範圍內，飯店、餐廳等櫛比鱗次。

在夏季最出名的救生圈遊河，是絕對要體驗的活動；若愛酒成痴則不妨造訪遊客中心附近的BC VQA葡萄酒服務中心BC VQA Wine Information Centre，或是參加酒莊之旅(→P.136)享受葡萄酒試飲與購物樂趣。

↑湖畔是長長的沙灘

**❓ 遊客中心**

Penticton Visitor Centre
**MAP** P.138-B1
🏠 888 Westminster Ave.
☎ (250)276-2170
🌐 www.visitpenticton.com
🕐 每日9:00～17:00
🚫 無休

BC VQA Wine Information Centre
**MAP** P.138-B1
🏠 101-553 Vees Dr.
🕐 每日9:00～17:00
🚫 無休

**救生圈遊河**

Coyote Cruises
**MAP** P.138-A1
🌐 www.coyotecruises.ca
🕐 6月下旬～9月中旬
　 每日11:00 ～16:00
💰 $19.5～

**潘迪頓博物館**
🏠 785 Main St.
☎ (250)490-2451
🕐 週二～六10:00～17:00
🚫 週日・一
💰 自由捐款(大人$2)

## 主要景點

### 🍁 潘迪頓博物館
Penticton Museum
**MAP** P.138-B2　★★★

潘迪頓博物館利用短片、互動式展覽來介紹潘迪頓的地區史、人類史，讓大人和小孩能輕鬆獲得知識。而常態展則介紹關於由火山、冰河作用所形成的歐肯那根溪谷的地層結構，以及整座城市的發展史。

# 潘迪頓的住宿
### Hotels in Penticton

## Penticton Lakeside Resort

位在歐肯那根湖畔的Rotary公園旁，是城裡最高級的飯店。沙灘就近在眼前，前往市中心也在徒步範圍內，地理位置絕佳；賭場、室內游泳池等娛樂設施更是應有盡有，從湖景客房可以一覽歐肯那根湖美景。
**MAP** P.138-A2　🏠 21 Lakeshore Dr. W.
☎ (250)493-8221　📠 (1-800)663-9400
🌐 www.pentictonlakesideresort.com
💰 HIGH 5～10月⑤D$250～
　 LOW 11～4月⑤D$169～　Tax另計
💳 A M V　🛏 273房

## Days Inn & Conference Centre

徒步到遊客中心10分鐘，就位在湖濱公園Riverside Park旁，從客房可眺望綠意盎然的中庭與山脈；飯店也有戶外游泳池與餐廳等設施，還附有免費的歐陸式早餐。
**MAP** P.138-A1　🏠 152 Riverside Dr.
☎ (250)493-6616
🌐 www.daysinnpenticton.ca
💰 HIGH 夏季⑤D$228～
　 LOW 冬季⑤D$101～　Tax另計　含早餐
💳 A M V　🛏 104房

## Casa Grande Inn

位在夕卡摩號蒸汽外輪船停泊處前方，步行馬上就能到達歐肯那根沙灘。全部6間客房各自擁有獨特的家飾材質，充滿異國風情氛圍；有可以眺望沙灘的客房，也有能攜帶寵物入住的客房。
**MAP** P.138-A1
🏠 201-1070 Lakeshore Dr. W.
☎ (250)276-3030
🌐 www.casagrandeinn.ca
💰 ⑤D$209～　Tax另計　預約從2晚起　含早餐
💳 A M V　🛏 6房

## HI Penticton

距離巴士總站步行不到10分鐘，要注意的是櫃台在12:00～17:00(7～9月到16:00)關閉。雖然不供應早餐，不過有公用廚房能夠自行料理，隨著季節會推出各式各樣的活動。
**MAP** P.138-B2　🏠 464 Ellis St.
☎ (250)492-3992　📠 (1-866)782-9736
🌐 www.hihostels.ca
💰 團體房$30.6～(會員)、$34～(非會員)
　 ⑤D$68.4～(會員)、$76～(非會員)　Tax另計
💳 M V　🛏 47床

　浴缸　電視　吹風機　Minibar和冰箱　保險箱　網路
部分房間　部分房間　出借　部分房間　櫃台提供

# 喬治王子城

## 卑詩省

**MAP** P.42-C2
**人口** 7萬6708
**區碼** 250

喬治王子城情報網
**URL** tourismpg.com

**▶▶▶ 如何前往**

✈ 從溫哥華有加拿大航空與西捷航空1日各4～5班，所需時間約1小時10分。從機場可搭乘機場接駁巴士或計程車。

🚆 VIA國鐵的傑士伯～魯珀特王子港線會經過喬治王子城，每週三・五・日的12:45從傑士伯出發，19:08抵達喬治王子城；每週三・五・日的8:00從魯珀特王子港出發，20:29抵達喬治王子城。

加拿大航空（→P.542）

西捷航空（→P.542）

喬治王子城機場（YXS）
**MAP** P.140外
**TEL** (250)963-2400
**URL** www.pgairport.ca

機場接駁巴士
**TEL** (250)563-2220
**URL** www.pgairportshuttle.ca
**費** 單程 大人$21、兒童$10

VIA國鐵（→P.545）

火車站
**MAP** P.140

為卑詩省北部卡里布區Cariboo的最大城市，北臨阿拉斯加、育空領地，往南是溫哥華，西為魯珀特王子港，再繼續向前就能抵達太平洋，

▲綠意盎然的喬治堡公園

往東則為一整片遼闊的大平原地帶直到大西洋為止，可說是東西南北的交通全集中在喬治王子城。無論是洛磯山脈砍伐下來的木材，或是從大平原上收割的穀物，裝運上火車之後必定要經過此地，然後越過太平洋之後送抵台灣，這裡真的是橫越美洲大陸的心臟部位。

## 漫遊喬治王子城

從北邊的尼查科河Nechako River到東邊菲沙河Fraser River所包圍的區域，就是市中心，尤其是科諾特山公園Connaught Hill Park以北更是中心區，遊客中心、飯店林立。由於景點分布範圍過於廣大，很難靠徒步方式一一造訪，不妨搭乘市區巴士或計程車。

喬治王子城

尼查科河 Nechako River

River Rd.

喬治王子城鐵路博物館
Prince George Railway & Forestry Museum

遊客中心

雙河美術館
Two Rivers Gallery

市民會館
Civic Centre

Courtyard by Marriott

科諾特山公園
Connaught Hill Park

University Hospital of Northern British Columbia

喬治堡公園
Fort George Park

菲沙河 Fraser River

Sandman Hotel & Suites Prince George方向

探索之地
The Exploration Place

※開館時間、營業時間等日期時間基本上為2023年資訊，因每年資訊會有所變動，請記得上網再次確認。(→P.7)

## 主要景點

### 探索之地
The Exploration Place
MAP P.140 ★★★

↑透過森林開發史的相關展覽，接觸城市的過往歷史

位在市中心東南部、深具歷史的喬治堡公園內，這座公園是1807年North West公司的Simon Fraser為了與原住民印第安人交易所開闢的地點，可以說是喬治王子城的發源地。博物館介紹的是身為城市基礎的喬治堡當時景象，內部展覽從英國探險家Alexander Mackenzie的抵達開始，包括Grand Trunk太平洋鐵路Grand Trunk Pacific Railway的通車、最新的森林開發過程，到喬治王子城的各種相關歷史都有，此外還看得到野生動物的標本展。

附近還有水上樂園、遊樂設施，以及展示動物標本、恐龍化石複製品等物件的藝廊。

### 雙河美術館
Two Rivers Gallery
MAP P.140 ★★★

位於尼查科河與菲沙河包圍的喬治王子城中心區的美術館，裝飾在建築物外觀的弧形木柱，是這座城市因為森林開發而成功的歷史象徵。內部展覽以加拿大現代藝術創作為主，附設的博物館紀念品店則販售卑詩省、加拿大西部的手工藝品。

←來這裡認識喬治王子城的歷史

**❓遊客中心**
Tourism Prince George
MAP P.140
🏠101-1300 1st Ave.
☎(250)562-3700
📠(1-800)668-7646
🌐www.tourismpg.com
🕐週一～五8:00～18:00
　週六10:00～16:00
休週日

**探索之地**
🏠333 Becott Place
☎(250)562-1612
📠(1-866)562-1612
🌐theexplorationplace.com
🕐週四9:00～20:00
　週五～三9:00～17:00
休無休
💰大人$18・銀髮族・青少年（13～17歲）$15・兒童（2～12歲）$12

**雙河美術館**
🏠725 Canada Games Way
☎(250)614-7800
🌐www.tworiversgallery.ca
🕐週二・三・五・六 10:00～17:00
　週四10:00～21:00
　週日12:00～17:00
休週一
💰自由捐款

## 喬治王子城的住宿
── Hotels in Prince George ──

### Sandman Hotel & Suites Prince George

擁有室內游泳池、三溫暖、商務中心等設施的大型高級飯店，客房統一採用典雅織品家飾，也設有簡易廚房，並附設24小時營業的餐廳。
MAP P.140外　🏠1650 Central St.
☎(250)563-8131
🌐www.sandmanhotels.com/prince-george
💰⑤①$155～　Tax另計
💳A M V
🛏144房

### Courtyard by Marriott Prince George

座落在市中心的中央區域，不僅觀光方便，周邊還有酒莊、高爾夫設施等，飯店腹地內還附設數間餐廳。
MAP P.140　🏠900 Brunswick St.
☎(250)596-6274
🌐www.marriott.com
💰⑤①$139～　Tax另計
💳A M V
🛏174房

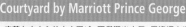

🛁浴缸　📺電視　💨吹風機　❄Minibar和冰箱　🔒保險箱　💻網路
🛁部分房間　📺部分房間　💨出借　❄部分房間　🔒櫃台提供

# 魯珀特王子港

卑詩省

**MAP** P.42-B1
**人口** 1萬2300
**區碼** 250

魯珀特王子港情報網
**URL** visitprincerupert.com

▶▶▶ 如何前往

✈ 從溫哥華出發有加拿大航空1日1～2班，所需時間約1小時50分。

🚆 可以搭乘VIA國鐵的傑士伯～魯珀特王子港線，每週三・五・日的12:45從傑士伯出發，隔天20:25抵達魯珀特王子港，中途會停靠在喬治王子城1晚。

⛴ 從溫哥華島北部的哈迪港在B.C.渡輪B.C. Ferries，在6月下旬～9月中旬有船班行駛，6・7・9月的奇數日・8月偶數日各有1班船，所需時間約16小時，單程大人$197～。這條路線也被稱為Inside Passage。

---

加拿大航空（→P.542）

魯珀特王子港機場（YPR）
**MAP** P.143右下圖
**TEL** (250)624-6274
**URL** ypr.ca

VIA國鐵（→P.545）

火車站
**MAP** P.143

B.C.渡輪
**FREE** (1-888)223-3779
**URL** www.bcferries.com

---

面對著太平洋，屬於加拿大美洲大陸的西部城市，無論是要前往溫哥華島，或是對岸祕境天堂的海達瓜依Haida

⬆擁有許多公園，是相當閑靜的地方城市

Gwaii，甚至近在咫尺的美國阿拉斯加，這裡都是渡輪的交通要衝，堪稱是進入北極圈的門戶城市。作為溫哥華以北的西海岸最大港口，魯珀特王子港因為全年降雨量非常多，還獲得「彩虹城市」的美稱。

## 漫遊魯珀特王子港

北卑詩博物館、Kwinista火車站博物館等景點都位在市中心周邊，靠徒步方式就能參觀；若是對城市文化、歷史有興趣的話，建議不妨可以參加由北卑詩博物館主辦的徒步漫遊之旅。

## 主要景點

### 🍁 北卑詩博物館
Museum of Northern British Columbia ★★★

⬆來認識原住民的文化

展示無數的原住民傳統工藝、面具、服裝等物品的博物館，每一件展覽品都可以感覺到與溫哥華島的不同，明顯看出美洲大陸原住民文化的差異。除了推出館內的導覽之旅（$6）外，也有能一邊用餐一邊欣賞原住民舞蹈的活動（收費），可以到報名櫃台詢問，還有些活動行程可以上網預約。附設的博物館紀念品店販賣在地藝術家創作的木雕、金銀飾品、樹皮編織而成的提籃等手工藝品。

※開館時間、營業時間等日期時間基本上為2023年資訊，因每年資訊會有所變動，請記得上網再次確認。（→P.7）

## 太平洋水手紀念公園
Pacific Mariners Memorial Park

**MAP** P.143 ★★★

　是緊鄰著北卑詩博物館的面海小型公園，為了追思在大海喪生的人們而建。一旁還有姊妹市日本三重縣尾鷲市所蓋的慰靈塔，這座塔則是為了在日本近海遇難，經過長時間後順著洋流漂流到此地的日本罹難者而設立的。

## kwinitsa火車站博物館
Kwinitsa Railway Station Museum

**MAP** P.143 ★★★

　佇立在火車站旁的小小白色建築物，將過去Grand Trunk太平洋鐵路的舊火車站搬遷過來，並重新整理作為博物館，館內展示著當年的鐵路相關史料。

➡傳遞著鐵路史的小小博物館



**❓遊客中心**

Prince Rupert Visitor Information Centre

**MAP** P.143

🏠100-215 Cowbay Rd.

**TEL** (250)624-5637

🕐夏季　週二～日10:00～17:00
　冬季　週二～日12:00～16:00
　（依時期而變動）

❌週一

**北卑詩博物館**

**TEL** (250)624-3207

**URL** www.museumofnorthern
　bc.com

🕐6～9月　每日9:00～17:00
　10～5月　週二～六9:00～
　17:00

❌10～5月的週日・一

💰大人$8、青少年$3、兒童$2

**kwinitsa火車站博物館**

🏠177 Bill Murray Dr.

**TEL** (250)624-3207

🕐6～9月週二～六9:00～
　12:00/13:00～17:00

❌週日・一

💰自由捐款



卑詩省

魯珀特王子港 Prince Rupert

**魯珀特王子港**

0　　　　　1
　　　　km

N

魯珀特王子港
Prince Rupert Harbour

P.143
❓遊客中心

Cow Bay

P.143
太平洋水手紀念公園
Pacific Mariners Memorial Park

P.142 北卑詩博物館 Ⓜ
Museum of Northern British Columbia

Firehall Museum Ⓜ

P.142 火車站

P.143
Kwinitsa火車站博物館 Ⓜ 🚉
Kwinitsa Railway Station Museum

圖書館

P.144
Prestige Hotel
Prince Rupert

高爾夫
球場

P.144
🏠Black Rooster
Inn & Apartments

🏥Prince Rupert
Regional Hospital

滑雪登山吊椅
Mt.Hays
Recreational Area

● B.C.渡輪碼頭

● 阿拉斯加海上公路碼頭

16

16

**魯珀特王子港周邊**

Prince Rupert Hr.

魯珀特王子港
Prince Rupert

左上放大圖

P.142
魯珀特王子港
機場
狄拜島
Digby Island

凱恩島
Kaien Island

N

北太平洋歷史漁村
North Pacific Historic
Fishing Village

Ridley
Island

愛德華港
Port
Edward

VIA鐵路

16

0　　　　5
　　　km

▶▶▶ 如何前往海達瓜依

✈ 從溫哥華出發的加拿大航空1日1班，所需時間約1小時45分。機場在葛拉罕島的桑茲皮特Sandspit，由桑茲皮特機場（YZP）到夏洛特皇后市可以搭乘計程車。

🚢 從魯珀特王子港到葛拉罕島的斯基德蓋特Skidegate有B.C.渡輪行駛，每週3～6班，所需時間7～8小時，船資$45.15～（依時期而變動）。由渡輪碼頭前往夏洛特皇后市可以搭乘計程車。

加拿大航空(→P.542)

❓ 海達瓜依遊客中心
Daajing Giids Visitor Centre
☎ (250)559-8316
🌐 daajinggiidsvisitorcentre.com
🕐 週一～六9:00～16:00
🚫 週日

主要旅行社
　自助旅行者難以一一遊覽島上各景點，最好參加在地旅遊團。
Moresby Explorers
☎ (250)637-2215
📠 (1-800)806-7633
🌐 www.moresbyexplorers.com
前往安東尼島的4日遊船之旅
🕐 5/6～9/15
💰 1人$2300～

### 海達瓜依
Haida Gwaii
⭐⭐⭐
MAP P.42-B1～C1

　由散落在魯珀特王子港周邊海域約150座島嶼所組成，過去稱為夏洛特皇后群島Queen Charlotte Islands，從2010年起改名為海達瓜依。島嶼上的原住民海達族Haida，在19世紀因為原有的西北海岸印

⬆ 島上留存著可看出海達族軌跡的遺跡

第安傳統文化圖騰柱轉型昇華為藝術範疇之後，而邁向衰退的命運；不過他們在SGang Gwaay（安東尼島Anthony Island）遺留下來的圖騰柱，如今已經納入聯合國教科文組織的世界文化遺產。

　海達瓜依的中心點分成北邊的葛拉罕島Graham Island，以及南邊的莫爾斯比島Moresby Island 2座島嶼，最大的城市則是葛拉罕島上的夏洛特皇后市Queen Charlotte City。莫爾斯比島的南半邊規劃為瓜依哈納斯國家公園保護區Gwaii Haanas National Park Reserve，保留古老的圖騰柱及海達族的聚落遺址。

莫爾斯比島

---

# 魯珀特王子港的住宿
## —Hotels in Prince Rupert—

## Prestige Hotel Prince Rupert

　位在城市中心區，周邊許多餐廳林立，是附近唯一提供機場接駁巴士服務的飯店，周到的服務受到好評，擁有許多常客。全面採用時尚裝潢的客房寬敞舒適，部分客房還能欣賞大海環抱的明媚風光。
MAP P.143
🏠 118-6th St.
☎ (250)624-6711　📠 (1-877)737-8443
🌐 www.prestigehotelsandresorts.com
🛏 ⑤①D$185～　Tax另計　含早餐
💳 A D M V　🏠 88房

## Black Rooster Inn & Apartments

　從市中心步行約5分鐘，有1～4床的客房，並附設空間寬廣的廚房。還有可以打桌球、玩遊戲的娛樂室及接待室，以及BBQ設備、洗衣房等方便長期住宿的完善設施。
MAP P.143
🏠 501-6th Ave. W.
📠 (1-866)371-5337
🌐 www.blackrooster.ca
🛏 ⑤①D$135～　Tax另計
💳 M V　🏠 18房

---

亞伯達省

# Alberta

愛德蒙頓的街景

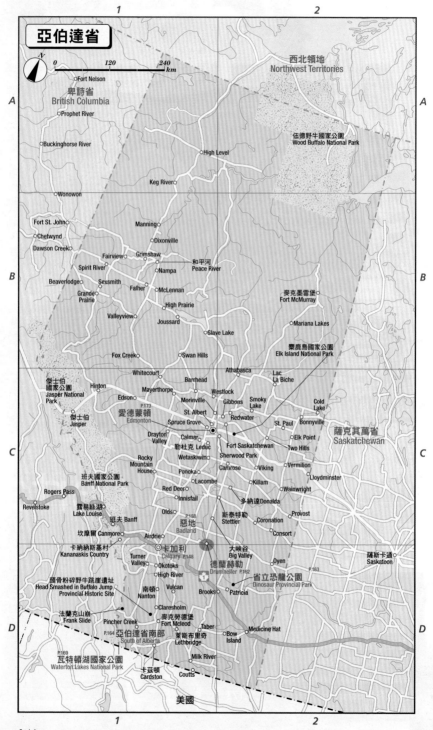

亞伯達省

N
0    120    240 km

西北領地
Northwest Territories

卑詩省
British Columbia

Fort Nelson

Prophet River

Buckinghorse River

伍德野牛國家公園
Wood Buffalo National Park

High Level

Keg River

Wonowon

Fort St. John

Chetwynd

Dawson Creek

Manning

Dixonville

Fairview
Grimshaw

Spirit River        Nampa        和平河
                                  Peace River

Beaverlodge    Sexsmith    Falher    McLennan

Grande
Prairie

Valleyview        High Prairie

                Joussard

麥克墨里堡
Fort McMurray

Slave Lake

Mariana Lakes

Fox Creek        Swan Hills

麋鹿島國家公園
Elk Island National Park

Whitecourt        Athabasca

傑士伯
國家公園
Jasper National
Park        Hinton

Barrhead

Westlock

Lac
La Biche

Edson        Mayerthorpe
                    Morinville

Gibbons    Smoky
           Lake

Cold
Lake

P.173

傑士伯
Jasper

愛德蒙頓
Edmonton

St. Albert

Spruce Grove

Redwater

St. Paul    Bonnyville

薩克其萬省
Saskatchewan

Drayton
Valley

Calmar
勒杜克 Leduc

Fort Saskatchewan

Elk Point

Rocky
Mountain
House

Wetaskiwin

Sherwood Park

Two Hills

Vermilion

Ponoka

Camrose

Viking

Lloydminster

班夫國家公園
Banff National Park

Lacombe

Killam

Wainwright

Rogers Pass

Red Deer

Innisfail

多納達Donalda

Revelstoke

露易絲湖
Lake Louise

Olds

P.158
惡地
Badland

斯泰特勒
Stettler

Coronation

Provost

Consort

坎摩爾 Canmore
班夫 Banff

Airdrie

◎卡加利
Calgary P.148

大峽谷
Big Valley

Oyen

薩斯卡通
Saskatoon

卡納納斯基村
Kananaskis Country

Turner
Valley

Okotoks

德蘭赫勒
Drumheller P.162

P.163

頭骨粉碎野牛跳崖遺址
Head Smashed in Buffalo Jump
Provincial Historic Site

High River

省立恐龍公園
Dinosaur Provincial Park

南頓
Nanton

Vulcan

Brooks

Patricia

法蘭克山崩
Frank Slide

Claresholm

Pincher Creek

麥克勞德堡
Fort Mcleod

Taber

Medicine Hat

P.164 亞伯達省南部
South of Alberta

萊斯布里奇
Lethbridge

Bow
Island

瓦特頓湖國家公園
Waterton Lakes National Park

P.169

卡茲頓
Cardston

Milk River

Coutts

美國

A        B        C        D

146

# 亞伯達省
## ALBERTA

西倚高聳洛磯山脈，從中部往東邊延伸則是寬廣大平原的亞伯達省，過去曾有無數牛仔奔馳呼嘯而過的草原，因為挖掘出石油等石化燃料而繁榮發展，變身為高樓大廈林立的現代化都市。這裡同時也是前往加拿大最重要觀光名勝——加拿大洛磯山脈、以觀賞極光而聞名的極地之門戶所在。

| 首府 | 愛德蒙頓 |
| --- | --- |
| 面積 | 66萬1848km² |
| 人口 | 426萬2635（2021年人口普查） |
| 時間 | 山岳標準時間（MST）與台灣時差－15小時（夏令時間－14小時） |
| 省稅 | 無銷售稅　住宿稅4% |

### 主要兜風路線 ▶▶▶
★惡地（→P.158）
★亞伯達省南部（→P.164）

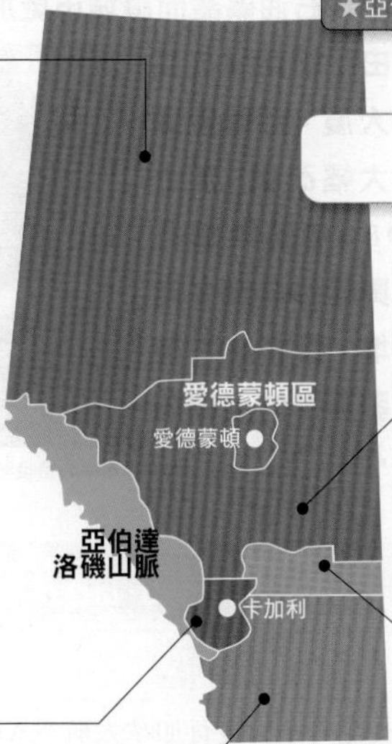

## 亞伯達省北部
### North of Alberta

獨立的湖泊、沙灘及無數的溪流，最北邊還有一個面積和瑞士一樣大的公園，可說是個蠻荒世界；而幾乎座落在中央地帶的麥克墨雷堡則有機會能看到極光。

**主要城市**
麥克墨雷堡

亞伯達洛磯山脈
Alberta Rockies
（→P.183）

## 亞伯達省中部
### Central Alberta(Heartland)

亞伯達省的中央地區是片看不到盡頭的遼闊大草原，同時也是一大糧倉地帶，遍布各地、造型特殊的穀倉塔Grain Elevator形成悠閒的田園風光，很適合在這裡感受時光緩慢流逝的不同風情。

**主要城市**
愛德蒙頓（→P.173）

愛德蒙頓區
愛德蒙頓 ●

亞伯達
洛磯山脈

● 卡加利

## 卡加利區
### Calgary Area

石油與牛仔之城的卡加利，是可遠眺巍峨的洛磯山脈，卻出現在大平原上的現代化都市，現在依舊保留著頑強的西部精神。全世界規模最大的牛仔節就能讓整座城市沸騰不已。

**主要城市**
卡加利（→P.148）

## 亞伯達省南部
### South of Alberta

亞伯達省的南部是平原印第安部落追趕水牛的大草原舞台，與美國的邊境則有瓦特頓湖國家公園。這些美麗的大自然也都列入聯合國教科文組織的世界自然遺產。

**主要城市**
麥克勞德堡（→P.166）
瓦特頓湖國家公園（→P.169）

## 惡地
### Badland

擁有由溪流與冰河侵蝕造成險惡溪谷的惡地，也是全世界罕見的恐龍化石寶庫，是恐龍迷絕對不可錯過的地方。

**主要城市**
德蘭赫勒（→P.162）

# CALGARY
# 卡加利

### 亞伯達省

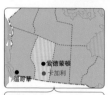

**MAP** P.146-D1
**人口** 130萬6784
**面積** 403

卡加利情報網
**URL** www.visitcalgary.com

### 卡加利的活動

**卡加利民俗音樂節**
Calgary Folk Music Festival
**URL** www.calgaryfolkfest.com
**開** 7/24〜25 ('25)

在王子島公園Prince's Island Park登場的戶外音樂節，會場內還設有販售各國工藝品的市集和啤酒花園等。

**國際煙火節**
Global Fest
**URL** globalfest.ca
**開** 8月下旬

由卡加利煙火協會所主辦的國際性活動，舉辦期間會施放煙火、舉辦夜市、藝文活動等各式各樣的活動。

**加拿大航空**（→P.542）

**西捷航空**（→P.542）

**卡加利國際機場（YYC）**
**MAP** P.149-A2外
**住** 2000 Airport Rd. N.E.
**TEL** (403)735-1234
**URL** www.yyc.com

### Calgary Guide Service
Calgary Guide Service
**住** 256 Ranchview Mews. N.W.
**TEL** (403)289-8271
**FREE** (1-877)570-5570
**URL** calgaryguideservice.com
**Email** calgaryguideservice@gmail.com
**費** 洛磯山脈1日觀光（班夫出發）$260+GST（5%）
※冰原雪車＋包含午餐費用

創立於1983年的旅行社，從高品質、低價格的大眾旅遊團，到「更高一級」的私人行程，為了讓旅客有更愉快的旅程而推出各式各樣的旅遊形式。

往西展望層巒疊嶂的加拿大洛磯山脈，東邊為一望無際大草原的卡加利，是通往班夫Banff的門戶城市。其歷史從1875年加拿大西北騎警（NWMP）修築卡加利堡Fort Calgary之際開始，到1885年加拿大太平洋鐵路通車以後，城市的面貌也隨之大為轉變；當時政府為了開發卡加利周邊的大草原，打出免費提供移民開墾土地的拓荒政策，吸引大批聞風而來的農民及牛仔。被廣大草原圍繞的卡加利，是最適合放牧畜養的地方，因而讓城市裡出現許多昂首闊步的牛仔們。進入20世紀，由於發現石油礦藏而讓城市更加興盛發展，過去的牧場和農田紛紛轉變成高樓大廈，街道景觀也大幅改變；加上1988年曾舉辦冬季奧運也讓知名度大增，因而成為持續發展中的國際城市。

↑市中心持續興建著高樓大廈

## 如何前往卡加利

### ▶▶▶ 飛機

從溫哥華出發有加拿大航空Air Canada（AC）、西捷航空West Jet（WS）等航班，加拿大航空1日10〜14班、西捷航空為8〜14班，所需時間約1小時30分。從愛德蒙頓出發則有加拿大航空1日4〜7班、西捷航空1日7〜11班，所需時間約50分鐘。

### ✈ 卡加利國際機場
### Calgary International Airport

卡加利國際機場Calgary International Airport座落在市中心北方約10km處，分為國際線航廈與國內線航廈，兩航廈以內部通道相連，不需要走到戶外就能往來；而在兩航廈的正中間處，則設有前往班夫等加拿大洛磯山脈城市的巴士公司櫃台。

市區巴士#300
機場→City hall站
圖每日5:36～23:37
市區巴士#100
機場→McKnight-
Westwinds站
圖週一～五5:43～翌日1:24
　週六6:09～24:24
　週日6:09～24:14

↑往來機場與市區的市區巴士

主要小型巴士公司
Allied Limousine
TEL (403) 299-9555
AM/PM Limo
TEL (403) 475-5555
Ambassador Limousine
TEL (403) 299-4910

# 機場前往市區

## ■ 市區巴士 City Bus

　搭乘大眾交通工具前往市中心的方式有2種，其一是由Calgary Transit營運，前往市中心的直達巴士#300，專用車票為$11.25，終點為輕軌C-Train的City Hall站，所需時間約50分鐘；適合害怕換車或行李較多的遊客。另一個方式則是搭乘市區巴士#100至C-Train的McKnight-Westwinds站再轉乘C-Train，單程票只需$3.6，便宜許多，到市中心所需時間約1小時15分。乘車處在國內線航廈Bay 7、國際線航廈Bay 32，車票可在乘車處旁的自動售票機購買。

## ■ 計程車／小型巴士 Taxi/Limousine

　市區有約30家主要飯店提供免費的接駁巴士服務，由於出發時間依飯店而異，請在訂房時先確認。若搭乘計程車所需時間約30分鐘，車資為$45～50；還有多家小型巴士行駛機場路線，5人以上搭乘就比計程車便宜。乘車處都在入境大廳的出口附近。

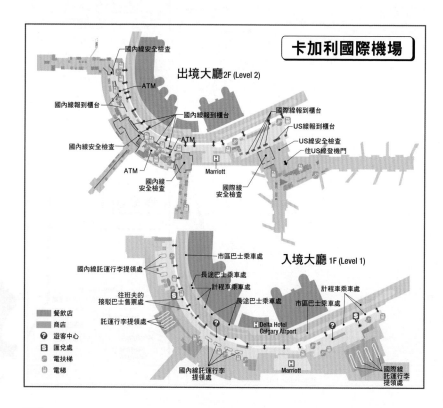

卡加利國際機場

出境大廳2F (Level 2)

國內線安全檢查
ATM
國內線報到櫃台
國內線報到櫃台
國際線報到櫃台
US線報到櫃台
US線安全檢查
往US線登機門
國內線安全檢查
ATM
ATM
Marriott
國內線安全檢查
國際線安全檢查

入境大廳 1F (Level 1)

市區巴士乘車處
國內線託運行李提領處
長途巴士乘車處
計程車乘車處
計程車乘車處
往班夫的接駁巴士售票處
長途巴士乘車處
市區巴士乘車處
託運行李提領處
Delta Hotel Calgary Airport
國內線託運行李提領處
Marriott
國際線託運行李提領處

■ 餐飲店
■ 商店
❷ 遊客中心
⑤ 匯兌處
◎ 電扶梯
⬛ 電梯

## ▶▶▶ 長途巴士

　　隨著灰狗巴士Greyhound撤離加拿大（→P.543），目前從溫哥華出發的巴士只有Rider Express行駛，週一～四為上午及下午各1班車，其他日子則為只有上午1班，上午班次為溫哥華8:15出發，23:25到達卡加利；途中除了甘露市，也會停靠露易絲湖Lake Louise、班夫Banff、坎摩爾Canmore。巴士會停靠郊區與C-Train Westbrook站相通的巴士站。從亞伯達省的愛

德蒙頓Edmonton出發，由Red Arrow與E Bus負責營運，Red Arrow 1日4～6班，所需時間3小時20分～4小時；E Bus為1日4班，所需時間約4小時。都是從5th Ave. S.W.的售票處前上下車。

⬆從市中心出發的Red Arrow

## 市區交通

　　Calgary Transit負責經營市區巴士及C-Train，對市民和遊客都很方便，在90分鐘以內可自由轉乘市區巴士與C-Train，而轉乘時需要取得轉乘卡，在搭乘市區巴士時向司機說「Transfer, please.」即可獲得；至於在C-Train自動售票機所購買的車票，則必須事先印上時間才能兼作轉乘卡。自動售票機除了可使用所有硬幣之外，也接受信用卡（無法使用紙鈔）；市區巴士則只能使用硬幣，而且不找零。除了單程票以外，還有優惠的回數券、1日自由搭乘的1日乘車券Day Pass。

**Rider Express**（→P.543）
從溫哥華出發
🚌單程　1人$162

**Red Arrow**（→P.543）
MAP P.151-B1
🏢605-5th Ave. S.W.
從愛德蒙頓出發
🚌單程　大人$75

**E Bus**（→P.543）
MAP P.151-B1
🏢605-5th Ave. S.W.
從愛德蒙頓出發
🚌單程　大人$56

**Calgary Transit**
☎(403)262-1000
URL www.calgarytransit.com
服務中心
MAP P.151-B2
🏢125-7th Ave. S.E.
🕐週一～五10:00～17:30
休週六・日

**在地觀光之旅**
　　數家公司推出有導遊陪同的市區散步或巴士之旅，Calgary Walks & Bus Tours的巴士之旅，也會前往民俗公園歷史村、加拿大奧運公園、牛仔節公園等郊區景點。
Calgary Walks & Bus Tours
FREE(1-855)620-6520
URL calgarywbtours.com
Xploring Calgary Bus Tour
🗓5月中旬～9月上旬
　　每日9:30、13:30出發（所需時間約3小時）
🎫大人$68、青少年（12～15歲）$45

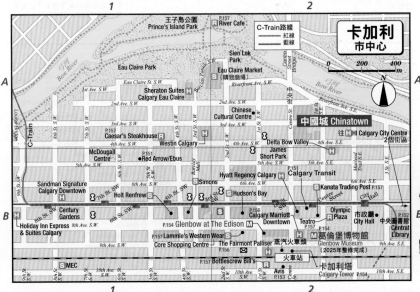

王子島公園 Prince's Island Park
River Cafe P.157
C-Train路線
紅線
藍線
卡加利 市中心
Sien Lok Park
Eau Claire Park
Eau Claire Market（購物商場）
Bow River 弓河
中央街 Centre Street
Centre Street Bridges
0　200　400 m
Sheraton Suites Calgary Eau Claire
Chinese Cultural Centre
中國城 Chinatown
往HI Calgary City Centre 2個街區
Caesar's Steakhouse P.157
Westin Calgary
Delta Bow Valley
James Short Park
McDougall Centre
Red Arrow/Ebus P.151
Hyatt Regency Calgary
Calgary Transit P.151
Sandman Signature Calgary Downtown
Simons
Kanata Trading Post P.157
Holt Renfrew
Hudson's Bay
City Hall
Century Gardens
Calgary Marriott Downtown P.156
Olympic Plaza
市政廳 City Hall
Holiday Inn Express & Suites Calgary
Glenbow at The Edison P.154
Teatro P.157
中央圖書館 Central Library P.152
Lammie's Western Wear P.157
Core Shopping Centre
The Fairmont Palliser P.156
蒸汽火車頭
葛倫堡博物館 Glenbow Museum（2025年整修完成）
Bottlescrew Bill's P.157
MEC
火車站
Avis P.153
卡加利塔 Calgary Tower P.154

**市區巴士、C-Train的車資**

單程票
大人$3.6、青少年（13〜17歲）$2.45、兒童免費
1日乘車券
大人$11.25、青少年$8.25

**C-Train的禁止事項**
嚴禁無票乘車，被發現的話最高會處以$250的罰金。

## 市區巴士 City Bus

市區巴士的班次很多，行駛路線幾乎包含整個市區；基本上為前門上車、後門下車，若是乘客不多也可以從前門下車。要下車時，只要拉一下車窗上的拉繩，或是按下停車鈕就會通知司機了。

⬆藍色線條相當醒目的市區巴士

## C-Train C-Train

⬆C-Train行走於市中心的道路上

連結市中心與郊區的C-Train，分成從Tuscany站到Somerset-Bridlewood站的紅線Red Line，以及從西邊郊區69th Street站到東北方Saddletowne站的藍線Blue Line 2條路線。在市中心的7th Ave.，Downtown West/Kerby站與City Hall站之間屬於免費區域，不需要買票就可以搭乘。從市中心搭車時，要注意隨著前進方向不同，車站的位置也會有所不同，而C-Train屬於右側通行。車票可在各車站內的自動售票機購買。

⬆免費區域的車站裡為了安全考量，採用明亮的夜間照明

**時尚的公共圖書館**

從City Hall站步行馬上就能到達的中央圖書館，據說是奧運之後投入巨額經費建造的建築，於2018年開幕。擁有令人印象深刻的幾何學外觀，以及寬廣的藝術空間。
Central Library
MAP P.151-B2
800-3 St. S.E.
(403)260-2600
calgarylibrary.ca
週一〜四9:00〜20:00
週五9:00〜18:00
週六9:00〜17:00
週日12:00〜17:00
無休

---

**C-Train路線圖**

NORTHWEST
Tuscany
Crowfoot
Dalhousie
Brentwood
University
Banff Trail
Lions Park
SAIT/ACAD (AUArts)/Jubilee
Sunnyside

WEST
69 Street
Siroco
45 Street
Westbrook
Shaganappi Point
Sunalta
Downtown West/Kerby

7th St. SW
4th St. SW
1st St. SW
8th St. SW
6th St. SW
3rd St. SW
Centre Street
DOWNTOWN
City Hall

機場線巴士 #100

NORTHEAST
Saddletowne
Martindale
McKnight - Westwinds
Whitehorn
Rundle
Marlborough

Bridgeland/Memorial
Zoo
Barlow/Max Bell
Franklin

機場線巴士 #300

Victoria Park/Stampede
Erlton/Stampede
39 Avenue
Chinook
Heritage
Southland
Anderson
Canyon Meadows
Fish Creek - Lacombe
Shawnessy
Somerset - Bridlewood
SOUTH

藍線
紅線
免費區間

# 漫遊卡加利

卡加利的市中心就在弓河Bow River與火車鐵軌包圍的區域，東西3km左右的距離，靠徒步方式就足以觀光。雖然在市中心也有不少商店與餐廳，不過深受當地人喜愛的店家多集中在市中心南邊17th Ave.的上城17 Uptown 17，或是西北邊的肯辛頓Kensington，而景點則多在郊區，可以轉乘C-Train及市區巴士前往，不過想在1天內逛完有些困難。

## 市中心

市中心的重點在卡加利塔的周邊，距離C-Train車站也很近，不妨從這裡開始街頭漫遊。往北1個街區的8th Ave.，從1st St. S.W.到4th St. S.W.的4個區塊被稱為史蒂芬大道行人徒步區Stephen Ave. Walk，

↑在綠意盎然的公園小歇片刻

就是市中心的鬧區，街道兩旁盡是由古老建築改裝而成的餐廳、商店、百貨公司林立，在這條街道上還有卡加利絕不能錯過的景點——葛倫堡博物館Glenbow Museum。

至於在市中心的北端則有購物中心Eau Claire Market，館內除了有世界各國的美食餐廳、販賣生鮮食品的店家之外，還有電影院Cineplex Odeon及紀念品店。從這裡繼續往北走，過橋之後會抵達弓河的沙洲——王子島Prince's Island，整座島都規劃成公園，週末時總會看到闔家出遊的熱鬧景象。而市中心的東側，由中央街Centre St.到東側的2nd Ave.～4th Ave.之間，則是占地相當廣闊的中國城Chinatown。

### 遊客中心
Information Centre
**MAP** P.149-A2外
🏠2000 Airport Rd. N.E.
🌐www.visitcalgary.com
🕐每日7:00～24:00
🚫無休
　位於卡加利國際機場的1樓入境大廳。

### 上城17與肯辛頓
市中心以南，盤據在17th Ave.的上城17及4th St. S.W.街道兩旁聚集著時尚的餐廳。至於C-Train Sunnyside站附近的肯辛頓Kensington，則是非常受到在地年輕人喜愛的購物區。

**上城17**
**MAP** P.149-C1
🌐www.17thave.ca
🚌從1st St. S.W.的巴士站搭乘#6，或在1st St. S.W.與5th Ave. S.W.的交叉口搭乘#7，約15分鐘。

↑無論日夜都很熱鬧的上城17

**肯辛頓**
**MAP** P.149-B1, C2～D2
🚌C-Train的Sunnyside站下車，徒步1分鐘。

↑高質感商店林立的肯辛頓

---

## 實用資訊
### Useful Information

**警察**
The Calgary Police Service
**MAP** P.149-A2外
🏠5111-47th St. N.E.
☎(403)266-1234

**醫院**
Foothills Medical Centre　**MAP** P.149-B1
🏠1403-29 St. N.W.　☎(403)944-1110

**主要租車公司**
Avis
卡加利國際機場　☎(403)221-1700
市中心
**MAP** P.151-B2　🏠120-10th Ave. S.W.
☎(403)269-6166
Hertz
卡加利國際機場　☎(403)221-1676

**主要計程車公司**
Checker Cab　☎(403)299-9999

# 主要景點

## 卡加利塔
### Calgary Tower
MAP P.151-B2
★★★

190.8m的高塔可說是卡加利的地標建築，建造於1967年，天氣晴朗時，往西可以遠眺雄偉的洛磯山脈，東邊則是開闊無垠的大平原，至於位在腳下的則是高樓建築林立的市中心，還可以清晰地看見往大平原直線延伸的鐵路。

另外，在觀景台下方是餐廳SKY 360 Restaurant，可以在這裡喝杯咖啡，慢慢欣賞壯觀的加拿大洛磯山脈，或是一邊迎接落日餘暉、一邊享用晚餐。

↑矗立在飯店與商店之中

## 葛倫堡博物館
### Glenbow Museum
MAP P.151-B2
★★★

緊鄰卡加利塔的博物館，展示區由3個樓層所組成，最受矚目的是位於3樓的民族學領域，一半是從毛皮交易商人到現代的歐洲裔加拿大人之西部開拓史，其餘則是與原住民相關的展覽，像是因紐特人Inuit的精緻捕魚工具、色彩鮮豔的民族服飾等，有如美術品般的展覽品令人興味盎然。館內除了介紹原住民，還能夠認識在西部開拓史上同樣具有貢獻的梅蒂斯族Métis（原住民與英法白人的混血後裔）。此外，2樓有當代藝術與企劃展，4樓則是以主題分類的收藏展。

↑也有展出大型的印第安帳棚

## 卡加利堡
### Fort Calgary
MAP P.149-B2
★★★

位在市中心以東的弓河與肘河Elbow River匯流處，就是卡加利的起源地。這裡是1875年時加拿大西北騎警North West Mounted Police（NWMP）修築卡加利堡，極具歷史意義之地，現在已經成為綠草如茵的美麗公園，也重現當年的碉堡建築。

↑可學習歷史的解說中心

位於公園一隅的解說中心Interpretive Centre，除了能看到當年加拿大西北騎警的相關展覽之外，還有播放影片，至於在公園附近的Deane House，過去是碉堡指揮官的住家，現在則作為餐廳使用。

## 卡加利當代藝術中心
Contemporary Calgary ★★★

開幕於2020年，由市內3個藝術團體所組成，為卡加利近現代藝術的根據地。館內展示國內外先驅藝術家的繪畫、攝影及雕刻等作品，也會推出小野洋子展等特展，非常值得一看。

↑弓河旁的現代建築

MAP P.149-B1

**卡加利當代藝術中心**
📍701-11th St. S.W.
📞(403)770-1350
🌐www.contemporary
calgary.com
🕐週三～六12:00～19:00
週日12:00～17:00
❌週一・二
💰1人$10
🚇從C-Train的Downtown West/Kerby站徒步約1分鐘。

## 民俗公園歷史村
Heritage Park Historical Village ★★★

↑搭乘蒸汽火車暢遊整座園區

占地面積廣大的歷史村，舉目所及的房舍都是1914年以前實際使用過的建築物，得以一窺西部拓荒時代的光景；園區內還有噴著白色蒸汽的老火車及舊式馬車四處穿梭，工作人員也穿著拓荒年代的服飾在街頭走動，讓人有不小心踏進時光隧道，彷彿回到過去的錯覺。

只要搭上蒸汽火車繞行一圈，就會知道園區內有幾大區域，其中最主要是飯店Wainright Hotel所在的Village Centre，這裡有著懷舊糖果店、遊樂園等設施，一到週末假日就會看到闔家出動的熱鬧景象。晴天時搭乘停泊在格倫莫爾水庫Glenmore Reservoir的「SS Moyie」號蒸汽輪船，可以在享受搭船樂趣的同時，順便欣賞加拿大洛磯山脈的壯觀山景。

此外，在歷史村大門外還有展示古董車的博物館Gasoline Alley Museum及咖啡館，全年都開放參觀。

**民俗公園歷史村**
📍1900 Heritage Dr. S.W.
📞(403)268-8500
🌐www.heritagepark.ca
🕐5/20～9/4
每日10:00～17:00
9/5～10/8
週六・日10:00～17:00
❌9/5～10/8週一～五、10/9～5/19
💰大人$34.95、銀髮族$26.95、青少年（3～15歲）$22.95、兒童免費
🚇從C-Train的Heritage站乘市區巴士#502 Heritage Park Shuttle（每日8:07～18:19行駛）約10分鐘。
Gasoline Alley博物館
🕐每日10:00～17:00
❌無休
💰大人$14.95、青少年（3～15歲）$8.95、兒童免費（5/20～10/8包含民俗公園歷史村的門票）。

## 加拿大奧運公園
Canada Olympic Park ★★★

擁有高達90m醒目跳台的加拿大奧運公園，除了看得到1988年冬季奧運跳台滑雪的比賽跳台，還有自由式滑雪、雪車Bobsleigh等比賽場地；現在除了作為各項比賽或活動的會場、運動的訓練設施之外，也開放一般民眾使用。夏季可以體驗越野腳踏車、18洞的迷你高爾夫等戶外活動。

MAP P.149-B1外

**加拿大奧運公園**
📍88 Canada Olympic Rd. S.W.
📞(403)247-5452
🌐www.winsport.ca
🕐遊客中心/Frank King Day Lodge
每日10:00～19:00左右（依時期而變動）
❌無休
💰越野腳踏車（下山）
1日　大人$59
迷你高爾夫
大人$13、銀髮族・青少年（6～17歲）$11、兒童$8
🚇從C-Train的Brentwood站搭乘市區巴士#408，所需約25分鐘。公園內有加拿大體育名人堂前及靠近遊客中心的2處停靠站。

↑在跳台頂端設有觀景台

# 卡加利的住宿
## Hotels in Calgary

## The Fairmont Palliser

前加拿大太平洋鐵路系列的最高級飯店，由水晶燈與大理石牆所環繞的接待大廳，以及配置著古董家具的客房，呈現出優雅的氣息，也有游泳池與健身中心。

**MAP** P.151-B2　**住** 133-9th Ave. S.W.
**TEL** (403)262-1234
**FAX** (1-866)540-4477
**URL** www.fairmont.com/palliser-calgary
**費** ⓈⒹ$327～　Tax另計　**CC** A J M V　**房** 407房

## Calgary Marriott Downtown Hotel

卡加利塔就近在眼前，每間客房都有寬敞的空間，讓人可以好好放鬆身心。飯店內附設游泳池、健身中心等設施，1樓還有星巴克Starbucks咖啡館。

**MAP** P.151-B2　**住** 110-9th Ave. S.E.
**TEL** (403)266-7331
**FAX** (1-800)896-6878
**URL** www.marriott.com
**費** ⓈⒹ$283～　Tax另計　**CC** A M V　**房** 388房

## Best Western Suites Downtown

位於市中心南邊，健身中心、投幣式洗衣機等設施完善，所有客房都有廚房設備，對於商務或長期停留的旅客來說非常方便。

**MAP** P.149-B1～C1　**住** 1330-8th St. S.W.
**TEL** (403)228-6900
**URL** www.bestwesternsuitescalgary.com
**費** ⓈⒹ$126～
　　Tax另計　含早餐　**CC** A M V　**房** 124房

## Inglewood B&B

位於弓河畔的步道旁，是棟水藍色、可愛的維多利亞風格建築。提供班乃迪克蛋、貝果、綜合燕麥穀片的3選1早餐。

**MAP** P.149-B2　**住** 1006-8th Ave. S.E.　**TEL** (403)262-6570
**URL** www.inglewoodbedandbreakfast.com
**費** Ⓢ$130～ Ⓓ$150～　Tax另計　含早餐　**CC** M V　**房** 3房
**交** 搭乘市區巴士#1至9th Ave.S.E.與9th St. S.E.交叉口下車，徒步2分鐘。

## HI Calgary City Centre

位於市中心以東，從Olympic Plaza站徒步5分鐘左右的青年旅館，公共區域有廚房、電視等設備，夏季還能夠在庭院裡享受BBQ。

**MAP** P.149-D2　**住** 520-7th Ave. S.E.
**TEL** (403)269-8239　**FAX** (1-866)762-4122
**URL** www.hihostels.ca
**費** 團體房$34.2～(會員)、$38～(非會員)
　　ⓈⒹ$99～(會員)、ⓈⒹ$109～(非會員)
　　Tax另計　含早餐　**CC** M V　**房** 20房、90床

## Hotel Arts Kensington

位於肯辛頓的飯店，獲得Canada Select評定為4顆星，雖然是只有19間客房的小型飯店，但房內空間寬敞且洋溢現代氛圍；還附設加拿大料理餐廳「Oxbow」。

**MAP** P.149-D2　**住** 1126 Memorial Dr. N.W.
**TEL** (403)228-4442　**FAX** (1-877)313-3733
**URL** www.hotelartskensington.com
**費** ⓈⒹ$182～　Tax另計　**CC** A M V　**房** 19房
**交** 從C-Train的Sunnyside站徒步10分鐘。

## 卡加利牛仔節

原本是大草原畜牧業重鎮的卡加利，也曾是牛仔們聚集的城市，雖然現在已經轉變為石油的現代化城市，但是身為牛仔的帥氣性格卻世代傳承在卡加利人的血脈中，每年7月上旬都會為牛仔們舉辦卡加利牛仔節Calgary Stampede。

市民們會穿戴牛仔帽(白帽)與西部靴的全套牛仔裝扮行走在街道上，欣賞活力四射的遊行或街頭舞蹈，然後再享用煎餅早餐Flapjack Breakfast(以鬆餅為主的牛仔式早餐)，讓人可以見識到熱情開朗、充滿男子氣概且汗臭淋漓的加拿大人另一種面貌。

牛仔節的重頭戲是牛仔競技及晚間秀的馬車大賽，吸引從新墨西哥、德州不遠千里而來參加的牛仔們。活動期間城市裡人滿為患，飯店房價也會隨之上漲，需要提早做好安排。

**DATA**

**卡加利牛仔節**
**TEL** (403)261-0101
**URL** www.calgarystampede.com
**費** 7/4～13 ('25)
**費** 牛仔競技大賽$66～321、
　　晚間秀$84～142
**牛仔節公園 Stampede Park**
**MAP** P.149-C2
　　牛仔節的主要會場。

🛁 浴缸　📺 電視　💨 吹風機　📶 Minibar和冰箱　🔒 保險箱　🖥 網路
部分房間　📺 部分房間　出借　部分房間　櫃台提供

# 卡加利的餐廳
## —— Restaurants in Calgary ——

## Caesar's Steakhouse

被稱為卡加利第一的知名牛排屋，AAA亞伯達省經過28天的乾式熟成牛肉，肉質柔嫩而多汁，肋眼牛排$54～、菲力牛排$67～很受歡迎。牛排還會附上沙拉、湯與麵包。

**MAP** P.151-A1
🏠 512-4th Ave. S.W.
**TEL** (403)264-1222
**URL** www.caesarssteak house.com
🕐 週一～五11:00～21:00
　週六17:00～21:00
🈺 週日 💰$50～ **CC** A M V

## Bottlescrew Bill's

店內空間分成餐廳與酒館，兩邊都供應世界超過35國、約300種的啤酒，以肉汁起司薯條Poutine 等加拿大特有料理最受歡迎。

**MAP** P.151-B2
🏠 140-10th Ave. S.W.
**TEL** (403)263-7900
**URL** bottlescrewbill.com
🕐 每日11:30～翌日2:00
🈺 無休
💰$25～
**CC** A M V

## Teatro

將古老厚重的建築重新裝潢成洋溢高級氛圍的義大利餐廳，義大利麵$33～99美味很受好評，午餐時段供應的5道式套餐$135是主廚推薦，週末要先預約。

**MAP** P.151-B2
🏠 200-8th Ave. S.E.
**TEL** (403)290-1012
**URL** www.teatro.ca
🕐 週一～六11:30～22:00
　週六‧日17:00～22:00
🈺 無休
💰 午餐$25～、晚餐$50～
**CC** A D M V

## Hudsons Canada's Pub

能一邊飲酒、一邊感受當地氛圍的庶民風格酒館，獨創啤酒Henry Hudson's為1杯$7.62～，至於牛排$29、炸魚薯條$18.75等餐點也很豐富。

**MAP** P.149-B1～C1
🏠 1201-5th St. S.W.
**TEL** (403)457-1119
**URL** hudsonscanadaspub.com
🕐 週一‧三～六11:00～翌日2:00
　週二‧日11:00～24:00
🈺 無休
💰$25～
**CC** A M V

## River Cafe

座落在王子島公園內的自然風咖啡館，依隨季節變化的菜單使用大量有機食材，供應的菜色依季節而變換，肉類、魚類、義大利麵等選擇眾多。

**MAP** P.151-A2
🏠 25 Prince's Island Park
**TEL** (403)261-7670
**URL** www.river-cafe.com
🕐 週一～五11:00～22:00
　週六10:00～22:00
🈺 無休
💰 午餐$25～、晚餐$45～
**CC** A M V

## 花壽司
### Hana Sushi

由曾經在日本學過的日本人廚師掌廚，壽司1貫$2.15～3.15，而以午餐$11.99～的便當最為划算，晚餐的照燒雞$18.99～、烏龍麵$13.99～也很受歡迎。

**MAP** P.149-C2
🏠 1807-4th St. S.W.
**TEL** (403)229-1499
**URL** www.hanasushi.com
🕐 週一～五11:30～14:00/
　16:30～21:30
　週六16:30～21:30
🈺 無休
💰 午餐$15～、晚餐$30～
**CC** M V

# 卡加利的購物
## —— Shops in Calgary ——

## Kanata Trading Post

最適合採買加拿大經典伴手禮的紀念品店，除了楓糖漿$6.99～、餅乾$6.49～，也有齊全的T恤與雜貨，至於高人氣的NHL隊伍卡加利火焰隊Calgary Flames官方運動服售價為$159.99。

**MAP** P.151-B2
🏠 116-8th Ave. S.E.
**TEL** (403)285-7397
🕐 週一～五9:00～20:00　週六9:00～19:00　週日11:00～18:00　🈺 無休
**CC** A D M V

## Lammle's Western Wear

是加拿大規模數一數二的西部商品專賣店，店內陳列著知名品牌的西部襯衫、靴子與帽子，數量相當壯觀，靴子除了有$400以上的高級品之外，也有$100以下的物超所值商品。

**MAP** P.151-B2
🏠 211-8th Ave. S.W.
**TEL** (403)266-5226　**URL** www.lammles.com
🕐 週一～三9:30～18:00　週四‧五10:00～19:00　週六10:00～18:00　週日11:00～15:00（依時期而變動）
🈺 無休　**CC** A M V

## 冰河侵蝕所造成的沙漠之都

# 惡地 Badland

卡加利以東約138km處是一片荒涼大地,就是所謂的惡地。廣大峽谷內都是茶褐色裸露在外的岩石表層,這麼特殊的地形其實是被冰河融化的雪水所侵蝕,日積月累下所形成的地貌。

此地的乾燥氣候正好是保存化石的最佳幫手,至今已經發現各種恐龍及古代生物的化石,而挖掘行動仍持續進行中。

---

### 惡地基本DATA
**MAP** P.146-C1〜D1

據點城市:卡加利
歷史景點:★
自然景點:★★★★★

惡地情報網
URL www.drumheller.ca
URL traveldrumheller.com

---

### ☑CHECK!

**卡加利出發的觀光之旅**

每家旅行社都會推出清晨從卡加利出發,暢遊惡地主要景點的1日觀光之旅,進不幾乎都是使用小型巴士而有人數上的限制。
Calgary Tour Company /Hammerhead Scenic Tours推出德蘭赫勒惡地之旅Drumheller Badland Tour,行程為前往皇家泰瑞爾古生物博物館、馬賊峽谷、石林等惡地周邊的景點,最後到酒吧Last Chance Saloon(→P.161)休息;包含卡加利主要飯店的接送服務。

Calgary Tour Company /Hammerhead Scenic Tours
TEL (403)590-6930
URL www.calgarytourcompany. com
Drumheller Badlands Tour
圖 1〜2人$400
出發時間為7:00(冬季為8:00),所需時間約9〜10小時。

---

## 漫遊惡地

漫遊的起點城市是卡加利,這裡沒有前往惡地中心地區德蘭赫勒Drumheller(→P.162)的交通工具,由於景點全部位在公路旁,完全不可能靠徒步方式來觀光,必須自行租車或是參加從卡加利出發的1日觀光之旅。

主要的觀光景點大多分布在#837、#838和#575公路之間的恐龍路線Dinosaur Trail上,可以參觀皇家泰瑞爾古生物博物館,以及惡地的景觀名勝——馬賊峽谷等景點;至於#10公路的石林路線Hoodoos Trail則是從德蘭赫勒出發,中途會經過以吊橋出名的羅斯代爾Rosedale再抵達East Coulee,分布著石林、阿特拉斯礦坑國家歷史遺址等景點。

↑沒有止境的荒涼風景

### 兜風路線

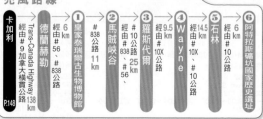

| 卡加利 | | 德蘭赫勒 | | ❶皇家泰瑞爾古生物博物館 | | ❷馬賊峽谷 | | ❸羅斯代爾 | | ❹Wayne | | ❺石林 | | ❻阿特拉斯礦坑國家歷史遺址 |
|---|---|---|---|---|---|---|---|---|---|---|---|---|---|---|
| P.148 | 經由#9加拿大橫貫公路Trans-Canada Highway 138km | | 經由#56、#838公路 6km | | #838公路 11km | | 經由#10公路、#838公路 #56、 25km | | 經由#10X公路 9.5km | | 經由#10X、#10公路 14.5km | | 經由#10公路 6km | |

# 主要景點

## 恐龍路線

### 1 皇家泰瑞爾古生物博物館 MAP P.159-1
Royal Tyrrell Museum of Palaeontology ★★★

皇家泰瑞爾古生物博物館
TEL (403)823-7707
FREE (1-888)440-4240
URL www.tyrrellmuseum.com
開 5/15～8/31
　每日9:00～21:00
　9/1～5/14
　週二～日10:00～17:00
休 9/1～5/14的週一
費 大人$21、銀髮族$14、青少年（7～17歲）$10、兒童免費

1884年，加拿大地質學家泰瑞爾Young J. B. Tyrrell在惡地周邊發現屬於亞伯達龍的頭部化石，之後更陸續挖掘出包含恐龍在內的各種古生物化石，約超過16萬件的珍貴化石被收藏、展示在這座博物館中。館內除了亞伯達龍的化石，還陳列著暴龍T-Rex、劍龍、三角龍等骨頭標本，至於重現恐龍生存的遠古時

↑恐龍模型擺放在建築物前

代自然景象、生物進化過程的相關展覽也一樣不容錯過。另外還有蒐羅從古代繁衍至今的蕨類溫室，以及可以親手觸摸真正的化石，並透過玻璃欣賞化石的清理作業區，可以從

☑CHECK!

**來買恐龍周邊商品**

在博物館內的紀念品店，可以買到恐龍鑰匙圈、徽章、T恤等相關商品，非常適合當作伴手禮。

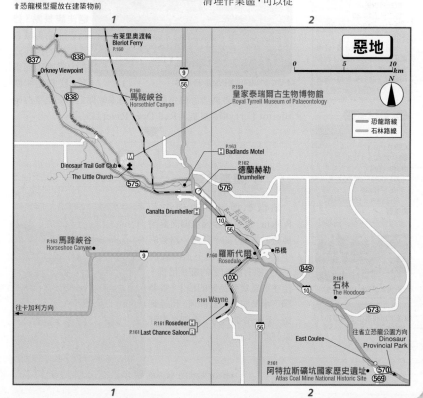

惡地

0　　　5　　　10 km

N

恐龍路線
石林路線

布萊里奧渡輪
Bleriot Ferry
P.160

837
838

Orkney Viewpoint

838

9
56

P.160
馬賊峽谷
Horsethief Canyon

P.159
皇家泰瑞爾古生物博物館
Royal Tyrrell Museum of Palaeontology

P.163
Badlands Motel

Dinosaur Trail Golf Club
The Little Church

575

P.162
德蘭赫勒
Drumheller

576

Canalta Drumheller

10
56

Red Deer River

P.163 馬蹄峽谷
Horseshoe Canyon

9

P.160 羅斯代爾
Rosedale

吊橋

849

P.161
石林
The Hoodoos

10

往卡加利方向

10X

P.161 Wayne

573

P.161 Rosedeer
P.161 Last Chance Saloon

56

East Coulee

往立省恐龍公園方向
Dinosaur
Provincial Park

P.161
阿特拉斯礦坑國家歷史遺址
Atlas Coal Mine National Historic Site

570
569

各種不同角度來滿足遊客的好奇心，參觀時間約2～3小時。博物館在夏季也推出參觀化石健行之旅Dinosite、模擬挖掘體驗Dig Experience，以及製作化石複製品Fossil Casting等體驗活動。此外，盛夏時節的惡地氣溫近30℃，卻也容易發生強風與雷雨，需要準備防風雨的外套及雨具。

↑能夠近距離觀察震撼力十足的化石

## ② 馬賊峽谷
Horsethief Canyon　　MAP P.159-1　★★★

↑站在觀景點可以看清楚惡地的地形

位於德蘭赫勒西北方約16km處，是將受河水侵蝕造成的惡地地形看清楚的絕佳觀景點，據說以前偷馬賊會將偷來的馬匹藏在山谷裡因而得名。欣賞完開闊的景致之後，再沿著恐龍路線往北，將車輛開上布萊里奧渡輪Bleriot Ferry橫渡紅鹿河Red Deer River到對岸。

**石林路線**

## ③ 羅斯代爾
Rosedale　　MAP P.159-2　★★★

地處德蘭赫勒東南方約8.5km，這座曾經因煤礦而繁榮興盛的城鎮，如今只是公路旁的小鎮。而在離城鎮不遠的紅鹿河上，卻有座知名的細長吊橋，走在被風吹到晃動的橋上，看著腳下水勢湍急的紅鹿河，超級刺激，至於吊橋的另一端則是視野良好的小山丘。

➡微風吹拂就很恐怖的吊橋

## ④ Wayne
Wayne
★★★

外觀及內部裝潢都充滿復古情調的Last Chance Saloon

從＃10公路到羅斯代爾往西轉，沿著鐵軌續行蜿蜒曲折的＃10X公路，中途會經過多達11座橋梁，約9km後抵達的小村莊。位於昔日知名飯店Rosedeer Hotel內，使用當時裝潢的酒吧Last Chance Saloon，最適合小歇片刻，從卡加利出發的1日觀光之旅大多會稍作停留。而Rosedeer Hotel也提供住宿服務。

## ⑤ 石林
The Hoodoos
★★★

突起於地表上的巨大蕈狀沙岩石柱，造型可說是千奇百怪；是由冰河及紅鹿河歷經多年的侵蝕所形成，可說是惡地的一大象徵。根據流傳此地的印第安傳說，人們相信這些石柱是被石化的巨人，而Hoodoos就是取自巨人的名字。地點就在公路旁不遠，最高的石柱達4～5m。

➡見識到裸露的地層，才能了解大自然的侵蝕威力

## ⑥ 阿特拉斯礦坑國家歷史遺址
Atlas Coal Mine National Historic Site ★★★

↑能夠一窺過往煤礦城鎮的氛圍

距離德蘭赫勒東南方約17km，位在East Coulee小鎮裡，將加拿大最後關閉的選煤廠做為博物館之用。除了重現過去繁榮的煤礦城鎮街景，還保存了礦坑裡的機具，並且推出體驗當時模樣的3種導覽之旅（所需時間25分鐘～1小時15分）。

---

☑CHECK!

**Last Chance Saloon**
MAP P.159-2
🏠555 Jewell St.
☎(403)823-9189
🌐visitlastchancesaloon.com
🕐4～10月
　每日11:00～22:00
　（依時期而變動）
🚫11～3月

↑酒吧內留有過往的美好氛圍

Rosedeer Hotel
MAP P.159-2
　地址、電話、營業時間都與Last Chance Saloon相同。
🛏SⒹ$70～80 Tax另計
💳M V

**石林**
🏠Coulee Way. Drumheller

↑雖然有高度適中的石柱，但是嚴禁攀爬

**阿特拉斯礦坑國家歷史遺址**
🏠110 Century Dr., East Coulee
☎(403)822-2220
🌐atlascoalmine.ab.ca
🕐5月～6月下旬、8月下旬～10月中旬
　每日10:00～17:00
　6月下旬～8月下旬
　每日9:45～18:30
🚫10月中旬～4月
🎫門票
　大人$14、銀髮族 青少年（6～17歲）$11、兒童免費
導覽之旅
🎫Train Ride（25分鐘）
　1人$7.75
　Processing Plant Tour
　（45分鐘）1人$14.75
　Mine Portal Hike
　（1小時15分）1人$16.75

# DRUMHELLER

# 德蘭赫勒

## 亞伯達省

**MAP** P.146-C1～D1
**人口** 7982
**面積** 403

德蘭赫勒與惡地情報網
**URL** www.drumheller.ca
**URL** traveldrumheller.com

▶▶▶ 如何前往

若只想參觀惡地的景點，通常都會參加從卡加利出發的觀光之旅（→P.158邊欄）。由於景點幾乎都分散在郊區，建議最好從卡加利租車前往；由卡加利到德蘭赫勒距離約138km，為1小時30分～2小時的車程。

德蘭赫勒、惡地資訊的廣播節目

廣播電台FM99.5，會提供關於景點、餐廳的相關資訊。

因為恐龍化石而名聲響亮的惡地，最重要的中心城市就是德蘭赫勒。但並不是規模很大的城鎮，只有幾間小型博物館，沒有什麼特別的景點；造訪德蘭赫勒的觀光客，

⬆遊客中心前設置著巨大的恐龍模型

目的就是前往位於城鎮東南方150km的世界遺產──省立恐龍公園。從卡加利等地驅車過來，可以在參觀過惡地（→P.158）的景點後住宿一晚，隔天再前往省立恐龍公園。德蘭赫勒可說是為了恐龍迷而存在的城鎮。

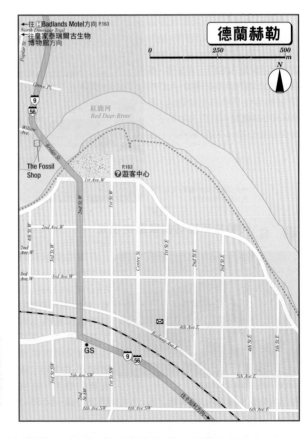

⬆可從恐龍的嘴巴內俯瞰整個城市

# 漫遊德蘭赫勒

德蘭赫勒的市區以火車鐵軌為界，分成兩大區塊，鐵軌以北有郵局、銀行等設施，也就是所謂的市中心，還有遊客中心及小型博物館；至於南側則是從卡加利過來的入口處，越過能一覽惡地的馬蹄峽谷Horseshoe Canyon觀景處之後，就會出現大型汽車旅館式的飯店、加油站等商業建築。至於郊區則有恐龍路線（→P.159）、石林路線（→P.160），沿途都有觀光景點。

# 主要景點

## 馬蹄峽谷 　　　MAP P.159-1
### Horseshoe Canyon　　　★★★

位在從卡加利前往德蘭赫勒的途中，是能夠清楚眺望惡地地貌的第一個觀景處，因此人氣非常高；周邊還有小雜貨店、販售化石的店家，不過在淡季時會暫停營業。

↑荒涼的氣氛完全符合惡地之名

# 郊區小旅行

## 省立恐龍公園　　　MAP P.146-D2
### Dinosaur Provincial Park　　　★★★

位在德蘭赫勒東南方約150km處，也是皇家泰瑞爾古生物博物館的化石挖掘基地Field Station，現在仍持續進行挖掘作業，至今已經發現超過300具的恐龍骨骼標本，為全世界

↑參加導覽之旅暢遊園區

知名的恐龍王國，已列入聯合國教科文組織的世界自然遺產。在Field Station內推出關於化石展及恐龍研究的導覽之旅，戶外則規劃有可行駛於惡地特殊地形的汽車車道，不僅能看到如挖掘當時保存在地下狀態的化石展示，也有可供住宿的露營區；而且在公園內還有無數條健行步道，在散步觀察地層的構造時，同時也能想像遠古恐龍生存的時代。也有暢遊園區的巴士之旅Explorer's Bus Tour、遊覽化石挖掘地的健行之旅Centrosaurus Bonebed Hike（參加者須10歲以上）等，以及其他許多行程可供選擇，請上官網確認參加條件。

---

### ❓遊客中心
Drumheller Visitor Information Centre
**MAP P.162**
🏠60-1st Ave. W
☎(403)823-1331
📠(1-866)823-8100
🌐traveldrumheller.com
🕐夏季
　每日9:00～21:00
　冬季
　週一～五8:30～16:30
　（依時期而變動）
❌冬季的週六・日
　緊鄰在遊客中心旁的巨大暴龍，嘴巴部分設有觀景台。

### 省立恐龍公園
☎(403)378-4342
☎(403)378-4344（（觀光之旅預約）
🌐albertaparks.ca/parks/south/dinosaur-pp
遊客中心
🕐4月、9/6～10/15
　每日9:00～16:00
　5/1～9/5
　每日9:00～17:00
　10/16～12/18
　週六日10:00～15:00
❌10/16～12/18的週一～五、12/19～3/31
💰免費（展示室為1人$2）
巴士之旅
Explorer's Bus Tour
🕐4/22～10/28
💰大人$25、青少年（7～17歲）$16、兒童（4～6歲）$8、3歲以下$2
健行之旅
Centrosaurus Bonebed Hike
🕐4/22～10/29
💰大人$30、青少年（10～17歲）$18
🚗僅能開車前往，由德蘭赫勒沿著#56公路往南行，到了加拿大橫貫公路後左轉再直行，在Brooks往#837公路北上，直走到#544公路右轉，進入Patricia之後就能看到公園招牌，順著招牌走再左轉。

### 德蘭赫勒的住宿
Badlands Motel
**MAP P.159-1/P.162外**
🏠801 North Dinosaur Trail
☎(403)823-5155
🌐badlandsmotel.hotelsalberta.com
💰⑤①$85～　Tax另計

看不到邊際的廣闊大平原

# 亞伯達省南部 South of Alberta

在沒有邊際的廣闊碧綠牧草地上，四處散落著許多乾草堆，是曾經有原住民印第安人追趕水牛群，或是拓荒先民驅策著篷車的邊境地帶。這裡最重要的景點是印第安人狩獵水牛時所使用的斷崖──頭骨粉碎野牛跳崖遺址，同時也是聯合國教科文組織認定的世界遺產。

| 亞伯達省南部的基本DATA **MAP** P.146-D1 | 據點城市：卡加利 歷史景點：★★★★★ 自然景點：★★ | 亞伯達省南部情報網 URL www.albertasouthwest.com |
| --- | --- | --- |

## 漫遊亞伯達省南部

起點城市有南頓Nanton、麥克勞德堡Fort Macleod、萊斯布里奇Lethbridge、卡茲頓Cardston等，由於景點或城市分布的範圍都非常廣闊，想要全部逛完的遊客必須一邊住宿一邊移動；若只想遊逛1到2個景點的話，從卡加利出發的1日遊行程就很足夠。

頭骨粉碎野牛跳崖遺址、麥克勞德堡、卡茲頓都位於卡加利往瓦特頓湖國家公園（→P.169）的途中，不妨在移動時順便遊逛景點；因為飛機或巴士等大眾交通工具非常少，只能仰賴租車前往。

從愛德蒙頓往南行的＃2公路，到卡加利之後會與加拿大橫貫公路交會，繼續再往南走會碰上越過洛磯山脈的東西幹線道路＃3公路（Crowsnest Hwy.），從卡加利出發約185km，而城市或重要景點則分布在＃2、＃3公路上。

### 兜風路線

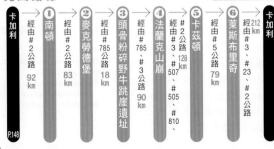

卡加利 → ① 南頓　經由＃2公路 92km → ② 麥克勞德堡　經由＃2公路 83km → ③ 頭骨粉碎野牛跳崖遺址　經由＃785公路 18km → ④ 法蘭克山崩　經由＃785、＃3公路 90km → ⑤ 卡茲頓　經由＃2公路、＃3、＃507、＃505、＃810、 128km → ⑥ 萊斯布里奇　經由＃5公路 79km → 卡加利　經由＃3、＃23、＃2公路 212km

P148

### 其他交通情報

**飛機**
　從卡加利到萊斯布里奇有西捷航空1日3班，所需時間約50分鐘。

**長途巴士**
　Red Arrow從卡加利的服務中心前（**MAP** P.151-B1）至萊斯布里奇間，1日行駛1～2班，所需時間約2小時40分，大人單程$62。

# 主要景點

## ① 南頓
### Nanton
★★★

MAP P.165

在卡加利南邊，車程約40分鐘的南頓，是擁有很多古董店而出名的古董鎮。城鎮的主要景點是加拿大轟炸機指揮部博物館Bomber Command Museum of Canada，保存著第二次世界大戰從英國基地起飛去轟炸德國工業區的蘭卡斯特轟炸機，不僅可以坐上飛機、拍照留念，還展出槍座、轟炸用的準星、引擎、無線對講機等物品。另外還播放當時迎擊德國梅塞施密特Messerschmitt戰鬥機的槍戰紀錄片。

☑ CHECK!

**加拿大轟炸機指揮部博物館**

🏠 1659-21 Ave., Nanton
📞 (403)646-2270
🌐 www.bombercommandmuseum.ca
🕐 週四～一10:00～17:00
休 週二‧三
費 自由捐款

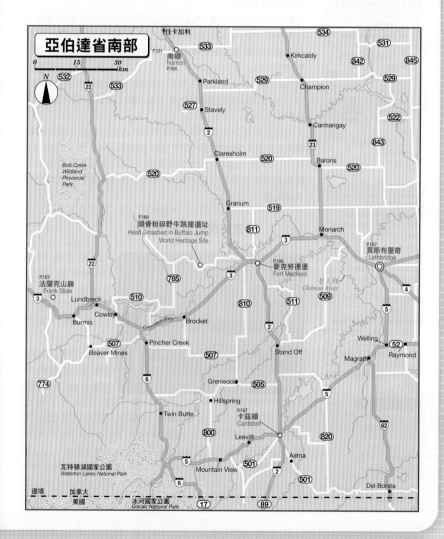

亞伯達省南部

0    15    30 km

往卡加利
P.331
南頓
Nanton
P.165

534
533
531
Kirkcaldy
842
845

532
22
533
Parkland
529
Champion
529

527
Stavely
2
522

Claresholm
520
Carmangay
23
843

Bob Creek Wildland Provincial Park
520
Barons
520

Granum
519

頭骨粉碎野牛跳崖遺址 P.166
Head Smashed in Buffalo Jump World Heritage Site
811
Monarch

3
英斯布里奇 P.167
Lethbridge

22
785
麥克勞德堡 P.166
Fort Macleod
老人河
Oldman River
4

法蘭克山崩 P.167
Frank Slide
3
Lundbreck
510
Cowley
3
810
511
509
5

Burmis
Crowsnest Hwy.
Brocket
2
Welling
52

507
Pincher Creek
Stand Off
Magrath
Raymond

Beaver Mines
507
5

774
6
Grenwood
505

Hillspring
5

Twin Butte
800
卡茲頓 P.167
Cardston
820

Leavitt
62

瓦特頓湖國家公園
Waterton Lakes National Park
5
Mountain View
501
2
Aetna
501
Del Bonita

6
邊境
加拿大
美國
冰河國家公園
Glacier National Park
17
89

**CHECK!**

**麥克勞德堡的巴士總站**

🏠 2351-7th Ave.

**❓麥克勞德堡遊客中心**

Fort Macleod Visitor
Information Centre

🏠 410-20th St.

☎ (403)553-4425

🌐 fortmacleod.com

🕐 週一～四8:30～16:30
週五8:30～13:30

休週六・日

**碉堡博物館**

🏠 219 Jerry Potts Blvd.

☎ (403)553-4703

📠 (1-866)273-6841

🌐 nwmpmuseum.com

🕐 5月 週一～五9:00～17:00
6月 週日9:00～17:00
7/1～9/4
每日9:00～18:00
9/5～10/6
週三9:00～16:00

休5月的週六・日、9/5～
10/6的週一・二、10/7～
4/30

💰大人$14.4、兒童$7.2
音樂馬術表演

🎫1人$7.2

**頭骨粉碎野牛跳崖遺址**

☎ (403)553-2731

🌐 headsmashedin.ca

🕐 5/22～9/4每日10:00～17:00
9/5～5/21週三～日10:00～
17:00

休9/5～5/21的週一・二

💰大人$15、銀髮族$13、
青少年(7～17歲)$10

Drumming and Dancing on the Plaza

🕐7/5～8/30
週三11:00～13:00

🚗距離麥克勞德堡約18km，
沿著#2公路往卡加利方向
前進，到#785公路左轉，直
走不久在前方右手邊會看到
解說中心Interpretive
Centre，接著跟著路標前進
即可。

**CHECK!**

**卡加利出發的觀光之旅**

Calgary Tour Company/
Hammerhead Scenic Tours
(→P.158)

💰1～2人$400

卡加利出發時間為7:00
(冬季為8:00)，所需時間
約9～10小時。

## ② 麥克勞德堡
### Fort Macleod

★★★　MAP P.165

↑RCMP也會在街頭遊行

在19世紀末期之際，比東部人口少的加拿大西部，不僅原住民與移民之間的衝突白熱化，更成為罪犯與歹徒逍遙法外的化外之地。為了維持地區的治安，當時英國政府引進了加拿大皇家騎警RCMP（當時被稱為加拿大西北騎警North West Mounted Police）。

經歷千辛萬苦之後，先遣的6個部隊終於在1874年抵達現今的麥克勞德堡，並以麥克勞德隊長之名為修建的碉堡命名，成為西部第一座加拿大西北騎警NWMP的碉堡。現在這裡興建碉堡博物館Fort Museum來告訴世人當時的景象，陳列著騎警制服、佩帶槍枝、生活用品等物品；碉堡以廣場為中心呈口字型建造，外牆上還設有巡邏通道，萬一遇到敵人攻擊就可以隨時予以還擊。

另外在每年7～8月下旬，會舉辦年輕人穿著加拿大西北騎警制服在中央大街上遊行的音樂馬術表演Musical Ride（10:00、11:30、14:00、15:30，所需時間約45分鐘），展現出騎警隊如同跳舞般搭配音樂的行進步伐，最後會在博物館後方的馬場集合表演馬術。

## ③ 頭骨粉碎野牛跳崖遺址
### Head Smashed in Buffalo Jump World Heritage Site

★★★　MAP P.165

↑山崖下至今還埋藏著水牛骸骨

是距今約超過6000年前，原住民印第安人用來狩獵水牛的遺址（→P.168）。長久以來，人們利用在大平原上忽然間出現的斷崖，將動物追趕墜崖後以方便捕獵，這裡也遺留許多生活的物品，在考古學和人類學上都擁有非常珍貴的意義。在經過特別設計與斷崖融為一體的解說中心Interpretive Centre內，展示著狩獵場的使用方法及印第安人的生活全貌。

另外還能夠欣賞到印第安Crowfoot族音樂及舞蹈演出的Drumming and Dancing on the Plaza，在斷崖的上下兩處也設有步道可以享受漫遊樂趣（所需時間約30～40分鐘）。

## 4 法蘭克山崩
Frank Slide

★★★

　1903年4月29日，約8200萬噸重的石灰岩突然崩塌，襲擊位在#3公路旁的法蘭克小鎮，僅僅2分鐘便毀滅全鎮，造成超過90人死亡。距離公路1.5km的山丘上設有解說中心Interpretive Centre，從這裡能夠看清楚整片崩落的土石岩壁；看到位在公路對面被深150m、長450m、寬1km巨岩所掩埋的遺址，不由得讓人再次感受到大自然的驚人威力。

## 5 卡茲頓
Cardston

MAP P.165

★★★

　前往瓦特頓湖國家公園的#5公路，距離約30分鐘車程、位於山腳下的卡茲頓，在城鎮裡有座北美規模最大，收藏古今東西超過330架馬車的雷明頓馬車博物館

↑搭乘馬車周遊園區內

Remington Carriage Museum，也能體驗乘坐馬車。

## 6 萊斯布里奇
Lethbridge

MAP P.165

★★★

　亞伯達省的第3大城。在第二次世界大戰期間，加拿大有2萬2000名日本移民被當成敵國人民而強制住進集中營，其中約6000人送到萊斯布里奇，而在戰爭結束後的1967年，於市區建造一座日加友好紀念庭園（日本庭園）。這裡也是遵守教義而延續19世紀時期共同生活方式的胡特爾派Hutterites教徒生活的城市，可以看到穿著傳統服飾的人們。

　在萊斯布里奇西邊郊區的老人河Oldman River沿岸，則於當年印第安黑腳族Blackfoot與克里族Cree發生戰役處設立印第安戰爭公園Indian Battle Park，園內有20世紀初以印第安人為對象販售酒類、進行非法交易的場所——喧鬧堡Fort Whoop-Up，並且重現當年的景象。據說當年在麥克勞德堡修築碉堡的加拿大西北騎警，原本的目標其實是這裡，但因為物價比預想高而作罷。與象徵正義的碉堡堪稱為絕佳的對比。

➡重現當時建築的喧鬧堡

---

# 大平原上的印第安人與水牛

對於居住在草原上的印第安民族來說，水牛不但是重要的食材，也是製作衣服、工具的一大素材，更是建築材料，甚至還可以入藥，那麼他們是如何狩獵水牛的呢？

直到從歐洲引進馬匹之前為止，印第安人都是利用狗來搬運物品；雖然擁有弓箭，但在毫無遮蔽的平原上想靠近獵物而不被發現，是件很困難的事，首先就算狩獵到動物，也因為距離居住地太遠而無法搬運；然而若只取下水牛最美味的部位其餘全部丟棄，這樣就跟差點造成水牛瀕臨絕種的愚蠢白人沒什麼兩樣。因此如何狩獵水牛的答案，其實全都來自於山崖。

頭骨粉碎野牛跳崖遺址（→P.166）的歷史至少可以回溯至約超過6000年前，是印第安部落的狩獵場，運用的就是大平原特有高達數十公尺的地形落差，首先要巧妙地誘導水牛群往這個方向前進，等到快靠近山崖時突然發動襲擊，讓水牛驚慌失措向前衝，此時已經等待在底下的狩獵成員，只需要給予墜崖的水牛最後一擊，再由另一批人進行肢解，可說是分工清楚又非常有效率的狩獵流程。雖然看起來像是簡單而原始的方法，不過經過考古調查後才發現，印第安人會以草或石頭事先規劃準備，好將水牛群順利引誘往正確的方向，手法非常純熟老練。像這樣的狩獵手法其實在北美各地都有，也遺留不少狩獵場，但是這裡卻是規模最大、保存狀態最好的一處，因而列入聯合國教科文組織的世界遺產。會冠上「頭骨粉碎Head Smashed」這麼恐怖的名稱，是當時的印第安年輕人在進行狩獵時，看到摔落山崖的水牛因撞碎頭骨而死，才有這樣的說法。

↑重現狩獵景象的模型

解說中心Interpretive Centre也是博物館，從1樓進去要先搭電梯直上7樓到山崖的頂端，雖然由下往上仰望感覺不算太高，但因為四周為一望無際的平原，站在上面反而擁有意外的絕佳視野。原本山崖的高度不只10m，在印第安人剛開始這種狩獵方法時，可是一倍以上的高度；也就是說，日積月累下埋在此地的水牛遺骸已經深達10m，據說過去還因此誕生一項新產業，將水牛骨頭挖出來賣給肥料工廠。

山崖的頂端屬於丘陵地帶，北方的山丘還是Crowfoot族進行靈境追尋的神聖場所。所謂的靈境追尋，就是年輕人在遠離人煙之處禁絕飲食，再將當體力達到極限時所出現的夢（幻覺）帶回部落中，由巫者進行占卜的一種儀式。

溫哥華的UBC人類學博物館（→P.67）、維多利亞的皇家卑詩博物館（→P.107），還有卡加利的葛倫堡博物館（→P.154）內，都有豐富的印第安文化展覽，但若想了解喜歡與大自然相處、在雄偉景色中如風般生存的印第安文化的話，不應該是在水泥建築之中以玻璃櫃框起的狀態。而來到這樣只有山崖的自然遺址，就算沒有任何基本常識，反而更能感受在此地生活過的印第安人想法。

↑挖掘出土的水牛骨骸

# 瓦特頓湖國家公園

## 亞伯達省

瓦特頓湖國家公園不僅與美國的冰河國家公園遙遙相對，也跨越國界進行交流，為了證明美加兩國的友好與和平，2座國

↑園區風景美得像一幅畫

家公園聯合成為全世界第一座國際和平公園——瓦特頓-冰川國際和平公園Waterton-Glacier International Peace Park，1995年則成為聯合國教科文組織的世界遺產。

開車一進入這座國家公園，立刻湧上奇妙的感覺，眼前是起伏綿延的洛磯山脈，背後則是無邊無際的大平原，也正是被稱為「山與大平原相遇地點」的原因。

溫哥華 ●愛德蒙頓
●卡加利
●瓦特頓湖國家公園

**MAP** P.146-D1
**面積** 403
**面積** 525km²
**入園費** 大人$10.5、銀髮族$9、17歲以下免費

瓦特頓湖國家公園情報網
**URL** mywaterton.ca
**URL** parks.canada.ca/pn-np/ab/waterton

▶▶▶ 如何前往

從卡加利出發沿著#2公路南下到麥克勞德堡（→P.166），再走#3（Crowsnest Hwy.）、#6公路，或是由#2南下後到卡茲頓（→P.167）轉往#5公路。

瓦特頓湖國家公園 Waterton Lakes National Park

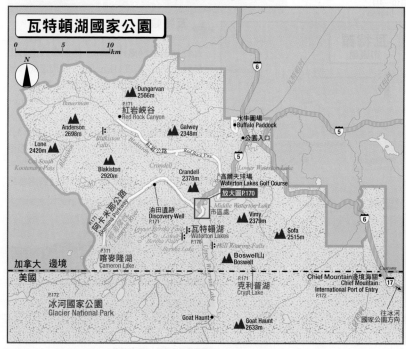

瓦特頓湖國家公園

❶ 遊客中心

Waterton Visitor Centre
**MAP** P.170
**TEL** (403)859-5133
**URL** mywaterton.ca
**開** 5月上旬～6月下旬、
　9月上旬～10月上旬
　每日9:00～17:00
　6月下旬～、9月上旬
　每日8:00～19:00
**休** 10月上旬～5月上旬

出租腳踏車

Pat's
**MAP** P.170
**TEL** (403)859-2266
**URL** patswaterton.com
**營** 4～6月、9月～10月上旬
　每日8:00～21:00
　7·8月
　每日8:00～23:00
**休** 10月上旬～3月
**費** 腳踏車出租
　1小時$20～、1日$60～

騎馬

Alpine Stables
**TEL** (403)859-2462（夏季）
**URL** www.alpinestables.com
**營** 5·6·9月　　每日10:00～
　16:00
　7·8月　每日9:00～17:00
**休** 10～4月
**費** 1小時$55

# 漫遊瓦特頓湖國家公園

作為國家公園名稱的瓦特頓湖，分為上瓦特頓湖Upper Waterton Lake、中瓦特頓湖Middle Waterton Lake、下瓦特頓湖Lower Waterton Lake 3座湖泊，至於住宿設施或餐廳等則集中在位於上瓦特頓湖湖畔的市區處Waterton Townsite。

👆城市的背後是高聳山脈

這裡不像加拿大洛磯山脈的班夫Banff或傑士伯Jasper，因為完全沒有任何觀光巴士或在地之旅可以參加，想前往景點必須自行駕車。如果只在市區處周邊遊逛的話，建議不妨租輛腳踏車，位於市區內的Pat's就提供腳踏車或釣魚用具的租借服務。南邊擁有露營區及完善的健行步道，是可從林木間眺望湖景的舒適行程；至於西邊則有個規模小、水勢傾斜滑落的喀麥隆瀑布Cameron Falls，很值得前來欣賞。國家公園內規劃有多條步道，也很適合健行，步道地圖可至遊客中心索取。還有騎馬、高爾夫球場Waterton Lakes Golf Course（**TEL** (403)859-2114 **營** 5～10月）等活動可以體驗。

## 主要景點

### 瓦特頓湖 　　**MAP** P.169
Waterton Lakes
★★★

瓦特頓湖最深處約148m，是加拿大洛磯山脈最深的湖泊，長度11km左右，與周邊80多個湖泊合計，總水量約為6億m³之多。在上、中、下3座湖泊中，蓋在上瓦特頓湖湖畔的Prince of Wales Hotel（→P.172），正是以擁有如詩畫般優美的湖光山色而聞名，建議可以從#5公路左邊山丘來俯瞰腳下景色。而談到瓦特頓湖國家公園觀光的焦點，當屬暢遊湖泊的觀光船Waterton Shoreline Cruise，從市區處越過

瓦特頓
市區處

N 0　　200 m

Township Rd.

Prince of Wales P.172

翡翠灣
Emerald Bay

觀光船
Shoreline Cruise
乘船處 P.171

P.172
Bear Mountain Motel

Mount View Rd.

觀景台

阿卡米那公路
Akamina Parkway

·Pat's P.170

P.172
Bayshore Inn
Resort & Spa

Cameron Falls Dr.
Evergreen Ave.
Fountain Ave.
Windflower Ave.
Clematis Ave.
Harebell Rd.
Penny Ave.
Waterflower Ave.
Waterton Ave.

喀麥隆瀑布
Cameron Falls

P.172
Waterton
Lakes Lodge
Resort

P.170
❶ 遊客中心

湖岸一帶是松樹林的
漫遊步道

上瓦特頓湖
Upper Waterton Lake

👆擁有藍而清澄湖水的瓦特頓湖

邊境前往美國方向的Goat Haunt，並且停留30分鐘，到Goat Haunt下船後也可以享受健行樂趣；不過要是有此打算的話，在購票時就要告訴工作人員，並事先買好回程船票（一定要攜帶護照）。

## 阿卡米那公路＆喀麥隆湖
Akamina Parkway & Cameron Lake

MAP P.169
★★★

↑湖畔有小艇或獨木舟出租

從市區處外圍開始延伸，長達16km的阿卡米那公路Akamina Parkway沿線有加拿大西部第一座被挖掘的油田遺跡Discovery Well，至於盡頭處的喀麥隆湖Cameron Lake則是洛磯山脈典型的亞高山帶湖泊，設有解說附近自然環境的簡單說明中心。這一帶也是知名的多雪地區，冬季時會出現高達數公尺的積雪，因此這裡的植物生態與洛磯山脈其他區域都不相同。湖畔也提供小艇或獨木舟的租借或垂釣服務。從停車場看過來，在湖泊反方向有一片陽光充足的斜坡，是灰熊經常出沒的地點。

## 紅岩峽谷
Red Rock Canyon

MAP P.169
★★★

從市區處與公園入口的中央地帶，往北朝Red Rock Parkway前進約16km就是紅岩峽谷。紅色的陡峭山壁和溪流，雖然規模不大，卻與周圍的綠意形成顏色對比而相映成趣。

瓦特頓湖
觀光船 (Shoreline Cruise)
**MAP** P.170
**TEL** (403)859-2362
**URL** www.watertoncruise.com
**圏**5月上旬～下旬、9月下旬～10月上旬
　每日10:00、14:00出發
　5月下旬～6月下旬
　每日10:00、14:00、16:00出發
　6月下旬～8月下旬
　週一～五14:00、18:30
　週六・日12:00、14:00、16:00、18:30出發
　8月下旬～9月下旬
　每日14:00
**休**10月上旬～5月上旬
**圏**大人$61、兒童$30
　所需時間約1小時15分，6月下旬～8月下旬的18:30是可以欣賞夕陽的觀光船，非常浪漫。

阿卡米那公路
油田遺跡
**MAP** P.169

喀麥隆湖
出租獨木舟、小艇
**TEL** (403)627-6443
**圏**6・9月 每日9:00～17:00
　7・8月 每日8:00～18:30
　（依時間而變動）
**休**10～5月
**圏**1小時$35～

---

COLUMN

# 通往神祕之湖——克利普湖的步道

　　位在市區處東南隅的克利普湖Crypt Lake，由於四周被陡峭懸崖守護而被稱為神祕之湖，因此在瓦特頓湖國家公園，以朝向這座神祕湖泊的健行路線最有人氣。

　　想前往這條步道，必須從瓦特頓湖畔的觀光船乘船處搭乘克利普健行接駁船，8:30～9:00從市區處碼頭出發的小船，約航行15分鐘就可以抵達位於對岸的克利普湖健行步道的出發點Crypt Landing。一開始會先行進在雜草叢生且有些陰暗的步道上，沒多久會在右邊出現往Hell Roaring瀑布Hell Roaring Falls的分岔點，接著是約1小時的單純上坡，等到右側開始出現瀑布蹤影時，才會進入平坦的森林裡；而當前方傳來轟隆的瀑布水聲時，路況會突然轉變為相當陡峭吃力的岩壁。

　　穿越過瀑布之後是一片日照良好的斜坡，如遇初夏時節，應該會出現白、黃、淺藍、紅等色

彩繽紛的廣大花田；沿著蜿蜒曲折的山路逐漸向上走，忽然視野一開，能一覽右側極淺的沼澤地（Crypt Pool）。

　　山谷的對面是一路走來不斷出現眼前的Boswell山，儘管知道克利普湖就在峭壁的另一邊，步道卻彷彿被道路所吞噬而消失在峭壁之下，原來是峭壁下方有座天然的隧道，穿過去之後就能抵達山崖另一側，抵達湖泊需要約3小時。

**DATA**
克利普湖步道 **MAP** P.169
來回約17.2km，所需時間約6小時。早上9:00上船，在湖泊旁吃午餐後，只需要在16:00的船班前及時下山即可。
克利普健行接駁船
**圏**6/2～10/1　瓦特頓湖出發9:00
　（6/24～9/3為8:30、9:00 1日2班）
　Crypt Landing　17:30
　（6/24～9/3為15:30、17:30 1日2班）
**圏**大人$32、兒童免費

### 🍁 冰河國家公園 　　MAP P.169
Glacier National Park　　★★★

↑雄偉山勢倒映在清澈水面上的冰河國家公園

　是隔著邊境與瓦特頓湖國家公園比鄰的美國國家公園，與瓦特頓湖國家公園聯合成為世界第一座國際和平公園，1995年時更進一步成為聯合國教科文組織的世界遺產。

　景點包括聖瑪麗湖St. Mary Lake、冰河群Many Glacier等，景點集中在從公園東邊入口處的聖瑪麗Saint Mary，一路銜接至西邊阿普加Apgar的向陽大道Going-to-the-Sun Road。造訪時別忘了攜帶護照。

# 瓦特頓湖國家公園的住宿
## —Hotels in Waterton Lakes National Park—

## Prince of Wales Hotel

　座落於湖畔的優雅建築，是瓦特頓湖國家公園的象徵，小木屋風格的建築內部採挑高空間設計，以放射狀方式配置客房。12:00～16:00可享受下午茶，大人$49、兒童$20。
MAP P.170
住 Alberta 5 Waterton Park
TEL (403)859-2231
FREE (1-844)868-7474
URL www.glacierparkcollecti
on.com
圓 5/19～9/18
圓 ⑤① $259～　Tax另計
CA A M V　房 86房

## Waterton Lakes Lodge Resort

　由9間山區小木屋式建築所組成的飯店，每間客房都以能充分享受美妙的自然景致來設計，游泳池、健身中心等設備也很齊全。冬季還提供滑雪用具的租借服務。
MAP P.170
住 101 Clematis Ave.
TEL (403)859-2150
FREE (1-888)985-6343
URL www.watertonlakeslodge.com
圓 高 6月中旬～9月中旬⑤①$234～
低 9月中旬～6月中旬⑤①$119～　Tax另計
CA A M V　房 80房

## Bayshore Inn Resort & Spa

　鄰近觀光船乘船處，是間汽車旅館風格的飯店，旁邊還有不少餐廳、紀念品店等，非常方便，客房與接待大廳也非常乾淨。
MAP P.170
住 111 Waterton Ave.
TEL (403)859-2211
FREE (1-888)527-9555
URL www.bayshoreinn.com
圓 5/11～10/8
高 6/30～9/9⑤①$354～469
低 5/11～6/29、9/10～10/8⑤①$174～449　Tax另計
CA A M V　房 70房

## Bear Mountain Motel

　位於市區處入口附近的汽車旅館，外觀雖然不算漂亮，但客房非常乾淨舒適，至於硬體設備也不是非常齊全，但徒步5分鐘左右就能到達餐廳、紀念品店林立之處。
MAP P.170
住 208 Mount View Rd.
TEL (403)859-2366
URL bearmountainmotel.com
圓 5/19～9/30
圓 ⑤①$130～210　Tax另計
CA M V
房 36房

🛁 浴缸　　📺 電視　　🌬 吹風機　　🍸 Minibar和冰箱　　🔒 保險箱　　💻 網路
部分房間　　部分房間　　出借　　部分房間　　櫃台提供

# 愛德蒙頓

## 亞伯達省

作為亞伯達省首府的愛德蒙頓，與卡加利一樣都是前往加拿大洛磯山脈的重要門戶城市。

↑聳立於愛德蒙頓發源地的亞伯達省議會大廈

從18世紀末期到19世紀，一直擔負著西部拓荒重要地的角色，但其實只是居民400人左右的小城鎮。但是在育空領地Yukon Territory的克朗代克河溪谷Klondike發掘金礦之後，人口便迅速膨脹至3000人；直到1905年成為加拿大聯邦的一員，成為亞伯達省的首府。

雖然市中心是高樓大廈林立的現代化都市，但是每位市民所分配到的公園面積卻是全加拿大第一，擁有綠意豐饒的環境；其他自豪的還有全世界最大的西愛德蒙頓購物中心West Edmonton Mall。另外為了慶祝短暫夏季的「慶典之都Festival City」也享有盛名。

**MAP** P.146-C1
**人口** 101萬899
**區碼** 780

愛德蒙頓情報網
**URL** exploreedmonton.com
**URL** www.edmontondowntown.com

↑陳列著巨大帆船複製品的西愛德蒙頓購物中心

## 如何前往愛德蒙頓

### ▶▶▶ 飛機

加拿大國內各大主要城市都有航班直飛亞伯達省首府的愛德蒙頓，從溫哥華出發有加拿大航空Canada Air（AC）1日7～10班、西捷航空West Jet（WS）1日3～8班，所需時間約1小時30分；從卡加利出發的加拿大航空每日4～7班、西捷航空1日7～11班，所需時間約為50分鐘。

加拿大航空（→P.542）
西捷航空（→P.542）
愛德蒙頓國際機場（YEG）
**MAP** P.174-B2外
**TEL** (780)890-8900
**FREE** (1-800)268-7134
**URL** flyeia.com

### 機場前往市區

愛德蒙頓國際機場Edmonton International Airport位於市中心南邊30km處，幾乎所有的國際線與國內線都在這裡起降。搭乘計程車前往市區，所需時間20～30分鐘，車資$60左右。

↑愛德蒙頓國際機場是愛德蒙頓的出入口

亞伯達省

瓦特頓湖國家公園 Waterton Lakes National Park／愛德蒙頓 Edmonton ◆ 如何前往

**Edmonton Transit Service (→P.175)**

機場→世紀公園站
🚌每日4:32～24:13
世紀公園站→機場
🚌每日4:10～23:48
💰單程 大人$5

　1小時行駛1～2班，所需時間約25分鐘，連接世紀公園站與市中心的LRT 1小時4～6班，所需時間約20分鐘。

**Sky Shuttle**

📞(780)465-8515
🌐edmontonskyshuttle.com

**Rider Express (→P.543)**

🗺️P.176-A1
卡加利出發
💰單程　1人$39
里賈納出發
💰單程　1人$124

**Red Arrow (→P.543)**

🗺️P.176-B1
🏠10014-104th St.
卡加利出發
💰單程　大人$75

**E Bus (→P.543)**

🗺️P.176-B1
🏠10014-104th St.
卡加利出發
💰單程　大人$56～

## ■ 機場巴士 EIA Express #747/Sky Shuttle

　從愛德蒙頓國際機場可搭乘Edmonton Transit Service（ETS）所經營的EIA Express Route #747巴士，到輕軌LRT的世紀公園站Century Park，再轉乘LRT就能前往市中心。

🚌每隔30～60分鐘發車的機場直達巴士#747

　至於小型巴士的Sky Shuttle則是往來於市中心各主要飯店與機場之間，從市區前往機場時需要事先電話或網路預約。

### ▶▶▶ 長途巴士

　目前沒有溫哥華等卑詩省城市的直達巴士，從卡加利出發的巴士有Rider Express 1日4～6班、Red Arrow 1日4～5班、E Bus 1日2班，所需時間約4小時；Red Arrow和E Bus的班車是在相同的服務中心前搭乘。至於里賈納Regina出發的Rider Express巴士除了週六‧日之外1日1班，所需時間約8小時20分，途中會經過薩斯卡通Saskatoon。

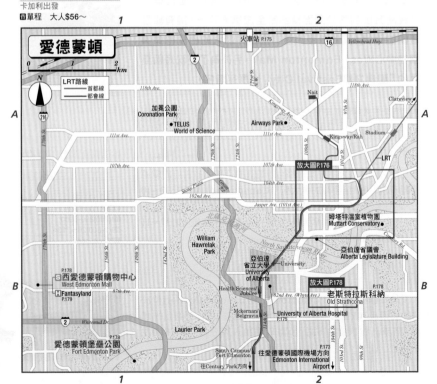

### ▶▶▶ 鐵路

有往來於溫哥華～多倫多間的VIA國鐵加拿大人號The Canadian，溫哥華週一‧五的15:00出發，隔天18:50抵達愛德蒙頓；東邊的多倫多則是週三‧日的9:55出發，抵達愛德蒙頓是2天後的20:50。

## 火車站前往市區

位在市中心的西北方約5.5km處，從火車站步行15分鐘到121th St.與Kingsway的交叉口搭乘市區巴士#903，可到達市中心的97th St.與103rd Ave.，再從巴士站牌步行4分鐘到LRT的邱吉爾站Churchill。搭計程車的話為$25左右。

# 市區交通

Edmonton Transit Service（ETS）經營稱為LRT的輕軌及市區巴士，可以在90分鐘以內自由轉乘LRT與市區巴士，此時若是搭乘巴士，需要向司機索取轉乘卡；至於LRT因為在自動售票機購票時，已經列印著時間，可以直接使用。

## ■ 市區巴士 City Bus

巴士路線非常發達，車班也很多，不過很多路線的去程與回程所行駛的道路不同，記得千萬別搭錯方向。

## ■ LRT LRT

共有3條路線，為市中心南邊世紀公園站Century Park到東北方克萊爾維尤站Clairview的首都線Capital Line、南部醫學中心／禧年站Health Science/Jubilee到NAIT站的都會線Metro Line，以及西北邊102街站102 Street到東南方米爾伍茲站Mill Woods的河谷線Valley Line。其中河谷線為2023年11月通車的新路線，仍在繼續建設中，預計2028年全線完工。

↑LRT的出入口

←LRT在郊區是行駛於地面，市中心則為地下化

---

**VIA國鐵（→P.545）**
火車站
**MAP** P.174-A2
12360-121st St. N.W.

**Edmonton Transit Service**
服務中心
**MAP** P.176-A1
10111-104th St. N.W.
**TEL** (780)442-5311
**URL** www.edmonton.ca/
edmonton-transit-
system-ets
週一～五8:00～16:30
週六‧日
市區巴士‧LRT車資
單程票 大人$3.5
　1日乘車券 大人$10.25
　回數票（10張1組）
　大人$27.75、銀髮族 青少年
　（13～24歲）$19.75、12歲
　以下免費（有大人陪同）
　車票可在車站的自動售票機或向巴士司機購買，回數券、1日乘車券則在LRT邱吉爾車站Churchill內的ETS服務中心，或Safeway等超級市場購買。

**地下街**
遍布市中心的地下通道，以LRT站為中心向外擴散。

---

## 實用資訊
### Useful Information

**警察**
Edmonton Police Service **MAP** P.176-A2
9620-103rd A Ave.
**TEL** (780)423-4567

**醫院**
University of Alberta Hospital **MAP** P.174-B2
8440-112nd St. N.W. **TEL** (780)407-8822

**主要租車公司**
Avis
愛德蒙頓國際機場 **TEL** (780)890-7596

**市中心**
**MAP** P.176-A2 10200-102 Ave. N.W.
**TEL** (780)448-0066
Hertz
愛德蒙頓國際機場 **TEL** (780)890-4436
市中心 **MAP** P.176-B1
10425-100th Ave. N.W. **TEL** (780)423-3431

**主要計程車公司**
Alberta Co-Op Taxi **TEL** (780)425-2525
Yellow Cab **TEL** (780)462-3456

### ❓遊客中心

Edmonton Tourism
**MAP** P.176-A2
🏠9990 Jasper Ave.
☎(780)401-7696
📠(1-800)463-4667
🌐exploreedmonton.com
🕐週一～五9:00～17:00
❌週六・日
　通常為無人服務只提供資料查詢。

### 加拿大第一座霓虹燈博物館

　修復昔日愛德蒙頓市區曾經使用過的霓虹燈招牌約20個，掛在104 St.與104 Ave.的交叉口的建築外牆上公開展示。

Neon Sign Museum
**MAP** P.176-A1
🏠104th St. N.W.
📅全年無休
💰免費

👆於夜間造訪的戶外博物館

👆站在Low Level Bridge眺望的市區景色

　由於市中心的中央區域並不大，可以用徒步方式遊逛，主要街道是東西貫穿市中心的傑士伯路Jasper Ave.（101st Ave.），與再往北1條的102nd Ave.，還有交錯的101st. St.、102nd St.所圍繞的區域，就是購物&商業大街；中央區域的地下還有四通八達的地下街Pedway，即使在寒冷季節不必走到戶外也能享受購物與美食之樂。至於邱吉爾廣場Churchill Square的東側則為中國城Chinatown，另外在北薩克其萬河North Saskatchewan River河畔也設有步道，從傑士伯路的會議中心Conference Centre或「The Fairmont Hotel Macdonald（→P.179）」附近的樓梯往下走即可前往。

　與市中心隔著河流的南方，是名為老斯特拉斯科納的歷史保護區，從市中心可以搭乘LRT及市區巴士前往；西端則座落著亞伯達大學University of Alberta。

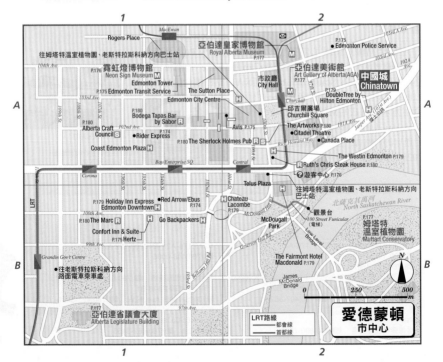

愛德蒙頓
市中心

# 主要景點

## 亞伯達省議會大廈
### Alberta Legislature Building
★★★ MAP P.176-B1

↑大量使用大理石打造的圓形大廳

　　建立在愛德蒙頓起源地——愛德蒙頓堡舊址上的省議會大廈，這棟於1912年完成的「建築傑作」是5層樓高的學院派風格建築，中央是高達55m的大圓頂，下方的挑高大廳則使用運自魁北克省的2000公噸大理石所打造。5樓則是圖書館及受到音響效應的Magic Spot，站在這裡可以將1樓圓形大廳的噴泉流水聲聽得非常清楚。參觀內部必須透過免費導覽之旅。

## 亞伯達皇家博物館
### Royal Alberta Museum
MAP P.176-A2

↑2018年重新整修開幕

　　擁有生物學、地球科學、民俗學等多種不同類別、超過200萬件的珍貴收藏品，是加拿大規模數一數二的博物館。1樓以人類學為主題的展覽室，介紹從原住民族的生活開始，經過接觸歐洲文化、毛皮交易及石油業興盛等階段，直到今日的亞伯達省歷史。2樓則以自然史為主題，運用重現自然景觀的立體透視模型及動物標本等，來解說回溯至冰河期的亞伯達省生態系。

## 亞伯達美術館
### Art Gallery of Alberta(AGA)
★★★ MAP P.176-A2

　　位於邱吉爾廣場附近，獨特的建築本身其實就是藝術品，收藏來自愛德蒙頓及亞伯達省的現代美術作品，總數有6000件以上，另外還有可容納150人的劇院和畫室，非常值得一看。

## 姆塔特溫室植物園
### Muttart Conservatory
★★★ MAP P.176-B2

　　擁有4座玻璃金字塔造型的建築物，分別為「Arid（乾燥地帶）」、「Tropical（熱帶）」、「Temperate（溫帶）」、「Feature（配合季節的企劃展）」，會依照各自的主題來展示的植物溫室。

↑金字塔造型的館內有陽光灑落

---

**亞伯達省議會大廈**
- 10800-97th Ave.
- (780)427-2826
- www.assembly.ab.ca
- 5/23～9/4
  週三～日10:00～16:00
  9/5～5/22
  週六11:00～15:00
- 5/23～9/4的週一・二、9/5～5/22的週日～五
- 免費
- 導覽之旅
- 5/23～9/4
  週三～一10:00～15:00
- 免費
- 每隔1小時出發，所需時間約45分鐘。
- 從LRT的Grandin／Government Centre站徒步5分鐘，與車站之間有地下街相通。

**亞伯達皇家博物館**
- 9810-103A Ave. N.W.
- (825)468-6000
- www.royalalbertamuseum.ca
- 週三・五～日10:00～16:00
  週四10:00～20:00
- 週一・二
- 大人$21、銀髮族$14、青少年（7～17歲）$10、兒童免費

**亞伯達美術館**
- 2 Sir Winston Churchill Square
- (780)422-6223
- www.youraga.ca
- 週三・五～日11:00～17:00
  週四11:00～19:00
- 週一・二
- 大人$14、銀髮族・學生$10、18歲以下免費
  （週四16:00以後入館免費）

↑由金屬與玻璃組成的建築，令人印象深刻

**姆塔特溫室植物園**
- 9626-96A St.
- (780)442-5311
- www.edmonton.ca/attractions_events/muttart-conservatory
- 週三・四10:00～21:00
  週五～二10:00～17:00
- 無休
- 大人$14.95、銀髮族・青少年$12.95、兒童（2～12歲）$7.75
- 從Telus Plaza前的巴士站搭乘市區巴士#8約15分鐘。

⊠從LRT的大學站University 搭乘市區巴士＃10，在 82nd Ave.上任一個地點隨 意下車。

農夫市集
🏠10310-83rd Ave.N.W.
☎(780)439-1844
🌐osfm.ca
🕐週六8:00～15:00

↑紅磚建築的農夫市集會場

---

### 老斯特拉斯科納
Old Strathcona
MAP P.174-B2/P.178
★★★

隔著北薩克其萬河，位於市中心南部的歷史保護地區。以過去的太平洋鐵路（CP鐵路）火車站舊址為中心，周圍都是紅磚建造的懷舊建築，現在則變成購物&餐廳區，以82nd Ave.（懷特大道Whyte Ave.）往北至103rd～105th St.一帶最為熱鬧，週六8:00～15:00左右還會舉辦農夫市集Farmer's Market。

---

愛德蒙頓堡壘公園

🏠7000 143rd St., N.W.
☎(780)496-7381
🌐www.fortedmontonpark.ca
🕐5/20～9/4
　週三～日10:00～17:00
　9/5～10/17
　週六・日10:00～17:00
🚫5/20～9/4的週一・二、9/5～10/17的週一～五、10/18～5/19
⊠從LRT的South Campus/Fort Edmonton站搭乘計程車約7分鐘。

### 愛德蒙頓堡壘公園
Fort Edmonton Park
MAP P.174-B1
★★★

將1846年Hudson's Bay公司在現今的亞伯達省議會大廈所在地興建的愛德蒙頓堡，以及從英國殖民時代到第一次世界大戰後的1920年代為止4個年代的懷舊城市街道再現的歷史村。位於園區最後面，由堡壘環繞的小型居住區域（愛德蒙頓堡），是重現19世紀後半，現在亞伯達省到薩克其萬省一帶毛皮交易中心的聚落景象，包括毛皮交易商的住宅、教堂、宿舍，還有垂掛著各種動物毛皮的交易所等建築。園內還有復古市區電車及蒸汽火車行駛，而在當時的傑士伯路上則是麵包店、飯店、學校等設施林立，充滿懷舊的氣息。

---

COLUMN

# 全世界最大的購物中心
# 「西愛德蒙頓購物中心」

位於愛德蒙頓郊區的西愛德蒙頓購物中心West Edmonton Mall，一棟建築裡容納超過800間店鋪及100間以上的餐廳，是全世界規模最大的購物中心。

GAP、H&M、Banana Republic、Roots等各式各樣的品牌齊聚，用餐則是在名為「Bourbon Street」的餐廳街及2處美食街。

而在購物之外，還有包含電影院、遊樂園等的Galaxyland Amusement

↑愛德蒙頓市民最大的驕傲

Park，以及賭場內的人工造浪游泳池等，總共有多達9座的玩樂設施。

西愛德蒙頓購物中心可說是完全滿足加拿大人對於消費文化、休閒興趣的超大型主題樂園。

DATA
西愛德蒙頓購物中心
MAP P.174-B1　🏠8882-170th St. N.W.
☎(780)444-5321
🌐www.wem.ca
🕐店鋪
　每日10:00～21:00　週日11:00～18:00
　Galaxyland Amusement Park
　週一～五11:00～20:00　週六11:00～19:00
　週日11:00～18:00（依時期而變動）
🚫無休
⊠從LRT的中央站Central搭乘市區巴士#2、#112，至終點站West Edmonton Mall下車，徒步即達，所需時間約45分鐘。

# 愛德蒙頓的住宿
## Hotels in Edmonton

## The Fairmont Hotel Macdonald

1915年建造，外觀彷彿城堡般的最高級飯店，以13間行政套房為首，客房裡使用古董家具而顯得非常豪華，游泳池、SPA、按摩池等設備也很齊全。

MAP P.176-A2～B2
10065-100th St.
TEL(780)424-5181
FREE(1-866)540-4468
URL www.fairmont.com/macdonald-edmonton
S D $239～
Tax另計
CC A M V 198房

## The Westin Edmonton

位於市中心的中央地區，空間非常寬敞的客房內統一使用柔和的卡其色，有著時尚而高級的設計感；游泳池、健身中心、三溫暖等設備也是應有盡有。

MAP P.176-A2
10135-100th St.
TEL(780)426-3636
URL www.thewestinedmonton.com
S D $179～
Tax另計
CC A D J M V 416房

## DoubleTree by Hilton Edmonton

距離邱吉爾站步行10分鐘，以玻璃帷幕的外觀引人注目。擁有許多能欣賞河景的客房，而自豪的行政酒廊也有絕佳景觀，並附設室內游泳池及健身中心。

MAP P.176-A2
9576 Jasper Ave.
TEL(587)525-1234
URL www.hilton.com
S D $122～
Tax另計　含早餐
CC A M V 255房

## Fantasyland Hotel

位於西愛德蒙頓購物中心（→P.178）內，每間客房依照「好萊塢」、「西部風」等各種主題來設計裝潢，擁有非常獨特的室內空間。

MAP P.174-B1
17700-87th Ave.
FREE(1-800)737-3783
URL flh.ca
S D $168～
Tax込み
CC A M V 351房

## Chateau Lacombe Hotel

位於市中心南側24層樓建築的高樓飯店，最頂樓還設有能360度旋轉的景觀餐廳「La Ronde」，可一覽愛德蒙頓的市區景色。

MAP P.176-B1 2
10111 Bellamy Hill Rd.
TEL(780)428-6611
FREE(1-800)661-8801
URL www.chateaulacombe.com
S D $129～　Tax另計
CC A M V
307房

## Metterra Hotel on Whyte

位於老斯特拉斯科納的飯店，內部統一使用時尚的裝潢，客房裡也有有線電視、CD播放器等設備。

MAP P.178
10454-82nd Ave.
TEL(780)465-8150
URL www.metterra.com
S D $164～
Tax另計　含早餐
CC A M V 98房

## Holiday Inn Express Edmonton Downtown

在市中心南側、Red Arrow服務中心旁，客房雖然簡單卻功能齊備，所有客房全面禁菸，部分客房還附有陽台或按摩浴缸。1樓並設有行政酒廊。

MAP P.176-B1
10010-104th St. N.W.
TEL(780)423-2450
URL www.ihg.com
S D $164～
Tax另計　含早餐
CC A D M V
140房

## HI Edmonton

雖然距離LRT站有點遠，但位於老斯特拉斯科納的住宅區所以非常安靜，除了有BBQ及撞球設備，還可免費看電影影片，以及租借腳踏車。

MAP P.178
10647-81st Ave.
TEL(780)988-6836
FREE(1-866)762-4122
URL www.hihostels.ca
ト團體房$35.65～（會員）、$39.6～（非會員）
S D $78～（會員）、
S D $86.65～（非會員）
Tax另計
CC M V 24室、114床

浴缸　　　電視　　　吹風機　　Minibar和冰箱　　保險箱　　網路
部分房間　部分房間　出借　　部分房間　　　　　櫃台提供

# 愛德蒙頓的餐廳
## Restaurants in Edmonton

## Ruth's Chris Steak House

1965年誕生於美國紐奧良New Orleans的高級牛排店，可在風格雅致的店內享用頂級牛排。

**MAP** P.176-A2
🏠 9990 Jasper Ave.
☎ (780)990-0123
🌐 www.ruthschrisalberta.ca/edmonton
🕐 週二～四·日17:00～22:00
週五·六17:00～23:00
休 週一
💰 $65～
💳 A M V

## Julio's Barrio

很受年輕人歡迎的休閒式墨西哥料理餐廳，塔可Tacos $17.5～、墨西哥餡餅Quesadilla $22等，每道餐點都分量十足。

**MAP** P.178
🏠 10450-82nd Ave.
☎ (780)431-0774
🌐 www.juliosbarrio.com
🕐 週一～四12:00～22:00
週五12:00～24:00
週六11:30～24:00
週日11:30～22:00
休 無休 💰 $20～ 💳 A M V

## Bodega Tapas Bar by Sabor

在市區擁有6家分店人氣西班牙料理的旗艦店，準備有西班牙肉丸$10等超過20種的小菜，葡萄酒的品項也很多。週末總是人潮眾多，所以不能訂位。

**MAP** P.176-A1
🏠 10220-103ed St. N.W.
☎ (780) 757-1114
🌐 bodegayeg.ca/sabor
🕐 週一～四16:00～21:00
週五·六16:00～22:00
休 週日
💰 $20～
💳 M V

## The Marc

供應傳統的小酒館料理而頗受好評，被美食雜誌評選為最佳餐廳，實力備受肯定。推薦的晚餐菜色有獲獎無數的牛排$50，以及油封鴨$34等，最好事先訂位。

**MAP** P.176-B1
🏠 9440-106th St. N.W.
☎ (780) 429-2828
🌐 www.themarc.ca
🕐 週二～四11:30～
13:15/17:30～21:00
週五11:30～13:15/17:00
～21:15
週六17:00～21:15
休 週日·一
💰 午餐$30～、晚餐$40～
💳 M V

## The Sherlock Holmes Pub

英式風格酒館，客層以商務人士為主，店內洋溢沉穩的氣氛。食物選擇也很豐富，以炸魚薯條、墨西哥餡餅Quesadilla等菜色最受歡迎。

**MAP** P.176-A2
🏠 10012-101A Ave.
☎ (780)426-7784
🌐 www.sherlockshospitality.com
🕐 週日～四11:00～24:00
週五·六11:00～翌日2:00
休 無休
💰 $20～ 💳 A M V

## PIP

距離農夫市集步行只要2分鐘，供應法式土司$17、班乃迪克蛋$18等選擇豐富的時尚早午餐，也有無麩質及蔬食餐點。

**MAP** P.178
🏠 10335-83th Ave. N.W.
☎ (780) 760-4747
🌐 www.pipyeg.com
🕐 每日9:00～23:00
休 無休
💰 $15～
💳 M V

# 愛德蒙頓的購物
## Shops in Edmonton

## The Artworks

選購加拿大限定伴手禮的絕佳去處，店內陳列著由加拿大設計師製作的各種手工藝品，光是欣賞也充滿樂趣。

**MAP** P.176-A2  🏠 10150-100th St.
☎ (780)420-6311  🌐 theartworks.ca
🕐 週一～三·六10:00～18:00
週四·五10:00～19:00
休 週日  💳 M V

## Alberta Craft Council

由約150位亞伯達省藝術家參與的組織所經營的畫廊兼店鋪，店內的陶器、玻璃製品、珠寶等所有商品皆為加拿大製。

**MAP** P.176-A1  🏠 10186-106th St.
☎ (780)488-5900
🌐 www.albertacraft.ab.ca
🕐 週二～六10:00～17:00
休 週日·一  💳 A M V

# 加拿大洛磯山脈
# Canadian Rocky

從班夫的瀑布花園眺望的景觀

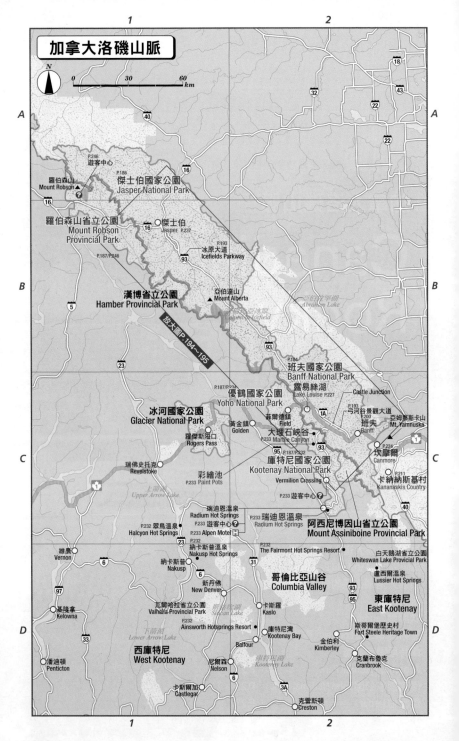

# 加拿大洛磯山脈

N
0　30　60 km

P.246
遊客中心
羅伯森山
Mount Robson
P.186
傑士伯國家公園
Jasper National Park

羅伯森山省立公園
Mount Robson
Provincial Park

傑士伯
Jasper P.237

P.193
冰原大道
Icefields Parkway

漢博省立公園
Hamber Provincial Park

亞伯達山
Mount Alberta

哥倫比亞冰原
Columbia Icefield

亞伯拉罕湖
Abraham Lake

放大圖P.194～195

班夫國家公園
Banff National Park

露易絲湖
Lake Louise P.227

城堡交叉口
Castle Junction

優鶴國家公園
Yoho National Park

冰河國家公園
Glacier National Park

羅傑斯隘口
Rogers Pass

黃金鎮
Golden

菲爾德鎮
Field

大理石峽谷
P.233 Marble Canyon

弓河谷景觀大道
P.200

班夫
Banff

亞姆那斯卡山
Mt. Yamnuska

瑞佛史托克
Revelstoke

彩繪池
P.233 Paint Pots

庫特尼國家公園
Kootenay National Park

坎摩爾
Canmore

上箭湖
Upper Arrow Lake

Vermilion Crossing

卡納納斯基村
P.211
Kananaskis Country

瑞迪恩溫泉
Radium Hot Springs

P.233 遊客中心

瑞迪溫泉
Radium Hot Springs

P.233 瑞迪恩溫泉
Radium Hot Springs

阿西尼博因山省立公園
Mount Assiniboine Provincial Park

維農
Vernon

P.232 翠鳥溫泉
Halcyon Hot Springs

P.232
納卡斯普溫泉
Nakusp Hot Springs

P.233 遊客中心
P.233 Alpen Motel

The Fairmont Hot Springs Resort

白天鵝湖省立公園
Whiteswan Lake Provicial Park

盧西爾溫泉
Lussier Hot Springs

基隆拿
Kelowna

納卡斯普
Nakusp

新丹佛
New Denver

哥倫比亞山谷
Columbia Valley

東庫特尼
East Kootenay

瓦爾哈拉省立公園
P.232
Valhalla Provincial Park

史洛坎湖
Slocan Lake

卡斯羅
Kaslo

斯蒂爾堡歷史村
Fort Steele Heritage Town

潘迪頓
Penticton

P.232
Ainsworth Hotsprings Resort

庫特尼灣
Kootenay Bay

金伯利
Kimberley

巴爾弗
Balfour

下箭湖
Lower Arrow Lake

西庫特尼
West Kootenay

尼爾森
Nelson

庫特尼湖
Kootenay Lake

克蘭布魯克
Cranbrook

卡斯爾加
Castlegar

克雷斯頓
Creston

# 加拿大洛磯山脈
## CANADIAN ROCKY

縱貫整個北美大陸的洛磯山脈，據說愈往北走就愈加險峻，不過景色也愈美。這片縱貫整片北美大陸的洛磯山脈，愈往北行也就愈加險峻，但是大自然之美卻也更為迷人萬分。綿延不斷的3000m級山脈裡擁有因陽光照射而閃閃發亮的廣闊冰河，蓊鬱遍布的針葉樹林裡則點綴著寶石般的翠綠湖泊；儘管是環境嚴峻的大自然，也是野生動物們的一大樂園。

**主要兜風路線** ▶▶▶
★弓河谷景觀公園大道&
冰原大道（→P.193）

### 亞伯達洛磯山脈
#### Alberta Rockies

在亞伯達省這一邊，擁有班夫及傑士伯這2大座國家公園，3000m級的群山及無數的湖泊、河川，大自然景觀的雄偉與美麗，總是讓造訪者震撼不已。至於健行、釣魚、騎馬或滑雪等各式各樣的戶外活動，也是任君自由挑選。

**主要城市・公園**
班夫國家公園（→P.184）
傑士伯國家公園（→P.186）
班夫（→P.200）
坎摩爾（→P.224）
露易絲湖（→P.227）
傑士伯（→P.237）

羅伯森山省立公園 ●
● 傑士伯

### B.C.洛磯山脈
#### B.C. Rockies

陡峭山峰相連的山稜、山谷裡激艷深綠的冰河湖，以及於各地湧出的溫泉，在洛磯山脈西側一帶、也就是卑詩省這邊，除了有優鶴國家公園、庫特尼國家公園及羅伯森山省立公園，更遍布著許多祕境般的山岳度假地。

● 露易絲湖
優鶴國家公園 ●
● 班夫
坎摩爾 ●
庫特尼國家公園 ●

**主要城市**
庫特尼國家公園（→P.187/P.232）
優鶴國家公園（→P.187/P.234）
羅伯森山省立公園（→P.187/P.246）

# 加拿大洛磯山脈的自然公園

亞伯達省的班夫Banff和傑士伯Jasper、卑詩省的優鶴Yoho與庫特尼Kootenay 4座國家公園，以及羅伯森山Mount Robson、阿西尼博因山Mount Assiniboine、漢博Hamber 3座省立公園，合計7座自然公園以洛磯山脈國家公園之名列入聯合國教科文組織的世界自然遺產。不過觀光重點是下列介紹的5座自然公園，每一處都是令人驚奇又壯麗的大自然。

## 班夫國家公園
### Banff National Park

**DATA**
班夫國家公園
**MAP** P.182-B2～C2
**URL** parks.canada.ca/pn-np/ab/banff
面積：6641㎢
據點城市：班夫（→P.200）

**班** 班夫國家公園是加拿大最早劃定為國家公園的地區，也是第一座國家公園。1883年正在興建太平洋鐵路時，3名鐵路工人無意間發現了溫泉，隨之引發開發權、所有權的糾紛；為了解決問題，1885年政府首先制訂出26km²的班夫溫泉保護區，1887年設立為國家公園，1930年再加入周邊的山脈，於是誕生現在的班夫國家公園。

國家公園的範圍：北邊從與傑士伯國家公園為界的桑瓦普塔隘口Sunwapta Pass到南邊的Palliser隘口，全長共計240km，還有加拿大橫貫公路及延伸至傑士伯的冰原大道Icefield Parkway（冰河公路、#93公路）貫穿中央地帶。在露易絲湖前面，要進入冰原大道附近開始，道路海拔漸漸上升，等到眼前盡是氣勢奔騰的瀑布，以及可眺望冰河的3000m等級雄偉山脈景色時，就是洛磯山脈最知名的觀光美景。

由維多利亞冰河融化的雪水所匯聚成的露易絲湖

❶國家公園的據點城市——班夫，擁有班夫上溫泉的SPA設施 ❷可登上硫磺山山頂的班夫纜車 ❸閃耀著神祕水色的沛托湖，會隨著時間變換顏色 ❹背倚著十峰山脈的夢蓮湖 ❺在湖中也能體驗獨木舟的樂趣 ❻山形宛如城堡的城堡山

# 傑士伯國家公園
## Jasper National Park

DATA
傑士伯國家公園
**MAP** P.182-A1～B1
**URL** parks.canada.ca/pn-np/ab/jasper
面積：約1萬1000k㎡
據點城市：傑士伯(→P.237)

在加拿大洛磯山脈的自然公園裡，擁有最大面積的傑士伯國家公園，成立於1907年，在北部還保留許多未開發的天然區域，與野生動物接觸的機會也很多。

在幾乎以南北向穿越公園南半邊的冰原大道Icefield Parkway（#93公路），可以看到哥倫比亞冰原Columbia Icefield的冰河群林立，呈現非常壯闊震撼的景觀，在冰原的最深處則聳立著海拔3622m的亞伯達山。

與冰原大道平行而流的桑瓦普塔河Sunwapta River，與沿著#16公路（通稱為黃頭公路Yellow Head Highway）旁蜿蜒而行的梅耶特河Miette River，會在傑士伯附近的城鎮與阿薩巴斯卡河Athabasca River匯流，而後貫穿整座國家公園。

❶搭乘雪上車來到位於冰河大道旁的哥倫比亞冰原最尾端的阿薩巴斯卡冰河，可以行走於冰河之上 ❷哥倫比亞冰原的另一項人氣景點──天空步道 ❸瑪琳湖中的精靈島，是傑士伯的代表性絕景景點 ❹傑士伯最精彩的美景之一，艾迪斯卡維爾山

# 優鶴國家公園
## Yoho National Park

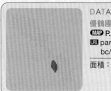

DATA
優鶴國家公園（→P.234）
**MAP** P.182-C2
**URL** parks.canada.ca/pn-np/
bc/yoho
面積：1313㎢

位 於班夫國家公園的西側，與庫特尼國家公園北面為鄰的優鶴國家公園，總面積雖然僅有1313km²，卻有著28座3000m級的高山，可說是小而實力堅強。加拿大橫貫公路橫切過公園的接近中央地帶，距離露易絲湖約30分鐘車程，就能抵達公園內唯一的城鎮——菲爾德鎮。

觀光景點包括從加拿大橫貫公路往北深入的塔卡考瀑布Takakkaw Falls、依舊保留自然本色的翡翠湖Emerald Lake，以及埋藏著珍貴化石的伯吉斯頁岩Burgess Shale等。

❶水花四濺的塔卡考瀑布 ❷碧玉般色澤的冰河湖泊——翡翠湖，可以享受獨木舟的樂趣

# 庫特尼國家公園
## Kootenay National Park

盤 據在班夫國家公園西南方的庫特尼國家公園，在Castle Junction左轉＃93公路，到與＃95公路交會的瑞迪恩溫泉Radium Hot Springs為止，約為100km。從Castle Junction出發後20～30分鐘，就是大理石峽谷Marble Canyon、彩繪池Paint Pots等觀光景點，而且周邊都規劃有完善的健行步道。至於瑞迪恩溫泉附近則是平價飯店、汽車旅館林立，可說是私房住宿地點。不過如果沒有租車，很難在公園裡自由行動。

DATA
庫特尼國家公園（→P.232）
**MAP** P.182-C2
**URL** parks.canada.ca/pn-np/
bc/kootenay
面積：1406㎢

可欣賞到湍急溪流的大理石峽谷

# 羅伯森山省立公園
## Mount Robson Provincial Park

羅 伯森山省立公園可說是緊貼著傑士伯國家公園的西側，是圍繞著加拿大洛磯山脈的最高峰——海拔3954m羅伯森山的山域。

從傑士伯開車往＃16公路（黃頭公路）行駛1個小時，就能清楚看到聳立於遊客中心後方的這座獨立山峰。而流經公園南端的菲沙河Fraser River，每年到了8月的鮭魚產卵期，因為可以見識到成群的國王鮭魚Chinook Salmon而有名。

DATA
羅伯森山省立公園
（→P.246）
**MAP** P.182-A1～B1
**URL** bcparks.ca/
mount-robson-park
面積：2249㎢

加拿大洛磯山脈的最高峰——羅伯森山

# 加拿大洛磯山脈基本資訊

## 據點城市與觀光路線

加拿大洛磯山脈觀光的據點城市，有位於班夫國家公園的班夫(→P.204)及傑士伯國家公園的傑士伯(→P.237)，兩座城市都是名聲響亮的度假地，就城市規模來說是班夫比較大，飯店的容納遊客總數也較多。一般最為常見的觀光路線，是選擇下榻在班夫，然後搭乘觀光之旅的巴士，前往班夫的周邊景點或繼續造訪露易絲湖、冰原大道等地。而且在班夫附近還有坎摩爾(→P.224)可以住宿，雖然房價是以坎摩爾較為便宜，但在餐廳、商店方面還是班夫的選擇性明顯較多；以前從班夫前往坎摩爾及露易絲湖的交通極為不便，現在有Bow Valley Regional Transit Services Commission的漫遊巴士Roam Bus行駛，變得方便了(→P.203、P.224、P.227)。而大部分的旅行社都提供到坎摩爾和露易絲湖接人的服務。

## 關於觀光之旅

Pursuit Banff Jasper Collection是旅行社中規模最大的，另外還有提供觀光、戶外活動等的許多公司，也有多家華語及日系旅行社，幾乎都是從班夫或傑士伯周邊的觀光之旅開始，再搭配其他國家公園之旅等多樣行程。儘管Pursuit Banff Jasper Collection擁有規模最大的優勢，使用的是大型巴士、旅費也比較便宜，卻有應變彈性小及僅提供英文導遊的問題存在；小型旅行社大概都是使用10人乘坐的小型巴士，比起大型巴士之旅不僅較為靈活，能夠造訪景點也更加仔細。各家旅行社的簡介都可在飯店或遊客中心拿到，關於各城市的旅行社資訊請參考班夫(→P.205)、傑士伯(→P.237)。

## 關於租車

雖然租車自駕比參加觀光之旅的行程自由度更高，但近年來開始限制一般車輛(包含租車)進入的觀光地，行前的資料收集工作要更周全。由於洛磯山脈的遊客很多，建議可以在卡加利Calgary、愛德蒙頓Edmonton租借；而且洛磯山脈的加油站很少，兩個加油站之間距離100km以上的情形相當常見，記得要隨時加油。

## 洛磯山脈的氣候

洛磯山脈的觀光旺季在夏天，冬季結凍的湖泊會在6月底至8月的「夏季」完全融化，白天的最高氣溫甚至會到30℃以上。不過即使在夏天，若遇上惡劣天候也依舊可能會飄雪或降下冰雹，到8月底的氣溫已經開始轉涼。能夠欣賞到迷人楓葉的秋季是洛磯山脈的第2個觀光旺季，但有可能會出現和冬天一樣冷的低溫；計畫在此時出遊的人，厚重外套等禦寒衣物絕對不可或缺。10月中旬左右會開始下雪，11月就是全面銀白雪世界的滑雪季節。

屬於山岳氣候的加拿大洛磯山脈，最大的特色是一天中的氣溫變化劇烈，夏季白天氣溫上升到接近25℃，夜晚卻會急降到6~7℃，由於天氣也不時有劇烈變化，最好能以洋蔥式穿衣法來應變，準備具防水性的防風外套會更加方便。還有洛磯山脈的海拔高，一定要記得做好防曬，另一方面，地勢較高的隘口或觀景台就算在白天也一樣風勢強勁，經常會覺得寒風刺骨；所以即使在市區天氣炎熱，要上山觀光或體驗戶外活動時一定要記得攜帶外套。若是有計畫體驗健行活動，即使是夏天也別忘了登山外套、尼龍材質的褲子、帽子等裝備。

### DATA

**國家公園情報網**
🔗parks.canada.ca
　(國家公園管理局Parks Canada)

**國家公園入園費**
1日　💰大人$10.5、銀髮族$9、17歲以下免費
1年通行證(Discovery Pass)
💰大人$72.25、銀髮族$61.75
　如果計畫停留超過1週，1年通行證比較划算。

### 加拿大洛磯山脈的注意事項

國家公園內有幾項禁止規定，其中最值得特別注意的有下列幾點：

■國家公園禁止亂丟垃圾。

■禁止採集植物或石頭、傷害樹木等破壞大自然的行為。

■不餵食動物，另外在駕車途中遇到野生動物時，絕對不要離開車內。對於駝鹿等大型動物必須保持30m的距離，熊則是100m，而土狼Coyote、野狼更是要超過200m才可以。

# 加拿大洛磯山脈的交通

## 前往洛磯山脈

　　加拿大洛磯山脈的觀光重要城市是班夫（→P.200）及傑士伯（→P.237），從溫哥華出發要前往這2座城市的話，通常會搭飛機前往亞伯達省的大城市，例如班夫附近是卡加利Calgary，傑士伯附近為愛德蒙頓Edmonton，之後再搭乘巴士抵達。雖然從溫哥華前往班夫也有Rider Express的直達巴士，不過太花時間而不推薦（→P.203）。若時間足夠的話，不妨順道前往甘露市Kamloops、基隆拿Kelowna等城市一遊。鐵路則有VIA國鐵及洛磯登山者鐵路Rocky Mountaineer Railway可搭乘。

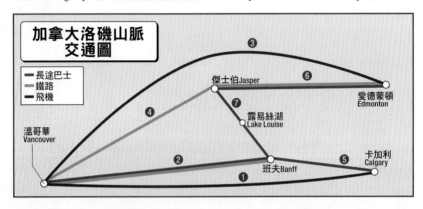

**加拿大洛磯山脈交通一覽表**

| 路線 | 交通方式 | 班次 | 所需時間 |
|---|---|---|---|
| ❶溫哥華～卡加利 | 加拿大航空 | 1日10～14班 | 1小時30分 |
| | 西捷航空 | 1日8～14班 | |
| ❷溫哥華～班夫 | Rider Express | 1日1～2班 | 13小時15分 |
| | 洛磯登山者鐵路 | 每週2～3班（4/17～10/13） | 最短2天1夜 |
| ❸溫哥華～愛德蒙頓 | 加拿大航空 | 1日7～10班 | 1小時30分 |
| | 西捷航空 | 1日3～8班 | |
| ❹溫哥華～傑士伯 | VIA國鐵加拿大人號 | 每週2班 | 18小時30分 |
| | 洛磯登山者鐵路 | 每週2～3班（4/18～10/13） | 最短2天1夜 |
| ❺卡加利～班夫 | Rider Express | 1日1～2班 | 2小時 |
| | 班夫機場接駁巴士 | 合計1～2小時1班 | 2小時 |
| | Brewster Express | | |
| ❻愛德蒙頓～傑士伯 | Sun Dog Tours | 1日1班 | 4小時45分 |
| | Thompson Valley Charters | 每週2班 | 4小時30分 |
| | VIA國鐵加拿大人號 | 每週2班 | 6小時30分 |

※❼露易絲湖～班夫～傑士伯請參考「班夫→露易絲湖→傑士伯」（→P.191）。

# 洛磯山脈內的交通

　　屬於加拿大洛磯山脈的所有自然公園，全面禁止飛機進入，交通方式只有搭乘長途巴士及觀光之旅巴士（巴士路線圖→右下圖），或是租車而已。

## 班夫→露易絲湖→傑士伯

　　班夫～露易絲湖之間會行經加拿大橫貫公路Trans-Canada Highway，而露易絲湖到傑士伯之間則是會利用冰原大道Icefield Parkway（→P.193），尤其冰原大道是洛磯山脈代表性的兜風路線。如果不是自行開車的話，幾乎所有的巴士都只會在班夫～露易絲湖停留，而不會往傑士伯前進；往來於露易絲湖～傑士伯間的定期在地巴士，只有Pursuit Banff Jasper Collection的Brewster Express會在5～10月每日行駛1班，而10月下旬～4月下旬則為Sun Dog Tours行駛。

## 露易絲湖～傑士伯間的交通祕訣

　　往來於露易絲湖～傑士伯間的巴士，1日只有1班，因此建議參加冰原大道的觀光之旅，行程會順遊沛托湖Peyto Lake、哥倫比亞冰原Columbia Icefield等景點，並一路前往傑士伯，可以有效率地觀光與移動，相當方便。即使不參加傑士伯的觀光之旅，也可以搭車到哥倫比亞冰原，再轉搭Brewster Express的巴士前往傑士伯，是另一種交通方式。前往傑士伯方向的巴士5～10月1日僅有1班，19:05從哥倫比亞冰原

出發，20:30抵達傑士伯。

## 從班夫、傑士伯出發的交通

　　前往周邊景點觀光時，可以搭乘連結班夫～傑士伯之間的Brewster Express（冬季為Sun Dog Tours），以及卡加利～班夫的班夫機場接駁巴士；但是因為無法靈活運用，幾乎都不會搭乘這2種巴士去當地觀光，考慮到效率還是參加觀光之旅最方便，像是優鶴、庫特尼國家公園就有若非參加觀光之旅或自駕就不會造訪的景點。此外，從2023年起夢蓮湖禁止租車進入（→P.228）。不過，若只在班夫附近觀光的話，公營的漫遊巴士Roam Bus也相當方便（→P.204、P.227）

加拿大洛磯山脈巴士路線圖

## 洛磯山脈內交通一覽表

| 據點 | 前往方向 | 可利用巴士公司 |
|---|---|---|
| 班夫 | 坎摩爾 | Brewster Express、Roam Bus、Rider Express |
| | 卡納納斯基村 | Brewster Express |
| | 露易絲湖 | Brewster Express、Roam Bus、Rider Express |
| | 優鶴國家公園、庫特尼國家公園 | 僅限租車 |
| 傑士伯 | 露易絲湖 | Brewster Express |
| | 優鶴國家公園、庫特尼國家公園、羅伯森山省立公園 | 僅限租車 |

# VIA國鐵加拿大人號之旅

連結溫哥華與多倫多兩地交通的VIA國鐵加拿大人號，是全長4466km的大陸橫越鐵道，在總計5天4夜的火車行程中，從溫哥華到傑士伯的2天1夜路線，因為會穿越洛磯山脈且沿途風景秀麗而享有盛名。

整趟旅程的出發地是位於加拿大西海岸線上的溫哥華，15:00由溫哥華太平洋中央車站啟程的列車，將會橫渡流向郊區的菲沙河，一路朝向遙遠東部的多倫多邁進；火車會穿越險峻的海岸山脈，於隔天深夜抵達甘露市Kamloops。途中可在豪華的用餐車廂品嚐晚餐，大啖以加拿大食材製作的套餐，晚餐之後也已夜幕低垂，就在臥鋪車廂內安然入睡吧。臥鋪車廂分為個人臥室及開放式上下鋪，各節車廂都備有廁所與淋浴間，以及典雅復古的用餐車廂與附設觀景座位的2種交誼列車，希望能提供乘客最舒適的火車體驗。

隔天一早，火車終於穿越過洛磯山脈，首先要務就是一邊欣賞洛磯山脈美景，一邊享用

↑行進於崇山峻嶺美景間的加拿大人號©VIA國鐵

早餐；能夠眺望出現於兩側的屹立山巒、澄淨湛藍湖泊與河川，正是加拿大人號的專屬美景。特別是在擁有觀景座位的「Skyline Car」與Sleeper Plus等級臥鋪列車的專用交誼車廂「Park Car」或夏季限定的「Panorama Car」內，還能以360度欣賞每個角度都如畫般精采的自然風景。車內也不時會有廣播提醒乘客，為了可以好好欣賞美景，還經常會放慢行車速度；像是高低落差達91m的金字塔瀑布Pyramid Falls、海拔3954m的羅伯森山Mount Robson、麋鹿湖Moose Lake等絕美景點接二連三出現。經過海拔1131m的黃頭隘口Yellowhead Pass之後，就會抵達傑士伯國家公園的據點城市傑士伯Jasper，然後列車也會繼續橫越加拿大大平原，一路前進東岸直到多倫多。

加拿大人號時刻表（往東行）

| 溫哥華 | 15:00出發 | 週一‧五 |
|---|---|---|
| 甘露市 | 0:17抵達、0:52出發 | 週二‧六 |
| 傑士伯 | 11:00抵達、12:30出發 | 週二‧六 |
| 愛德蒙頓 | 18:50抵達、19:50出發 | 週二‧六 |
| 薩斯卡通 | 5:57抵達、6:57出發 | 週三‧日 |
| 溫尼伯 | 22:00抵達、23:30出發 | 週三‧日 |
| 多倫多 | 14:29抵達 | 週四‧一 |

※往西行（多倫多→溫哥華）時間有所不同

---

**VIA國鐵加拿大人號** `DATA`
VIA Rail The Canadian
**行駛路段／距離：**溫哥華～多倫多／4466km
**刊載路段／距離：**溫哥華～傑士伯／866km
**所需時間：**溫哥華～多倫多5天4夜
　　　　　溫哥華～傑士伯2天1夜
**季節：**旺季是加拿大洛磯山脈開始溶雪的6月至9月左右，尤其是7～8月經常一位難求，要有提早預約的心理準備。預約流程請參考「旅行準備與技術 VIA國鐵之旅」(→P.545)。
**座位：**分為經濟車廂與臥鋪列車Plus Class、Prestige Class，其中兩種臥鋪列車都會供應餐點（溫哥華→傑士伯之間為早、午餐）；臥鋪列車則分為單人獨立包廂、雙人獨立包廂及上下臥鋪3種等級。

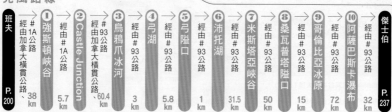

# 弓河谷景觀大道 & 冰原大道

## Bow Valley & Icefields Parkway

加拿大洛磯山脈的焦點，正是連結露易絲湖～傑士伯的冰原大道，而班夫～露易絲湖之間總長約300km的弓河谷景觀大道，則是以加拿大洛磯山脈為主軸，貫穿班夫國家公園及傑士伯國家公園的道路。

## 暢遊弓河谷景觀大道 & 冰原大道

**弓河谷景觀大道 & 冰原大道基本DATA**
**MAP P.182-C2～B1**

據點城市：班夫、傑士伯
歷史景點：★
自然景點：★★★★★

弓河谷景觀大道 & 冰原大道情報網
**URL** parks.canada.ca（Parks Canada）

### ■ 弓河谷景觀大道
**Bow Valley Parkway** **MAP P.195**

　　從班夫到露易絲湖有一條與加拿大橫貫公路平行的#1A舊公路，就是全長約60km的弓河谷景觀大道，在這條大型巴士難以通行的道路上分佈著眾多觀光景點。首先抵達的是強斯頓峽谷，越過峽谷後不久就會看到，右邊出現形狀如城堡般的城堡山；經過Moose Meadows之後，便來到前往庫特尼國家公園#93公路的分岔點Castle Junction，在這裡接上加拿大橫貫公路，一路奔馳約30km就抵達露易絲湖。

↑有機會遇到野生動物

### ■ 冰原大道
**Icefields Parkway** **MAP P.194～195**

　　連結露易絲湖與傑士伯的#93公路，通稱為「冰原大道」，沿途遍布著弓湖、沛托湖、哥倫比亞冰原等洛磯山脈的知名觀光景點，這些景點在公路旁都設有停車場，方便遊客下車遊覽。經過「陡峭哭牆」後，公路就進入急陡坡的大轉彎Big Bend，轉角處正是冰原大道的最高處——桑瓦普塔隘口，從這裡便進入傑士伯國家公園的範圍；哥倫比亞冰原立刻就出現在左邊，而冰原雪車會從公路右側的建築物出發，參加觀光之旅的人記得在此地的停車場集合。經過了阿薩巴斯卡瀑布，公路會分成#93與#93A兩個方向，但最後會在傑士伯會合。

## 兜風路線

| 班夫 P.200 | 經由#1A公路加拿大橫貫公路、38km | ❶ 強斯頓峽谷 | 經由#1A公路 5.7km | ❷ Castle Junction | 經由#93公路加拿大橫貫公路、60.4km | ❸ 烏鴉爪冰河 | 經由#93公路 3km | ❹ 弓湖 | 經由#93公路 5.8km | ❺ 弓隘口 | 經由#93公路 1km | ❻ 沛托湖 | 經由#93公路 31.5km | ❼ 米斯塔亞峽谷 | 經由#93公路 50km | ❽ 桑瓦普塔隘口 | 經由#93公路 15km | ❾ 哥倫比亞冰原 | 經由#93公路 72km | ❿ 阿薩巴斯卡瀑布 | 經由#93公路 32km | 傑士伯 P.237 |
|---|---|---|---|---|---|---|---|---|---|---|---|---|---|---|---|---|---|---|---|---|---|---|

※開館時間、營業時間等基本上為2023年的資訊，因為每年資訊會有所變動，請記得上網再次確認。(→P.7)

☑CHECK!

**搭乘巴士前往強斯頓峽谷**

行駛於班夫市區、由Bow Valley Regional Transit Services Commission經營的漫遊巴士Roam Bus，有前往強斯頓峽谷的路線Route 9，5/19～10/9期間1日7班（冬季僅限週末），單程大人$5、銀髮族‧青少年（13～18歲）$2.5、兒童免費。

↑水花氣勢驚人的下瀑布

☑CHECK!

**可眺望城堡山的休息點**

**Castle Junction**

是住宿設施Castle Mountain Chalets所附設的小型休息區，提供販賣食物等服務，一旁還有加油站。

# 主要景點

## 弓河谷景觀大道

### 🍁 ① 強斯頓峽谷
Johnston Canyon

**MAP** P.195 ★★★

是由強斯頓河Johnston River經年累月鑿穿所形成的深邃峽谷，在雄偉壯麗的加拿大洛磯山脈裡，營造出纖細且極富變化的不同韻味風景。擁有距離停車場約1.2km的下瀑布Lower Falls，以及繼續往上游走1.3km的上瀑布Upper Falls兩個景點；途中有條穿梭在深達30m的峽谷峭壁間的步道，景色非常迷人。

### 🍁 ② 城堡山
Castle Mountain

**MAP** P.195 ★★★

過了強斯頓峽谷後向右邊看，就是這座洛磯山脈的代表性山峰，褐色岩石的山形有如西洋城堡，高聳直逼天際的雄偉姿態，在粗獷中卻又感覺優雅；從山下有條約7.4km健行步道，能近距離仰望這座極具震撼力的高山。這附近在過去曾經是銀礦產地而形成Silver City，如今卻完全不留痕跡，只有一片遼闊草原。

↑也是洛磯山脈的一大能量景點

弓河谷景觀大道（#1A）
冰原大道（#93）

**冰原大道**

## ③ 烏鴉爪冰河
Crowfoot Glacier

MAP P.195 ★★★

欣賞著左邊散發鮮豔土耳其藍色澤的冰河湖——赫克特湖Hector Lake，一路往北前進，不久就會看到宛如巨大鳥爪般的冰河攀附在岩石表層。烏鴉爪冰河正如其名，過去就像是烏鴉的腳爪般有3條冰河

↑站在公路旁遠眺冰河景致

蜿蜒於山壁斜坡上，不過如今下方的一條冰河已經消失無蹤，只剩下2隻腳爪。

## ④ 弓湖
Bow Lake

MAP P.195 ★★★

弓湖是由弓冰河融化雪水累積而成的冰河湖，公路就緊鄰在湖畔，並且有著供應輕食的小木屋，因而吸引無數觀光客駐足賞景，在寬闊廣大的湖泊對岸，可以眺望到冰河環繞的險峻岩山。座落在湖畔、擁有紅色屋頂的小木屋「The Lodge at Bow Lake（→P.196邊欄）」，是一處絕佳的野餐地點。

↑在湖畔悠閒漫步

**☑ CHECK!**

**參加冰河大道之旅**
Pursuit Banff Jasper Collection
**FREE** (1-866) 606-6700
**URL** www.banffjasper
collection.com

**Columbia Icefield Discovery**
從班夫經加拿大橫貫公路、冰原大道前往哥倫比亞冰原的行程，中途還會經過露易絲湖、弓湖，在5/4～10/14（'24）推出。費用包含冰原雪車之旅（哥倫比亞冰原探險Columbia Icefield Adventure）與天空步道（哥倫比亞冰原天空步道Columbia Icefield Skywalk）。
班夫來回
（所需時間約7小時30分）
**圖** 大人$343、兒童（6～15歲）$223
另外還有前往哥倫比亞冰原或班夫、傑士伯的Icefields Parkway Discovery等行程。

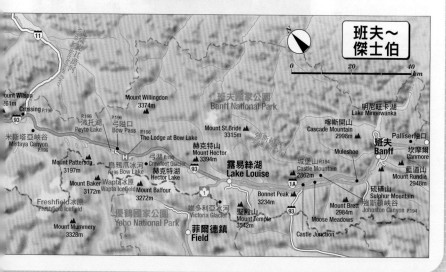

班夫～傑士伯

0  20  40 km

Mount Wilson 3261m
Crossing P.196
Mount Willingdon 3374m
班夫國家公園 Banff National Park
明尼旺卡湖 Lake Minnewanka
米斯塔亞峽谷 Mistaya Canyon
沛托湖 Peyto Lake
弓隘口 Bow Pass
The Lodge at Bow Lake
Mount St.Bride 3315m
喀斯開山 Cascade Mountain 2998m
Palliser隘口
班夫 Banff
坎摩爾 Canmore
Mount Patterson 3197m
烏鴉爪冰河 Crowfoot Glacier
弓湖 Bow Lake
赫克特山 Mount Hector 3394m
城堡山 Castle Mountain 2862m
Muleshoe
藍道山 Mount Rundle 2948m
Mount Baker 3172m
Wapta冰原 Wapta Icefield
赫克特湖 Hector Lake
露易絲湖 Lake Louise
Mount Balfour 3272m
硫磺山 Sulphur Mountain
Freshfield冰原 Freshfield Icefield
維多利亞冰河 Victoria Glacier
Bonnet Peak 3234m
Mount Brett 2984m
德斯頓峽谷 Johnston Canyon P.194
Mount Mummery 3328m
優鶴國家公園 Yoho National Park
聖殿山 Mount Temple 3542m
菲爾德鎮 Field
Moose Meadows
Castle Junction

195

## 🍁 ⑤ 弓隘口
Bow Pass
**MAP** P.195
★★★

位於弓湖前方不遠處的隘口，也是冰原大道上的地勢最高點（2088m），比起班夫或傑士伯等地的氣溫明顯更低，就算是夏季的陰天也會讓人冷得發抖。要前往可俯瞰沛托湖的觀景台，可以把車停在隘口下方的停車場再沿著斜坡走5分鐘，這條步道沿途生長著許多珍貴的高山植物，夏季時可以欣賞各色花朵；觀光巴士則會停在上方的停車場，免去走上坡的辛苦。

## 🍁 ⑥ 沛托湖
Peyto Lake
**MAP** P.195
★★★

以加拿大洛磯山脈早期嚮導Bill Peyto來命名的湖泊，因為湖水顏色會隨著季節或時間呈現微妙變化而聞名，還可以從弓隘口的觀景台俯視整座湖泊，與其他湖泊只能從湖畔欣賞的角度不同，能享受雄偉的眺望景觀。想要欣賞周圍群山在湖面的倒影，特別是倒映著格外美麗對岸山脈的最佳時間就是清晨。

↑藍得讓人吃驚的沛托湖

## 🍁 ⑦ 米斯塔亞峽谷
Mistaya Canyon
**MAP** P.195
★★★

過了沛托湖之後，朝向北薩克其萬河North Saskatchewan River是一段很長的下坡道路，途中在左側設有米斯塔亞峽谷Mistaya Canyon的停車場，只要徒步一會兒就能到達峽谷。雖然規模比傑士伯的瑪琳峽谷（→P.243）小，卻是座剛好能夠療癒開車疲憊的美麗峽谷；而且觀光旅遊團通常不會停留此地，非常寧靜。

➡由激流造成的深邃峽谷

## ⑧ 「哭牆」＆桑瓦普塔隘口
Weeping Wall & Sunwapta Pass

MAP P.194 ★★★

融化的雪水沿著筆直聳立的大岩壁流洩而下，所以被稱為「哭牆Weeping Wall」，經過此處到桑瓦普塔隘口Sunwapta Pass之前，會先遇上名為「大轉彎Big Bend」的大彎道，左拐右轉往上走到最底就是桑瓦普塔隘口，從這裡開始進入傑士伯國家公園。

↑融化的冰河水從垂直的山崖流洩而下

## ⑨ 哥倫比亞冰原
Columbia Icefield

MAP P.194 ★★★

冰原大道的觀光焦點──哥倫比亞冰原是總面積達325km²的巨大冰河。站在道路上能看到的，不過是從這片冰原所流出數條冰河之一的阿薩巴斯卡冰河Athabasca Glacier末端而已，愈是靠近愈會對其巨大程度而感到驚嚇。車輛可以停在下方的停車場，步行10分鐘左右就能走到冰河的尾端，不過如果隨便擅自走上冰河，有可能發生摔落冰河裂縫的危險，曾有觀光客因此不幸死亡。

隔著道路與冰河對望的綠色屋頂建築是冰原遊客中心Glacier Discovery Centre，有2條加拿大洛磯山脈的代表性熱門觀光行程從這裡出發，其中之一是搭乘冰原雪車（Snow Coach）行駛於冰河上的冰原雪車之旅，另一條則是突出於懸崖上的絕景觀景台──天空步道，各行程的詳細資訊→P.198。

↑可以行走於冰河末端

## ⑩ 桑瓦普塔瀑布＆阿薩巴斯卡瀑布
Sunwapta Falls & Athabasca Falls

MAP P.194 ★★★

從哥倫比亞冰原沿著冰原大道流動的桑瓦普塔河Sunwapta River，突然轉向與由南方來的阿薩巴斯卡河Athabasca River會合，匯流處就是桑瓦普塔瀑布Sunwapta Falls；而水量大幅增加的阿薩巴斯卡河，再往前30km則又形成阿薩巴斯卡瀑布Athabasca Falls。由於兩座瀑布都是河流經過漫長路途、穿越過堅硬岩石層的狹窄水道，尤其是雪水融化之際的初夏，更能感受到瀑布澎湃的驚人氣勢。

↑氣勢萬千的阿薩巴斯卡瀑布

---

### 冰原遊客中心
MAP P.194

位在阿薩巴斯卡冰河旁道路的對面，是冰原雪車與天空步道的據點，館內設有禮品店、咖啡館與餐廳。

↑搭乘冰原雪車在冰河上移動

↑能欣賞絕佳景致的天空步道

### ☑CHECK!

#### 阿薩巴斯卡河的觀景點

**Goats & Glaciers**
MAP P.194

可以俯視整條阿薩巴斯卡河的觀景點就在Goats & Glaciers，周圍環繞著沙地，每到初春與秋季會吸引雪羊來吃這些富含礦物質的沙子。

↑眺望阿薩巴斯卡瀑布與Fryatt山

# 哥倫比亞冰原

# 2處超人氣活動
# NAVI

前去體驗冰原大道重要景點——哥倫比亞冰原的2大經典活動！
2項觀光行程的出發地，都在冰原遊客中心Glacier Discovery Centre。

▲紅色車身在白色冰河上更加顯眼

## Attraction
## 01 冰原雪車之旅

### 搭乘專用車輛在冰河上馳騁！

搭乘裝配著巨大輪胎的冰原雪車Snow Coach在冰河上移動，並能下車實際以雙腳行走在冰河上的行程。在冰河上有30分鐘左右的自由時間，可以拍照或飲用融化的冰河水等，以各種方式盡情享受；即使夏天的冰河上還是非常寒冷，別忘記攜帶大衣等防寒衣物。班夫出發的冰原大道行程大多會包含這項體驗。

▲從遠處眺望就能深刻了解冰河的遼闊（左）、掬起冰河融水喝喝看，也可以裝進寶特瓶內帶回去（右）

哥倫比亞冰原探險（冰原雪車）
**Columbia Icefield Adventure**
☎(1-866) 506-0515 URL www.banffjaspercollection.com/attractions/columbia-icefield
時5/20～9/30每日10:00～17:00、10/1～9每日11:00～16:00（依天候而變動）
休10/10～5/19 費大人$89～、兒童（6～15歲）$57.85～（在網路預約的天空步道套票優惠價格，會依日期而變動）。

--- How to enjoy 冰原雪車之旅 ---

**Step 01**

前往冰原遊客中心購票，事先網路預約就不怕客滿。

**Step 02**

依順序排隊會有廣播通知，遵從指示搭乘巴士，參加觀光行程則會有嚮導帶領。

**Step 03**

爬上斜坡來到阿薩巴斯卡冰河旁，轉乘冰原雪車，超乎想像的巨大輪胎讓人大為吃驚！

**Step 04**

一邊聆聽嚮導介紹，冰原雪車會在冰河上行走20分鐘左右，抵達目的地後即可下車。

## 發現哥倫比亞冰原的Story

1827年，植物學家大衛·道格拉斯David Douglas發表他在阿薩巴斯卡山道附近發現5000m的高山，之後許多人聞言前去洛磯山脈尋找這座山，卻遍尋不著，於是有了「夢幻之山」的稱號。1898年，John Collie、Hermann Woolley和Hugh Stutfield 3位英國登山家打算攀登附近最高的山，想藉由山頂眺望四周尋找這座山，8月19日3人成功登頂阿薩巴斯卡山，他們在山頂看到的不是「夢幻之山」，而是腳下粼粼發光的巨大冰河。結果，「夢幻之山」只是道格拉斯的測量失誤，卻因此而發現了哥倫比亞冰原。

⬇可盡享洛磯山脈與溪谷之美的「Discovery Vista」

哥倫比亞冰原2處超人氣活動 ◆

### Attraction 02 天空步道

## 突出於懸崖的絕景觀景台

可以走在於280m高空處向外突出的天空步道「Discovery Vista」上，同時享受絕景與刺激感的體驗；全面鋪設玻璃的天空步道長約35m，可從正面俯瞰谷底處，令人驚嘆。從巴士站前往天空步道，走在全長約500m的木棧道Discovery Trail，即使慢慢走也只要45分鐘就能走完，但因回程的巴士相當擁擠，記得要預留充裕的時間來參觀。

➡以強化玻璃製作的平台

**哥倫比亞冰原天空步道**
**Columbia Icefield Skywalk**
☎(1-866)506-0515 URL www.banffjaspercollection.com/attractions/columbia-icefield
🕐5/20～9/30 每日10:00～18:00、10/1～9 每日11:00～17:00
🚫10/10～5/19
💰大人\$37～、兒童（6～15歲）\$24.5～（在網路預約的優惠價格會依日期而變動。有推出與冰原雪車之旅的套票）

### ( How to enjoy 天空步道 )

| Step 01 | Step 02 | Step 03 | Step 04 |
| --- | --- | --- | --- |
|  |  | |  |
| 到購票地點都和冰原雪車之旅一樣，之後經由專用道路前往巴士乘車處。 | 從冰原遊客中心搭乘巴士前往觀景台約10分鐘，抵達後下車往入口處移動。 | 一邊聽語音導覽，一邊走在有洛磯山脈自然相關展示的Discovery Trail上。 | 抵達天空步道的Discovery Vista，走在兩側與下方都是透明的步道上，不自主地雙腿發軟！ |

# 班夫

## 加拿大洛磯山脈

**MAP** P.182-C2
**人口** 8305
**面積** 403

班夫情報網
加拿大方面
**URL** www.banfflake
louise.com
**URL** parks.canada.ca/
pn-np/ab/banff

**班夫的活動**

班夫山地電影與圖書節
Banff Centre Mountain Film and
Book Festival
**TEL** (403)762-6100
**URL** www.banffcentre.ca/
banffmountainfestival
**時** 10月底～11月初
介紹全世界與山岳相關書
籍的圖書節,以及專門反映戶
外紀錄片的電影節。

↑頻繁出現的大角羊

位於班夫國家公園內,並且是加拿大洛磯山脈觀光的重要據點城市,就是班夫。在城市裡有著蜿蜒和緩的弓河Bow River流過,而且被茂密的綠色森林及險峻群山所環繞,無處不是如風景明信片般動人的天然美景,是吸引全世界遊客造訪的山岳度假勝地。

↑聳立於班夫大道尾端的喀斯開山

城市的歷史開始於1883年,當時3名參與太平洋鐵路興建工程的鐵路工人意外發現溫泉洞穴＆盆地,進而打造成小型溫泉療養處。1885年時將溫泉附近26km²範圍指定為保護區,1887年時更成為加拿大第一座,同時也是繼美國黃石公園、澳洲雪梨皇家公園後全世界第3座成立的國家公園;於是班夫就被開發成為國家公園觀光據點的度假城鎮。在規劃城市時,國家公園的監督官員George A. Stewart把市區畫分為2部分,弓河以南屬於度假地區,居民生活的市中心則設置在弓河以北。到了1888年,班夫最具代表性的菲爾夢班夫溫泉旅館The Fairmont Banff Springs Hotel也在弓河南岸正式開幕,接著在弓河北側的市中心也陸續出現小木屋式飯店、餐廳及商店,奠定現今的精緻城市基礎。

班夫的街道幾乎都是以動物來命名,像是麋鹿街、駝鹿街、兔子街等,漫步在城市裡還不時有機會發現野生動物的蹤影,是一座與大自然和動物密不可分的城市。

←銳利角度相當優美的藍道山

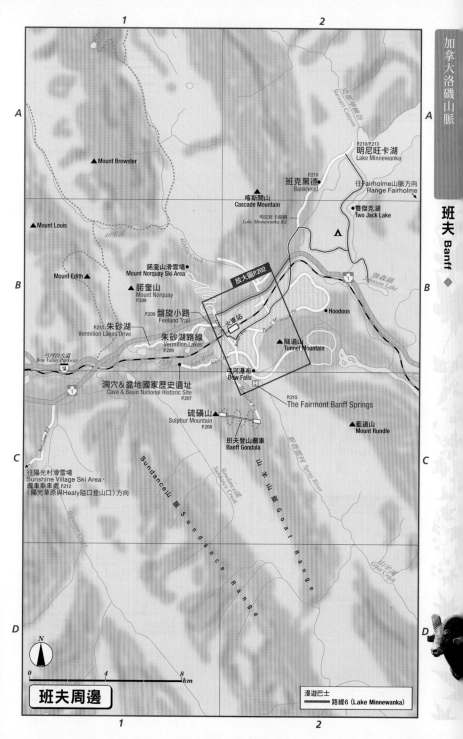

1 　　　　　 2

A

▲Mount Brewster

明尼旺卡湖
Lake Minnewanka
P.210/P.213

班克黑德 P.210
Bankhead

往Fairholme山脈方向
Range Fairholme

喀斯開山
Cascade Mountain

雙傑克湖
Two Jack Lake

▲Mount Louis

明尼旺卡湖路
Lake Minnewanka Rd.

B

諾奎山滑雪場
Mount Norquay Ski Area

Mount Edith ▲

諾奎山
Mount Norquay
P.209

放大圖P.202

Hoodoos

P.209 盤旋小路
Fenland Trail

火車站

P.213 朱砂湖
Vermilion Lakes Drive

朱砂湖路線
Vermilion Lakes
P.209

隧道山
Tunnel Mountain

弓河谷大道
Bow Valley Parkway

Bow River

弓河

洞穴＆盆地國家歷史遺址
Cave & Basin National Historic Site
P.207

弓河瀑布
Bow Falls

P.215
The Fairmont Banff Springs

硫磺山
Sulphur Mountain
P.208

藍道山
Mount Rundle

班夫登山纜車
Banff Gondola

C

往陽光村滑雪場
Sunshine Village Ski Area、
纜車乘車處 P.212
（陽光草原與Healy隘口登山口）方向

Sundance山脈 Sundance Range

山羊山脈 Goat Range

山羊湖
Goat Creek

D

N

0 　　　 4 　　　 8
km

班夫周邊

漫遊巴士
路線6（Lake Minnewanka）

1 　　　　　 2

201

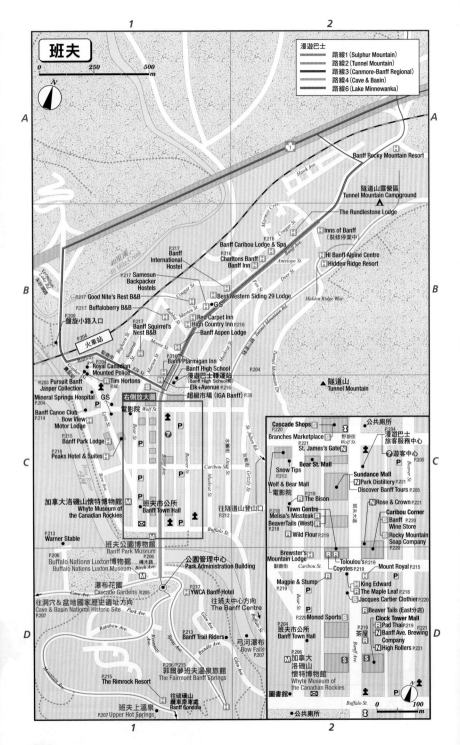

班夫

漫遊巴士
路線1（Sulphur Mountain）
路線2（Tunnel Mountain）
路線3（Canmore-Banff Regional）
路線4（Cave & Basin）
路線6（Lake Minnewanka）

Banff Rocky Mountain Resort

隧道山露營區
Tunnel Mountain Campground

The Rundlestone Lodge

Inns of Banff（裝修停業中）

Banff Caribou Lodge & Spa P.216
Charltons Banff P.216
Banff Inn P.217

HI Banff Alpine Centre
Hidden Ridge Resort

Banff International Hostel P.217

Samesun Backpacker Hostels P.217

Good Nite's Rest B&B P.217
Buffaloberry B&B P.217

Best Western Siding 29 Lodge

Hidden Ridge Way

盤旋小路入口 P.209
火車站 Railway Ave.

Banff Squirrel's Nest B&B P.217

Red Carpet Inn
High Country Inn P.216
Banff Aspen Lodge

Royal Canadian Mounted Police P.40

Banff/Ptarmigan Inn P.216
Banff High School P.204
漫遊巴士轉運站（Banff High School前）P.216
Elk+Avenue P.216

Pursuit Banff Jasper Collection P.203

Mineral Springs Hospital
Banff Canoe Club P.214
Bow View Motor Lodge P.215
Banff Park Lodge
Peaks Hotel & Suites P.216

超級市場（IGA Banff）P.35

隧道山 Tunnel Mountain

右側放大圖
電影院
Tim Hortons

加拿大洛磯山懷特博物館
Whyte Museum of the Canadian Rockies

Warner Stable P.213

班夫公園博物館
Banff Park Museum P.206

Buffalo Nations Luxton博物館 P.206
Buffalo Nations Luxton Museum

公園管理中心
Park Administration Building

班夫市公所
Banff Town Hall

往隧道山登山口 P.212

瀑布花園 Cascade Gardens P.205

往洞穴＆盆地國家歷史遺址方向
Cave & Basin National Historic Site P.207

YWCA Banff Hotel P.217

往班夫中心方向
The Banff Centre

Banff Trail Riders P.213

弓河瀑布
Bow Falls P.207

The Rimrock Resort P.215

菲爾夢班夫溫泉旅館 P.206/P.215
The Fairmont Banff Springs

往硫磺山纜車乘車處
Banff Gondola

班夫上溫泉 P.207 Upper Hot Springs

Cascade Shops
Branches Marketplace P.220

野狼街 Wolf St.

公共廁所

漫遊巴士旅客服務中心
遊客中心 P.205

St. James's Gate
Bear St. Mall

Snow Tips P.213
Wolf & Bear Mall
電影院

Sundance Mall
Park Distillery P.221
Discover Banff Tours P.205

The Bison P.218

Town Centre
Melisa's Missteak P.218
BeaverTails（West）P.218
Wild Flour P.219

Rose & Crown P.221

Caribou Corner
Banff P.220
Wine Store
Rocky Mountain Soap Company P.220

Brewster's Mountain Lodge

Tolouiou's P.219
Coyotes P.219

Mount Royal P.215

Magpie & Stump P.219

King Edward
The Maple Leaf P.218
Jacques Cartier Clothier P.220

Beaver Tails（East分店）

Monod Sports P.220

班夫公所 P.204
Banff Town Hall

加拿大洛磯山懷特博物館 P.206
Whyte Museum of the Canadian Rockies

Clock Tower Mall
Pad Thai P.219
Banff Ave. Brewing Company P.221
High Rollers P.221

茶屋

圖書館

Buffalo St.

公共廁所

202

# 如何前往班夫

## ▶▶▶ 飛機

　　班夫位在特別保護區的班夫國家公園內，完全禁止飛機進入，所以想要前往班夫只能搭乘巴士或鐵路。

## ▶▶▶ 長途巴士

　　一般的交通方式，是從溫哥華等國內各主要城市搭飛機至卡加利，再轉乘巴士前往。卡加利國際機場出發有班夫機場接駁巴士Banff Airporter的小型巴士、Pursuit Banff Jasper Collection行駛的接駁巴士Brewster Express，班夫機場接駁巴士為10:00～22:30每1～2小時1班，Brewster Express則為9:30～20:00間1～2小時1班，抵達卡加利國際機場之後就可以馬上前往班夫，到班夫所需時間約2小時。這2間公司都在機場入境大廳內設有服務櫃台，觀光旺季時最好提早在官網上預約車票，以免向隅。

　　同樣是位於加拿大洛磯山脈的傑士伯，也有Brewster Express的巴士可以搭乘，5～10月每日行駛1班（13:45出發），19:00抵達班夫，途中會經過露易絲湖；另外還有SunDog Tours僅限冬季（10月中旬～4月下旬）從傑士伯發車的巴士，每日行駛1班（8:30出發），12:45抵達班夫。

　　花費1天時間行駛於溫哥華～卡加利之間的Rider Express巴士，則會在途中停靠班夫，1日1～2班，上午班次8:15從溫哥華出發，21:30抵達班夫；卡加利出發為7:55，10:10抵達班夫。巴士也會停靠甘露市、露易絲湖、坎摩爾。

　　從坎摩爾出發的有Bow Valley Regional Transit Services Commission的公營漫遊巴士Roam Bus十分方便，路線3（Banff-Canmore Regional）為週一～五的6:21～23:44、週六‧日的6:18～23:48每小時1～2班，到達班夫市中心所需時間約30分鐘。而行駛於露易絲湖與班夫之間漫遊巴士的路線8X、8S也可以搭乘（→P.204、227）。

## ▶▶▶ 鐵路

　　從溫哥華出發，可搭乘洛磯登山者鐵路Rocky Mountaineer Railways的First Passage to the West，在4月下旬～10月中旬間每週行駛2～3班，8:00從溫哥華出發，18:00～19:30抵達甘露市並停留1晚（車票包含住宿費）後，隔天6:50再出發，19:00～20:30抵達班夫火車站。

---

### 班夫機場接駁巴士

📞(403)762-3330
☎(1-888)449-2901
🌐banfffairporter.com
🚌單程
　大人$79.99、銀髮族$71.99
　兒童（6～17歲）$39.99

⬆可以前往市中心的指定地點

### Pursuit Banff Jasper Collection（Brewster Express）

MAP P.202-B1
☎(1-866)606-6700
🌐www.banffjasper
　collection.com
卡加利出發
🚌單程
　大人$79、兒童（6～15歲）$52
傑士伯出發
🚌單程　1人$132
　可以前往指定飯店。

### SunDog Tours

📞(780)852-4056
☎(1-888)786-3641
🌐www.sundogtours.com
傑士伯出發
🚌單程
　大人$79、兒童（2～12歲）$39
　上下車地點為Persuit Banff Jasper Collection服務中心前。

### Rider Express

卡加利出發
🚌單程　1人$72
溫哥華出發
🚌單程　1人$162
坎摩爾出發
🚌單程　1人$58
　上下車地點為Persuit Banff Jasper Collection服務中心前。

### Bow Valley Regional Transit Services Commission（→P.204）

路線3坎摩爾出發
🚌單程
　大人$6、銀髮族‧青少年$3
路線8X、8S露易絲湖出發
🚌單程
　大人$10、銀髮族‧青少年$5

### 洛磯登山者鐵路（→P.546）

　班夫的火車站位於市中心的西北邊,火車站前也是Rider Express與漫遊巴士Roam Bus的發車地點,只要沿著車站前的駝鹿街Elk St.直走約10分鐘,就能抵達主要大街的班夫大道Banff Ave.了。

## 市 區 交 通

　由Bow Valley Regional Transit Services Commission經營的公營漫遊巴士Roam Bus,採用環保的油電混合動力系統,而行駛於班夫市區的在地路線,包含行駛班夫大道Banff Ave.經過The Rimrock Resort Hotel和班夫上溫泉至硫磺山的路線1（Sulphur Mountain）、從隧道山露營區Tunnel Mountain Camp Ground到菲爾夢班夫溫泉旅館The Fairmont Banff Springs Hotel的路線2（Tunnel Mountain）、前往洞穴&盆地國家歷史遺址的路線4（Cave & Basin）,以及前往明尼灣卡湖的路線6（Lake Minnewanka）;其中路線1、2為全年行駛,路線4、6則僅限夏季行駛。

　至於前往鄰近的坎摩爾,可以搭乘連結班夫與坎摩爾的路線3（Banff-Canmore Regional）（→P.203、224）;要造訪郊區的景點,則有前往露易絲湖的路線8（Lake Louise-Banff Regional）、弓河景觀大道強斯頓峽谷的路線9（Johnston Canyon）,非常方便。而路線8還可分為2條路線,一是前往加拿大橫貫公路的直達路線8X（Express）,以及經由#1A公路並於途中停靠強斯頓峽谷等5個地點的路線8S（Scenic）。另外,配合秋天的賞楓旺季還推出直達夢蓮湖的路線10（Moraine Lake Express）;而人氣路線8X、8S和10的車票建議都在網路上預約購買。

　車票可以在發車轉運站的自動售票機或司機購買,Day Pass則到班夫市公所Banff Town Hall（**MAP** P.202-D2）、附設在遊客中心的Bow Valley Regional Transit Services Commission的顧客服務中心等處購買。還有,漫遊巴士的「青少年」為13～18歲,12歲以下的兒童則為免費。

⬆ 車身彩繪有洛磯山脈的大自然與動物

# 漫遊班夫

　　鄰近弓河Bow River的2～3個街區是餐廳、紀念品店集中的市中心，主要大街為班夫大道，而聳立在城市正後方的高山正是班夫的代表山脈——喀斯開山Cascade Mountain；

⬆夏季的班夫大道會有部分路段規劃為徒步區

在班夫大道兩旁開設著數間小規模的購物中心，即使是寒冬也能享受愉快的購物，遊客中心也設在這條街道。在跨越弓河的橋梁周邊，分布幾間與洛磯山脈與班夫相關的博物館，河川南側則是班夫國家公園發源的溫泉所在地——洞穴＆盆地國家歷史遺址Cave & Basin National Historic Site，以及硫磺山Sulphur

⬆參加活動盡情享受大自然

Mountain等美麗壯闊的大自然。市中心以北，在街道西側是汽車旅館，以東則為住宅林立的汽車旅館街，從這裡徒步到市中心需要10～20分鐘。景點分散範圍相當廣，最好參加觀光之旅或租車。若是時間充裕的遊客，不妨嘗試以腳踏車或徒步方式來遊覽，只要從市中心踏出1步，就能感受這個由湖泊、山脈及野生動物所組成的廣闊世界。可以體驗腳踏車騎乘或健行樂趣的步道、騎馬、泛舟等，戶外挑戰的選擇多得不得了。

**❓遊客中心**

**Banff Information Centre**
MAP P.202-C2
🏠224 Banff Ave.
☎(403)762-1550
URL www.banfflakelouise.com
🕐5月中旬～9月上旬
　　每日8:00～20:00
　　9月上旬～5月中旬
　　每日9:00～17:00
休無休
　　在同一棟建築內有公園管理中心及觀光局的服務櫃台，關於健行步道資訊等要洽詢窗口右邊的公園管理中心人員（位置可能會更換）。除了能支付國家公園入園費、購買釣魚證，在Parks Canada Shop也販售地圖、書籍及洛磯山脈的紀念品。

**班夫的旅行社**
**Pursuit Banff Jasper Collection**
MAP P.202-B1
FREE(1-866)606-6700
URL www.banffjasper
　　collection.com
　　規模最大的旅行社，觀光之旅以大型巴士載客，英語導遊。

**Discover Banff Tour**
MAP P.202-C2
☎(403)760-5007
URL www.banfftours.com
　　以觀光之旅費用合理而深受歡迎，只有英語導遊。

**瀑布花園**
🚶從市中心徒步約10分鐘，也可以搭乘漫遊巴士的路線1、2。

# 主要景點

## 🍁 瀑布花園
### Cascade Gardens
★★★
MAP P.202-D1

　　隔著弓河，位在班夫大道南端的瀑布花園，夏季時綻放的各色繽紛花朵令人眼花撩亂。建於花園內的1935年哥德式紅磚建築，是公園管理中心Park Administration Building的辦公室，而站在Canada Place入口正面越過瀑布花園望向班夫大道的景致，則是無數觀光手冊必用的知名美景，也是拍照留念的最佳地點。

➡依照季節綻放各種花朵的花園

↑座落在弓河的正南邊

↑陳列著動物的標本

## 🍁 Buffalo Nations Luxton 博物館 MAP P.202-D1

Buffalo Nations Luxton Museum ★★★

　從市中心沿著班夫大道往南走，越過弓河之後右轉樺木路Birch Ave.便能看見這棟原木建築，在1952年由Norman Luxton所建造，館內有重現整個北美洲印第安人生活與狩獵景象的立體模型，還有和實際相同大小的印第安帳棚Tepee等展出，對於印第安人歷史有興趣的遊客，不妨可以來這裡增長見聞。

↑學習印第安人的生活樣貌

## 🍁 班夫公園博物館 MAP P.202-C1

Banff Park Museum ★★★

　位在班夫大道的南端，跨越弓河的橋梁旁；這座博物館是加拿大西部最為古老的木造建築，建於1903年。內部陳列著許多洛磯山脈的動物、鳥類等標本，像是大角羊、巨大灰熊標本，栩栩如生得令人吃驚；除了設有資料閱覽室以外，也有出借旅遊書。

## 🍁 加拿大洛磯山懷特博物館 MAP P.202-D2

Whyte Museum of the Canadian Rockies ★★★

　擁有嶄新設計外觀的建築，十分引人注目。館內分成美術館與博物館，美術館內經常展出關於洛磯山脈或世界各地的藝術品；而博物館則是展出班夫在地畫家Peter Whyte與妻子Catharine Whyte所收集的洛磯山脈資料及工藝品，可以藉此認識班夫的觀光歷史與文化。建於20世紀初期的懷特夫妻舊居也被妥善保存下來，可以透過導覽之旅前往參觀；另外博物館也推出許多導覽行程，不妨詢問館方。

## 🍁 菲爾夢班夫溫泉旅館 MAP P.202-D1

The Fairmont Banff Springs Hotel ★★★

　座落在弓河與斯普雷河Spray River枝繁葉茂森林之中，彷彿歐洲古城堡般豪華的飯店。作為象徵度假城市班夫的飯店，自1888年創立以來，長年來深受加拿大太平洋鐵路Canadian Pacific Railway（CP鐵路）乘客的喜愛，經過多次修築改建的結果，讓飯店內部彷彿迷宮一般錯綜複雜。成為菲爾夢飯店Fairmont Hotel系列旗下，至今依舊是加拿大具有代表性的飯店。

←可體驗奢華氣氛的高級度假飯店

## 弓河瀑布
### Bow Falls
MAP P.202-D2

▲捲起白色的漩渦

　　瑪麗蓮夢露主演電影《大江東去River of No Return》的外景地，雖然名為瀑布，卻更像是平緩流動的弓河為了製造出湍急漩渦深潭，而在這裡奔騰流洩。瀑布就在菲爾夢班夫溫泉旅館The Fairmont Banff Springs Hotel的正下方，周邊還有綠意環繞的舒適步道，建議不妨在這裡漫步賞景。

## 洞穴&盆地國家歷史遺址
### Cave & Basin National Historic Site
MAP P.201-B1/P.202-D1外
★★★

　　1883年為了鋪設加拿大太平洋鐵路（CP鐵路）而來到洛磯山脈的3名鐵路工人，意外發現這處溫泉，於是在1885年成立全加拿大第一座國家公園Banff Hot Spring Reserve，是目前加拿大37座國家公園的重要起源地。內部區分為1887年打造的洞穴溫泉及走上階梯後的展示廳Exhibits、劇院廳等。首先經過狹窄通道前往洞穴溫泉，樓上的展示區則利用立體模型說明溫泉與國家公園的歷史，外側則保留著1914年當時的溫泉池（不可浸泡）。沿著正面大門左邊的階梯往山上走，是一大片鬆散著硫磺氣味的濕地區域，可以順著木道漫步遊逛；另外館內也推出免費的導覽之旅，可以了解溫泉被發現的經過。

## 班夫上溫泉
### Upper Hot Springs
MAP P.202-D1
★★★

　　位在聳立於班夫背後硫磺山山腰處的溫泉設施。1884年由當時加拿大太平洋鐵路的工人領班David Keefe所發現，再加上前一年發現的洞穴&盆地溫泉Cave & Basin，在1885年被加拿大政府指定為第一座的國家公園，並接受官方管理保護。不過與洞穴&盆地溫泉成為國家歷史遺址不同，這裡是開放給民眾浸泡的溫泉。

　　溫泉中所富含的硫磺Sulfur也是硫磺山的名稱由來，溫泉溫度為37～40℃並不太燙，周圍被針葉樹林所環繞，眺望著遠方起伏的喀斯開山Cascade Mountain、諾奎山Mount Norquay一邊浸泡湯泉，舒適暢快的享受無可比擬。不過與日本的溫泉有所不同，比較像是溫泉游泳池，因為加拿大會將源頭湧出的溫泉水消毒之後再使用，幾乎沒有硫磺味；而且必須穿著泳衣下水，如果沒有攜帶也有提供出租服務。

▲觀光之後來這裡放鬆身心

▲班夫國家公園的發源地

207

山頂上相當寒冷，別忘了攜帶外套。

🚌從轉運站搭乘漫遊巴士路線1，約12分鐘。

**班夫登山纜車**

📞(1-866)756-1904

🔗www.banffjasper collection.com/attractions/banff-gondola

🕐5/1～6/27、9/5～10/9
每日8:00～21:00
6/28～9/4
每日8:00～22:00
10/10～4/30
每日10:00～20:30
（依時期而變動）

🚫1月為了維修會停止營運約10天

💰大人$70~、青少年（6～15歲）$45.5、兒童免費

票價為變動制，由於6～8月的11:00～15:00左右會非常擁擠，建議事先上網預購；若事先預購的話，大人$60~、青少年$39~，價格優惠很多。也有推出包含餐廳自助餐的套裝價格，大人$97.56~、青少年$55.98~。

🚌從轉運站搭乘漫遊巴士路線1，約30分鐘；5/20～10/9出示纜車票就能免費搭乘。夏季也有班夫登山纜車提供的免費接駁服務。

# 🍁 硫磺山

Sulphur Mountain

MAP P.201-C1

★★★

通往硫磺山的班夫登山纜車Banff Gondola，是來到班夫務必要體驗的一大景點，硫磺山屬於環繞在班夫四周的山羊山脈Goat Range的一部分，纜車能夠直達位於山頂（海拔2285m）

▲被崇山峻嶺圍繞的班夫地勢一目了然

的觀景台，站在這裡可以將四周360度的大自然美景毫無保留地一一看個夠，往下俯視則是完整的班夫大道道景致，而旁邊就是巍峨聳立的高山，足以明瞭班夫的所在地勢。在城市右手邊較低矮的山脈，是因為當初鐵路打算要從這裡挖掘出一條鐵路隧道，而有了隧道山Tunnel Mountain（隧道計畫最後遭擱置）之名。將班夫整個城市以南北之勢包夾的，是位於隧道山左手邊的喀斯開山，以及右手邊的藍道山Mount Rundle，2座山高度皆約3000m，是班夫的重要象徵而為人所熟悉，裸露著岩石山壁的山巒美不勝收，每個季節都能夠欣賞到截然不同的景貌。而流淌在城市之內的曲折弓河，還有掩映於河川旁森林內的菲爾夢班夫溫泉旅館The Fairmont Banff Springs Hotel都能一覽無遺，至於座落在城市遠方的靛藍湖泊則是明尼灣卡湖Lake Minnewanka。

山頂旁還有另一處山峰，這是擁有著重現1903年氣象觀測站的桑森峰Sanson's Peak，從硫磺山頂有條漫遊步道可以步行至桑森峰，途中不時有機會看見松鼠、大角羊等野生動物。2016年8月，山頂車站重新整修開放，除了從早餐到晚餐都有供應的餐廳外，也有可一邊眺望周邊風景一邊悠閒品茶的咖啡館，只是山頂到了夏天依舊非常寒冷，一定要記得攜帶外套，加上天氣容易變壞，建議最好也帶上可以遮雨的連帽外套。

▲前往桑森峰的步道

## 盤旋小路
### Fenland Trail

MAP P.201-B1
★★★

　是沿著40里溪40 Mile Creek的濕原而設，繞行森林一圈約2km的健行步道，漫步大約40分鐘，有很高的機率能看到河狸、駝鹿等野生動物。步道入口就在前往朱砂湖途中的火車站附近。

⬆平坦的步道對入門者來說很輕鬆

**盤旋小路**
🚩在火車站旁立有步道入口的標誌（MAP P.202-B1）。

**要準備防蚊液**
　夏季的洛磯山脈有蚊蟲大量孳生，只要飯店或汽車的窗戶沒關，蚊子就會大批進入，因此一定要記得攜帶防蚊液，也可以直接在當地購買。

## 朱砂湖
### Vermilion Lakes
MAP P.201-B1
★★★

　倒映著聳立在班夫後方藍道山的湖泊，一共分為3座湖泊，並且各自依照數字編號為First、Second、Third；朝陽染紅的豔麗天空映照在湖面上，彷彿被朱砂染色一般，因而命名為朱砂湖，而湖岸旁白楊樹變色的秋天時更是格外美麗。不過湖水水位年年下降，目前僅深50cm左右。湖泊北岸有完備的柏油路經過，因此吸引許多騎著腳踏車來訪的遊客；而湖泊周邊也是野生水鳥的天堂，是班夫最佳的賞鳥景點，而最佳時刻則在早餐之前。

⬆映照於湖面的山嶺與枯木非常美

**朱砂湖**
🚩從市中心徒步約15分鐘，從火車站旁的囊鼠街Gopher St.往北走，到了加拿大橫貫公路正前方的朱砂湖路 Vermilion Lake Rd.再左轉。

## 諾奎山
### Mount Norquay
MAP P.201-B1
★★★

　座落於班夫的西北邊，與喀斯開山隔著40里溪相對而立的諾奎山，海拔2522m，一入冬就是距離市區最近的滑雪場而熱鬧不已，也是最受班夫民眾喜愛的滑雪場。搭乘吊椅來到山頂，東、南兩個方向可以一覽整座班夫市景，同時還能夠欣賞座落於城市右側，躲藏於濃綠針葉林中的朱砂湖閃閃發光。能從與硫磺山完全相反的方向來俯瞰班夫及周邊的自然美景，冬季時還會為了滑雪客推出從市中心出發的接駁巴士，滑雪季則在12月上旬～4月中旬左右。

⬆海拔2522m的諾奎山

**諾奎山**
Ski Banff at Mount Norquay
📞(403)762-4421
URL banffnorquay.com
🚡吊椅1日券
　大人$93、銀髮族・青少年$69、兒童$33
　6/10～10/8有觀光用的吊椅可以搭乘，這段期間也會有從班夫的火車站經由市區前往的接駁巴士（依排隊順序免費搭乘）行駛。
觀光吊椅
🗓6/10～9/9
　每日9:00～19:00
　9/10～10/8
　每日10:00～18:00
💲大人$43、兒童（6～15歲）$27、5歲以下免費

**明尼灣卡湖**

⊠從市中心開車10分鐘可到，夏季可搭乘漫遊巴士路線6前往，出示遊艇的船票就能免費搭巴士。

**遊艇之旅**

FREE(1-866)474-4766
URL www.banffjasper
collection.com/
attractions/
banff-lake-cruise
Classic Cruise
📅6/23～9/4
每日9:00～17:00定時出發
9/5～10/1
每日10:00～18:00整點出發
10/2～10/9
每日10:00～19:00整點出發
💰大人\$61～、兒童（6～15
歲）\$40～、5歲以下免費
所需時間約1小時，費用為
變動制，可以在網路購票，有
多種行程可以選擇。

## 班克黑德
### Bankhead

MAP P.201-A2 ★★★

位於明尼灣卡湖途中的城鎮，20世紀初期曾因為是煤礦城鎮而比班夫熱鬧許多，如今卻是只能從殘存建築來緬懷昔日光景的無人鬼鎮。很適合喜愛古老事物的遊客，到這裡漫步追尋過往的風華。

↑秋天充滿黃葉美景的班克黑德

## 明尼灣卡湖
### Lake Minnewanka

MAP P.201-A2 ★★★

↑可體驗遊艇與釣魚的樂趣

是班夫近郊唯一允許使用動力船的人工湖，這裡最有名的活動就是租船釣鱒魚，也有遊艇可以搭乘；沿著明尼灣卡湖畔開闊的道路深入，則是寂靜的雙傑克湖Two Jack Lake。因為能夠眺望藍道山的美麗山景，最適合露天野餐。釣魚資訊請參閱（P.214）。

---

COLUMN

# 冬季班夫的旅遊方式

說到加拿大洛磯山脈的最佳季節，當然非夏季莫屬，不過也有許多人認為湖水凍結、森林及群山被雪包覆的冬季才是最美的季節。搭乘全年營運的硫磺山纜車前往山頂眺望四周，冷冽澄澈的空氣突顯出山脈稜線，而綠色與白色的對比更為美麗。至於班夫冬季活動的首選就是滑雪，前往班夫2座、露易絲湖1座總計3座滑雪場，從市中心都有接駁巴士可以搭乘；另外還可以在市區的滑雪用具店、飯店櫃台等地租借溜冰鞋或雪鞋前往湖上，挑戰越野滑雪也讓人感到雀躍。而在夏季無法體驗，漫步於冰凍的強斯頓峽谷或河上的冰上健行Ice Walk Tour也大受歡迎。

↑夢幻般景色在眼前展現的冰上健行

DATA

主要旅行社
Discover Banff Tour（→P.205）
強斯頓峽谷冰上健行
💰大人\$94～、兒童（8～12歲）\$59～
※全長5.4km，所需時間約4小時，出發時間為8:30與13:30。也有個人之旅。

# 郊區小旅行

## 卡納納斯基村
Kananaskis Country ★★★

↑潺潺流動的水聲令人心生愉悦

座落在班夫東南方約30km的卡納納斯基村，是以自然環境為考量，計畫性開發而成的全年型度假村，又因為是卡加利冬季奧運比賽場地及2002年八大工業國G8的會場而備受矚目。彷彿倚靠在洛磯山脈東側而往南北方向延伸的卡納納斯基村，在加拿大洛磯山脈起伏劇烈的灰色岩山之中，形成獨特的景觀。

這裡四季都提供豐富的戶外體驗，而起點就在擁有高級飯店、野餐區的卡納納斯基度假村Kananaskis Village，冬季時可前往Nakiska滑雪場Nakiska Ski Area盡情滑雪，夏季時除了高爾夫、網球之外，還能從山腳下的緞帶溪Ribbon Creek健行到緞帶湖Ribbon Lake，也可以到Kananaskis Mountain Lodge, Autograph Collection後方的觀景台，眺望開闊的卡納納斯基河谷Kananaskis Valley。水量豐沛的卡納納斯基河Kananaskis River也是泛舟的人氣地點，經常有來自班夫、坎摩爾的旅遊團造訪，在度假村內可以進行各種戶外體驗的預約及資料收集。至於想享受釣魚樂趣的人，不妨前往位於更南邊彼得洛希德省立公園Peter Lougheed Provincial Park的卡納納斯基湖Kananaskis Lake，或是朝#742公路北上至斯普雷湖Spray Lake，都是垂釣的好地點。

在度假村周邊也有名為Guest Lunch的觀光牧場，可以體驗真正的騎馬樂趣，還能住在小木屋與牛仔家庭接觸，完全沉浸在西部風情裡。不過，從班夫或坎摩爾沒有大眾交通可前往，沒有車的話會非常不便。

---

**卡納納斯基村**

[地圖標示]
往班夫方向
坎摩爾 Canmore
Stoney Nakoda Resort
遊客中心
三姊妹山 The Three Sisters Mountain
Banff Lake
Mt. Lougheed
班夫國家公園 Banff National Park
斯普雷湖 Spray Lake
HI Kananaskis Wilderness
Nakiska滑雪場 Nakiska Ski Area
Boundary Ranch
Mt. Kidd
卡納納斯基村高球場 Kananaskis Country Golf Course
卡納納斯基度假村 Kananaskis Village
Kananaskis Mountain Lodge, Autograph Collection
彼得洛希德省立公園 Peter Lougheed Provincial Park
遊客中心
卡納納斯基湖 Kananaskis Lake
0  15 km

---

### ▶▶▶ 如何前往卡納納斯基村

從卡加利國際機場搭乘前往露易絲湖的Brewster Express，1日3班，所需時間約1小時30分；在Stoney Nakoda Resort下車之後，轉乘Kananaskis Mountain Lodge, Autograph Collection的接駁巴士前往卡納納斯基村，非飯店住宿房客則須付費。

---

**Pursuit Banff Jasper Collection**
卡加利出發
圖 單程　1人$79

---

❓卡納納斯基村遊客中心
Kananaskis Visitor Information Centre
MAP P.211
TEL (403)678-0760
URL www.albertaparks.ca
開 夏季
　　每日8:00～18:00
　　冬季
　　每日9:00～16:30
　　（依時期而變動）
休 無休

**騎馬**
Boundary Ranch
MAP P.211
TEL (403)591-7171
FREE (1-877)591-7177
URL boundaryranch.com
時 5～10月
圖 1小時行程$79～
　　不提供住宿。

**高爾夫**
Kananaskis Country Golf Course
卡納納斯基村高球場
MAP P.211
TEL (403)591-7070
URL www.kananaskisgolf.com
開 5月中旬～10月中旬
圖 週一～三$140、
　　週四～日$144

**卡納納斯基村的住宿**
Kananaskis Mountain Lodge, Autograph Collection
MAP P.211
TEL (403)591-7711
URL lodgeatkananaskis.com
圖 HG ⑤①$420～
　　LOW ⑤①$322～ Tax另計
CC A D M V
房 247房

---

# 班夫的 戶外體驗
## Activities in Banff

▲動物與花朵帶來無限樂趣

### 健行 Hiking

▲行走在絕景之中

　　能在宏偉大自然間行走的健行活動,是來到加拿大洛磯山脈一定要挑戰的戶外活動。在班夫周邊分布著從初學者到有經驗者都能體驗的許多健行路線,雖然不需要有特別的裝備,不過還是要準備墨鏡、帽子、健行鞋、雨具、禦寒衣物、水等用品,至於詳細的地圖可至遊客中心或書店購買。

---

**主要健行路線**

**隧道山**
Tunnel Mountain
　　登上位於城鎮旁隧道山的路線,途中可以眺望菲爾夢班夫溫泉旅館的全景。
**步行距離**:來回4.8km
**所需時間**:登山1小時,下山45分鐘
**海拔落差**:240m
　　到登山口的交通:開車從班夫大道沿著野狼街往東前進,到灰熊街Grizzly St.右轉,再馬上往左邊St. Julien Rd.前行約500m,左邊的停車場就是登山口,徒步約20分鐘。
**MAP** P.202-C2外(登山口)

▲俯瞰班夫市區的隧道山山頂

**陽光草原&Healy隘口**
Sunshine Meadows & Healy Pass
　　以班夫郊區的Sunshine Village滑雪場纜車站為出發地的健行路線,是能欣賞百花盛開的知名地點。下列為前往Standish Viewpoint的路線,另外也有從登山口搭乘吊椅Standish Chairlift前往的捷徑路線。

**步行距離**:陽光草原一圈12km
　　　　　　Healy隘口來回18.4km
**所需時間**:陽光草原一圈4小時45分
　　　　　　Healy隘口來回7小時
**海拔落差**:陽光草原240m
　　　　　　Healy隘口705m
　　到登山口的交通:夏季有從班夫前往的免費接駁巴士行駛,再從停車場搭乘纜車前往登山口。
**MAP** P.201-C1外(登山口)
班夫出發的接駁巴士
**URL** www.banffsunshinemeadows.com
**圖**6/28～9/8
　去程7:20～17:10、回程8:00～17:45　**圖**免費
纜車
**圖**6/23～9/10　每日8:00～18:00
**圖**來回　大人$65、銀髮族$55、兒童(6～15歲)$32
　　包含前往健行步道最主要景點Standish Viewpoint的吊椅費用。

▲陽光草原的重頭戲Standish Viewpoint

## 腳踏車 Cycling

光靠步行的方式，會覺得加拿大洛磯山脈的雄偉景色沒什麼變化，但對於不租車又想享受園內景色的遊客，最好的方式就是騎腳踏車了。車

也是便利的移動工具

子種類以登山車為主流，只是國家公園內能騎登山車的健行步道有所限制，要多加留意，相關路線可至遊客中心或租車店洽詢。

### 主要腳踏車路線

朱砂湖路線
Vermilion Lakes Drive MAP P.201-B1
距離：7.4km（單程）
海拔落差：幾乎沒有
難易度：Easy
穿越班夫的街道，經由盤旋小路沿著朱砂湖畔道路前進，在行進方向的左邊可以眺望朱砂湖及藍道山。

明尼灣卡湖
Lake Minnewanka MAP P.201-A2

距離：30km（單程）
海拔落差：75m
難易度：Difficult
湖泊入口雖然比較狹窄，但愈往裡面走就愈寬敞，不過路上布滿石頭，想要維持平衡並不容易，卻也是磨練技巧的好地方；由於距離偏長，最好一邊計算時間、一邊找地方折返為佳，能夠眺望連綿在湖泊另一頭的Fairholme山脈Range Fairholme。從市中心至明尼灣卡湖之間的明尼灣卡湖路Lake Minnewanka Road（距離24km）也一樣很有人氣，不過出發方向多為上坡，比較辛苦。

## 騎馬 Horseback Riding

在加拿大，騎馬漫步在大自然是很普通的戶外活動，有1～3小時左右的輕鬆行程，也有一邊露營花上數天時間漫遊的行程，非常多樣化；而且這些豢養的馬匹都經過細心訓練，就算是初學者也能威風地騎在馬背上。位在班夫的騎馬公司Banff Trail Riders，出發點有2處，從菲爾夢班夫溫泉旅館出發的話是往斯普雷河Spray River、硫磺山方向；從市中心

也可以體驗渡河

出發則是越過弓河後往西，由Warner Stable通向弓河河畔、Sundance溪Sundance Creek的路線。

### 租腳踏車
Snow Tips
MAP P.202-C2
225 Bear St.
TEL (403)762-8177
URL snowtips-bactrax.com
營 夏季 每日7:00～21:00
冬季 每日8:00～20:00
9月上旬～11月（依時期而變動）
休 無休
費 1小時$12～、1日$42～（含安全帽、車鎖、地圖）
也推出腳踏車的導覽之旅，冬季還會出租滑雪裝備。

### 騎馬
Banff Trail Riders
MAP P.202-D1
TEL (403)762-4551
FREE (1-800)661-8352
URL horseback.com
營 騎馬活動在4～10月左右
菲爾夢班夫溫泉旅館出發
MAP P.202-D1
Spray River Ride（1小時）
營 5～10月 每日10:00～17:00整點出發
費 $94～
Warner Stable出發
MAP P.202-C1
Bow River Ride（1小時）
營 4～10月 每日9:00～14:00整點出發及15:30出發
費 1人$86～
Horseback Trail Ride & BBQ Cookout（3小時）
營 5月上旬～9月上旬 每日17:00出發
9月上旬～10月上旬 每日16:00出發
費 1人$199～

# 釣魚 Fishing

明尼灣卡湖Lake Minnewanka是班夫國家公園中唯一允許行駛動力船的湖泊，可以體驗在船上拖釣、路亞釣魚等樂趣。船隻可至湖畔的船屋租借，沒有釣魚證的人不妨參加導覽之旅，至於在弓河（路亞、飛蠅釣）則有機會釣到褐鱒等魚種。由於從事釣魚需要有釣魚證Fishing Licence，一定要事先在遊客中心購買或參加導覽之旅。最佳季節為7～8月，明尼灣卡湖則是5月中旬～9月上旬以外都禁止釣魚。

# 泛舟 Rafting

搭乘橡膠船（Raft）順著溪流而下的活動就是泛舟，從班夫出發的話，通常是由弓河而下的路線，提供巴士接送服務，由於水流並不湍急，任

↑在碧藍河水間划動船槳

何人都可以參加，不需要準備泳衣，也可攜帶相機。

對於喜歡更驚險刺激的遊客，不妨將行程從班夫拉遠至優鶴國家公園的踢馬河Kicking Horse River，或是流經卡納納斯基村的卡納納斯基河Kananaskis River，尤其是有白水之稱的踢馬河，堪稱激流泛舟的一大聖地。防寒衣、救生衣等都可以免費租借，不過還是要準備不怕濕的鞋子、換穿衣物、泳衣、雨具、毛巾等，因為許多行程都是不提供更衣室或淋浴設備，因此最好在出發前先將泳衣穿上。泛舟季節大概為5～9月。

# 獨木舟 Canoeing/Kayaking

雖然在洛磯山脈划獨木舟是以湖泊為主流，不過在班夫，從弓河划船前往朱砂湖的路線也很受歡迎，穿過針葉林圍繞的40里溪來到遼闊的朱砂湖，可感受雄偉的大自然。弓河雖名為河，但因水流平穩且水淺，是入門者也可以安心體驗的路線。獨木舟季節通常在5～10月。

↑獨木舟最多可乘坐3人

# 班夫的住宿
## ——Hotels in Banff——

市中心的住宿選擇以中央區域的幾間飯店及北側的汽車旅館街為主，弓河以南有大型的最高級飯店——菲爾夢班夫溫泉旅館The Fairmont Banff Springs Hotel、The Rimrock Resort Hotel。雖然是加拿大洛磯山脈自豪的度假地區，城市規模大，可以容納的住房旅客也多，但在夏季的觀光旺季若沒有預訂是無房可住的，建議最好提早2～3個月前預訂。順帶一提，在班夫即使是高級飯店，客房內沒有冷氣的狀況並不少見。

班夫的飯店房價落差極大，觀光客集中的夏季與淡季時的冬天（耶誕至元月除外），房價相差可達2倍之多，要有夏季最低房價是$100起跳的心理準備。若要找平價住宿，B&B、青年旅館或Airbnb都要善加利用。

---

最高級飯店

## The Fairmont Banff Springs Hotel
### 菲爾夢班夫溫泉旅館

創業於1888年，座落在弓河畔，彷彿城堡般宏偉的最高級飯店，接待大廳及走廊都以古董家具做為裝飾，洋溢高雅尊貴的氣息。飯店內有完善的SPA或溫泉游泳池可以消除旅途疲憊，體驗百分百的度假氛圍。因為是全世界都嚮往的大飯店，一定要儘早預約。

MAP P.202-D1
405 Spray Ave.
TEL (403)762-2211
FREE (1-866)540-4406
URL www.fairmont.jp/banff-springs
夏6～9月⑤⑩$739～
冬10～5月⑤⑩$589～
Tax另計
CC A D J M V 739房

## The Rimrock Resort Hotel

建造在硫磺山山腰處的大型度假飯店，並附設最高等級5鑽石的餐廳「Eden」及SPA、游泳池等設備，而且從全部都是玻璃帷幕的接待大廳，可以欣賞無與倫比的藍道山美景。前往硫磺山的班夫纜車乘車處或班夫上溫泉都不遠，由市中心可以搭乘漫遊巴士路線1。

MAP P.202-D1
300 Mountain Ave.
TEL (403)762-3356
FREE (1-888)746-7625
FAX (403)762-4132
URL www.rimrockresort.com
夏6～9月⑤⑩$444～
冬10～5月⑤⑩$292～
Tax另計
CC A J M V
333房

---

高級飯店

## Banff Park Lodge

弓河以北最高等級的飯店，客房空間非常寬敞，客房總數也很多，因此比較容易預訂到房間。附設2間餐廳、行政酒廊、室內游泳池、三溫暖、按摩池等豐富設施，還推出滑雪套裝組合、含早晚餐的組合、網路、銀髮族優惠等折扣價格。

MAP P.202-C1
201 Lynx St.
TEL (403)762-4433
FREE (1-800)661-9266
URL www.banffparklodge.com
夏6～9月⑤⑩$399～
冬10～5月⑤⑩$153～
Tax另計
CC A D M V
211房

## Mount Royal Hotel

座落在市中心班夫大道與馴鹿街Caribou St.的交叉路口，地點非常方便，飯店內還附設加拿大料理餐廳「Brazen」，除了三溫暖、按摩池等設施外，還有屋頂行政酒廊與屋頂溫水泳池。2018年完成整修的客房充滿時尚氛圍。

MAP P.202-D2
138 Banff Ave.
TEL (403)762-3331
FREE (1-877)862-2623
URL www.banffjaspercollection.com/hotels/mount-royal-hotel
夏季⑤⑩$429～
冬季⑤⑩$200～
Tax另計
CC A J M V
133房

---

🛁浴缸　📺電視　💨吹風機　🍸Minibar和冰箱　📦保險箱　💻網路
🛁部分房間　📺部分房間　💨出借　🍸部分房間　📦櫃台提供

215

## Elk+Avenue Hotel

位在班夫大道北側汽車旅館街上最靠近市中心的飯店，地點非常便利，吸引許多日本遊客下榻。客房裝潢以白色與灰色為基本色調，飯店內也附設紀念品店、餐廳、三溫暖、按摩池、健身中心等設施。

**MAP** P.202-C1
住333 Banff Ave.
TEL(403)762-5666
FAX(1-877)442-2623
URL banffjaspercollection.com/
　　hotels/elk-and-avenue
費HIGH 6〜9月ⓈⒹ$359〜
　　LOW 10〜5月ⓈⒹ$139〜
　　Tax另計
CC A M V
房162房

## Banff Ptarmigan Inn

靠近市中心中央，擁有醒目紅色屋頂的山間小木屋式建築，而擁有中庭的地中海餐廳「The Meatball」也很受歡迎，至於健身中心、三溫暖、按摩池、SPA等設施也很完善。房間備品採用「Rocky Mountain Soap Company（→P.220）」，每個客房都有咖啡機。

**MAP** P.202-B1
住337 Banff Ave.
TEL(403)762-2207
FAX(1-800)661-8310
URL banffptarmiganinn.com
費HIGH 6月下旬〜10月中旬ⓈⒹ$319〜
　　LOW 10月中旬〜6月下旬ⓈⒹ$129〜
　　Tax另計　含早餐
CC A M V　房134房

## High Country Inn

大門口雖然相當簡樸，客房卻是非常乾淨舒適，媲美最高級飯店；房型則有包含陽台、家庭套房、蜜月套房等各種選擇，並且提供班夫少有的空調服務，至於室內游泳池等設備也很完善。飯店內的義大利餐廳「Ticino」也相當有人氣。

**MAP** P.202-B1
住419 Banff Ave.
TEL(403)762-2236
URL www.banffhighcountryinn.com
費HIGH 6〜9月ⓈⒹ$380〜
　　LOW 10〜5月ⓈⒹ$129〜
　　Tax另計
CC A M V
房70房

## Charltons Banff

座落在汽車旅館街中央處，散發典雅氣息的飯店，擁有室內游泳池、三溫暖、按摩池等設備，客房有備King Size床的豪華套房、可住宿4人附暖爐的行政套房等類型，還有大窗戶可欣賞寬闊的風景。夏季也提供免費租借腳踏車的服務。

**MAP** P.202-B2
住513 Banff Ave.
TEL(403)762-4485
FAX(1-800)661-1225
URL www.charltonsbanff.com
費HIGH 夏季ⓈⒹ$499〜
　　LOW 冬季ⓈⒹ$179〜
　　Tax另計
CC A M V
房65房

## Banff Caribou Lodge & Spa

在班夫大道的汽車旅館街上最具有高級感的飯店，以奢華氣氛讓遊客盡情享受度假生活。小木屋式的飯店內，客房都是使用木頭的舒適裝潢，館內還有附三溫暖設備的健身中心，至於提供瑞典式按摩的SPA也很有人氣。還附設「The KEG」牛排屋。

**MAP** P.202-B2
住521 Banff Ave.
TEL(403)762-5887
FAX(1-800)563-8764
URL banffcariboulodge.com
費HIGH 6月下旬〜9月下旬ⓈⒹ$449〜
　　LOW 9月下旬〜6月下旬ⓈⒹ$129〜
　　Tax另計
CC A D M V
房190房

## Peaks Hotel & Suites

2020年開業，位在Banff Park Lodge（→P.215）對面，是班夫比較新的飯店，住宿房客可以使用同飯店的游泳池、三溫暖等設施。4樓建築的館內洋溢時尚氛圍，並有附陽台及挑高樓中樓設計，能享受山岳度假村氣氛的行政套房。

**MAP** P.202-C1
住218 Lynx St.
TEL(403)762-4471
FAX(1-800)661-1021
URL www.peaksbanff.com
費ⓈⒹ$569〜　Tax另計
CC A M V
房71房

## Good Nite's Rest B&B

從市中心徒步10分鐘，位於寧靜住宅區的B&B，所有客房內都有2張Queen Size床鋪，並備有微波爐、咖啡機。入口處是只限房客使用的私人空間，可享受宛如自家般的住宿體驗，手工早餐則提供馬芬、水果沙拉等。

MAP P.202-B1
住 437 Marten St.
TEL (403)762-2984
URL www.shouthotels.com/a-good-nites-rest-banff
費 HI 夏季⑤①$399～
LOW 冬季⑤①$119～
Tax另計 含早餐
CC M V 房 3房

## Buffaloberry B&B

位在寧靜住宅區內的原木屋高級B&B，有3間客房放置1張Queen Size床、另1間則為King Size床，寬敞而舒適；交誼廳則設有大型暖爐，可以放鬆身心。入住時間為16:00～18:00之間，連住4天以上還可享折扣優惠。

MAP P.202-B1
住 417 Marten St.
TEL (403)762-3750
URL buffaloberry.com
營 5～10月
費 ⑤①$560～
Tax另計 含早餐
CC M V
房 4房

## Banff Squirrel's Nest B&B

從鬧區徒步3分鐘可到的B&B，由擁有豐富洛磯山脈嚮導經驗的池田夫婦經營，有任何觀光相關問題都可詢問，讓初次來訪的遊客感到安心。所有房間都備有2張床及專用衛浴，也可以使用廚房、客廳等公共空間，還提供免費飲料，最適合家庭及團體旅遊。

MAP P.202-B1
住 332 Squirrel St.
TEL (403)763-0048
URL bbbanff.com
費 夏季1泊$500～（包棟）
冬季1泊$300～（包棟）
Tax另計 早餐要詢問
CC 不可
房 4房

## YWCA Banff Hotel

位於弓河旁，面對瀑布花園的寧靜地點，雖然名為YWCA，不過男性或家庭一樣可以下榻，客房陳設非常簡潔。接待櫃台為24小時服務，也接受戶外活動的詢問及報名，停車場則採入住順序制。每年10月中旬起因維修而停業3週。

MAP P.202-D1
住 102 Spray Ave.
TEL (403)762-3560
FREE (1-800)813-4138
URL ywcabanff.ca
費 ⑤①$140～ Tax另計
CC A M V
房 45房

## Samesun Backpacker Hostels

吸引來自全世界各地年輕人聚集而熱鬧不已的團體房住宿，也有半獨立的雙人房，距離市中心徒步只要5分鐘的好位置也很具吸引力。飯店內有洗衣房、廚房、ATM，接待大廳則有電腦可免費上網，員工們也都很友善。並附設休閒的酒吧。

MAP P.202-B1
住 443 Banff Ave.
TEL (403)762-4499
FREE (1-877)972-6378
URL www.samesun.com
費 6～9月 團體房$100～150
LOW 10～5月 團體房$40～60
Tax另計 含早餐
CC M V 房 40房、96床

## Banff International Hostel

擁有4～8人住的團體房及個人房，顧慮安全問題而使用房卡鑰匙，各房間都備有保險箱。雖然距離市中心較遠，但晚上較為安靜舒適；而且附近就有酒鋪和便利商店，還算方便。

MAP P.202-B1
住 449 Banff Ave.
TEL (403) 985-7744
FREE (1-855) 546-7835
URL www.banffinternationalhostel.com
費 5月～10月中旬 團體房$72～109
⑤①$350～
LOW 10月中旬～4月 團體房$32～80
⑤①$160～ Tax另計 含早餐
CC A M V
房 23房、148床

# 班夫的餐廳
## ── Restaurants in Banff ──

在班夫有世界各國的美食且水準很高，不過因為為觀光地使得價格略高，幾乎所有的餐廳都集中在弓河以北的市中心，在漫遊市區之際不妨順便研究一番。班夫在地並沒有什麼招牌名菜，但許多餐廳都會供應在地亞伯達省的牛排，而且品質也非常好，如果在來班夫前還沒品嚐過亞伯達牛的人，絕對要嘗試看看。由於班夫幾乎所有的飯店都附設餐廳，因此玩太累而不想出門的人也不怕餓肚子。如果想要簡單便宜解決一餐，建議可以去Cascade Shops(→P.220)的地下美食街，從三明治、義大利菜、中式到日本料理一應俱全；而且很多飯店客房都附設廚房，去超級市場購買食材再自行烹煮，也是一種方法。

加拿大料理

## The Maple Leaf

使用產自加拿大的精選食材來烹調，像肉類一定是AAA級的亞伯達牛排$63～、燉野牛肉$55～，魚肉則會選用鮭魚$48等，味道絕對有保證，至於葡萄酒也是以加拿大為主，收藏非常豐富。2樓屬於正式餐廳，1樓的氣氛則較為休閒，還有提供團體客使用的包廂。

MAP P.202-D2
137 Banff Ave.
TEL (403)760-7680
URL www.banffmapleleaf.com
營 週日10:00～15:00/17:00～21:30
休 無休
預 午餐$20～、晚餐$40～
CC A M V

## Melissa's Missteak

自1978年創立以來，持續受到喜愛的名店。提供以燒烤為主的餐點，AAA級亞伯達牛的頂級肋眼牛排$58，肉質軟嫩得令人吃驚，海鮮方面則推薦$41的鮭魚排，至於早餐供應的蟹肉與蘆筍歐姆蛋$21.5很受歡迎，晚間還有樂團現場演奏。

MAP P.202-D2
201 Banff Ave.
TEL (403)762-5511
URL melissasmissteak.com
營 每日8:00～21:00(酒吧～翌日2:00)
休 無休
預 午餐$20～、晚餐$40～
CC M V

## The Bison

提供亞伯達牛及鮭魚等加拿大嚴選食材料理，像是名店的野牛排$89、野牛漢堡$39就很受歡迎；隨季節變換的菜色也很多，還能搭配各種葡萄酒，5種生啤酒$9～。雖然是休閒氛圍的餐廳，仍建議事先預約。週四16:00起有現場演奏。

MAP P.202-C2
211 Bear St.
TEL (403)762-5550
URL www.thebison.ca
營 每日16:00～21:00
休 無休
預 $50～
CC A M V

速食

## Beaver Tails

起源於渥太華的連鎖店，被香甜味道所吸引的觀光客總是大排長龍。招牌的酥皮點心有原味$6.5、AVALANCHE $8.5等12種口味，肉汁起司薯條$9最適合當點心，還有夏日消暑的檸檬汁和綠果昔，種類也很豐富。在班夫大道上還有另一家分店(MAP P.202-D2)。

MAP P.202-D2
201 Banff Ave.
TEL (403) 985-1977
URL beavertails.com
營 週一～五12:00～21:00
　 週六・日11:00～22:00
休 無休
預 $5～
CC MV

## Coyotes

添加地中海式調味，可以品嚐到分量十足的美國南方料理，午餐以供應義大利麵、三明治為主，晚餐主菜價格為$30～65；無論是麵包還是醬汁都堅持自家手工製作，包括果汁都是用新鮮水果現榨而成。招牌早餐是淋上滿滿楓糖漿的傳統法式土司$15.95。

（MAP）P.202-D2
住 206 Caribou St.
TEL (403)762-3963
URL coyotesbanff.com
營 每日8:00～11:30/
12:00～16:00/17:00～22:00
休 無休
用 午餐$20～、晚餐$30～
CA M V

國際料理

## Tooloulou's

可以品嚐肯瓊Cajun與加拿大的融合料理，是用餐時段便會湧現排隊人潮的人氣餐廳。帶有濃郁香料香氣的什錦飯Jambalaya $26.95、燉煮料理秋葵濃湯Gumbo $28.95等料理分量十足，早餐餐點供應到14:00，法式土司$12.95～、鬆餅$13.95～都很受好評。

（MAP）P.202-D2
住 204 Caribou St.
TEL (403)762-2633
URL tooloulous.com
營 週一～五8:00～21:00
週六・日7:30～21:00
休 無休
用 午餐$25～、晚餐$40～
C M V

## Magpie & Stump

擁有頂樓酒吧的獨棟建築墨西哥菜餐廳，提供超過60種龍舌蘭酒，玉米捲餅$6.75～分為雞肉、豬肉、牛肉、蔬食等口味，把玉米餅包上熱騰騰的牛排或烤雞、蔬菜等各種自己喜歡的餡料來品嚐的Fajitas $25～也很受歡迎。

（MAP）P.202-D2
住 203 Caribou St.
TEL (403)762-4067
URL www.magpieandstump.ca
營 每日11:30～翌日1:00
休 無休
用 $20～
CA M V

墨西哥料理

## Wild Flour

以黃色陽傘為標誌的烘焙咖啡館，使用有機麵粉及天然酵母，以店內的石窯烘烤出法國麵包、可頌、餡餅等種類豐富的麵包；當日特製三明治$10～，也有隨季節變換的蛋糕。也推出托特包、隨行杯等多種原創商品。

（MAP）P.202-C2
住 211 Bear St., The Bison Courtyard
TEL (403)760-5074
URL wildflourbakery.ca
營 每日7:00～16:00
休 無休
用 $12～
CA M V

咖啡館

## 茶屋
### Chaya

在班夫大道上，位於麥當勞北側的日本料理店，隨時都有本店店員親切地招呼，是氣氛輕鬆的定食屋；供應拉麵、擔擔麵、咖哩豬排、炸什錦烏龍麵等日本招牌料理，每種價格為$15左右，在觀光地還算是平價，而且全部餐點都能外帶。

（MAP）P.202-D2
住 118 Banff Ave.
TEL (403)760-0882
營 7～9月
每日11:30～15:00/16:00～21:00
10～6月
每日11:30～20:30
休 無休
用 $13～
C M V

日本料理

## Pad Thai Restaurant

氣氛很輕鬆的泰國菜餐廳，供應紅咖哩、綠咖哩（附飯，各為$16.95）等餐點，適合不太能吃辣的人。泰式炒麵$14.95、春捲$6.5、沙嗲雞肉$14都很有人氣，而且收費相當合理，人多時不妨外帶。

（MAP）P.202-D2
住 110 Banff Ave.
TEL (403)762-4911
URL www.padthaibanff.com
營 週三12:00～19:00
週四～一12:00～21:00
休 週二
用 $20～ C M V

泰國料理

# 班夫的購物
## ──Shops in Banff──

購物的鬧區就在班夫大道，除了購物中心林立，還有各式各樣的專賣店；而菲爾夢班夫溫泉旅館The Fairmont Banff Springs Hotel內也聚集眾多名店，唯一可惜的是班夫並沒有非買不可的特色紀念品。

---

購物中心

## Cascade Shops

聳立在班夫大道與野狼街的轉角處，是班夫最大的購物中心，聚集加拿大名牌「Canada Goose」等流行服飾及生活雜貨店，還有以在地作家作品為主的「Branches Market Place」。地下樓層則有美食街、銀行、匯兌處、藥局、自助洗衣店。

MAP P.202-C2
住317 Banff Ave.
TEL (403)762-8484
URL cascadeshops.com
營夏季
　每日10:00～21:30
　冬季
　週一～四10:00～20:00
　週五・六10:00～21:00
　週日10:00～18:00
CC依店鋪而異

---

戶外用品

## Monod Sports

網羅加拿大人氣品牌ARC' TERYX，以及The North Face、Patagonia等知名戶外品牌商品的戶外服飾店，登山外套、刷毛衣、防風外套等衣物都很齊全，如遇氣溫突然驟降可以來此採購防寒衣物。

MAP P.202-D2
住129 Banff Ave.
TEL (403)762-4571
FREE (1-866)956-6663
URL www.monodsports.com
營夏季
　每日10:00～20:00
　冬季
　每日10:00～19:00
休無休
CC A M V

---

紀念品

## Jacques Cartier Clothier

販賣由因紐特人收集棲息在極地的麝牛（Muskox）軟毛加工製作的毛衣或帽子等商品，雖然麝牛毛衣要價不菲$1000～2500，卻是輕而保暖得令人吃驚，加上做工極佳，要是常穿的話很值得購買。還有手套$150～220、圍巾$110～550。

MAP P.202-D2
住131A Banff Ave.
TEL (403)762-5445
URL www.qiviuk.com
營5月～10月中旬
　每日10:00～21:00
　10月中旬～4月
　每日10:00～20:00
休無休
CC A J M V

---

化妝品

## Rocky Montain Soap Company

100%使用純天然材質製作身體保養品的店家，手工肥皂有羊奶、玫瑰果等多樣豐富的味道可選，顏色也是五彩繽紛極為可愛；另外像是浴鹽、乳液、磨砂膏等商品也是應有盡有，綜合式的禮盒最適合買來送人。在坎摩爾市中心也有分店。

MAP P.202-D2
住204 Banff Ave.
TEL (403)762-5999
URL www.rockymountainsoap.com
營週日・二・三10:00～18:00
　週一・四・六10:00～20:00
休無休
CC M V

---

葡萄酒

## Banff Wine Store

位於市中心的中央地區，班夫大道上購物中心Caribou Corner的地下樓層，販賣來自世界各地的好酒，歐肯那根或尼加拉所出產的加拿大葡萄酒種類也很豐富；至於冰酒（1瓶$41～）的品項也多得令人眼花撩亂，紀念品性質的小瓶冰酒$9.5～。

MAP P.202-D2
住302 Caribou St.
TEL (403)762-3465
URL banffwinestore.com
營每日10:00～21:00
休無休
CC M V

# 班夫的夜生活
## ─ Night Spots in Banff ─

作為世界級度假勝地的班夫，特別是在夏季，市區裡直到深夜都有在地人或觀光客熱鬧聚集在街頭；由於治安相當良好，女性或年長者都可以放心享受這裡的夜生活。市中心有氣氛成熟的酒吧、酒館Pub及年輕人熱愛的夜店等各式各樣不同的店家。

## Rose & Crown

創業於1985年，是班夫歷史最久的酒館之一，除了有當地年輕人齊聚的撞球檯，以及適合專心品酒的座位區之外，也有景觀好的屋頂露台。供應生啤酒$8～10、加入洛磯山脈天然水的琴酒$12等酒類，連餐點也很正統。每晚22:00起還有現場演唱。

MAP P.202-C2
202 Banff Ave.
TEL (403) 762-2121
URL roseandcrown.ca
營 每日12:00～翌日2:00
休 無休
酬 $15～
CARD A M V

## Banff Ave Brewing Company

位在購物中心Clock Tower Mall 2樓的酒館，提供10種自家釀造的啤酒，推薦可品嚐6種啤酒的Sampler $19.95，餐點則有漢堡、雞翅、炸魚薯條等，每一道都很下酒。

MAP P.202-D2
110 Banff Ave.
TEL (403)762-1003
URL banffavebrewingco.ca
營 週日11:30～24:00
週一～三12:00～24:00
週四・五12:00～翌日1:00
週六11:30～翌日1:00
休 無休
酬 $25～
CARD A M V

## St. James's Gate

班夫很有人氣的愛爾蘭式酒館，一入夜就人潮洶湧，提供超過20種不同的精釀啤酒，至於愛爾蘭美食或牛排等餐點也很多樣。在耶誕節或復活節期間的每晚都有現場表演，其餘時間則是在週四有愛爾蘭音樂、週五・六則是樂團現場表演。

MAP P.202-C2
207 Wolf St.
TEL (403)762-9355
URL www.stjamesgatebanff.com
營 週日～四11:00～翌日1:00
週五・六11:30～翌日2:00
休 無休
酬 $20～
CARD A M V

## Park Distillery

班夫最知名的人氣店，使用加拿大洛磯山脈天然水釀製的原創伏特加$8～，共有4種口味；至於下酒的餐點也很豐富，最受歡迎的就是漢堡$25～、亞伯達牛排$47～等，另外還有附設販售伏特加與原創商品的商店。

MAP P.202-C2
219 Banff Ave.
TEL (403)762-5114
URL parkdistillery.com
營 每日11:00～22:00
（依時期而變動）
休 無休
酬 午餐$25～、晚餐$40～
CARD A M V

## High Rollers

附設在保齡球館裡的啤酒吧，1球道1小時的費用為週日～五$49、週六$55，租鞋費$5.99；每天22:00起推出DJ活動，週末直到深夜都人潮不斷，最好事先預約。供應48種啤酒，餐點則推薦純手工製作的披薩。

MAP P.202-D2
110 Banff Ave.,Lower Level
TEL (403)762-2695
URL highrollersbanff.com
營 週一・三～五15:00～翌日2:00
週二15:00～翌日1:00
週六・日12:00～翌日2:00
休 無休
酬 $10～
CARD M V

# 加拿大洛磯山脈的動物

加拿大洛磯山脈棲息著很多種類的野生動物，即使是像班夫這樣的人群聚集之地，只要稍微靠近山區就有機會看見駝鹿出沒；不過在國家公園內絕對禁止餵食野生動物，最好的對待方式就是不干涉大自然的運作，只在一旁靜靜地觀察牠們。

## 灰熊 Grizzly Bear

為洛磯山脈的代表性動物，這種體型非常碩大的野生熊，最大特徵就是肩膀至腰部的肌肉隆起突出，背部夾有白色雜毛，看起來像灰褐色澤因而得名。

灰熊的手掌極大且有爪，長成成熊後體型可達約250cm高，體重360kg的龐然大物，但在熊科動物中屬於個性較為溫和，通常會懼怕人類並主動躲避；但是萬一將人類當成獵物看待、威脅到幼熊，或是因獵物被搶奪而視為敵人時，就非常具有攻擊性。

灰熊在每年11月下旬會返回巢穴，到4月左右的4～6個月為冬眠期間，因此秋季的食慾非常旺盛，為了填飽肚子補充營養而四處遊走，為之後的長期穴居作準備。灰熊會將冬眠巢穴挖在朝北或東邊的陡峭山丘中麓，當積雪變深時就能完全與外界隔離，而且不會儲藏食物在洞穴裡，而是仰賴秋天所囤積的脂肪生存，因此在冬眠時的體溫會下降2～3度，呼吸每分鐘也只有2～4次而已，小腸功能則完全停止，直到春天來臨前都不會排泄。

灰熊經常出沒在冰原大道的赫克特湖Hector Lake或弓湖Bow Lake周邊，大多數都是單獨行動，因此開車經過附近時記得別驚動牠們，要提高警覺小心駕駛。

⬆灰褐色的巨大身軀

## 黑熊 Black Bear

⬆母子一起出現時要格外注意

同樣是野生熊，不過體型比灰熊小且毛色全黑的就是黑熊，除了黑色之外也有肉桂色、褐色等各種不同毛色，體長為150～180cm，在熊類中屬於體型嬌小的種類；洛磯山脈隨處都有牠們的蹤影，當然同樣具有危險性不要靠近。

## 駝鹿 Elk

⬆傍晚比較容易看到

別名又稱為Wapiti的駝鹿，長成之後是僅次於麋鹿、體型第二大的鹿，公鹿的角最長能達約2m。秋季時會形成1公多母的小團體，而公鹿為保護屬於自己的母鹿群及展現所有權，會不時高聲鳴叫；聽到駝鹿的叫聲時，表示洛磯山脈的漫長冬天即將來臨。

## 麋鹿 Moose

⬆多出現在水邊

成年麋鹿的體型是全世界最大的鹿，雄鹿頭上的扁平狀鹿角單邊最重可達10kg，鹿角在入冬之初會掉落，春天來臨時再長出新的角，而在成長過程中還沒有變成硬骨的柔軟犄角就是鹿茸。至於不長角的雌鹿則擁有超強的腿力，據說為了保護幼鹿，甚至曾經將熊踹死。

## 北美黑尾鹿＆白尾鹿
## Mule Deer & White-tailed Deer

通常會在森林間發現的小型野生鹿，就是北美黑尾鹿或白尾鹿，雖

▲也可能出現在道路旁

然從外觀很難分辨，但在尾巴的顏色上還是有些微不同，白尾鹿的尾巴內側是白色，而北美黑尾鹿則為黑色（也因此又被稱為Black-tailed Deer）。不過2種鹿的體型都很苗條，夏季時的體毛是紅褐色，等到冬季時再長出灰褐色。

## 大角羊　Bighorn Sheep

與馳鹿、灰熊同為洛磯山脈的代表性動物，身體是灰褐色，而臀部與腹部卻是白色。成年的雄鹿會擁有大而捲曲的羊角，雌鹿或幼鹿則只會長出短短的角；因為都在山岳地區過群體生活，是攀爬山岩的高手，比較容易出現在道路旁。

▲最容易看到的野生動物

## 雪羊　Mountain Goat

屬於棲息在山區的野生山羊，身體長滿白毛，無論雌雄都擁有黑色雙角，全身體毛會在夏季時全部掉光，等到秋季時再重新長出膨鬆白毛，非常漂亮。

雖然是溫馴的草食性動物，可是一旦感受到危險時的爆發力，是人類難以想像的，因此無論是觀察拍照或錄影時，都別忘了保持適當的安全距離。

▲為了舐食岩石所富含的礦物質，而出現在山崖上

## 河狸　Beaver

加拿大國家公園（Parks Canada）的代表性動物就是河狸，雖然棲息於河川、沼澤等水邊，因為屬於夜行性動物，除了傍晚或清晨，幾乎很難發現牠的蹤跡。河狸會利用招牌的銳利牙齒咬斷樹木，然後挖掘堤壩，再將樹木搬運至水中，然後不斷重複相同的作業，以泥土固定樹木成樁來築成水壩或巢穴，因為這樣的修築習性而有名；被稱為「Lodge」的河狸巢穴非常堅固，即使是1個成年人站上去也不會坍塌。河狸曾經一度因為毛皮業者的濫捕而瀕臨絕種，幸好在近年逐漸恢復數量。

▲國家公園的象徵

## 松鼠類

棲息多種不同種類的松鼠，不過在露營地較為容易看到的是北美紅松鼠，在開車途中、岩石陰影處看到的是地松鼠Ground Squirrel或花栗鼠Chipmunk。加拿大的松鼠多半不怕人，就算靠很近也不會逃跑，遊客可以仔細觀察。

▲經常在湖畔等處出現

## 其他

▼郊狼立刻逃逸無蹤

山岩地區有土撥鼠Marmot、短耳野兔Pika出沒，河川湖泊間有自在優游的野鴨、翠鳥、魚鷹、白頭

海鵰等鳥類身影，都有機會一睹真面目。不過有些夜行性動物比較難看到，像是貂、狼獾、截尾貓Bob Cat等，也有機會能遇見郊狼Coyote。

# 坎摩爾

## 加拿大洛磯山脈

**MAP** P.182-C2
**人口** 1萬5990
**面積** 403

坎摩爾情報網
**URL** www.
explorecanmore.ca

距離班夫東南方約22km，位於班夫國家公園外側的坎摩爾，與班夫同樣是前往加拿大洛磯山脈觀光的據點城市，因為住宿費用比班夫便宜，最近幾年有許多

↑流經市區的警察溪

人選擇從此地進入國家公園。坎摩爾附近規劃有很多健行路線，還有泛舟及國家公園禁止的直升機旅遊等以大自然為舞台的戶外活動，也都有機會體驗。

## ▶▶▶ 如何前往

從卡加利國際機場前往班夫或露易絲湖的巴士Brewster Express，途中會經過坎摩爾，以Coast Canmore Hotel & Conference Centre為發車地點，1日9班，其中4班的發車站是卡加利市中心，單程大人$79。同樣從卡加利國際機場出發的班夫機場接駁巴士Banff Airporter，則為1日10班，單程大人$76.99；還可以搭乘Rider Express，1日1～2班，單程$57.14，所需時間約1小時20分。

除此之外，還能從班夫搭乘漫遊巴士（→P.203）路線3（Canmore-Banff Regional），既便宜又方便，班夫出發每日5:50～23:18之間每小時1～2班，所需時間約30分鐘；終點站（MAP P.224-B1）在市中心的鬧區，單程大人$6。搭計程車的車資則約$65。

---

**Brewster Express**
（→P.203）

**班夫機場接駁巴士**
（→P.203）

**Rider Express**
（→P.543）

**漫遊巴士在地路線**
圖 路線5C（Cougar Creek）
每日6:18～23:44
路線5T（Three Sisters）
每日6:15～23:47
圖 免費

---

## 漫遊坎摩爾

市中心就在弓河Bow River與警察溪Policeman's Creek之間的8th St.附近，步行就足以暢遊，銀行、餐廳等林立，是座小而熱鬧不已的城鎮；而且有許多藝術家

➡聳立的高山就緊鄰一旁

坎摩爾

漫遊巴士
━━━ 路線3（Canmore-Banff Regional）
━━━ 路線5（Canmore Local: 5C/5T）

※開館時間、營業時間等日期時間基本上為2023年資訊，因每年資訊會有所變動，請記得上網再次確認。（→P.7）

定居於此，畫廊多也成為坎摩爾的一大特色。越過警察溪的東面就是弓河谷步道Bow Valley Trail及加拿大橫貫公路。來到坎摩爾的樂趣，就是在大自然間盡情漫步，尤其是從警察溪縱貫城市北側，一路通往弓河的健行步道，最適合騎乘登山車暢遊。前往郊區則搭乘漫遊巴士Roam Bus路線5（Canmore Local）最便利，分成經由市中心前往Cougar Creek方向的5C，以及三姊妹山麓的5T兩條路線行駛。

## 主要景點

### 坎摩爾博物館＆地球科學中心　MAP P.224-B1
Canmore Museum & Geoscience Centre　★★★

設於坎摩爾市民中心內的博物館，館內展示19世紀末開始發展為煤礦與鐵道城鎮的坎摩爾歷史，以及加拿大洛磯山脈的地勢相關資料，也有與冰河、地形形成的相關展覽。

### 坎摩爾諾蒂克中心　MAP P.224-B1外
The Canmore Nordic Centre　★★★

是1988年卡加利冬季奧運的北歐滑雪競賽項目會場，現在對外開放遊客參觀。擁有規劃完善的野餐區、健行步道，其中以延伸至菲爾夢班夫溫泉旅館The Fairmont Banff Spring Hotel（→P.215）長達20km

↑可在此獲得健行步道的資訊

的「坎摩爾班夫健行步道Canmore Banff Trail（Rundle Riverside Trail）」最受歡迎；不僅可以騎乘登山腳踏車，冬季時還能夠體驗越野滑雪，非常適合熱愛戶外運動的人來挑戰。

### 實用資訊

**警察**
Royal Canadian Mounted Police
MAP P.224-A2外
TEL (403)678-5516

**醫院**
Canmore General Hospital
MAP P.224-A2
住 1100 Hospital Place
TEL (403)678-5536

**主要租車公司**
Enterprise Rent-A-Car
TEL (403)609-3070

**主要計程車公司**
Canmore Cabs
TEL (403)996-2229

### ？遊客中心

Canmore Visitor Information Centre
MAP P.224-A1外
TEL (403)678-5277
URL www.explorecanmore.ca
開 夏季　每日9:00～17:00
　　冬季　每日9:00～19:00
休 無休
　　在#1A公路旁。

### 直升機之旅

Alpine Helicopters
TEL (403)678-4802
URL canmore.
　　alpinehelicopter.com
圖 遊覽飛行 1人$290～490

### 坎摩爾博物館＆地球科學中心

住 902B-7th Ave.
TEL (403)678-2462
URL canmoremuseum.com
開 週四～一10:00～16:00
　（依時期而變動）
休 週二·三
圖 大人$5、銀髮族$4

### 坎摩爾諾蒂克中心

TEL (403)678-2400

## 坎摩爾的住宿
―― Hotels in Canmore ――

### Coast Canmore Hotel & Conference Centre Canmore

矗立在弓河谷步道旁的大型飯店，Brewster Express巴士也設有停靠站。客房雖然簡樸卻很寬敞舒適，游泳池、健身中心、按摩池應有盡有。

MAP P.224-B2
住 511 Bow Valley Trail
TEL (403)678-3625
FREE (1-800)716-6199
URL www.coasthotels.com
圖 6～9月⑤①$268～
LOW 10～5月⑤①$134～
Tax另計
CC A M V　房 224房

### Drake Inn

矗立在流過市中心鬧東邊警察溪畔的中級飯店，面對溪流的房間可以從陽台眺望美景。所有客房都備有咖啡機。

MAP P.224-B2
住 909 Railway Ave.
TEL (403)678-5131
FREE (1-800)461-8730
URL www.drakeinn.com
圖 6月下旬～9月上旬
　⑤①$234～394
LOW 9月上旬～6月下旬
　⑤①$74～244 Tax另計
CC A M V　房 23房

 浴缸　 電視　 吹風機　Minibar和冰箱　保險箱　網路
部分房間　部分房間　出借　部分房間　櫃台提供

## Lady Macdonald Country Inn

擁有可愛外觀，客房還依照三姊妹山、喀斯開山等當地名勝來命名，家具及寢具也都相當講究，散發沉穩氛圍。

MAP P.224-A2～B2
🏠1201 Bow Valley Trail
TEL(403)678-3665
FAX(1-800)567-3919
URL www.ladymacdonald.com
料HG6～9月⑤D$345～460
LOW10～5月⑤D$320～360
　Tax另計　含早餐
CC A M V　房13房

## The Georgetown Inn

英國都鐸王朝風格的優雅飯店，每間客房都有不同裝潢設計，不變的是古董風格。並附設酒館「Miner's Lamp Pub」。

MAP P.224-B2
🏠1101 Bow Valley Trail
TEL(403)678-3439
URL www.georgetowninn.ca
料HG6月下旬～9月上旬
　⑤D$150～
LOW9月上旬～6月下旬
　⑤D$109～　Tax另計
CC A M V
房21房

## Canmore Downtown Hostel

位於購物商場旁，所有客房都可眺望山景。館內為現代的木屋建築，還設有女性專用的團體房。巴士站牌就在旁邊。

MAP P.224-B2
🏠201-302 Old Canmore Rd.
TEL(403)675-1000
URL canmoredowntownhostel.ca
料HG夏季團體房$55～⑤D
　$225～
LOW冬季團體房$50～⑤D
　$100～　Tax另計
　附床單　含早餐
CC M V　房14室、72床

## B&B Monarch

由日本人經營，位於閑靜住宅區內的B&B，3間客房、廚房、客廳都在房客專用樓層，早餐則可從日式或西式中自行挑選。還附設可享受BBQ樂趣的陽台。

MAP P.224-B2外
🏠317 Canyon Close
TEL(403)678-0500
FAX(1-877)678-2566
URL www.monarchbandb.com
料HGD⑤D$285～、包棟$380～
LOW有折扣　Tax另計
　含早餐
CC M V　房3房

# 坎摩爾的餐廳
## ──Restaurants in Canmore──

## Crazyweed Kitchen

以油煎鮭魚$40及添加燒烤羊肉的泰式瑪莎曼咖哩$47等餐點受歡迎的餐廳，蒐羅180種以上的葡萄酒，種類相當豐富，週末最好先預約。

MAP P.224-A1
🏠1600 Railway Ave.
TEL(403)609-2530
URL crazyweed.ca
營週三～日16:30～21:00
休週一・二
預$45～
CC M V

## Rocky Mountain Flatbread

以永續為主題，大量使用有機在地食材的餐廳，供應以樺木現場烘烤的各種口味柴燒披薩$19～，以及人氣的蘋果雞肉披薩$23～等。在溫哥華也有分店。

MAP P.224-B1
🏠838-10th St.
TEL(403)609-5508
URL www.rockymountainflatbread.ca
營每日11:30～21:00
休無休　預$15～　CC A M V

## The Grizzly Paw

提供Ale到Pilsner等7種啤酒的在地啤酒餐廳，至於下酒的餐點則有雞翅$18、野牛肉漢堡$24等。

MAP P.224-B1
🏠622-8th St.
TEL(403)678-9983
URL www.thegrizzlypaw.com
營每日11:00～23:00
休無休
預$20～
CC M V

## Rocky Mountain Bagel Co.

供應現烤芝麻、罌粟籽、楓糖等10種口味的貝果，夾入雞蛋、火腿、起司等食材的貝果三明治$8.75～，至於每隔2個月就會換豆子的咖啡，則堅持使用有機咖啡豆。

MAP P.224-B1
🏠102-830-8th St.
TEL(403)678-9968
URL thebagel.ca
營每日8:00～16:00
　(依時期而變動)
休無休　預$10～
CC M V

# 露易絲湖
## 加拿大洛磯山脈

以維多利亞女王的女兒露易絲公主為名的這座湖泊，過去曾經被原住民印第安Stoney族稱為「小魚湖泊」，這座擁有神祕藍綠色湖水如珠寶一般耀眼的冰河湖，在倒映其間的維多利亞冰河Victoria Glacier相襯下，美得如同一幅畫。

**MAP** P.182-C2

**地圖** 403

露易絲湖情報網
**URL** www.bannflake louise.com
**URL** parks.canada.ca/ pn-np/ab/banff/ visit/les10-top10/ louise

↑可享受獨木舟樂趣的露易絲湖

## 如何前往露易絲湖

位於班夫國家公園內，因此無法搭乘飛機前往，只有洛磯登山者鐵路的First Passage to the West（→P.203）會停靠此地。

### ▶▶▶ 長途巴士

從卡加利出發的巴士Rider Express 1日行駛1～2班，所需時間約2小時20分；Pursuit Banff Jasper Collection的Brewster Express從卡加利國際機場出發，1日4班，從市中心出發也是1日4班，所需時間約3小時30分。

溫哥華出發則有Rider Express 1日行駛1～2班，所需時間約12小時30分；傑士伯出發有Brewster Express，僅限在5～10月間1日行駛1班，所需時間約3小時30分。

從班夫出發的巴士除了Rider Express和Brewster Express之外，也可以搭乘漫遊巴士Roam Bus的路線8X、8S，其中8X是中途只停靠露易絲湖北的直達巴士，夏季1小時1～2班、冬季1日7班，所需時間為1小時；至於8S中途則會在弓河谷景觀大道上的強斯頓峽谷等5處停車，而且僅限夏季的週末行駛，所需時間為1小時20分。此外，在賞楓季節也有直達夢蓮湖的直達巴士路線10，1日7班，所需時間為1小時10分。由於都是人氣路線巴士，最好先在網路上預約。

**Rider Express**
（→P.543）
卡加利出發
**費用** 單程　1人$77
班夫出發
**費用** 單程　1人$39
溫哥華出發
**費用** 單程　1人$162

**Brewster Express**
（→P.203）
卡加利出發
**費用** 單程　1人$118
班夫出發
**費用** 單程　1人$40
傑士伯出發
**費用** 單程　1人$106

**漫遊巴士**（→P.204）
**URL** roamtransit.com
班夫出發
**路線8X**
（Lake Louise Express）
每日7:00～22:00
路線8S
（Lake Louise Scenic）
7/1～8/27
週五～日9:30、13:00、16:35
路線10
（Moraine Lake Express）
9/18～10/9
每日6:30～16:00
（從夢蓮湖的末班車為18:20出發）
**費用** 各單程票
大人$10、銀髮族・青少年（13～18歲）$5、兒童免費
1日Super Pass
大人$25、銀髮族・青少年（13～18歲）$12.5、兒童免費

**實用資訊**

警察
Royal Canadian Mounted Police
**MAP** P.228-C
**TEL** (403)522-3811

醫院
Lake Louise Medical Clinic
**MAP** P.228-C
**TEL** (403)522-2184

主要租車公司
Hertz **TEL** (403)522-2470

**② 遊客中心**
**MAP** P.228-C
**TEL** (403)762-8421
**URL** www.banfflakelouise.com
**開** 6～9月
　　每日8:30～18:30
　　10～5月
　　每日9:00～17:00　**休** 無休

## ◆◆◆ 前往露易絲湖的觀光之旅 ◆◆◆

　　如果計畫投宿班夫再到露易絲湖觀光的話，建議不妨參加觀光之旅，不僅僅只有露易絲湖的觀光行程而已，很多1日遊行程都會包含優鶴國家公園Yoho National Park（→P.234）、弓河谷景觀大道Bow Valley Parkway（→P.194）、冰原大道Icefield Parkway（→P.193）等地，依旅行社而會安排不同的景點與觀光時間，可以多加比較之後再選擇喜歡的行程。除了有規模最大的Pursuit Banff Jasper Collection之外，也有其他小型的旅行社（→P.148、P.205）。

# 漫遊露易絲湖

　　在加拿大橫貫公路旁的露易絲湖，鎮上設有遊客中心與購物商場，因為露易絲湖和夢蓮湖Moraine Lake的湖畔只有飯店，必需品最好都在鎮上採購。

　　2023年起前往夢蓮湖的道路禁止一般車輛進入，不適合以租車方式前往此地區觀光，加拿大國家公園管理處Park Canada希望遊客搭乘漫遊巴士造訪；夏季期間在露易絲湖滑雪場的停車場（**MAP** P.228-A）與湖畔之間有接駁巴士行駛（→P.204、P.229）。不過，車票採預約制，無法保證一定能買到票，還是參加觀光之旅比較有保障。

↑露易絲湖畔就有健行步道

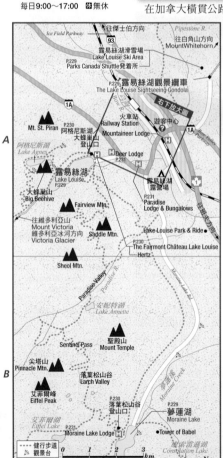

露易絲湖周邊

露易絲湖

# 主要景點

## 露易絲湖
### Lake Louise

`MAP P.228-A` ★★★

兩側是被濃密針葉林所覆蓋的山稜,以及阻擋在神祕綠色湖水對面的巨大冰河,在景色秀麗的露易絲湖映照下,加拿大洛磯山脈之美一目了然。整座湖泊長約2.4km,湖水最深處為90m,由於當初冰河削鑿山壁時的細碎泥沙融入湖泊,因而呈現出不可思議的祖母綠色澤。聳立正前方的是海拔3464m的維多利亞山Mount Victoria,而彷彿會隨時崩落而下的則是維多利亞冰河Victoria Glacier。湖畔規劃有寂靜的健行步道,可以繞行湖泊半周湖泊;附近也設有多條健行步道,並且推出免費導覽之旅,詳情請洽詢遊客中心。而5月下旬～10月中旬還可以租借獨木舟划行到湖心,享受悠閒時光。

## 露易絲湖觀景纜車

`MAP P.228-A`

### The Lake Louise Sightseeing Gondola
★★★

可以登上海拔2669m白角山Mount Whitehorn的纜車,冬季時是洛磯山脈首屈一指的露易絲湖滑雪場,因而熱鬧不已,夏季則是觀光纜車。纜車全長3200m、落差500m,花費約14分鐘就能抵達終點

↑搭乘纜車前往美景無限的觀景台

站,在這裡可以飽覽一望無際的露易絲湖及維多利亞冰河的景色,另外也推出有導遊解說的漫步之旅。

## 夢蓮湖
### Moraine Lake

`MAP P.228-B` ★★★

由Samson Mall出發往露易絲湖的上坡山路走,不久就往左轉,前進10幾公里會發現前方直立著險峻而陡峭的山峰,就是環繞在夢蓮湖周邊的十峰山谷Ten Peaks;藍天白雪配上藍色湖泊的對比美景,讓加拿大的20元舊紙鈔上印製著這幅風景。而湖泊周邊除了設置周遊步道之外,也能體驗划獨木舟。堆積在湖尾的岩石形成天然堤防,也正是湖泊被命名為Moraine(指藉由冰河所搬動的堆積物)的由來;其實位在湖岸南邊的岩石才是崩塌冰河所帶來的,所以正確來說不應該稱為Moraine。由於光線照射的緣故,夢蓮湖最美麗的時間是在上午,不過也會受到季節與天候的影響,不妨放鬆心情參加觀光之旅造訪就好。

⇒夢蓮湖與十峰山谷的群山

---

**巡迴露易絲湖和夢蓮湖的接駁巴士**

由於露易絲湖的停車場(付費)經常一位難求,很難等到車位,最好搭乘從班夫出發的漫遊巴士路線8X、8S前往觀光;如果租車前往的話,要將車輛停放在露易絲湖滑雪場的停車場(`MAP P.228-A`),再搭乘國家公園接駁車Park Canada Shuttle到湖邊。

停車場出發的接駁巴士分為前往露易絲湖的Lake Louise Lakeshore(LL),以及前往夢蓮湖的Moraine Lake(ML)2條路線,每小時有隔20分鐘1班,必須在加拿大國家公園的官網上預約,部分座位從48小時前提供販售。至於往來露易絲湖和夢蓮湖之間的Lake Connector(LC),則只有購買漫遊巴士1日Super Pass(→P.227)的遊客才可以搭乘(免費,依排隊順序搭乘)。

**國家公園接駁車的預約**
🔗reservation.pc.gc.ca
Lake Louise Lakeshore(LL)
🕐5/19～10/9
　每日6:30～18:00
Moraine Lake(ML)
🕐6/1～10/9
　每日6:30～18:00
💰來回 大人$8(預約費另計)

**露易絲湖**
🚗從露易絲湖市區開車8分鐘,從班夫搭乘漫遊巴士路線8X為1小時、8S則為1小時20分。
露易絲湖的獨木舟租借
💰30分鐘$135、1小時$145

**露易絲湖觀景纜車**
📞(403)522-1311
📠(1-877)956-8473
🔗www.skilouise.com
🕐每日9:00～16:00
　(依時期而變動)
💰大人$60、兒童(6～12歲)$13
🚗從市區開車5分鐘。

**夢蓮湖**
🚗租車禁止進入。9/18～10/9可以搭乘從班夫出發的漫遊巴士直達車路線10前往,10月中旬～6月左右因為冬季道路封鎖,無法通行。
夢蓮湖的獨木舟
💰1小時$140

# 露易絲湖的**戶外體驗**

## 健行 Hiking

露易絲湖周邊分布眾多健行步道，其中距離城鎮較近又能欣賞絕佳景觀的下列2條路線，因為可以輕鬆體驗而非常受歡迎，詳細的步道地圖可至遊客中心或書店等地購買後再出發。

➡從阿格尼斯湖眺望The Fairmont Château Lake Louise

### 主要健行路線

**阿格尼斯湖＆大蜂巢山**
Lake Agnes & Big Beehive

位在露易絲湖湖畔右邊，看起來有如蜂巢般的巍峨山峰是大蜂巢山，橫躺在下方則是美麗的阿格尼斯湖。在加拿大洛磯山脈的眾多步道中，阿

➡正如其名，湖面宛如鏡子般的鏡湖與大蜂巢山

格尼斯湖健行步道可說是最受歡迎的，步道途中還能俯瞰整座露易絲湖，而在阿格尼斯湖畔也設有茶屋，從這裡到大蜂巢山需要花上45分鐘。

**步行距離**：合計10.5km
**所需時間**：上山3小時、下山2小時
**海拔落差**：535m

　到登山口的交通：循著The Fairmont Château Lake Louise前停車場的指標左轉，把車停在停車場，走到湖畔處。
**⓶ P.228-A（登山口）**

**落葉松山谷**
Larch Valley

由聖殿山 Mount Temple、尖塔山 Pinnacle Mount及艾菲爾峰 Eiffel Peak 3座山嶽所包圍的落葉松山谷，往南能眺望環抱冰河的十峰

➡盛夏時綻放著美麗高山植物的步道，前方山岳左邊為艾菲爾峰，右邊為尖塔山

山谷，而花朵競相盛開的草地則是山上的不同世界。由於登山口就在夢蓮湖畔，更吸引眾多健行客造訪，還可以從高角度來欣賞夢蓮湖。

**步行距離**：來回11.4km
**所需時間**：上山3小時30分、下山2小時30分
**海拔落差**：720m

　到登山口的交通：夢蓮湖畔的Moraine Lake Lodge後方就是出發點。可搭乘國家公園接駁車Park Canada Shuttle或漫遊巴士路線10前往夢蓮湖（→P.229）。
**⓶ P.228-B（登山口）**

---

# 露易絲湖的住宿
── Hotels in Lake Louise ──

## The Fairmont Château Lake Louise

以創業超過100年的傳統而自豪，佇立在露易絲湖畔的時尚飯店，從館內能欣賞無處可比擬的美麗湖光山色。客房空間雖然不算寬敞，但統一以淡黃色調配置的裝潢，營造出明亮的氛圍。

**⓶ P.228-A**
🏠 111 Lake Louise Dr.
☎ (403)522-3511
📠 (1-866)540-4413
🌐 www.fairmont.com/lake-louise
💰HG 5～10月⑤①$1209～
LOW 11～4月⑤①$405～
Tax另計
💳 A D J M V 🛏 552房

🛁🖵TV🍸🍽🔦📶

## The Post Hotel & Spa

有別墅感的山間木屋式最高級飯店，使用赤松木建造的木屋天花板相當高，客房類型也很多樣，多數房間都有提供暖爐，空間非常舒適，並附設有SPA服務。

**⓶ P.228-C**
🏠 200 Pipestone Rd.
☎ (403)522-3989
🌐 posthotel.com
⛔ 11月下旬～10月中旬
💰HG 6月下旬～9月上旬
　　⑤①$475～
LOW 9月下旬～10月中旬、
　　11月下旬～6月下旬
　　⑤①$390～　Tax另計
💳 A M V 🛏 94房

🛁🖵TV🍸🍽🔦📶

---

🛁 浴缸　　🖵TV 電視　　🍸 吹風機　　🍽 Minibar和冰箱　　🔦 保險箱　　📶 網路
🛁 部分房間　🖵TV 部分房間　🍸 出借　　🍽 部分房間　　🔦 櫃台提供

## Moraine Lake Lodge

　　矗立在夢蓮湖畔、被自然所環繞的木屋飯店，客房裡沒有電視及電話，希望能讓房客有更多時間享受大自然。飯店有餐廳，不過因為座位不多，最好事先預約。

**MAP** P.228-B
住 1 Morain Lake Rd.
TEL (403)522-3733
FREE (1-877)522-2777
URL morainelake.com
營 6月～10月上旬
費 HG 6月中旬～9月下旬
ⓈⒹ$1095～
LOW 6月初～中旬、9月下旬～
10月上旬ⓈⒹ$995～　Tax另計　含早餐
CC A M V　房 33房

## Deer Lodge

　　位在Samson Mall前往露易絲湖的途中，是座建於1923年很有歷史韻味的建築，內部經過重新裝潢非常新穎整潔，頂樓還有熱水池，在泡湯的同時可享受周圍美麗山景。

**MAP** P.228-A
住 109 Lake Louise Dr.
TEL (403)413-7417
URL crmr.com
營 12月中旬～10月上旬
費 HG 6～9月ⓈⒹ$369～
LOW 10月初～上旬、12月中旬～5月ⓈⒹ$109～
Tax另計
CC A M V　房 71房

## Paradise Lodge & Bungalows

　　從Samson Mall往露易絲湖途中可以看到，由於四周什麼都沒有，若不是開車就不方便。分成獨棟平房與小木屋2種型態，多數客房都附設廚房，沒有餐廳。

**MAP** P.228-A
住 105 Lake Louise Dr.
TEL (403)522-3595
URL www.paradiselodge.com
營 5月中旬～10月上旬
費 HG 6月中旬～10月上旬
ⓈⒹ$370～
LOW 5月中旬～6月中旬
ⓈⒹ$280～　Tax另計
CC A M V　房 45房

## Lake Louise Inn

　　在露易絲湖的住宿中屬於價位較合理的飯店，5棟建築內提供12種不同的房型，不過幾乎都是2床雙人房；飯店內還有室內游泳池、交誼廳、餐廳。

**MAP** P.228-C
住 210 Village Rd.
TEL (403)522-3791
URL www.lakelouiseinn.com
費 HG 6月上旬～9月中旬
ⓈⒹ$317～
LOW 9月中旬～6月上旬
ⓈⒹ$153～　Tax另計
CC A D J M V
房 247房

## Mountaineer Lodge

　　在開闊的園區建造小木屋與汽車旅館2棟建築物，三溫暖、按摩池等設備非常齊全，客房的空間大小各有不同，也有無障礙空間設計的客房，方便輪椅進入。

**MAP** P.228-C
住 101 Village Rd.
TEL (403)522-3844
FREE (1-855)556-8473
URL mountaineerlodge.com
費 HG 6～9月ⓈⒹ$405～
LOW 10～5月ⓈⒹ$143～
Tax另計　含早餐
CC A M V
房 80房

## HI Lake Louise Alpine Centre

　　「The Post Hotel & Spa」後方的山間小木屋式青年旅館，以白色木床配上鄉村風格窗簾，並提供寄物櫃。由於人氣很旺，一定要提早3個月以上預約。

**MAP** P.228-C　住 203 Village Rd.
TEL (403)522-2200
URL hihostels.ca
費 HG 6～9月團體房$55.8～（會員）、$62～（非會員）、
ⓈⒹ$178～（會員）、
ⓈⒹ$198～（非會員）
LOW 10～5月團體房$40～（會員）、$44～（非會員）、
ⓈⒹ$118～（會員）、ⓈⒹ$131～（非會員）　Tax另計
CC M V　房 189床

# 露易絲湖的餐廳
## —— Restaurants in Lake Louise ——

## Lake Louise Railway Station

　　改建自20世紀初期的火車站，小木屋結合真正的火車廂變成餐廳，只有舉辦特別活動時才能在列車上用餐。晚餐的主餐1盤$30～75。

**MAP** P.228-C　住 200 Sentinel Rd.　TEL (403)522-2600
URL www.lakelouisestation.com
營 5月中旬～10月中旬　週一・二17:00～20:30　週三～日
12:00～16:00/17:00～20:30
12月～5月中旬　週三～日12:00～16:00/17:00～20:30
休 10月中旬～11月、12月～5月中旬的週一・二
預 $30～　CC M V

## Mountain Restaurant

　　位在Samson Mall對面，緊鄰加油站的家庭餐廳，除了漢堡$22.75～、牛排$39之外，也供應韓式烤牛肉或泰國料理。

**MAP** P.228-C　住 200 Village Rd.
TEL (403)522-3573
URL www.lakelouisemountainrestaurant.ca
營 夏季　每日11:00～21:00
　　冬季　週四～二12:00～20:00（依時期而變動）
休 冬季的週三　預 $25～　CC A M V

# KOOTENAY NATIONAL PARK
# 庫特尼國家公園
## 加拿大洛磯山脈

**MAP** P.182-C2
**電話區碼** 250
**面積** 1406km²
**入園費** 大人$10.5、銀髮族$9、17歲以下免費

**庫特尼國家公園情報網**
**URL** parks.canada.ca/pn-np/bc/kootenay

▶▶▶ 如何前往

通常會租車前往，從班夫出發朝加拿大橫貫公路向北前行，到露易絲湖前的Castle Junction左轉，沿#93公路約100km。

位於洛磯山脈西方的這片遼闊地域，與高山連峰的東側景致截然不同，是走勢平緩的山脈與蓊鬱濃密的森林；由於不是觀光團遊客會造訪的區域，比起班夫、傑士伯及優鶴國家公園，庫特尼國家公園雖然不那麼光鮮亮眼，卻也因此讓旅人能享受寧靜的時光。

↑眺望平緩的山脈

## 漫遊庫特尼國家公園

↑瑞迪恩溫泉的遊客中心

從班夫與露易絲湖中間的Castle Junction，到跨越洛磯山脈東西的#93公路一帶就是庫特尼國家公園的範圍，公園內有任何城鎮，不過位在#93公路往西行出口處有個瑞迪恩溫泉Radium Hot Springs，是公路旁飯店林立的小型城鎮。

COLUMN

## 溫泉天堂‧庫特尼洛磯山脈

盤據在洛磯山脈西側的山岳地帶，被稱為庫特尼洛磯山脈，其中位於瑞迪恩溫泉往南延伸至#95公路周邊的東庫特尼East Kootenay區域，有著知名的溫泉度假飯店The Fairmont Hot Springs Resort，以及由河畔湧出的露天溫泉盧西爾溫泉Lussier Hot Springs等，是行家才知道的溫泉天堂。而從溫哥華前往優鶴國家公園加拿大橫貫公路旁的城鎮——瑞佛史托克Revelstoke以南的西庫特尼West Kootenay，在箭湖

←The Fairmont Hot Springs Resort擁有各式各樣的溫泉浴池

Arrow Lake、庫特尼湖Kootenay Lake周邊有翠鳥Halcyon、納卡斯普Nakusp，以及以洞窟溫泉出名的Ainsworth Hot Springs Resort等溫泉區，還有提供住宿的溫泉設施。不過要搭乘大眾交通暢遊庫特尼洛磯山脈非常困難，必須要租車。

**DATA**
**The Fairmont Hot Springs Resort**
**MAP** P.182-D2
**TEL** (250)345-6311 **FAX** (1-888)870-8889
**URL** www.fairmonthotsprings.com
**翠鳥溫泉** **MAP** P.182-C1
**TEL** (250)265-3554 **FAX** (1-888)689-4699
**URL** halcyon-hotsprings.com
**納卡斯普溫泉** **MAP** P.182-D1
**TEL** (250)265-4528 **FAX** (1-866)999-4528
**URL** www.nakusphotsprings.com
**Ainsworth Hot Springs Resort**
**MAP** P.182-D2
**FAX** (1-800)668-1171
**URL** www.ainsworthhotsprings.com

# 主要景點

## 大理石峽谷
### Marble Canyon

MAP P.182-C2 ★★★

從冰河消融流出的河川，因為是冰河從兩側山壁削下許多的岩塊而擁有強大的侵蝕力，在洛磯山脈各處的瀑布或峽谷，都可以見識到如此神奇的大自然造化；在大陸分水嶺以西約7km的大理石峽谷，就是一大代表。從橫跨在約600m長的溪谷上的木橋往下看，距離水面雖然有數十公尺高，但是兩側岩壁的狹窄處卻彷彿可以一躍而過，讓人充分感受到水的穿透力；而從溪谷底部往上吹起的冷空氣與水霧，更是激烈到改變了周邊的植物生態。

▲下切極深的溪谷

## 彩繪池
### Paint Pots

MAP P.182-C2 ★★★

距離大理石峽谷南方約2.5km，有處由地底自然湧出並形成天然水池的溫泉——彩繪池，原本堆積在冰河湖底的黏土沉澱物，被含鐵量極高的溫泉水染成紅或黃色，形成有如地獄谷般的景觀；而這種有色黏土，自古以來就是原住民印第安人的珍貴染料。進入20世紀，卡加利的染色工廠曾在這裡設廠進行挖掘，但關廠後現今僅剩殘存遺跡。若不小心踩進水池的話，沾染到黏土的鞋子很難清洗乾淨，一定要注意。

## 瑞迪恩溫泉
### Radium Hot Springs

MAP P.182-C2 ★★★

位於#95與#93公路交會處附近的城鎮，公路旁汽車旅館林立，還有餐廳、食品店等，這裡也正好是庫特尼國家公園西側的入口處，沿著#93公路往東前行就會看到國家公園大門及遊客中心，若是開車由#95公路而來，則在此處支付國家公園的入園費。進入公園大門後，立刻能看到的是加拿大最大的溫泉池——瑞迪恩溫泉，從1841年被發現以來，吸引無數民眾為追求其療效而來，1922年列入庫特尼國家公園的設施。溫泉水源含有微量的氡元素，水溫為44℃，另外還有一池27~29℃的冷泉游泳池；面積比起班夫的上溫泉Banff Upper Hot Springs更大，不過因為要穿著泳衣入池，感覺不像是溫泉，比較像是溫水游泳池。

▲人氣超旺的溫泉設施

---

### ❓ 遊客中心

遊客中心分別設置在瑞迪恩溫泉的鎮上，以及#93公路的Vermilion Crossing。

Kootenay National Park Visitor Centre
（瑞迪恩溫泉）
**MAP** P.182-C2
☎ (250)347-9505（夏季）
FREE (1-888)773-8888
URL parks.canada.ca/pn-np/bc/kootenay
開 5/1~10/12
　每日9:00~17:00
休 10/13~4/30

Kootenay Park Lodge Visitor Centre
（Vermilion Crossing）
**MAP** P.182-C2
開 5月中旬~9月中旬
　每日10:00~17:00
休 9月中旬~5月中旬

### 瑞迪恩溫泉

住 P.O.Box 40 Radium Hot Springs
FREE (1-800)767-1611
URL www.hotsprings.ca/radium
開 5月中旬~10月中旬
　週一~五11:30~21:00
　週六・日10:30~21:00
　10月中旬~5月中旬
　週一~五13:00~21:00
　週六・日10:00~21:00
休 無休
費 單次票
　大人$17.5、銀髮族・青少年
　（3~17歲）$15.25、兒童
　免費
　1日券
　大人$27、銀髮族・青少年
　（3~17歲）$23.75、兒童
　免費
　泳衣$2.25、毛巾$2.25

### 庫特尼國家公園的住宿

Alpen Motel
**MAP** P.182-C2
住 5022 Hwy. 93
☎ (250)347-9823
URL www.alpenmotel.com
費 HG 6/1~9/22⑤ⓓ$119~139
LOW 9/23~5/31⑤ⓓ$79~94
CC M V
房 14房
交 從#95與#93公路的交叉路口轉往#93公路，往瑞迪恩溫泉方向徒步5分鐘。

# 優鶴國家公園

## 加拿大洛磯山脈

優鶴Yoho的語源是原住民印第安人的「驚訝、敬畏」之意，見識過這裡高聳陡峭的岩山與雄偉大瀑布後，可能也會出現這樣的感嘆，對於真正懂得大

▲公園內是無盡的天然景色

自然意義的健行或攀岩者來說，會如此熱愛這座國家公園，應該是被依舊保留最原始的壯麗與雄偉所吸引吧。

---

**MAP** P.182-C2
**區碼** 250
**面積** 1310km²
**門票** 大人$10.5、銀髮族$9、17歲以下免費

優鶴國家公園情報網
**URL** parks.canada.ca/pn-np/bc/yoho

---

**▶▶▶ 如何前往**

由於沒有巴士前往，沒有車的話交通很困難，建議租車或參加班夫出發的觀光之旅。

---

**Pursuit Banff Jasper Collection (→P.205)**
Mountain Lakes & Waterfalls
**費用** 大人$203、兒童（6～15歲）$132、5歲以下免費

---

**❷ 遊客中心**

Yoho National Park Visitor Centre
**MAP** P.235-1
**TEL** (250)343-6783
**URL** parks.canada.ca/pn-np/bc/yoho
**開** 5/1～6/7、9/29～10/9
　每日9:00～17:00
　6/8～9/28
　每日8:30～18:30
**休** 10/10～4/30
**交** 從加拿大橫貫公路循著菲爾德鎮的指標轉彎，在未渡過踢馬河之前。

---

## 漫遊優鶴國家公園

優鶴國家公園占地從黃金鎮Golden一路延伸至露易絲湖，沿著加拿大橫貫公路向四周展開；大多數的景點都在加拿大橫貫公路往內陸延伸處，如果沒有開車根本無法觀光，雖然班夫或露易絲湖都有觀光之旅可以參加，但是最好還是租車慢慢遊逛這個地區。至於國家公園內的城鎮，只有人口僅200人左右的菲爾德鎮Field而已。

### ◆◆◆ 優鶴國家公園觀光之旅 ◆◆◆

大多數的觀光之旅都是從班夫與露易絲湖出發，而傑士伯則幾乎沒有任何行程，除了Pursuit Banff Jasper Collection之外，還有各旅行社所推出的行程（→P.205）。

### ◆ Pursuit Banff Jasper Collection

班夫出發的Mountain Lakes & Waterfalls觀光之旅，會造訪優鶴國家公園的螺旋型隧道（觀景台）、塔卡考瀑布及翡翠湖，5/6～9/15期間每日出團，從班夫啟程的費用為大人$203、兒童$132，所需時間約9小時，也包括參觀露易絲湖、夢蓮湖。

---

## 主要景點

 **踢馬隘口**　　　　　　　　　　　　　　　**MAP** P.235-2
Kicking Horse Pass　　　　　　　　　　　　　★★★

位於亞伯達省與卑詩省邊境的大陸分水嶺，如果是開車出遊的話，很容易在不知不覺中經過而不會注意到，不過#1A公路上會有「Great Divided」的標誌，留心注意就不怕錯過。

##  螺旋型隧道
### Spiral Tunnels

MAP P.235-1 ★★★

位於踢馬隘口往菲爾德鎮方向不遠處的隧道，為了讓火車能爬上急而陡峭的隘口，特別挖掘出的8字型隧道，也設有觀景台，可是沒有火車經過時完全沒有可看之處；不過如果天氣好遇上火車經過的話，就能欣賞特別的景致，每位遊客都會探出身體看個仔細。觀景台只在5月中旬～10月中旬開放。

##  塔卡考瀑布
### Takakkaw Falls

MAP P.235-1 ★★★

在螺旋型隧道西側（菲爾德鎮以東5km），以加拿大橫貫公路為界，位處優鶴河Yoho River旁Yoho Valley Rd.的終點，從400m高的岩塊以驚人水量奔洩流下，氣勢豪邁，中間的水潭像是跳台，水柱在空中飛濺出無數水花。從停車場有條直達瀑布正下方的健行步道，可以一邊享受被水花噴濺的暢快感受，一邊抬頭仰望的樂趣；步道中途會經過踢馬河Kicking Horse River與優鶴河的匯流處，能一睹兩股不同水色混合交融的景致。

↟火車經過中的螺旋型隧道

←步道的終點是瀑布

↟塔卡考瀑布

**塔卡考瀑布**
從加拿大橫貫公路通往塔卡考瀑布的公路Yoho Valley Rd.，僅在6月中旬～10月上旬（依積雪狀況而定）開放通車。

優鶴國家公園

**伯吉斯頁岩**
導覽之旅
TEL (250)343-6006
FREE (1-833)340-7408
URL burgess-shale.bc.ca
Walcott Quarry路線（來回22km，所需時間約11小時）
時 7/8～9/16
週三～日8:00～19:00
（依時期而變動）
費 1人$95
Mount Stephen路線（來回8km，所需時間約7小時）
時 6/10～9/17
週六～二8:45～15:45
（依時期而變動）
費 大人$95、青少年（13～18歲）$65、兒童$45

**歐哈拉湖**
Lake O'Hara Reservation Line
預約導覽之旅
TEL (250)343-6433
開 4/3～10/3
每日8:00～12:00/13:00～16:00
（依時期而變動）
從3個月到5日前都可以預約，在訂露營場營地可同時預約接駁巴士。
預約接駁巴士
FREE (1-877)737-3783
URL reservation.pc.gc.ca（預約）
運 巴士6/18～10/3
開 接受預約時間
4/12～10/1
每日8:00～18:00
費 接駁巴士
來回1人$17.14（網路預約費$11.5、電話預約費$13.5）

**優鶴國家公園的住宿**
Emerald Lake Lodge
MAP P.235-1
TEL (403)410-7417（預約）
URL crmr.com/resorts/emerald-lake
費 HIGH 6～9月ⓈⒹ$659～
LOW 10～5月ⓈⒹ$189～
Tax另計
CC A M V 房 108房
座落在翡翠湖畔，所有客房都有陽台與暖爐。
Whiskey Jack Wilderness Hostel
MAP P.235-1
住 Yoho Valley Rd.
TEL (778)328-2220
URL hihostels.ca
營 6月下旬～9月
※目前因整修工程而停業中。

## 伯吉斯頁岩
Burgess Shale

MAP P.235-1 ★★★

在菲爾德鎮正前方伯吉斯山Mount Burgess的山中有處名為伯吉斯頁岩的地方，因為挖掘出眾多寒武紀的化石，而列入聯合國教科文組織世界地質遺產（現在則是將整座國家公園列為世界遺產）。如果沒有申請許可，禁止個人進入，不過只要參加健行的導覽之旅就能來參觀。

## 歐哈拉湖
Lake O'Hara

MAP P.235-2 ★★★

在洛磯山脈的眾多登山健行區域裡，受特別規格保護自然的就是歐哈拉湖周邊，以地理位置來說，位於從露易絲湖正面可見的維多利亞山Mount Victoria或雷佛洛伊山Mount Lefroy的後方；以加拿大橫貫公路為界，從此通往歐哈拉湖約13km長的道路禁止一般車輛通行。遊客可以搭乘優先服務Lake O'Hara Lodge的房客及露營者的接駁巴士（需預約），或是徒步。儘管交通困難，但是歐哈拉湖的氣氛卻格外動人，非常受到加拿大人的喜愛。

## 天然橋
Natural Bridge

MAP P.235-1 ★★★

沿著菲爾德鎮遊客中心往西進入分岔路，位於前往翡翠湖的途中，由踢馬河將河床上石灰岩持續削鑿成的自然拱門。儘管實際上「拱橋」的中央已經斷裂，卻營造出人類能走過的錯覺，而奔流於橋底下的湍急河水，也令人非常驚嘆。

## 翡翠湖
Emerald Lake

MAP P.235-1 ★★★

↑可划獨木舟享受翠綠湖泊之美

翡翠湖是座名符其實的閃耀碧綠湖水之湖，湖畔佇立著Emerald Lake Lodge，雖然景觀與露易絲湖或夢蓮湖有些神似，不過因為人煙稀少，顯得更為幽靜愜意。越過長木橋後抵達的主要小木屋，就建造在堆積出這座湖泊的冰磧石上，位於後方的別館前則設有觀景台，即使不是投宿於此的遊客，也可以享用簡單餐點，到湖中體驗划獨木舟的樂趣。翡翠湖周圍規劃許多健行步道，不妨悠閒散步一番。從菲爾德鎮開車約需10分鐘。

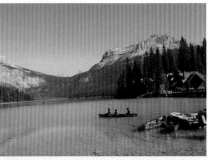

# 傑士伯

## 加拿大洛磯山脈

▲被山岳、森林與河流環繞的城市

在阿薩巴斯卡河Atha-basca River與梅耶特河Miette River的匯流處發展出的城市——傑士伯，就座落在加拿大洛磯山脈國家公園中，面積最大的傑士伯國家公園內。

**MAP** P.182-B1
人口 4738
面積 780

傑士伯的情報網
URL parks.canada.ca/pn-np/ab/jasper
URL www.jasper.travel

城市的發展過程與班夫相同，都是起於國家公園的成立與鐵路開通，有鑑於當時加拿大太平洋鐵路（CP鐵路）成功經由班夫橫越北美大陸，敵對的鐵路公司The Grand Trunk Pacific Railway（之後被加拿大國鐵CN鐵路所收購）也不甘示弱地在1907年籌畫要打造第2條橫越大陸的鐵路，從溫哥華一路鋪設鐵軌到傑士伯，並計畫將此地打造為度假城市。

堪稱為傑士伯象徵的度假飯店The Fairmont Jasper Park Lodge，正是在這段時期所建造，不過風格卻與如城堡般氣派華麗的菲爾夢班夫溫泉旅館The Fairmont Banff Springs Hotel完全不同，而是在開闊的範圍內建起多棟原木建築，還能經常看到野生動物的蹤影，也是各式各樣戶外活動的一大據點，難怪會成為與班夫截然不同風格的傑士伯一大象徵。

在市中心裡，有利用歷史建築或小木屋改裝而成的可愛遊客中心、銀行、消防隊、圖書館、教堂等建築林立，若將旅遊腳步延伸至郊區，則能親近在寂靜氛圍環繞下閃耀著翡翠光彩的美麗湖泊；此外，健行、騎馬、泛舟，或是騎腳踏車，甚至是垂釣等戶外活動的選擇也豐富得令人眼花撩亂。與大自然嬉戲、和大自然融為一體、被大自然所療癒，這正是全世界無數的遊客及大自然愛好者被吸引到傑士伯來的原因。

▲從市區就能看到雄偉聳立的山嶺

**傑士伯的旅行社**
傑士伯的景點幾乎都位在郊區，如果不靠汽車代步很難到處遊覽。除了租車之外，參加在地的觀光之旅，也很方便。

Jasper Adventure Centre
**MAP** P.239-C2（夏季）
611 Patricia St.
TEL (780) 852-5595
**MAP** P.291-C2（冬季）
607 Connaught Dr.
TEL (780) 852-4056
URL www.jasperadventurecentre.com
冬季與SunDog Tours共用服務中心

Sun Dog Tours
**MAP** P.239-C2
607 Connaught Dr.
TEL (780) 852-4056
FREE (1-888) 786-3641
URL www.sundogtours.com
除了推出各種觀光之旅外，也經營連結班夫～傑士伯的接駁巴士（→P.240）。

Pursuit Banff Jasper Collection
FREE (1-866) 606-6700
URL www.banffjaspercollection.com/canadian-rockies/jasper

Legends of Jasper
期 6/3～10/9
費 大人\$55、兒童（6～15歲）\$36
搭乘敞篷巴士周遊派翠西亞湖及金字塔湖等郊區自然景點，1日4次，所需時間約1小時30分。

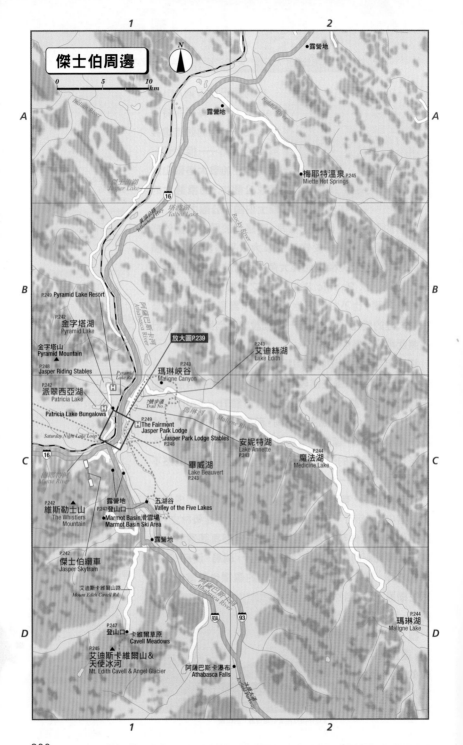

傑士伯周邊

N

0 5 10
km

Miette River
Jasper Lake
冰士海湖

黃頭公路
Yellowhead Hwy.
16

塔波湖
Talbot Lake

Rocky River

露營地

露營地

梅耶特溫泉 P.245
Miette Hot Springs

P.249 Pyramid Lake Resort

P.242
金字塔湖
Pyramid Lake

金字塔山
Pyramid Mountain

P.248
Jasper Riding Stables

阿薩巴斯卡河
Athabasca River

放大圖P.239

P.243
瑪琳峽谷
Maligne Canyon

P.243
艾迪絲湖
Lake Edith

P.242
派翠西亞湖
Patricia Lake

Pyramid
Lake Rd.

7號步道
Trail No. 7

Patricia Lake Bungalows

Saturday Night Lake Loop

瑪琳河
Maligne River

P.249
The Fairmont
Jasper Park Lodge

Jasper Park Lodge Stables
P.248

安妮特湖
Lake Annette
P.243

P.244
魔法湖
Medicine Lake

16

Miette River
冰士海湖

畢威湖
Lake Beauvert
P.243

P.242
維斯勒士山
The Whistlers
Mountain

露營地

五湖谷
Valley of the Five Lakes

P.247登山口
Marmot Basin 滑雪場
Marmot Basin Ski Area

露營地

P.242
傑士伯纜車
Jasper Skytram

艾迪斯卡維爾山路
Mount Edith Cavell Rd.

阿薩巴斯卡河
Athabasca River

93A 93

P.244
瑪琳湖
Maligne Lake

P.247
登山口
卡維爾草原
Cavell Meadows

P.245
艾迪斯卡維爾山 &
天使冰河
Mt. Edith Cavell & Angel Glacier

阿薩巴斯卡瀑布
Athabasca Falls

冰原大道
Icefields Parkway

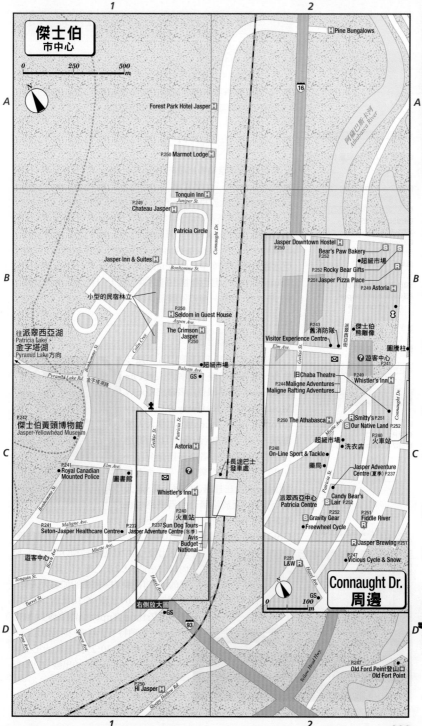

傑士伯
市中心

0    250    500
m

N

A

H Pine Bungalows

16

Forest Park Hotel Jasper H

阿塔巴斯卡河
Athabasca River

P.250 Marmot Lodge H

Tonquin Inn H
P.249
Chateau Jasper

Juniper St.

Patricia Circle

Jasper Inn & Suites H

Bonhomme St.

Jasper Downtown Hostel H
P.250
Bear's Paw Bakery S S
P.252
超級市場
P.252 Rocky Bear Gifts
P.251 Jasper Pizza Place
P.249 Astoria H

B

往派翠西亞湖
Patricia Lake ·
金字塔湖
Pyramid Lake方向

小型的民宿林立

P.250
Seldom in Guest House

Aspen Ave.

The Crimson
Jasper
P.250

Colin Cres.

Bonhomme St.

P.243
舊消防隊
Visitor Experience Centre

傑士伯
熊雕像

圖騰柱

遊客中心 P.241

Elm Ave.

Gretna St.

Whistler's Inn H
P.249

Pyramid Lake Rd.
金字塔湖路

Balsam Ave.

●超級市場
GS

舊Chaba Theatre
P.244 Maligne Adventures
Maligne Rafting Adventures

P.242
傑士伯黃頭博物館
Jasper-Yellowhead Museum

Patricia St.

P.250 The Athabasca

R Smitty's P.251
S Our Native Land P.252

P.240
火車站

Gretna St.

Astoria H

Elm Ave.

P.248
On-Line Sport & Tackle

超級市場 洗衣店

Jasper Adventure
Centre (夏季) P.237

C

P.241
● Royal Canadian
Mounted Police

圖書館

藥局

長途巴士
發車處

Patricia St.

派翠西亞中心
Patricia Centre

Candy Bear's
Lair P.252

Whistler's Inn H

S Gravity Gear
P.252
●Freewheel Cycle

Fiddle River
P.251

Maligne Ave.

P.240
火車站

P.237

Miette Ave.

R Jasper Brewing P.251

P.241
Seton-Jasper Healthcare Centre

P.237 Sun Dog Tours
Jasper Adventure Centre (冬季)
Avis
Budget
National

P.251
L&W R

P.247
●Vicious Cycle & Snow

遊客中心

Tonquin St.

Birch St.

Miette Ave.

Turret St.

Hazel Ave.

N

0    100
m

Connaught Dr.
周邊

D

Pine Ave.

Spruce Ave.

右側放大圖 ●GS

93

Yellowhead Hwy.

P.247
Old Ford Point登山口
Old Fort Point

P.250
HI Jasper    Sleepy Hollow Rd.

# 如何前往傑士伯

## ▶▶▶ 飛機

傑士伯與班夫同樣位在國家公園之內，所以禁止任何飛機起降，從溫哥華搭乘飛機到最近的愛德蒙頓Edmonton或卡加利Calgary，再轉乘巴士進入是最常見的方式。

## ▶▶▶ 長途巴士

愛德蒙頓國際機場出發的SunDog Tours巴士1日1班，所需時間約4小時45分；從愛德蒙頓市中心則有Tompson Valley Charters的巴士於每週二・五行駛，所需時間約4小時30分。

從班夫可以搭乘Pursuit Banff Jasper Collection的Brewster Express，5~10月每日1班（15:45出發），所需時間約4小時45分；巴士從卡加利出發，中途會經過露易絲湖、哥倫比亞冰原的冰原遊客中心Glacier Discovery Centre。SunDog Tours在11月~4月也會推出同路線的巴士，1日1班，所需時間約4小時15分，中途只會停留露易絲湖。

## ▶▶▶ 鐵路

從溫哥華出發，可搭乘VIA國鐵多倫多~溫哥華路線（加拿大人號The Canadian）與洛磯登山者鐵路Rocky Mountaineer Railway的Journey through the Clouds號，加拿大人號每週一・五15:00出發，隔天11:00抵達傑士伯；洛磯登山者鐵路則是4/13~10/12（'25）每週行駛2班，早上從溫哥華出發，中途在甘露市住宿一晚，隔天晚上抵達。至於洛磯登山者鐵路也在溫哥華~傑士伯間推出Rainforest to

▲車站內也可以預約觀光之旅及租車

Gold Rush號列車，4/21~10/4（'25）每週行駛1班，由北溫哥華車站出發，途中在惠斯勒和Quesnel魁斯內爾住宿的3天2夜之旅。從愛德蒙頓出發的話，可搭乘VIA國鐵的加拿大人號，每週三・六0:01出發、6:30抵達；魯珀特王子港Prince Rupert出發的VIA國鐵傑士伯~魯珀特王子港線，則是每週三・五・日8:00出發、20:29抵達喬治王子城Prince George，隔天8:00出發、17:00抵達傑士伯。

**SunDog Tours**
愛德蒙頓機場出發
🚌單程 大人$99、兒童（2~12歲）$59
班夫出發
🚌單程 大人$79、兒童（2~12歲）$39

**Tompson Valley Charters**
☎(250)377-7523
📠(1-866)570-7522
URL tvcbus.ca
愛德蒙頓出發
🚌單程 1人$94

**Brewster Express**
📠(1-866)606-6700
URL www.banffjasper collection.com
班夫出發
🚌單程 1人$132
卡加利出發
🚌單程 1人$183

**VIA國鐵（→P.545）**

**洛磯登山者鐵路（→P.546）**

**火車站**
MAP P.239-C2
📍607 Connaught Dr.

⬇吸引眾多旅客造訪的加拿大洛磯山脈北入口

## 火車站前往市區

火車站就位在主要街道的Connaught Dr.上，步行不久就能抵達市中心；VIA國鐵的加拿大人號及傑士伯～魯珀特王子港線，還有洛磯登山者鐵路列車都會停靠在這裡。SunDog Tours與Brewster Express的巴士都是

↑火車站旁展示著以前的蒸汽火車

從火車站北側的廣場發車，從廣場也有前往飯店與景點的接駁巴士。

# 漫遊傑士伯

市中心的中央就在Connaught Dr.與派翠西亞街Patricia St.，其中被Hazel Ave.及金字塔湖路Pyramid Lake Ave.所包圍的區域，有火車站、巴士總站、餐廳，以及飯店、旅行社等，正是最為熱鬧繁華的地區。市中心部分步行約30分鐘就可以逛完，不妨仔細欣賞可愛山間小屋風格建築林立的城市街道。離開市中心往西北走，則是散落於住宅區內的郵局、圖書館等歷史建築，傑士伯黃頭博物館Jasper-Yellowhead Museum就位於城市西北部郊區；往東北方則是別墅木屋風格的飯店林立，西南邊則是住宅區。觀光景點幾乎都座落在郊區，近一點的可以健行或騎腳踏車前往，但要造訪瑪琳湖Maligne Lake、維斯勒士山The Whistlers Mountain或艾迪斯卡維爾山Mt. Edith Cavell等傑士伯的代表景點，通常會選擇租車或參加觀光之旅（P.237）。

←擁有澄淨空氣的城市

↑矗立在遊客中心前的圖騰柱

**❓遊客中心**

Jasper National Park Information Centre
**MAP** P.239-B C2
**🏠**500 Connaught Dr.
**☎**(780)852-6176
**URL** www.pc.gc.ca/en/pn-np/ab/jasper
**🕐**5月中旬～10月中旬
每日9:00～19:00
10月中旬～5月中旬
每日9:00～17:00
**🚫**無休

想要挑戰健行或垂釣的人，一定要先到這裡來確認清楚路線或最新狀況；建築內還有Friends of Jasper National Park，販售國家公園相關的書籍、地圖、攝影集等資料，還可以買到T恤、玩偶等紀念品，很適合選購伴手禮。

↑在遊客中心內有城市的吉祥物，也有傑士伯熊的雕像

## 實用資訊
Useful Information

**警察**
Royal Canadian Mounted Police
**MAP** P.239-C1
**🏠**600 Bonhomme St.　**☎**(780)852-4848

**醫院**
Seton-Jasper Healthcare Centre　**MAP** P.239-C1
**🏠**518 Robson St.　**☎**(780)852-3344

**主要租車公司**
Avis　**☎**(780)852-3970
Budget　**☎**(780)852-3222
National　**☎**(780)852-1117
　各家業者在火車站（**MAP** P.239-C2）內都設有服務據點。

**主要計程車公司**
Mountain Express Taxi & Limo　**☎**(780)852-4555

### 傑士伯黃頭博物館

住400 Bonhomme St.
電(780)852-3013
URL www.jaspermuseum.org
開5月中旬～10月中旬
　毎日10:00～17:00
　10月中旬～5月中旬
　週四～日10:00～17:00
休10月中旬～5月中旬的週
　一～三
費自由捐款（大人$8）

### 維斯勒士山

交從市區到纜車站約7km，由
於是上坡路很難以徒步或
腳踏車前往，從市中心搭乘
計程車約$15。

### Jasper Skytram

MAP P.238-C1
電(780)852-3093
免費(1-866)850-8726
URL www.jasperskytram.com
開3/24～5/18、9/5～10/29
　毎日10:00～17:00
　5/19～6/22
　毎日9:00～17:00
　6/23～9/4
　毎日8:00～21:00
休10/30～3/23
費大人$59.95、青少年（6～
　15歲）$33、5歲以下免費
　纜車每隔15分鐘出發，所需
時間約7分鐘。只能以網路預
約，由於觀光旺季時會非常擁
擠，若無預約最好在早上出
發。纜車可以容納30人，並依
照購票時發放的號碼牌依序
叫號上車。必須在預約時間的
20分鐘前到達。

### Jasper Skytram的
接駁巴士

SunDog Tours（→P.237）
僅限夏季會從市中心的
Jasper Adventure Centre
（MAP P.239-C2）、各主要飯
店推出接駁巴士，從市中心出
發大概每隔1小時～2小時1
班，要預約。
費大人$70、兒童（6～15歲）
　$35、5歲以下免費
　（包含纜車票）

⬆從山頂的羅盤可以對照四周
各山峰的名稱

## 主要景點

### 傑士伯黃頭博物館
Jasper-Yellowhead Museum
MAP P.239-C1 ★★★

　專門介紹與毛皮交易有深厚關連傑
士伯歷史的博物館，會讓日本人感到
興趣的原因，就在於館內收藏著1925
年率領日本山岳隊首次登上亞伯達山
頂的槙有恒相關物品。像是當年他們
遺留在山頂的冰斧，首先是由美國隊
發現了木柄，後年再由長野高中校友
隊找到斧頭部分，分開超過半世紀終
於再度組合，放在博物館內展出。

➡與日本有極深淵源的博物館

### 維斯勒士山
The Whistlers Mountain
MAP P.238-C1 ★★★

　位於傑士伯西南方海拔2464m的山岳，有能乘載30人的
纜車Jasper Skytram直達山頂附近，從山頂不僅能眺望四周
分布著美麗冰河湖泊的傑士伯全景，往北是阿薩巴斯卡山谷
Athabasca Valley，朝西有黃頭隘口Yellowhead Pass的無
敵自然美景，是來到傑士伯絕對不能錯過的景點。維斯勒士山
的名稱，源自於會發出如口哨般聲音的口哨土撥鼠Whistling
Marmot，因為是「棲息著許多口哨土撥鼠的山」而得名，幸運
的話還可以親耳聽到牠們的叫聲。順帶一提，因為名稱與卑詩
省的惠斯勒山Whistler Mountain非常相似，經常有人搞錯，其
實是2座完全不同的山。

　從觀景台有健行步道延伸而出，順著布滿岩石沙礫的山徑往

⬆站在山頂觀景台眺望傑士伯與連綿山脈

上走約1km，會發現更為
開闊雄偉的風景，遇上好
天氣時，甚至能眺望到黃
頭隘口對面的羅伯森山
Mount Robson，往西則
是一望無際的哥倫比亞
冰原Columbia Icefield。
不過步道並不太好走，最
好穿著登山健行鞋。

### 派翠西亞湖&金字塔湖
Patricia Lake & Pyramid Lake
MAP P.238-C1 ★★★

　從市中心到派翠西亞湖為4km，到金字塔湖則有6km距離，2
座湖泊都倒映著金字塔山的美麗景色。這裡除了能體驗釣魚、騎
馬、划獨木舟等各種戶外活動外，金字塔湖畔甚至還有沙灘，可
以從市區租輛腳踏車，輕鬆愉快地朝向湖泊出發；不過要有心理

準備，去程都是辛苦的連續爬坡路段。另外，從市中心前往湖泊的途中也有一條健行步道，可以準備午餐盒來享受愉快的健行。

↑離市中心也很近，最適合騎腳踏車

## 畢威湖、安妮特湖與艾迪絲湖 MAP P.238-C1
### Lake Beauvert, Lake Annette & Lake Edith ★★★

　　每座湖泊距離市中心都為5～7km，而且有健行步道將3座湖串連起來，所以從市中心能輕鬆到達，是很受歡迎的健行或腳踏車路線。緊鄰The Fairmont Jasper

↑湖畔木屋林立的畢威湖

Park Lodge（→P.249）的畢威湖，夏季可以體驗高爾夫、騎馬、腳踏車、划船之樂，冬季又成為越野滑雪、溜冰的戶外活動天堂。開車以The Fairmont Jasper Park Lodge作為起點，向北出發繞行一圈最方便。

## 瑪琳峽谷 MAP P.238-C1
### Maligne Canyon ★★★

　　被瑪琳河Maligne River湍急溪流所挖掘的石灰岩，形成加拿大洛磯山脈規模最大的天然峽谷；在發出轟隆巨響的奔騰河流旁設有步道，而且架設著6座橋梁，站在橋上能見識到最深達50m的險峻溪谷，還有氣勢驚人的瀑布。第1座橋旁邊是落差約25m的瀑布，第2座橋所在地則是峽谷的最深處，到谷底的距離約50m，往下俯瞰如黑洞般會將人吸入。冬季則推出漫步在凍結的峽谷底部的冰上徒步之旅或越野滑雪等活動。

↑激流所打造的峽谷之美

派翠西亞湖&金字塔湖的獨木舟（→P.248）

**舊消防隊的藝廊**
　　位於遊客中心後方的舊消防隊（MAP P.239-B2），夏季時是對外開放的公共空間，經常作為展示在地藝術家畫作、雕刻等藝術品的藝廊或小型音樂廳的會場之用。

↑以三角屋頂為標誌

**瑪琳峽谷**
⊠從市中心開車約10分鐘。
　　從峽谷入口到第2座橋為止，來回約20分鐘。

**冰上徒步之旅**
　　全部被冰雪所覆蓋的峽谷，就像是無比奇幻美麗的世界，沿著陡峭山壁傾洩而下的瀑布被直接凍結，創造出屬於大自然的藝術作品。瑪琳峽谷的冰上徒步之旅，通常都會提供飯店接送、防寒靴的租借服務；雖然是凍結的冰雪，不過在冰面下有流動溪水具危險性，千萬不要嘗試單獨前往。體驗季節是12月中旬～4月上旬左右。

Jasper Adventure Centre（→P.237邊欄）
圖大人$69、兒童（12歲以下）$35

SunDog Tours（→P.237邊欄）
圖大人$69、兒童（6～12歲）$35

Pursuit Banff Jasper Collection（→P.237邊欄）
圖大人$79.99、兒童（6歲以上）$49.99

加拿大洛磯山脈

傑士伯 Jasper ◆ 主要景點

243

⬆水位從秋天開始下降

Maligne Lake Classic Cruise
（→P.237）
🗓5/26～10/9
　每日9:00～16:30
　（依時期、天候而變動）
💰大人$78～、兒童（6～15
　歲）$50.7～、5歲以下免費
　所需時間約1小時30分，由
於夏季時會非常擁擠，一定要
事先預約。也有頂級行程。

Maligne Adventures
🗺P.239-C2
🏠610 Patricia St.
☎(780)852-3331
📠(1-844)808-7177
🌐maligneadventures.com
票務中心
🗓每日8:00～18:00
　（依時期而變動）
🈳無休
　除了提供瑪琳湖的遊湖之
旅、划獨木舟等戶外體驗之
外，也有安排接駁巴士的旅行
社，票務中心於2022年關閉之
後，目前在電影院Chaba
Theatre的建築內設有服務據
點。
瑪琳湖之旅
Maligne Valley Wildlife &
Waterfalls Tour & Cruise
　從傑士伯市中心出發，除了
造訪瑪琳湖之外，也會前往瑪
琳峽谷、魔法湖參觀，所需時
間約5小時30分。
🗓6/1～10/15
　每日9：30
💰大人$149、兒童（5～15歲）
　$89、4歲以下免費
接駁巴士
🗓6/25～9/26　每日9:00
💰大人$42、兒童（5～15歲）
　$25、4歲以下免費
　可以在從傑士伯郊區通往
瑪琳湖的健行步道Skyline
Trailhead North（47km）的
入口處下車。

# 🍁 魔法湖
Medicine Lake

每年春夏之間總是閃耀著蔚藍光芒的湖泊，擁有另一個在夏天之後才能看到的面貌，就是從秋季開始湖泊水位逐漸下降，等到冬季時就完全乾涸見底。原因在於湖底的石灰岩層下方有阿薩巴斯卡河Athabasca River的地下伏流，湖水滲入裂縫流向瑪琳峽谷而消失，等到春天來臨積雪與冰河開始消融，才讓湖泊重新出現。這種湖泊水位上下的景象，讓當地的印第安人相信是湖神所為，而將這座湖泊取名為「魔法Medicine」。

⬆夏季流動著冰河雪水的魔法湖

# 🍁 瑪琳湖
Maligne Lake

最寬為22km，湖泊面積達2066公頃，最深處約97m的瑪琳湖，堪稱是全加拿大洛磯山脈最大的冰河湖，在湖的周圍有機會見識到駝鹿、大角羊、郊狼等野生動物的蹤跡，而造訪瑪琳湖最重要的則是搭船參加遊湖之旅。船隻會從小碼頭出發，兩側盡是擁抱著冰河的山峰，在因光線與深度而變換著不同色彩的湖面上破水而前進，不久就抵達觀景台。位於觀景台正前方的是精靈島Spirit Island，座落於散發翡翠色彩、平靜湖面的小島上，看得到筆

⬆傑士伯最重要的景點──瑪琳湖的精靈島

直挺立的蒼翠針葉樹，還有彷彿守護這片美景般環繞著湖泊的雄偉群山；這是加拿大洛磯山脈的代表性風景之一，如果沒有親眼見識過，就不算來過傑士伯。在瑪琳湖周邊可以體驗釣魚、划獨木舟等多樣戶外活動，是可以花一整天時間盡情玩樂的地點。前往湖泊的交通方式，除了參加觀光之旅或租車之外，也可以搭乘接駁巴士前往。

⬆湖畔也有健行步道

## 梅耶特溫泉
### Miette Hot Springs
★ ★ ★

MAP P.238-A2

▲傑士伯唯一的一座溫泉設施

從傑士伯沿著 #16公路（黃頭公路Yellowhead Hwy.）往北前行後右轉，約1小時就能抵達梅耶特溫泉；這裡是加拿大洛磯山脈的溫泉設施中，源泉溫度最高的，高達54℃。附近飄散著硫磺味，泡湯氛圍濃厚的小木屋內有3個游泳池，2池屬於溫泉，1池是冷水，泡湯必須要穿泳衣，也有提供泳衣、毛巾的出租服務。原本有計畫要在這裡興建名為Chateau Miette的豪華度假村，利用單軌列車串連飯店與溫泉設施，卻因為單軌列車路線的變更而中止，現在僅有溫泉與度假木屋而已。

**梅耶特溫泉**
TEL (780)866-3939
URL www.hotsprings.ca/miette
開 5月中旬～10月中旬
　　每日10:00～20:00
休 10月中旬～5月中旬
費 單次票
　大人\$17.5、銀髮族・青少年（3～17歲）\$15.25、兒童免費
　1日券
　大人\$27、銀髮族・青少年（3～17歲）\$23.75、兒童免費
　泳衣\$2.25、毛巾\$2.25
交 傑士伯沿著#16公路（黃頭公路）往北行約44km，右轉後再前行約10km。

## 艾迪斯卡維爾山&天使冰河
### Mt.Edith Cavell & Angel Glacier
★ ★ ★

MAP P.238-D1

▲彷彿是天使的身驅與翅膀

從市區往南邊眺望，所看到的梯形山岳就是艾迪斯卡維爾山，黑色山岩上斜倚著萬年不化的積雪，這幅被印第安人稱之為「白色精靈White Ghost」的美麗景色，與周邊群山截然不同，成為傑士伯近郊最令人印象深刻的山脈而聲名遠播。至於名稱則是向在第一次世界大戰中，釋放聯軍俘虜的護士致敬。

開車來到山脈附近，有一條從停車場出發的步道「Path of the Glacier」，能一路健行到可眺望山下冰河湖的觀景台，彷彿被斷崖絕壁包圍的就是天使冰河，因為看起來像是張開翅膀的天使而得名；腳下則可見斷崖絕壁、冰河及漂浮著崩落冰塊的冰河湖。

在「Path of the Glacier」步道的途中，還可以前往「卡維爾草原Cavell Meadows（→P.247）」步道，欣賞更豪壯的冰河景致。

**艾迪斯卡維爾山&天使冰河**
交 從傑士伯沿著#93公路（冰原大道）往班夫方向前行，中途右轉後進入舊公路（#93A公路），繼續沿著右邊的山路向上開車45分鐘左右，山路在冬季期間會關閉。

**關於艾迪斯卡維爾山的步道**
通往天使冰河的步道上沒有廁所，而步道來回需步行1小時以上，加上冰河湖附近的氣溫低，會讓人想上廁所；停車場設有簡易廁所，出發前一定要先去。

▲位於山腳下的冰河湖

## 羅伯森山省立公園
Mount Robson Provincial Park

MAP P.182-A1〜B1/P.246 ★★★

### ▶▶▶ 如何前往
通常會租車前往，從傑士伯沿著加拿大橫貫公路往西約26km可達。
因為沒有能作為據點的城市，一般觀光都是參加傑士伯的旅行社（→P.237）所推出的1日遊行程。

### ❓ 羅伯森山省立公園的遊客中心
Mt. Robson Provincial Park Info Centre
MAP P.182-A1〜B1/P.246
☎(250)566-4038
URL bcparks.ca/mount-robson-park
5月中旬〜6月中旬
每日8:00〜17:00
6月中旬〜9月上旬
每日8:00〜19:00
9月上旬〜10月中旬
每日9:00〜16:00
休10月中旬〜5月中旬
#16公路（黃頭公路）上就有羅伯森山的觀景點，遊客中心也設在這裡；因為公園內幾乎沒有住宿設施或商店，必須以這裡作為補給中心。
6月中旬〜9月期間博格湖區的露營地必須上網預約，因為很受歡迎，不預約幾乎不可能有空營位。
URL camping.bcparks.ca

從傑士伯沿著#16公路往西走20km左右就會進入卑詩省，這裡正是羅伯森山省立公園的入口。此處最重要的景點是加拿大洛磯山脈的最高峰——海拔3954m的羅伯森山Mount Robson，在一層又一層堆疊的地層上覆蓋著條紋積雪的模樣，讓印第安人稱這座山為「Yuh-hai-hashun＝有螺旋狀道路的山」。羅伯森山省立公園的觀光中心是#16公路上的遊客中心，停車場就設於其前方。

▲加拿大洛磯山脈的最高峰——羅伯森山，遊客中心前是仰望山景的最佳地點

公園內有多條景觀豐富多變的步道，難度等級從初體驗者到簡中老手都能從中享受到山中健行的樂趣。其中名氣最響亮的是通往博格湖Berg Lake的「博格湖步道Berg Lake Trail」，必須從遊客中心旁的車道再往北前進2km左右，再由停車場開始走。至博格湖單趟為22km，因為無法當天來回，需要準備帳棚在湖邊露營；如果要露營，必須事先向遊客中心預約營地、取得露營許可。想輕鬆一點的話，建議不妨在步道途中約4km處的金尼湖Kinney Lake折返，來回約3小時的行程。金尼湖是倒映著羅伯森山西北方白角山Whitehorn Mountain的美麗湖泊，步道的上下起伏不多，基本上來回都是同一條路。

⬇映照著白角山的金尼湖

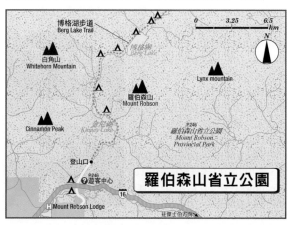

# 傑士伯的**戶外體驗**
## Activities in Jasper

## 健行 Hiking

　　被豐富大自然所包圍的傑士伯，與其他洛磯山脈的城鎮相同，擁有無數的健行路線；因為傑士伯沒有太險峻的山脈，比班夫有更多路況起伏不太劇烈、適合初學者的健行路線。

↑五湖谷

↑可眺望天使冰河的卡維爾草原

### 主要健行路線
**Old Fort Point**
　　是眺望阿薩巴斯卡河與傑士伯城市景致的絕佳地點。到達山丘頂端需要走一段和緩的斜坡，約30分鐘，山頂還留有當年的堡壘遺跡。
步行距離：來回6km
所需時間：上山30分鐘、下山15分鐘
海拔落差：130m
到登山口的交通：從市區徒步約15分鐘，越過鐵路軌道、阿薩巴斯卡河上的橋梁後，右邊就是步道起點。
**MAP** P.239-D2（登山口）

**五湖谷**
**Valley of the Five Lakes**
　　如同步道名稱，是造訪5座湖泊的步道，分布在如丘陵般起伏的森林中的湖泊，可以欣賞到濃綠、帶有透明感的淺綠等各式各樣不同層次的顏色。若開車前往的話，不僅離傑士伯很近，也沒有太大海拔落差，屬於相當和緩的步道，無論是初體驗或全家出遊都很合適。
步行距離：1圈4.3km
所需時間：1圈2小時

海拔落差：30m
到登山口的交通：從傑士伯進入冰原大道9km，公路旁有登山口的停車場。
**MAP** P.238-C1（登山口）

**卡維爾草原 Cavell Meadows**
　　以優美姿態聳立在傑士伯南邊的艾迪斯卡維爾山，攀附在其北面山壁上的天使冰河，有如張開雙翼的天使的模樣深深吸引了遊客。能眺望天使冰河正前方的卡維爾草原，看得到屬於松毛翠屬、西銀蓮花等高山植物，繽紛熱鬧得讓山上如同另一個世界。
步行距離：共計9.6km
所需時間：上山1小時40分、下山1小時30分
海拔落差：370m
到登山口的交通：從傑士伯沿著冰原大道往班夫方向前行7.5km，轉進#93A公路直行5.5km再右轉，順著艾迪斯卡維爾山路Mount Edith Cavell Rd.前進14.5km，道路終點就是登山口的停車場。
**MAP** P.238-D1（登山口）

## 腳踏車 Cycling

　　在沒有大眾交通工具的傑士伯，無論是想觀光還是當作交通工具，腳踏車都非常方便，甚至可以直接騎進健行步道，不過也有不少步道禁止腳踏車進入，請多加留意。在市中心周邊，經由派翠西亞湖到金字塔湖的路線、周遊The Fairmont Jasper Park Lodge附近湖泊的路線等都很受歡迎，租車店會提供相關的資訊及協助，也可以拿到地圖。

### 腳踏車出租
**Vicious Cycle & Snow**
**MAP** P.239-D2
🏠 630 Connaught Dr.
☎ (780)852-1111
🌐 viciouscycleandsnow.ca
🕐 每日10:00～18:00
　（依時期而變動）
🚫 無休
💰 大輪徑越野車Fat Bike
　1小時$20～、1日$50～
　冬季提供雪板租借與販售服務。

## 騎馬　Horseback Riding

可以在從市中心往金字塔湖途中的Jasper Riding Stables報名，1小時行程的前半是從山稜出發，俯瞰經傑士柏及阿

⬆挑戰在森林裡騎馬

薩巴斯卡河；後半段則是越過金字塔湖來眺望金字塔山的迷人美景。至於The Fairmont Jasper Park Lodge內的Jasper Park Stables，提供暢遊阿薩巴斯卡河周邊路線等，以初學者為主的行程。

## 釣魚　Fishing

在瑪琳湖或阿薩巴斯卡河釣鱒魚，以及塔波湖Talbot Lake釣狗魚，這3個地點是人氣最旺的垂釣地點，以路亞、飛蠅釣為主。要注意的是湖泊河川都設有禁漁期，或是只能使用飛蠅釣等的限制，而釣魚也需要有釣魚許可證Fishing Permits；旺季為5～7月，相關的限制資訊、釣魚許可證都可以在遊客中心洽詢。

傑士伯的釣具店除了提供出租船隻、釣具之外，也會推出導覽之旅，參加時要確認費用中是否包含釣魚許可證。瑪琳湖盛行搭乘電動馬達的船隻去進行拖網釣，由於船隻比較大，不妨可以全家一起上船順便觀光。如果是金字塔湖或派翠西亞湖，船隻出租店裡就可以借到釣具。

## 獨木舟　Canoeing

⬆划獨木舟釣魚是非常受歡迎的活動

作為加拿大洛磯山脈的代表活動之一，當然要來挑戰划獨木舟，建議可以選擇距離市中心較近的派翠西亞湖或金字塔湖。而金字塔湖除了獨木舟，還有用腳踩前進的船；不過人氣最旺的還是瑪琳湖，在湖畔就可以借到船。

# 傑士伯的住宿
## —— Hotels in Jasper ——

傑士伯的市區就位於傑士伯國家公園內，完全禁止建造任何新建築，因此儘管遊客人數眾多，飯店的客房數卻是相當少；計畫夏季造訪的話，建議最好提早2～3個月前訂房，沒有事先預訂打算到達後再找住宿，是不可能的事。

## The Fairmont Jasper Park Lodge

最高級飯店

座落於畢威湖畔，屬於傑士伯代表性的最高級度假飯店。在280公頃的廣大範圍內，散落著別墅與木屋式客房，不時還能親眼看到野生動物出沒，高爾夫、騎馬、游泳池、SPA、三溫暖等設施應有盡有，還有休閒餐廳與酒館。

**MAP** P.238-C1
住 1 Old Lodge Rd.
TEL (780)852-3301
FREE (1-866)540-4454
URL www.fairmont.com/jasper
費 HIGH 夏季⑤D$630～
LOW 冬季⑤D$329～
Tax另計
CC A D J M V　房442房

## Whistler's Inn

火車站就在正前方，位於絕佳的交通位置上，是落成於1976年的傑士伯老字號飯店之一。客房既整潔又寬敞十分完美，也有附暖爐的行政套房，至於可眺望景致的屋頂按摩池、三溫暖等設備更是齊全。除了附設能享受現場演奏的夜總會「Whistle Stop Pub」，還有2家餐廳。

**MAP** P.239-C2
住 105 Miette Ave.
TEL (780)852-3361
FREE (1-800)282-9919
URL www.whistlersinn.com
費 HIGH 6～9月⑤D$249～
LOW 10～5月⑤D$159～
Tax另計
CC A M V
房64房

## Pyramid Lake Resort

高級飯店

從市中心驅車約10分鐘路程，位於金字塔湖畔的飯店，附暖爐設備的客房非常寬敞，從窗戶能欣賞湖泊與金字塔山的美景，也提供遊覽金字塔湖的船隻出租。還有適合家庭入住的木屋及最多可投宿6人的Executive Loft。

**MAP** P.238-C1
住 6km North on Pyramid Lake Rd.
FREE (1-800)541-9779
URL www.banffjaspercollection.com/
hotels/pyramid-lake-lodge
費 HIGH 4月下旬～10月上旬⑤D$479～
LOW 10月上旬～4月下旬⑤D$255～
Tax另計
CC A M V
房68房

## Chateau Jasper

位於市中心北邊的Geikie St.，為3樓建築的大型飯店，館內洋溢著山岳度假村般的氛圍，公共設施也很完善，有餐廳、室內游泳池、按摩池等可供使用。並提供越野追逐滑雪或健行等活動的洽詢服務。

**MAP** P.239-B1
住 96 Geikie St.
FREE (1-800)468-8068
URL www.banffjaspercollection.com/
hotels/chateau-jasper
費 HIGH 6～9月⑤D$307～
LOW 10～5月⑤D$159～
CC A M V
房119房

## Astoria Hotel

中級飯店

外觀為小木屋風格的飯店，開業於1944年，是傑士伯歷史悠久的飯店，儘管規模不大，但是現代感的床罩與碎花寢具等，以可愛氛圍受到女性遊客的支持。相當注重「舒適清潔」，飯店內的餐廳「Papa George's Restaurant」也深獲好評。

**MAP** P.239-B2
住 404 Connaught Dr.
TEL (780)852-3351
FREE (1-800)661-7343
URL www.astoriahotel.com
費 HIGH 6月上旬～10月上旬⑤D$260～
LOW 10月上旬～6月上旬⑤D$150～
Tax另計
CC A M V
房35房

浴缸　電視　吹風機　Minibar和冰箱　保險箱　網路
部分房間　部分房間　出借　部分房間　櫃台提供

## Marmot Lodge

位於主要街道Connaught Dr.的木屋風格飯店,雖然離市中心有一點距離,四周環境卻相當安靜;房價比較合理且客房又很寬敞,整理得相當乾淨整潔,還有提供廚房設備或寵物友善的客房可以選擇。餐廳、室內游泳池、三溫暖、自助洗衣等設備也很齊全。

**MAP** P.239-A1 2
86 Connaught Dr.
FREE (1-800)400-7275
URL www.banffjaspercollection.com/hotels/marmot-lodge
6～9月⑤⑩$277～
LOW 10～5月⑤⑩$147～ Tax另計
CC A M V
107房

## The Crimson Jasper

汽車旅館式的飯店,因為地點離鬧區稍遠,周邊環境相當安靜。簡潔明快裝潢的客房內既寬敞又乾淨,全部99客房中有8成左右附陽台,還有2022年開幕的餐廳「Terra」及酒吧、按摩池等設施。並提供有SPA、騎馬等的套裝組合房價。

**MAP** P.239-B1
200 Connaught Dr.
FREE (1-888) 414-3559
URL www.banffjaspercollection.com/hotels/the-crimson
6～9月⑤⑩$317～
LOW 10～5月⑤⑩$186～ Tax另計
CC A M V
99房

## The Athabasca Hotel

在市中心派翠西亞街上的經濟型旅館,客房裝潢與設備雖然有些老舊感,不過因地理位置絕佳且房價合理而有人氣。1樓是酒館,不時會有樂團的現場表演,因此部分客房會比較吵鬧一點。

**MAP** P.239-C2
510 Patricia St.
FREE (1-877)542-8422
URL www.athabascahotel.com
5月下旬～10月中旬
含衛浴⑤⑩$259～、衛浴共用⑤$159～
LOW 10月中旬～5月下旬
含衛浴⑤⑩$129～、衛浴共用⑤⑩$99～
Tax另計 CC A M V 61房

## Seldom in Guest House

民宿主人為Doug和Sherrill夫婦,從2000年開始營業,整修之後銀髮族的房客大為增加。客廳內設有圖書區及鋼琴,全部客房都能欣賞山景,可說是小而舒適。由於在國家公園工作,熟知戶外活動的相關事情,很值得信賴。

**MAP** P.239-B1
123 Geikie St.
TEL (780) 852-5187
URL stayinjasper.com/accommodations/seldom-in-guest-house
夏季⑤⑩$150～160
LOW 冬季⑤$95～125 Tax另計
CC 不可
3房

## Jasper Downtown Hostel

地處市中心,交通十分便利,有女性專用的團體房,陳設簡單而舒適,也有4人房,並提供電視出借的服務。公共區域設有上鎖寄物櫃(免費),不怕行李遺失;廚房及交誼廳都能自由使用,有許多經常在國外旅行的背包客入住。

**MAP** P.239-B2
400 Patricia St.
TEL (780) 852-2000
URL jasperdowntownhostel.ca
夏季
團體房$65～⑤⑩$200～
LOW 冬季
團體房$35～⑤⑩$100～
Tax另計
CC M V
20房、68床

## HI Jasper

開業於2019年的大型青年旅館,雖然位於郊區,但距離火車站步行約10分鐘,交通便利且環境安靜。有電梯加上使用房卡門鎖,方便又安全;大廳和餐廳還會定期舉辦活動。接待櫃台為24小時服務,工作人員十分友善親切。

**MAP** P.239-D1
708 Sleepy Hollow
TEL (587)870-2395
FREE (1-866)762-4122
URL www.hihostels.ca
團體房$33.2～(會員)、$36.9～(非會員)
⑤⑩$106～(會員)、⑤⑩$118～(非會員) Tax另計
CC M V 45房、157床

# 傑士伯的餐廳
## Restaurants in Jasper

無論是加拿大、義大利或中華料理等，餐點選擇種類非常多，不過餐廳總數卻相當少，不過每家店都有著舒適的用餐氣氛；對於要享用正式餐點的遊客來說，不妨去從加拿大料理至日本料理一應俱全的The Fairmont Jasper Park Lodge去用餐。

## Jasper Brewing

可以品嚐以冰河水釀造出獨特在地啤酒的餐廳，包含風味濃郁的愛爾森啤酒Rockhopper IPA、清爽的皮爾森啤酒Crisp Pils等約9種口味$6～，6種啤酒組合為$19。至於AAA亞伯達牛漢堡$18.75等餐點也相當豐富。

MAP P.239-C2～D2
住 624 Connaught Dr.
TEL (780)852-4111
URL www.jasperbrewingco.ca
營 週日～三11:30～24:00
　 週四～六11:30～翌日1:00
預 $15～
CA A M V

## Fiddle River

位在Connaught Dr.的2層樓時尚餐廳，可以品嚐到使用加拿大特有食材的魚或肉類料理，鮭魚或龍蝦等海鮮都是引進自大西洋省分等東岸地區，也很推薦駝鹿、野牛等肉類料理。菜單會隨季節而有所變換。

MAP P.239-C2
住 620 Connaught Dr.
TEL (780)852-3032
URL www.fiddleriverrestaurant.com
營 5月～10月中旬
　 每日17:00～22:00
　 10月中旬～4月
　 每日17:00～21:00
　 （依時期而變動）
休 無休
預 $40～　CA A M V

## Jasper Pizza Place

傑士伯唯一可以品嚐到薄皮披薩的餐廳，提供烤箱燒烤的鬆厚餅皮披薩，以及柴燒窯烤（冬季15:00以後才能點窯）2種類型；鬆厚餅皮披薩為M尺寸$19.95～、L尺寸$24.95～、柴燒披薩則只有M尺寸$26.95～。除了經典口味，添加駝鹿肉的披薩也很受注目。

MAP P.239-B2
住 402 Connaught Dr.
TEL (780)852-3225
營 6～10月
　 每日11:00～23:00
　 11～5月
　 週一～四15:00～22:00
　 週五～日12:00～22:00
休 無休
預 $20～
CA A M V

## L & W Restaurant

以希臘料理為中心，以平實的價格供應牛排、漢堡、義大利麵、海鮮等豐富多樣的料理。以綠意裝飾的店內充滿開放感，晴天時還可在玻璃帷幕的露台上，沐浴在陽光下舒服地用餐。餐廳內總是擠滿當地人與觀光客。

MAP P.239-D2
住 Hazel Ave. & Patricia St.
TEL (780)852-4114
營 每日11:00～22:00
休 無休
預 $15～
CA A M V

## Smitty's

1960年誕生於卡加利，於加拿大各地都有分店，供應漢堡、歐姆蛋、牛排等豐富餐點的家庭餐廳。創業以來就以班乃迪克蛋等早餐大受歡迎，晚餐則推薦炸小牛排$17.79，也提供兒童及銀髮族專屬的餐點。

MAP P.239-C2
住 109 Miette Ave.
TEL (780)852-3111
URL www.smittys.ca
營 夏季
　 每日7:00～20:00
　 冬季
　 每日7:00～17:00
休 無休
預 $15～
CA A M V

251

# 傑士伯的購物
## ─Shops in Jasper─

紀念品店在Connaught Dr.與派翠西亞街Patricia St.林立，想買洛磯山脈特有的紀念品，推薦以駝鹿或麋鹿角製成的手工藝品，或是洛磯山脈優美景色的照片或圖畫明信片等都很值得購買。還有傑士伯的吉祥物──傑士伯熊的相關商品，也是相當不錯的紀念品。

## Gravity Gear

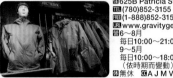

**戶外用品**

這間戶外用品店內蒐羅了加拿大戶外品牌ARC'TERYX，以及Icebreaker的衣服、健行用品，至於健行的導覽書也相當豐富。冬季時還會提供滑雪、冰攀相關用品的租借服務，可以和親切的店員討論裝備的問題。

**MAP** P.239-C2
625B Patricia St.
**TEL** (780)852-3155
**FAX** (1-888)852-3155
**URL** www.gravitygearjasper.com
**營** 6〜8月
　　每日10:00〜21:00
　　9〜5月
　　每日10:00〜18:00
　　（依時而變動）
**休** 無休　**CARD** A J M V

## Our Native Land

**紀念品**

販售經由老闆嚴選，雕刻著傳統圖案的手工珠寶或雕刻、手工藝品，而且店內8成都是與印第安人或因紐特人Inuit等原住民相關的商品。像是鑲有土耳其石的墜子$65〜、雙色戒指$160〜等都很受歡迎，地下室還有如藝廊般的展覽空間。

**MAP** P.239-C2
601 Patricia St.
**TEL** (780)852-5592
**URL** www.ournativeland.com
**營** 每日10:00〜19:00
　　（依時期而變動）
**休** 無休
**CARD** A M V

## Rocky Bear Gifts

正如其名，是間以洛磯山脈製造商品為主題的禮品店，蒐羅有傑士伯熊玩偶$20.98、鹿的飾品$18.98〜等，許多充滿手作感的動物商品，非常受到歡迎。其他還有明信片、糖果等平價商品，最適合當作伴手禮。

**MAP** P.239-B2
400B Connaught Dr.
**TEL** (780)852-3250
**營** 每日8:30〜17:00
　　（依時期而變動）
**休** 無休
**CARD** A M V

## Bear's Paw Bakery

**麵包**

受到當地人和觀光客的喜愛，從早到晚都大排長龍的麵包店。店內隨時供應法國麵包、可頌等超過25種手工麵包，麵包使用天然酵母及奶油等精心挑選的材料，也有餅乾、馬芬、蛋糕等豐富選擇，店內還設有用餐區。

**MAP** P.239-B2
4 Pyramid Rd.
**TEL** (780)852-3233
**URL** www.bearspawbakery.com
**營** 每日6:00〜18:00
**休** 無休
**CARD** M V

## Candy Bear's Lair

**巧克力**

由日本人經營，販賣在店內手工製作的軟糖和巧克力，招牌商品是熊爪造型的焦糖巧克力Bear Paws 100g $4.95，其他還有10種口味的焦糖爆米花、冰淇淋、加了棉花糖的優格冰淇淋等，愛吃甜點的人不能錯過。

**MAP** P.239-C2
611 Patricia St.
**TEL** (780)852-2145
**URL** www.candybear.ca
**營** 6〜8月　每日10:00〜23:00
　　9〜5月　週一〜五11:00〜21:00
　　　　　　週六10:00〜21:30
　　　　　　週日10:00〜21:00
　　（依時期而變動）
**休** 無休
**CARD** M V

# Saskatchewan & Manitoba

里賈納的RCMP（加拿大皇家騎警）文物中心

# 薩克其萬省 & 曼尼托巴省
## SASKATCHEWAN & MANITOBA

位於加拿大中部一帶的廣大平原，並與美國接壤的2個省，栽種著小麥、大麥、黑麥，是全世界首屈一指的大型糧倉地區。來自東歐或亞洲的大批移民曾在這一望無際的草原上持續開墾，因此在薩克其萬省及曼尼托巴省都擁有許多的移民社區，而且這2省的共同特色就是日照時間極長又很乾燥。

©Tourism Saskatchewan

⬆出現在省旗上的省花──西部紅百合

**薩克其萬省 & 曼尼托巴省**

0 ─── 250 km

N

亞伯達省 Alberta

薩克其萬省 Saskatchewan

曼尼托巴省 Manitoba

安大略省 Ontario

哈德森灣 Hudson Bay

邱吉爾 Churchill P.270

Cluff Lake Mine

Points North Landing

林恩湖 Lynn Lake

Sundance

Missinipe

La Ronge

湯普森 Thompson

Cold Lake

Pierceland

Green Lake

Creighton

弗林弗隆 Flin Flon

帕斯 The Pas

邱吉爾河 Churchill River

溫尼伯湖 Lake Winnipeg

Paradise Hill

16

Shellbrook

艾伯特王子城 Prince Albert

天鵝河 Swan River

北巴特爾福德 North Battleford

薩克斯通 P.261 Saskatoon

黃頭公路 Yellow head Hwy.

約克頓 Yorkton

多芬 Dauphin

Elksdale

蘇盧考特 Sioux Lookout

穆斯喬 Moose Jaw

Trans-Canada Hwy.

斯威夫特卡倫特 Swift Current

里賈納 Regina P.256

16

波蒂奇拉普雷里 Portage la Prairie

1

Keewatin

Falcon Lake

1

17

7

布蘭登 Brandon

溫尼伯 P.264 Winnipeg

美國

254

| 薩克其萬省 | |
|---|---|
| 首府 | 里賈納 |
| 面積 | 65萬1036km² |
| 人口 | 113萬2505（2021年人口普查） |
| 時間 | 中部標準時間（CST）<br>與台灣時差－14小時<br>（沒有夏令時間） |
| 省稅 | 銷售稅6%　住宿稅6% |

| 曼尼托巴省 | |
|---|---|
| 首府 | 溫尼伯 |
| 面積 | 64萬7797km² |
| 人口 | 134萬2153（2021年人口普查） |
| 時間 | 中部標準時間<br>與台灣時差－14小時<br>（夏令時間－13小時） |
| 省稅 | 銷售稅7%　住宿稅7% |

## 薩克其萬省
### Saskatchewan

　全省的一半被綠意盎然的森林所覆蓋，是深受湖泊、大河等自然所恩賜的土地，憑藉加拿大太平洋鐵路的開通而發展的城市也很多，首府里賈納則因為是守護大平原治安的加拿大皇家騎警RCMP大本營而為人所熟知。

**主要城市**
里賈納（→P.256）
薩斯卡通（→P.261）

## 曼尼托巴省
### Manitoba

　首府溫尼伯的所在位置大概是加拿大國土的正中央，因此別名為「加拿大的肚臍」；這裡也是小熊維尼的故鄉，郊區還立有牠的銅像。可以看到野生的北極熊、白鯨，以及美麗的極光，位於北部的城市邱吉爾也千萬別錯過。

**主要城市**
溫尼伯（→P.264）
邱吉爾（→P.270）

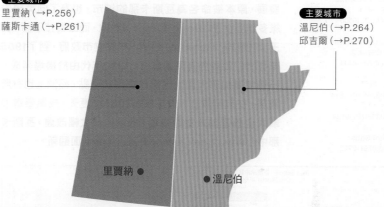

里賈納 ●　　　●溫尼伯

↓氣派莊嚴的薩克其萬省議會

©Tourism Saskatchewan

255

# 里賈納

## 薩克其萬省

↑聳立於瓦斯卡那湖畔的薩克其萬省議會

**實用資訊**
警察
Regina Police Service
**MAP** P.256-1
**TEL** (306)777-6500
醫院
Regina General Hospital
**MAP** P.256-1‧2
**TEL** (306)766-4444
主要租車公司
Avis　機場
　**TEL** (306)791-6814
Hertz　機場
　**TEL** (306)791-9134
主要計程車公司
Capital Cabs
**TEL** (306)791-2222

　　　　　座落在加拿大中部大平原位置的里賈納，是綠意盎然、洋溢英國氛圍的美麗城市，過去印第安原住民的克里族把吃完水牛肉之後堆積成山的牛骨稱為Oskana-Ka-Asateki（=The Bones that are Piled Together），就是里賈納舊名瓦斯卡那Wascana的來由。1882年加拿大太平洋鐵路一開通，城市也隨之迅速發展，原本被命名為瓦斯卡那的城市，也為了向英國的維多利亞女王Queen Victoria致敬，而改為拉丁語「女王」之意的「Regina」。1903年設立市政府，到了1905年更制訂為薩克其萬省首府。1920年代由於機場落成，一舉成為加拿大最大的農作物運輸據點，經濟上也有所發展。在首府設立100週年的2005年夏天，成為舉辦加拿大全國運動大會的會場，機場進行大幅改建，瓦斯卡那中心Wascana Centre周邊也跟著全面翻新。

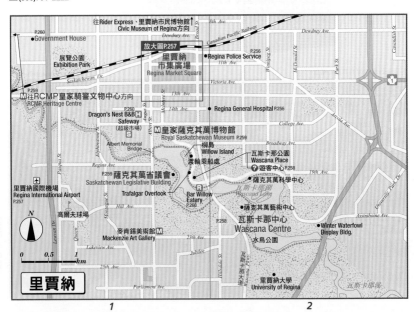

※開館時間、營業時間等日期時間基本上為2023年資訊，因每年資訊會有所變動，請記得上網再次確認。(→P.7)

# 如何前往

## ▶▶▶ 飛機

加拿大航空（→P.542）
西捷航空（→P.542）

溫哥華出發的加拿大航空Air Canada（AC）1日2～3班、西捷航空West Jet（WS）每週1～7班，所需時間為2小時；卡加利出發的西捷航空1日4～7班，所需時間約1小時30分；從曼尼托巴省的溫尼伯出發的西捷航空每週4～7班，所需時間約1小時30分。

↑周圍是無邊大草原的里賈納

### 機場前往市區

里賈納國際機場Regina International Airport位在市區西南方約7km處，進入市區可以搭乘計程車，而平日也有Regina Transit的市區巴士#24行駛；計程車的車資約$20左右。至於市區前往機場時，由於街頭幾乎沒有計程車可以招攬，必須請飯店幫忙叫車。

**里賈納國際機場（YQR）**
MAP P.256-1
1-5201 Regina Ave.
TEL (306)761-7555
URL www.yqr.ca

**Regina Transit**（→P.258）
機場→市中心
市區巴士#24
週週一～五5:55～8:55/16:15～23:55
單程
大人$3.25、青少年（14～18歲）$2.75、兒童免費
每隔20～40分鐘行駛，到達終點站Cornwall Centre前約20分鐘。

## ▶▶▶ 長途巴士

總公司設於里賈納的Rider Express，有巴士行駛於亞伯達省與加薩克其萬省境內，從卡加利Calgary出發每週二・五行駛，所需時間約10小時15分；從愛德蒙頓Edmonton出發為1日1班，所需時間約9小時40分；從薩斯卡通Saskatoon出發則為1日1～3班，所需時間約3小時。起始站為市中心北邊的Rider Express服務處。

**Rider Express**（→P.543）
MAP P.256-1外
2820 Avonhurst Dr.
搭乘市區巴士#5到達里賈納市集廣場約10分鐘，徒步則約25分鐘。
卡加利出發
單程 1人$143
愛德蒙頓出發
單程 1人$124
薩斯卡通出發
單程 1人$58

↑作為加拿大皇家騎警的發源地，在郊區也設有博物館

# 市區交通

　　大眾交通僅有Regina Transit經營的市區巴士，共有22條路線，路線圖可至市中心11th Ave.的購物中心Cornwall Centre大門西側的服務中心取得。在服務中心前與市政廳City Hall正後方的12th Ave.都設有市區巴士總站，幾乎所有的巴士都會停靠這裡。

↑不妨搭乘巴士前往郊區景點

# 漫遊里賈納

　　市區的中心就在以維多利亞公園為主軸的里賈納市集廣場Regina Market Square一帶，而橫跨3個街區的大型購物中心Cornwall Centre，以及由此往南延伸的行人徒步區Scarth Street Mall，則是最為繁華熱鬧的區域。至於省議會、皇家薩克其萬博物館及美術館等主要景點，全都集中於市中心南側的開闊公園——瓦斯卡那中心Wascana Centre內，從市中心徒步過來約20分鐘路程；若要前往皇家騎警文物中心RCMP Heritage Centre、Government House等稍微有點距離的景點，可以搭乘市區巴士前往。

# 主要景點

### 🍁 瓦斯卡那中心
Wascana Centre
**MAP** P.256-2
★★★

　　堪稱里賈納最具代表性的自然公園，總面積廣達930公頃。公園被瓦斯卡那大道Wascana Pwy.分為東西兩區，皇家薩克其萬博物館、省議會還有麥肯錫美術館Mackenzie Art Gallery

等景點分布在西側。中央則是120公頃的人工湖泊——瓦斯卡那湖Wascana Lake，湖的周圍有規劃完善的步道，在管理中心的瓦斯卡那公園Wascana Place，除了提供園內地圖，也推出附導覽的小船之旅等行程(要預約)。在瓦斯卡那公園附近，還有能清楚地眺望省議會正面景色的觀景點Trafalgar Overlook，並提供小船租借。

↑設有環湖一周的步道

### 薩克其萬省議會
Saskatchewan Legislative Building ★★★

蟲立於瓦斯卡那湖畔的新哥德式建築就是薩克其萬省議會，大量運用大理石的內部裝潢極為奢華豪美。省議會內部推出隨時免費導覽之旅（所需時間約30分鐘）。

### 皇家薩克其萬博物館
Royal Saskatchewan Museum ★★★

館內有介紹野生動植物生態體系的Life Sciences Gallery、原住民相關展覽的First Nation Gallery、解說從3億年前到現代的地形及大自然環境變遷的Earth Sciences Gallery，以及恐龍骨骼標本為焦點的CN T. rex Gallery，一共分成4大展區。其中還有展出1991年在薩克其萬省挖掘出的世界最大暴龍「Scotty」，非常值得一看。

### RCMP（皇家騎警）文物中心
RCMP Heritage Centre ★★★

是加拿大皇家騎警Royal Canadian Mounted Police（RCMP）的前身，1873年成立的西北騎警North West Mounted Police（NWMP）總部，現在則成為全加拿大唯一的RCMP訓練學校。位於學校北側的皇家騎警文物中心，除了展示RCMP一路走來的歷史，也有最新犯罪科學搜查的相關資料及原住民的展覽品。每週二～五的12:00會舉辦學生遊行。

**薩克其萬省議會**
- 2405 Legislative Dr.
- (306)787-5358
- www.legassembly.sk.ca
- 導覽之旅
  - 5/22～9/4
  - 每日9:00～16:30
  - 9/5～5/21
  - 每日9:00～16:00
  - 每隔30分鐘出發。
- 免費

**皇家薩克其萬博物館**
- 2445 Albert St.
- (306)787-2815
- royalsaskmuseum.ca
- 每日9:30～17:00
- 無休
- 自由捐款（大人$5）

**RCMP（皇家騎警）文物中心**
- 5907 Dewdney Ave.
- (1-866)567-7267
- rcmphc.com
- 5/23～9/4
  - 每日10:00～17:00
  - 9/5～5/22
  - 每日11:00～17:00
- 無休
- 大人$10、銀髮族・學生$8、青少年（6～17歲）$6、兒童免費
- 從市區巴士總站搭乘市區巴士#1約15分鐘，過橋後立刻下車。

MAP P.256-1（薩克其萬省議會、皇家薩克其萬博物館）
MAP P.256-1外（RCMP文物中心）

---

COLUMN

## 原住民之友　加拿大皇家騎警

1867年成立加拿大聯邦，開國的英雄們在1870年將洛磯山脈至五大湖之間的領土，從Hudson's Bay公司手中買下，正當開墾之際，又擔心會如美國西部般變成非法之徒的橫行地帶，於是加拿大第一任總理John A. MacDonald在1873年，成立西北騎警North West Mounted Police（NWMP）作為西北部屯墾時期維護法律與秩序的臨時組織，並且將總部設置於曼尼托巴省。符合會騎馬且精通英、法兩國語言甄選條件的第一代騎警共有150人，至於薪資，警官的日薪為1美金；之後於1883年再將總部遷移至里賈納。這群國家警察的目的是守護和平，而深紅色的制服也是傳承自當初深受印第安原住民信賴的英國軍隊傳統。

這群勇敢又紳士的騎警擁有一段歷史佳話，在美國騎兵隊與印第安原住民的戰役中，最有名的就是1876年的小大角戰役Battle of the Little Bighorn，遭卡斯特將軍George Armstrong Custer擊敗追剿的坐牛酋長Sitting Bull等人逃往加拿大，面對他們的是只有4人的西北騎警，並且非常冷靜地表示：「只要願意遵守我國的法律，就可以在這裡和平生活，在女王的統治下大家都是家人，因此應該對準水牛的槍砲不可以向著人們。」聽完這番話之後的坐牛酋長就平靜地同意了騎警的條件。

之後最受注目的功績則在1904年，由英國國王為西北騎警冠上「Royal」的封號，而成為皇家西北騎警Royal North West Mounted Police，1920年時將總部遷往渥太華，名稱也變成今日的加拿大皇家騎警Royal Canadian Mounted Police（RCMP）。在2023年已創立滿150週年的NWMP，現在擁有約1萬9000名部屬。

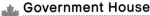

## Government House

Government House

**Government House**
- 4607 Dewdney Ave.
- ☎ (306)787-5773
- URL governmenthousesk.ca
- 🕐 5/22～9/4
  - 每日9:00～17:00
  - 9/5～5/21
  - 週二～日9:00～16:00
- 🚫 9/5～5/21的週一
- 💰 自由捐款（大人$6）
- 🚌 從市區巴士總站市區巴士搭乘＃1約15分鐘，過了Lewvan Dr.附近下車。

MAP P.256-1
★★★

大約100年前左右，西北領地Northwest Territories（當時稱為魯珀特地區Rupert's Land）北起北極海沿岸，往南則到美國邊境，並橫跨洛磯山脈以東的大平原一帶，1905年以前尚未設立的薩克其萬省也包含在內。為了治理廣大的土地而設置政府行政機構Government of Northwest Territories，而為行政官所蓋的住居就是Government House；目前的建築物是在1889～1891年間完成，幾經修復之後才開放給遊客參觀，並推出每個整點的導覽之旅。

# 里賈納的住宿
## —— Hotels in Regina ——

### Hotel Saskatchewan

面對市中心維多利亞公園而建的飯店，改裝自20世紀初建造的歷史建築，高雅的氛圍讓人印象深刻，附設有SPA與餐廳，部分客房為無障礙空間。
- MAP P.257
- 2125 Victoria Ave.
- ☎ (306)522-7691
- URL www.marriott.com
- ⑤①$208～ Tax另計
- CC A D M V 房227房

### Dragon's Nest B&B

地點稍微遠離市中心，周邊環境安靜，客房有紅磚牆、以白色為主調的房間等，各有不同的風格特色。供應班尼迪克蛋、鬆餅等餐點的早餐很受歡迎。
- MAP P.256-1/P.257外
- 2200 Angus St.
- ☎ (306)525-2109
- URL www.dragonsnestbb.com
- ⑤$75～125 ①$90～140 Tax另計 含早餐
- CC M V 房6房

### Quality Hotel Regina

位在市中心外圍的中級飯店，鬧區、瓦斯卡那中心等地都在徒步範圍內。客房空間開闊且設備一應俱全，價格卻很划算，還設有三溫暖與健身中心。
- MAP P.257
- 1717 Victoria Ave
- ☎ (1-888)205-7322
- URL quality-hotel-regina.h-rez.com
- ⑤①$110～ Tax另計
- CC M V
- 房126

### Ramada Plaza

飯店內擁有餐廳、會議室、室內游泳池、健身中心等完善設施，地點好且價格合理。備有無障礙空間，1週前預約或連住可享有折扣優惠。
- MAP P.257
- 1818 Victoria Ave.
- ☎ (306)569-1666
- URL www.wyndhamhotels.com
- ⑤①$147～ Tax另計 含早餐
- CC A M V
- 房228房

# 里賈納的餐廳
## —— Restaurants in Regina ——

### Bar Willow Eatery

位於瓦斯卡那中心碼頭的小木屋風格餐廳，可品嚐下酒的輕鬆料理，人氣餐點為炸魚薯條$29.5等。
- MAP P.256-1
- 3000 Wascana Dr.
- ☎ (306)585-3663
- URL www.barwillow.ca
- 🕐 週二～五11:30～23:00
  - 週六10:00～23:00
  - 週日10:00～21:00
- 🚫 週一 💰 $25～ CC A M V

### Golf's Steak House

受在地人歡迎的牛排館，在店內經過徹底熟成的肉極為美味，肋眼牛排10oz $45、丁骨牛排18oz $73，價格也相對合理。
- MAP P.257
- 1945 Victoria Ave.
- ☎ (306)525-5808
- 🕐 週一～四11:00～14:00/
  - 16:30～21:00
  - 週五11:00～14:00/
  - 16:30～21:30
  - 週六16:30～22:00
- 🚫 週日 💰 $50～
- CC M V

🛁 浴缸　📺 電視　💨 吹風機　🧊 Minibar和冰箱　🔒 保險箱　🖥 網路
🛁 部分房間　📺 部分房間　💨 出借　🧊 部分房間　🔒 櫃台提供

# SASKATOON
# 薩斯卡通
## 薩克其萬省

建立在橫越中部大平原的南薩克其萬河畔，薩斯卡通的城市象徵就是8座橋，緩緩流動的河水與橋梁交織的風景無比美麗動人，讓這裡擁有「橋都Bridge City」之稱，並在河岸邊設置長達40km的綠色步道，營造出悠閒自在的氣息。

↑沿著河川散步也非常宜人的「橋都」

薩斯卡通的地名，源於自古在大平原上野生的紫色莓果，原住民克里族Cree的語言稱為「Mis-Sask-Quah-Toomina」，就成為城市名稱的由來，英文為Saskatoon Berry的這種莓果，是整座城市最自豪的特產。

## 漫遊薩斯卡通

主要街道在2nd Ave.，市區中心則是購物中心林立的21st St.十字路口附近。在南薩克其萬河South Saskatchewan River

**MAP** P.254
**人口** 26萬6141
**面積** 306

薩斯卡通情報網
**URL** www.tourism saskatoon.com

### ▶▶▶ 如何前往

✈ 溫哥華出發的加拿大航空1日2～4班，西捷航空每週3～7班，所需時間約2小時；溫尼伯出發的西捷航空則是夏季1日1～2班，所需時間約1小時40分鐘。從機場搭乘市區巴士#11到市中心約30分鐘。

🚌 Rider Express僅限夏季行駛，從愛德蒙頓Edmonton出發，除了週六以外1日1～2班，所需時間6小時40分，單程1人$67；里賈納出發為1日1～2班，所需時間約2小時45分，單程1人$58。起始站為市中心北部的Rider Express服務處。

🚆 可搭乘VIA國鐵的加拿大人號，溫哥華出發是週一・五的15:00，第3天的5:57抵達薩斯卡通。

**加拿大航空(→P.542)**

**西捷航空(→P.542)**

**薩斯卡通國際機場(YXE)**
**MAP** P.261外
**TEL** (306)975-8900
**URL** www.skyxe.ca

**Rider Express (→P.543)**
**MAP** P.261
**住** 210-2nd Ave.

**VIA國鐵(→P.545)**

**火車站**
**MAP** P.261外

往薩斯卡通國際機場方向 P.261
Saskatoon John G. Diefenbaker International Airport — Queen St.
往瓦努斯克溫遺址公園方向 P.263
Wanuskewin Heritage Park
Venture Inn P.263
警察
Saskatoon Transit P.262
金斯曼公園
Kinsmen Park
Rider Express P.261
市政廳 P.263
City Hall
遊客中心
市區巴士總站
Hudson's Bay
Midtown Mall
Scotia Centre Mall
Park Town P.263
University
Royal University Hospital
加拿大烏克蘭博物館 P.262
Ukrainian Museum of Canada
College Dr.
Laura's Lodge P.263
Delta Hotels Bessborough P.263
友誼公園
Friendship Park
基瓦尼斯公園
Kiwanis Park
雷米現代藝術館 P.262
Remai Modern
南薩克其萬河
往火車站、
西部發展博物館方向 P.262
Western Development Museum
薩斯卡通
**薩斯卡通**

密瓦辛步道
0　250　500 m

## 遊客中心

Tourism Saskatoon
**MAP** P.261
101-202 4th Ave.
**TEL** (306)242-1206
**FREE** (1-800)567-2444
**URL** www.tourismsaskatoon.com
**開** 週一〜五9:00〜17:00
**休** 週六・日

### Saskatoon Transit
服務中心
**MAP** P.261
226-23rd St.E.
**TEL** (306)975-3100
**URL** transit.saskatoon.ca
**開** 週一〜五7:00〜17:30
週六10:00〜17:30
週日9:00〜17:30
**休** 無休
市區巴士車資
**費** 單程票
大人・銀髮族$3、學生
$2.75、兒童$2.25、4歲以
下免費

### 雷米現代藝術館
102 Spadina Cres. E.
**TEL** (306)975-7610
**URL** remaimodern.org
**開** 週三・六・日10:00〜17:00
週四10:00〜21:00
**休** 週一・二
**費** 自由捐款

### 加拿大烏克蘭博物館
910 Spadina Cres. E.
**TEL** (306)244-3800
**URL** umcnational.ca
**開** 週三・五・六10:00〜16:30
週四12:00〜16:30
**休** 週日〜二
**費** 自由捐款

### 西部發展博物館
2610 Lorne Ave. S.
**TEL** (306)931-1910
**URL** wdm.ca
**開** 週四9:00〜20:00
週五〜三9:00〜17:00
**休** 無休
**費** 大人$12.57、銀髮族$10.51
學生$8.4、兒童（6〜12歲）
$5.23、5歲以下免費
**交** 搭乘市區巴士#1約25分
鐘，在Lorne/Early's下車，
步行1分鐘。

旁，規劃了長達40km的密瓦辛步道Meewasin Trail，密瓦辛Meewasin在原住民克里族Cree語為「漂亮」之意，步道周邊則是森林綠地眾多的公園，成為市民的休憩場所。

過了百老匯橋Broadway Bridge後的百老匯街Broadway Ave.，是年輕人的熱門景點，工藝品店、電影院與餐飲店林立，景點除了位於郊區的西部發展博物館、瓦努斯克溫遺址公園之外，都屬於能步行漫遊的範圍。

# 主要景點

## 雷米現代藝術館　　　MAP P.261
### Remai Modern　　　★★★

　　座落在能俯瞰南薩克其萬河之處，是擁有獨特外觀的建築，館內規劃出藝廊、工作室、劇院、餐廳等多功能空間，而主要為展出大量當地藝術家作品的藝廊空間；販售時尚設計雜貨的商店也值得一逛。

⬆能接觸現代藝術的最新景點

## 加拿大烏克蘭博物館　　　MAP P.261
### Ukrainian Museum of Canada　　　★★★

⬆展示非常多的裝飾品

以照片和實際生活用品來介紹烏克蘭移民生活狀況的博物館，薩克其萬省吸引眾多為了追求民主新生活，遠從波蘭、俄羅斯等地而來的烏克蘭民眾。看到館內的烏克蘭傳統民族服飾、稱為Kylymy的紡織品、在蛋殼或蛋型木頭畫上精緻圖畫的Pysanka（復活節彩蛋），可以感受到這些移民即使遠離母國，依舊遵守原有傳統來傳達他們對家園的思念。

## 西部發展博物館　　　MAP P.261外
### Western Development Museum　　　★★★

　　1914年薩克其萬省在經濟上達成驚人成就，無數的囤墾拓荒人群湧入薩斯卡通，街頭到處都是人潮，西部發展博物館把這般景象重現至室內空間裡。在巨大的平房建築內，有火車站、教堂、學校及商店，重現當時的氣氛；而位於街道後方的Transportation Gallery則陳列著10多輛古董名車，如1904年款的凱迪拉克、福特T型車等。此外，還有慶祝薩克其萬省成立100週年而興建的Winning The Prairie Gamble Centennial

Exhibits，展示向民眾募集而來的照片及歷史故事的介紹等，許多有趣的百年歷史軌跡故事。

## 瓦努斯克溫遺址公園
Wanuskewin Heritage Park

MAP P.261外 ★ ★ ★

能體驗超過6000年前就來到北部大平原，創造出獨自文化的游牧民族瓦努斯克溫Wanuskewin的生活及文化的歷史遺跡。在公園入口處的遊客中心內，除了展示著水牛標本、瓦努斯克溫族的傳統服飾外，還有推出與原住民相關企劃展的大廳Great Hall，上映介紹瓦努斯克溫族文化影片的電影院，並附設可品嚐野牛料理的餐廳。

在128公頃的廣大公園內設有步道，在途中還能看到獵人追趕獵捕水牛時所使用的水牛跳崖、印第安帳棚Tipi、巫師念咒的工具——藥輪Medicine Wheel等，幸運的話還有機會親眼看見北美草原土撥鼠Prairie Dog等野生動物或野鳥的蹤影。除了5～6月的週一～五14:00及週六·日13:00、7～8月的每日13:00會有原住民族的舞蹈表演，還有推出夏季限定住宿在印第安帳棚的活動，詳細內容請直接向公園洽詢。

**瓦努斯克溫遺址公園**
RR #4, Penner Rd.
(306)931-6767
wanuskewin.com
每日9:30～17:00
無休
大人$14、銀髮族·學生$10、兒童（6～17歲）$8、5歲以下免費
因為沒有市區巴士，必須租車或搭乘計程車。沿著#11公路北上，循著水牛指標前行，距離市中心約20分鐘車程，計程車車資約$30左右。

↑健行中途可以看到的印第安帳棚

---

# 薩斯卡通的住宿
## Hotels in Saskatoon

## Delta Hotels Bessborough

座落在河畔，散發彷彿古城堡的氛圍而被稱為「Castle on the River」，以薩斯卡通最高規格的飯店而自豪。原本是作為加拿大太平洋鐵路的飯店而興建，內部有SPA、健身中心及游泳池的完善設備。

MAP P.261
601 Spadina Cres. E.
(306)244-5521
www.marriott.com
⑤①$241～ Tax另計
A D J M V 225房

## Park Town Hotel

位在大學橋University Bridge的旁邊，附設有游泳池＆健身中心及餐廳。週一～五7:30～20:00提供機場與市區間的接駁巴士（要預約）。

MAP P.261
924 Spadina Cres. E.
(306)244-5564
(1-800)667-3999
www.parktownhotel.com
⑤①$135～ Tax另計
含早餐
A M V 172房

## Venture Inn Hotel

在市中心西北邊汽車旅館林立區域的一角，不僅房價合理，到市中心也在徒步範圍內。附設休閒式餐廳，客房內還備有咖啡機。

MAP P.261
706 Idylwyld Dr. N.
(306)664-4414
(1-866)664-4414
⑤①$85～ Tax另計
A M V 56房

## Laura's Lodge

地處College Dr.，房間內部雖然空間狹窄又簡約，卻處處打掃得乾淨無比；館內設有廚房，可以自行開伙，而共用的浴室裡也有浴缸。

MAP P.261
1026 College Dr.
(306)934-7011
(306)934-6960
lauraslodge.com
浴室、廁所共用
⑤$65～①$75～
Tax另計
M V 17房

---

浴缸　電視　吹風機　Minibar和冰箱　保險箱　網路
部分房間　部分房間　出借　部分房間　櫃台提供

# 溫尼伯

## 曼尼托巴省

**MAP** P.254
**人口** 74萬9607
**區域號碼** 204

溫尼伯情報網
**URL** www.tourism
winnipeg.com
**URL** www.travel
manitoba.com

### 實用情報

警察
**Winnipeg Police Service**
**MAP** P.266-B1
**住** 245 Smith St.
**TEL** (204)986-6222

醫院
**St. Boniface Hospital**
**MAP** P.266-B2
**住** 409 Taché Ave.
**TEL** (204)233-8563

主要租車公司
**Avis** 機場
**TEL** (204)956-2847
**Hertz** 機場
**TEL** (204)925-6625

主要計程車公司
**Unicity Taxi**
**TEL** (204)925-3131

加拿大航空（→P.542）

西捷航空（→P.542）

搭乘蒙頓廉價航空前往溫尼伯

以愛德蒙頓為據點的廉價航空（LCC）——天賦航空Flair Airlines（→P.542邊欄），有航班飛往溫尼伯，溫哥華及卡加利出發為1日1班、多倫多出發為1日2班。另外，從多倫多出發還有Lynx Air等航班可以搭乘。

溫尼伯‧詹姆斯‧阿姆斯壯‧理查德森國際機場（YWG）

**MAP** P.266-B1外
**住** 249-2000 Wellington Ave.
**TEL** (204)987-9402
**URL** www.waa.ca

溫尼伯是曼尼托巴省的首府，夾著紅河Red River與阿西尼博因河Assiniboine River，形成東為法語系、西為英國體系的2種文化有趣地混雜融合，構築出具有獨特韻味的城市景觀。

溫尼伯還有一位人氣超旺的偶像，就是《Winnie-the-Pooh》的小熊維尼，是某位駐紮在溫尼伯的英國軍人，以從加拿大被帶往英國的小熊寶寶為雛型所創作的角色。

↑在阿西尼博因公園內有小熊維尼雛型的小熊雕像

## 如何前往溫尼伯

### ▶▶▶ 飛機

作為中部大平原門戶的溫尼伯，有來自各城市的飛機航班，溫哥華出發有加拿大航空Air Canada（AC）1日3班、西捷航空West Jet（WS）1日1～3班，所需時間約2小時40分；卡加利也有加拿大航空及西捷航空的班機，加拿大航空1日2～3班，西捷航空1日2～7班，所需時間約1小時55分。從同為中部大平原中心都市的里賈納出發，西捷航空每週4～7班，所需時間約1小時20分；多倫多出發則有加拿大航空1日6～8班、西捷航空1日4～8班，所需時間約為2小時40分。

### 機場前往市區

溫尼伯‧詹姆斯‧阿姆斯壯‧理查德森國際機場Winnipeg James Armstrong Richardson International Airport位在市中心以西約8km處，雖然沒有前往市區的接駁巴士，不過位於

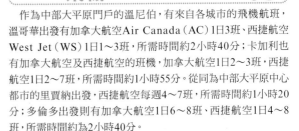

機場航廈外面右邊的巴士站搭乘市區巴士＃15、＃20就能進入市中心，所需時間約20分鐘；搭計程車為$18～25。另外，市中心的主要飯店都有提供機場的接駁巴士服務，訂房時記得確認。

↑可以搭乘巴士、計程車或共享計程車

## ▶▶▶ 長途巴士

　　Rider Express從里賈納出發僅限夏季週五行駛的夜間巴士，所需時間間約8小時。目前除了里賈納，其他主要城市都沒有前往溫尼伯的直達長途巴士。

## ▶▶▶ 鐵路

　　往來於溫哥華與多倫多的VIA國鐵加拿大人號The Canadian會經過此地，溫哥華週一‧五的15:00出發，抵達溫尼伯是第3天的22:00；多倫多則是週三‧日9:55出發，在隔天的19:30抵達溫尼伯。

### 火車站前往市區

　　VIA國鐵停靠的火車站，在市中心東南方的緬因街Main St.，部分的車站建築作為溫尼伯鐵路博物館Winnipeg Railway Museum，展示著最早行駛於加拿大西部的蒸汽火車The Countess of Dufferin等文物。

# 市區交通

　　市區內由Winnipeg Transit經營市區巴士，在75分鐘之內都可以自由轉乘其他巴士。時刻表及記載停靠站的路線地圖，可以在遊客中心索取，也能上Winnipeg Transit的官網查詢，對遊客來說非常方便。至於過去行駛於市區的免費循環巴士Downtown Spirit，已於2020年停駛。

# 漫遊溫尼伯

　　市中心的街道規劃如同棋盤格一般清楚易懂，而且市區面積不大，可以拿著地圖以徒步方式遊逛，不過如果想更有效率的話，不妨善加利用市區巴士。

　　主要的景點分布在南邊的火車站周邊、北方的交易區The Exchange District，以及紅河Red River對岸的「法國區French Quarter」。前往法國區要從福克斯以北、橫越紅河之上的新地標Point Provencher Bridge，越過與其並行的漫遊步道Esplanade Riel，立刻就能抵達。

↑留存著懷舊街景的交易區

**Rider Express**（→P.543）
**MAP** P.266-A1外
🏠936 Sherbrook St.
里賈納出發
🚌大人 1人$115

**VIA國鐵**（→P.545）

**火車站**
**MAP** P.266-B2
🏠123 Main St.

**溫尼伯鐵路博物館**
**TEL** (204)942-4632
**URL** wpgrailwaymuseum.com
※目前休館中。

**Winnipeg Transit**
**URL** winnipegtransit.com
市區巴士車資
🚌單程票
　大人$3.15、銀髮族‧青少年（12～16歲）$2.65、兒童免費
　75分鐘內可自由轉乘。

**❓遊客中心**
Travel Manitoba Information Centre
**MAP** P.266-B2
🏠21 Forks Market Rd.
**FREE** (204)927-7800
**URL** travelmanitoba.com
🕐每日10:00～17:00
🚫無休
　位在福克斯內，可以獲得溫尼伯與曼尼托巴省全區的資訊。

↑複合設施的福克斯

**福克斯**
TEL (204)943-7752
URL www.theforks.com

福克斯市集
營 每日7:00～22:00
休 無休

Johnston Terminal
TEL (204)947-1250
URL thejohnstonterminal.com
營 夏季 每日9:00～21:00
冬季 每日10:00～21:00
休 無休

加拿大人權博物館
TEL (204)289-2000
URL humanrights.ca
開 週二～四・六・日10:00～17:00
週五10:00～21:00
休 週一
費 大人$18、銀髮族・學生$14、青少年(7～17歲)$8、兒童免費

BUSK STOP
福克斯內有「BUSK STOP」標誌的地方，會有街頭藝人表演。

## 福克斯
### The Forks

MAP P.266-B2 ★★★

紅河與阿西博因河Assiniboine River交會的這塊區域，超過6000年前就是人們聚集的重要場所。西元前4000年時是原住民以物易物和捕魚的漁場，到18世紀中葉之後成為原住民與歐洲人進行毛皮交易的據點，19世紀後半太平洋鐵路興建完成以後，則作為鐵路的車輛調度廠、停放倉庫；後來又因為建造給移民居住的公寓，而湧入數千名的移民人潮。在這個刻劃了無數歷史的地方，靠著1989年的重新開發計畫，而成為國家歷史遺跡兼觀光景點；中心區為美食街、餐廳、商店進駐的福克斯市集The Forks Market，以及有手工藝品店、古董市集的Johnston Terminal，園區內還設有人權相關展示的加拿大人權博物館Canadian Museum for Human Rights等景點。

↑可學習世界人權相關知識的加拿大人權博物館

溫尼伯

0    300
     m

中國城 Chinatown

往Rider Express P.264

Sam Po Dim Sum P.269

舊市集廣場 Old Market Square
P.268 遊客中心

市政廳 City Hall

曼尼托巴博物館 P.268 The Manitoba Museum

A

劇院

百年紀念音樂廳

P.268 交易區 The Exchange District

劇院

電影院

The Marlborough P.269

往溫尼伯・詹姆斯・阿姆斯壯
理查德森國際機場方向
Winnipeg James Armstrong
Richardson International Airport方向 P.264

Radisson Hotel Winnipeg Downtown
Winnipeg Police Service P.264

加拿大人權博物館 Canadian Museum for Human Rights
Point Provencher Bridge

法國區 French Quarter

Portage Place
Canada Life Centre

溫尼伯大學 Winnipeg University

Delta Hotels Winnipeg P.269

RBC會議中心

Esplanade Riel

聖博尼費斯大教堂 St. Boniface Basilica P.267

福克斯 The Forks

曼尼托巴兒童博物館 The Manitoba Children's Museum

聖博尼費斯博物館 P.267 Le Musée de St.Boniface Museum

B

溫尼伯美術館 The Winnipeg Art Gallery P.268

The Fort Garry Hotel Spa & Conference Centre P.269

Fort Garry Place

遊客中心 P.265

Inn at the Forks

Johnston Terminal

超越時間的牆 P.267 The Wall Through Time

St. Boniface Hospital P.264

紀念公園 Memorial Park

曼尼托巴省議會 Manitoba Legislative Building P.267

加里高地碉堡大門 Upper Fort Garry Gate P.267

福克斯市集 The Forks Market

溫尼伯鐵路博物館 Winnipeg Railway Museum

往阿西博因公園方向 Assiniboine Park P.269

往加拿大皇家鑄幣廠方向 Royal Canadian Mint P.268

## 聖博尼費斯大教堂
### St. Boniface Basilica
**MAP** P.266-B2
★★★

⬆保留法式立面的大教堂

作為法國區內一大象徵的聖博尼費斯大教堂，是1818年從魁北克來宣揚天主教的2位神父所建造的教堂，於1847年升格成為大教堂。不過經過多次增建而擴大的教堂卻因為2次祝融之災而燒毀殆盡，現在僅殘留著1908年完成的教堂立面，這座約47m高的法式立面則是加拿大西部規模最大的一座。教堂墓園裡立著創建教堂2位神父的紀念碑，還有梅蒂人Métis領袖路易斯‧瑞爾Louis Riel之墓，一旁還有路易斯‧瑞爾相關展示的聖博尼費斯博物館Le Musée de St. Boniface Museum。

## 加里高地碉堡大門
### Upper Fort Garry Gate
**MAP** P.266-B1
★★★

位於百老匯街與緬因街交叉口附近的石門。加里高地碉堡是在18世紀中葉到19世紀中葉期間，由Hudson's Bay公司所建造的5座碉堡中最後完成的，現在僅遺留北門，並展示19世紀當時的照片及結構圖等文物。

⬆完整保存當時的樣貌

## 曼尼托巴省議會
### Manitoba Legislative Building
**MAP** P.266-B1
★★★

從上俯瞰是英文字母H形狀的這棟獨特建築，是由1911年在比稿競賽中脫穎而出的英國建築師Frank Worthington Simon所設計；雖然從1913年就開始興建工程，卻因為第一次世界大戰而中斷，一直到1920年才完工。聳立於正中央65m高的圓頂上，還立有名為金童Golden Boy的金色雕像，其左手抱著小麥象徵透過勞動而收穫，右手高舉的火把則代表省內發展愈加繁榮。館內除了可以參加免費導覽之旅，也能夠自由參觀。

⬆新哥德式的穩重建築

---

**超越時間的牆**
在福克斯區域內，在往船塢方向下坡樓梯的北側緩坡旁有面牆壁，牆上以英、法、原住民3種語言，將此地從遠古時代至今的歷史記錄下來，被稱為「超越時間的牆The Wall Through Time」（**MAP** P.266-B2）。

**聖博尼費斯大教堂**
**TEL**(204)233-7304
**URL**www.cathedralestboniface.ca
從市中心搭乘市區巴士#10越過紅河，從福克斯徒步則約12分鐘。

**聖博尼費斯博物館**
**MAP** P.266-B2
494 Taché Ave.
**TEL**(204)237-4500
**URL**msbm.mb.ca
7‧8月
週四10:00～20:00
週五～三10:00～18:00
9～6月
週二‧三‧五‧六12:00～16:00
週四12:00～20:00
9～6月的週日‧一
12歲以上$7

**加里高地碉堡大門**
130 Main St.

**曼尼托巴省議會**
450 Broadway Ave.
**TEL**(204)945-3636
**URL**www.gov.mb.ca/legislature
每日8:00～20:00
（依時期而變動）
無休
從福克斯徒步15分鐘。
導覽之旅
**TEL**(204)945-5813
7‧8月
每日9:00～16:00
9～6月
週五14:00
（10人以下不需預約）
免費
每隔1小時出發，所需時間約1小時。自由參觀者在開館時間內可隨時進入參觀。

## 溫尼伯美術館

**溫尼伯美術館**
- 🏠 300 Memorial Blvd.
- ☎ (204)786-6641
- 🌐 www.wag.ca
- 🕐 週二~四・六・日
  11:00~17:00
  週五11:00~21:00
- 休 週一
- 💰 大人$18、銀髮族$15、18歲
  以下免費
  （企劃展另收門票）
- 🚶 從福克斯徒步20分鐘。

**曼尼托巴博物館**
- 🏠 190 Rupert Ave.
- ☎ (204)956-2830
- 🌐 manitobamuseum.ca
- 🕐 夏季 每日10:00~17:00
  冬季 週二~日10:00~
  16:00
- 休 冬季的週一
- 💰 大人$15.75（$23）、銀髮
  族$13.65（20）、青少年（3
  ~17歲）$9.45（15）、兒童
  免費
  ※（　）內為包含科學館、天
  文館的套票價格。
- 🚶 從福克斯徒步15分鐘。

**加拿大皇家鑄幣廠**
- 🏠 520 Lagimodière Blvd.
- ☎ (204)984-1144
- 🌐 www.mint.ca
- 🕐 每日9:00~17:00
- 休 無休
- 💰 大人$12、銀髮族$10、兒童
  （5~17歲）$8、4歲以下免費
- 🚶 從市中心搭乘市區巴士#50
  約30分鐘，在Eastbound
  East Mint at Lagimodiere
  下車徒步7分鐘。
- 導覽之旅
- 🕐 每日9:30~15:30

**交易區**
- 服務中心
- MAP P.266-A1
- 🏠 492 Main St.
- ☎ (204)942-6716
- 🌐 www.exchangedistrict.
  org
- 🕐 週一~五9:00~17:00
- 休 週六・日
- 導覽之旅
- 🕐 5~8月（要預約）
- 💰 1人$10
  所需時間約1小時30分，從
  舊市集廣場Old Market
  Square出發。

# 溫尼伯美術館

The Winnipeg Art Gallery　★★★

MAP P.266-B1

收藏5~20世紀歐洲及加拿大的作品共計2萬7000件，其中最受矚目的是佔據收藏品半數以上，堪稱全世界規模最大的因紐特人Inuit現代藝術；2021年並特別增加新館Qaumajuq，隨時公開包含雕刻、印刷、素描等超

⬆不能錯過因紐特人藝術的收藏

過1萬4000件的相關收藏品。

# 曼尼托巴博物館

The Manitoba Museum　★★★

MAP P.266-A1

除了博物館，還加上科學館Science Gallery及天文館Planetarium、音樂廳等3區組成的複合式文化設施。博物館以曼尼托巴省的大自然與人類歷史為主題，擁有如河狸毛皮、原住民族裝飾品等Hudson's Bay Gallery的收

⬆也展示著原住民狩獵水牛的模樣

藏品，可以清楚了解Hudson's Bay公司近300年的毛皮交易歷史。至於隔壁的展覽室內則重現17世紀的港都，並展示當年英國與加拿大進行貿易的帆船Nonsuch號複製品，另外也有重現1920年代溫尼伯城市景象的展覽區。

# 加拿大皇家鑄幣廠

Royal Canadian Mint　★★★

MAP P.266-B2外

除了加拿大之外，還負責鑄造全世界75個國家硬幣的鑄幣廠，透過導覽之旅可以參觀鑄造錢幣的過程（所需時間約45分鐘，要預約），還有機會看到2010年溫哥華奧運的獎牌。

# 交易區

The Exchange District　★★★

MAP P.266-A1

分布在Norte-Dame Ave.以北、橫越緬因街Main St.東西的區域，特別容易感受到溫尼伯在19世紀後半~20世紀前半急速成長的影響。在溫尼伯締造北美最快速經濟成長的1904年，整個街道的氣氛就像過去的美國芝加哥一樣，因而暱稱為「北方芝加哥」，另一個原因是負責此區高樓建築設計的建築師，都是畢業於當時最尖端芝加哥的學校，所以充滿芝加哥的氛圍。雖然因為第一次世界大戰與經濟大恐慌，讓這裡的經濟榮景邁向尾聲，但是街道氣氛依舊維持著「北方芝加哥」。在舊市集廣場Old Market Square的遊客中心，僅限於夏季期間推出導覽之旅。

## 阿西尼博因公園
### Assiniboine Park

MAP P.266-B1外 ★★★

有著動物園、植物園、英式花園、雕刻庭園等的遼闊公園，園內立有軍人餵牛奶給小熊喝的雕像，這尊被稱為Winnie-the-Pooh的銅像，正是聞名全世界的「小熊維尼」雛形。以前從英國派遣到溫尼伯的軍人，從加拿大帶回一隻小熊安置在倫敦的動物園，並立刻深受民眾的喜愛，而看到這隻小熊的作家A.A.Milne便構思出「小熊維尼」的故事。在動物園內的設施Journey to Churchill，還能看到北極熊的可愛身影。

---

**阿西尼博因公園**

🚌 從市中心搭乘市區巴士＃21 Portage Express約40分鐘。

**動物園**
🏠 2595 Roblin Blvd.
☎ (204)927-6000
🌐 www.assiniboinepark.ca/zoo
🕐 每日9:00～17:00
🚫 無休
💰 大人$23.5、銀髮族 學生$20.5、兒童（3～17歲）$13.25、2歲以下免費

---

# 溫尼伯的住宿
## Hotels in Winnipeg

## The Fort Garry Hotel Spa & Conference Centre

創立於1913年擁有如同城堡般外觀的飯店，是整座城市相當重要的歷史古蹟之一。客房內使用義大利製的床單跟羽毛被，也有提供附設SPA的住房方案。
MAP P.266-B1 🏠 222 Broadway Ave.
☎ (204)942-8251
🌐 www.fortgarryhotel.com
💰 ⑤Ⓓ$167～ Tax另計
💳 A M V 🛏 240房

## Inn at the Forks

位於福克斯的奢華飯店，附設餐廳與SPA，可享受舒適的住宿時光，洋溢著高雅都會氣氛的客房內備有咖啡機、熨斗等齊全設備。
MAP P.266-B2 🏠 75 Forks Market Rd.
☎ (204)942-6555 📠 (1-877)377-4100
🌐 www.innforks.com
💰 ⑤Ⓓ$189～ Tax另計
💳 A M V 🛏 116房

## Delta Hotels Winnipeg

附設在RBC會議中心內，以現代化設備自豪的4星飯店，房客可以使用設有游泳池、健身房的健身中心。
MAP P.266-B1 🏠 350 St. Mary Ave.
☎ (204)942-0551
📞 (1-888)311-4990
🌐 www.marriott.com
💰 ⑤Ⓓ$232～ Tax另計 💳 A M V 🛏 393房

## The Marlborough Hotel

創立於1914年，飯店內附設咖啡館、有滑水道的室內游泳池，座落於觀光便利的地點。
MAP P.266-A1 🏠 331 Smith St.
☎ (204)942-6411
💰 ⑤Ⓓ$99～ Tax另計
💳 M V
🛏 148房

---

# 溫尼伯的餐廳
## Restaurants in Winnipeg

## The Forks Market

位在福克斯市集內的美食街，聚集披薩、漢堡、炸魚薯條、義式料理、甜點等24間各式店鋪，在各店家的攤位上點餐，用餐處則在中央的大廳。
MAP P.266-B2
🏠 1 Forks Market Rd.
☎ (204)947-9236
🌐 www.theforks.com
🕐 依店鋪而異
🚫 無休
💰 $15～
💳 依店鋪而異

## Sam Po Dim Sum Restaurant

位於中國城內，正如其名供應豐富多樣的點心，不僅能以合理價格品嚐麵類、炒飯、料多實在的湯品等招牌餐點，還可享受隨季節變換的菜色。
MAP P.266-A1
🏠 277 Rupert Ave.
☎ (403) 691-1213
🕐 週三・五～一11:00～21:00 週四11:00～20:00
🚫 週二
💰 $15～
💳 MV

---

 浴缸　 電視　吹風機　Minibar和冰箱　保險箱　網路
部分房間　部分房間　出借　部分房間　櫃台提供

# 北極熊的棲息地 —— 邱吉爾

位在加拿大內陸地區、面積廣大的哈德森灣Hudson Bay，周圍是遍布凍原的北極圈，而面對哈德森灣的邱吉爾Churchill，只要一跨出城鎮範圍就是北極熊、白鯨、海豹等野生動物棲息的極地，冬天時也能欣賞極光，是能同時體驗大自然的美景及嚴酷性的最佳場所。

⬆正在警戒中的北極熊

## 漫遊

為了能在嚴峻的大自然中生活，邱吉爾的居民們互助合作守護安全，也將城鎮機能維持在最小程度如基地般的氣氛，景點包括收藏因紐特人藝術的博物館Itsanitaq Museum、以海象牙齒製作的遊戲棋盤等。至於鎮外就是北極圈的大自然，經常與意外共處的環境，即使在夏天，若遇上壞天氣仍有凍死的可能性，秋天到冬天則是危險性極高的北極熊出沒時期。城鎮以西有Hudson's Bay公司在18世紀初建造，用來作為交易所兼堡壘的Cape Merry，從鎮上徒步前往約40分鐘；而

在Cape Merry對岸的威爾斯王子堡Prince of Wales Fort，則必須搭船前往。一定要收集充足的資料、與在地人討論等，做好完善的準備才能離開鎮上；春天適合賞候鳥，夏天則是觀察海豹與白鯨，不過就算是盛夏造訪，還是要攜帶抵禦寒冬的保暖衣物。

### 凍原車之旅Tundra Buggy Tour

為了冬季在哈德森灣上生活，內陸地帶的北極熊會集中到邱吉爾來等待海灣結冰，因此在每年9月下旬～11中旬會推出野生北極熊觀察之旅，多家旅行社都有此行程，通常是從溫尼伯出發，旅費包含交通費及邱吉爾的住宿費等，搭乘特殊的凍原車行駛於凍原之上，方便接近北極熊。

### 住宿

野生北極熊觀察之旅除了在鎮上飯店住宿的行程之外，也可以選擇投宿在由凍原車所改裝的移動式露營車；當然飯店客房比較舒適，可是住在車上能近距離觀察北極熊或北極狐，則是另一種特殊的體驗。而且節省往返的交通時間，更能提升遇見動物的機率。

**DATA**

**邱吉爾**
**MAP** P.254　**URL** www.churchill.ca

**如何前往邱吉爾**
**飛機**
　Calm Air從溫尼伯飛往邱吉爾機場（YYQ）每週3～7航班，所需時間約2小時30分。
**Calm Air航空**
**FREE**(1-800)839-2256　**URL** www.calmair.com

**VIA國鐵**
　從溫尼伯出發的VIA國鐵邱吉爾～溫尼伯線，每週二・日各行駛1班，12:05出發，所需時間約45小時，在車內住宿2晚後於上午9:00抵達邱吉爾。因為前往溫尼伯的班次在週四・六的19:30出發，可以不用投宿在邱吉爾，而在當天搭車返回。火車站位於市中心。

**主要旅行社**
**Lazy Bear Lodge**
**TEL**(204)633-9377　**URL** www.lazybearlodge.com
**圖**7天6夜之旅$6500～
**Frontiers North Adventures**
**TEL**(204)949-2050　**FREE**(1-800)663-9832
**URL** frontiersnorth.com
**圖**6天5夜之旅$5649～

安大略省

# Ontario

楓紅時期的阿岡昆省立公園

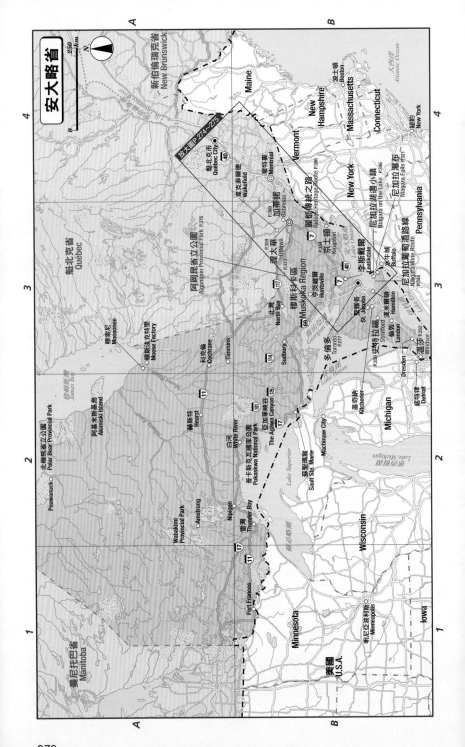

# 安大略省
## ONTARIO

擁有首都渥太華及加拿大最大城市多倫多，可說是加拿大的政治、經濟中心，人口總數也是加拿大各省中之最。所謂的「Ontario」，是來自於原住民語義「閃耀之水」的「Kanadario」，也顯示出安大略省北倚哈德森灣，南擁五大湖區、聖勞倫斯河等眾多河川與湖泊。

| 首府 | 多倫多 |
|---|---|
| 面積 | 107萬6395km² |
| 人口 | 1422萬3942（2021年人口普查） |
| 時間 | 東部標準時間（EST）<br>與台灣時差−13小時<br>（夏令時間−12小時） |
| 省稅 | 合併銷售稅13% |

**主要兜風路線 ▶▶▶**
★尼加拉葡萄酒路線（→P.344）
★麗都傳統之路（→P.366）
★穆斯科卡區（→P.373）

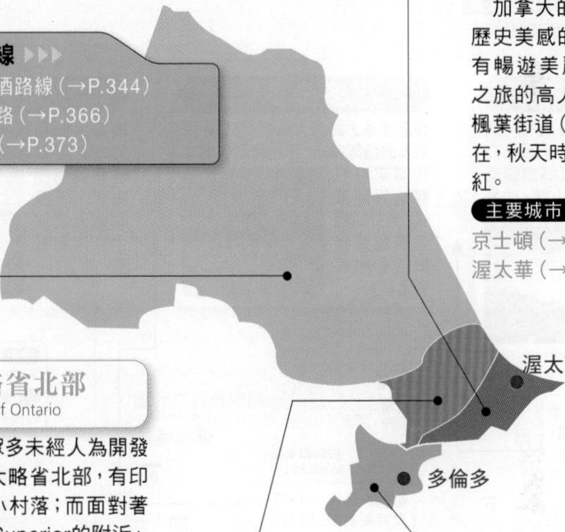

## 安大略省東部
### East of Ontario

加拿大的首都渥太華、充滿歷史美感的京士頓等古城，還有暢遊美麗湖泊與河流遊輪之旅的高人氣地區，同時也是楓葉街道（→P.274）的中心所在，秋天時節能一睹絕美的楓紅。

**主要城市**
京士頓（→P.354）
渥太華（→P.359）

渥太華

多倫多

## 安大略省北部
### North of Ontario

至今仍保有眾多未經人為開發自然地帶的安大略省北部，有印第安人居住的小村落；而面對著蘇必略湖Lake Superior的附近，則是聖勞倫斯海道St. Lawrence Seaway的終點站，也是行家才知道的美麗楓葉景點。

**主要城市**
蘇聖瑪麗
穆索尼

## 五大湖周邊
### Around the Great Lakes

安大略省的中部與西部，被五大湖的安大略湖Lake Ontario、伊利湖Lake Erie、休倫湖Lake Huron所包圍的區域；在結束省府多倫多、尼加拉瀑布的觀光行程之後，不妨將腳步延伸至遍布的魅力古都或小城鎮。

**主要城市**
多倫多（→P.277）
尼加拉瀑布（→P.321）
尼加拉湖邊小鎮（→P.346）
史特拉福（→P.350）
溫莎（→P.352）

## 穆斯科卡區
### Muskoka

座落在多倫多以北，從喬治亞灣Georgian Bay到阿岡昆省立公園一帶的遼闊湖水地帶，搭乘遊輪或是划獨木舟暢遊密布的湖區，入秋之後則能欣賞到美麗紅葉。

**主要城市**
阿岡昆省立公園（→P.376）

跨越安大略省與魁北克省的紅葉之路

*Maple Route*

# 楓　葉　街　道

## 賞楓季節為
## 9月中旬～10月中旬

　賞楓最佳時期是9月中旬～10月中旬的2～3週之間，楓葉前線會從東往西一路進行，從魁北克市近郊的楓樹開始變色到尼加拉瀑布也染紅，大約需要1星期左右的時間，但是在北部地帶或高原等區域，楓葉造訪時間會遠比城市要早，因此楓葉並非同時轉紅而是各地有時間落差，可以事先透過網站等來查詢最新楓葉資訊。

## 楓葉街道的周遊路線

　楓葉街道的入口城市為多倫多、渥太華、蒙特婁、魁北克市4座城市，可以依照想去的楓葉景點，再來選擇從哪個城市出發。各城市間的移動方式可說是五花八門，不妨聰明地利用長途巴士、VIA國鐵等交通工具，部分路線還可以在途中結合開車兜風。

## 旅遊範例路線

　從尼加拉瀑布出發到魁北克市，光是暢遊主要都市就需要花費10天以上，如果出遊計畫只有1星期左右，建議只挑選安大略省或魁北克省的其中之一，以多倫多或蒙特婁作為據點，前往洛朗區、阿岡昆兩地，在安大略省就去尼加拉，魁北克省就去魁北克市。

### 尼加拉瀑布

景點當然就是尼加拉瀑布，透過尼加拉城市觀光船等活動充分體驗瀑布之後，可以將旅遊延伸到古都尼加拉湖邊小鎮，或是造訪尼加拉葡萄酒路線。

### 多倫多

作為加拿大的最大城市，亦是移民眾多的國際都市，不妨拜訪各處文化城來好好體驗異國風情，另外如觀光景點或娛樂活動也很豐富精彩。

### 京士頓

加拿大聯邦政府最早設立首都的古老城市，石灰岩打造的莊嚴建築具有歷史感，千島湖觀光之旅也非常有意思。

喬治亞灣

亨茨維爾
Huntsville

阿岡昆省立公園
Algonquin Provincial Park

P.376

巴士 1日3～16班以上，所需時間1小時50分～2小時
火車 1日4班，所需時間約2小時

穆斯科卡區
Muskoka

60

巴士 1日16～34班，所需時間約2小時30分～3小時10分
火車 1日8～14班，所需時間2小時～2小時30分

巴士 1日3～6班左右，所需時間約2小時
火車 1日7～8班，所需時間約2小時

魁北克省
QUEBEC

10

11

巴里
Barrie

錫姆科湖
L. Simcoe

62

41

安大略省
ONTARIO

加蒂諾公園
Gatineau Park

加蒂諾
Gatineau

17

400

梅里克維爾
Merrickville

P.277

多倫多
Toronto

史密斯瀑布鎮
Smiths Falls

43

渥太華
Ottawa

7

401

15

31

416

尼加拉湖邊小鎮
Niagara-on-the-Lake

QEW

安大略湖
Lake Ontario

P.354

京士頓
Kingston

401

聖勞倫斯河

P.321

尼加拉瀑布
Niagara Falls

水牛城
Buffalo

羅徹斯特
Rochester

美國

上加拿大
Upper Canada Villa

紐約州
NEW YORK

274

所謂的「楓葉街道」，指的是橫跨安大略省與魁北克省，
全長達800km的加拿大東部落葉森林整個區域。
這條路線又稱為「傳承之路Heritage Highway」，
也是當年歐洲人開墾拓荒之路，
沿途最吸引人的焦點便是3處知名賞楓景點（→P.276）。

## 租車自在兜風

如果是自助出遊的旅客，最自由的交通方式就是租車，可以恣意兜風。依照不同的需求，路線組合可說是無限多，為大家介紹風光明媚的5大知名路線。

### 🚗 多倫多～阿岡昆省立公園
行駛距離 約270km　路線 經由#400、#11、#60公路

多倫多出發至阿岡昆省立公園約需3小時30分，沿著#400公路往北上，至巴里Barrie後轉#11公路，在亨茨維爾Huntsville再轉入#60公路，朝渥太華方向再行約45km，就能抵達阿岡昆省立公園。途中可在亨茨維爾稍休息，不僅有能飽覽楓葉美景的觀景台，周邊也分布著度假飯店。

### 🚗 京士頓～渥太華
行駛距離 約198km　路線 經由#15、#43、#416、#417公路

從京士頓前往渥太華有各式各樣的路線，不過最推薦的則是沿著世界遺產麗都運河Rideau Canal前進的路線（→P.366）。

### 🚗 渥太華～洛朗區（塔伯拉山）
行駛距離 約159km　路線 經由#148、#323公路

由渥太華經過魁北克省的加蒂諾Gatineau，沿著渥太華河畔的#148公路前往蒙特貝羅Montebello，再由蒙特貝羅走#323公路往北進入聖喬維特St.-Jovite，從這裡到塔伯拉山還需要約30分鐘。中途休息可以在蒙特貝羅，這裡有間以自助餐聞名的餐廳Fairmont Le Château Montebello。

### 🚗 洛朗區～蒙特婁
行駛距離 約145km　路線 經由#117、#15公路

人氣的兜風路線，如果參加旅行團的話，行車路線可能會剛好相反，可以沿途停靠在各村落，一邊享受開車出遊的樂趣（→P.407）。

### 🚗 蒙特婁～魁北克市
行駛距離 約263km　路線 經由#40公路

連結魁北克省2大城市的#40公路，雖然在市區縱交錯縱橫，但是出了郊區就是筆直的一條線。中途會經過擁有約350年歷史的老城——三河市Trois-Rivières，抵達魁北克市也別忘了順道前往奧爾良島Île d'Orléans及夏洛瓦Charlevoix一遊。

### 渥太華

加拿大的首都，見識過國會大廈之後，不妨繼續探訪博物館或美術館；渡過渥太華河，前方就是充斥著法語的魁北克省了。

### 蒙特婁

加拿大第2大城，歷史古蹟建築林立的舊城區與現代化新市區完美地融合在一起，又被稱為「北美洲的巴黎」，很適合享受購物樂趣與品嚐美食。

### 魁北克市

人口有8成都屬於法裔加拿大人，處處遺留著法國文化的魁北克省首府，亦是北美唯一擁有城牆的都市，而列為世界遺產。

巴士 1日6班左右，所需時間2小時10分～2小時35分
火車 1日3～6班，所需時間約2小時

巴士 1日13班左右，所需時間3小時～3小時55分
火車 1日3～5班，所需時間3小時10分

## 楓葉街道

0　　　　100　　　　200 km
N

塔伯拉山國家公園
Parc National du Mont-Tremblant

聖喬維特 St-Jovite
塔伯拉山 Mont-Tremblant
聖愛葛沙山 Ste-Agathe-des-Monts

P.407
洛朗區 Laurentients
蒙特貝羅 Montebello

埃斯特雷爾 Estérel

P.420 魁北克市 Québec City
Ste-Anne-de-Beaupré
奧爾良島 Île d'Orléans
Charny
Cap-de-la-Madeleine

P.382
蒙特婁 Montréal

St. Lawrence R.

P.418
三河市 Trois-Rivières

P.414
東方鎮 Eastern Townships

社布魯克 Sherbrooke

梅戈格 Magog
北哈特利 North Hatley

10月上旬的楓葉狀況，有5個楓葉記號是最盛期

緬因州 MAINE

# \絕對非去不可/ 知名賞楓景點 Best3

## 1 阿岡昆省立公園 & 穆斯科卡區

安大略省　據點城市　多倫多、渥太華

位 於多倫多以北的穆斯科卡區是分布著1600座湖泊的地帶，並保留豐富的大自然，成為安大略省首屈一指的知名度度假勝地。穆斯科卡區內規模最大的自然公園當屬阿岡昆省立公園，在一片都被紅色楓葉占領的秋季，就像繪畫一般美麗。（→P.373、P.376）

**Point!**
1. 穆斯科卡區可享受遊輪之樂
2. 到阿岡昆挑戰獨木舟與健行

❶穿越公園的＃60公路沿線上，也點綴著精采的楓紅景致
❷阿岡昆省立公園內設計多條可漫步於楓林的步道

## 2 洛朗區（塔伯拉山）

魁北克省　據點城市　蒙特婁

洛 朗區是位於蒙特婁以北的廣闊高原地帶，街道沿途點綴著如同寶石般的小型賞楓度假地，其中又以被塔伯拉山國家公園所懷抱的小度假村Mont Tremblant的楓葉美景，揚名全世界。（→P.407、P.411）

**Point!**
1. 從山上將整片楓紅一覽無遺
2. 健行等戶外體驗非常多樣

❶可以搭乘登山纜車前往塔伯拉山山頂，一定要從山頂眺望一望無際的楓葉美景
❷塔伯拉山是被山與湖環繞的度假勝地

## 3 東方鎮

魁北克省　據點城市　特婁

位 於蒙特婁以東的東方鎮，是融合新英格蘭及魁北克等各種多元文化的獨特地區，有屋頂的木橋、圓形倉庫等是這裡特有的建築，並且擁有許多位於美國邊境的湖泊，如Lac Memphré Magog等，有機會欣賞到楓紅與湖泊交織而成的美景。（→P.414）

**Point!**
1. 享受周遊酒莊樂趣
2. 推薦住宿在有美食的客棧

❶ 分布著 Memphré Magog 湖等湖泊
❷ 在這個地區裡也有許多教堂

# 多倫多

## 安 大 略 省

作為安大略省首府且為加拿大最大城市的多倫多，不僅有從台灣直飛的航空班機到達加拿大東部最重要的門戶，同時也是尼加拉瀑布及楓葉街道的知名觀光據點。城市的名稱來自於印第安原住民休倫族Huron的語言「Toronton（人們聚集的場所）」，而在城市的南邊正是五大湖之一的安大略湖Lake Ontario，湖對岸則是美國紐約州。

⬆城市的象徵——西恩塔

多倫多直到18世紀中葉前都還屬於法國管轄，1759年才因為英法的七年戰爭而割讓為英國領土，1793年當時稱作上加拿大Upper Canada，被訂定為安大略省的首府。儘管於1812年一度因為英美戰爭，發生多倫多遭美軍占領的插曲，但到19世紀末已經急速發展為以英系移民為主的政治、工商業重心城市；而在第二次世界大戰結束後，來自亞洲、拉丁美洲、非洲等歐洲以外國家的移民增加，一舉變身為世界首屈一指的多元民族大城市。

目前在多倫多生活的移民數約占總人口的一半，這些社區居民彼此尊重、共同生活，觀光客走訪超過80個國家的文化城中，就能感受到各國的習慣與文化。

音樂劇、歌劇、芭蕾舞等大都市特有的藝文娛樂，更是來到多倫多絕對要安排的活動，美國職棒大聯盟（MLB）的多倫多藍鳥隊Toronto Blue Jays、冰上曲棍球（NHL）的多倫多楓葉隊Toronto Maple Leafs也都將主球場設置在此地，每到球季就讓全城的球迷陷入瘋狂。

⬆城市裡分布著中國城等眾多的異國文化區

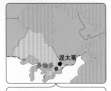

**MAP** P.272-B3
**人口** 279萬4356（多倫多市）
**區碼** 416/905（郊區）

多倫多情報網
**URL** www.destination
toronto.com
**URL** www.toronto.ca

**多倫多情報**
安大略省

**多倫多 Toronto** ◆

**多倫多的活動**
同志驕傲節
**Pride Toronto**
**TEL** (416)927-7433
**URL** www.pridetoronto.com
**時間** 6月下旬
　加拿大追求2SLGBTQAI+社會少數者的自由與權利的一大慶典，最精采的重頭戲是活動最後一天的大遊行Pride Parade。

加拿大國家展覽協會
**Canadian National Exhibition**
**TEL** (416)263-3330
**URL** theex.com
**時間** 8/15～9/1 ('25)
　推出超過500項設施、700種活動，會場就在湖濱區以西的國家展覽館The Canadian National Exhibition。

國家展覽館
**MAP** P.282-C1/P.300-1

多倫多國際影展
**Toronto International Film Festival**
**TEL** (416)599-2033
**免費** (1-888)258-8433
**URL** tiff.net
**時間** 9月初～中旬
　每年展出、上映超過60個國家300件以上作品的大型影展，也有許多好萊塢明星會來宣傳，讓整座城市熱鬧無比。

加拿大航空（→P.542）
西捷航空（→P.542）

# 如何前往多倫多

## ▶▶▶ 飛機

作為加拿大的最大城市，同時也是加拿大東部的門戶，多倫多不僅有國內班機起降，還有來自美國各大城市及台灣的直飛航班。從台灣前往多倫多的詳細資訊請參閱「旅行準備與技術・購買機票」（→P.530）。

從加拿大國內各主要城市起飛的航班，以加拿大航空Air Canada（AC）、西捷航空West Jet（WS）為主且班次相當多，溫哥華出發的加拿大航空1日11～14班、西捷航空1日5～6班，所需時間約4小時30分；卡加利出發也有許多航班可以選擇，加拿大航空1日7～12班、西捷航空1日7～10班，所需時間約3小時40分；魁北克省內還有一個也是加拿大東部重要交通要衝的蒙特婁出發，加拿大航空1日有16～24班、西捷航空1日1班左右，所需時間約1小時20分。

🛬 多倫多空中交通的門戶——多倫多皮爾森國際機場

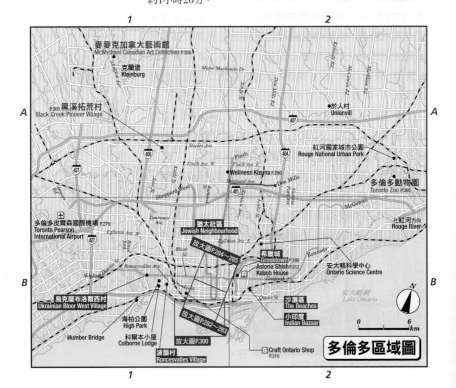

# ✈ 多倫多皮爾森國際機場
## Toronto Pearson International Airport

多倫多的空中交通門戶是在市中心西北方約30km處的多倫多皮爾森國際機場Toronto Pearson International Airport，機場有2座航廈，加拿大航空等星空聯盟的國際線、國內線班機都安排在第1航廈，

↑最近幾年剛重新裝修的機場第1航廈

其中從台灣直航的長榮航空班機也是停靠在第1航廈，西捷航空則是停靠在第3航廈；在2座航廈之間是由稱為Terminal Link Train的單軌電車往返。

此外，加拿大航空的部分航班與廉價航空（LCC）的波特航空Porter Airlines，則是停靠位在市中心北方多倫多群島上的比利畢曉普多倫多市機場Billy Bishop Toronto City Airport（→P.300）。

**多倫多皮爾森國際機場（YYZ）**
MAP P.278-B1
TEL (416)247-7678
FREE (1-866)207-1690
URL www.torontopearson.com

**比利畢曉普多倫多市機場（YTZ）**
MAP P.282-D2/P.300-1
住 1 Island Airport
TEL (416)203-6942
URL www.billybishopairport.com
前往機場的渡輪
巴佛士街Bathurst St.旁港口出發。
MAP P.282-C2
圖 每日5:15～24:00
每隔15分鐘發船。
費 免費（開車上船為$15）

安大略省

多倫多 Toronto ◆ 如何前往

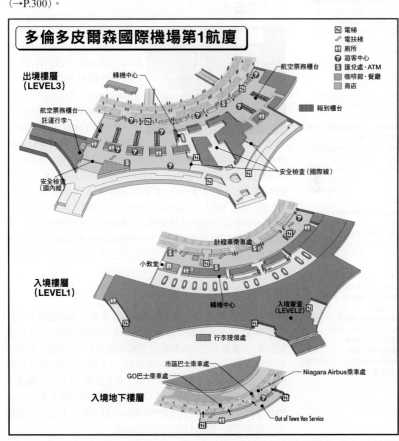

**多倫多皮爾森國際機場第1航廈**

圖例：
🆙 電梯
∥ 電扶梯
👥 廁所
❓ 遊客中心
$ 匯兌處・ATM
☕ 咖啡館・餐廳
🛍 商店
■ 報到櫃台

**出境樓層（LEVEL3）**
航空票務櫃台
託運行李
轉機中心
航空票務櫃台
安全檢查（國內線）
安全檢查（國際線）

**入境樓層（LEVEL1）**
計程車乘車處
小教堂
轉機中心
入境審查（LEVEL2）
■ 行李提領處

**入境地下樓層**
市區巴士乘車處
GO巴士乘車處
Niagara Airbus乘車處
Out of Town Van Service

279

## ■ 聯合車站－皮爾森機場快線 Union Pearson Express

**聯合車站－皮爾森機場快線**
URL www.upexpress.com
聯 到聯合車站
大人
單程$12.35、來回$24.7

連結多倫多皮爾森國際機場與聯合車站Union Station（→P.281）的直達列車，列車從第1航廈出發，第3站為聯合車站，所需時間約25分鐘，平日5:27～23:27、週六·日為6:27～23:27每隔15分鐘發車；從

↑寫著「UP」的標誌

聯合車站前往機場則為平日4:55～23:00、週六·日及節日6:00～23:00行駛。車上皆為自由座，可自由使用Wi-Fi，相當方便；車票可至月台的自動售票機購買，也可使用IC卡式的Presto Card（→P.287）。

每隔15分鐘出發，所需時間約25分鐘。機場乘車處在第1航廈的Level 2，若航班降落在第3航廈，就要先搭乘Terminal Link Train前往第1航廈。從聯合車站出發的乘車處，則在從車站通往西恩塔的Sky Walk途中。

## ■ 市區巴士 City Bus

**市區巴士**
搭乘方式參閱P.286。
#900 (Airport Express)
運 週一～五5:18～翌日1:59
週六5:41～翌日2:36
週日7:27～翌日2:36
每隔8～25分鐘出發，所需時間約25分鐘。
#52 (Lawrence West)
運 週一～五5:16～翌日2:01
週六5:16～翌日1:06
週日5:16～24:54
每隔15～25分鐘出發，所需時間約40分鐘。
#952 (Lawrence West Express)
運 週一～五6:15～19:04
只在週一～五6:15～9:27與15:04～19:04行駛的快速巴士，約每隔10分鐘出發，所需時間約1小時。
#300 (Bloor-Danforth)
運 週一～五2:13～5:07
週六2:34～5:04
週日2:12～7:38
每隔30分鐘出發，所需時間約45分鐘。
#332(Elington West)
運 每隔2:29～4:59
每隔30分鐘出發，所需時間約45分鐘。
#352(Lawrence West)
運 週一～五1:44～4:50
週六1:33～4:50
週日1:47～4:50
每隔30分鐘出發，所需時間約40分鐘。

↑最便宜的交通方式

市區巴士#900（Airport Express）行駛到地下鐵Bloor-Danforth線的Kipling站，另外還有市區巴士#52（Lawrence West）、#952（Lawrence West Express）會開往地下鐵Yonge-University線的Lawrence West站；至於夜間，有從布洛爾街Bloor St.前往丹佛斯街Danforth Ave.的#300（Bloor-Danforth），也有前往地下鐵Eglinton West站的#332（Eglinton West）、地下鐵Lawrence West車站的#352（Lawrence West）可以搭乘。市區巴士乘車處在第1航廈的地下樓層，第3航廈則是在入境樓層；搭乘市區巴士時可使用同一張車票轉乘地下鐵，並能折抵$3.35（使用Presto Card時為$3.3）。不過要注意的是，深夜巴士行駛的時段已經沒有地下鐵可搭乘。

## ■ 計程車／機場小巴 Taxi/Airport Limousines

機場到市中心大約30～40分鐘車程，車資是依照區域而設的定額制度，會隨著地點而有不同收費，搭計程車到聯合車站周邊是$56～、機場小巴則為$61～，計程車提供3～4人乘坐，機場小巴則可搭乘6～12名乘客；如果有5人以上同行的話，建議搭乘機場小巴比較便宜划算，還能放得下很多行李，計程車與機場小巴的乘車處都在入境樓層的出口旁。此外，在多倫多有機場公認的共享計程車，可以使用APP叫 Uber或Lyft（→P.288），有指定的乘車地點，使用APP時請記得確認。

## ▶▶▶ 長途巴士

隨著灰狗巴士Greyhound退出加拿大（→P.542），目前溫哥華、卡加利等西部城市與多倫多之間已無直達巴士行駛；至於和安大略省內及魁北克省部分城市之間的交通，則由Megabus與FlixBus負責營運。從京士頓出發的Megabus為1日10～25班、FlixBus則是1日6～9班，所需時間2小時30分～3小時10分；蒙特婁出發的Megabus 1日6～13班，所需時間6～7小時。

↑Megabus有前往蒙特婁及渥太華的路線

### 巴士總站前往市區

以前的巴士總站Toronto Coach Terminal是所有路線的轉運站，但隨著灰狗巴士的離開而關閉，現在則因各家巴士公司而有不同的巴士總站。Megabus與FlixBus都以聯合車站巴士總站Union Station Bus Terminal及郊區的Scarborough為總站；即使相同路線也可能因班次不同而發車地點不同，在預約時務必要確認清楚。

## ▶▶▶ 鐵路

前往多倫多聯合車站Union Station，可以搭乘從溫哥華出發的VIA國鐵加拿大人號The Canadian，以及蒙特婁出發的魁北克市～溫莎線（Corridor）；溫哥華週一・五15:00出發，4日後的14:29抵達多倫多；蒙特婁出發則為1日5～7班，所需時間5小時～6小時45分。

### 火車站前往市區

位在市中心中央地段的聯合車站，除了有VIA國鐵之外，也可以搭乘VIA國鐵與Amtrak聯合經營通往美國紐約的楓葉號，或是GO Transit的火車Go Train。GO Train屬於前往漢米爾頓

↑屋頂超高，開放感十足的聯合車站內部

Hamilton、奧克維爾Oakville、尼加拉瀑布等近郊城市的通勤列車，驗票口設在地下樓層；而地下樓層還直通地下鐵的聯合車站，想去市中心各地的話，搭乘地下鐵非常方便。至於計程車乘車處則是在前街Front St.側出口出來的正前方。

---

**MegaBus（→P.543）**
京士頓出發
🚌 單程　1人$49.99～
蒙特婁出發
🚌 單程　1人$64.99～

**FlixBus（→P.543）**
京士頓出發
🚌 單程　1人$31.99～

**聯合車站巴士總站**
MAP P.283-B3/P.297-2/P.300-2
📍 81 Bay St., 2nd Floor
位於隔著Bay St.與聯合車站相對的CBIC大樓2樓，因為在聯合車站內及馬路上都沒有路標，很容易迷路，請多加注意。

**VIA國鐵（→P.545）**

**鐵路博物館**
靠近西恩塔CN Tower的鐵路博物館Toronto Railway Museum，在室外展示著蒸汽火車及柴油火車等古老文物。
多倫多鐵路博物館
MAP P.283-C3
📍 255 Bremner Blvd.
URL torontorailwaymuseum.com
🕐 週三～日12:00～17:00
休 週一・二
🎫 大人$14、銀髮族$10、學生$8、青少年（4～16歲）$5、兒童免費

**聯合車站**
MAP P.283-B3/P.297-1・2/P.300-2
📍 65 Front St. W.
1樓有咖啡館與書報攤，地下樓層還有行李寄放處，遊客中心也位在車站內。

**GO Transit**
TEL (416)869-3200
URL www.gotransit.com

↑位在市中心中央地段的聯合車站

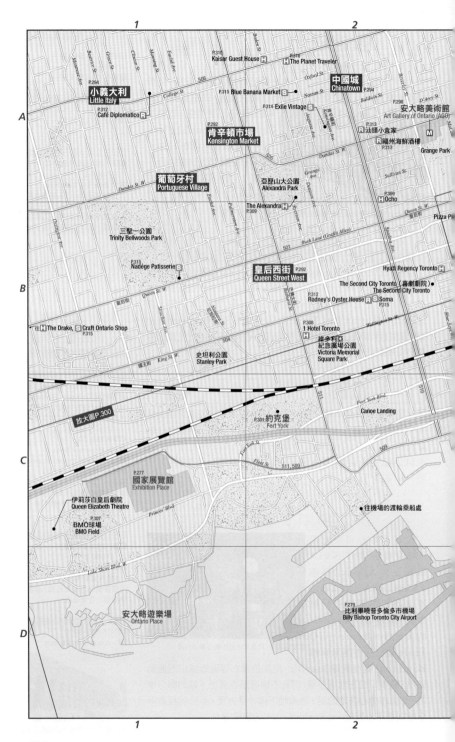

**1**

**2**

Beatrice St.
Grace St.
Claremont St.
Manning Ave.
Euclid Ave.

Baden St.

P.310
Kaisar Guest House H

P.310
H The Planet Traveler

Oxford St.

中國城
Chinatown P.294

安大略美術館
Art Gallery of Ontario (AGO)

P.294
小義大利
Little Italy

College St.

506

P.315 Blue Banana Market S

Nassau St.

Baldwin St.

Beverley St.

D'Arcy St.

P.298

**A**

P.312
Café Diplomatico R

P.314 Exile Vintage S

R 汕頭小食家

M

P.292
肯辛頓市場
Kensington Market

Dundas St. W.

Augusta Ave.

Dundas St. W.

R 赣州海鲜酒楼
P.313

Grange Park

Sullivan St.

葡萄牙村
Portuguese Village

Dundas St. W.

亞歷山大公園
Alexandra Park

Grange Ave.

P.309

Ossington Ave.

The Alexandra H
P.309

Euclid Ave.

Palmerston Ave.

Bathurst St.

Beverley Ave.

H Ocho

Queen St. W.

Pizza Pi

三聖一公園
Trinity Bellwoods Park

Rush Lane (Graffiti Alley)

503

P.315
Nadége Patisserie S

Queen St. W.

501

皇后西街 P.292
Queen Street West

Hyatt Regency Toronto H

The Second City Toronto (喜劇院) ●
The Second City Toronto

**B**

Strachan Ave.

Niagara St.

Bathurst St.

P.312
Rodney's Oyster House R S Soma
P.315

往 H The Drake, S Craft Ontario Shop
P.315

King St. W.

504

P.308
1 Hotel Toronto H

Wellington St. W.

Blue Jays

史坦利公園
Stanley Park

維多利亞
紀念展場公園
Victoria Memorial
Square Park

511

510

Fort York Blvd.

Canoe Landing

放大圖P.300

P.301 約克堡
Fort York

Fort York St.

Fleet St.

511, 509

509

**C**

P.277
國家展覽館
Exhibition Place

伊莉莎白皇后劇院
Queen Elizabeth Theatre

Princes' Blvd.

● 往機場的渡輪乘船處

P.307
BMO球場
BMO Field

Lake Shore Blvd. W.

安大略遊樂場
Ontario Place

P.279
比利畢曉普多倫多市機場
Billy Bishop Toronto City Airport

**D**

**1**

**2**

多倫多 Toronto ◆

Atrium-on-Bay

Dundas廣場
Dundas Square

P.314
CF Toronto Eaton Centre

City Sightseeing
Toronto

P.299
麥肯齊之家
Mackenzie House

摩斯公園
Moss Park

P.315
Canadian Naturalist

Fran's

艾德馬維殊劇院
Ed Mirvish Theatre
P.311

多倫多市政廳
Toronto City Hall

法院

舊市政廳
Old City Hall

St. Michael's Hospital

Osgoode Hall

內森·菲利普斯廣場
Nathan Phillips Square

埃爾金與冬季花園劇院
Elgin & Winter Garden Theatre

四季演藝中心
Four Seasons Centre

Tim Hortons P.40

駐多倫多
台北經濟文化辦事處 P.290

聖詹姆斯公園
St. James Park

Canadian Stage 劇院
Canadian Stage Theatre

The Rex Jazz & Blues Bar
P.316

第一加拿大廣場
First Canadian Place

聖勞倫斯市場(北市場) P.299
St. Lawrence Market

聖勞倫斯市場(南市場) P.299
St. Lawrence Market

樂區
Entertainment District

金融區
Financial District

Roy Thomson Hall

聯合車站巴士總站 P.281
Union Station Bus Terminal

P.303
古釀酒廠區
The Distillery Historic District

會展中心
Metro Toronto Convention Centre

聯合車站 P.281
Union Station

放大圖 P.297

P.315 The Sport Gallery

P.316 Mill St. Brew Pub

西恩塔
N Tower

360
P.311

豐業銀行體育場
Scotiabank Arena

加拿大瑞普利水族館
Ripley's Aquarium of Canada

弘毅公園
Roundhouse Park

The Westin Harbour Castle, Toronto

多倫多鐵路博物館 P.281
Toronto Railway Museum

Harbour Square Park

林蔭渡輪碼頭 P.300
Jack Layton Ferry Terminal
(往多倫多群島的渡輪乘船處)

湖濱區
Harbourfront
P.300

HTO公園
HTO Park

P.316
Amsterdam
Brewhouse

湖濱區中心
Harbourfront Centre

女王碼頭渡輪站
Queen's Quay Terminal

安大略湖
Lake Ontario

地下鐵 Line 1
Yonge-University線

地下鐵 Line 2
Bloor-Danforth線

路面電車

公路

N

0    250    500
m

多倫多
市區南部

多倫多群島 P.300
Toronto Islands

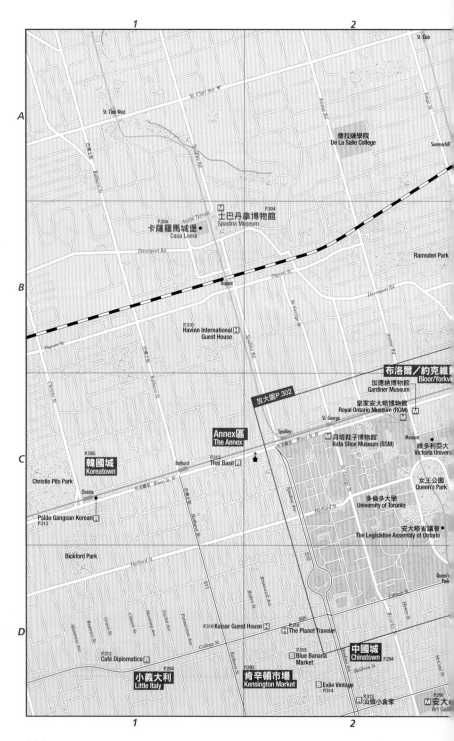

**1**

**2**

St. Clair

St. Clair Ave W

St. Clair West

德拉薩學院
De La Salle College

Summerhill

**A**

土巴丹拿博物館
Spadina Museum P.304

P.304
卡薩羅馬城堡
Casa Loma

Ramsden Park

Davenport Rd.

Dupont St.

Dupont

Davenport Rd.

**B**

Dupont St.

P.310
Havinn International
Guest House

布洛爾／約克維
Bloor/Yorkvi

加德納博物館
Gardiner Museum

皇家安大略博物館
Royal Ontario Museum (ROM)

放大圖P.302

Annex區
The Annex

St. George

貝塔鞋子博物館
Bata Shoe Museum (BSM)

Museum 維多利亞大
Victoria Univers

**C**

韓國城 P.295
Koreatown

Bathurst

Bloor St. W

P.313
Thai Basil

Spadina

女王公園
Queen's Park

Christie Pits Park

Christie

多倫多大學
University of Toronto

Paldo Gangsan Korean
P.313

Harbord St.

安大略省議會
The Legislative Assembly of Ontario

Bickford Park

Harbord St.

**D**

P.310 Kaisar Guest House

The Planet Traveler

Queen's
Park

P.312
Café Diplomatico

College St.

中國城 P.294
Chinatown

小義大利
Little Italy

P.315
Blue Banana
Market

P.292
肯辛頓市場
Kensington Market

Baldwin St.

Exile Vintage
P.314

P.313
汕頭小食家

P.298
安大
Art Gall

**1**

**2**

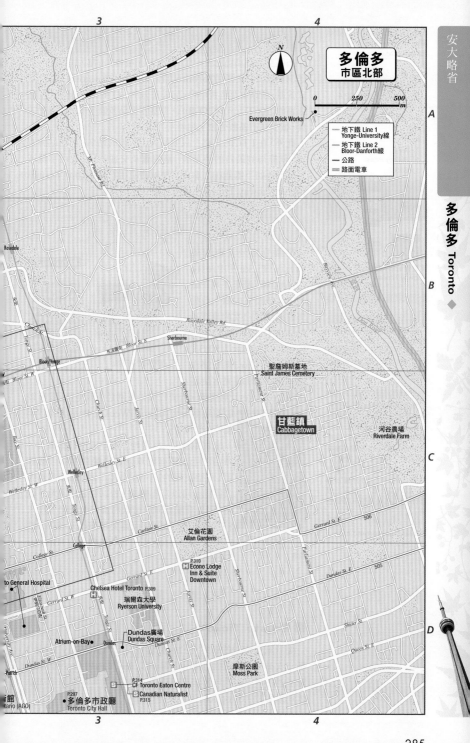

3　　　　　　4

N

多倫多
市區北部

0　　250　　500
m

Evergreen Brick Works

地下鐵 Line 1
Yonge-University線
地下鐵 Line 2
Bloor-Danforth線
公路
路面電車

A

Rosedale

Mr. Pleasant Rd.

B

Rosedale Valley Rd.

Sherbourne

Bloor St. E.

布洛爾街

Bloor St. W.

Bloor/Yonge

聖詹姆斯墓地
Saint James Cemetery

甘藍鎮
Cabbagetown

河谷農場
Riverdale Farm

C

Church St.

Jarvis St.

Sherbourne St.

Parliament St.

Wellesley St. E.

Wellesley

Wellesley St. W.

Bay St.

Yonge St.

Carlton St.

艾倫花園
Allan Gardens

Gerrard St. E.　506

College St. W.

College

Gerrard St. E.

P.310
Econo Lodge
Inn & Suite
Downtown

505

Dundas St. E.

to General Hospital

Gerrard St. W.

Elizabeth St.

Chelsea Hotel Toronto　P.309

瑞爾森大學
Ryerson University

Dundas廣場
Dundas Square

Shuter St.

Atrium-on-Bay

Dundas

Dundas St. E.

Church St.

D

University Ave.

Dundas St. W.

Queen St. E.

摩斯公園
Moss Park

Patrick

館
tario (AGO)

P.314
CF Toronto Eaton Centre
Canadian Naturalist
P.315

P.297
多倫多市政廳
Toronto City Hall

3　　　　　　4

**TEL** (416)393-4636
**URL** www.ttc.ca

車資
圖1次票
大人\$3.35、銀髮族\$2.3、
青少年（13～19歲）\$2.4
（使用Presto Card時大
人\$3.3、銀髮族\$2.25、青少
年\$2.35）
2次票
1人\$6.7
1日券Day Pass
1人\$13.5

↑免費app「Transit Bus &
Subway Times」

GO Transit（→P.281）

索取路線圖
TTC發行刊載地下鐵、路面
電車、市區巴士路線的《Ride
Guide》，可在地下鐵的驗票
窗口或遊客中心索取，也可在
官網確認資訊。

公共腳踏車
多倫多引進了近年來在世界
各地蔚為流行的公共腳踏車共
享系統，只要登錄資訊，在使
用期間內可以多次利用，在市
內各處都設有無人腳踏車車柱
（站點），對觀光也很方便。
首先要在站點設置的收費
機購買1日券（以1分鐘為單
位，以時間計價），輸入上頭
顯示的密碼後，即可開鎖使
用。
Bike shere Toronto
**URL** bikesharetoronto.com
圖1日券\$15

# 市區交通

市區交通以市區巴士、地下鐵及路面電車（市電）3種為主，都是由多倫多市交通局Toronto Transit Commission（TTC）負責營運，所以車票是共用的。另外還有由GO Transit經營，前往郊區的GO Train及GO Bus，但基本上是多倫多市民的通勤工具，很少在市區觀光派上用場。

此外，在TTC的官網上只要輸入目的地的站名、巴士站牌查詢，就能得到最新的時刻表、路線圖及交通資訊；使用手機或平板則不妨下載能在加拿大主要城市使用的轉乘app「Transit Bus & Subway Times」，十分方便。

## TTC車資與車票

車票分為一次使用的Presto Ticket和Presto Card 2種，都是在地下鐵各車站所設置的綠色自動售票機購買，1次的車資為Presto Ticket大人\$3.35、Presto Card大人\$3.3，但Presto Card需要\$6卡費，所以短期觀光客使用

↑轉乘時需要的
Transfer Ticket

↑便利的1日券

Presto Ticket比較划算。至於12歲以下則是搭車免費，還有以前的乘車代幣Token和Weekly Pass於2019年就停止使用了。

使用車票時，搭乘地下鐵要感應驗票閘口，市區巴士或路面電車則是碰觸車內刷卡機即可；開始使用的2小時內，地下鐵、路面電車與市區巴士可以互相轉乘。若以現金搭乘地下鐵時，只要在驗票閘口旁服務窗口前小箱子投入\$3.35，就可以搭車，而需要轉乘的人可在車站內標示「Transfer」的紅色售票機領取Transfer Ticket。

↑地下鐵的Transfer
Ticket要從這個機器
領取

## 車票種類

### ■ Presto Ticket

屬於紙質磁卡的車票，分為1次票、2次票、1日券Day Pass 3種，1次券的背面有標記使用時間，可以在時間內轉乘。所有車票除了能在車站內的自動售票機購買，在以多倫多為據點的加拿大連鎖藥妝店Shoppers也有販賣。

## Presto Card

像台灣悠遊卡、一卡通的儲值式IC卡，可以在地下鐵車站的自動售票機購買，一開始要支付卡費$6與最低儲值金額$10。雖然有自動計算轉乘時間等功能，相當方便，不過在感應時不會顯示餘額，要注意隨時存入足夠金額；在自動售票機就可儲值及確認餘額，而新款的路面電車上大多都會設置相同的自動售票機。

↑使用Presto Ticket或Presto Card只要在驗票閘口感應即可

↑地下鐵設置的Presto Card專用售票機

## 地下鐵 Subway

↑銀色的復古車身

以南北U字型穿梭過市中心的Yonge-University-Spadina線（Line 1）、呈東西一直線橫切而過的Bloor-Danforth線（Line 2）是多倫多地下鐵的2條主要路線。進入地下鐵車站時，持有有效的Presto Ticket或Presto Card者只要在驗票閘口感應即可通過；若要付現金，則將車資投入驗票口旁的服務窗口所設置的小箱子；轉乘者就把Transfer Ticket給服務窗口的站員查驗就可以通過。地下鐵每一站都會停車，車門屬於自動開關，與台灣捷運相比，停車時間較短，上下車動作要快一些。

**地下鐵**

週一～六6:00左右～翌日1:30左右
週日8:00左右～翌日1:30左右
每隔2～6分鐘

夜間在車站乘客稀少時，可於DWA（Designed Waiting Areas）等待電車，這是站務人員視力可及範圍，並設置有監視器的候車區域，有車掌負責的中央車廂也會停靠在這個DWA區域裡；車掌室會在車廂上裝置電燈，萬一遇到任何危險，只要觸碰窗戶上的Passenger Assistance Alarm警示，車掌就會立刻過來協助。

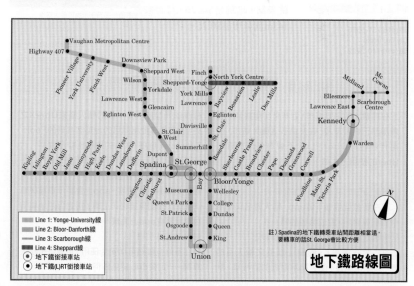

**地下鐵路線圖**

- Line 1: Yonge-University線
- Line 2: Bloor-Danforth線
- Line 3: Scarborough線
- Line 4: Sheppard線
- 地下鐵銜接車站
- 地下鐵(L)RT銜接車站

註）Spadina的地下鐵轉乘車站間距離相當遠，要轉車的話St. George會比較方便

**路面電車的路線與行駛道路**

#501（皇后街）
#504（國王街）
#505（Dundas St.）
#506（College St.～Carlton St.）
#509（湖濱區）
#510（Spadina Ave.）
#511（巴佛士街）
#512（St.Clair Ave.）
※部分路線因施工或季節行駛而增減班次，也會更改停靠站，請確認最新資訊。

↑路面電車的停靠站是以紅色細長牌子為標誌

**深夜的市區巴士**

車頭標示上寫有24hr的市區巴士就是24小時行駛的巴士Blue Night Network，而且在1:30～5:00之間，還有每隔約30分鐘發車的深夜巴士。深夜巴士的巴士站會有著Blue Night Service的標誌。

**主要計程車公司**

Beck Taxi
☎(416)751-5555
City Taxi Tronto
☎(416)740-2222

## ■ 路面電車 Street Car

路面電車行駛於市中心東西向的主要大街，以及中國城所在的Spadina Ave.、巴佛士街Bathurst St.；前後門都能上車，將Presto Ticket或Presto Card觸碰門旁的刷卡機即可，也能在車上的售票機購買Presto Ticket的1次票（只能付現金）。下車

↑會依照每站所停靠的路名進行廣播

時，跟台灣一樣按下握桿上的黃色停車鈕通知司機，等到電車停下來，壓下車門上的把手就可開門，前後門都可以下車。車上會依照每站所停靠的路名進行廣播，千萬別閃神漏聽了。

## ■ 市區巴士 City Bus

市區巴士路線在市區裡如同蜘蛛網般縱橫交錯，巴士站與上下車方式和路面電車相同。

## ■ 計程車 Taxi

行駛於市區的計程車相當多，只要在市區的主要道路上都很容易叫到車，也像台灣一樣舉手就可以叫車；另外在高級飯店前、聯合車站等地也經常會有排班的計程車可以搭乘。計程車資採跳表制，起跳是$4.25，每行駛143m就會增加$0.25。

↑車頂燈亮時表示為可載人空車

COLUMN

# Uber與Lyft的使用方式

在加拿大的主要城市，近年來使用共享計程車服務已經很普及，在多倫多這種大城市，使用代表性的Uber、Lyft不會有任何問題。Uber的使用方式如下。

**①下載免費的專用app，註冊帳號**

可在智慧型手機下載app，輸入姓名與信用卡資訊等資料，完成帳號註冊。

**②指定想去的地點，選擇計程車類型**

在「要去哪裡？」的欄位以英文輸入目的地，點擊確認後，便會顯示附近的計程車。計程車的類型除了有一般的個人搭乘UberX之外，也有與其他相同目的地乘客共乘的Pool、Express可選擇，共乘的價格比較便宜。

**③車到達之後，確認車牌號碼再上車**

預約車輛之後會顯示等候時間，會由距離最近的車輛前來載客，app上會顯示車種與車牌號碼，確認無誤後再上車。指定目的地與支付車資都在app上完成。

**使用時的注意事項**

在多倫多雖然可以安全使用，但畢竟是私人車輛，一定要小心避免任何糾紛。

# 漫遊多倫多

多倫多的市中心為南從安大略湖Lake Ontario湖畔、北至布洛爾街Bloor St.，東起Jarvis St.、西到Spadina Ave.所環繞起來的區域，並以College St.為界分成南北2大區塊，南邊以聯合車站Union Station、北邊以多倫多大學University of Toronto為中心向四周發展。市中心內由於地下鐵、路面電車交通相當發達，只要善以利用，就能夠輕鬆暢遊多倫多；貫穿南北的主要街道有：地下鐵經過的央街Yonge St.、往西1個街區的Bay St.、從聯合車站通往安大略省議會的大學大道University Ave.，以及有路面電車行駛的Spadina Ave；東西走向的街道則從南起的前街Front St.、國王街King St.、皇后街Queen St.、Dundas St.、College St.、布洛爾街。多倫多市區街道如同棋盤格般方正，只要能記住主要街道位置，漫步時就可以掌握整個方向。

## 市中心一圈

起點為聯合車站，前往湖濱區以搭乘路面電車最為便捷，由湖濱區出發的路面電車沿著Spadina Ave.一路往北行，右邊即為娛樂區Entertainment District，繼續前進就能抵達中國城、多倫多大學。由多倫多大學北側的布洛爾街往東走，遇到Avenue Rd.的交叉口往南行就是女王公園Queen's Park，中央處則直立著安大略省議會The Ontario Parliament；從多倫多大學往東橫切到央街再往南行，街道旁有購物中心「Toronto Eaton Centre（→P.314）」，繼續走到前街再右轉就能回到聯合車站，剛好把市中心走完一圈。

➡作為地標的西恩塔與紅色路面電車

### 🛈 遊客中心

Ontario Travel Information Centres

**MAP** P.297-1
**🏠** 65 Front St. W
**FREE** (1-800)668-2746
**URL** www.destinationontario.com
**📅** 週一～六9:00～17:00
　　週日10:00～17:00
　　（依時期而變動）
**休** 無休

因為屬於安大略省的遊客中心，不僅可以獲得多倫多的資訊，整個安大略省的資料都可以在這裡找到，也提供預約飯店的服務。

☝位在聯合車站建築內，在西邊的約克街York St.一側

---

## 🍁 在地觀光之旅 🍁

### City Sightseeing Toronto

推出有露天座位的雙層紅色巴士，周遊市區內主要景點的Toronto Hop-on Hop-off Sightseeing Tour行程，不僅暢遊市中心各景點，15處停靠站都能自由上下車，車票在24小時內有效。

此外，在夏季也有推出遊覽安大略湖上多倫多群島的遊船之旅Harbour & Islands Cruise，搭乘開放式甲板的小型觀光船，全程約45分鐘。船上有販賣部，可以一邊享受精釀啤酒或飲料、一邊欣賞舒服的湖上風光。兩種行程都可以在官網上預約購買。

**DATA**

**City Sightseeing Toronto**
**MAP** 283-A3　**🏠** 1 Dundas St. E.
**TEL** (416)410-0536　**URL** citysightseeingtoronto.com
Toronto Hop-on Hop-off Sightseeing Tour
**📅** 每日9:00～17:00左右
　　每隔15～30分鐘出發，冬季會縮短時間行駛。
**💰** 大人$66、銀髮族、學生$63、兒童（3～12歲）$42
Harbour & Islands Cruise
**📅** 8～10月
　　每日11:30、12:30、13:30、14:30、15:30、16:30出發
**💰** 大人$25、銀髮族、學生$25、兒童（3～12歲）$20
※觀光船時刻表請上官網再確認。

# Toronto
## 分區資訊

### Ⓐ 加拿大最大的鬧區
### 市區中心

環繞在聯合車站周圍的是羅傑斯中心、西恩塔等加拿大最具代表性的觀光景點，車站北邊為商業街的金融區及娛樂區，再往北則是多倫多的市政廳Toronto City Hall，西北是中國城、安大略美術館Art Gallery of Ontario，往東則為聖勞倫斯市場St. Lawrence Market。這塊區域範圍廣大，難以靠徒步遊逛，可善加利用地下鐵或路面電車。

↑聯合車站與西恩塔

| 景點 | ★★★★★ |
|---|---|
| 美食 | ★★★★★ |
| 購物 | ★★★★★ |

冬季可在前方廣場溜冰的多倫多市政廳

#### 主要景點
西恩塔（→P.296）
安大略美術館（→P.298）
聖勞倫斯市場（→P.299）

#### 社區與異國文化區
娛樂區（→P.293）、金融區（→P.293）
中國城（→P.294）
肯辛頓市場（→P.292）

### Ⓑ 安大略湖畔的療癒景點
### 湖濱區

在聯合車站南邊，面對安大略湖畔、現代化玻璃帷幕大樓林立的區域，這裡是1973年興起的多倫多新興開發地帶，沿著湖畔有漫遊步道延伸，可欣賞湖景用餐的餐廳與酒館也愈來愈多；從碼頭還有去安大略湖的觀光船，以及前往多倫多群島Toronto Islands的渡輪。多倫多群島上則有廉航的波特航空Porter Airlines起降的比利畢曉普多倫多市機場Billy Bishop Toronto City Airport。

| 景點 | ★★ |
|---|---|
| 美食 | ★★★ |
| 購物 | ★ |

#### 主要景點
多倫多群島（→P.300）
約克堡（→P.301）

### Ⓒ 聚集大學與博物館
### 市區北部

位在路面電車行經的College St.北側，以南北貫穿市中心的大學大道University Ave.為界，東西兩邊的樣貌截然不同；西邊是以多倫多大學為中心的學生街，東邊則是公寓林立的住宅區。大學大道上有安大略省議會所在的遼闊女王公園，公園以北聚集著皇家安大略博物館等博物館，位在北端的則是多倫多一大購物區域——布洛爾／約克維爾。

| 景點 | ★★★★ |
|---|---|
| 美食 | ★★★★ |
| 購物 | ★★★★★ |

#### 主要景點
多倫多大學（→P.301）
安大略省議會（→P.301）
皇家安大略博物館（→P.302）

#### 社區與異國文化區
布洛爾／約克維爾（→P.293）

---

## 實用資訊
### Useful Informaiton

**駐多倫多台北經濟文化辦事處**
Taipei Economic and Cultural Office, Toronto
MAP P.283-A3 ⊠151 Yonge Street, Suite 501
TEL(416)369-9030 FAX(416)369-1473
URL www.taiwanembassy.org/cayyz/
開週一～五9:00～17:00 休週六・日・節日
急難救助電話
行動電話:(1-416) 587-8111
加國境內直撥:1-416-587-8111
多倫多直撥:416-587-8111
※急難救助電話專供如車禍、搶劫、有關生命安危緊急情況等緊急求助之用，非急難重大事件請勿撥打。

**警察**
Toronto Police Service
MAP P.302-B2 ⊠40 College St. TEL(416)808-2222

**醫院**
多倫多綜合醫院　Toronto General Hospital
MAP P.302-B2
⊠200 Elizabeth St.　TEL(416)340-4800

**主要租車公司**
Avis　多倫多皮爾森國際機場
TEL(406)676-1100
市中心　MAP P.297-2
⊠161 Bay St. TEL(416)777-2847
Hertz　多倫多皮爾森國際機場
TEL(416)676-5857
市中心　MAP P.297-2
⊠161 Bay St. TEL(416)364-2080

販售韓國城亞洲有許多食材的超市

## D 市區周邊
國際色彩豐富的商業地區

多倫多市區雖然是北起約克維爾Yorkville、南至聯合車站、西為Spadina Ave.、東到教堂街Church St.所包圍的地帶，但市區周邊也有許多景點及饒富趣味的異國文化區與社區；尤其是西北邊到韓國城、小義大利附近，更是國際都市色彩濃厚的區域。雖然與市區有段距離，只要搭乘路面電車或地下鐵移動就可輕鬆前往。

| 景點 ★★ | 主要景點 |
|---|---|
| 美食 ★★★★★ | 古釀酒廠區 |
| 購物 ★★ | （→P.303） |

| 社區與異國文化區 |
|---|
| 韓國城（→P.295）、小義大利（→P.294） |
| 希臘城（→P.295） |

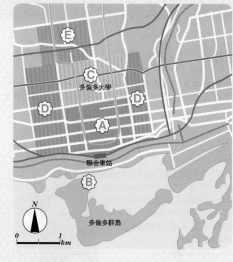

多倫多大學
多倫多群島
聯合車站
N
0 1 km

## E 中城
寧靜的高級住宅區

市區以北被稱為中城Midtown的地區，位於可俯瞰市區街道的丘陵上，也以多倫多的高級住宅區而聞名；雖然觀光景點不多，卻擁有卡薩羅馬城堡Casa Loma、士巴丹拿博物館Spadina Museum:Historic House & Gardens等以前企業家豪宅改成的觀光景點而吸引人潮。從市區可搭乘地下鐵或徒步前往，沿途斜坡較多，步行時要注意。

➡宛如城堡般的大宅邸——卡薩羅馬城堡

| 景點 ★★★ | 主要景點 |
|---|---|
| 美食 ★ | 卡薩羅馬城堡（→P.304） |
| 購物 ★ | 士巴丹拿博物館（→P.304） |

## 郊區

包含多倫多與約克York等周邊城市在內的大多倫多地區Greater Toronto Area，也擁有許多景點，像是加拿大最大的動物園——多倫多動物園，以及黑溪拓荒村等占地遼闊的主題樂園，不僅是觀光客，也吸引當地人攜家帶眷前往遊玩。主要以市區巴士作為交通工具。

| 景點 ★★★ |
|---|
| 美食 ★ |
| 購物 ★ |

↑加拿大藝術名作齊聚一堂的麥麥克加拿大藝術館

| 主要景點 |
|---|
| 黑溪拓荒村（→P.305） |
| 麥麥克加拿大藝術館（→P.305） |
| 多倫多動物園（→P.305） |

COLUMN

## 社區與異國文化區

由小而別具特色的地區所串連起來的多倫多，可以說是「街坊鄰居Neighbourhood」的綜合體，雖然有「鄰居」之意，卻是指每一區都擁有各自專屬的特色。例如：聯合車站前是高樓大廈林立的商業區，卻剛好以車站為界，往東是金融區Financial District，往西為娛樂區Entertainment District，而聯合車站以南沿著安大略湖畔分布的社區就是湖濱區Harbourfront；至於皇后西街Queen Street West、布洛爾／約克維爾Bloor/Yorkville、肯辛頓Kensington等購物街也都自成一局，皇后西街是屬於小而美的精品店鋪，布洛爾／約克維爾為世界名牌、高級百貨公司的集中區域，肯辛頓市場則以美國古董衣為主，依照區域屬性，店家也有全然不同的風格，非常有意思。

至於移民們居住的社區，即異國文化區也是Neighbourhood之一，可以充分感受到該國濃厚文化的區域；中國城、小義大利、韓國城、希臘城等，在各個民族的相互尊重下形成各自特有的區域。往往只隔一條街道，整體氛圍就完全不同的模樣，徹底體現了「移民大國加拿大」的精神。

主要的社區與異國文化區介紹請參閱P.292～295。

# 社區 Neighbourhood

**說到多倫多的街道絕對少不了社區（→P.291），
從觀光商業地區到購物區，以下列舉幾處受矚目的社區。**

## 品味出眾的選物店林立

### 皇后西街
### Queen Street West

皇后街地下鐵Osgoode站的西邊，尤其是在Spadina Ave.以西區域，充滿個性的選物店、餐廳與咖啡館林立，年輕人很多，一整天都非常熱鬧。

**MAP** P.282-B1・2

**URL** westqueenwest.ca

搭乘路面電車#501（皇后街），在巴佛士街Bathurst St.下車。

不妨找找喜歡的店面！

↑有許多時尚、雜貨及室內擺設的店

**Check!** 最近幾年，皇后西街以南1條街的Rush Lane，部分被稱為塗鴉巷Grafiiti Alley的區域相當受到矚目，街道兩側的色彩鮮豔壁畫讓人相當驚艷！也有許多人來此拍攝紀念照的多倫多市民。

↑也有許多特殊的壁畫成為人氣的觀光景點

## 以古董衣與有機商品為主打

### 肯辛頓市場
### Kensington Market

以古董衣之街而聞名的肯辛頓，原本是猶太裔移民的異國文化區，在肯辛頓街Kensington Ave.與Augusta Ave.上有古董衣店與各國料理餐廳、有機咖啡館緊密相連。

**MAP** P.282-A1・2/P.284-D2

**URL** www.kensington-market.ca

搭乘路面電車#505、#510到Dundas St.與Spadina Ave.交叉口下車，徒步5分鐘。

各種文化交融，盡情享受獨特的氛圍！

↑色彩繽紛店家林立的肯辛頓街

也有許多有個性的咖啡館！

↑人氣古董衣店「Exile Vintage（→P.314）」的員工

## 高級精品店一字排開

# 布洛爾／約克維爾
## Bloor/Yorkville

是 多倫多最繁華的高級購物區，布洛爾街上不僅有Chanel、Cartier等高級精品，也看得到NIKE、GAP等北美休閒品牌，聚集各式各樣的商店。布洛爾街往北2條街道則為約克維爾街Yorkville Ave.，也很值得一逛。

**MAP** P.302-A2

**URL** bloor-yorkville.com
図在地下鐵Bloor/Yonge站、Bay站、Museum站其中一站下車。

↑可愛紅磚建築林立的約克維爾街
←夏天有花卉點綴更加繽紛

## 多倫多的百老匯

# 娛樂區
## Entertainment District

泛 指矗立在國王街上的皇家亞歷山大劇院Royal Alexandra Theatre，以及威爾斯王妃劇院Princess of Wales Theatre 2座劇院為中心發展的區域，周邊聚集音樂廳與劇院，也有不少人氣餐廳和夜店，可體驗夜生活。劇院資訊請參閱P.306。

**MAP** P.297-1

図從地下鐵St. Andrew站徒步1分鐘。

→上演歌劇與音樂會的Roy Thomson Hall
↓皇家亞歷山大劇院，可到官網查詢上演節目

## 摩天高樓林立
## 多倫多版華爾街

# 金融區
## Financial District

位 於聯合車站的正前方，是摩天大樓櫛比鱗次的地區，這裡也是加拿大主要銀行集中地，又被稱為「加拿大的華爾街」。其中最為搶眼的金色大樓，就是皇家銀行廣場Royal Bank Plaza，建築外表使用了約70kg的真金。

**MAP** P.297-2

**URL** torontofinancialdistrict.com
図從聯合車站徒步1分鐘。

↑抬頭往上看，其高度會讓人感到頭昏眼花 ←金光閃閃的大樓，皇家銀行廣場

務必要嚐嚐
不輸本國的
道地料理！

↑市區內還有其他4座中國城，但這裡是最為古老的。各式各樣的招牌櫛比鱗次

↑午餐以飲茶最具人氣，英文為Dim Sum。圖為「福州海鮮酒樓（→P.313）」

MAP P.282-A2／P.284-D2

## 歷史最悠久的中國城

# 中國城
### Chinatown

多 倫多最大的異國文化區，中心就在Spadina Ave.與Dundas St.的交叉口，特別是在Spadina Ave.兩旁滿是中國餐廳、超級市場、中藥店，還有中華門、雕像等建築，路上可見各國人士到這裡購物、用餐，洋溢著熱鬧氣息。

MAP P.282-A2／P.284-D2
🚇從地下鐵St. Patrick站徒步5分鐘。

↑許多店家能以$10左右品嚐麵食，圖為「汕頭小食家（→P.313）」的雲吞麵

## 宛如置身歐洲的開闊街道

# 小義大利
### Little Italy

從 市區朝College St.往西前進，過了Palmerston Rd.一帶開始就是屬於義大利移民的社區小義大利，來到這裡可以悠閒地坐在街道兩旁的露天咖啡館，好好地享受美味熱茶。

MAP P.282-A1／P.284-D1

🚋搭乘路面電車＃506到College St.與Euclid Ave.的交叉口下車，徒步3分鐘。

↑College St.還有義大利語廣播公司CHIN

↓老字號咖啡館「Café Diplomatico（→P.312）」的人氣餐點，就是可以自己選配料的披薩

↑享用義大利傳統甜點與卡布奇諾！
←夏季會擺設許多露天座位

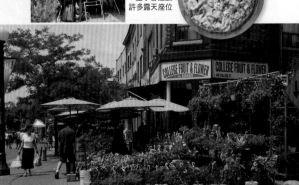

# 異國文化區

## Big Four Ethnictown

想要親身感受國際城市多倫多，不妨到異國文化區看看，在街上遊逛之後，就到鄉土料理餐廳享用世界美食吧！

---

享用平價美食之處

## 韓國城
### Koreatown

沿著布洛爾街往西走，會發現眼前突然冒出大量的韓文字體，這個有韓國移民社區的韓國城，在過了巴佛士街Bathurst St.後綿延超過500m的範圍，除了韓國料理之外，也有許多日本餐廳，每家餐廳的收費都很合理。

**MAP** P.284-C1

🚇從地下鐵Christie站徒步即達。

↑街上有韓國城的招牌

↑也有販賣韓國海苔、泡菜等商品的店家，售價比一般超市便宜 ◆辣味鍋與湯品，都是韓國特有的口味

➡每道料理都附上泡菜等多種小菜，圖為「Paldo Gangsan Korean Restaurant（→P.313）」

---

街道兩旁都是餐廳！

## 希臘城
### Greektown

除了希臘本土以外最大的希臘社區，從市中心往東沿著Dundas St.分布，中心在與Pape Ave.的交叉口附近。每年8月上旬會舉行Taste of Danforth慶典，推出希臘鄉土料理的攤販，還有民族音樂的音樂會。

**MAP** P.278-B2

**URL** greektowntoronto.com
🚇從地下鐵Pape站或Chester站徒步即達。

©Susan G. Enberg / shutterstock.com

街道上設有希臘城的旗子與標誌

⬇老店「Astoria Shish Kebob House（→P.312）」的烤羊肉

↑所有店家都在Danforth Ave.

➡土耳其烤肉Kebab與豬肉串燒Souvlaki等，許多肉類料理一字排開

416-465-4441

## 市區中心

MAP P.297-1

### 西恩塔
CN Tower
★★★

1976年,加拿大國家鐵路Canadian National Railway(CN鐵路)為電視台、廣播電台所建造的電波塔,塔高553.33m,彷彿筆直刺向天空的獨特造型,成為居民最熟悉的城市地標;在東京晴空塔、廣州塔興建前,一直是全世界最高的自立式電波塔。

↑夜間點燈也值得一看

環狀造型的塔內共有2座觀景台,設置在距離地面342m的是戶外觀景台(目前因整修工程而部分關閉中),而346m處的觀景台則在室內;室內觀景台還有地板鋪上透明玻璃的Glass Floor,站在Glass Floor往下看可以體驗頭暈腳軟的刺激感受。在351m則有「360 Restaurant(→P.311)」景觀餐廳,而最近最受歡迎的是行走在觀景台外側寬度1.5m的極限邊緣漫步Edge Walk,身上只繫著1條繩索,是刺激度滿點的活動。

此外,在尖塔的頂點,還設有447m的觀景台 Sky Pod,不過要想從環狀觀景台來到Sky Pod,需要另外的參觀門票。西恩塔底部還有購物拱廊,從加拿大民藝品、楓糖漿等經典商品到西恩塔的商品一應俱全。

### 羅傑斯中心
Rogers Centre
★★★

MAP P.297-1

是全世界首座擁有自動開闔式屋頂的巨蛋球場(原來的SkyDome),同時也是美國職棒大聯盟(MLB)多倫多藍鳥隊Toronto Blue Jays,以及加拿大美式足球聯盟(CFL)多倫多淘金人隊Toronto Argonauts的主球場,可參觀內部的導覽之旅很受歡迎。為了讓隔壁飯店「Toronto Marriott City Centre(→P.309)」或球場內餐廳的顧客也能觀看球賽,只要可以憑房卡或餐廳發票就能來看球賽,並有通道可前往西恩塔。

### 加拿大瑞普利水族館
Ripley's Aquarium of Canada
★★★

MAP P.297-1/P.300-2

與西恩塔相鄰,是加拿大規模最大的水族館,占地廣達1萬3500m²,展示著1萬6000種以上的海洋生物,館內則劃分為可欣賞熱帶魚的Rainbow Reef、展示鯊魚的Dangerous Lagoon、飼養水母的Planet Jellies等9個主題區,另外還附設咖啡館與官方商店。

---

**西恩塔**

- 290 Bremner Blvd.
- (416)868-6937
- www.cntower.ca
- 每日9:00~21:30
- 無休
- 大人$43~45($53)、銀髮族・青少年(6~13歲)$30~32($40)、兒童(3~5歲)$14~16($24)
  ※( )內包含Sky Pod門票。網路預約有優惠折扣

極限邊緣漫步
- 4月上旬~10月上旬要預約,天候不佳則取消
- 1人$199~(包含室內、戶外觀景台及Glass Floor、Sky Pod。13歲以上。)

從地下鐵聯合車站Union,有專用的通道「天橋走廊Skywalk」可以連結往來。

**羅傑斯中心**

- 1 Blue Jays Way
- (416)341-1000
- www.mlb.com/bluejays/ballpark

導覽之旅
- (416)341-2770
※目前暫停中(恢復時間未定)。

↑能觀看大聯盟球賽的羅傑斯中心

**加拿大瑞普利水族館**

- 288 Bremner Blvd.
- (647)351-3474
- www.ripleyaquariums.com
- 夏季 每日9:00~23:00
  冬季 每日9:00~21:00
- 無休
- 大人$44、銀髮族・青少年(6~13歲)$29、兒童(3~5歲)$12.5

↑可近距離感受鯊魚的震撼力

## 冰上曲棍球名人堂
### Hockey Hall of Fame

MAP P.297-2 ★★★

冰上曲棍球迷不能錯過的博物館，看得到加拿大國民英雄葛瑞斯基Wayne Gretzky等縱橫冰上曲棍球界超級明星所穿戴過的物品陳列在館內，還有重現蒙特婁加拿大人隊Montréal Canadiens更衣室的房間，

↑同一樓層還設有美食街

也有NHL的冠軍獎盃史丹利盃Stanley Cup，上頭刻有獲得這座獎盃的全體隊員名字。

## 多倫多市政廳
### Toronto City Hall

MAP P.283-A3/P.285-D3 ★★★

建造於1965年的多倫多新市政廳，由2座相對的半弧形大樓所組成，嶄新的建築設計是來自於芬蘭設計師Viljo Revell的創意，而設置在建築正前方內森·菲力普斯廣場Nathan

↑比比看新舊市政廳的不同

Phillips Square上的雕像，則是Viljo Revell至交的雕刻大師Henry Moore的作品。廣場不僅是多倫多市民的休憩場所，也是舉辦各式各樣活動的場地，冬季時還能變成溜冰場。

---

**冰上曲棍球名人堂**

30 Yonge St., Brookfield Pl.
(416)360-7765
www.hhof.com
6/26～9/4
　每日10:00～18:00
9/5～6/25
　每日10:00～17:00
無休
大人$25、銀髮族$20、青少年（4～13歲）$15、兒童免費

**葛瑞斯基 Wayne Gretzky**

這位來自安大略省的NHL球星，是冰上曲棍球史上最傑出的選手，曾經效力於愛德蒙頓油人隊Edmonton Oilers、洛杉磯國王隊Los Angeles Kings、聖路易斯藍調隊Saint Louis Blues等球隊，獲得9次最佳球員獎、10次得分手的輝煌成績；在1999年退休之際，還擁有61項個人紀錄，並且幫球隊拿過4座史丹利盃。

**多倫多市政廳**

100 Queen St. W.
(416)392-2489
週一～五8:30～16:30
週六·日

緊鄰在內森·菲力普斯廣場Nathan Phillips Square東側的堅固石造建築，是完成於1899年的舊市政廳Old City Hall；大理石打造的內部裝潢非常華麗，現在則是作為多倫多市法院之用。

---

聯合車站周邊

0　　　200　　　400
m

City TV
Little India P.313
四季演藝中心
Four Seasons Centre
威爾斯王妃劇院
Princess of Wales Theatre
Sheraton Centre Toronto
Hudson's Bay
Queen St. E. 501, 502
豐業銀行劇院
Scotiabank Theatre
Hilton Toronto P.309
TD中心
TD Centre
Shangri La Toronto
The St. Regis Toronto
娛樂區 P.293
Entertainment District
Toronto Antiques on King P.314
第一加拿大廣場
First Canadian Place
The Omni 503, 504, 514
King Edward
A&W P.40
Metro Hall
Le Germain P.309
Roy Thomson Hall P.306
TD信託大廈
TD Trust Tower
Canoe P.311
金融區 P.293
Financial District
加拿大信託大廈
Canada Trust Tower P.312
The Hot House P.312
皇家亞歷山大劇院
Royal Alexandra Theatre P.306
The Ritz-Carlton Toronto P.308
皇家銀行廣場
Royal Bank Plaza
Biff's Bistro P.316
C'est What? P.316
Canadian Broadcasting Centre
Fairmont Royal York P.308
Avis, Hertz P.290
Le Papillon on Front P.311
會展中心
Metro Toronto Convention Centre
Intercontinental Toronto Centre
遊客中心 P.289
聯合車站
Union Station P.281
加拿大海關
Canada Customs
Sony Centre
羅傑斯中心
Rogers Centre P.296/P.307
西恩塔
CN Tower P.296
360 P.311
加拿大瑞普利水族館
Ripley's Aquarium of Canada
聯合車站巴士總站 P.281
Union Station Bus Terminal
Toronto Marriott City Centre P.309
豐業銀行體育場 P.307
Scotiabank Arena
冰上曲棍球名人堂
Hockey Hall of Fame P.297

**安大略美術館**

📍 317 Dundas St. W.
☎ (416)979-6648
📠 (1-877)255-4246
🌐 ago.ca
🕐 週二・四10:30〜17:00
　週三・五10:30〜21:00
　週六・日10:30〜17:30
休 週一
💰 1人$30（25歲以下可免費入館，需要出示護照等身分證明）
🚇 從地下鐵St. Patrick站徒步5分鐘。

## 安大略美術館
### Art Gallery of Ontario(AGO)

MAP P.282-A2/P.284-D2 ★★★

為市民所熟悉並暱稱為AGO的美術館，館藏藝術品超過9萬件，公開展出的則有4000件以上，包含畢卡索、梵谷、莫內、塞尚等人的歐洲繪畫，加拿大美術則以七人畫派The Group of Seven為中心，以及豐富的因紐

↑外觀為嶄新的設計

特人Inuit藝術品，至於Henry Moore的雕刻收藏更是全世界規模最大的；另外還有許多必看的非洲與大洋洲美術品、現代藝術的攝影作品收藏等，館內還設有咖啡館。建築後方的公園Grange Park中還座落著美術館的前身——喬治王朝樣式的宅邸The Grange。

COLUMN

## 湯姆・湯姆生與七人畫派

提到加拿大藝術時一定會提到的名稱，就是藝術團體「七人畫派The Group of Seven」，是在1920年時由Franklin Carmichael、Lawren Harris、A.Y. Jackson、Frank Johnston、Arthur Lismer、J.E.H. MacDonald及Frederick Varley 7位創始成員所組成，之後成員不斷更動、加入新血，最後是10人左右。

20世紀初，加拿大的藝術一直都是模仿歐洲風格，集結出來反抗當時的風潮，確立加拿大專屬藝術風格的便是七人畫派。他們親身走入大自然，以強烈的筆觸與色彩描繪出加拿大的美麗風景，他們在1924年倫敦的大英帝國博覽會Empire Exhibition展出作品後，其新穎畫風獲得極高的評價，在群眾的大力支持下，持續發表作品至1933年。

而對他們的畫風有深遠影響的人物，便是湯姆・湯姆生Tom Thomson，七人畫派的特徵是：走進大自然裡，自由描繪眼前風景，這樣的畫風最早便是由湯姆・湯姆生所實行，並成為創立團體的原動力；實際上曾加入七人畫派的湯姆・湯姆生，卻在團體成立的3年前，在阿岡昆省立公園的獨木舟湖Canoe Lake划獨木舟時不幸身亡，而他的死留有諸多謎團，最後仍然沒有找出實際死亡原因。首先，湯姆・湯姆生划獨木舟的技術一流，加上當天天候穩定，很難相信會遭遇事故；因此有自殺說、他殺說等眾多推測，宛如推理小說一般。

在加拿大東部能欣賞他們作品的地方，包含多倫多的安大略美術館（→P.298）、麥麥克加拿大藝術館（→P.305），以及渥太華的加拿大國家美術館（→P.367）等地，雖然畫風即為特徵，但七人畫派的每位成員都有獨特的風格，找出自己喜歡的畫作也相當有趣。

↑「Lake and Mountains」Lawren Harris
©Art Gallery of Ontario

## 聖勞倫斯市場
St. Lawrence Market

MAP P.283-B4

★★★

從1803年開幕以來，就是多倫多市民採買食材最熟悉的市場，隔著前街分成南北2個空間，尤其是南市場還是利用最早的市政廳建築，十分有趣；除了販賣肉類、蔬

↑週六登場的農夫市集

菜等生鮮食品之外，也有豐富的熟食與餐廳，簡直就像是食物的主題樂園一樣熱鬧。每到週六還會聚集附近的農家，舉行農夫市集（週六5:00～15:00左右）。

南市場除了可以購物，也是極為推薦的午餐地點，到處都設有長椅，可以當場享用三明治、披薩或帕尼尼等外帶餐點，不僅分量十足，而且價格也很合理。

想要買些紀念品的話，不妨去位於地下室最後面的批發商，義大利麵、米都是秤重計價，招牌必買的楓糖漿也比市區來得便宜，準備長期停留的人可以先到這裡逛逛，了解一下多倫多食材的基本消費價格。

↑也有用餐時段一定會出現排隊人潮的人氣店家

## 麥肯齊之家
Mackenzie House

MAP P.283-A3

★★★

是多倫多首任市長William Lyon Mackenzie的私人宅邸，來自蘇格蘭的麥肯齊在1834年被任命為市長，有感於當時政壇所興起的反英國貴族獨裁的氛圍，而在1837年以改革為訴求發動抗爭，可惜最後行動以失敗收場。麥肯齊雖然逃亡到美國，還是在1850年返回加拿大，之後創立了報社，並於晚年居住在這棟宅邸內。半地下室的廚房內部還保留著當年的烹調器具等物品，2樓則展示著19世紀的印刷機具，遊客還可以使用這些機械來體驗印刷。

↑紅磚建造的南市場

安大略省

多倫多 Toronto ◆ 主要景點

**聖勞倫斯市場**
📍92-95 Front St. E.
☎(416)392-7219
🌐www.stlawrencemarket.com
南市場
🕐週二～五9:00～19:00
　週六7:00～17:00
　週日10:00～17:00
休週一
北市場
※目前因重建而關閉中。
🚇從地下鐵King站徒步7分鐘。

**麥肯齊之家**
📍82 Bond St.
☎(416)392-6915
🌐www.toronto.ca
🕐週三·五～日11:00～17:00
　週四11:00～19:00
休週一
💰免費
🚇從地下鐵Dundas站徒步4分鐘。
※目前內部份區域因整修工程而不開放。

**湖濱區**
**MAP** P.283-C3
🚋搭乘路面電車#509可達。

**前往湖心島的渡輪**
**TEL** (416)392-8193
**URL** www.toronto.ca
🗓4月上旬～5月中旬
　每日9:30～18:30
　5月中旬～9月上旬
　每日8:00～23:20
　9月上旬～10月中旬
　每日9:30～20:15
　每隔30分鐘～1小時發船，
　10月中旬～4月上旬僅會駛向
　沃德島。
💵來回　大人$9.11

**林頓渡輪碼頭**
**MAP** P.282-C3/P.300-2

**比利畢曉普多倫多市機場**
**MAP** P.282-D2/P.300-1
🏠1 Island Airport
**TEL** (416)203-6942
**URL** www.billybishopairport.com
　加拿大航空與廉價航空的
　波特航空部分航班，在此起降
　(→P.279)。
🗓每日5:15～24:00
　每隔15分鐘發船。
💵免費 (開車上船為$15)

# 湖濱區

## 🍁 多倫多群島
Toronto Islands

**MAP** P.282-C2～P.283-D4/P.300-1～2 ★★★

↑從西恩塔眺望多倫多群島

　位於安大略湖中的多倫多群島是由3大島所組成，中央的湖心島Centre Island全島規劃成公園，還有沙灘、小型遊樂園及咖啡館，適合仰躺在面積廣大的草坪上放空，或是租輛腳踏車暢遊全島，悠閒自在地度過時光。在渡輪乘船處旁有小型遊客中心，可以拿到島上地圖。湖心島以東的沃德島Ward's Island，居住著約650人，以西的漢蘭角Hanlan's Point則有座市民機場——比利畢曉普多倫多市機場Billy Bishop Toronto City Airport。要想前往這3座島嶼，可由The Westin Harbour Castle旁的林頓渡輪碼頭Jack Layton Ferry Terminal搭乘渡輪。白天時從島上或渡輪可以眺望到極美的市區景致，但是入夜之後的浪漫夜景，更值得推薦。

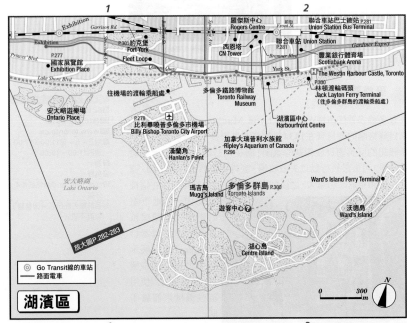

## 約克堡
Fort York

★★★

1793年上加拿大Upper Canada（現在的安大略省）第一任總督John Graves Simcoe下令建造這座碉堡，興建當時以要塞為中心，在四周發展出小型城鎮，也就是目前的多倫多市最早雛形。這裡同時也是美英戰爭「約克之戰

↑博物館就設置在碉堡中心的Block House 內

Battle of York」的舞台，1812年入侵的美軍將碉堡破壞殆盡，1815年時重建，現在則是當成歷史遺跡公開給遊客參觀。保存19世紀初期模樣的堡壘內，看到大砲與士兵宿舍，還有介紹約克堡歷史的博物館，還能看到穿著過去制服的衛兵。

---

### 市區北部

---

## 多倫多大學
University of Toronto

<map> MAP P.302-A1～B1

★★★

↑歷史建築林立

創立於1827年的多倫多大學，擁有約6萬5000名在學學生，可說是全世界規模最大的大學之一，在學術研究上則曾經於1921年發現治療糖尿病的胰島素。校園就座落在市區正中央，沒有圍牆而是自然地與城市融為一體；大學由230多棟建築物所組成，幾乎都是石頭打造的沉穩建築，其中一定要參觀的是落成於1919年的哥德式建築Hart House，這裡目前作為食堂、圖書館、音樂廳及畫廊之用。平日會推出在校園內徒步參觀的免費導覽之旅，所需時間為2小時。

---

## 安大略省議會
The Legislative Assembly of Ontario

<map> MAP P.302-B1・2

★★★

座落在女王公園的中央，擁有羅馬建築風格的安大略省議會，建造於1893年，咖啡色的石牆與周圍的綠意調和出美麗的景觀；內部只能透過導覽之旅參觀（10人以上要先預約），還設有官方商店。女王公園內不時可以看到松鼠等小動物嬉戲，也

↑散發著沉穩氣息的省議會

設有長板凳，是最適合歇腳休息的地點。豎立於公園入口處的則是加拿大第一任總理John A. MacDonald的雕像。

---

**約克堡**
- 🏠 250 Fort York Blvd.
- 📞 (416)392-6907
- 🌐 www.toronto.ca
- 🕐 週三・五～日11:00～17:00
  週四11:00～19:00
  （冬季時間會縮短）
- 🚫 週一・二
- 💰 免費
- 🚌 從聯合車站搭乘路面電車#509，到Fleet St. at Fort York Blvd. West Side下車，徒步3分鐘。

> **約克之戰**
> 是以約克堡為舞台，發生於1813年美軍與英國、加拿大原住民聯合軍隊所發生的戰役，擊潰聯軍的美軍，之後也曾經一度占領多倫多。

---

**多倫多大學**
- 📞 (416)978-2011
- 🌐 www.utoronto.ca
- 導覽之旅
- ✉️ campus.tours@utoronto.ca
- 🕐 週一～五11:00・14:00
  週六10:30・13:00
- 💰 免費
  從遊客中心Nona Macdonald Visitors Centre出發。
- 🚇 從地下鐵女王公園站Queen's Park或St. George站徒步即抵。

↑最適合散步

---

**安大略省議會**
- 🏠 111 Wellesley St. W
- 📞 (416)325-0061
- 🌐 www.ola.org
- 🕐 5月上旬～9月上旬
  週一～四8:00～18:00
  週五8:00～17:00
  週六・日9:00～17:00
  9月上旬～5月上旬
  週一～四8:00～18:00
  週五8:00～17:00
- 🚫 9月上旬～5月上旬的週六・日
- 導覽之旅分為參觀建築（Building Tour）及藝術&建築（Art & Architecture Tour）等免費行程，以及在議會內享用下午茶的Afternoon Tea and Tour等付費行程（\$45），都需要上網預約。

住100 Queen's Park
電(416)586-8000
URLwww.rom.on.ca
開7/3～9/4
　　每日10:00～17:30
　　9/5～7/2
　　週二～日10:00～17:30
休9/5～7/2的週一
金大人$26、銀髮族$21、學生
　青少年（15～19歲）$20、兒童
　（4～14歲）$16（每月第3個
　週二16:30～入場免費）

↑可以探究加拿大歷史的First
Nation（原住民族）Gallery

## 皇家安大略博物館
Royal Ontario Museum(ROM)

MAP P.302-A1・2
★★★

　多倫多市民非常熟悉而稱為ROM的博物館，仿造水晶造型而建的外觀令人印象深刻。館內依美術、考古學、自然科學等分門別類的收藏，擁有全加拿大規模最為龐大的600萬件收藏品；1樓以早期加拿大與北美原住民的文化相關史料，以及東亞美術品為主，還有本國工匠重現部分中國北京紫禁城的展覽；以自然史為主題的2樓，陳列超過50件恐龍化石標本的恐龍藝廊Dinosaur Gallery，是絕不能錯過的展區，其中又以全加拿大最大的全長27m的重龍骨骼標本，最令人震撼。3樓有埃及、希臘及中東・南亞等地的

↑展示內容豐富的恐龍藝廊

美術品，4樓則是展出加拿大攝影家Roloff Beny的作品。此外，還有挖掘恐龍化石的模擬體驗區等，透過觸摸來學習的互動式展覽也很豐富多樣。

## 🍁 貝塔鞋子博物館 MAP P.302-A1
### The Bata Shoe Museum Collection(BSM) ★★★

全世界罕見的鞋類專屬博物館，館內收集古今中外各式各樣的鞋子共計1萬5000多件，像是距今4500年前埃及紙莎草的鞋子等，不僅具有歷史意義，也很值得一看；至於貓王、艾爾頓強等名人所穿過的鞋子收藏區，也充

▲別緻的外觀也很引人矚目

滿趣味。而這棟由建築師雷蒙‧森山Raymond Moriyama以鞋盒為靈感的嶄新設計建築，同樣值得欣賞。

## 🍁 加德納博物館 MAP P.302-A2
### Gardiner Museum ★★★

以靠著證券等金融致富的多倫多資產家George與Helen Gardiner夫妻的陶瓷收藏為主，收藏5000多件陶瓷藝術品的博物館；1樓主要是現代藝術家、中南美原住民陶器居多，2樓則展出17～18世紀歐洲、亞洲的陶瓷器。

▲加拿大唯一的陶瓷博物館

## 市區周邊

## 🍁 古釀酒廠區 MAP P.283-A4
### The Distillery Historic District ★★★

位在市區以東，聚集餐廳、商店、藝廊的複合式空間，將建於1832年的威士忌蒸餾廠重新整修，充滿懷舊氣息的紅磚建築，也曾經是電影的外景拍攝地。

腹地內擁有超過40家的

▲也拍過電影的紅磚建築群充滿韻味

商店、餐廳、釀酒廠、藝廊等店鋪，氣氛相當熱鬧，除了時尚、原創巧克力、工藝品之外，也有名為「Izumi」的日本酒酒藏兼商店（URLontariosake.com）。

夏季還會舉行音樂、跳蚤市場等活動，此外，每年在耶誕節期間也會在中庭擺飾耶誕樹，並在周圍舉辦耶誕市集。

**貝塔鞋子博物館**
🏠327 Bloor St. W.
☎(416)979-7799
URLwww.batashoemuseum.ca
🕐週一～六
10:00～17:00
週日12:00～17:00
休無休
💰大人$14、銀髮族$12、學生$8、兒童（5～17歲）$5
（週日免費入館）

▲展示許多設計造型顯眼的鞋子

**雷蒙‧森山**
**Raymond Moriyama**
誕生於溫哥華的日裔加拿大人，是加拿大相當自豪的現代建築家，曾經設計的作品包括貝塔鞋子博物館，還有多倫多圖書館、渥太華的加拿大戰爭博物館、位於日本的加拿大大使館等建築。

**加德納博物館**
🏠111 Queen's Park
☎(416)586-8080
URLwww.gardinermuseum.on.ca
🕐週一‧二‧四‧五10:00～18:00
週三10:00～21:00
週六‧日10:00～17:00
休無休
💰大人$15、銀髮族$11、學生‧兒童免費（週三16:00～入場免費）

**古釀酒廠區**
URLwww.thedistillerydistrict.com
🚃搭乘路面電車#503、#504到Parliament St.下車，徒步7分鐘。

▲路邊有200年前的石臼

**卡薩羅馬城堡**
- 1 Austin Terrace
- (416)923-1171
- casaloma.ca
- 每日9:30~17:00
  （入場~16:30）
- 無休
- 大人$40、銀髮族·青少年
  （14~17歲）$35、兒童（4
  ~13歲）$25
- 在地下鐵Dupont站下車，過
  了Dupont St.沿著Spadina
  Ave.往北走，遇到盡頭上樓
  梯處。
  也提供語音導覽（$5）及手
  冊。

↑家具都非常有看頭

**士巴丹拿博物館**
- 285 Spadina Rd.
- (416)392-6910
- www.toronto.ca
- 週三·五·日11:00~16:00
  週四11:00~19:00
- 週一·二
  導覽之旅
- 週三~五12:15、13:15、
  14:15、15:15、16:00
  週六·日11:15、12:15、
  13:15、14:15、15:15、16:00
- 免費

## 卡薩羅馬城堡

Casa Loma

MAP P.284-B1 ★★★

　　座落在小丘陵上的卡薩羅馬城堡，是靠著尼加拉瀑布的水力發電而致富的加拿大陸軍軍官Henry Mill Pellatt為自己興建

↑彷彿中世紀歐洲城堡般的建築

的宅邸，斥資350萬加幣（當時價格）的工程費，從1911~1914年歷經4年期間打造出這座猶如歐洲中世紀古城般優雅的建築。房間總數多達98間，挑高天花板的主廳、橡木打造的樑柱、牆壁上的細膩雕刻、裝飾於溫室中的彩繪玻璃等，從內裝到細部都極為豪華。在古堡的地底還有長達240m的地下通道，可以直接通往大理石製作的馬廄，而面積廣達3.2公頃的美麗庭園也很值得一訪。

　　雖然是座無處不奢華的豪宅，不過室內游泳池卻是唯一未完成的部分，這是因為花了大筆金錢蓋房子的Henry Mill Pellatt在1923年宣告破產，他居住在這棟豪宅只有不到10年光景。

## 士巴丹拿博物館

Spadina Museum:Historic House & Gardens

MAP P.284-B1 ★★★

　　位在卡薩羅馬城堡附近，被綠意環繞且擁有白色外觀的士巴丹拿博物館，是投資瓦斯公司致富的Austin家族在1866年建造的住宅。從第一代實業家James Austin開始4代都居住於此，直到1984年家族衰敗後，Austin家才將宅邸脫手出售；同時房屋也列入安大略省的歷史古蹟，如今則成為博物館對外開放，可以參觀擺放著維多利亞式與愛德華式家具的豪華房間。而栽種著約300種花草植物的2.4公頃庭園，也是必定要來欣賞的美景。

↑美麗而優雅的建築

# 郊區

## 黑溪拓荒村
### Black Creek Pioneer Village
★★★ MAP P.278-A1

就在市區往西北方約30km，重現1860年代多倫多景象的歷史村，村內水車、以前的麵包店、打鐵店等建築林立，村民也穿上當時的服飾來迎接遊客。還有古老建築改裝成的餐廳，在售票櫃台旁的

體驗過去的生活風景

小屋內，則放映著介紹19世紀加拿大生活景象的影片。此外，在夏季時還會有音樂會、舞蹈等各式各樣的活動登場，詳細資訊請上官網查詢。

## 麥麥克加拿大藝術館
### McMichael Canadian Art Collection
★★★ MAP P.278-A1

這是以麥麥克爾夫妻的收藏為基礎，展示加拿大美術作品的藝術館，從湯姆·湯姆生與七人畫派（→P.298）到印第安原住民、因紐特人等，擁有傲人的豐富館藏。至於這棟木屋風格的原木建築，則是

收藏著包括七人畫派的許多加拿大藝術作品

麥麥克爾夫妻的住家，在建築周圍有廣達40公頃的庭園，能一邊欣賞放置在各處的雕刻品、一邊享受散布的樂趣。地點就在多倫多北邊的Kleinburg。

## 多倫多動物園
### Toronto Zoo
★★★ MAP P.278-A2

飼養著大象、獅子、老虎、北極熊、熊貓等，超過300種、約5000隻的動物，是加拿大規模最大的動物園。園區內依照動物棲息地域分成7大區，像是熱帶動物就在名為Pavilion的建築裡，而最受歡迎的是非洲展示區，可以看到棲息於叢林裡的西部低地大猩猩Western Lowland Gorilla。由於園區總面積廣達287公頃，想靠徒步方式參觀非常困難，有繞行園區一圈的Zoomobile巴士（1日券$9）可以搭乘，不妨先了解整座動物園概況，再前往想看的動物展示區，是較省時的參觀方式。至於園內的餐廳只有速食店，因為店家並不多，建議還是自行攜帶午餐比較好。

安大略省

多倫多 Toronto ◆ 主要景點

**黑溪拓荒村**
📍1000 Murray Ross Pwy.
📞(416)736-1733
🌐blackcreek.ca
📅4/22～12/23
週三～日11:00～16:00
🚫4/22～12/23的週一·二
12/24～4/21
💰大人$16.4·銀髮族·學生
$13.1·兒童（4～14歲）$12
🚇從地下鐵Pioneer VIllage
站徒步15分鐘。

**麥麥克加拿大藝術館**
📍10365 Islington Ave.,
Kleinburg
📞(905)893-1121
📠(1-888)213-1121
🌐mcmichael.com
📅週二～日10:00～17:00
🚫週一
💰大人$20
🚇沿#400公路北上，在Major
Mackenzie Dr.左轉往西
行，再右轉Islington Ave.。
或是從地下鐵Islington站搭
乘市區巴士#37B到Steeles
Ave.下車，轉乘York
Region Bus#13（North）
到Napa Valley下車，徒步
40分鐘。

**多倫多動物園**
📍2000 Meadowvale Rd.
📞(416)392-5900
🌐www.torontozoo.com
📅3月中旬～5/5、9/5～10/9
週一～五9:30～16:30
週六·日9:30～18:00
5/6～9/4
每日9:30～19:00
10/10～3月中旬
每日9:30～16:30
（入園至閉園前1小時）
🚫無休
💰大人$22.2～
🚇從地下鐵Kennedy站搭乘
市區巴士#86A到Toronto
Zoo下車，徒步即達。不過冬
季僅限週一～五行駛，週
六·日可以從地下鐵Don
Mill站或Rouge Hill站搭乘
市區巴士#85A、#85B也能
到達。

# 多 倫 多 的 娛 樂

## 多倫多的娛樂事業

作為加拿大最大城市的多倫多,音樂劇、歌劇、芭蕾舞等各式各樣的藝文表演從不間斷。至於運動方面,則有美國4大運動項目中NHL(職業冰球)、MLB(職棒大聯盟)、NBA(職籃)的職業球隊,以多倫多為主球場,每到球季就能有享受觀賞體育賽事的樂趣。

## 關於購票

門票的購買方式有電話、直接去劇院或球場售票口、網路等,如果想事先在台灣預約訂好票,利用網路預約最為簡單。另外也可以多加利用專門提供門票預訂的線上售票平台Ticketmaster,或是洽詢飯店櫃台。還有,購買門票需要支付手續費。

**DATA**
線上售票平台
Ticketmaster
URL www.ticketmaster.ca

## 音樂劇

皇家亞歷山大劇院

多倫多是表演水準絲毫不遜色於紐約或倫敦的音樂劇城市,市區內分布著大小各種劇院,特別是位於國王街上的皇家亞歷山大劇院Royal Alexandra Theatre及威爾斯王妃劇院Princess of Wales Theatre,以這2座劇院為中心的周邊就稱為娛樂區Entertainment District(→P.293),而且2座劇院都是由Mirvish Productions負責經營。

## 音樂劇會場的注意事項

即使手中已經持有門票,最好還是在開演前30分鐘抵達表演會場;如果是已經事先預約卻還沒拿到票,更需要提早抵達。看音樂劇雖然不必穿著正式服裝,但還是避免穿T恤或牛仔褲參加,以外套等裝扮比較得體。

**DATA**
音樂劇
Mirvish Productions
FREE (1-800)461-3333
URL www.mirvish.com
皇家亞歷山大劇院
MAP P.297-1
住 260 King St. W.
開業於1907年的老字號劇院,岩石打造的外觀與內部裝潢都讓人感受到歷史韻味,觀眾席有3層樓。
威爾斯王妃劇院
MAP P.297-1
住 300 King St. W.
擁有多達2000個座位,是開幕於1993年的劇院,舞台也採用最新設備,經常演出國外知名或前衛作品。
※兩間劇院售票處的營業時間,在官網上會以週為單位詳細列出。

## 歌劇、芭蕾舞、音樂會

加拿大國家芭蕾舞團National Ballet of Canada及加拿大歌劇團Canadian Opera Company的根據地就在四季演藝中心Four Seasons Centre,這是由國家、省政府及四季酒店集團共同出資的劇院。設立於1951年的國家芭蕾舞團,除了有古典芭蕾的作品之外,還有由加拿大舞蹈家所編舞的新節目;而加拿大歌劇團的規模為北美第6大,設立於1950年。

有著獨特造型與玻璃帷幕嶄新設計的音樂廳Roy Thomson Hall,則是加拿大多倫多交響樂團Toronto Symphony Orchestra的根據地,除了古典曲目外,也會安排搖滾、爵士等類型廣泛的音樂表演。

**DATA**
歌劇、芭蕾舞、音樂會
四季演藝中心
MAP P.297-1
住 145 Queen St. W.
TEL (416)363-8231
URL www.coc.ca/venue-information
加拿大國家芭蕾舞團
TEL (416)345-9595  URL national.ballet.ca
加拿大歌劇團
TEL (416)363-8231  URL www.coc.ca
Roy Thomson Hall
MAP P.297-1
住 60 Simcoe St.
TEL (416)872-4255  URL roythomsonhall.mhrth.com
多倫多交響樂團
URL www.tso.ca

### 觀賞球賽

北美4大職業運動中，除了職業美式足球NFL以外，職業冰球NHL、職棒大聯盟MLB、職籃NBA，都有以多倫多為主球場的職業球隊。另外，美國職業足球大聯盟MLS的多倫多FC也值得矚目。

↑觀賞緊張刺激的球賽

### NHL（冰上曲棍球）

冰上曲棍球可說是多倫多人氣最高的體育活動，也是加拿大的國家運動，以豐業銀行體育場Scotiabank Arena為主球場的多倫多楓葉隊Toronto Maple Leafs，隸屬於東部聯盟的大西洋分區，正規賽季是每年10～4月，之後到6月上旬就是進入季後賽，爭奪冠軍獎盃史丹利盃Stanley Cup。

```
DATA
NHL（冰上曲棍球）
豐業銀行體育場
MAP P.297-2
🏠40 Bay St.  ☎(416)815-5982
URL www.scotiabankarena.com
多倫多楓葉隊
URL www.nhl.com/mapleleafs
NHL
URL www.nhl.com
```

### MLB（棒球）

多倫多藍鳥隊Toronto Blue Jays是全加拿大唯一的大聯盟球隊，為日本棒球選手菊池雄星於2022年～2024年所屬球隊而知名亞洲，隸屬於美國東區，以羅傑斯中心Rogers Centre（→P.296）為主球場，也是曾為紐約洋基隊New York Yankees一員的松井秀喜，在美國職棒首次出賽之地。而大谷翔平與山本由伸所屬的洛杉磯道奇隊Los Angeles Dodgers，每年都會在多倫多出賽多場。球賽門票可利用電話、官網及線上售票平台Ticketmaster購買。

```
DATA
MLB（棒球）
羅傑斯中心
MAP P.297-1
多倫多藍鳥隊
URL www.mlb.com/bluejays
```

### NBA（職籃）

隸屬於美國NBA的多倫多暴龍隊Toronto Raptors，也是以豐業銀行體育場Scotiabank Arena為主球場，球季是每年11～4月，門票預訂可以上Ticketmaster，或到豐業銀行體育場售票櫃台直接購買。

```
DATA
NBA（職籃）
豐業銀行體育場
MAP P.297-2
🏠40 Bay St.
☎(416)815-5500
URL www.scotiabankarena.com
多倫多暴龍隊
URL www.nba.com/raptors
```

### MLS（足球）

MLS由25支美國球隊與3支加拿大球隊所組成，多倫多的球隊是多倫多FC，以位在博覽會場的BMO球場BMO Field為主場，2017年首次獲得MLS的大聯盟盃。BMO球場可容納約2萬人，是加拿大規模最大的專用足球場，也是2026年舉行的世足盃的預定球場。門票可在官網、售票窗口、Ticketmaster等處購買。

```
DATA
MLS（足球）
BMO球場
MAP P.282-C1
🏠170 Princes' Blvd.
☎(416)815-5982
URL bmofield.com
多倫多FC
☎(416)360-4625
URL www.torontofc.ca
```

# 多倫多的住宿
## Hotels in Toronto

飯店就分布在聯合車站、布洛爾／約克維爾Bloor/Yorkville邊界，以及前街Front St.、國王街King St.、Jarvis St.等街道，中級以上的飯店多數都位於地下鐵可以輕鬆抵達的地點，儘管廉價住宿並不多，但相對的可以享受到飯店所提供的完善設施，獲得安全又舒適的住宿體驗。如果是想長期停留，可以選擇提供廚房設備的公寓式住宿，較為方便。此外，最近北美與亞洲的奢華飯店集團也陸續進軍多倫多，這類飯店則大多聚集在聯合車站、布洛爾街Bloor St.、湖濱區一帶。

B&B則是分散在市區中心外圍的住宅區之內，房價大約在$90～，雖然不算非常便宜，但多數客房都整理得非常乾淨整潔。

此外，過去不太盛行的Airbnb（→P.548），近年來迅速普及，光是市區就有數百間登記在案的住宿，不過糾紛也不少，使用時記得小心注意。

（→P.548）

---

## The Fairmont Royal York

市區中心

聳立於聯合車站前的氣派飯店，在1929年創立當時還是大英國協的最高大樓。客房內的裝潢相當古典，並提供齊全的衛浴用品及各種設施，很推薦商務人士下榻；還提供游泳池、三溫暖的SPA。至於外來客也能使用的餐廳及酒吧，則是商務客人的最愛。

**MAP** P.297-1
**住** 100 Front St. W.
**TEL** (416)368-2511
**FREE** (1-866)540-4489
**URL** www.fairmont.com/royal-york-toronto
**費** SD$700～ Tax另計
**CC** A M V
**房** 1343房
**交** 聯合車站徒步1分鐘。

---

## 1 Hotel Toronto

市區中心

以永續發展為主旨的最新飯店，實行「置身於市中心卻能感受自然」的內裝，館內隨處都放置著訂製的木製家具及3300株植物。共有11種類型的客房，標準套房就有35m²，十分寬敞。使用豐富在地食材的餐廳也很受好評。

**MAP** P.282-B2
**住** 550 Wellington St. W.
**TEL** (416)640-7778
**FREE** (1-833)624-0111
**URL** www.1hotels.com/toronto
**費** SD$580～ Tax另計
**CC** A D M V
**房** 102房
**交** 搭乘路面電車#504（國王街）到巴佛士街下車，徒步3分鐘。

---

## The Ritz-Carlton Toronto

市區中心

以提供最頂級服務而自豪的連鎖飯店，時尚的大廳以抽象的現代設計及開放感而令人印象深刻，部分客房可以眺望到西恩塔景觀；距離會議中心、聯合車站很近，是一個觀光、商務都很方便的地點。就連SPA及室內游泳池等設備也都好得無從挑剔。

**MAP** P.297-1
**住** 181 Wellington St. W.
**TEL** (416)585-2500
**FREE** (1-800)542-8680
**URL** www.ritzcarlton.com
**費** SD$830～ Tax另計
**CC** A D J M V
**房** 263房
**交** 從聯合車站徒步7分鐘。

---

## Park Hyatt Toronto

市區北部

位於約克維爾，2021年經過重新整修。以接待櫃台為中心，分成南北2棟大樓，所有客房都採現代設計，從高樓層還能眺望市區風景。用餐可前往1樓的「Joni」及17樓的「Writers Room Bar」，都是熱門餐廳，一定要先預約。

**MAP** P.302-A2
**住** 4 Avenue Rd.
**TEL** (416)925-1234
**FREE** (1-844)368-2430
**URL** www.hyatt.com/en-us/hotel/canada/park-hyatt-toronto/torph
**費** SD$580～ Tax另計
**CC** A D M V
**房** 219房
**交** 地下鐵Museum站徒步3分鐘。

---

最高級飯店

浴缸　電視　吹風機　Minibar和冰箱　保險箱　網路
部分房間　部分房間　出借　部分房間　櫃台提供

## Hilton Toronto

離娛樂區、中國城都很近，是觀光相當便利的地點，也有地下通道連結。客房內陳設相當洗練，是能讓人好好放鬆的空間，備有大型書桌，還有很多客房擁有眺望西恩塔的景緻。設有酒吧、餐廳及24小時開放的健身中心、游泳池等設施。

市區中心

**MAP** P.297-1
住 145 Richmond St. W.
TEL (416)869-3456
URL www.hilton.com
費 ⑤①$449～　Tax另計
CC A M V　房 600房
交 從地下鐵Osgoode站徒步2分鐘。

## Toronto Marriott City Centre Hotel

美國職棒藍鳥隊主場羅傑斯中心所附設的11層樓飯店，全部客房中有70間可以直接眺望球場內部，大力推薦在舉行職棒賽事的日子來住，而且鄰近湖濱區及娛樂區，在觀光上也非常便利。

市區中心

**MAP** P.297-1
住 1 Blue Jays Way
TEL (416)341-7100
FAX (1-800)237-1512
URL www.marriott.com
費 ⑤①$215～　Tax另計
CC A M V
房 348房
交 從聯合車站徒步12分鐘。

## Chelsea Hotel Toronto

座落在娛樂、購物設施聚集的市區中心，擁有加拿大最多的客房總數，即使是觀光旺季也很容易訂到房間。飯店還擁有4間餐廳、健身中心、三溫暖、按摩池，以及設有滑水道的闔家歡游泳池。

市區中心

**MAP** P.285-D3
住 33 Gerrard St. W.
TEL (416)595-1975
FAX (1-800)243-5732
URL www.chelseatoronto.com
費 ⑤①$245～　Tax另計
CC M V
房 1590房
交 從地下鐵Dundas站或College站徒步6分鐘。

## Le Germain Hotel

飯店內營造出時尚流行的空間，是話題十足的精品飯店，可在開闊挑高的大廳、高品味的餐廳或酒吧度過優雅時光，而擺設著嚴選家具的客房則簡約而寬敞。所在地點前往娛樂區相當方便，距離地下鐵St. Andrew站約600m。

市區中心

**MAP** P.297-1
住 30 Mercer St.
TEL (416)345-9500
FAX (1-866)345-9501
URL www.legermainhotels.com
費 ⑤①$339～　Tax另計
CC A D M V
房 123房
交 從地下鐵St. Andrew站徒步9分鐘。

## Hotel Ocho

位於Spadina Ave.旁開區的3星飯店，1樓是頗受好評的亞洲餐廳，因為是餐廳兼酒吧而稍嫌喧鬧，但房間內很安靜。客房採時尚設計，寬敞而整潔，無可挑剔；設備也十分完善，可以度過舒服愉快的時光。

市區中心

**MAP** P.282-A2
住 195 Spadina Ave.
TEL (416)593-0885
URL www.hotelocho.com
費 ⑤①$180～　Tax另計
CC M V
房 12房
交 搭乘路面電車#510（Spadina Ave.）到Spadina Ave.與皇后街交叉口下車，徒步3分鐘。

## The Alexandra Hotel

在肯辛頓市場外圍、有野餐區及兒童遊樂場的亞歷山大公園對面的2星級飯店，客房陳設簡單而清潔，而且都附設爐具及微波爐的簡易廚房。停車場1晚只要$10，對長期住宿房客來說也很方便。

市區中心

**MAP** P.282-A2
住 77 Ryerson Ave.
TEL (416)504-2121
FAX (1-800)567-1893
URL alexandrahotel.com
費 ⑤①$159～　Tax另計
CC M V　房 75房
交 搭乘路面電車#510（Spadina Ave.）到Spadina Ave.與Sullivan St.交叉口下車，徒步10分鐘。

## Econo Lodge Inn & Suites Downtown

以合理房價與完整設備贏得人氣的連鎖飯店，客房清潔而寬敞，因為備有熨斗及微波爐，也很適合長期停留的遊客。周圍多為公園與住宅區，可以安靜度日；只要步行10分鐘就能到鬧區，非常便利。供應歐陸式早餐。

市區中心

**MAP** P.285-D3
335 Jarvis St.
**TEL** (416)962-4686
**URL** www.choicehotels.com
⑤①$110～　Tax另計　含早餐
**CC** A D M V
**房** 49房
從地下鐵College站徒步10分鐘。

## Beverley Place B&B

鄰近多倫多大學、中國城與肯辛頓市場，是地點絕佳的高級B&B。建築為1887年造的維多利亞式建築，裝潢也採古董風格擺設，洋溢優雅氣息。所有客房都有浴室、廁所，部分房間還有暖爐，全套英式早餐也很受歡迎。

市區北部

**MAP** P.302-B1
226 Beverley St.
**TEL** (416)977-0077
**URL** www.beverleyplacebandb.com
⑤①$124～　Tax另計　含早餐
**CC** M V
**房** 4房
從地下鐵Queen's Park站徒步6分鐘。

## Sweetheart B&B

由日本太太山本紀美子和加拿大先生Joe經營的B&B，雖然座落在市區中心的多倫多大學前，但房價可說是破盤價；對員工的教育訓練十分周到，吸引許多長期停留者或老顧客下榻。早餐則是提供貝果、水果等餐點的歐陸式早餐。

市區北部

**MAP** P.302-B1
72 Henry St.
**TEL** (416)910-0799
**URL** www.sweetheartbb.com
⑤$50～　①$90～
　含Tax　含早餐
**CC** 不可
**房** 8房
從地下鐵Queen's Park站徒步4分鐘。

## Kaisar Guest House

地點鄰近中國城與肯辛頓市場，位在市區的中心，周邊有數間專門醫院，因此有許多實習生入住；客房乾淨寬敞，設有廚房及自助洗衣機，並提供免費紅茶與咖啡。

市區北部

**MAP** P.282-A2/P.284-D2
372A College St.
**TEL** (416)898-9282
**房** 含衛浴⑤$95～ ①$130～
　衛浴共用⑤$75～ ①$95～　Tax另計
**CC** M V
**房** 20房
搭乘路面電車#506（College St.～Carlton St.）到Borden St.下車，徒步3分鐘。

## Havinn International Guest House

面對Spadina St.的維多利亞式建築的民宿，距離地下鐵站很近，去哪裡都非常方便，附近的大馬路上就有多家餐廳與咖啡館等店鋪。客房儉樸卻寬敞而舒適，共用的浴室與廁所充滿乾淨感，讓人十分安心。

市區北部

**MAP** P.284-B1
118 Spadina Rd.
**TEL** (416) 922-5220
⑤$72～ ①$87～　Tax另計
**CC** 不可
**房** 6房
從地下鐵Spadina站徒步4分鐘。

## The Planet Traveler

青年旅館鄰近聚集個性店家的肯辛頓市場，為4樓建築，以綠色商標為標誌。團體房分為男性、女性及混合3種，聚集從世界各地前來的年輕人；屋頂露台可以眺望多倫多的街道景觀，也成為住宿客的交流場所。接待櫃檯的營業時間為7:00～24:00。

市區中心

**MAP** P.282-A2/284-D2
357 College St.
**TEL** (647) 352-8747
**URL** theplanettraveler.com
**房** 團體房$45～
　浴室、廁所共用⑤①$115～（住宿至少2晚起）
　Tax另計　含早餐
**CC** A M V　**房** 100床
搭乘路面電車#510（Spadina Ave.）到College St.下車，徒步3分鐘。

# 多倫多的餐廳
## Restaurants in Toronto

　　在世界上超過80個異國文化族群生活的多倫多，「食」也非常多彩多姿。位於市區的餐廳中，數量最多的就是義大利料理，法國菜、中華料理則緊追在後，至於希臘等地中海周邊的美食也很引人矚目。除此之外，融合各國飲食文化而創造出不受框架限制的嶄新創意料理，也如雨後春筍般出現，所以一定要享受多倫多獨特的飲食體驗。在各個異國文化區也有許多以便宜價格供應正宗美味的餐廳，像是吃披薩要去小義大利Little Italy、中華料理就要選中國城Chinatown、希臘餐點則前往希臘城Greek Town，只要像這樣一一造訪各個異國文化區，就能品嚐最道地的世界料理，建議不妨在散步之餘順便挑選用餐店家。至於風格洗練的餐廳或酒吧，則多集中在娛樂區Entertainment District及金融區Financial District的周邊。

## Fran's Restaurant

市區中心

　　在市中心有2家店舖，是創業於1940年的老牌餐廳。人氣餐點是24小時供應的早餐，包含2種蛋料理、培根、德式香腸、鬆餅、炸薯條的Big Breakfast $19.99。從地下鐵步行1分鐘的College店（MAP P.302-B1）超受學生的歡迎。

MAP P.283-A3
🏠 200 Victoria St.
☎ (416)304-0085
URL www.fransrestaurant.com
🕐 每日24小時
休 無休
料 $20〜
CC A M V
🚇 從地下鐵Queen站或Dundas站徒步3分鐘。

## 360 Restaurant

市區中心

　　位於西恩塔內的景觀餐廳，餐廳樓板旋轉一圈需要72分鐘。主要提供以加拿大產的特選牛肉或是大西洋鮭魚、龍蝦等食材烹調而成的料理，還有可以從多種餐點當中選擇喜歡菜色的套餐；只要事先預約就可以免費搭乘電梯，而餐廳禁止穿著牛仔褲或球鞋來用餐。

MAP P.283-B3/P.297-1
🏠 290 Bremner Rd.
☎ (416)362-5411
URL www.cntower.ca
🕐 每日11:30〜15:00/16:30〜22:00
休 無休
料 午餐$60〜、晚餐$65〜
CC A J M V
🚇 從聯合車站徒步10分鐘。

## Canoe Restaurant & Bar

市區中心

　　座落於聯合車站前的TD信託大廈54樓，擁有絕佳視野景觀。使用有機蔬菜、由契約牧場供應的牛肉等，來自全加拿大的嚴選食材，用心烹調發揮食材的原味。建議在官網上事先訂位，並穿著正式休閒服飾，也可以只到酒吧喝酒。

MAP P.297-2
🏠 66 Wellington St. W. 54th Floor, TD Bank Tower
☎ (416)364-0054
URL www.canoerestaurant.com
🕐 週一〜五11:45〜13:15/17:00〜23:30
休 週六・日
料 午餐$40〜、晚餐$100〜
CC A M V
🚇 從聯合車站徒步5分鐘。

## Le Papillon on Front

市區中心

　　可以品嚐以法國料理為基礎的魁北克式加拿大美食，招牌餐點是法國布列塔尼地區自古傳承下來，利用蕎麥粉做成的法式可麗餅Galette，包了火腿、蛋、起司及蔬菜等食材的可麗餅售價$15〜，分量非常豐富；甜點類的可麗餅、烤布蕾$12也很受歡迎。

MAP P.297-2
🏠 69 Front St. E.
☎ (416)367-0303
URL www.papillononfront.com
🕐 週日・二〜四16:00〜21:00
　　週五・六16:00〜22:00
休 週一
料 $30〜
CC A J M V
🚇 從地下鐵King站徒步7分鐘。

## Biff's Bistro

市區中心

法國料理

可享用在法國料理增加新穎元素的餐點，晚餐有$58可選擇主菜的套餐，不妨依預算來享用美食，像是紅酒燉牛肉$42、烤布里起司加松露$21都很受歡迎，很多人會在下班後來這邊喝酒。

MAP P.297-2
4 Front St. E.
(416)860-0086
www.biffsbistro.com
週一～五12:00～14:30/16:00～21:30
週六・日16:00～21:30
無休
午餐$25～、晚餐$45～
A M V
從地下鐵聯合車站站徒步1分鐘。

## Café Diplomatico

市區周邊

義大利料理

小義大利知名的休閒義大利餐廳，深受在地義大利人的喜愛。可自選配料的披薩$14～等客製化服務相當吸引人，一大早就開始營業，歐姆蛋$9～、三明治$5～等早餐種類也很豐富，夏季還可以在露天座位享用餐點。

MAP P.282-A1/P.284-D1
594 College St.　(416)534-4637
www.cafediplomatico.ca
週一～三8:00～翌日1:00
週四～六8:00～翌日2:00
週日8:00～24:00（冬季會縮短時間）
無休
$20～　A J M V
搭乘路面電車#506至College St.與Euclid St.交叉口下車，徒步3分鐘。

## Rodney's Oyster House

市區中心

海鮮

以能品嚐新鮮生蠔而出名的生蠔吧，吸引當地海鮮饕客聚集，在中央櫃台看到店員不斷撬開生蠔硬殼的模樣，使得店內充滿活力。包括愛德華王子島、新斯科細亞省等地直送的生蠔超過15種，每個$3～，龍蝦等海鮮也應有盡有。

MAP P.282-B2
469 King St. W.　(416)363-8105
rodneysoysterhouse.com/toronto
週日～三12:00～22:00
週四12:00～23:00
週五・六12:00～24:00
無休
午餐$35～、晚餐$45～
A J M V
從地下鐵St. Andrew站徒步15分鐘。

## Astoria Shish Kebob House

市區周邊

希臘料理

受到當地顧客鼎力支持的希臘餐廳，可品嚐傳統的希臘料理，除了高人氣的烤小羊排$25.99之外，口袋餅三明治$15.99～、烤豬肉串Souvlaki $24.99～等餐點豐富；友善的服務也是一大魅力，店址就位在希臘城的中心。

MAP P.278-B2
390 Danforth Ave.
(416)463-2838
www.astoriashishkebobhouse.com
週日～四11:30～22:00
週五・六11:30～23:00
（夏季延長1小時）
無休
$30～　A M V
從地下鐵Chester站徒步1分鐘。

## The Hot House Restaurant & Bar

市區中心

咖啡館

獲得最佳週日早午餐讚賞的咖啡館，僅限週日9:30～15:00提供早午餐自助餐，大人$45、兒童$17.5，餐檯上擺滿淡菜、烤牛肉等超過30種料理，還有廚師現場直接製作歐姆蛋，而鬆餅與蛋糕等甜點也都相當美味。建議週日早午餐及晚餐都要事先預約訂位。

MAP P.297-2
35 Church St.
(416)366-7800
www.hothouserestaurant.com
週一～四8:00～11:00/11:30～22:00
週五8:00～11:00/11:30～22:30
週六9:30～22:30
週日10:00～22:00
無休
$30～　A J M V
從地下鐵King站徒步5分鐘。

## Hemingway's

市區北部

屋頂花園極具人氣的咖啡餐廳，午餐以沙拉、三明治等輕食為重點，晚間則是肉類料理與義大利麵為主；午餐最值得推薦的是三明治或墨西哥玉米餅$18～、漢堡$20～等。店內還會舉辦現場音樂表演與活動，節目請上官網確認。

MAP P.302-A2
142 Cumberland St.
(416)968-2828
hemingways.to
週一～五11:00～翌日2:00
週六・日10:00～翌日2:00
無休
$20～
A M V
從地下鐵Bay站徒步2分鐘。

## ramen 雷神

日本料理

即使在拉麵激戰區的多倫多,以不輸日本的味道而為人所知。最受歡迎的是以高溫熬煮的乳白濃郁豚骨湯融合柴魚昆布湯頭的海鮮豚骨醬油拉麵\$15～,而雞骨湯底的美味醬油拉麵\$13.5～,至於特製的煎餃5個\$7～及每月更換的小菜也很受好評。

市區北部

- MAP P.302-B2
- 24 Wellesley St. W.
- TEL (647)348-0667
- URL www.zakkushi.com
- 週日～四12:00～21:30 LO
  週五・六12:00～22:00 LO
- 休無休
- 料\$15～
- CC A J M V
- 従地下鐵Wellesley站徒步5分鐘。

## 汕頭小食家
### Swatow Restaurant

中華料理

以豐富多樣的麵類相關品項傲視中國城,湯麵有28種、炒麵則有24種之多,還可以從自製麵類中挑選中式麵條或米粉;其中加入Q彈蝦子的Shrimp Dumpling Noodle Soup \$10.99,清爽的湯頭非常受到歡迎。由於店家營業到深夜,也可以在喝完酒後再來吃麵。

市區中心

- MAP P.282-A2/P.284-D2
- 309 Spadina Ave.
- TEL (416)977-0601
- 週一～四11:00～22:30
  週五・六11:00～23:30
- 休無休
- 料\$15～
- CC不可
- 従地下鐵St. Patrick站徒步10分鐘。

## 福州海鮮酒樓
### Rosewood Asian Cuisine

中華料理

若要在中國城享用飲茶Dim Sum,就來這裡。營業時間內都有提供飲茶,不僅餡料飽滿,味道也很高雅,分為S、M、L、XL 4種大小,每份\$5.25～\$10.25,還有附照片的菜單,並且供應單點的中華料理與壽司等餐點。

市區中心

- MAP P.282-A2
- 463 Dundas St.
- TEL (416)593-9998
- URL rosewoodasiancuisine.com
- 週一～五10:00～翌日3:00
  週六・日9:00～翌日3:00
- 休無休
- 料\$20～
- CC M V (\$20以上)
- 従地下鐵St. Patrick站徒步8分鐘。

## Paldo Gangsan Korean Restaurant

韓國料理

受當地學生歡迎的餐廳,單點菜色加上4罐啤酒或1瓶燒酒的套餐Korean Combo \$40.99～為招牌料理;由於分量十足,推薦可以3～4人一起分享。包含馬鈴薯排骨湯、豆腐鍋等\$10左右的許多單點料理也很受當地學生喜愛。

市區北部

- MAP P.284-C1
- 694 Bloor St.
- TEL (416)536-7517
- 每日11:30～24:00
- 休無休
- 料\$30～
- CC不可
- 従地下鐵Christie站徒步8分鐘。

## Thai Basil

泰國料理

可以輕鬆享用道地的泰國料理,餐點從咖哩到海鮮、肉類、麵類等選擇豐富,每道菜價格在\$13～20左右,相當合理。每日11:30～17:00的超值午餐\$14.95,為主菜配上春捲、泰式酸辣湯和白飯,豐富的餐點相當受歡迎,甜點則是\$4.5～。

市區北部

- MAP P.284-C1
- 467 Bloor St. W.
- TEL (416)840-9988
- URL www.thaibasil.ca
- 週日～四11:30～22:30
  週五・六11:30～23:00
- 休無休
- 料\$20～ CC M V
- 従地下鐵Spadina站徒步2分鐘,或Bathurst站徒步5分鐘。

## Little India

印度料理

可以品嚐由印度廚師所烹調的傳統印度料理,午餐有單盤料理\$10.75～等相當受到歡迎,晚餐則供應印度咖哩\$16.95～、選擇雞肉或羊肉等4種肉類的印度香飯\$14.95等,而加入優格攪拌後放進烤箱烘烤的坦都里烤雞Tandoori Chicken \$16.5也很推薦。

市區中心

- MAP P.297-1
- 255 Queen St. W.
- TEL (416)205-9836
- URL www.littleindia.ca
- 每日11:30～22:00
- 休無休
- 料\$20～
- CC A M V
- 従地下鐵Osgoode站徒步3分鐘。

313

# 多倫多的購物
## Shops in Toronto

從知名高級精品到招牌紀念品一應俱全，要一次買齊伴手禮，可以到超大型購物中心 CF Toronto Eaton Centre；看高級精品就去布洛爾／約克維爾Bloor/Yorkville，找古董衣要往肯辛頓市場Kensington Market，依照區域而有不同商店，是多倫多才有的特色。

## 購物中心

### CF Toronto Eaton Centre

座落在央街西側，地上2層、地下3層的超大型購物中心，挑高空間的拱廊內從H&M、Abercrombie & Fitch、lululemon Athletica等時尚品牌，到食品、家庭用品，聚集超過300間店鋪，速食店也很多樣。

市區中心

**MAP** P.283-A3/P.285-D3
🏠 220 Yonge St.
**TEL** (416)598-8560
**URL** shops.cadillacfairview.com/property/cf-toronto-eaton-centre
🕐 週一～六10:00～21:00
週日10:00～19:00
**休** 無休 **CC** 依店鋪而異
🚇 從地下鐵Dundas站或Queen站徒步即抵。

### Yorkville Village

購物中心內進駐許多以年輕人為客群的時尚品牌，多數不是非常知名的高級品牌，而是活躍於北美與歐洲的年輕設計師店家。除了室內飾的店家之外，餐廳與咖啡館也很時尚，在地下樓層還有超市「Whole Foods Market」進駐。

市區北部

**MAP** P.302-A2
🏠 55 Avenue Rd.
**TEL** (416)968-8680
**URL** yorkvillevillage.com
🕐 週一～六10:00～18:00
週日12:00～17:00
**休** 無休
**CC** 依店鋪而異
🚇 從地下鐵Bay站或St. George站徒步5分鐘。

## 百貨公司

### Holt Renfrew

矗立在布洛爾街上，是多倫多一大高級百貨公司，擁有Prada、Armani、Miu Miu、Chloe、Michael Kors等世界精品品牌，化妝品則有Chanel、Lancome、Clinique、Estée Lauder等專櫃，而包包、鞋子、飾品等配件也很豐富。

市區北部

**MAP** P.302-A2
🏠 50 Bloor St. W.
**TEL** (416)922-2333
**URL** www.holtrenfrew.com
🕐 週一～六10:00～19:00
週日12:00～18:00
**休** 無休
**CC** 依店鋪而異
🚇 從地下鐵Bay站或Bloor/Yonge站徒步5分鐘。

## 時尚

### Exile Vintage

開業超過40年的古董服飾專賣店，在古董衣店家林立的肯辛頓市場中佔有開拓者的地位，吸引來自世界各地尋求古董牛仔褲、懷舊襯衫等的流行服飾買家前來，還有派對服裝、墨鏡、鞋子等豐富品項。而在店鋪最後面還有1950年代的洋裝。

市區中心

**MAP** P.282-A2/P.284-D2
🏠 60 Kensington Ave.
**TEL** (416)595-7199
**URL** exilevintage.ca
🕐 週一～四11:00～19:00
週五、六10:00～19:00
週日11:00～18:00
**休** 無休 **CC** M V
🚃 搭乘路面電車#505、#510到Spadina Ave.與Dundas St.交叉口下車，徒步4分鐘。

## 古董

### Toronto Antiques on King

位於娛樂區正中央的古董市集，內部聚集約30間古董店鋪，多數店家是以收藏歐洲及美國的古董餐具、家具為主，可以看到維多利亞風格的英國家具，或是有著可愛花紋的茶杯等，不妨多花點時間來尋寶。目前來訪店內採預約制。

市區中心

**MAP** P.297-1
🏠 284 King St. W.
**TEL** (416)260-9057
**URL** www.torontoantiquesonking.com
🕐 週二～六11:00～17:00
**休** 週日、一
**CC** A M V
🚇 從地下鐵St. Andrew站徒步5分鐘。

## Blue Banana Market

雜貨

包括肯辛頓市場的時尚飾品到古董生活雜貨、廚房用品等，總是有15～20個攤位的生活雜貨市集，例如加拿大製造的衛浴用品或蠟燭等適合當作紀念品的商品非常多，販售楓糖漿相關商品的攤位也不少，店員們也都很親切豪爽。

市區中心
**MAP** P.282-A2/P.284-D2
250 Augusta Ave.
**TEL** (416)594-6600
**URL** www.bbmgifts.com
每日11:00～19:00
無休
C M V
搭乘路面電車#505、#510到Dundas St.與Spadina Ave.交叉口下車，徒步5分鐘。

## The Sport Gallery

運動用品

位在古釀酒廠區，以北美職業運動為主題的概念店，地主球隊的多倫多藍鳥隊、暴龍隊的T恤$65～、運動衫$120很適合當作伴手禮；但這裡不是官方商店，商品全都是原創設計且作工細緻，嬰兒與兒童服飾的選擇也很多。

市區周邊
**MAP** P.283-A4
15 Tank House Lane
**TEL** (416)861-8514
**URL** thesportgallery.ca
週一～四10:00～19:00
週五・六10:00～20:00
週日11:00～19:00
無休 C M V
搭乘路面電車#503、#504到國王街與Parliament St.交叉口下車，徒步8分鐘。

## Craft Ontario Shop

紀念品

由支持在地作家為運作目標的NPO組織Ontario Crafts Council所經營的店鋪，從1932年就開始持續援助藝術家，店內陳列著陶瓷、玻璃、木工、飾品等廣泛多樣的工藝品，其中又以因紐特人與印第安藝術相關的創作最受好評，光是欣賞高水準的作品也很享受。

市區北部
**MAP** P.278-B1/P.282-B1外
1106 Queen St. W.
**TEL** (416)921-1721
**URL** www.craftontario.com
週二・六11:00～18:00
週三～五11:00～19:00
週一
C A J M V
搭乘路面電車#501到皇后街與Dufferin St.交叉口下車，徒步6分鐘。

## Canadian Naturalist

位於「CF Toronto Eaton Centre（→P.314）」Level 1的禮品店，聚集加拿大主要的伴手禮，可以一次買齊很方便，像是招牌的楓糖漿、餅乾、捕夢網等，還有點綴有染紅楓葉的相框、杯墊等商品也很受歡迎。

市區中心
**MAP** P.283-A3/P.285-D3
220 Yonge St., The Eaton Centre
**TEL** (416)581-0044
週一～六10:00～21:00
週日11:00～19:00
無休
C M V
從地下鐵Dundas站或Queen站徒步即達。

## Soma

甜點

位在古釀酒廠區（→P.303）的巧克力專賣店，使用來自世界各地的可可豆，店內的玻璃櫃中經常擺出約20種不同口味的巧克力，加入堅果或果乾的Mini Dark/Milk Bar $7～最適合當伴手禮。443 King St. W.（**MAP** P.282-B2）也有分店。

市區周邊
**MAP** P.283-A4
32 Tank House Lane
**TEL** (416)815-7662
**URL** www.somachocolate.com
週一・五・六12:00～19:00
週二～四12:00～18:00
週日12:00～20:00
無休 C A J M V
搭乘路面電車#503、#504到國王街與Parliament St.的交叉口下車，徒步8分鐘。

## Nadège Patisserie

當地無人不知，集結高雅甜味糕點的法式甜點店。使用當季水果與在地食材製作的塔、戚風蛋糕口味豐富，色彩繽紛的法式甜點馬卡龍，在烘焙坊才有的風味濃郁的可頌麵包也很受歡迎。寬敞的店內也設有內用區。

市區西部
**MAP** P.282-B1
780 Queen St. W.
**TEL** (416)203-2009
**URL** www.nadege-patisserie.com
週一～六9:00～21:00
週日9:00～19:00
無休 C M V
搭乘路面電車#501到皇后街與Niagara St.交叉口下車，徒步1分鐘。

# 多倫多的夜店
## ── Night Spots in Toronto ──

多倫多的夜生活被酒吧、酒館、舞廳等各式各樣的夜店妝點得精采非凡,最熱鬧的地段就屬娛樂區Entertainment District與Annex區周邊,至於小義大利Little Italy一帶也是人聲鼎沸。很多夜店都會定期推出現場表演,一流爵士樂手的精湛樂音讓整座城市徹夜不眠。

酒館

### C'est What?

經常提供40種在地啤酒,對飲料品項的豐富度相當堅持的酒館,供應奶油雞、水牛肉漢堡等餐點選項也非常多樣。週四~日登場的現場演出則從流行樂、搖滾到爵士樂各種樂風都有,現場表演時的附加費Cover Charge為$15~。

市區中心

**MAP** P.297-2
📍67 Front St. E.
**TEL** (416)867-9499
**URL** www.cestwhat.com
🕐週日~一16:00~24:00
　週二・三12:00~24:00
　週四~六12:00~翌日1:00
🚫無休
**CC** A M V
🚇從地下鐵King站徒步7分鐘。

### Madison Avenue Pub

酒館位在多倫多大學附近,是不少學生們的祕密基地,內部分成6個空間,外面還有2個中庭,供應的啤酒有20種以上,餐點則有披薩、漢堡等選擇。每逢週四~六的22:00開始有鋼琴、吉他的現場演出,氣氛更加熱鬧。

市區北部

**MAP** P.302-A1
📍14 Madison Ave.
**TEL** (416)927-1722
**URL** madisonavenuepub.com
🕐週一~六11:00~翌日2:00
　週日11:00~24:00
🚫無休
**CC** A M V
🚇從地下鐵Spadina站徒步4分鐘。

啤酒吧

### Amsterdam Brewhouse

面對安大略湖的啤酒吧,引以為傲的啤酒包含8種經典口味、3~4款季節限定,共計11~12種類,使用自然原料釀製的啤酒,不含防腐劑與加熱殺菌,嚐來相當新鮮。餐點則以漢堡等下酒菜色為中心,推薦餐點有炸檸檬雞肉排$25.75、魚肉玉米餅$17.5。

湖濱區

**MAP** P.283-C3
📍245 Queens Quay W.
**TEL** (416)504-1020
**URL** amsterdambeer.com
🕐週日~四11:00~24:00
　週五・六11:00~翌日2:00
🚫無休
**CC** A M V
🚇搭乘路面電車#509到Queens Quay West at Reef St.下車,徒步3分鐘。

### Mill St. Brew Pub

位於古釀酒廠區(→P.303)的啤酒吧,最自豪的就是時常都能供應多達10種自家釀造啤酒,少量品嚐4種啤酒的Beer Flight $14,可以邊喝邊比較口味差異,樂趣十足。此外,肉汁起司薯條$13、泰式紅咖哩$22等餐點選擇也很豐富。

市區周邊

**MAP** P.283-A4
📍21 Tank House Lane
**TEL** (416)681-0338
**URL** millstreetbrewery.com
🕐週一~四11:30~23:00
　週五11:30~24:00
　週六10:30~24:00
　週日10:30~23:00
🚫無休　**CC** A M V
🚇搭乘路面電車#503、#504到國王街與Parliament St.交叉口下車,徒步8分鐘。

爵士夜店

### The Rex Jazz & Blues Bar

從現代爵士樂到藍調音樂,可以輕鬆享受加拿大國內音樂好手的熱情演出,現場表演從每日17:30之後開始,在20:30開演的舞台氣氛會達到最高潮(建議要預約),節目表請上官網確認,表演要加收$10~20等的附加費。也提供漢堡、炸魚薯條等餐點。

市區中心

**MAP** P.283-A3
📍194 Queen St. W.
**TEL** (416)598-2475
**URL** www.therex.ca
🕐每日11:00~23:00
🚫無休
**CC** M V
🚇從地下鐵Osgoode站徒步1分鐘。

# 濃縮所有尼加拉魅力的完美計畫

3天2夜
超滿足！

# 尼加拉之旅

作為全世界數一數二的觀光勝地，尼加拉瀑布周邊不僅有瀑布觀景點及各種體驗活動，更是匯聚美食、SPA、酒莊等多樣享樂之地。以下介紹如何用3天2夜玩遍尼加拉，享受迷你奢華之旅。

**more information**

尼加拉瀑布→P.321　尼加拉湖邊小鎮→P.346
尼加拉葡萄酒路線→P.344

## Day 1　整座城市都精采！
## 到尼加拉瀑布欣賞壯觀激流······P.318

| 行程 |
| --- |
| 9:30　搭乘「尼加拉城市觀光船」 |
| 11:00　參加「瀑布後探險之旅」 |
| 12:00　在「Table Rock House Restaurant」午餐 |
| 14:00　體驗「尼加拉直升機」 |
| 15:00　漫遊尼加拉瀑布城鎮 |
| 19:00　在「Revolving Dining Room」晚餐 |

## Day 2　探訪保留英倫風格建築的古都
## 尼加拉湖邊小鎮······P.319

| 行程 |
| --- |
| 12:00　將行李寄放在「The Prince of Wales Hotel」之後，進行城市漫遊。在「Shaw Cafe & Wine Bar」享用午餐。 |
| 14:00　在市區商店購物 |
| 15:00　回飯店辦理住宿登記並享受下午茶 |
| 17:00　在飯店內的Garden Spa體驗SPA |
| 19:00　在飯店內的餐廳品嚐晚餐 |

## Day 3　旅行的最後高潮
## 前往加拿大最大的葡萄酒產地······P.320

| 行程 |
| --- |
| 11:00　搭乘計程車前往「Strewn Winery」酒莊 |
| 11:30　參加葡萄酒試飲 |
| 12:00　在附設的餐廳「Cam Royal Nigara Tapas Bar & Restaurant」享用午餐 |

Sunnybrook Farm

Cattail Creek
5.5

Coyote's Run

# Day 1

整座城市都精采！
到尼加拉瀑布欣賞壯觀激流

可以從下方、後方、上空觀賞瀑布，白天在附近的景觀餐廳近距離賞瀑，夜晚則遠觀在燈光照明下的瀑布美景。

## 🍁 在尼加拉瀑布感受水的力量！

**尼加拉城市觀光船**
▶P.332

搭乘觀光船深入尼加拉瀑布底下的水潭，是尼加拉瀑布最受歡迎的活動；若想更加貼近加拿大瀑布，建議要搶占船頭或船頭右側的位置。

▶水潭有宛如置身於暴風雨中的強風與豪雨（水花）

**瀑布後探險之旅**
▶P.331

可以從加拿大瀑布後方欣賞水瀑美景，夏季還能直接走上瀑布旁的平台。

**尼加拉直升機**
▶P.333

從上空俯視的瀑布無比壯觀！雖然價格昂貴，一定要挑戰看看！

## 🍁 不分晝夜皆有景觀的瀑布餐廳

**Lunch** 最靠近尼加拉瀑布的餐廳
**Table Rock House Restaurant**

位 在Table Rock Centre內，可透過整片落地大窗戶眺望瀑布奔騰而下的景觀。午餐的人氣選擇是漢堡與三明治，晚餐則能享用以當地食材製作的料理，晚餐套餐$65。

DATA MAP P.329-C1 住6650 Niagara Pwy.
FREE(1-877)642-7275 URLwww.niagaraparks.com
營夏季 每日11:30～21:30
冬季 週日～五11:30～20:00 週六11:30～21:00
（依時期而變動）
休無休 料午餐$30～、晚餐$50～ CardA J M V

**Dinner** 獨占耀眼光芒的夜之尼加拉
**Revolving Dining Room**

位 於史凱隆塔Skylon Tower頂端的優雅餐廳，整個樓層地板裝設旋轉機關，只要坐著就能以360度眺望尼加拉城鎮。燒烤鮭魚、龍蝦及牛排等料理都很奢華且分量十足。

DATA MAP P.329-B1 住5200 Robinson St.
TEL (905) 356-2651 FREE (1-888) 975-9566
URLwww.skylon.com 營每日11:30～15:00/16:30～22:00
休無休 料午餐$30～、晚餐$60～ CardA D J M V

1 燒烤帶骨小羊排$68，可以品嚐到羊肉的軟嫩與第戎芥末醬的風味，餐廳每小時旋轉1圈

3 機敏的服務態度讓人享受優雅的用餐時光

距離近到瀑布水花會噴濺到玻璃上

# Day ②

探訪保留英倫風格建築的古都
尼加拉湖邊小鎮

佇立於安大略湖畔的尼加拉湖邊小鎮，是座迷你卻可愛的城鎮，最適合您閒散步。

## 🍁 下榻於維多利亞風格的古典飯店

接待大廳也很有氣派優雅 ② 每間客房都擁有不同的裝潢，這是提供暖爐的豪華客房，有著玫瑰花圖案的頂篷四柱大床十分華麗 ③ 歷經Aracade、Niagara House等名稱後，飯店終於在1901年確立現在的名稱

### 在午後 喝杯下午茶

位於接待櫃台前方的The Drawing Room，可以享用下午茶。🕐每日11:00～17:00（推薦預約）

▶ 三明治和司康，都是道地英式口味。Traditional Afternoon Tea $55

### 🏨 The Prince of Wales Hotel

創 立於1864年的最頂級飯店，因為英國約克公爵夫妻曾經下榻過而以此為名。共有5種房型的客房內使用古董家具，營造出充滿氣質而沉穩的氛圍；飯店內還有室內游泳池、SPA、用餐大廳等。

(DATA) (MAP) P.347-A2～B2
🏠 6 Picton St.
📞 (905) 468-3246
☎ (1-888) 669-5566
URL www.vintage-hotels.com/princeofwales
💰 ⑤ⓓ$300～ Tax另計
💳 A M V
🛏 110房

## 🍁 在尼加拉湖邊小鎮享用午餐

### 在最美麗的季節探訪
### ShawCafe & Wine Bar

主 要提供使用在地食材做成的三明治、義大利麵或燒烤料理，充滿小酒館風格的咖啡餐廳。沿著螺旋階梯而上的2樓為葡萄酒吧，可以在古典氛圍裡品嚐產自尼加拉的葡萄酒，推薦5月中旬～9月被多彩花朵環繞的露天座位區。

(DATA) (MAP) P.347-A1　🏠 92 Queen St.
📞 (905) 468-4772　URL www.shawcafe.ca
🕐 夏季 週一～四·日11:30～21:00、週五·六11:30～22:00　秋季 每日11:30～20:00　冬季 週四～一11:30～17:00　休 冬季的週二·三（須事先詢問）
💰 $25～　💳 A M V

① 位在皇后街上，圓柱建築相當顯眼 ② 明亮光線從大片窗戶灑入店內 ③ 愛德華王子島產的蒜味奶油醬淡菜$20.95

319

## Day ② 的延續

在市區漫步的途中尋找伴手禮，在第2天或第3天都可以。

## 🍁 尼加拉湖邊小鎮購物

**1** 小瓶的果醬非常適合當作伴手禮 **2** 位在紅磚建造的獨棟房舍

### Shop 很有滿足感的甜蜜蜜甜點
## Maple Leaf Fudge

融合奶油與砂糖後加以凝固而成，超級甜蜜的甜點、軟糖專賣店。展示櫃中陳列著添加巧克力、堅果等21種不同口味的軟糖，1顆$7.99～，也有冰酒軟糖，買3個可享1個免費。

(DATA) (MAP) P.347-A1　🏠114 Queen St.
(TEL)(905) 468-2211　(URL)mapleleaffudge.com　🕐每日9:30～20:00　11～2月　每日10:00～17:30（依時期而變動）　(休)無休　(CC)M V

### Shop 自古傳承至今不變的手工果醬
## Greaves

從1927年創立品牌開始，就只使用產自尼加拉的新鮮水果來製作果醬，種類有草莓、藍莓、杏桃、李子、桃子等19種，售價為250ml $8.25、500ml $14.95，可以分送朋友的小瓶裝組合5瓶$25.95～。

(DATA) (MAP) P.347-A1　🏠55 Queen St.
(TEL) (905) 468-7831　(FREE)(1-800) 515-9939
(URL)greavesjams.com
🕐夏季　每日10:00～20:00　冬季　每日10:00～18:00
(休)無休　(CC)A M V

**1** 由上到下分別是楓糖核桃、薄荷巧克力、奶油花生巧克力 **2** 店內散發著甜甜香氣

## Day ③

### 旅行的最後高潮
### 前往加拿大最大的葡萄酒產地

尼加拉周邊分布著無數的酒莊，釀造出獨特的葡萄酒，建議不妨來趟酒莊周遊之旅（→P.344）。

## 🍁 參觀尼加拉葡萄酒路線的酒莊

🍷 Strewn Winery

距離尼加拉湖邊小鎮約5分鐘車程，以發揮葡萄原本香氣來釀造出風味豐富葡萄酒的酒莊，VQA的紅、白酒及冰酒都在世界級的品評大會上獲得無數獎項。不僅能試飲葡萄酒（所需時間25～40分鐘），還附設餐廳可享用與葡萄酒絕配的創意料理，也有推出烹飪學校。

(DATA) (MAP) P.344　🏠1339 Lakeshore Rd.
(TEL) (905) 468-1229　(URL)www.strewnwinery.com
🕐5～10月　每日10:00～18:00　11～4月　每日10:30～17:30　(休)無休
【參觀酒莊＆葡萄酒試飲】(費)1人$35～

### 搭配好酒的無國界料理

在酒莊內，有可享用洗練無國界料理的餐廳「Cam Royal Nigara Tapas Bar & Restaurant」，每道餐點都與葡萄酒很搭。(TEL)(905)468-1222　🕐週一～四11:30～20:00　週五・六11:30～21:00　週日11:00～20:00　(休)無休

▶設有葡萄酒吧與露天座位的休閒餐廳

**1** 在主要的酒吧進行葡萄酒試飲，3種酒1人$20（建議在官網預約）**2** 還有細心整理的美麗庭園 **3** Terroir系列葡萄酒很受歡迎

320

# 尼加拉瀑布

## 安大略省

位於安大略省與美國邊境的尼加拉瀑布，與南美洲伊瓜蘇瀑布Iguazu Falls、非洲維多利亞瀑布Victoria Falls並列為世界3大瀑布，過去生活於此地的印第安原住民稱之為「雷神之水」因而成為瀑布名稱的由來。為了親身感受大自然的神祕、壯觀，以及如此震撼人心的雄偉瀑布，每年約有1300萬的觀光客從世界各地來訪。

這座57m高，寬達670m巨大瀑布的形成，要回溯到1萬2000年前的冰河時期，當時在尼加拉河的中段，因冰河削鑿出斷層造成瀑布而開始，但隨著水勢的不斷侵蝕，現在的瀑布位置比起原先往上游移動了13km。尼加拉瀑布是由加拿大瀑布與美國瀑布（在美國瀑布旁邊還有水流較細的新娘頭紗瀑布Bridal Veil Falls）所組成，特別是加拿大瀑布因為擁有彎度極大的弧狀造型，又被稱為馬蹄瀑布Horseshoe Falls，上相的景觀折服了無數的遊客。

瀑布周邊從1820年代開始以觀光為目的進行開發，高級飯店、遊樂設施林立，彷彿城市般繁榮；加拿大境內也有2座大型賭場、摩天輪等設施，熱鬧得像是主題樂園。

近年來在加拿大的Niagara Parks及美國的尼加拉瀑布州立公園Niagara Falls State Park的管轄下，嘗試讓觀光活動與環境保護能夠同時並行。

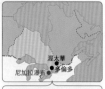

**MAP** P.272-B3
**人口** 9萬4415
**區碼** 905

尼加拉瀑布情報網
加拿大境內
**URL** www.niagaraparks.com
**URL** www.niagarafallstourism.com
美國境內
**URL** www.niagarafallsstatepark.com
**URL** www.visitbuffaloniagara.com

尼加拉瀑布 Niagara Falls ◆

**跨越國境的尼加拉瀑布**
尼加拉瀑布橫跨在加拿大與美國兩國境內，分成加拿大瀑布、美國瀑布及新娘頭紗瀑布3座，要注意的是2個國家在瀑布周邊都有同樣命名為尼加拉瀑布Niagara Falls的城鎮；本書為避免混亂，以標註為加拿大境內及美國境內做為區分。

⬆瀑布周邊為綠意豐富的公園與花園

**尼加拉瀑布的活動**
冬季燈光節
Winter Festival of Lights
**TEL** (905)356-6061
**URL** www.wfol.com
**期間** 11月中旬～1月上旬
加拿大冬季最大的點燈活動，有煙火、遊行，城鎮的燈光秀等，讓來訪的超過100萬名觀光客都能樂在其中。

⬆從各個角度眺望瀑布

# 如何前往尼加拉瀑布

⬆地標史凱隆塔

名為尼加拉瀑布的城鎮，在加拿大與美國兩邊都有，不過尼加拉瀑布並沒有機場，因此加拿大境內的旅遊起點為多倫多，從多倫多市中心有長途巴士與接駁巴士可以搭乘，由聯合車站也有VIA國鐵及GO Train行駛；若是搭乘飛機的話，最接近的機場是多倫多皮爾森國際機場Toronto Pearson International Airport（→P.279），機場有專門的接駁巴士前往尼加拉瀑布，非常便利。

美國境內可以從水牛城Buffalo出發（→P.324）。

⬆紅磚建造的VIA國鐵車站

## ■多倫多前往尼加拉瀑布的交通一覽表

| 出發地點→抵達地點（加拿大境內） | 巴士、火車名稱 | 班次 | 所需時間 |
|---|---|---|---|
| 多倫多聯合車站巴士總站➡尼加拉瀑布巴士總站 | Megabus | 1日3～16班（部分班次的終點為Table Rock Centre前） | 1小時50分～2小時 |
| | FlixBus | 1日8班 | 1小時50分～2小時30分 |
| 多倫多聯合車站 | VIA國鐵 | 1日1班（與Amtrak聯合經營的楓葉號） | 約2小時 |
| | GO Train | 1日3班 | 約2小時 |
| 多倫多皮爾森國際機場／市區飯店➡尼加拉瀑布的主要飯店 | Niagara Airbus | Shuttle Package要預約 | 1小時30分～2小時 |

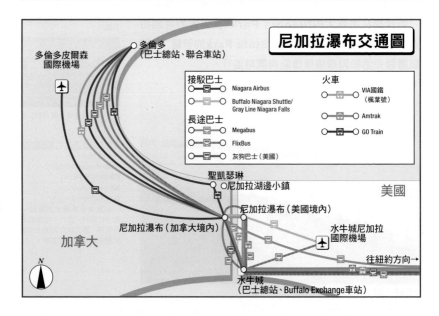

尼加拉瀑布交通圖

多倫多皮爾森國際機場

多倫多（巴士總站、聯合車站）

**接駁巴士**
Niagara Airbus
Buffalo Niagara Shuttle/Gray Line Niagara Falls

**長途巴士**
Megabus
FlixBus
灰狗巴士（美國）

**火車**
VIA國鐵（楓葉號）
Amtrak
GO Train

聖凱瑟琳
尼加拉湖邊小鎮

美國

尼加拉瀑布（美國境內）

尼加拉瀑布（加拿大境內）

水牛城尼加拉國際機場

加拿大

往紐約方向→

N

水牛城（巴士總站、Buffalo Exchange車站）

## 多倫多皮爾森國際機場出發

### ▶▶▶ 接駁巴士

　　Niagara Airbus是從多倫多皮爾森國際機場出發，通往加拿大境內飯店或尼加拉瀑布周邊的指定地點，屬於小型巴士的接駁服務，還有連結多倫多市區→尼加拉瀑布→多倫多皮爾森國際機場的機場接送服務Shuttle Package。在機場各航廈入境大廳地下樓層的Out of Town Van Service櫃台報名搭車，因為如果客滿就要等下一班，建議可以事先透過網站、電話預約；巴士每日6:30～翌日1:30行駛，所需時間1小時30分～2小時。

↑從機場可以直接前往目的地，超方便的Niagara Airbus接駁巴士

## 多倫多市中心出發

### ▶▶▶ 接駁巴士

　　Niagara Airbus提供從多倫多的飯店→尼加拉瀑布周邊的飯店→多倫多皮爾森國際機場（反方向亦可）3地的接駁服務Shuttle Package，需要事先預約，並在預約時告知出發日期、時間及下榻的飯店，所需時間1小時30分～2小時。

### ▶▶▶ 長途巴士

　　多倫多～尼加拉瀑布之間有Megabus 1日3～16班、FlixBus 1日7班行駛，所需時間1小時50分～2小時30分。不過，FlixBus的停車地點不在巴士總站，而是Falls View地區。

---

**Niagara Airbus**

☎ (905)374-8111
URL www.niagaraairbus.com
多倫多皮爾森國際機場出發
🚌 單程　大人$99～
　　來回　大人$187～
Shuttle Package
🚌 大人$224、兒童$168
　　除了電話預約之外，也可透過網站線上預約，而且網路在84小時前預約，還可享5%折扣優惠。

↑Ground Transportation Booth

**多倫多出發的直達火車**

　　GO Train (→P.281) 從多倫多的聯合車站到尼加拉瀑布的VIA國鐵站，1日行駛3班，所需時間2小時20分；也有包含市區巴士Wego (→P.325)自由乘車券的優惠套票。
GO Train
☎ (1-888)438-6646
☎ (416)869-3200
URL www.gotransit.com
🚌 單程　大人$21.15～、銀髮族$10.6～、12歲以下免費

**FlixBus** (→P.453)
MAP 329-C1
多倫多出發
🚌 單程　大人$13.99～

---

COLUMN

## 廉 價 長 途 巴 士 Megabus

↑便宜又舒適的巴士

　　Megabus是2003年在英國開始營運的廉價長途巴士，在加拿大則以Coach Canada公司在多倫多、京士頓Kingston、蒙特婁Montréal為據點行駛；一般會使用雙層巴士，車上也提供免費的無線網路服務，可以攜帶22.6kg以下的大型行李1件。

　　車票可以在巴士總站購買，也能於預定乘車日的45天前上網預約，愈早預約車票價格越便宜。發車地點在巴士總站（部分班次的終點為Table Rock Centre前），搭車時要告知司機預約號碼，所以網路預約之後要將明細列印出來。

DATA

Megabus (→P.543)
☎ (1-866)488-4452　URL ca.megabus.com
多倫多－加拿大境內尼加拉瀑布
🚌 單程　1人$14.99～

VIA國鐵（→P.545）

## ▶▶▶ 鐵路

從多倫多的聯合車站到加拿大境內的尼加拉瀑布車站，可以搭乘VIA國鐵，1日1班，所需時間約2小時，行駛的列車是與美國國鐵Amtrak合作的楓葉號Maple Leaf，經由美國境內的尼加拉瀑布車站、水牛城，一路行駛到紐約New York。

**巴士總站**
MAP P.327-B2
住4555 Erie Ave.
TEL (905)357-2133

↑巴士總站內部

## 巴士總站／火車站前往市區

巴士總站位在城市北方郊區的漩渦急流大橋Whirlpool Rapids Bridge附近，正對面就是火車站（FlixBus到達瀑布周邊的Falls View地區），到瀑布周邊可搭乘Wego的綠線Green Line；而在巴士總站前方的站牌搭

↑小巧的巴士總站

車，就能前往Clifton Hill與桌岩。Niagara Falls Transit的市區巴士＃104也會南下到達Victoria Ave.，但車班相當少，徒步則需要30～40分鐘。

**火車站**
MAP P.327-A2

**Niagara Falls Transit**
FREE (1-833)678-5463
URL www.nrtransit.ca
單程票
大人・銀髮族・青少年（13～17歲）$3、12歲以下免費

COLUMN

# 美國出發到尼加拉瀑布

從美國也可以前往尼加拉瀑布，出發的起點在水牛城尼加拉國際機場Buffalo Niagara International Airport及水牛城Buffalo。

### 水牛城尼加拉國際機場出發

搭乘機場計程車SVC Airport Taxi SVC到達加拿大境內，所需時間45分鐘；而機場與加拿大境內之間，也可以搭乘Buffalo Niagara Shuttle、Gray Line Niagara Falls的接駁巴士，以及FlixBus，3種巴士都需要事先預約。

### 水牛城出發

紐約出發的Amtrak楓葉號會從Buffalo Exchange車站，經過美國與加拿大兩邊的尼加拉瀑布車站後，抵達多倫多，1日行駛1班；另外還有行駛到美國境內尼加拉瀑布車站的普通Amtrak列車，1日行駛2班。至於水牛城巴士總站Buffalo Transportation Center到加拿大境內尼加拉瀑布巴士總站的灰狗巴士（美國）Greyhound(USA)、Megabus、FlixBus各為1日2～3班，所需時間約1小時25分～1小時55分。FlixBus也有從水牛城尼加拉國際機場發車的巴士。

DATA

機場計程車SVC
TEL (716)633-8294
FREE (1-800)551-9369
URL www.buffaloairporttaxi.com
前往加拿大境內飯店
單程US$95
前往美國境內飯店
單程US$85
Buffalo Niagara Shuttle
TEL (716)633-8294
FREE (1-800)551-9369
URL buffaloniagarashuttle.com

隨需接駁服務
單程　1人US$65
Gray Line Niagara Falls
TEL (716)285-2113
URL graylineniagarafalls.com
單程　US$103.5（1～3人）、US$172.5（4～9人）
美國國鐵Amtrak
FREE (1-800)872-7245
URL www.amtrak.com
Amtrak車站
MAP P.327-C2外

灰狗巴士（美國）
FREE (1-800)231-2222
水牛城出發
單程　大人US$12.99～
Megabus（→P.543）
水牛城出發
單程　1人US$15～
FlixBus（→P.453）
水牛城尼加拉國際機場出發
單程　大人US$15.99～
水牛城出發
單程　大人US$15.99～

# 市區交通

　善加利用連結主要觀光景點的Wego，是尼加拉瀑布觀光的重點，不過冬季會減少車班，要改成搭乘計程車或徒步。

## Wego

　以藍、綠、紅、橘4條路線串聯起活動景點、觀光地及主要飯店，其中班次最密集的綠線為間隔15～40分鐘發車，藍線、紅線則為20分鐘～1小時發車；沒有單程票

↑搭乘巴士觀光很便利

而是使用Day Pass，車票可在遊客中心或主要飯店購買。綠線有南行（South）、北行（North），紅線則有東行（East）、西行（West），而綠線有些停靠站僅供特定方向班次停車；橘線為前往尼加拉湖邊小鎮的接駁巴士，需要另外購買車票（→P.346邊欄）。

## 旅遊觀光鐵路 Falls Incline Railway

　以一直線連接Table Rock Centre前的尼加拉公路Niagara Pwy.與Falls View地區Portage Rd.的纜車，是從飯店與賭場林立的Falls View地區前往加拿大瀑布的重要交通工具。

### Wego
- ☎(1-877)642-7275
- URL www.wegoniagarafalls.com
- 營每日6:00～24:00左右（藍線為8:50～23:50左右、綠線為9:00～23:30左右）
- 票24小時Day Pass
  大人\$12、兒童（3～12歲）\$8
  48小時Day Pass
  大人\$16、兒童（3～12歲）\$12
  ※依照季節行駛路線、時間有所變動，可透過旅遊資料或官網確認。

### 旅遊觀光鐵路
- MAP P.329-C1
- ☎(1-877)642-7275
- URL www.niagaraparks.com
- 營夏季 每日9:00～23:00左右
  冬季 每日10:00～19:00左右
  （依照時期或星期而變動）
- 休無休
- 票單程1人\$3.1、來回\$6.19
  Day Pass 1人\$7.08

↑善加利用纜車來觀光

---

## 🍁 在 地 觀 光 之 旅 🍁

除了從尼加拉瀑布出發的暢遊瀑布及周邊景點之旅外，多倫多出發的觀光行程也很受歡迎。

### Niagara Falls Sightseeing Tours

　為搭乘小型巴士周遊市區之旅，經過尼加拉城市觀光船、瀑布後探險之旅、史凱隆塔Skylon Tower、尼加拉3D立體電影Niagara's Fury、白水漫步White Water Walk，最後到達大花鐘，費用包含尼加拉主要飯店的接送、各景點門票、可以欣賞瀑布的午餐費。其他也推出浪漫的傍晚之旅。

**DATA**

**Niagara Falls Sightseeing Tours**
- TEL (905)401-0894
- 免費(1-888)786-7909
- URL www.fallstours.ca
- Niagara Falls Canadian Adventure Tour
- 營4～11月　每日9:30出發（所需時間約5小時）
- 票大人\$199、銀髮族\$189、兒童（4～11歲）\$149、3歲以下\$49

### Niagara & Toronto Tour

　多倫多出發的1日之旅，會搭乘知名的尼加拉城市觀光船（12～3月改成史凱隆塔），有3小時的自由活動時間，是無論去午餐、購物、賭場，時間都很充裕的市區觀光；途中還會前往尼加拉峽谷、尼加拉湖邊小鎮拍照休息，約17:00左右回到多倫多，屬於滿足度很高的行程。

**DATA**

**Niagara & Toronto Tour**
多倫多
- TEL (647)886-2559
- URL www.niagaratorontotours.com
- Toronto to Niagara Falls Day Tour
- 營每日8:15多倫多出發（所需時間約8小時）
- 票大人\$129、9歲以下\$109（包含4～11月尼加拉城市觀光船費、12～3月史凱隆塔的門票）

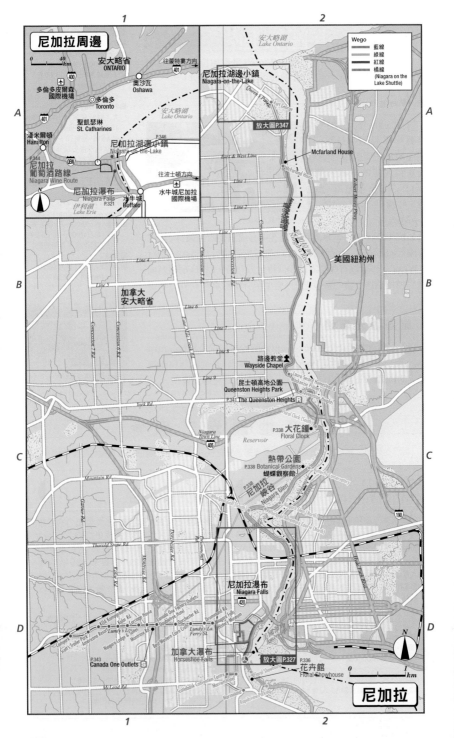

尼加拉周邊

尼加拉

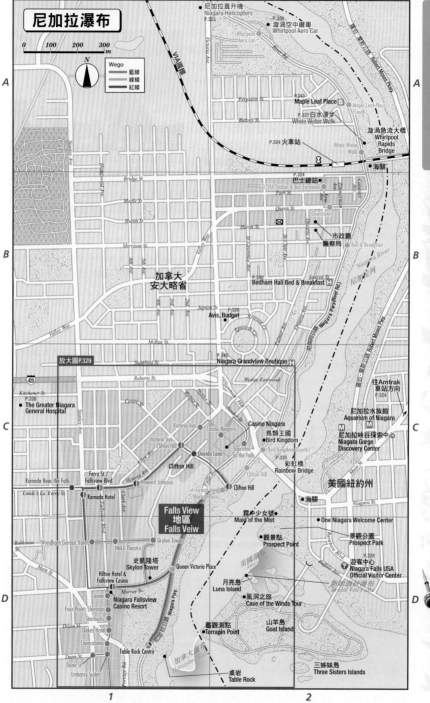

尼加拉瀑布

0 100 200 300 m

Wego
藍線
綠線
紅線

N

VIA國鐵

尼加拉直升機
Niagara Helicopters
P.333

P.338 渦渦空中纜車
Whirlpool Aero Car

Whirlpool
Aero Car

River Rd.

羅伯特摩斯大道 Robert Moses Pkwy.

Ferguson St.

P.343 Maple Leaf Place

Maple Leaf Place
(South)

Buttrey St.

P.337 白水漫步
White Water Walk

P.324 火車站

渦渦急流大橋
Whirlpool
Rapids Bridge

White Water
Walk

海關

Bridge St.

P.324
巴士總站
GO/VIA Station & Bus Terminal

Park St.

Downtown

Maple St.

Queen St.

市政廳
警察局

Huron St.

Huron St.

Morrison St.

Bedham Hall Bed & Breakfast

尼加拉河 Niagara River

加拿大
安大略省

Tepson St. P.328
Avis, Budget

Simcoe St.

Bed & Breakfast

McRae St.

P.340
Niagara Grandview Boutique

Stamford St.

往Amtrak
車站方向
P.324

The Greater Niagara
General Hospital

Roberts St.

Wesley Eastwood

420

Kitchener St.
P.328

Centre St.

尼加拉水族館
Aquarium of Niagara

Casino Niagara

Victoria Ave.

Casino Niagara

鳥類王國
Bird Kingdom

尼加拉峽谷探索中心
Niagara Gorge
Discovery Center

Victoria Ave./
Clifton Hill

Oneida Lane

Sheraton
on the Falls

Bird Kingdom
(South)

Clifton Hill

P.335
彩虹橋
Rainbow Bridge

美國紐約州

Ferry St./
Fallsview Blvd.

Clifton Hill

Clifton Hill

Ramada Near the Falls

Howard Johnson

Grand View/
Market Place

海關

Lundy's La. Ferry St.

Ramada Hotel

Clark Ave.

Niagara St.

Falls View
地區
Falls Veiw

霧中少女號
Maid of the Mist

One Niagara Welcome Center

Robinson
St.

Wyndham Garden Hotel

IMAX Theatre

Skylon Tower

觀景點
Prospect Point

景觀公園
Prospect Park

Main St.

史凱隆塔
Skylon Tower

Queen Victoria Place

美國瀑布

遊客中心
Niagara Falls USA
Official Visitor Center

Hilton Hotel &
Fallsview Casino

Murray St.

月亮島
Luna Island

新娘面紗瀑布
Bridal Veil Falls

Casino

Niagara Fallsview
Casino Resort

風洞之旅
Cave of the Winds Tour

山羊島
Goat Island

Four Points Sheraton
Starbucks

Dixon St.

龜觀測點
Terrapin Point

Oakes Hotel

Copacabana

Dunn St.

Embassy Suites

Table Rock Centre

桌岩
Table Rock

加拿大瀑布
Horseshoe Falls

三姊妹島
Three Sisters Islands

放大圖P.329

尼加拉河 Niagara Pkwy/River Rd.

Robert Moses Pkwy.

Rainbow Blvd.

Buffalo Ave.

尼加拉瀑布

🔵 遊客中心

**加拿大境內**
Ontario Travel Information Centre
🗺 P.329-A1
🏠 5355 Stanley Ave.
☎ (1-800)668-2746
🌐 www.destinationontario.com
🕐 每日9:00～17:00
　（依時期而變動）
🚫 無休
Welcome Centre
☎ (1-877)642-7275
🌐 www.niagaraparks.com
Table Rock Centre內
🗺 P.329-C1
🕐 6 9月
　　每日9:00～17:00
　　7 8月
　　每日9:00～21:00
　　10～5月 每日9:00～16:00
　　（依照時期而變動）
🚫 無休
※除了一般營業的Table Rock
　Centre內，夏季也會在數個
　地點設置簡易的Welcome
　Centre。

**美國境內**
Niagara Falls USA Official Visitor Center
🗺 P.327-D2
☎ (1-877)325-5787
🌐 www.niagarafallsusa.com
🕐 每日8:30～17:00
🚫 無休

**主要景點的營業時間**
　由於景點及體驗設施的營
業時間依照各年度或時期會
有細微的變動，這裡所刊載
的是大概的規劃，出遊前請先上
尼加拉公園的官網（🌐 www.
Niagaraparks.com）查詢。

# 漫遊尼加拉瀑布

　餐廳、飯店等所有觀光設施全都集中在瀑布周邊，從主要街道的維多利亞街Victoria Ave.到河邊尼加拉公路Niagara Parkway連續坡道的Clifton Hill，是娛樂設施、咖啡館等林立的鬧區，入

⬆ 位在Clifton Hill的尼加拉摩天輪

夜之後點亮霓虹燈，還能一睹尼加拉通俗的面貌。而從Clifton Hill下方通往彩虹橋的瀑布街Falls Ave.，則聚集高級飯店、咖啡館及Casino Niagara等知名觀光景點，洋溢華麗的氣氛。由尼加拉公路往瀑布方向前進，走上Murray St.的斜坡頂端，就是位於丘陵的Falls View地區，錯落著可一覽瀑布景致的高級飯店；其中又以Niagara Fallsview Casino Resort最引人矚目，是擁有大型賭場、飯店、商店、餐廳、劇院到SPA，應有盡有的超大度假村。

## 欣賞尼加拉瀑布

　想要感受瀑布的非凡魅力，首先可到擁有逼近加拿大瀑布水潭平台的Table Rock Centre，建築內除了遊客中心，也是瀑布後探險之旅的入口；若想同時目睹2個瀑布，就要登上史凱隆塔Skylon Tower；不過最有貼近巨大瀑布刺激感的，則是最受歡

⬆ 從桌岩眺望加拿大瀑布的景致

迎的尼加拉城市觀光船。在各景點附近都有Wego的停靠站，不妨善加以利用。若是也想從美國境內欣賞瀑布，可以將腳步延伸至景觀公園Prospect Park及山羊島的龜觀測點Terrapin Point、

## 實用資訊
### Useful Information

月亮島Luna Island，雖然全部都可以從彩虹橋徒步抵達，但光是參加加拿大境內的行程或周遊各景點，就需要一整天，如果要再加上美國境內的其他景點，則要多停留一天才行。

## 尼加拉公路周邊

尼加拉公路是可以充分享受尼加拉河Niagara River周邊自然景觀，因而擁有高人氣的兜風路線，不妨暢遊熱帶公園Botanical Gardens、尼加拉峽谷Niagara Glen，享受漫步樂趣。

**Casino Niagara**
MAP P.329-A2
5705 Falls Ave.
(1-888)325-5788
casinoniagara.com

**Niagara Fallsview Casino Resort**
MAP P.329-C1
6380 Fallsview Blvd.
(1-888)325-5788
fallsviewcasino resort.com

所有的賭場都為24小時營業，未滿19歲禁止進入。

安大略省

尼加拉瀑布 Niagara Falls ◆ 漫遊

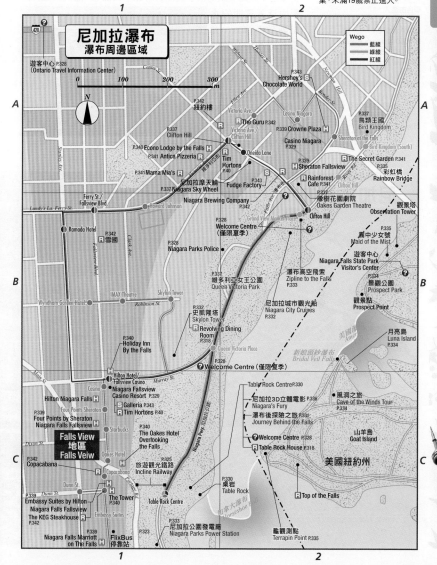

尼加拉瀑布
瀑布周邊區域

遊客中心 P.328
(Ontario Travel Information Center)

0　100　200　300 m

Wego
藍線
綠線
紅線

P.342 紐約樓
P.337 The Guru P.342
Clifton Hill
P.340 Econo Lodge by the Falls
P.341 Antica Pizzeria
P.341 Mama Mia's
尼加拉摩天輪
P.337 Niagara Sky Wheel
Tim Hortons P.40
Oneida Lane
Fudge Factory
Niagara Brewing Company P.342

P.339 Crowne Plaza
Casino Niagara P.329
P.339 Sheraton Fallsview
Rainforest Cafe P.341
橡樹花園劇院 Oakes Garden Theatre

P.337 鳥類王國 Bird Kingdom
Sheraton at the Falls
Bird Kingdom (South)
P.339 The Secret Garden P.341
P.335 彩虹橋 Rainbow Bridge

Ferry St./ Fallsview Blvd.
Howard Johnson
Ramada Hotel P.342
雪國

P.328 Welcome Centre (僅限夏季)
P.328 Niagara Parks Police

IMAX Theatre
Skylon Tower
Wyndham Garden Hotel
Robinson St.

P.332 史凱隆塔 Skylon Tower
Revolving Dining Room P.318

P.340 Holiday Inn By the Falls

Clifton Hill
觀景塔 Observation Tower

霧中少女號 Maid of the Mist
遊客中心 Niagara Falls State Park Visitor's Center

P.334 景觀公園 Prospect Park
觀景點 Prospect Point

P.337 維多利亞女王公園 Queen Victoria Park
瀑布高空飛索 Zipline to the Falls P.333
尼加拉城市觀光船 Niagara City Cruises P.332

新娘頭紗瀑布 Bridal Veil Falls
P.334 月亮島 Luna Island

Queen Victoria Place
Welcome Centre (僅限夏季) P.328

Hilton Hotel/ Fallsview Casino
Niagara Fallsview Casino Resort P.329
Hilton Niagara Falls
Four Points Sheraton
Galleria P.343
Tim Hortons P.40
P.339 Four Points by Sheraton Niagara Falls Fallsview
Starbucks

P.340 The Oakes Hotel Overlooking the Falls
旅遊觀光纜路 Incline Railway P.325
Oakes Hotel

Copacabana P.342
Copacabana
Dunn St.
P.339 Dunn St.
Embassy Suites by Hilton Niagara Falls Fallsview
The KEG Steakhouse P.342
The Tower P.340
Table Rock Centre
Embassy Suites

P.339 Niagara Falls Marriott on the Falls
FlixBus 停靠站
P.323

美國瀑布
Table Rock Centre P.330
尼加拉3D立體電影 P.336 Niagara's Fury
瀑布後探險之旅 P.331 Journey Behind the Falls
Welcome Centre P.328
Table Rock House P.318

風洞之旅 Cave of the Winds Tour P.334
山羊島 Goat Island

美國紐約州

桌岩 Table Rock P.330
Top of the Falls

新娘頭紗瀑布
尼加拉公園發電廠 Niagara Parks Power Station P.333
龜觀測點 Terrapin Point P.335

329

**桌岩**

開 自由進入
Table Rock Centre
MAP P.329-C1
地 6650 Niagara Pwy.
FREE (1-877)642-7275
URL www.niagaraparks.com
開 夏季
　每日9:00～22:00左右
　冬季
　每日9:00～20:00左右
　（依時期而變動）
休 無休

# 主要景點

## 觀賞尼加拉瀑布

### 加拿大境內

🍁 **桌岩**　MAP P.329-C1
Table Rock　★★★

　位在加拿大瀑布旁邊，是眺望尼加拉瀑布最知名的觀景點，就像是平坦而突出的桌子般面對著加拿大瀑布，能近距離目睹藍中泛著透明的水流轟然而洩。一旁還有遊客中心及能邊眺望瀑布邊用餐的「Table Rock House（→P.318）」、尼加拉3D立體電影（→P.336）、紀念品店等，許多店家進駐

↑氣勢磅礡流洩而下的加拿大瀑布

尼加拉瀑布

尼加拉直升機

山羊島

月亮島

新娘頭紗瀑布

風洞之旅

美國

景觀公園

美國瀑布

尼加拉城市觀光船搭乘處

觀景塔

霧中少女號乘船處

瀑布高空飛索搭乘處

彩虹橋

尼加拉摩天輪

Casino Niagara

的複合式設施Table Rock Centre，充滿觀光地區所擁有的熱鬧氣氛。

## 瀑布後探險之旅
Journey Behind the Falls

MAP P.329-C1 ★★★

可以從瀑布下方往上仰望的體驗活動，透過於1889年挖掘、全長46m隧道裡的2處孔洞，讓遊客能一窺加拿大瀑布的後方景致；而從隧道出來的前方就是瀑布水潭旁的觀景平台，因為會受到瀑布水花的洗禮，別忘了先穿上入場時拿到的雨衣，而雨衣則可當作紀念品帶回家。入口設在Table Rock Centre內，必須搭乘專用電梯直下38m深處。

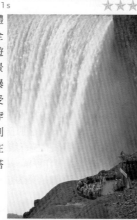

↑平台僅在夏季開放

### 瀑布後探險之旅
FREE (1-877)642-7275
URL www.niagaraparks.com
開 1月上旬～3月下旬
　週一～五10:00～17:00
　週六‧日10:00～18:00
　3月下旬～5月上旬
　週一～五10:00～17:00
　週六‧日10:00～19:00
　5月中旬～6月中旬
　週一～五9:00～19:00
　週六‧日9:00～22:00
　6月中旬～8月下旬
　每日9:00～22:00
　8月下旬～1月上旬
　每日10:00～17:00
　（依時期而變動）
休 1月初
費 大人$24、兒童（3～12歲）
　$16

### 各景點的擁擠程度
尼加拉瀑布的人氣景點在夏季會擠滿人群，排隊人龍最長的是尼加拉城市觀光船（→P.332），白天要排隊30分鐘以上，因此推薦一大早就前往；另外也可以事先在官網預約&購票，可多加利用。

尼加拉公園發電廠

加拿大瀑布

桌岩

‧旅遊觀光鐵路

觀測點

尼加拉城市觀光船／霧中少女號

瀑布後探險之旅

‧Niagara Fallsview Casino Resort

‧史凱隆塔

加拿大

**尼加拉城市觀光船**

住 5920 Niagara Pwy.
免費 (1-855)264-2427
URL www.cityexperiences.
com/niagara-ca/city-
cruises/niagara
Voyage to Falls Boat Tour
開 5/19～6/14
　每日9:30～20:30
　6/15～9/4
　每日8:30～20:30
　9/5～10/9
　每日9:30～18:30
　10/10～11/17
　每日10:00～16:00
　11/18～11/26
　每日11:00～19:00
　5/19～10/9每隔15分鐘
發船，其他時間則為30分鐘
（依照時期、天候而變動）。
2024年的最後營業日為
12/1。
休 11月下旬～5月中旬
費 大人$32.75、兒童（3～12
歲）$22.75

**使用套票享受觀光優惠**

對什麼都想要體驗的遊客來說，推薦購買各種觀光活動、博物館門票組合在一起的套票，分為Adventure Pass Classic、Niagara Falls Pass、Adventure Pass Plus 3種，可至遊客中心、各遊樂設施服務櫃台購買。目前美國境內的套票已無販售。

Niagara Falls Adventure Pass Plus

包含旅遊觀光鐵路2日券、Wego 觀光巴士48小時券、瀑布後探險之旅、白水漫步、漩渦空中纜車、尼加拉公園發電廠等組合套票，網路購買可享有折扣。
費 大人$212.23、兒童（3～12歲）$144.63

**史凱隆塔**

住 5200 Robinson St.
電 (905)356-2651
URL www.skylon.com
開 夏季
　每日8:30～24:00
　冬季
　每日9:00～23:00
休 無休
費 大人$19、兒童（4～12歲）
　$9.5

# 尼加拉城市觀光船
## Niagara City Cruises
MAP P.329-B2 ★★★

⬆ 親身感受瀑布的威力

　從1846年起就一直是尼加拉知名觀光活動的霧中少女號，在加拿大境內已結束營業（美國境內則繼續營業→P.335），2014年5月開始改由美國觀光船公司吹號者Hornblower經營遊船之旅，現在則更名為尼加拉城市觀光船Niagara City Cruise。在服務櫃台買好船票後，搭乘電梯下樓前往乘船處便展開遊船之旅。觀光船經過美國瀑布前方後，會在加拿大瀑布的水潭稍作停留，站在毫無遮蔽的甲板上感受瀑布水花的噴濺，能近距離感受瀑布的威力。雖然上船前會拿到紅色雨

⬆ 帳棚造型的售票口

衣，還是要先把相機裝進塑膠袋裡做好防水措施，也別忘記攜帶毛巾。除了一般的觀光船Voyage to Falls Boat Tour之外，也有Falls Fireworks Cruise可供搭乘，由於旅遊旺季時白天人潮特別擁擠，最好先上網購票。

# 史凱隆塔
## Skylon Tower
MAP P.329-B1 ★★★

　彷彿幽浮般的圓盤造型引人矚目，可俯瞰尼加拉瀑布的觀景塔，高160m也是尼加拉瀑布地區最高的建築物。頂端的圓盤狀部位稱為Dome，內部一共有3個樓層，最上面樓層是觀景台，下面2個樓層則由餐廳的「Revolving Dining Room（→P.318）」及「Summit Suite Buffet」所組成；沿著塔樓外牆而設的電梯是透明玻璃，可以眺望無敵景色，最頂端的觀景台則設有360度旋轉的裝置，不僅可以眺望尼加拉

⬆ 觀景台由室內與戶外所組成

市區、加拿大瀑布與美國瀑布，天氣晴朗時，還有機會一眼望盡多倫多與美國水牛城的街景，絕對不能錯過。

⬆ 從觀景台眺望的瀑布景致

## 瀑布高空飛索
### Zipline to the Falls
★★★

朝加拿大瀑布延伸的670m鋼索,從67m的高度一口氣滑降的超刺激遊樂設施,必須事先在網路或售票亭旁的電腦上簽下同意書;滑行時間約1分鐘,就位於尼加拉城市觀光船的旁邊,要年齡超過7歲、體重125kg以下才能參加。

➡挑戰迎向瀑布前進的空中游泳吧!

## 尼加拉直升機
### Niagara Helicopters
★★★

搭乘有彩虹色彩的尼加拉直升機,體驗將尼加拉瀑布踩在腳下的感覺,從上空向下俯瞰也能一目瞭然,加拿大瀑布又稱為馬蹄瀑布Horseshoe Falls的原因。除了瀑布,還有安大略湖Lake Ontario、尼加拉葡萄酒路線,整片尼加拉地區都能盡收眼底,深切感受到大自然的雄偉與壯闊;直升機飛行時間約12分鐘,途中可以聽語音導覽解說。

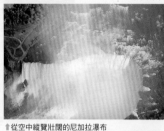
➡從空中縱覽壯闊的尼加拉瀑布

➡七彩外觀的機身

## 尼加拉公園發電廠
### Niagara Parks Power Station

從1905年運作到2006年的發電廠設施,館內仍保留當時使用水力發電的設備及模樣,可以搭乘電梯到地底50m之處,參觀過去將發電利用的水排回河裡時所使用的隧道,穿過全長700m的隧

➡利用瀑布來水力發電的裝置

道,最前端就是瀑布下方的觀景台。晚上還有以3D光雕投影進行的夜間秀。

➡穿過隧道後的觀景台

---

### 瀑布高空飛索
- ☎(1-800)263-7073
- URL wildplay.com/niagara-falls
- 🗓2月下旬～12月中旬
  週一～四8:00～21:00
  週五～日8:00～23:00
  (依時期而變動)
- 休12月中旬～2月下旬
- 料1人$69.99～(7歲以上)

### 尼加拉直升機
- 住3731 Victoria Ave.
- ☎(905)357-5672
- URL www.niagarahelicopters.com
- 🗓每日9:00～日落
  (天候不佳時停駛)
- 料大人$180、兒童(2～11歲)$110
- 交從Wego觀光巴士的Whirlpool Aero Car徒步7分鐘。

### 尼加拉公園發電廠
- 住7005 Niagara Pwy.
- ☎(1-877)642-7275
- URL www.niagaraparks.com
- 🗓4月上旬～6月、9月～10月中旬
  每日10:00～18:00
  7・8月
  每日9:00～20:00
  10月中旬～4月上旬
  每日10:00～17:00
- 休無休
- 料大人$28($38)、兒童(3～12歲)$18.25($25)
  ※( )內為含導覽之旅的費用。
- 夜間秀
- 🗓4月～5月上旬、9月～10月上旬
  每日19:00～
  5月上旬～6月
  每日20:00～
  7・8月
  每日20:45～
  10月上旬～12月下旬
  週五～日18:30～
  12月下旬～3月
  週五～日18:30～
  (依時期而變動)
- 料大人$30($46～)、兒童(3～12歲)$19.5($30～)
  ※( )內為夜間秀的套裝組合價格。

➡位於桌岩旁

## 美國境內的交通

尼加拉瀑布觀光巴士
Niagara Scenic Trolley，會由瀑布下游的尼加拉峽谷探索中心Niagara Gorge Discovery Center（MAP P.327-C2）停靠各主要景點，繞行山羊島一圈。

尼加拉瀑布觀光巴士
TEL (716)278-1794
URL www.niagarafallsstate
park.com
營 5/29～6/14、9/4～10/6
週日～五9:00～19:30
週六9:00～21:30
6/15～30
週日～四9:00～21:30
週五・六9:00～22:30
7/1～4、9/1～3
每日9:00～22:30
7/5～8/31
週日～四9:00～21:00
週五・六9:00～22:00
10/7～11/26
每日9:00～17:00
休 11/27～5/28
費 大人US$3、青少年（6～12歲）US$2
（車票1日內有效）

景觀公園
營 全年24小時
觀景塔
TEL (716)278-1796
營 夏季 每日8:30～23:00
冬季 每日10:00～16:30
（依時期而變動）
休 無休
費 1人US$1.25（包含在霧中少女號的船票內）

風洞之旅
TEL (716)278-1794
URL www.niagarafallsstate
park.com
營 5/29～6/14、9/4～10/6
週日～五9:00～18:15
週六9:00～20:15
6/15～30、7/5～8/31
週日～四9:00～20:15
週五・六9:00～21:15
7/1～4、9/1～3
每日9:00～21:15
10/7～5/28
每日9:00～16:00
休 無休
費 大人US$21（US$14）、青少年US$17（US$10）
※（ ）內為冬季的價格。

月亮島
營 自由進入

## 🍁 景觀公園
### Prospect Park
MAP P.329-B2
★★★

過了彩虹橋右邊的公園，座落在最前端的觀景點Prospect Point則是觀賞美國瀑布的絕佳地點；公園內還有座86m高的觀景塔Observation Tower，因為位在峽谷最前端而擁有無敵的震撼美景。搭乘觀景台電梯下到底部，正是霧中少女號的乘船處。

⬆一旁就是美國瀑布傾瀉而下的觀景點

## 🍁 風洞之旅
### Cave of the Winds Tour
MAP P.329-C2
★★★

⬆一定要攜帶毛巾的行程

最能貼近瀑布，為美國境內人氣No.1的活動，入口設於山羊島的美國瀑布，經過售票櫃台後搭乘電梯下到53m深處，前往瀑布的最下方；可以一邊抬頭仰望瀑布，沿著架設在岩石上的木棧步道，走過僅6m的Hurricane Deck到達新娘頭紗瀑布Bridal Veil Falls。噴濺的水花加上強勁的風速壓力，真實地親身感受瀑布的威力。雖然可以租借雨衣及雨鞋，還是要有全身濕透的心理準備。

## 🍁 月亮島
### Luna Island
MAP P.329-B2
★★★

位於美國瀑布及一旁新娘頭紗瀑布間的小島，能近距離觀賞從兩側落下的2座瀑布。雖然名為島嶼，其實更像是突出於河面上的大岩石，除了觀景台之外什麼設施都沒有。至於在新娘

⬆兩側都能看到瀑布

頭紗瀑布底下遭受水花沖擊的黃色雨衣集團，就是參加上述風洞之旅的成員。

### 🍁 龜觀測點
#### Terrapin Point
★★★
 MAP P.329-C2

分隔加拿大瀑布與美國瀑布的山羊島Goat Island，在靠近加拿大瀑布前端處的觀景點，剛好位於桌岩的正對面，可以從側面欣賞加拿大瀑布的豪邁激流。山羊島是繞行一圈僅需1小時左右的小島，島上豐富的綠意也很適合悠哉漫步。

↑從側面眺望瀑布

### 🍁 霧中少女號
#### Maid of the Mist
★★★
MAP P.329-B2

可近距離欣賞瀑布的觀光船，路線雖然與加拿大境內的尼加拉城市觀光船相同，不過遊客較少，乘船處就在景觀公園內的觀景塔下方，每隔15分鐘發船，所需時間約20分鐘。

**霧中少女號**
TEL (716)284-8897
URL www.maidofthemist.com
開 4/15～5/21、9/5～10/3
　週一～五10:00～17:00
　週六・日9:00～18:00
　5/22～26
　每日9:00～18:00
　5/27～29、6/17～8/8
　每日9:00～20:00
　5/30～6/16
　週日～五10:00～18:00
　週六9:00～20:00
　8/9～8/28
　每日9:00～19:30
　8/29～9/3
　每日9:00～19:15
　9/4、10/4～31
　每日9:00～17:00
　11/1～5
　每日10:00～16:00
休 11/6～4/14
閏 大人US\$28.25、兒童（6～12歲）US\$16.5

---

COLUMN

## 到尼加拉跨越美加國境

尼加拉瀑布位在加拿大及美國邊境上，兩國之間靠著橋梁往來，不過在跨越邊境時會需要出示護照，記得一定要隨身攜帶。至於在瀑布周邊，無論是加幣或美金都可以通用，只是匯率並不划算。

#### 彩虹橋　Rainbow Bridge
MAP P.327-C2/P.329-A2～B2

是串連美加兩國全長約300m的鐵橋，橋的兩端設有加拿大、美國各自的海關，國境正好在橋的中央點，除了立有告示牌，還豎立著聯合國旗幟、加拿大國旗及美國星條旗，站在橋上能夠同時眺望到2座瀑布，在邊境附近還架設著望遠鏡。無論是從加拿大→美國，或是美國→加拿大，彩虹橋的來回過橋費為\$1（加幣或美金都可以，將1枚\$1硬幣投入通行閘門，\$2硬幣可以換成\$1硬幣），而美加兩地的海關都是24小時開放。

#### 加拿大→美國

從加拿大出境時沒有任何查驗手續，但是在進入美國時，只要是90天以內的觀光、商務目的就不需要簽證，不過必須事先申請旅行授權電子系統ESTA（→P.531），即使是當天往返也需要申請，要前往美國的遊客千萬別忘記。

↑橋的中央附近就是國境

過橋之後要向美國海關出示護照，拍攝臉部照片與蒐集指紋後就能入境；若是沒有事先申請ESTA，雖然可以走到美國海關，但無法進入境內。回程從美國出境時沒有查驗手續，入境加拿大時在海關出示護照就OK。要注意的是，就算不打算進入美國境內，只通過彩虹橋也需要護照；若是搭乘計程車或開車入境時，需要繳納加幣\$6.5（US\$5）。

#### 美國→加拿大

從美國出境時沒有查驗手續，過橋之後在加拿大海關出示護照；如果搭乘計程車或開車入境，需要繳納加幣\$6.5（US\$5）。回程從加拿大出境時也不需要檢查，但重新返回美國境內時就需要出示護照。

跨越國境時的相關資訊網站
URL www.niagarafallsbridges.com

## 瀑布周邊

### 🍁 尼加拉3D立體電影
Niagara's Fury
★★☆

↑體驗最新的娛樂設施

位於Table Rock Centre 2樓的體驗設施，把工作人員分配的雨衣套上身就可以進入內部。一開始的8分鐘先播放動畫電影，小河狸被一本魔法書拉進時光隧道，回到宇宙洪荒創始之初，藉此帶領遊客一起經歷尼加拉瀑布形成的模擬體驗。動畫結束之後，便移動前往設有360度無接縫環狀大銀幕的房間，觀賞利用人工衛星，或是僅在醫學上使用的超高解析度鏡頭所拍攝的尼加拉瀑布特殊影片，中途還會出現人工雲霧、降下雷雨、風雪等特殊效果；雖然電影只有6分鐘，卻能了解早從一萬年前的冰河時期開始就創造出尼加拉瀑布的整個歷史。

### 🍁 花卉館
Floral Showhouse
★★☆

座落在桌岩往南500m處的庭園，內部的花木植栽或擺設會隨著四季而變換，Green House內放養著來自世界各地的五彩斑斕珍貴鳥兒，賞花的同時還可以聆聽悅耳的鳥鳴。

**尼加拉3D立體電影**
- 🏠6650 Niagara Pwy.
- ☎(1-877)642-7275
- 🔗www.niagaraparks.com
- 🕐夏季 每日10:30~19:00左右
  冬季 每日11:00~16:00左右
  （依時期而變動）
  每隔30分鐘上映，播放時間會依照時期而變動。
- 🚫1月上旬~4月中旬
- 💲大人$17.5、兒童（3~12歲）$11.5

**花卉館**
- 🏠7145 Niagara Pwy.
- ☎(1-877)642-7275
- 🔗www.niagaraparks.com
- 🕐5月上旬~12月
  每日10:00~17:00
  1月上旬~中旬
  每日12:00~20:00
- 🚫1月中旬~5月上旬
- 💲大人$8、兒童（3~12歲）$5
- 🚌在Wego觀光巴士的Floral Showhouse下車即達。

↑爭相綻放的各色花朵

## 五彩燦爛的尼加拉之夜

**煙火　Fireworks**

施放煙火的日子為5月中旬~10月中旬的每天晚上，以及加拿大、美國兩國的節日，施放時間約10分鐘，不僅天空有燦爛無比的美麗煙火，地面上更以七彩燈光秀妝點瀑布，享受如夢似幻的時間。

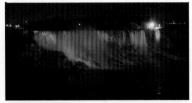
↑隨著時間變換色彩

**燈光秀　Illumination**

開始於1925年的尼加拉瀑布燈光秀，成為每晚許多人所期待的節目。除了以下的日期，在加拿大的節日及世界的慶典活動，也會進行特別的點燈儀式。

**DATA**

🕐1月 每日17:00~翌日1:00
2/1~3/11 每日17:30~翌日1:00
3/12~3/31 每日19:30~翌日2:00
4/1~5/14、8/1~15 每日20:00~翌日2:00
5/15~7/31 每日20:30~翌日2:00
8/16~31 每日21:00~翌日2:00
9/1~19 每日19:00~翌日2:00
9/20~30 每日18:30~翌日2:00
10/1~15 每日18:15~翌日2:00
10/16~31 每日18:00~翌日2:00
11/1~12/31 每日16:30~翌日2:00

**霓虹＆光雕秀**

霓虹閃耀夜晚的Clifton Hill及尼加拉公園發電廠（→P.333）的光雕投影也很值得一看。

## Clifton Hill

Clifton Hill

★★★

是尼加拉瀑布最熱鬧的區域，全長300m左右的街道兩旁，餐廳等飲食相關店家及娛樂設施櫛比鱗次，正中央則有座尼加拉摩天輪Niagara Sky Wheel，還有卡丁車Go Kart。速食店漢堡王的屋頂上有科學怪人，傾倒的帝國大廈上則出現金剛，完全呈現混亂狀態！夜間的霓虹燈光也很適合拍照。

↑就連速食店的外觀都很誇張

## 鳥類王國

Bird Kingdom

★★★

是全世界規模最大的室內鳥類展覽館，模仿叢林的溫室裡，有來自非洲、南美及澳洲等野生鳥類約40種超過200隻自在地飛翔，另外還有從爪哇島搬遷過來的古老民宅展覽。至於餵食鸚鵡或近距離接觸等體驗活動也是每天登場。

## 維多利亞女王公園

Queen Victoria Park

★★★

尼加拉公路旁的遼闊公園區域，春天時會有多達50萬株的水仙、鬱金香盛開，初夏季節能欣賞玫瑰花，秋天則有楓紅可賞，嚴寒冬季還有樹冰美景，一年四季都有迷人的景致。當年瑪麗蓮・夢露主演的《尼加拉Niagara》電影就曾經以這裡作為外景拍攝地。

## 橡樹花園劇院

Oakes Garden Theatre

★★★

位於Clifton Hill與尼加拉公路交叉口的一隅，為獨特的露天舞台，於1936年以古羅馬的古代劇場為模型而建，低矮樹叢、蓮花水池、錯落岩石等營造出極優美的風景，夏季還會舉行音樂會或活動。

## 尼加拉公路

## 白水漫步

White Water Walk

★★★

激流的水花四處噴濺的尼加拉河沿岸設置的漫遊步道，全長305m，能夠見識到被激流侵蝕削鑿的山崖，是可以深刻感受瀑布周圍的自然美景及力量的一處景點。

↑飽覽粗獷的大自然

**Clifton Hill**
- **URL** www.cliftonhill.com
- **交** 在Wego觀光巴士的Oneida Lane/Clifton Hill下車，徒步即達。

**尼加拉摩天輪**
- **MAP** P.329-A2
- **住** 4950 Clifton Hill
- **TEL** (905)358-4793
- **URL** www.cliftonhill.com
- **時** 10:00～24:00
  （依時期而變動）
- **休** 無休
- **費** 大人$15、兒童（12歲以下）$7

**鳥類王國**
- **住** 5651 River Rd.
- **TEL** (905)356-8888
- **FAX** (1-866)994-0090
- **URL** www.birdkingdom.ca
- **時** 夏季　每日9:00～18:30
  冬季　每日9:30～17:00
  （依照時期而變動，最後入園為休園前1小時）
- **休** 無休
- **費** 大人$19.95、兒童（3～15歲）$15.95
- **交** 在Wego觀光巴士的Bird Kingdom(South)下車，徒步3分鐘。

**維多利亞女王公園**
- **時** 自由入園
- **交** Wego觀光巴士的Queen Victoria Place下車，徒步即達。

↑公園內有加拿大國王喬治六世的雕像

**橡樹花園劇院**
- **時** 自由入園
- **交** 在Wego觀光巴士的Oneida Lane或Clinton Hill下車，徒步3分鐘。

**白水漫步**
- **URL** www.niagaraparks.com
- **時** 7・8月
  每日9:00～20:00左右
  9～6月
  週一～五10:00～17:00左右
  週六・日10:00～18:00左右
  （依時期而變動）
- **休** 無休
- **費** 大人$17.5、兒童（3～12歲）$11.5
- **交** 在Wego觀光巴士的White Water Walk下車，徒步即達。

↑健行途中可以眺望激流

↑大花鐘的設計每年都會更換

## 漩渦空中纜車
Whirlpool Aero Car

在尼加拉瀑布下游約4.5km、正好是從瀑布傾洩而下的尼加拉河轉向東北的地點，劇烈的地形變化造成巨大的漩渦，橫渡這個漩渦上方、可搭載35人的纜車，就是漩渦空中纜車Whirlpool Aero Car，從1916年落成以來就是非常受歡迎的設施。距離水面76m高的空中纜車，全長1km，來回約10分鐘，途中纜車可能會因為風吹而搖晃，驚險又刺激，每隔15分鐘1班。

↑空中纜車可承載約35人

## 尼加拉峽谷
Niagara Glen

在尼加拉河的侵蝕下，大約7000年前形成尼加拉峽谷，峽谷旁有條可以下切到河邊、約4km的健行步道，遊客可以一邊悠閒散步，一邊觀察步道旁的鳥類與植物。

## 熱帶公園
Botanical Gardens

★★★

距離加拿大瀑布北邊約9km，位在尼加拉公路旁的一座大型花園，是1936年為成立尼加拉園藝學校而興建，園內所有植物的養護都屬於課程的一部分，全部交由學生負責。每年6月上旬盛開的玫瑰

↑以廣達40萬m²面積而自豪的公園

花園是不能錯過的美景，而透過每週六～一及節日的13:00推出的導覽之旅（1人$8）來暢遊公園也很值得推薦。園內的蝴蝶觀察館Butterfly Conservatory則飛舞著45種、2000隻以上的蝴蝶，規模可說是全世界最大。

## 大花鐘
Floral Clock

★★★

大花鐘是1950年為了安大略水力發電而設，直徑有12.2m，而且加上了秒針，是全世界極為少數的花鐘；一共栽種著約1萬6000株植物，全由尼加拉園藝學校Niagara Parks School of Horticulture的學生進行照顧，每年會更換2次設計，地點就在加拿大瀑布以北約11km處。

# 尼加拉瀑布的住宿
## ── Hotels in Niagara Falls ──

想入住可欣賞瀑布美景的房間，就要挑選瀑布街或Falls View地區的高級飯店，不過有些客房的景觀不佳，預約時要再確認。中級飯店或汽車旅館則座落在遠離瀑布的地方，而房價會外加13%的合併銷售稅HST與觀光稅Niagara Destination Promotion Fee。

## Crowne Plaza Hotel

瀑布周邊

創立於1929年，當年拍攝電影《尼加拉》時，瑪麗蓮·夢露曾下榻在這間老字號飯店。約6成客房享有瀑布景觀，從餐廳「Prime Steakhouse」眺望的景觀也很棒。不僅前往美國的交通便捷，還有通道可以前往尼加拉賭場及Sheraton Fallsview。

MAP P.329-A2
☺141
🏠5685 Falls Ave.
☎(905)374-4447
FAX(1-888)374-3999
URLwww.niagarafallscrowneplaza
hotel.com
價HG 6～9月SD$166～
LOW10～5月SD$99～ Tax另計
CC A D J M V 房234房

最高級飯店

## Sheraton Fallsview Hotel

瀑布周邊

位於熱鬧無比瀑布街上的大型飯店，前往瀑布的交通也很便捷，在擁有瀑布景觀的客房裡可以一覽美國瀑布或加拿大瀑布。多數房間內都備有暖爐、沙發，設備非常完善，而景致絕佳的閣樓餐廳也擁有很高的人氣。推出園區內水上樂園的套裝房價。

MAP P.329-A2
☺382
🏠5875 Falls Ave.
☎(905)374-4445
FAX(1-888)229-9961
URLwww.marriott.com
價SD$143～ Tax另計
CC A D J M V
房669房

## Niagara Falls Marriott on The Falls

瀑布周邊

加拿大瀑布就在腳底下的32層樓高飯店，從擁有大片窗戶的客房望出去，就是震撼力十足的瀑布美景；如果是挑高2層樓的行政套房，窗戶則更大更具有開闊感。飯店內游泳池、健身中心等設施齊備，另外還有可以俯瞰加拿大瀑布的燒烤餐廳＆酒吧「Milestones on The Falls Restaurant」。

MAP P.329-C1
☺257
🏠6755 Fallsview Blvd.
☎(905)374-1077
FAX(1-800)618-9059
URLwww.marriott.com
價SD$131～
Tax另計
CC A M V 房404房

高級飯店

## Embassy Suites by Hilton Niagara Falls Fallsview

瀑布周邊

擁有絕佳位置的高樓飯店，即使在能眺望瀑布景致的Falls View地區也是No.1，可以將加拿大瀑布、美國瀑布盡收眼底！還有夜景及煙火等景觀。搭乘旅遊觀光鐵路，則能立刻到達桌岩；不但設有餐廳，賭場也在徒步範圍內。

MAP P.329-C1
☺320
🏠6700 Fallsview Blvd.
☎(905)356-3600
FAX(1-800)420-6980
URLembassysuitesniagara.com
價SD$145～ Tax另計
CC A D M V
房613房

## Four Points by Sheraton Niagara Falls Fallsview

瀑布周邊

位於Niagara Fallsview Casino Resort隔壁的飯店，最近幾年才剛重新裝潢過的客房，改為時尚而明亮的配色；在18層樓的客房當中，僅從14樓以上才能擁有瀑布景觀。除了有牛排館及3間餐廳，也有室內游泳池、健身房等設備。

MAP P.329-C1
☺46
🏠6455 Fallsview Blvd.
☎(905)357-5200
URLwww.marriott.com
價HG 6～8月SD$126～
LOW9～4月SD$89～ Tax另計
CC A M V
房404房

☺記號為可以欣賞到瀑布的飯店，數字則為客房數量。

## The Tower Hotel

瀑布周邊

聳立在Falls View地區，彷彿火炬般造型99m高的飯店，是直接將過去的觀景塔改裝而成，27～30樓的客房可以飽覽瀑布絕景。客房為現代化設計，且擁有寬敞的浴室，25樓的餐廳「IHOP」為每天7:30開始營業，可以一人獨占早上的瀑布。

**MAP** P.329-C1
♨21
🏠6732 Fallsview Blvd.
**TEL** (905)356-1501
**FAX** (1-866)325-5784
**URL** www.niagaratower.com
💰⑤⑪$119～
　Tax另計
💳A D M V
🏠42房

## The Oakes Hotel Overlooking the Falls

瀑布周邊

座落於Falls View地區的山丘上，客房相當寬敞而舒適，從瀑布景觀客房可以近距離欣賞瀑布美景，也有三溫暖、游泳池設備；住宿方面也提供晚餐、高爾夫、賭場等套裝價格選擇。14樓則為景觀行政酒廊，可以在悠閒的氣氛中欣賞瀑布。

**MAP** P.329-C1
♨98
🏠6546 Fallsview Blvd.
**TEL** (905)356-4514
**FAX** (1-877)843-7035
**URL** www.oakeshotel.com
💰⑤⑪$99～
　Tax另計
💳A M V
🏠239房

## Holiday Inn By the Falls

瀑布周邊

Falls View地區的中等規模飯店，距離賭場、史凱隆塔很近，瀑布也在徒步範圍內。客房內會放置2張加大雙人床，浴室也很寬敞而舒適；至於連鎖飯店內不可或缺的健身中心、游泳池、餐廳、酒吧等館內設施也十分齊全。

**MAP** P.329-B1～C1
🏠5339 Murray St.
**TEL** (905)356-1333
**FAX** (1-800)263-9393
**URL** www.holidayinnniagarafalls.com
💰⑤⑪$94～
　Tax另計
💳A J M V
🏠122房

## Econo Lodge by the Falls

瀑布周邊

緊鄰Clifton Hill的汽車旅館型飯店，最適合想在瀑布周邊玩很晚的遊客；雖然位在中心區房價卻很便宜，房間內部不算新但十分寬敞，基本設備也都齊全。建築分為2棟，還能免費使用停車場，並設有小而美的室內游泳池，全年都可以使用。

**MAP** P.329-A1
🏠5781 Victoria Ave.
**TEL** (905)356-2034
**URL** www.choicehotels.com
💰⑤⑪$95～ Tax另計
💳M V
🏠57房

## Niagara Grandview Boutique Hotel

火車站周邊

2023年夏天重新整修開幕，位在尼加拉公路上Eastwood St.轉角的B&B；佇立在石牆上的建築建於1891年，於1961年開始提供住宿。在露台放鬆的同時還可眺望尼加拉峽谷景致，並供應班尼迪克蛋、歐姆蛋、水果可麗餅等早餐。

**MAP** P.327-C2
🏠5359 River Rd.
**TEL** (289) 296-3301
**URL** niagaragrandview.com
💰⑤⑪$199～
　Tax另計　含早餐
💳A M V
🏠13房

## Bedham Hall Bed & Breakfast

火車站周邊

位在尼加拉公路旁住宅區的B&B，被盛開的當季花朵所圍繞的獨棟房屋，擁有4間內裝風格迥異的客房，浪漫的裝潢極受蜜月夫妻及情侶的歡迎。所有客房都附有衛浴設備，也有免費停車場，供應傳統式英國早餐。

**MAP** P.327-B2
🏠4835 River Rd.
**TEL** (905)374-8515
**FAX** (1-877)374-8515
**URL** www.bedhamhall.com
💰⑤⑪6～10月⑤⑪$200～
　11～5月⑤⑪$150～
　Tax另計　含早餐
💳A D M V
🏠4房

---

🛁浴缸　📺電視　🌬吹風機　Minibar和冰箱　🔒保險箱　🖥網路
部分房間　部分房間　出借　部分房間　櫃台提供

# 尼加拉的餐廳
## —Restaurants in Niagara Falls—

雖然餐廳的數量非常多，但是所供應的料理內容卻大同小異，既然如此，建議挑選景觀絕佳的餐廳用餐。位於加拿大瀑布旁的Table Rock Centre就集合不少餐廳、速食店，至於Clifton Hill則以家庭式餐廳居多。

加拿大料理

## The Secret Garden Restaurant

座落於被花圃環繞庭園中的休閒式餐廳，餐點以輕食為中心，價格可說是比較平實，像是漢堡$18.99～、義大利麵＆肉丸$19.99、炸魚薯條$18.99、大西洋鮭$27.99等。可以近距離觀賞美國瀑布的陽台區也相當舒適。

瀑布周邊
MAP P.329-A2
住 5827 River Rd.
TEL (905)358-4588
URL secretgardenrestaurant.net
營 每日8:30～21:30
（依時期而變動）
休 無休
料 $25～
CA A D M V

## Rainforest Cafe Niagara Falls

以「熱帶雨林」為主題的餐廳，在空中鳴響的雷、擬真的動物們及極具衝擊感的巨大水槽等，可享受宛如遊樂園般的體驗；餐點則有沙拉、漢堡、義大利麵、特製三明治等選擇豐富，而每隔幾十分鐘還會上演打雷等表演。

瀑布周邊
MAP P.329-A2
住 4915 Clifton Hill
TEL (905)374-5210
URL niagarafallsrainforestcafe.com
營 週日～四11:00～22:00
週五・六11:00～23:00
休 無休
料 午餐$25～、晚餐$40～
CA M V

## The Queenston Heights Restaurant

座落於昆士頓高地公園Queenston Heights Park內，從1940年經營至今天的餐廳，位在可俯瞰尼加拉河的高地上。以使用大量在地生產的蔬菜來所製作的健康餐點而自豪，擺盤也很講究，非常適合拍照。目前只供應週日早午餐（週日11:00～14:00）。

瀑布周邊
MAP P.326-C2
住 14184 Niagara Pwy.
TEL (905)262-4276
URL www.niagaraparks.com/visit/
culinary/queenston-heights-
restaurant
營 週日11:00～14:00
休 週一～六
料 $40～
CA A M V

義大利料理

## Antica Pizzeria

以柴燒窯烤披薩很受歡迎的休閒式餐廳，披薩共有20種口味，推薦可一次享受4種口味的Pizza Quattro Stagioni $21.99，還可加價選擇全麥或無麩質披薩，帕尼尼、義大利麵等種類也很豐富，還有提供兒童餐$13.99～。

瀑布周邊
MAP P.329-A1
住 5785 Victoria Ave.
TEL (905)356-3844
URL anticapizzeria.ca
營 週日12:00～21:30
週一～四12:00～21:00
週五12:00～22:00
週六12:00～22:30
休 無休
料 午餐$20～、晚餐$25～
CA A M V

## Mama Mia's

創業於1958年，曾經被在地民眾票選為最佳義大利餐廳的老店，從麵條到醬汁都堅持自家手工製作的義大利麵共有11種口味，售價$16.99～，人氣餐點為手工義大利麵加肉丸子$23.99，每日更換口味的Mama Salad $14.99及提拉米蘇$9.75也很推薦。

瀑布周邊
MAP P.329-A1
住 5845 Victoria Ave.
TEL (905)354-7471
URL www.mamamias.ca
營 每日16:00～21:00
（依時期而變動）
休 無休
料 晚餐$25～
CA A M V

## The KEG Steakhouse

牛排

加拿大具代表性的連鎖牛排屋，位於「Embassy Suites by Hilton Niagara Falls Fallsview（→P.339）」內，從窗邊座位可以欣賞瀑布同時用餐。人氣餐點為Prime肋眼牛排10oz $61，夏季則會打出Lobster Summer的名目，推出用心研發的創新龍蝦料理。

瀑布周邊

MAP P.329-C1
住 6700 Fallsview Blvd.
TEL (905)374-5170
URL thekeg.com
營 週日～四12:00～23:30
　 週五·六12:00～24:00
休 無休
預 $50～
CC A D M V

---

## Copacabana

巴西料理

於2022年秋天重新整修開幕，在Falls View地區相當引人注意的巴西式牛排館，除了知名的巴西窯烤Churrasco之外，還供應豐富的肉類料理。吃到飽的自助餐週日～四1人$75、週五·六為$85；也能享用炭烤牛排，和牛漢堡等單點料理。

瀑布周邊

MAP P.329-C1
住 6671 Fallsview Blvd.
TEL (905)354-8775
URL www.thecopa.ca
營 週一～五17:00～22:00
　 週六16:00～22:00
休 無休
預 $50～
CC A M V

---

## 雪國
### Yukiguni

日本料理

住在當地的日本人也經常造訪的日本料理店，從串燒、毛豆等下酒菜，到壽司、麵類、丼飯、定食到茶泡飯等，菜色非常豐富；最受歡迎的是使用加拿大產鮭魚的照燒定食$24、親子丼$16.5、海鮮散壽司丼$27等，而握壽司2個$6～、壽司卷1條$5～。

瀑布周邊

MAP P.329-B1
住 5980 Fallsview Blvd.
TEL (905)354-4440
URL www.yukigunijapaneserestaurant.ca
營 週五～三12:00～16:00/17:00～20:00
休 週四
預 $25～
CC A D J M V

---

## 紐約樓
### New York Restaurant

中華料理

可以平實價格享受中華料理的餐廳，人氣的廣東炒麵$19.95，是加入大量青江菜、蝦子、叉燒等食材的一道料理；爽口的蝦仁炒蛋$18.95也很推薦，也有提供外帶與外送。

瀑布周邊

MAP P.329-A1 2
住 5027 Centre St.
TEL (905)354-5213
URL newyorkrestauranttogo.com
營 週一～四12:00～21:30
　 週五～日12:00～22:00
休 無休
預 $20～
CC A M V

---

## The Guru

印度料理

位在Clifton Hill，提供傳統印度料理的餐廳，主廚當然是印度人，店內則有許多異國風情的擺設，推薦餐點有奶油雞與印度咖哩雞Chicken Tikka Masala各為$16、蝦子咖哩$18等，以泥窯烤爐Tandoori燒烤的料理也很推薦。

瀑布周邊

MAP P.329-A2
住 5705 Victoria Ave.
TEL (905)354-3444
URL www.welcometoguru.com
營 每日12:00～24:00
休 無休
預 $20～
CC M V

---

## Niagara Brewing Company

當地啤酒

可品嚐4種招牌口味與4種季節限定的自家釀製啤酒，是釀酒廠直營的啤酒屋，最推薦的是口感清爽的尼加拉優質拉格啤酒Niagara Premium Lager $9.5～，而可以少量品嚐4種啤酒的Beer Flight $17～也很受歡迎，還有供應自製肉丸三明治等輕食。

瀑布周邊

MAP P.329-A2
住 4915-A Clifton Hill
TEL (905)374-5247
URL niagarabrewingcompany.com
營 週一～四11:00～23:00
　 週五12:00～翌日1:00
　 週六11:00～翌日1:00
休 無休
預 $10～
CC A D M V

# 尼加拉瀑布的購物
## —Shops in Niagara Falls—

在瀑布周邊的瀑布街Falls Ave.上雖然有購物中心，紀念品店卻相當少見，在尼加拉公路Niagara Parkway沿途則看得到不少水果攤及酒莊，可以買到屬於尼加拉的特產。至於郊區雖然有購物中心及暢貨中心，不過如果沒有車，交通上極為不便。

## Galleria

購物中心

位於Niagara Fallsview Casino Resort內的購物中心，雖然僅入駐15家左右的店鋪，卻有著加拿大的時尚品牌Roots，以及風格洗練的生活雜貨、飾品店、楓糖漿及尼加拉葡萄酒的專賣店等，網羅各種不同範疇的店鋪。

瀑布周邊

**MAP** P.329-C1
🏠 6380 Fallsview Blvd.
☎ (1-888)325-5788
🌐 www.fallsviewcasinoresort.com
🕐 週日〜四10:00〜23:00
週五・六10:00〜24:00
（依店鋪而異）
🚫 無休
💳 依店鋪而異

## Canada One Outlet

暢貨中心

誕生於1988年，也是全加拿大第一座正式的暢貨中心，Adidas、GUESS、Coach、Tomy Hilfiger、The Body Shop、Reebok等，將近30個品牌推出特價店鋪。從Wego觀光巴士的Canada One Factory Outlet徒步即達，交通很方便。

郊區

**MAP** P.326-D1
🏠 7500 Lundy's Lane
☎ (905)356-8989
🌐 www.canadaoneoutlets.com
🕐 週一〜六10:00〜21:00
週日10:00〜18:00
🚫 無休
💳 依店鋪而異

## Maple Leaf Place

紀念品

位在尼加拉公路旁的大型紀念品店，販售著當地藝術家製作的玻璃製品、楓葉商品、印地安原住民的手工藝品、T恤、磁鐵等豐富商品，還能參加導覽之旅有可參觀工作坊，以及可品嚐肉汁起司薯條、在地啤酒等輕食的美食街。

郊區

**MAP** P.327-A2
🏠 4199 River Rd.
☎ (905)357-1133
🌐 www.mapleleafplace.ca
🕐 每日9:00〜20:00
（依時期而變動）
🚫 無休
💳 A M V

## Fudge Factory

軟糖

融合奶油與楓糖後加以凝固而成，超級甜蜜的甜點、軟糖專賣店。販賣50種口味的軟糖，其中最受歡迎的是Canadian Maple Nuts，1塊$7.49，買3塊就送1塊免費Buy 3 Get 1 Free。店內還可以看到製作軟糖的狀況。

瀑布周邊

**MAP** P.329-A2
🏠 4848 Clifton Hill
☎ (905)358-3676
🌐 www.cliftonhill.com/shopping/
fudge-factory
🕐 6〜9月
每日9:00〜翌日1:00
10〜5月
週日〜四10:00〜24:00
週五・六10:00〜翌日1:00
🚫 無休　💳 M V

## Hershey's Chocolate World

巧克力

豎立在建築外的大型板狀巧克力招牌非常吸睛，是巧克力的老字號品牌。在散發甜蜜香味的店內，從茶褐色包裝的板狀巧克力到現做的巧克力軟糖、草莓沾巧克力醬，對於巧克力迷來說商品豐富多樣到令人眼花撩亂，也有販售吉祥物相關商品。

瀑布周邊

**MAP** P.329-A2
🏠 5701 Falls Ave.
☎ (905)374-4446
🌐 hersheyschocolateworldniagara
falls.ca
🕐 每日9:00〜24:00
（依時期而變動）
🚫 無休
💳 A D J M V

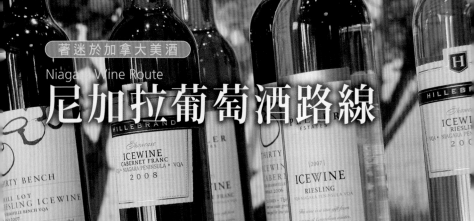

Niagara Wine Route

# 尼加拉葡萄酒路線

尼加拉的葡萄園，據說是當年的德國移民從家鄉帶來的葡萄苗開始栽培的。冷熱溫差變化劇烈，加上適度濕氣的尼加拉地區，擁有適合栽種葡萄的自然條件；在葡萄採收量十分豐富的這個地區，分布大小超過60家酒莊，而酒莊林立的路線就稱為葡萄酒路線，吸引無數觀光客的造訪。

| 尼加拉葡萄酒路線基本DATA MAP P.272-B3/P.326-A1 | 據點城市：尼加拉瀑布、尼加拉湖邊小鎮 歷史景點：★ 自然景點：★★ | 尼加拉葡萄酒路線情報網 URL winecountryontario.ca |
|---|---|---|

## 暢遊葡萄酒路線

↑葡萄酒路線地圖

葡萄酒路線的地圖、各家酒莊的簡介等，事先都可以在尼加拉瀑布（→P.321）或尼加拉湖邊小鎮（→P.346）的遊客中心獲得；如果想要好好品味加拿大的美酒，記得要搭乘計程車或參加巴士之旅。

↑馬路旁都立有酒莊的路標

# 葡萄酒路線與酒莊之旅

↑設計及設備都很新穎的釀酒工廠

由尼加拉瀑布往西至Grimsby之間，分布超過60家酒莊，各家酒莊每年都會主推自家專屬的特色葡萄酒，而且大多數都很歡迎觀光客造訪，並推出導覽之旅來介紹酒莊及美酒的魅力所在，不妨放鬆心情來參加，學習葡萄酒的釀造過程及美味的飲用方式等知識，並享受試飲的體驗；部分酒莊還附設餐廳，能夠品味與料理搭配的好酒。

↑秋季的葡萄酒路線還能順便賞楓

## 主要的酒莊

### Palatine Hills Estate Winery

座落於安大略湖畔的丘陵地，原本只是生產葡萄的果農，1998年才轉型成為酒莊，最推薦使用釀製紅酒的卡本內蘇維儂Cabernet Sauvignon葡萄所製成的冰酒。有導覽之旅。

地911 Lakeshore Rd.
TEL(905)646-9617
URLwww.palatinehillsestatewinery.com
時週日～五
11:00～17:00
週六11:00～
18:00
休無休 ※導覽之旅（費$25）需要洽詢。

### Konzetmann Estate Winery

屬於小而美的酒莊，由來自德國的老闆所經營，出產的冰酒曾經獲得無數獎項。

地1096 Lakeshore Rd.
TEL(905)935-2866
URLwww.konzelmann.ca
時5/15～10/29 每日10:00～18:00
10/30～5/14 週一～五11:00～17:00
週六・日10:00～18:00
休無休
試飲體驗（約45分鐘）
5月上旬～9月下旬每日11:00～17:00
9月下旬～5月上旬
週一～五12:00～15:00週六・日11:00～
16:00 費$20～

### Inniskillin Wines

生產許多得獎作品的酒莊，冰酒試飲$25～。

地1499 Line 3 Niagara Pwy.
TEL(905)468-4637
URLwww.inniskillin.com
時5～8月 週日～四11:00～18:00
週五・六11:00～19:00
9 10月 週日～四11:00～17:00
週五・六11:00～18:00
11～4月 每日11:00～17:00
導覽之旅
週日～五11:30・13:30・15:30出發
週六11:30～16:30每隔30分鐘出發
費$35～

**主要的酒莊之旅公司**

Niagara Wine Tour Guides
TEL(289)868-8686
URLwww.niagarawinetour
guides.com

Daily Sip and Savor Afternoon Tour
造訪3家酒莊，包含試飲服務與下酒起司、巧克力的行程，也會仔細教導試飲的方法。包含飯店的接送服務，去程與回程也可選擇不同地點，所需時間約5小時。
時每日13:00
費1人$149

Niagara Airbus
TEL(905)374-8111
URLwww.niagaraairbus.com

Niagara Wine Country Bus Tour
包含飯店的接送服務及參觀2家酒莊，當然也提供各酒莊的試飲體驗，以及在尼加拉湖邊小鎮的午餐。
時每日10:30～10：50出發
（多倫多出發為8:45）
費尼加拉瀑布出發
大人$134.19
多倫多出發
大人$198.6

**葡萄酒節**

TEL(905)688-0212
URLniagarawinefestival.com
每年舉辦多次不同主題的葡萄酒節，現場有美酒試飲及音樂會等活動，氣氛非常熱烈。

尼加拉冰酒節
Niagara Icewine Festival
時1/10～26('25)

尼加拉葡萄與葡萄酒節
Niagara Grape & Wine Festival
時9月中旬～下旬

# 尼加拉湖邊小鎮

## 安大略省

**MAP** P.272-B3
**人口** 1萬9088
**區碼** 905/906

尼加拉湖邊小鎮情報網
**URL** www.niagaraonthe
lake.com

▶▶▶ **如何前往**

🚌 4/30～10/9期間從
Wego觀光巴士綠線
Floral Clock巴士站有前往
喬治堡的接駁巴士Niagara
on the Lake Shuttle行駛
（也稱為橘線。4/30～6/29
和9/5～10/9則從Butterfly
Conservatory發車）。搭乘
計程車約25分鐘，$40～。

---

**Niagara on the Lake Shuttle**
**URL** www.niagaraparks.com/
getting-around/niagara-
on-the-lake-shuttle
**運** 4/30～6/29、9/5～10/9
每日10:30～18:00
6/30～9/4
每日9:30～19:00
**費** 單程 大人$10、兒童（5～
12歲）$5

**實用資訊**
**警察**
Niagara Regional Police Service
**TEL** (905)688-4111
**醫院**
Niagara-on-the-Lake Hospital
**MAP** P.347-B2
**住** 176 Wellington St.
**TEL** (905)468-9189
**主要計程車公司**
Niagara Falls Taxi
**TEL** (905)357-4000

❓ **遊客中心**

Niagara-on-the-Lake Chamber
of Commerce
**MAP** P.347-A2
**住** 26 Queen St.
**TEL** (905)468-1950
**URL** www.niagaraonthelake.com
**開** 每日9:00～17:00
**休** 無休

🔼餐廳與商店林立的熱鬧皇后街

從尼加拉瀑布沿著尼加拉公路開車往北20分鐘左右，位在尼加拉河口處面對安大略湖的小城鎮，就是尼加拉湖邊小鎮。這裡在19世紀英國殖民時代，為上加拿大（如今的安大略省）的第一個首都而繁榮不已，如今仍保留眾多英國風的建築，是安大略省首屈一指的美麗城鎮而名聲響亮。每年2月下旬～12月下旬期間登場的「蕭伯納戲劇節Shaw Festival」（→P.349），會以英國劇作家蕭伯納George Bernard Shaw的作品為主，上演各式各樣的戲劇。在尼加拉湖邊小鎮周邊也分布不少酒莊，也是知名的酒莊之旅據點城鎮。

## 漫遊尼加拉湖邊小鎮

主要街道是從1922年就守護城鎮的鐘塔Clock Town所在地——皇后街Queen St.，這條美麗街道上盡是維多利亞風格的古老建築，時尚的餐廳、生活雜貨店、劇院等設施林立，只要花上半天時間就能盡情享受的小而美城鎮。若是恰好在蕭伯納戲劇節期間，一定要到劇院欣賞戲劇演出。

從皇后街往裡面1條街道就屬於住宅區的範圍，可能會碰見可愛的野生松鼠或臭鼬，不妨帶著健行氣氛散步，心情會很愉悅。另外也可以到國王街King St.的The Prince of Wales Hotel（→P.319），搭乘從這裡出發的觀光馬車，是另一種體驗這座優雅城鎮的方式。

酒莊之旅（→P.344）的行程可在遊客中心查詢，分為團體、計程車、租借腳踏車等方式，由於大多數的行程都是在早上出發，最好在前一天就預約好。

🔼停在國王街上的觀光馬車

※開館時間、營業時間等日期時間基本上為2023年資訊，因每年資訊會有所變動，請記得上網再次確認。（→P.7）

# 主要景點

## 尼加拉湖邊小鎮博物館
### Niagara On The Lake Museum

MAP P.347-B2 ★★★

介紹尼加拉湖邊小鎮從原住民時代到19世紀美英戰爭之歷史的博物館，其中最為珍貴的是1812年美英戰爭中，不幸戰死於昆士頓高地公園的英裔加拿大人布洛克將軍General Sir Isaac Brock的帽子與帽盒，是有著羽毛裝飾的拿破崙式帽子。

▲布洛克將軍的相關展示

## 尼加拉藥局博物館
### The Niagara Apothecary Museum

MAP P.347-A2 ★★★

重新復原19世紀實際營業藥局的博物館，建築內的高櫃子上擺滿藥罐，還展示著當時的生活雜貨，推薦熱愛古董的遊客來懷舊。

◀也有展出打字機與收銀機等古董

### 尼加拉湖邊小鎮博物館
- 43 Castlereagh St.
- TEL (905)468-3912
- URL www.notlmuseum.ca
- 5～10月 每日10:00～17:00
- 11～4月 每日13:00～17:00
- 休 無休
- 大人$5、銀髮族$3、學生$2、18歲以下免費

### 尼加拉藥局博物館
- 5 Queen St.
- TEL (905)468-3845
- URL www.ocpinfo.com/extra/apothecary
- 5/14～9/4 每日12:00～18:00
- 9/4～10/9 週六・日12:00～18:00
- 休 9/4～10/9的週一～五、10/10～5/13
- 自由捐款

尼加拉湖邊小鎮 Niagara on the Lake

347

## 喬治堡
### Fort George

🗺 P.347-B2　★★★

　1799年英國軍隊為抵禦美國而建造的碉堡，1812年成為美英戰爭戰況最激烈之地而受到破壞，現在經過重新修復而成為綠草如茵的國家歷史遺跡。夏季會不定時推出各式各樣的活動，像是穿著當時紅色軍服的士兵發射毛瑟槍的示範，或是使用當時的廚房製作麵包或蛋糕的課程等，詳細資訊可至官網確認。附近還有可以沿著尼加拉河行走的步道，在對岸就能看到美國的碉堡——尼加拉堡Fort Niagara。

⬆ 重現軍營等建築

⬆ 穿著當時士兵服飾的工作人員

## 尼加拉泵房藝術中心
### The Niagara Pumphouse Arts Centre

🗺 P.347-B2　★★★

　將使用至1983年的泵房建築重新復原的藝廊兼藝術中心，藝廊裡主要展示藝術中心贊助者的作品，展覽作品每月更換，藝術中心則隨時都會舉辦工作坊。

⬆ 矗立在尼加拉河沿岸

# 尼加拉湖邊小鎮的住宿
## Hotels in Niagara-on-the-Lake

## Queen's Landing Inn

　擁有喬治式建築外觀的飯店，館內有大理石的地板、彩繪玻璃的天花板等，非常奢華的裝潢設計。

🗺 P.347-B2
🏠 155 Byron St.
☎ (905)468-2195
📞 (1-888)669-5566
🔗 www.vintage-hotels.com
💰 5～10月ⓢⒹ$270～
　 11～4月ⓢⒹ$219～
　 Tax另計
💳 A D M V　🛏 140房

## Moffat Inn

　將建於1835年宅邸改裝的小型飯店，客房乾淨整潔，像是擁有露台的客房、擁有暖爐的客房，每間客房的設計都各異其趣。所有客房都備有咖啡機。

🗺 P.347-B2
🏠 60 Picton St.
☎ (905)468-4116
📞 (1-888)669-5566
🔗 www.vintage-hotels.com
💰 ⓢⒹ$140～
　 Tax另計
💳 A M V　🛏 24房

🛁 浴缸　　　📺 電視　　　🌀 吹風機　　　📶 Minibar和冰箱　　🔒 保險箱　　　💻 網路
🛁 部分房間　📺 部分房間　🌀 出借　　　　📶 部分房間　　　🔒 櫃台提供

## 餐廳
### ─── Restaurant ───

### Corks

時尚的葡萄酒吧，餐點以漢堡及Tapas為主，海鮮也很有名。

**MAP** P.347-A2
住 19 Queen St.
TEL (289)868-9527
URL www.corksniagara.
com
營 1‧2月 週四～日
※時間要洽詢
3～12月
週日～四11:00～20:00
週五‧六11:00～翌日1:00
休 1‧2月的週一～三
費 午餐$25～、晚餐$40～
CC M V

## 購物
### ─── Shops ───

### Wine Country Vintners

主要是網羅Triws、Peller Estates、Wayne Gretzky No.99等尼加拉酒莊出產的VQA葡萄酒，店內還有試飲吧。

**MAP** P.347-A2
住 27 Queen St.
TEL (905)468-1881
營 週一～四10:00～18:00
週五‧六10:00～19:00
週日11:00～18:00
休 無休
CC A M V

---

COLUMN

## 沉醉於加拿大首屈一指的戲劇鎮

**「蕭伯納戲劇節」的魅力**

尼加拉湖邊小鎮可說是加拿大首屈一指的知名戲劇城鎮，每年2月下旬～12月下旬舉辦的「蕭伯納戲劇節Shaw Festival」，與演出莎士比亞戲劇的「史特拉福莎士比亞藝術節 Stratford Shakespeare Festival（→P.351）」並列為安大略省的2大藝術慶典，總是吸引無數遊客造訪。

活動期間以英國劇作家蕭伯納George Bernard Shaw（1856～1950年）為主題，上演由他所創作的作品，而能欣賞加拿大戲劇界最知名演員的演出，也是這個戲劇節的一大魅力所在。

戲劇節開始於1962年，原本只是在夏季週末將法院的一個房間當作小型劇場，上演戲曲《地獄的唐璜Don Juan in Hell and Candida》，之後因為溫暖的氣候與豐富的大自然，吸引愈來愈多藝文人士移居此地，而成為戲劇節擴大舉辦的背景。

**在輕鬆氣氛下觀賞戲劇**

戲劇節的會場是皇后街上的3座劇院，規模最大的是節日劇院The Festival Theatre，會在這裡揭開戲劇節的序幕；2023年是以將印度古代敘事詩舞台化的名作《摩訶婆羅多》作為開幕劇。而皇家喬治劇院The Royal George Theatre則會從音樂劇、喜劇、浪漫劇等當中挑選出人氣戲碼，在歌劇院風格的華麗小廳內上演。最後是節日劇院附設的Jackie Maxwell Studio Theatre，上演的是嶄新的作品。雖然名為戲劇節，不過觀眾從打著領帶、穿著洋裝的人，到普通休閒服飾的年輕人形形色色都有，氣氛非常輕鬆。

門票可透過電話、網路、尼加拉湖邊小鎮的主要飯店或各劇場售票處等方式預約，有些飯店也會提供包含門票在內的住宿套裝選擇。

↑位在皇后街上的皇家喬治劇院

DATA

蕭伯納戲劇節
TEL (905)468-2172
免費 (1-800)511-7429
URL www.shawfest.com
節日劇院（856席）
**MAP** P.347-B2
售票處 營每日9:00～20:00
皇家喬治劇院（305席）
**MAP** P.347-A1
售票處 營每日10:00～18:00
Jackie Maxwell Studio Theatre（267席）
**MAP** P.347-B2
售票處 營開演1小時前～

門票價格
費 $35～121（依照劇院、座位及星期而不同）

# 史特拉福

## 安大略省

**MAP** P.272-B3
**AC** 3萬3232
**面積** 519

史特拉福情報網
**URL** visitstratford.ca

**▶▶▶ 如何前往**

多倫多出發有接駁巴士Stratford Airporter行駛，1日9班，所需時間約2小時，單程大人$129，發車地點為多倫多皮爾森國際機場。

多倫多出發有VIA國鐵的魁北克市～溫莎線（Corridor），1日1班，多倫多17:40出發，所需時間約2小時15分。

**Stratford Airporter**
**FREE** (1-888)549-8602
**URL** www.stratfordairporter.com

**VIA國鐵**（→P.545）

**火車站**
**MAP** P.350
**住** 101 Shakespeare St.

**Stratford Transit**
**TEL** (519)271-0250
巴士總站
**MAP** P.350外
**住** 290 Downie St.
市區巴士車資
**費** 大人$3、銀髮族$2.75、學生$2.5、5歲以下免費

**? 遊客中心**

Destination Stratford
**MAP** P.350
**住** 47 Downie St.
**FREE** (1-800)561-7926
**URL** visitstratford.ca
**開** 週日9:00～17:00
　（依時期而變動）
**休** 無休

充滿英國風情的建築，以及天鵝自在悠游的亞芬河，以豐富綠意的優美景觀而吸引無數人士造訪的花園城市——史特拉福。城市名稱源自1830年代的飯店「Shakespeare Hotel」，城鎮以此為中心而發展起來，決定以莎士比亞的英國故鄉為名。每年4月中旬～10月舉辦的莎士比亞戲劇「史特拉福莎士比亞藝術節」總能吸引超過60萬人造訪，空前盛況不比英國本地遜色。

▲座落在亞芬河畔的莎士比亞花園

## 市區交通

### ■■ 市區巴士 City Bus

　Stratford Transit以Downie St.的巴士總站為起點，行駛7條路線，平日6:00～21:30左右每隔30分鐘發車（週六是預約制的預約巴士）。時刻表及路線圖可以在遊客中心索取。

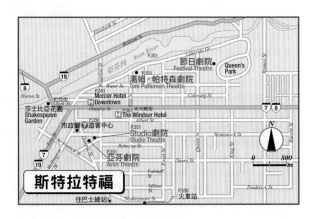

斯特拉特福

## 漫遊史特拉福

在亞芬河Avon River南邊，有4座劇院及聚集的觀光景點，河畔也設有漫遊步道，遍植著樹木與廣闊草坪，春夏之際繁花盛開的莎士比亞花園Shakespeare Garden更是值得一訪，夏天時還可以搭小船遊亞芬河；而從花園一直往東延伸的小徑——約克街York St.，也充滿復古幽情相當迷人。在主要街道的安大略街Ontario St.及市政廳的周邊，則為英式酒館、餐廳、藝廊和咖啡館等店家林立，而顯得十分熱鬧。

↑市政府為英式建築

## 主要景點

### 史特拉福的劇院
Theatres of Stratford　　　MAP P.350　★★★

在4月中旬～10月的史特拉福莎士比亞藝術節期間，1天最多可上演8齣劇碼（要注意的是，在藝術節開始及結束前，上演的戲劇數量不多），作品當然是以莎士比亞為主，另外也有高人氣的古典、現代劇、音樂劇等。市區裡一共有5家劇院，最主要的是擁有圓形觀眾席而能與舞台融為一體的節日劇院Festival Theatre（1826席），其他還有建築物極為雅緻的亞芬劇院Avon Theatre（1090席）、位於隔壁的小型Studio劇院Studio Theatre（260席），以及上演音樂劇或現代劇居多的湯姆·帕特森劇院Tom Patterson Theatre（480席）。上演劇碼等詳細內容可以參考名為《Stratford Festival》的手冊，在各飯店或遊客中心都可以索取。

後台之旅

藝術節期間，還會開放6家劇院的後台給遊客參觀，Festival Theatre Tours是可以參觀放置龐大數量的服飾、小道具倉庫的行程（禁止拍攝）；Set Changeover Experience則是可以參觀節日劇院的日場公演（matinee）結束後，針對晚上公演的場地設定布置作業；至於Ghost Tours則是拜訪夜晚的亞芬劇院。

Festival Treasure Tours
開6/14～10/26
週二～四11:00出發
費1人$20
Set Changeover Experience
開6/13～10/25
週二・四・五・六17:30出發
費1人$20
Ghost Tours
開10/16～30
週一21:00出發
費1人$35
洽詢導覽之旅
FREE(1-800)567-1600
URL www.stratfordfestival.ca

史特拉福的活動

史特拉福莎士比亞藝術節
Stratford Shakespeare Festival
FREE(1-800)567-1600
URL www.stratfordfestival.ca
費依照劇碼、季節、座位種類而異。

## 史特拉福的住宿
Hotels in Stratford

### The Windsor Hotel

以雅致外觀與大紅色玄關而充滿魅力的建築，建於1881年，於2022年整修過的室內採用給人清爽俐落感的裝潢，地下樓層還有專用停車場。
MAP P.350
住23 Albert St.
TEL (519)272-2581
URL www.thewindsorstratford.com
費SD$139～　Tax另計
CCM V
房35房

### Mercer Hotel Downtown

座落於市中心，4座劇院都屬於徒步範圍內，使用歷史建築而沒有電梯，但2022年整修過的寬廣客房，為融合時尚與古典的個性空間。附設提供日本及亞洲料理的餐廳「Mercer Kitchen Beer Hall」。
MAP P.350
住104 Ontario St.
TEL (1-888)816-4011
URL www.bestwestern.com
費SD$159～　Tax另計　含早餐
CCA M V　房14房

 浴缸　 電視　 吹風機　Minibar和冰箱　 保險箱　 網路
部分房間　部分房間　出借　部分房間　櫃台提供

WINDSOR

# 溫莎

## 安大略省

MAP P.272-B3

人口 22萬9660

區碼 519

溫莎情報網
URL www.
visitwindsoressex.com

▶▶▶ 如何前往

✈ 多倫多出發的加拿大航空1日可5班，所需時間約1小時10分。從機場到市區平日可以搭乘市區巴士#8（Walkerville），1人$3.25；計程車則約需要20分鐘，車資為$25左右。

🚌 多倫多出發的FlixBus1日行駛4班，所需時間5小時25分～7小時，單程大人$39.99～。

🚆 多倫多出發有VIA國鐵的魁北克市～溫莎線（Corridor），1日4班，所需時間4小時～4小時30分。從火車站搭乘市區巴士#2（Crosstown 2）到Ouellette Ave.約45分鐘。

✈ 從底特律國際機場前往溫莎，可經由#94 West公路到達，搭乘計程車約30分鐘，車資為$20～50。

加拿大航空（→P.542）

溫莎國際機場（YQG）
MAP P.352外
TEL (519)969-2430
URL flyyqg.ca

FlixBus（→P.543）

VIA國鐵（→P.545）

火車站
MAP P.352外
住 298 Walker Rd.

位處安大略省最西南邊的溫莎，隔著底特律河與美國大城底特律遙遙相望。受惠於溫暖氣候，河畔盡是碧綠青草地的公園，而列入知名觀光點的賭場也吸引無數美國遊客造訪。溫莎同時也擁有當年眾多美國黑人為逃離奴隸制度渡河而來的歷史，也是加拿大的主要汽車工業城市。

↑能夠眺望到河對岸的底特律市區

## 漫遊溫莎

如果只在市中心活動的話，靠徒步就夠了，主要街道是Ouellette Ave.，而底特律河Detroit River沿岸則規劃為公園Dieppe Gardens，是市民們的休憩場所，夏季還可搭乘底特律河的觀光船。而在體驗完散步與觀光的樂趣之後，不妨在夜幕低垂後進賭場試試手氣，這也是認識這座城市的遊樂方

↑河岸邊很適合騎腳踏車或慢跑

※開館時間、營業時間等日期時間基本上為2023年資訊，因每年資訊會有所變動，請記得上網再次確認。（→P.7）

式。要是還有時間，不妨開車沿著＃20公路南下造訪阿默斯特堡Amherstburg等古老城鎮，以及湯姆叔叔的小屋歷史保存區；因為距離遙遠，移動時一定要靠租車自駕。

在底特律河的對岸則是美國的底特律，從溫莎市中心可以經由底特律溫莎隧道Detroit Windsor Tunnel或大使橋Ambassador Bridge前往美國；在橋梁旁與隧道出口都設有入境審查，入境美國時需要有護照與ESTA，反之，從美國入境加拿大時，雖然需要護照，但經由陸路入境則不需要eTA。

# 主要景點

## 溫莎堡
### Caesars Windsor
**★★★**

在廣大的館內有吃角子老虎、牌桌遊戲等各種賭場博奕遊戲（未滿19歲不得入場），還有提供餐點的自助式餐廳；從附設的高樓飯店裡則能一覽璀璨的城市夜景。

**MAP** P.352

↑享受屬於大人的夜晚

---

**❓遊客中心**

Destination Ontario
**MAP** P.352
📍110 Park St. E.
📞(519)973-1338
📠(1-800)668-2746
📅5月中旬～10月上旬
　週四～六9：00～17：00
　（依時期而變動）
🚫週日～三、10月上旬～5月中旬

**溫莎堡**
📍377 Riverside Dr. E.
📠(1-800)991-7777
🌐www.caesars.com
🕐每日24小時
　※未滿19歲不能入場。

**溫莎的住宿**

Best Western Plus Waterfront Hotel
**MAP** P.352
📍277 Riverside Dr. W.
📞(519)973-5555
🌐www.bestwestern.com
💰ⓈⒹ$129～　Tax另計
💳A D M V
🛏305房

---

## COLUMN

# 《湯姆叔叔》的原型──喬賽亞・亨森Josiah Henson

描寫美國南部黑人奴隸生活的故事《湯姆叔叔的小屋》，以虔誠且深思熟慮的湯姆一生為故事主軸，描寫美國南部黑人悲慘生活與日常的作品，據說是因南北戰爭（1861～1865年）而催生。這部小說的原型人物喬賽亞・亨森Josiah Henson所居住的村落，就是位在溫莎東北方的Dresden。

當時的加拿大是留有黑人奴隸的唯一「自由國度」，加拿大領先美國制定了「禁止奴隸制度法案」，流經溫莎與底特律之間的底特律河，則成為劃分黑人生死的河川。1830年，37歲的喬賽亞・亨森也橫渡這條河，從美國逃往加拿大，然後定居於溫莎附近的Dresden；後來則興建幫助逃亡奴隸的設施，連基督教救援團體與支援者也受其幫助，還進而設立奴隸的職業訓練學校「英美協會」。現在這棟建築已經列為加拿大歷史遺跡，並規劃為喬賽亞・亨森非裔加拿大人歷史博物館Josiah Henson Museum of African-Canadian History（2022年由湯姆叔叔的小屋歷史保存區Uncle Tom's Cabin Historic Site更名），對外開放民眾參觀。

歷史遺跡內的博物館，除了展示被戴上腳鐐的奴隸之外，還擺出維多利亞女王賜給亨森的肖像，上頭有女王的簽名；此外，在保存區內還有94歲逝世前都居住此地的亨森長眠之墓。

**DATA**

喬賽亞・亨森非裔加拿大人歷史博物館
**MAP** P.352外　📍29251 Uncle Tom's Rd.
📞(519)683-2978
🌐www.heritagetrust.on.ca/properties/josiah-henson-museum
📅5/20～10/27　週二～六10:00～15:00
🚫週日・一、10/28～5/19
💰大人$7、銀髮族$6、學生$5.5、兒童（6～12歲）$4.5
🚗從溫莎開車約1小時30分。

# KINGSTON

# 京士頓

## 安 大 略 省

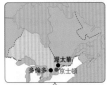

渥太華
多倫多 ● 京士頓

**MAP** P.272-B3
**人口** 13萬2485
**面積** 613

京士頓情報網
**URL** www.visitkingston.ca
**URL** www.cityofkingston.ca

❓ **遊客中心**

Visitor Information Centre
**MAP** P.355-A2
**住** 209 Ontario St.
**TEL** (613)548-4415
**URL** www.visitkingston.ca
**開** 每日 9:00〜20:00
　（依時期而變動）
**休** 無休

**實用資訊**
主要租車公司
Avis **MAP** P.354-A1
**TEL** (613)531-3311
主要計程車公司
Modern Taxi
**TEL** (613)546-2222

位於安大略湖畔、聖勞倫斯河Saint Lawrence River、卡坦拉基河Cataraqui River的起點處，京士頓自古以來就是藉由水運而繁榮的水都，英國殖民時代更是海軍的軍事要衝而熱鬧不已，從1841年到1844年還是加拿大聯邦首都所在的古都。另一方面，也因為保存眾多以白色石

↑ 建為國會之用的京士頓市政府

灰岩所建造的歷史古蹟，而有著石灰岩之城Limestone City的美稱，擁有由聖勞倫斯河所形成大小眾多島嶼的風光明媚避暑勝地——千島湖1000 Islands，是觀光遊輪非常盛行的知名城市。遺留在卡坦拉基河對岸的19世紀英國要塞碉堡——亨利堡Fort Henry，同樣也是京士頓具代表性的觀光景點之一。

※開館時間、營業時間等日期時間基本上為2023年資訊，因每年資訊會有所變動，請記得上網再次確認。（→P.7）

# 漫遊京士頓

市區中心在京士頓市政府的周邊,市政府前的遊客中心所在的聯邦公園Confederation Park距離千島湖的觀光船乘船處很近,而湖邊的安大略街Ontario

↑不妨沿著湖邊悠閒漫步

St.則是飯店、餐廳林立,若從安大略街或國王街King St.往南走就是默尼塔博物館、泵站蒸汽機械博物館等景點分布之地,只是每一處景點之間的距離都不算近,最好搭乘市區巴士或計程車來代步。商店、咖啡館、餐廳眾多的熱鬧地點,則屬公主街Princess St.及隔壁的Brock St.;若想前往對岸的亨利堡,最便捷的交通方式就是搭乘計程車。

↑可在巴士總站或遊客中心索取市區巴士路線圖

▶▶▶ 如何前往

✈ 目前多倫多出發的加拿大航空、蒙特婁出發的Pascan Aviation航班都停飛中,從機場前往市區只能搭乘計程車或共享計程車。

🚌 多倫多出發有Megabus 1日行駛10～25班,單程大人$49.99～;FlixBus 1日6～9班,單程大人$31.99～,所需時間皆為2小時30分～3小時10分。巴士總站前往市區可搭乘市區巴士#2、#18,計程車資則為$10左右。

🚆 多倫多出發的VIA國鐵1日8～14班,所需時間2小時～2小時30分;蒙特婁出發1日7～10班,所需時間2小時40分～4小時10分;渥太華出發1日5～9班,所需時間約2小時。火車站在市中心的西北郊區,進入市區可搭乘市區巴士#18,計程車資則為$17左右。

**京士頓機場(Norman Rogers機場)(YGK)**
MAP P.354-B1外
🏠 1114 Len Birchall Way
☎ (613)389-6404

**MegaBus (→P.543)**

**FlixBus (→P.543)**

**巴士總站**
MAP P.354-A1
🏠 1175 John Counter Blvd.
☎ (613)547-4916

**VIA國鐵 (→P.545)**

**火車站**
MAP P.354-A1
🏠 1800 John Counter Blvd.

**市區交通**

由Kingston Transit經營的市區巴士,共有27條路線,每隔30分鐘～1小時發車,在市中心的Bagot St.與Brock St.交叉口有巴士總站(MAP P.355-A2)。

Kingston Transit
☎ (613)546-0000
URL www.cityofkingston.ca/residents/transit
💰 單程票
大人$3.25、Day Pass $8.25

京士頓市中心

0　250　500 m

N

往沃爾夫島渡輪乘船處

P.355 Kingston Transit市區巴士總站

P.357 Holiday Inn Kingston Waterfront

京士頓千島湖觀光船乘船處 P.358

聖喬治座堂 St. George's Anglican Cathedral

無軌電車乘車處

京士頓市政府 Kingston City Hall

遊客中心 P.354

P.357 Hochelaga Inn

法院 Court House

聯邦公園 Confederation Park

P.356 皇后大學 Queen's University

市民公園 City Park

京士頓港 Kingston Harbour

P.356 Agnes Etherington Art Centre

P.356 泵站蒸汽機械博物館 Pump House Steam Museum

Kingston General Hospital

健康管理博物館 Museum of Health Care

MacDonald 紀念公園

P.357 往貝勒瑜之家方向 Bellevue House

默尼塔博物館 Murney Tower Museum

安大略湖 Lake Ontario

Queen St.
Division St.
Princess St. 公主街
Brock St.
Johnson St.
Bagot St.
Clergy St.
Barrie St.
William St.
King St. E.
Wellington St.
Ontario St.
Union St.
University Ave.
West St.
Montreal St.
Rideau St.
Lassalle Causeway

# 主要景點

### 京士頓市政府
🏠216 Ontario St.
☎546-0000
🌐www.cityofkingston.ca/
city-hall
導覽之旅
🕐5月下旬～10月上旬
週一～六13:00～16:00
🚫週日、10月上旬～5月下旬
💰免費

### 泵站蒸汽機械博物館
🏠23 Ontario St.
☎(613)544-7867
🌐www.kingstonpump
house.ca
🕐春季～秋季
週二～六10:00～17:00
（依時期而變動）
🚫春季～秋季的週日、一、冬
季
💰大人$7.21、銀髮族・青少年
（15～24歲）$5.93、兒童
（3～14歲）$3.6

### 默尼塔博物館
🏠2 King St. W.
☎(613)217-8235
🌐www.murneytower.com
🕐5月中旬～9月上旬
每日10:00～17:00
🚫9月上旬～5月中旬
💰自由捐款

### 皇后大學
🏠99 Uninersity Ave.
☎(613)533-2000
🌐www.queensu.ca
校園之旅
🕐週二～六11:00、13:30
所需時間約2小時
💰免費
艾格尼斯藝術中心
☎(613)533-2190
🌐agnes.queensu.ca
🕐7・8月
週四10:00～21:00
週五～三10:00～16:30
9～12月
週二～五10:00～16:30
週四10:00～21:00
週六・日13:00～17:00
（冬季需要洽詢）
🚫9～12月的週一
💰免費

## 京士頓市政府
### Kingston City Hall
MAP P.355-A2 ★★★

英國文藝復興樣式的莊嚴建築，是京士頓為加拿大聯邦首都時1844年所建，可以參觀1840年代所使用的監獄，以及維多利亞圖書館的內部、海關等使用的紀念大廳等地，夏季還會舉行免費導覽之旅。

⬆擁有一整排美麗彩繪玻璃的紀念大廳

## 泵站蒸汽機械博物館
### Pump House Steam Museum
MAP P.355-B2 ★★★

將1851～1952年曾經使用過的泵站重新復原的博物館，館內展示著19世紀末期使用過的蒸汽引擎、可實際行走的火車模型等，能了解蒸汽動力對京士頓人來說有多麼重要。

⬆以大型煙囪為標誌

## 默尼塔博物館
### Murney Tower Museum
MAP P.355-B1

1846年作為亨利堡的防衛設施而建的要塞，1樓有士兵使用過的廚房、寢室，2樓則展示著由防空高射砲改裝的32磅砲。

⬅直到1885年仍為軍隊所使用的設施

## 皇后大學
### Queen's University
MAP P.355-B1 ★★★

創立於1841年的名門大學，有巡遊校園內的導覽之旅，在校園內還有收藏著林布蘭等歐洲繪畫、加拿大藝術品等共計1萬7000件作品的艾格尼斯藝術中心Agnes Etherington Art Centre（MAP P.355-B1）。

⬆美術館1年會舉辦5次企劃展覽

## 貝勒瑜之家
Bellevue House ★★★

MAP P.354-B1/P.355-B1外

原本是加拿大第一任總理John A. MacDonald的宅邸，如今成為國家指定的文化遺產，他為了生病的妻子伊莎貝拉而買下農家房舍與庭園，彷彿紅茶罐的3座塔樓式義大利風格建築，在附近多為英國風格的房舍裡顯得格外珍貴，也被暱稱為「茶罐城堡」。

## 亨利堡
Fort Henry ★★★

MAP P.354-B2

碉堡的前身是在1812年美英戰爭中，為了對抗美軍攻擊而加強防禦功能所建造的亨利岬，在美英戰爭結束後，因此處是重要的3大水路匯聚之地，有必要加強化軍事防衛能力，而在1832～1837年間建造了現在的亨利堡，也是魁北克市以西最大規模的軍事碉堡。碉堡裡不僅有砲台、讓入侵敵軍陷落的壕溝，內部的博物館還可以參觀監獄、官兵宿舍、射擊室等設施；而且扮演古代衛兵以重現當時生活的工作人員，更將現場的氣氛炒熱。開放期間會有槍枝遊行、來福槍使用示範、衛兵交接儀式等活動，其中最受歡迎的是8月週三19:00登場的黃昏儀式，是重現超過100年前戰爭的戲劇性表演。

↑來福槍的使用示範

### 貝勒瑜之家

- 🏠 35 Centre St.
- ☎ (613)545-8666
- URL parks.canada.ca/lhn-nhs/on/bellevue
- 🕐 5/18～6/30、9/5～10/9
  週四～一10:00～17:00
  7/1～9/4
  每日10:00～17:00
- 🚫 5/18～6/30和9/5～10/9的週二、三、10/10～5/17
- 💰 大人$8.5、銀髮族$7、17歲以下免費
- 🚌 搭乘市區巴士＃10到The Isabel下車，徒步5分鐘。

### 亨利堡
- 🏠 1 Fort Henry Dr.
- ☎ (613)542-7388
- URL www.forthenry.com
- 🕐 5/20～9/3
  每日10:00～17:00
  9/4～10/1
  週三～日10:00～16:30
- 🚫 9/4～10/1的週一、二、10/2～5/19
- 💰 大人$20、學生（13～18歲）、青少年（5～12歲）$13、兒童免費
- 🚌 搭乘市區巴士＃602到Highway 2 & Royal Military College下車，徒步15分鐘。

# 京士頓的住宿
Hotels in Kingston

## Holiday Inn Kingston Waterfront

矗立在安大略湖畔，多數客房的陽台或露台都可以眺望湖景，也有室內外游泳池、三溫暖等設施，並推出連住或含早餐的優惠住宿方案。
- MAP P.355-A2　🏠 2 Princess St.
- ☎ (613)549-8400
- URL www.ihg.com/holidayinn
- 💰 ⑤①$180～　Tax另計
- 💳 A D M V　🛏 197房

## DoubleTree by Hilton Kingston

鄰近火車站的大型飯店，於2023年夏天納入希爾頓旗下系列重新開幕，經過大規模整修剛完工的館內設施呈現全新狀態，附設餐廳、酒吧、室內游泳池、會議室等。
- MAP P.354-A1　🏠 1550 Princess St.
- ☎ (613)548-3605　🆓 (1-800)267-7880
- URL www.hilton.com
- 💰 ⑤①$230～　Tax另計
- 💳 A M V　🛏 245房

## Howard Johnson by Wyndham Kingston

位於市中心沿公主街往西北方約2.2km處，屬於汽車旅館類型的住宿，每間客房都有浴缸、咖啡機、微波爐完善設備。
- MAP P.354-B1
- 🏠 686 Princess.St.
- ☎ (613)777-0133　🆓 (1-800)221-5801
- URL www.hojo.com
- 💰 ⑤①$120～　Tax另計
- 💳 A M V　🛏 68房

## Hochelaga Inn

將建於1879年作為京士頓市長官邸的維多利亞式建築加以活用的精品飯店，欣賞經過細心整理的庭園與露台，沉浸在懷舊的氣氛中。
- MAP P.355-A1　🏠 24 Sydenham St.
- ☎ (613)549-5534
- URL hochelagainn.com
- 💰 ⑤①$235～　Tax另計　含早餐
- 💳 M V　🛏 21房

🛁 浴缸　📺 電視　🌀 吹風機　🧊 Minibar和冰箱　🔒 保險箱　🖥 網路
🛁 部分房間　📺 部分房間　🌀 出借　🧊 部分房間　🔒 櫃台提供

# 千 島 湖 觀 光 船 之 旅

　　在聖勞倫斯河St. Lawrence River上分布著眾多大小島嶼的這塊地域，是由1867年造訪此地的探險家命名為千島湖1000 Islands，而這裡也如同原住民「偉大精靈的庭園」的稱呼，整片風景都籠罩著神祕的氛圍。

## 出發點為京士頓及迦納諾克

　　想充分體會千島湖的魅力，可以參加從京士頓或迦納諾克Gananoque出發的觀光船之旅，不過因為船上較為寒冷，即使是夏季也忘了攜帶外套。

## 京士頓出發

　　由Kingston 1000 Islands Cruise負責營運，最人氣的是所需時間1小時及3小時的旅程。1小時行程會繞行亨利堡及京士頓周邊的歷史古蹟和遇難船、皇家軍事學院Royal Military College等輕鬆路線；3小時行程則會經過豪島Howe Island，再暢遊迦納諾克附近的小島。

## 迦納諾克出發

　　由Gananoque Boatline負責行駛，5小時的行程會在出航後先參觀銜接加拿大與美國的千島大橋1000 Islands Bridge，然後前往美國，之後停靠在心島Heart Island，前往如中世紀歐洲古堡般的博爾特城堡Boldt Castle，並進入城堡內部參觀（所需時間2小時，入場費US$12.5另計）；由於必須入境美國，因此必須事先申請好ESTA（→P.531），也一定要攜帶護照。另外也有不停靠心島的1小時行程。

　　迦納諾克可從京士頓沿著#401公路往東行28km，下Exit 645再往南走，所需時間約20分鐘。

↑日落時分的觀光船景色相當夢幻

### DATA

**Kingston 1000 Islands Cruise**
🅜🅐🅟 P.355-A2
🏠248 Ontario St.
☎(613)549-5544　📠(1-800)848-0011
🌐www.1000islandscruises.ca
1小時行程（Discovery Cruise）
🗓4月中旬～10月下旬
　每日11:30、13:00、15:00、16:30出發（依時期而變動）
💰大人$38.5、兒童（2～15歲）$29、1歲以下$5
3小時行程（Heart of the Islands Cruise）
🗓4月中旬～6月下旬、9月上旬～10月下旬
　每日12:30出發
　6月下旬～9月上旬
　每日10:30、14:00出發（依時期而變動）
💰大人$54、兒童（2～15歲）$43、1歲以下$5

**Gananoque Boatline**
🏠280 Main St.
☎(613)382-2144　📠(1-888)717-4837
🌐www.cityexperiences.com/gananoque
1小時行程（Original Heart of the 1000 Islands Cruise）
🗓4/22～5/12
　每日10:30、12:00、14:00出發
　5/13～9/4
　週一～四10:30、12:00、13:30、15:00、17:00出發
　週五～日10:30、12:00、13:30、16:00、18:30出發
　9/5～10/28
　每日10:30、16:00出發
💰大人$32、銀髮族$28、兒童（6～12歲）$21、5歲以下$15
5小時行程（Boldt Castle Stopover Cruise）
🗓5/14～6/30、9/5～10/9　每日10:00出發
　7/1～9/4　每日10:00、15:00出發
　（依時期而變動）
💰大人$75、銀髮族$66、兒童$59

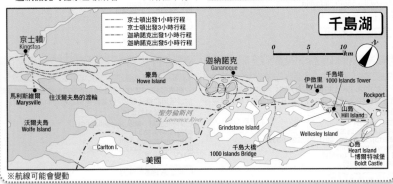

京士頓
Kingston

豪島
Howe Island

馬利斯維爾
Marysville

往沃爾夫島的渡輪

沃爾夫島
Wolfe Island

Carlton I.

美國

迦納諾克
Gananoque

聖勞倫斯河
St. Lawrence River

Grindstone Island

千島大橋
1000 Islands Bridge

伊微里
Ivy Lea

千島塔
1000 Islands Tower

Rockport

山島
Hill Island

Wellesley Island

心島
Heart Island
博爾特城堡
Boldt Castle

**千島湖**

｜---京士頓出發1小時行程
｜-----京士頓出發3小時行程
｜----迦納諾克出發1小時行程
｜----迦納諾克出發5小時行程

0　　5　　10 km

※航線可能會變動

# 渥太華

## 安大略省

加拿大的首都渥太華，座落在分隔加拿大英語圈與法語圈的渥太華河畔，過橋之後的對岸是屬於法語區魁北克省的加蒂諾Gatineau。

↑渥太華的地標國會大廈

既是加拿大的政治中心，也是加拿大人口第6大城市的渥太華，城市歷史卻相對比較新。渥太華之名來自於原住民語的「交易」之意，從17世紀初期就有來自歐洲的皮毛商人以此作為貿易據點；開始有人定居則是在1800年，美國人於今日的加蒂諾創立了木材廠，之後以美英戰爭為契機，於1826年開始進行麗都運河Rideau Canal的建設工程，終於展開渥太華的城市建設。在英國維多利亞女王Queen Victoria的裁決下，1857年渥太華成為英國領土下的加拿大首都，理由是因為遠離當時軍事上的強敵美國，而且是英系與法系兩大勢力的中立地帶。

春天來臨時的渥太華街頭會被滿開的鬱金香所淹沒，冬天又有北美洲最大規模的冬季嘉年華，讓整座城市熱鬧無比；至於為了運輸軍事物資所打造的麗都運河，現在也成為一年四季都能遊賞的觀光名勝。

---

**MAP** P.272-B3
**人口** 101萬7449
（渥太華市）
**區碼** 613

渥太華情報網
**URL** www.ottawa
tourism.ca

渥太華Ottawa ◆ 如何前往

### 渥太華的活動

冬季嘉年華
Winterlude
**免費** (1-844)878-8333
**URL** www.canada.ca/en/cana
dian-heritage/campaig
ns/winterlude.html
**開** 1/31～2/17('25)
北美洲規模最大的冬季慶典，有成為溜冰場的麗都運河（→P.365）及冰雕活動等活動能體驗。

加拿大鬱金香節
Canadian Tulip Festival
（→P.372）

渥太華藍調音樂節
Ottawa Bluefest
**TEL** (613)247-1188
**URL** ottawabluesfest.ca
**開** 7月上旬～中旬
為北美首屈一指的藍調音樂慶典，近年來更廣泛地加入嘻哈Hip Hop、雷鬼樂Reggae、搖滾Rock等音樂類型的音樂人演出，讓盛夏的渥太華超熱鬧。

---

## 如何前往渥太華

### ▶▶▶ 飛機

作為加拿大的首都，渥太華有來自全國各地及海外的頻繁航班，多倫多～渥太華的加拿大航空Air Canada（AC）1日12～16班、西捷航空WestJet（WS）1日1班，所需時間約1小時；蒙特婁出發的加拿大航空1日6～7班，所需時間約45分鐘；溫哥華出發則為1日2～3班，所需時間約4小時30分；卡加利出發的加拿大航空及西捷航空各為1日1～3班，所需時間約3小時50分。

加拿大航空（→P.542）

西捷航空（→P.542）

渥太華麥克唐納・卡蒂埃國際機場（YOW）
**MAP** P.360-B1外
**住** 1000 Airport Pwy.
**TEL** (613)248-2125
**URL** yow.ca

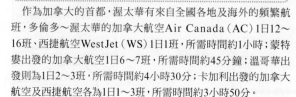

---

**市區巴士(→P.362)**

**#97(Transitway)**

週 週一〜五3:28〜翌日2:58
週六3:10〜翌日2:20
週日5:22〜翌日2:51
每隔15〜40分鐘發車，所需時間約30分鐘。

費 單程 大人・青少年(13〜19歲)\$3.75、銀髮族
\$2.85、12歲以下免費

車票可以在1樓的售票機購買，也能在上車時付現金，不過車上無法找零。

↑位在入境大廳的Ground Transportation Desk

# 機場前往市區

　　渥太華的機場——渥太華麥克唐納・卡蒂埃國際機場Ottawa Macdonald-Cartier International Airport位在市中心以南約15km處，前往市區可搭乘市區巴士或是計程車。

## ■ 市區巴士 City Bus

　　從入境樓層的13〜16號站牌搭乘市區巴士#97，行駛專用道至市中心轉乘#5、#6、#10，所需時間約40分鐘；或是在Hurdman下車，到O-Train的Hurdman站搭乘輕軌進入市中心。

## ■ 計程車 Taxi

　　計程車採跳表制，從渥太華麥克唐納・卡蒂埃國際機場到市中心的車資約\$40左右，所需時間約20〜30分鐘。

---

**渥太華**

輕軌路線
○—○ 聯邦線 Confederation Line
○--○ 地下區間

0  250  500 m

P.369 加蒂諾 Gatineau

往Casino du Lac-Leamy方向 P.369

魁北克省

安大略省

渥太華河 Rivière des Outaouais

首相官邸

麗都瀑布 Rideau Falls

綠島 Green Island

P.368 麗都廳(總督府) Rideau Hall

麗都廳入口

P.369 加拿大文明博物館 Canadian Museum of History

傑克卡地爾公園 Parc Jacques-Cartier

遊客中心 P.369

Rowing Club P.362

Porter's Island

P.368 加拿大戰爭博物館 Canadian War Museum

維多利亞島 Victoria Island

國家圖書館

放大圖P.361

加拿大航空航天博物館 Canada Aviation & Space Museum P.368

國會大廈 Parliament Building

Rideau

渥太華大學 University of Ottawa

P.370 Days Inn by Wyndham Ottawa

往輕軌Bayview、Tunney's Pastures站方向

Wellington St.
Sparks St.
Lyon
Parliament
P.362 Avis
Laurier Ave.

勞瑞爾之家 Laurier House National Historic Site. P.368

P.371 Auberge King Edward B&B

小義大利 Little Italy

中國城 Chinatown

Cooper St.
MacLaren St.
Gilmour St.

Colonnade Pizza P.371

The Business Inn & Suites P.370

往加拿大輪胎中心方向 Canadian Tire Centre P.370

Hyatt Place Ottawa-West P.370

Frank St.
Downtown B&B P.370
McLeod St.
Argyle Ave.

加拿大自然博物館 Canadian Museum of Nature P.365

Ottawa Police Service P.362

Catherine St.
Queensway
417

往輕軌St-Laurent、Blair站 加拿大科學技術博物館方向 Canada Science & Technology Museum

Glebe Ave.

First Ave.

P.365 麗都運河 Rideau Canal

417

Hardman Park

道斯湖展覽館 Dows Lake Pavilion

4th St.

Dows Lake

往渥太華麥克唐納・卡蒂埃國際機場方向 P.359 Ottawa Macdonald-Cartier International Airport

Hurdman

P.362 火車站

往The Ottawa Hospital方向 P.362

## ▶▶▶ 長途巴士

　　Megabus從多倫多出發1日行駛5～8班，所需時間5小時～5小時45分；京士頓出發1日3～6班，所需時間約2小時。魁北克省的蒙特婁出發則有Orléans Express，每日7:00～20:00之間2～3小時行駛1班，所需時間2小時10分～2小時35分。

## 巴士總站前往市區

　　隨著灰狗巴士Greyhound退出加拿大（→P.543），所有長途巴士停靠的巴士總站Ottawa Bus Central Station也關閉，現在依巴士公司而有不同的發車地點。Megabus在輕軌聯邦線的St-Laurent站，Orléans Express則在同線前一站Tremblay旁邊的VIA國鐵火車站上下車；從這2站搭乘1班輕軌就能到達市中心，所需時間約20分鐘。

**MegaBus（→P.543）**
多倫多出發
🚌單程 1人$49.99～
京士頓出發
🚌單程 1人$39.99～

**Orléans Express（→P.543）**
蒙特婁出發
🚌單程 大人$56.54～

**主要計程車公司**
Blue Line Taxi
☎(613)238-1111
Capital Taxi
☎(613)744-3333
　起跳價$3.8，之後每行駛1km就會增加$1.9。

安大略省

渥太華 Ottawa ◆ 如何前往

渥太華
市中心

VIA國鐵（→P.545）

**火車站**
MAP P.360-B2
住200 Tremblay Rd.

**OC Transpo**
服務中心
MAP P.361-B2
TEL(613)560-5000
URL www.octranspo.com
營週一～五7:00～21:00
　週六8:00～21:00
　週日9:00～17:00
休無休
市區巴士與輕軌的車資
營單程票
大人 青少年（13～19歲）
$3.75、銀髮族$2.85、12歲
以下$1.9
Day Pass 1人$11.25
搭乘市區巴士時，上車時將
現金投入司機座位旁的車資箱
（不找零）；搭乘輕軌時，則
在車站設置的售票機（可刷
卡）買票。

↑車廂有紅色線條的市區巴士

**渥太華～加蒂諾間交通**
從渥太華市中心前往加蒂
諾的OC Transpo巴士，有行
經加拿大歷史博物館
（→P.369）的#15等，其他還
有在麗都街Rideau St.的百貨
公司Hadson's Bay與
Rideau Centre之間的巴士總
站搭乘的STO（→P.369邊
欄）巴士。2家巴士都可以使用
Day Pass。

**共享計程車**
在渥太華可使用Uber、Lyft
（→P.288）。

▶▶▶ **鐵路**

VIA國鐵的魁北克市～溫莎線（Corridor）連結安大略省與
魁北克省的各城市之間，蒙特婁出發1日3～6班，所需時間約2小
時；多倫多出發1日7～8班，所需時間4小時20分～4小時50分；
京士頓出發1日7～8班，所需時間約2小時。

### 火車站前往市區

火車站在市中心東南方的#47公路（Queensway），過了麗都
河Rideau River之處，從旁邊的Tremblay站搭乘輕軌到市中
心約20分鐘。

## 市區交通

OC Transpo經營著市區巴士與LRT（輕軌）式的O-Train，
90分鐘內（週一～六18:00以後及週日為105分鐘內）可不限次數
換車。車票為搭乘1次大人$3.75。

### ■ 市區巴士 City Bus

方便觀光的市區巴士主要分成3個系統，Rapid是以專用軌道
連結中心區域與郊區的快速巴士，Frequent為行駛在主要道路
和輕軌O-Train連接的幹線巴士，發車間隔時間不到15分鐘；至
於Local則是補足上述路線以外地區的巴士，與聯邦連接的
路線車號為100以下。巴士從前門上車，要下車時可拉窗邊的線
或按紅色按鈕通知司機。

### ■ 輕軌O-Train O-Train

從東部Blair站行經國會大廈前站Parliament、Bayview站，
直達西部Tunney's Pasture站的LRT聯邦線Confederation
Line（Line1）為主要路線，中途的Tremblay站可連結VIA國鐵
火車站。在市中心為行駛於地下。

## 實用資訊
Useful Information

**駐加拿大台北經濟文化代表處**
Taipei Economic and Cultural Office, Canada
MAP P.361-B1
住45 O'Connor St., Suite 1960, Ottawa
TEL(613)231-5080 FAX(613)231-8491
URL www.taiwanembassy.org/ca/
開週一～五9:00～16:00 休週六・日・節日

**警察**
Ottawa Police Service MAP P.360-B1
住474 Elgin St. TEL(613)236-1222

**醫院**
The Ottawa Hospital MAP P.360-B2外
住501 Smyth Rd. TEL(613)722-7000

**主要租車公司**
Avis
渥太華麥克唐納・卡蒂埃國際機場內TEL(613)739-3334
市中心 MAP P.360-B1 TEL(613)232-2847
Hertz
渥太華麥克唐納・卡蒂埃國際機場內TEL(613)521-3332
市中心 MAP P.361-A2 TEL(613)241-7681

# 漫遊渥太華

市中心在靠近渥太華河Ottawa River的區域,從渥太華河到往東南方流的麗都運河將市區分隔,麗都運河以西是市中心,以東則為商業區的下城。市中心以國會大廈位處的國會山Parliament Hill為中心,聚集著銀行、飯店等設施,國會大廈以南則是購物街的Sparks Street Mall,在東端的聯邦廣場Confederation Square周邊是市區觀光之旅的出發地點,廣場附近還有舉辦音樂會、歌劇公演的國家藝術中心(NAC)National Arts Centre。

從國會大廈走到遊客中心所在的威靈頓街Wellington St.,過了麗都運河後出現在左邊的是知名飯店「The Fairmont Château Laurier」(→P.370),街道名稱從這裡變成麗都街Rideau St.,再往前是購物中心CF Rideau Centre;以北的拜沃市場ByWard Market周邊為餐廳、商店的集中區。如果繼續往北走,還有加拿大國家美術館National Gallery of Canada與加拿大皇家鑄幣廠Royal Canadian Mint。

正因為是加拿大的首都,渥太華的市區很寬廣,不妨善加利用輕軌、市區巴士及計程車來代步。

↑紀念品店與餐廳林立的Sparks Street Mall

❷遊客中心
Capital Information Kiosk
**MAP** P.361-B1
🏠90 Wellington St.
☎(613)236-0044
🌐www.ottawatourism.ca
⏰每日9:00〜17:00
休無休

↑遊客中心前設有義肢馬拉松跑者Terry Fox的雕像

↑矗立在聯邦廣場的戰爭紀念碑

---

## 🍁 在地出發的觀光之旅 🍁

可以搭乘雙層巴士或觀光船來進行市區觀光,出發地點在Sparks Street Mall入口處的各觀光之旅服務櫃台附近(**MAP** P.361-B1),報名則可透過電話或網站。

### Gray Line Tour

以雙層巴士遊覽主要景點的導覽之旅One Day Pass: Hop-On and Hop-Off最受歡迎,可以聽著語音導覽,繞行於觀光景點及飯店等地。只要購票就能1整天自由搭乘,設有12處停靠站,可以隨意上下車。

**DATA**
**Gray Line Tour**
☎(613)223-6211/(613)562-9090
🌐grayline-ottawa.com
**One Day Pass: Hop-On and Hop-Off**
⏰5〜10月 每日10:00〜16:00(依時期而變動)
每隔30分鐘〜1小時出發。
💰大人$39.79、銀髮族・學生$36.79、兒童(3〜12歲)$26.79

### Lady Dive Splash Tour

以巴士與船隻二合一的水陸兩棲奇特交通工具來周遊市區的Amphibus Tour,先是搭乘巴士進行渥太華與加蒂諾兩地的市區觀光,之後就直接駛入渥太華河來遊覽,所需時間約1小時。車內導覽只有英文及法文。

**DATA**
**Lady Dive Splash Tour**
☎(613)223-6211/(613)524-2221
🌐ladydive.com
**Amphibus Tour**
⏰5月〜9月上旬 每日10:00〜19:10
9月上旬〜10月 每日10:00〜17:00
每隔25分鐘〜1小時30分出發。
💰大人$39.79、銀髮族・學生(13〜17歲)$36.79、兒童(3〜12歲)$26.79、2歲以下$15.5

**國會大廈**

🏠111 Wellington St.
📞(613)992-4793
📠(1-866)599-4999
🌐visit.parl.ca

**參議院導覽之旅**
🕐每日8:40～16:45（英語）
　※議會會期中可能會取消導
　覽行程
休無休
💰免費
　當日券依排隊順序發行，建
議事先預約，並在導覽之旅開
始前25分鐘到達，以便接受安
全檢查。可以攜帶1件手提行
李（35.5x30.5x19cm）入內。

**衛兵交接儀式**
🕐6/28～8/25
　每日10:00～10:30
　（天候不佳時會停止）

↑1966年為紀念加拿大聯邦成
立100年而點燃的建國百年紀
念火焰，仍持續燃燒中

## 🍁 國會大廈
### Parliament Building
MAP P.361-A1～B1 ★★★

↑天花板上也可看到華美的裝飾

　屬於新哥德式建築的巍峨國會大廈，座落在渥太華河畔綠意盎然的國會山，是1857年在英國維多利亞女王的命令下，作為加拿大第一個議會大樓於1859～1866年建造。在中央區、東區及西區的3大區塊裡，中央區因為1916年遭逢火災燒毀，於1922年重建，聳立在中央區中心的和平塔Peace Tower對外開放參觀，塔上的鐘琴共有53個，最小的重量為4.5kg，最大的則為1萬90kg，在搭乘電梯上下樓時有機會親眼目睹，千萬別錯過了。鐘琴會在7～8月的週一～五11:00起演奏1小時，9～6月間則是在週一～五的中午演奏15分鐘。

　中央區及和平塔因為進行大規模的修改工程，從2018年開始關閉，工期預計約10年，這段時間也停止舉辦導覽之旅。不過，東區、參議院Senate of Canada Building、西區的眾議院House of Commons還是有舉辦各自的導覽之旅，不妨繞到這裡來看看。由於參觀前需要安全檢查，最好先整理一下個人的攜帶物品。

　結束內部的參觀行程之後，不妨繼續到可以眺望渥太華河景觀的國會山來散步，不僅有以女性首次進入國會為靈感的《Women's are Persons!》雕刻品，還擺放著歷經1916年火災的殘存鐘琴。至於在國會大廈正前方廣場舉行的衛兵交接儀式Changing of the Guards，以及僅限夏季（7月中旬～9月中旬）夜晚登場以加拿大歷史為主題的聲光影音秀Sound and Light Show，都是不容錯過的熱鬧活動。

←美得讓人屏息的國會圖書館

## 加拿大自然博物館
### Canadian Museum of Nature
MAP P.360-B1
★★★

收藏並對外展示超過1400萬件動植物的博物館，在4層樓建築內，依不同主題規劃出8個展場，包括常態展及展示著距今7億5000萬年前恐龍骨骼的化石區。

↑身長為19m的藍鯨骨頭標本

## 麗都運河
### Rideau Canal
MAP P.360-A1～B1‧2/P.361-A1～B2
★★★

麗都運河是流經市區中心全長202km的運河，一共有24座稱為Ottawa Locks的水門，是負責以開闔水門來調節河川的水位高低，讓船隻進入的系統。原本是美英戰爭之後，擔心美軍再度入侵，為了軍事防衛而建造，而擔任此重要運河建造任務的人，是在半島戰爭中立下戰功，具有工程師經驗並深獲好評的海軍中校Lt. Col. John By；中校對河川進行縝密測量，動員2000名工人、耗費6年

↑開啟水門，調節水位之後讓船進入的麗都運河

時間終於完成了運河。為了讚揚他的功績，特別將這座城鎮命名為拜城Bytown，當年的工作場地變成了拜城博物館Bytown Museum，展示著關於運河及渥太華的歷史，在博物館前方還看得到第一座建造完成的水門。完工後的麗都運河銜接上安大略湖畔的京士頓，負責運輸軍事物資的重要任務，並於2007年成為聯合國世界文化遺產。

**加拿大自然博物館**
- 240 McLeod St.
- ☎ (613)566-4700
- FAX (1-800)263-4433
- URL www.nature.ca
- 圖5/29～9/4
  週四9:30～20:00
  週五～三9:30～17:00
  9/5～5/28
  週三‧五～一9:30～16:00
  週四9:30～20:00
- 休9/5～5/28的週二
- 圖大人$17.5、銀髮族‧學生$15.5、兒童（3～12歲）$13.5（週四17:00～免費）
- 交搭乘市區巴士＃5到Elgin St.和McLeod St.的交叉口下車，徒步1分鐘。

**麗都運河**
拜城博物館
- MAP P.361-A1
- ☎ (613)234-4570
- URL bytownmuseum.com
- 圖週三～日10:00～16:00（依時期而變動）
- 休週一‧二
- 圖大人$8、銀髮族‧學生$5、兒童（3～11歲）$2

---

COLUMN

## 渥太華的娛樂

作為加拿大首都的渥太華，一整年都有各式各樣的娛樂活動登場，其中最有名的是以國家藝術中心（NAC）National Arts Centre為據點的國家藝術中心交響樂團National Arts Centre Orchestra，除此之外，國家藝術中心也會頻繁舉行歌劇、音樂劇、搖滾及流行音樂會、舞曲等演出。

此外，渥太華也是NHL（冰上曲棍球）渥太華參議員隊Ottawa Senators的大本營，NHL的賽季中10～4月為正規賽，至6月下旬為季後賽，賽季中可在主球場加拿大輪胎中心Canadian Tire Centre觀賽。

門票除了可在各會場的官網預約、購買之外，也可在國家藝術中心的售票處直接購票。

DATA

**國家藝術中心（NAC）**
- MAP P.361-B2
- 1 Elgin St.
- ☎ (613)947-7000
- URL nac-cna.ca
- 售票處
- 圖週二～五12:00～17:00、週六14:30～17:00
- 休週日‧一
  由音樂廳與劇院組成的渥太華最大劇院，館內設有餐廳「1 Elgin（→P.371）」。

**加拿大輪胎中心**
- MAP P.360-B1外
- 1000 Palladium Dr.　☎ (613)599-0100
- URL www.canadiantirecentre.com

# 連結渥太華與京士頓的麗都傳統之路

麗都傳統之路Rideau Heritage Route是連結渥太華與京士頓間、全長約202km，沿著麗都運河河畔而行的人氣兜風路線，沿途可以欣賞湖泊、擁有水門的歷史古都，還能享受悠閒的農村風景。

## 漫遊方式

從京士頓出發前往渥太華的路線，首先沿著#401公路往東行約34km，向迦納諾克Gananoque而去。迦納諾克是作為千島湖觀光之旅起點的度假地，可體驗觀光船之旅與釣魚樂趣（必須購買釣魚證）；濱海的街道Water St.林立著餐廳和以觀光客為主的商店，還有可認識千島湖歷史的博物館1000 Islands History Museum，不妨一遊。迦納諾克之後，經#32、#15公路北上約75km來到位於麗都運河中間點的城市——史密斯瀑布鎮Smiths Falls，是規模較大的城鎮，主要街道為Beckwith St.，介紹麗都運河歷史的麗都運河遊客中心Rideau Canal Visitor Centre也位在這條街道上；這座城鎮有Combined Lock、Detached Lock與Old Slys 3座水門，在Combined Lock與Detached Lock之間有維多利亞公園Victoria Park，運河畔則是人氣散步景點。從史密斯瀑布鎮經#43公路行駛約18km，就到達有「麗都運河的明珠」之稱的古都——梅里克維爾Merrickville，街道上盡是維多利亞時代的古老建築，主要街道聖勞倫斯街St-Laurence St.與Mill St.的交叉口則有座水門，水門周邊規劃為梅里克維爾公園Merrickville Park，園內還有博物館Blockhouse Museum，可以參觀過去為防衛麗都運河而建造的碉堡。然後從梅里克維爾走#43公路，經#416北上，再接#417往東行，就能抵達渥太華。

就算是在中途的城鎮遊逛，1天就很足夠。雖然京士頓～渥太華間有Megabus的巴士行駛，但是不會停靠在上述3座城鎮，因此還是推薦租車自駕。

**DATA**

**麗都傳統之路**
**MAP** P.272-B3

迦納諾克
URL www.gananoque.ca
1000 Islands History Museum
住125 Water St.
TEL (613)382-2535
URL www.1000islandshistorymuseum.com
開5～9月 每日10:00～16:00
　10～4月 週二～六10:00～16:00
　（依時期而變動）
休10～4月的週日・一
費自由捐款

史密斯瀑布鎮
URL www.smithsfalls.ca
麗都運河遊客中心
住34 Beckwith St.
TEL (613)283-5170
開週一～五8:30～16:00
　（依時期而變動）
休週六・日
費自由捐款

梅里克維爾
URL merrickvillechamber.ca/merrickville
Blockhouse Museum
TEL (613)269-4034
開6/27～8/18 每日10:00～18:00
　8/19～9/8 週四～日10:00～18:00
休8/19～9/8的週一～三、9/9～6/26
費自由捐款

## 麗都運河以東（下城）

### 拜沃市場
#### ByWard Market
★★★

從渥太華還被稱為拜城的1840年代開始，拜沃市場就是備受市民喜愛的市場，在紅磚建造的市場內，有肉、魚、起司、麵包等專賣店，以及提供外帶服務的中華料理及摩洛哥食物、披薩、炸魚薯條的店家，還有手工藝品

能盡情享受在地的美味

店，而在店鋪周圍還有販售楓糖漿的商店。市場周邊酒吧與酒館林立，是熱鬧的夜生活區。

MAP P.361-A2

### 加拿大國家美術館
#### National Gallery of Canada
★★★ MAP P.361-A2

1880年加拿大皇家學會Royal Canadian Academy在渥太華Claredon Hotel展出作品後所成立的美術館，收藏品從原住民藝術、中世紀歐洲，到19～20世紀現代藝術，範圍十分廣泛；其中最受注目的是於19世紀開創出一個藝術世代的畫家團體「七人畫派The Group of Seven（→P.298）」之風景畫，以及原住民族因紐特人Inuit的雕刻與工藝品。至於歐洲繪畫的相關典藏也相當精采，像是中世紀歐洲的宗教畫、葛雷柯El Greco、林布蘭、梵谷、馬諦斯、塞尚、畢沙羅Camille Pissarro、莫內、雷諾瓦、克林姆等大師名作。在現代藝術的畫廊中，則展示著蒙德里安Piet Mondrian、立體派時期的畢卡索、傑克梅蒂Alberto Giacometti的雕刻等作品。

### 聖母大教堂
#### Cathedral-Basilica of Notre-Dame
★★★ MAP P.361-A2

渥太華現存歷史最悠久的教堂，於1841～85年間建造，擁有著美麗彩繪玻璃的教堂內部，以數百尊聖人雕像環繞著祭壇。開放時間可以免費入內，自由參觀。

有著藍色天花板與黃金祭壇的美麗教堂內部

### 加拿大皇家鑄幣廠
#### Royal Canadian Mint
★★★ MAP P.361-A2

成立於1908年，負責鑄造目前加拿大聯邦所發行的紀念幣及市面上流通的貨幣，參加導覽之旅就可以一睹硬幣的製造過程，還有各種硬幣的展示（所需時間45分鐘）。這間鑄幣廠也以使用99.999%高純金而聞名，2010年溫哥華冬季奧運所頒發的獎牌，也都是由這裡鑄造的。

**拜沃市場**
住55 ByWard Market Sq.
TEL (613)562-3325
URL www.byward-market.com
營休依店鋪而異

**加拿大國家美術館**
住380 Sussex Dr.
TEL (613)990-1985
URL www.gallery.ca
開5月～9月上旬
　週四10:00～20:00
　週五～三10:00～17:00
　9月上旬～4月
　週二・三・五～日10:00～17:00
　週四10:00～20:00
休9月上旬～4月的週一
費大人$20、銀髮族$18、學生$10、11歲以下免費（週四17:00～僅限常設展免費）

玻璃帷幕的現代建築

**聖母大教堂**
住385 Sussex Dr.
TEL (613)241-7496
URL www.notredameottawa.com
開週一・二9:00～17:00
　週三～五・日9:00～20:00
　週六8:00～20:00
　（依時期而變動）
休無休 費免費

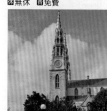
美麗的石牆與銀色尖頂

**加拿大皇家鑄幣廠**
住320 Sussex Dr.
TEL (613)993-0949
FAX (1-800)267-1871
URL www.mint.ca
導覽之旅
開夏季 每日10:15～16:00
　冬季 週二～日10:15～16:00
費大人$12、銀髮族$10、兒童（5～17歲）$8

鑄造楓葉金幣

**加拿大戰爭博物館**

住1 Vimy Place
TEL(819)776-7000
FREE(1-800)555-5621
URL www.warmuseum.ca
開7/3～9/3
週四9:00～19:00
週五～三9:00～17:00
9/4～10/8
週二・三・五～日9:00～17:00
週四9:00～19:00
10/9～7/2
週二・三・五～日9:00～16:00
週四9:00～19:00
休9/4～7/2的週一
費大人$20、銀髮族$18、學生$15、兒童（2～12歲）$13（週四17:00～免費，需預約）
交從輕軌Pimisi站徒步8分鐘。

**麗都廳**

住1 Sussex Dr.
TEL(613)991-4422
URL www.gg.ca
開每日8:00～日落前1小時
導覽之旅
時5/1～7/3
週六・日10:00～16:00
7/4～9/1
每日10:00～14:30
9/2～10/27
週六・日12:00～16:30
費免費
交搭乘市區巴士#9到Crichton/Union下車，徒步5分鐘。

**勞瑞爾之家**

住335 Laurier Ave. E.
TEL(613)992-8142
URL parks.canada.ca/lhn-nhs/on/laurier
開5/4～6/30
週四～一10:00～17:00
7/1～9/4
每日10:00～17:00
休5/4～6/30的週二・三、9/5～5/3
費大人$4.25、銀髮族$3.75、17歲以下免費
交搭乘市區巴士#19到Laurier E/Chapel下車，徒步即達。

**加拿大航空航天博物館**

住11 Aviation Pwy.
TEL(613)991-3034
URL ingeniumcanada.org/aviation
開週三～一9:00～17:00
休週二
費大人$16.75、銀髮族・學生$14.5、青少年（3～17歲）$11.5、2歲以下免費
交從市中心搭計程車約15分鐘。

# 郊區

## 加拿大戰爭博物館

MAP P.360-A1

Canadian War Museum

★★★

從英法兩國爭奪殖民地開始到現代，追尋與加拿大相關戰爭歷史的博物館。常設展裡有著各種兵器、遺物、照片等各式各樣的史料，依照年代順序披露出人類在戰爭中所經歷過的事情；其中在第二次世界大戰的部分，也有關於日本軍隊的歷史文件，令人印象深刻，另外還有陳列著無數戰機的LeBreton展覽室。仔細參觀大約需要2個小時。

↑展示著希特勒閱兵時搭乘的禮車

## 麗都廳（總督府）

MAP P.360-A2

Rideau Hall

★★★

↑矗立在綠意盎然的庭園中

自1867年建國以來，加拿大總督（Governor General）所居住的維多利亞式建築官邸，所謂的總督也就是英國國王查爾斯三世在這裡的代理人。館內的導覽之旅（所需時間約45分鐘），在春季與冬季非開放時間也採行預約制，還會舉辦庭園之旅、衛兵交接儀式、夜間電影播放、溜冰場等各種季節活動。

## 勞瑞爾之家

MAP P.360-B2

Laurier House National Historic Site

★★★

第7任總理勞瑞爾Wilfrid Laurier的宅邸，之後接替的第8任總理也是自由黨黨魁的William Lyon Mackenzie King，則是在勞瑞爾與妻子過世之後繼承這棟房舍，並且在這裡居住過。滿是奢華家具用品的宅邸內部，有談話廳、勞瑞爾的寢室、藏有超過2000冊書籍的Mackenzie King書房等，全都開放讓遊客參觀。

## 加拿大航空航天博物館

MAP P.360-A2外

Canada Aviation & Space Museum

★★★

建造在前空軍基地的巨大建築內，展示著約120架飛機、戰機、直升機，還有飛機引擎、螺旋槳等飛機零件。

←展示著各式各樣的飛機

館內還設有可認真思考飛航安全的區域，以及模擬飛行畫面的劇院，至於珍藏著經典飛機的別館，可透過導覽之旅Reserve Hangar Guided Tours（時每日11:30、13:30、費大人$8、銀髮族・學生$6、青少年（3～17歲）$3.5、2歲以下免費）入內參觀。

# 郊區小旅行

## 加蒂諾
### Gatineau
MAP P.272-B3/P.360-A1/P.361-A1 ★★★

↑過亞歷山大橋前往加蒂諾

越過亞歷山大橋Alexandra Bridge就能抵達對岸的加蒂諾，是過去被稱為赫爾Hull的魁北克省西部城市，在19世紀初期為渥太華河Ottawa River（魁北克省稱為Rivière des Outaouais）與加蒂諾河Rivière Gatineau的匯流之地，因為林業及木材業而繁榮發展。面對渥太華河是遼闊的傑克卡地爾公園Parc Jacques-Cartier，在城市西邊還有加蒂諾公園Parc de la Gatineau等許多綠地，因此雖然與渥太華同樣肩負首都的功能，卻散發著悠然自得的氛圍。

　　主要街道在加拿大歷史博物館所在的勞瑞爾街Rue Laurier，餐廳、飯店林立，是觀光景點眾多的區域，傑克卡地爾公園也有渥太華河的觀光船可以搭乘；若是前往位於郊區的大型賭場度假村Casino du Lac-Leamy，由市中心開車10～15分鐘可抵。

## 加拿大歷史博物館
### Canadian Museum of History
MAP P.360-A1/P.361-A1 ★★★

↑一整排的圖騰柱相當有氣勢

→以大陸形成為靈感的建築物

　　聳立在占地2萬5000m²廣闊園區裡的獨特造型建築，是以北美大陸形成為靈感而設計的。在1樓大廳裡展示著居住在加拿大西海岸6個原住民族的圖騰柱及住居、獨木舟，還有超過3000種的加拿大郵票收藏；2樓則是當期的特別展、可認識世界各國文化的兒童博物館與劇院；3樓的加拿大廳於建國150週年的2017年7月1日改裝後重新開幕。站在戶外廣場，能夠一覽渥太華河的景致；至於陳設著雕刻品的加拿大花園及日本枯山水庭園，是最適合散步的地方。

---

### 加蒂諾
🚃從渥太華過亞歷山大橋，徒步就能前往；也可以搭乘市區巴士#15，或是STO的市區巴士#31、#33、#67也能到達。

### STO
☎(819)770-3242
URL m.sto.ca
　　負責行駛於加蒂諾的市區巴士，車資為\$4.1，只要持有OC Transpo的市區巴士轉乘卡就可以轉乘。

### ❓加蒂諾的遊客中心
Outaouais Tourism
MAP P.360-A1
🏠103 Laurier St.
☎(819)778-2222
FREE(1-888)265-7822
URL www.tourismeoutaouais.com
🕐週一～五8:30～18:00
　週六‧日9:00～19:00
　（冬季會縮短時間）
休無休

### Casino du Lac-Leamy
MAP P.360-A1外
🏠1 Blvd. du Casino
☎(819)772-2100
FREE(1-800)665-2274
URL casinos.lotoquebec.com
🕐週日～四9:00～翌日3:00
　週五‧六9:00～翌日5:00
💰入場免費
　※未滿18歲不得入場
🚃搭乘averll到渥太華的STO巴士#400到Station Casino下車，徒步約3分鐘。渥太華的巴士站在麗都街的百貨公司Rideau Centre（MAP P.361-B2）前等處。

### 加拿大歷史博物館
🏠100 Laurier St. Gatineau
☎(819)776-7000
FREE(1-800)555-5621
URL www.historymuseum.ca
🕐7/3～9/3
　週五～三9:00～17:00
　週四9:00～19:00
　9/4～10/8
　週二‧三‧五～日9:00～17:00
　週四9:00～19:00
　10/9～7/2
　週二‧三‧五～日9:00～16:00
　週四9:00～19:00
休9/4～7/2的週一
💰大人\$22、銀髮族\$20、學生\$17、兒童（2～12歲）\$15
　（週四17:00～免費）

# 渥太華的住宿
## Hotels in Ottawa

## The Fairmont Château Laurier

1912年創立的豪華飯店，彷彿法國古城堡般的建築是渥太華的地標，優雅又舒適的客房內部，各種衛浴備品都很齊全，館內還有游泳池等設施。

**MAP** P.361-A2～B2
**住** 1 Rideau St.
**TEL** (613)241-1414
**FREE** (1-866)540-4410
**URL** www.fairmont.com/laurier-ottawa
**費** ⑤D$339～　Tax另計
**CA** A D J M V　**房** 426房

## Hyatt Place Ottawa-West

位在市中心西邊的4星飯店，以永續發展為主題，堅持透過太陽能板發電、使用環保製品等細節。客房空間寬敞，也設有停車場（免費），距離市中心約20分鐘車程。

**MAP** P.360-B1外
**住** 300 Moodie Dr.
**TEL** (613)702-9800
**URL** www.hyatt.com
**費** ⑤D$200～　Tax另計
**CA** A D M V
**房** 140房

## Lord Elgin Hotel

創立於1941年的老牌飯店，雖然飄散著高雅格調氛圍，工作人員卻非常親切；客房為暖色系的優雅空間，飯店1樓還有著星巴克咖啡館進駐。

**MAP** P.361-B1
**住** 100 Elgin St.
**TEL** (613)235-3333
**FREE** (1-800)267-4298
**URL** lordelginhotel.ca
**費** ⑤D$197～Tax另計
**CA** A M V　**房** 355房

## ByWard Blue Inn

鄰近拜沃市場，座落在閒靜住宅區的飯店；共46間客房中有近半數能設有陽台，提供自由暢飲的咖啡，可以在陽台享受輕鬆悠閒的時光。

**MAP** P.361-A2
**住** 157 Clarence St.
**TEL** (613)241-2695
**URL** www.bywardblueinn.ca
**費** HG ⑤D$181～
**LOW** ⑤D$141～
含Tax　含早餐
**CA** A M V　**房** 46房

## The Business Inn & Suites

每間客房都有廚房設備的公寓型飯店，有客廳、2間臥室等共7種房型，並提供24小時開放的健身中心及自助洗衣服務。

**MAP** P.360-B1
**住** 180 MacLaren St.
**TEL** (613)232-1121
**FREE** (1-844)997-1777
**URL** thebusinessinn.com
**費** ⑤D$130～
Tax另計　含早餐
**CA** A D M V　**房** 160房

## Days Inn by Wyndham Ottawa

地處鬧都街的中型飯店，建築雖然老舊，客房卻很現代時尚，不但格局寬敞，多數房間還備有沙發。周圍也有24小時營業的超級市場，非常便利。

**MAP** P.360-A2
**住** 319 Rideau St.
**TEL** (613)789-5555
**FREE** (1-800)329-7466
**URL** www.wyndhamhotels.com
**費** ⑤D$122～　Tax另計
**CA** A D M V　**房** 74房

## Auberge des Arts B&B

從加拿大國家美術館步行只要5分鐘，靠近拜沃市場，地點絕佳。提供可麗餅、歐姆蛋、法式土司等多樣選擇的早餐備受好評，到巴士總站、火車站、機場的接送服務則需要洽談。

**MAP** P.361-A2
**住** 104 Guigues Ave.
**TEL** (613)562-0909
**FREE** (1-877)750-3400
**URL** www.aubergedesarts.com
**費** 含衛浴⑤$100～ D$120～
衛浴共用⑤$70～ D$90～
含Tax　含早餐　**CA** A M V　**房** 3房

## Downtown B&B

加拿大自然博物館就在眼前，由夫婦所經營的B&B，老闆太太本身也是芳療師，提供按摩服務（所需時間約1小時，$105～）。住宿3晚以上可享有折扣優惠。

**MAP** P.360-B1
**住** 263 McLeod St.
**TEL** (613)563-4399
**URL** www.downtownbb.com
**費** ⑤D$135～175
Tax另計　含早餐
**CA** M V　**房** 3房

---

 浴缸　 電視　 吹風機　 Minibar和冰箱　 保險箱　 網路
部分房間　部分房間　出借　部分房間　櫃台提供

## Auberge King Edward B&B

以經過悉心整理的庭園自豪的B&B，建築則是渥太華市的文化遺產，客房內備有古董家具及加大雙人床，也有設有陽台的客房。

MAP P.360-B2
住525 King Edward Ave.
TEL (613)565-6700
URL www.kingedwardottawa.com
費⑤①$125～155　Tax另計
　含早餐　預約從2晚起
CARD M V　房3房

## Saintlo Ottawa Jail Hostel

重新利用建於1862年的監獄建築，2023年春天改裝重新開幕。團體房可以容納4～8人，廚房等設施也很齊全。

MAP P.361-B2
住75 Nicholas St.
TEL (613)235-2595
FREE (1-866)299-1478
URL saintlo.ca/en/hostels/ottawa-jail
費團體房$32～
　⑤①$80～
　Tax另計　含早餐
CARD A M V　房30房、120床

# 渥太華的餐廳
## Restaurants in Ottawa

## 1 Elgin

位於國家藝術中心（NAC）（→P.365）內，大量使用如大西洋鮭、亞伯達牛等加拿大在地食材，可以品嚐到吸收各國料理精華而烹調出來的加拿大料理。主餐為$28～45。

MAP P.361-B2
住1 Elgin St.
　(National Arts Centre)
TEL (613)594-5127
URL nac-cna.ca/en/1elgin
營週二～日11:30～22:00
休週一
費午餐$25～、晚餐$40～
CARD A M V

## The Scone Witch

以剛烤出爐的司康夾上火腿、起司、鮭魚等食材做成的司康三明治$8.99～深受好評的店家，也可以享用司康加上果醬、奶油，搭配紅茶的下午茶。提供外帶服務。

MAP P.361-B1
住150 Elgin St.
TEL (613)232-2173
URL sconewitch.ca
營週三～日8:00～16:00
休週一・二
費$10～
CARD A M V

## Queen St. Fare

於2019年在市中心開幕，進駐漢堡、墨西哥菜、義大利料理等7家店鋪的美食街，可以在充滿設計感的店內享用知名店家的好味道。有些店家營業到深夜，也會舉辦活動。

MAP P.361-B1
住170 Queen St.
TEL (613)782-3885
URL queensfare.ca
營依店鋪而異
休依店鋪而異
費$12～
CARD M V

## Colonnade Pizza

充滿家庭餐廳氣氛的披薩屋，種類豐富的披薩全都撒上滿滿的起司，烤出非常迷人的焦香味。一共分成4種大小，Personal（S尺寸）$9.95～，也可以外帶。

MAP P.360-B1
住280 Metcalfe St.
TEL (613)237-3179
URL www.colonnadepizza.com
營每日11:00～21:00
休無休
費$12～
CARD A M V

## Play Food & Wine

可以品嚐與美酒搭配的現代創作料理，晚餐$45是可以從前菜、主菜菜色中任選2樣的套餐Prix-fixe；使用在地農場直送的新鮮食材，供應從海鮮到肉類等多種豐富餐點。

MAP P.361-A2
住1 York St.
TEL (613)667-9207
URL playfood.ca
營週日～二17:00～21:00
　週三11:30～14:00/
　17:00～21:00
　週四～六11:30～14:00/
　17:00～22:00　休無休
費午餐$30～、晚餐$45～
CARD A M V

## Heart & Crown

靠近拜沃市場的酒館，店內有5個酒吧，推薦餐點有發源自愛爾蘭的Irish Spice Bag $21、漢堡$23～等。夏季每晚都有現場表演，氣氛超熱鬧（每晚21:00～翌日1:00左右）。

MAP P.361-A2
住67 Clarence St.
TEL (613)562-0674
URL www.heartandcrown.pub
營每日11:00～翌日2:00
休無休
CARD M V

## The Snow Goose

販售加拿大原住民族藝術品、工藝品已經有50年以上的歷史，像是因紐特人的雕刻、印第安人的木雕與皮革製品等，品項多且備受好評，像是鹿皮製成的莫卡辛鞋Moccasin $79～，也有以海達族Haida象徵為靈感的飾品。

**MAP** P.361-B1
🏠 83 Sparks St. Mall
☎ (613)232-2213
FREE (1-866)348-4004
URL www.snowgoose.ca
🕐 週二～六10:00～16:00
休 週日、一
CA A M V

## Beaver Tails

販售河狸尾巴造型的酥皮點心Beaver Tails的創始店，也是排隊人潮不斷的渥太華知名甜點，招牌的蘋果肉桂 $7.5，另外還有香蕉巧克力、楓糖奶油等共計10種左右口味，也有提供搭配飲料的套餐或熱狗。

**MAP** P.361-B2
🏠 69 George St.
☎ (613)241-1230
URL beavertails.com
🕐 週日～四11:00～23:00
週五、六11:00～24:00
休 無休 CA M V

COLUMN

# 鬱金香節

　　渥太華在每一年春光爛漫，街道幾乎要被鬱金香花海淹沒時，都會舉辦加拿大鬱金香節Canadian Tulip Festival，慶典的開端是與荷蘭的淵源。加拿大在第二次世界大戰時，出面保護因為國家遭德國納粹占領而不得不逃離祖國的荷蘭皇室一家人，而且落腳地就在渥太華，朱麗安娜公主Juliana（在位期間1948～1980年）當時也是在這裡懷孕、生子，卻也因此產生問題；因為荷蘭法律明訂「皇位繼承人必須是在荷蘭誕生」，加拿大政府為此做出前所未有的舉動，把朱麗安娜公主分娩的渥太華市民醫院婦產科大樓直接劃定為荷蘭領土，這時所誕生的就是前碧雅翠絲女王Beatrix的妹妹瑪格利特公主Margriet。大戰結束後，回到祖國的荷蘭皇室為表達感謝之意，每年都會餽贈渥太華1萬株的鬱金香球根，才讓渥太華發展出現今的鬱金香節。在整座城市因慶典五彩繽紛之際，同時也是兩國親善友好的最佳證明。

　　鬱金香節的主會場就在道斯湖Dows Lake（**MAP** P.360-B1）的周邊，慶典期間可享受多姿多采的音樂會、加拿大知名攝影師與畫家的工作坊、夜間煙火、餐飲攤販等各式各樣的活動；而栽種著許多鬱金香，最值得欣賞的地點就在The Fairmont Château Laurier（→P.370）後方的將軍丘公園Major's Hill Park、國會大廈周邊、聯邦廣場、麗都運河沿岸等處。

**DATA**
加拿大鬱金香節
FREE (1-800)668-8547
URL www.tulipfestival.ca
🕐 5月上旬～中旬
💰 免費入場（各展覽館收費）

↑國會大廈也綻放著鬱金香

# 森林湖泊環繞的度假地帶

# 穆斯科卡區 Muskoka Region

從阿岡昆省立公園西側到喬治灣Georgian Bay一帶，是面積廣達約3839km²、擁有豐富大自然的度假地區，分布著1600座大小湖泊，可以體驗各式各樣的戶外活動；同時也是2010年6月舉辦八大工業國（G8）高峰會的會場所在。

穆斯科卡區基本DATA
MAP P.272-B3

據點城市：多倫多
歷史景點：★★
自然景點：★★★

穆斯科卡區情報網
URL www.discovermuskoka.ca

## 漫遊穆斯科卡區

能夠一邊眺望美麗湖泊、一邊駕車兜風的這條路線，主要景點就在穆斯科卡湖Lake Muskoka周邊及#11、#60公路沿線上的城鎮；從據點城市多倫多有長途巴士及鐵路可通往主要城鎮，不過要周遊湖泊則是租車最為方便。

↑湖邊有多座碼頭

穆斯科卡區的門戶城市在格雷文赫斯特Gravenhurst往西，沿著穆斯科卡湖旁的#169公路前行的巴拉Bala；如果繼續往北走，從#118公路向東走就可以繞湖一圈。由布雷斯橋Bracebridge東側轉入#11公路，再朝北前進就是亨茨維爾Huntsville，從亨茨維爾要進入阿岡昆省立公園（→P.376）則可沿著#60公路向東行。

↑位於阿岡昆省立公園正前方的鋸齒瀑布

## 兜風路線

多倫多 —經由169km 由#400、#11、#169公路 P.277→ **①** 格雷文赫斯特 —經由26.5km 由#169公路→ **②** 巴拉 —經由43km 由#169、#118公路→ **③** 布雷斯橋 —經由36.5km 由#11公路→ **④** 亨茨維爾 —經由66.3km 由#60公路→ 阿岡昆省立公園 P.376

### 其他交通情報

**長途巴士**
從多倫多聯合車站巴士總站出發的Ontario-Northland，1日行駛2～5班，會停靠在格雷文赫斯特、布雷斯橋、亨茨維爾，所需時間為2小時30分～4小時。
Ontario-Northland
FREE (1-800)461-8558
URL www.ontarionorthland.ca

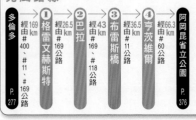

# 主要景點

## ☑CHECK!

### 探索中心
- 🏠 275 Steamship Bay Rd.
- ☎ (705)687-2115
- 🔗 realmuskoka.com/discovery-centre
- 🕐 每日10:00～16:00
- 🚫 冬季
- 💰 大人$24、銀髮族・學生$20、兒童$8

### 穆斯科卡蒸汽船
- ☎ (705)687-6667
- 🔗 realmuskoka.com/muskoka-steamships
- 🕐 週二～五9:00～16:00
- 🚫 週六～一、冬季
- 💰 大人$59.9～、兒童（3～12歲）$34.9～

## ① 格雷文赫斯特
### Gravenhurst
**MAP** P.374-B1
★★★

座落於穆斯科卡湖南邊的城鎮，也是前往穆斯科卡區的門戶，曾經在1866～1958年是造船廠所在地的湖岸，現在則是商店、餐廳、飯店集中的穆斯科卡碼頭Muskoka Wharf湖濱設施，區域內有展示著曾在這裡使

⬆眼前的船是北美最古老的蒸汽船Segwun號

⬆在穆斯科卡碼頭可從岩石區眺望湖景

用過的木造船、蒸汽船的探索中心Discover Centre，還可以搭乘周遊穆斯科卡湖一圈的穆斯科卡蒸汽船Muskoka Steamships，並推出2小時之旅等行程。

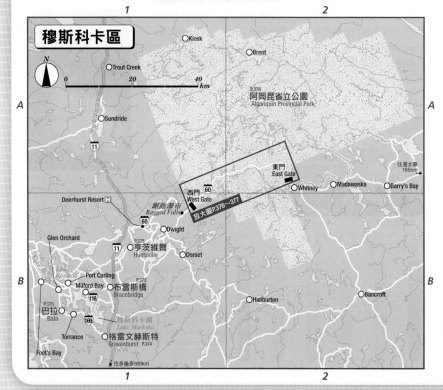

# 穆斯科卡區

N
0　20　40 km

- ○Kiosk
- ○Brent
- ○Trout Creek
- P.376 阿岡昆省立公園 Algonquin Provincial Park
- ○Sundride
- 11
- 東門 East Gate
- 西門 60 West Gate
- 放大圖P.376～377
- ○Whitney ○Madawaska ○Barry's Bay
- 往渥太華 165km
- Deerhurst Resort
- 襤褸瀑布 Ragged Falls
- 60
- ○Dwight
- Glen Orchard
- 11 ○亨茨維爾 Huntsville P.375
- ○Dorset
- Lake Rosseau ○Port Carling
- ○Milford Bay
- 118
- P.375 ○布雷斯橋 Bracebridge
- ○Haliburton
- ○Bancroft
- P.375 巴拉○ Bala
- 169
- 穆斯科卡湖 Lake Muskoka
- ○Torrance
- ○格雷文赫斯特 Gravenhurst P.374
- Foot's Bay
- ↓往多倫多160km

## ② 巴拉
### Bala
MAP P.374-B1
★★★

　　位於穆斯科卡湖以西、人口約3500人的小鎮，《紅髮安妮》的作者蒙哥馬利Lucy Maud Montgomery曾在1922年的夏天到巴拉度假，也讓這裡聲名大噪，蒙哥馬利用餐過的遊客中心成為巴拉博物館與蒙哥馬利紀念館Bala's Museum with Memories of Lucy Maud Montgomery，而開放給遊客參觀。巴拉還是蔓越莓的知名產地，每年10月中旬都會舉辦蔓越莓節（URL www.balacranberryfestival.on.ca）。

↑湖畔的漫遊步道

## ③ 布雷斯橋
### Bracebridge
MAP P.374-B1
★★★

　　從格雷文赫斯特往北23km，位於穆斯科卡河Muskoka River河畔，在主要街道的曼尼托巴街Manitoba St.，商店、餐廳林立，河岸旁設有漫遊步道及戲水處，還有Muskoka Cruises的觀光船可以搭乘，所需時間約1小時30分。流經

↑布雷斯橋的可愛街景

丘陵地帶的穆斯科卡河一共分布著22座瀑布，其中一座位於市中心的布雷斯橋瀑布Bracebridge Fall，在1892年成為安大略省的第一個水力發電處。

←穆斯科卡河沿岸的漫遊步道

## ④ 亨茨維爾
### Huntsville
MAP P.374-B1
★★★

　　為阿岡昆省立公園的據點，主要街道上有遊客中心、市政府、銀行、餐廳等設施聚集，屬於小而美的城鎮，在鎮上的高處還設有能一覽穆斯科卡河美景的獅子觀景台Lions Lookout，以

↑站在獅子觀景台眺望的美景

及重現拓荒年代穆斯科卡區百姓生活景象的主題樂園——穆斯科卡歷史村Muskoka Heritage Place；而沿著#60公路往東行32km，則能抵達鋸齒瀑布Ragged Fall。

# ALGONQUIN PROVINCIAL PARK
# 阿岡昆省立公園
## 安大略省

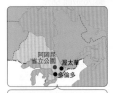

MAP P.272-B3/P.374-A2
區碼 705
面積 7725km²
入場費 $18～21（每輛車）

阿岡昆省立公園情報網
URL www.algonquin
park.on.ca

阿岡昆省立公園是在廣袤的森林地帶間，大小湖泊如星羅棋布錯落於廣闊湖泊沼澤區，公園內也是駝鹿、白尾鹿等野生動物的棲息地，在#60公路上經常能目睹牠們出沒。

🛶 獨木舟等水上活動相當盛行

## 關於園內露營

園內有15處露營區，使用時一定要事先預約，預約方式則是在安大略公園Ontario Parks官網以線上或電話預約；帳棚與露營用具可自行攜帶，也可以在園內的戶外用品店租借。Mew Lake與Achray的露營區則有附上電熱墊的蒙古包Yurt，最多可供6人入住，1晚$111.87。

另外，也有在露營時可同時享受健行或獨木舟的野外露營Backcountry Camping，行程中的露營地點也已規劃好，必須事先預約。

安大略公園
URL ontarioparks.com
汽車露營 Car Camping
費 汽車1輛1日$43.79～59.33
野外露營
Backcountry Camping
費 大人$12.43、兒童$5.65

## Parkbus
電 (1-800)928-7101
URL www.parkbus.ca/
algonquin
時 5/18～10/19每週1～3班
費 大人 單程$96、來回$147
銀髮族・學生
單程$86、來回$132
兒童 單程$48、來回$74
站牌設置在公園街的Oxtongue Lake、西門、獨木舟湖、Lake of Two Rivers、Pog Lake、Lake Opeongo等處，請事先確認時刻表。

# 如何前往阿岡昆省立公園

## ▶▶▶ 長途巴士

從多倫多出發有Parkbus在5月下旬～10月上旬行駛，所需時間3～4小時，停靠站有公園外的Oxtongue Lake、Wolf Den Bankhouse、西門West Gate、獨木舟湖Canoe Lake、Lake of Two Rivers Store、Pog Lake Campground、Lake Opeongo等6個地點。

## ▶▶▶ 開車

從西邊的亨茨維爾出發經由#60公路，若是從東邊的渥太華則可從#17或#60公路進入，行經省立公園內的道路只有#60公路，可以通行汽車的道路僅有這條公路及公園內15處露營區。

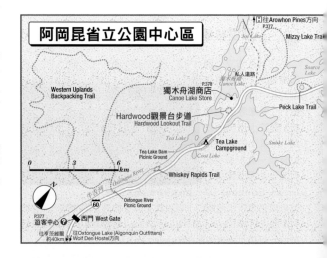

# 漫遊阿岡昆省立公園

▲9月下旬正逢楓紅時節的#60公路

前往阿岡昆省立公園的交通方式，有租車、徒步、搭船等非常多樣，不過無論用什麼方法進入公園，都必須在園區內29處交通站支付入園費用，在#60公路東西兩端的公園入口有兼作遊客中心的西門West Gate與東門East Gate，一般是在這裡支付入園費，也能獲得各種戶外活動的相關情報。阿岡昆省立公園是一年四季都可以體驗各式各樣活動的好地點，特別是在春天到秋天之間，一定要來挑戰划獨木舟與登山健行。

位於#60公路上的阿岡昆遊客中心Algonquin Visitor Centre，是1993年為了慶祝阿岡昆省立公園創立100週年而建，從觀景台可以一覽不時有駝鹿出現的Sunday Creek Valley，館內分為3大展示區，包括森林地勢、動植物棲息狀況、人與森林的關係等，透過模型以清楚易懂的方式來解說；並附設餐廳、

▲阿岡昆遊客中心內的駝鹿標本

書店，很適合在收集與公園相關資訊的同時歇腳休息。從東門進入公園不遠處，則是專門展示解說當年拓荒者生活的阿岡昆木屋博物館Algonquin Logging Museum。

阿岡昆省立公園 Algonquin Provincial Park ◆

**❓ 遊客中心**
位在公園的西門・東門。
☎ (705)633-5572
URL www.algonquinpark.on.ca
West Gate Information
MAP P.376
⏰ 每日8:00～18:00
　（依時期而變動）
休 無休
East Gate Information
MAP P.377
⏰ 每日9:00～16:00
　（依時期而變動）
休 無休

**阿岡昆遊客中心**
MAP P.377
⏰ 夏季　每日9:00～17:00
　冬季　每日9:00～16:00
休 無休

**阿岡昆木屋博物館**
MAP P.377
⏰ 6月中旬～10月中旬
　每日9:00～17:00
休 10月中旬～6月中旬
🎫 包含在入園費裡

**阿岡昆省立公園的住宿**
Arowhon Pines
MAP P.376外
☎ (705)633-5661
FREE (1-866)633-5661
URL www.arowhonpines.ca
📅 6月～10月上旬
💰 ⑤$412～ ⑩$660～
　Tax另計　含3餐
💳 D M V
🛏 50房
　備有暖爐的全包式小木屋。

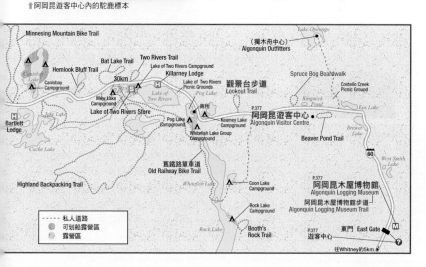

（獨木舟中心）
Algonquin Outfitters
Minnesing Mountain Bike Trail
Lake Opeongo
Canisbay Lake
Canisbay Campground
Hemlook Bluff Trail
Bat Lake Trail
Two Rivers Trail
Lake of Two Rivers Campground
Killarney Lodge
30km
Maty Lake Campground
Lake of Two Rivers Store
Lake of Two Rivers Picnic Grounds
Lake of Two Rivers
Jeby Lake
Pog Lake
觀景台步道
Lookout Trail P.377
廁所
Keamey Lake Campground
Pog Lake Campground
Whitefish Lake Group Campground
Spruce Bog Boardwalk
Costello Creek Picnic Ground
Ringnick Pond
Eos Lake
阿岡昆遊客中心
Algonquin Visitor Centre
Beaver Pond Trail
Brewer Lake
60
West Smith Lake
Bartlett Lodge
Cache Lake
舊鐵路單車道
Old Railway Bike Trail
Highland Backpacking Trail
Whitefish Lake
Coon Lake Campground
Rock Lake Campground
Rock Lake
Booth's Rock Trail
阿岡昆木屋博物館
Algonquin Logging Museum
阿岡昆木屋博物館步道
Algonquin Logging Museum Trail
東門 East Gate
M
P.377
遊客中心
往Whitney約5km

- - - - - 私人道路
⬤ 可划船露營區
⬤ 露營區

377

# 阿岡昆省立公園的**戶外體驗**
## Activities in Algonquin Provincial Park

**夏季的活動**
阿岡昆省立公園在夏季會推出野狼嚎叫鑑賞會、免費健行導覽之旅等各式各樣的活動，詳細資訊請至遊客中心確認。

**獨木舟**
獨木舟湖商店
Canoe Lake Store
**MAP** P.376
**TEL** (705)633-5235
**FREE** (1-833)993-5253（預約）
**URL** canoelakestore.com
**營** 4月下旬～10月中旬
每日7:00～20:00
**休** 10月中旬～4月下旬
租借獨木舟
**費** 1日$37.95～
含導遊的半日獨木舟之旅
**費** 1人$100～（2人成行）

## 獨木舟 Canoeing

阿岡昆最受歡迎的戶外活動就是獨木舟，可以在獨木舟湖商店輕鬆租借獨木舟到獨木舟湖Canoe Lake體驗划船樂趣，或是將獨木舟架上車頂，去挑戰公園內的各座湖泊。如果是選擇後者，事先一定要請工作人員教導在車頂安裝獨木舟與拆卸的方式，對初學者來說比較困難。

若是戶外活動愛好者的話，不妨挑戰嘗試獨木舟露營，在縱橫交錯的遼闊湖泊沼澤間周遊，遇到小島時就將獨木舟扛上肩步行，日落則直接入住野外露營區，食材可在公園內的獨木舟中心採購，不過因為選擇並不多，最好在進入公園前先準備齊全，也有由導遊帶領的獨木舟之旅。

### 租借獨木舟的方法
獨木舟湖商店就位於湖畔，可以簡單地租借到獨木舟，手續程序如下：

**❶ 在管理處提出申請**

向櫃台申請，在申請單上填寫姓名等資料並選擇獨木舟的種類。若是只租1天則不需要預約。

**❷ 前往放置獨木舟的小屋**

將收到的單據拿去湖畔的獨木舟小屋。遇上夏季或秋天楓葉季節的週末，有可能會大排長龍。

**❸ 領取獨木舟**

工作人員會將獨木舟搬到碼頭，也會順便把槳和救生衣交給遊客（包含在費用裡）。

**❹ 成功上船**

在工作人員的協助下坐進船裡，然後就可以自由划動；回來時只要划到碼頭就會有人接應。

## 健行 Hiking

以#60公路為起點的健行步道中有18條可以當日來回，以及要住宿1晚以上的3條背包客步道。將車停放在停車場之後，可以依照個人體力選擇合適的路線，就算是輕鬆路線，也能充分感受森林的氣氛。

↑從阿岡昆木屋博物館步道觀景台眺望的景致

對於沒有經驗的初學者，建議嘗試阿岡昆木屋博物館後方的阿岡昆木屋博物館步道Algonquin Logging Museum Trail（1圈1.3km）、獨木舟湖商店旁的Hardwood觀景台步道Hardwood Lookout Trail（1圈1 km）、終點處視野開闊的觀景台步道Lookout Trail（1圈2.1km）、漫步於溼地的Spruce Bog Boardwalk（1圈1.5km）等，沿途全面禁止採集植物。

# Québec

魁北克市的魁北克省議會大廈

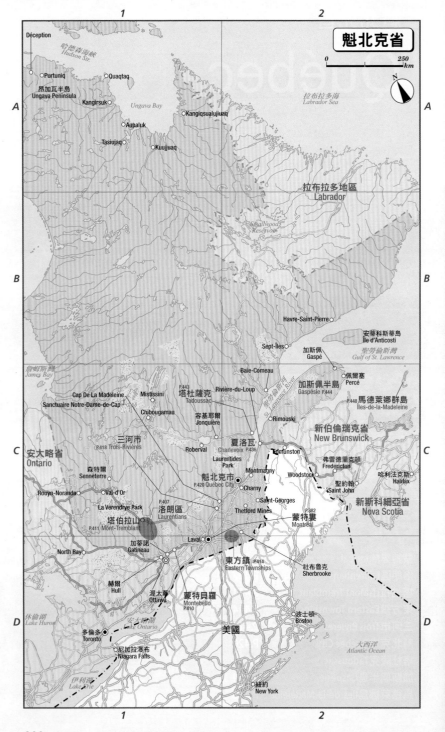

魁北克省

# 魁北克省
## QUÉBEC

除了極地地帶的多個領地，魁北克省是加拿大10省中面積最大，南臨聖勞倫斯河，幾乎所有城市都集中在河畔。以法語為該省的官方語言，無論是招牌或交通號誌全都是法文，在人口有8成都是法系居民的魁北克省，是可以深切感受法國文化影響的地區。

| 首府 | 魁北克市 |
| --- | --- |
| 面積 | 154萬2056km² |
| 人口 | 850萬1833（2021年人口普查）|
| 時間 | 東部標準時間（EST）與台灣時差−13小時（夏令時間−12小時）|
| 省稅 | 銷售稅9.975%<br>住宿稅3.5% |

### 主要兜風路線 ▶▶▶
★洛朗區（→P.407）
★東方鎮（→P.414）
★加斯佩（→P.444）

魁北克省北部

蒙特婁　　魁北克市

### 魁北克市周邊
#### Around Québec City

名列聯合國教科文組織世界遺產的魁北克市，是被城牆環繞、石頭建築林立的城市，在周邊還分布著具有歷史氛圍的迷人小鎮。

**主要城市**
三河市（→P.418）
魁北克市（→P.420）
夏洛瓦（→P.436）
塔杜薩克（→P.443）

### 加斯佩半島
#### Gaspésie

突出於聖勞倫斯灣的半島部分為加斯佩（加斯佩半島），也是過去歐洲探險家傑克‧卡地爾Jacques-Cartier登陸之地。在這個保存豐富大自然的地區，以健行或出海賞鯨等能充分享受自然的活動最受歡迎。

**主要城市**
加斯佩（→P.445）
佩爾塞（→P.446）

### 蒙特婁周邊
#### Around Montréal

通往加拿大東部的門戶城市蒙特婁，是遺留著古老街道景致的舊城區，與現代化市中心完美融合的大都市，擁有古蹟建築、最新購物景點等，充滿各式各樣的迷人魅力。

**主要城市**
蒙特婁（→P.382）

### 度假地帶
#### Resorts Area

彷彿要將蒙特婁從南北包圍般，密集分布著小型度假地的廣闊區域。北邊的洛朗區在夏天可體驗登山健行等多樣戶外挑戰，冬季則能享受滑雪樂趣，是全年都可享樂的度假區；南部則是擁有閒靜自然風景的東方鎮，而無論是洛朗區或東方鎮，入秋後都能欣賞到美麗無比的楓葉。

**主要城市**
洛朗區（→P.407）
塔伯拉山（→P.411）
東方鎮（→P.414）

# 蒙 特 婁

## 魁 北 克 省

**MAP** P.380-D1
**人口** 176萬2949
**區域號碼** 514

蒙特婁情報網
**URL** www.bonjourquebec.com

### 蒙特婁的活動

蒙特婁國際爵士音樂節
Festival International de Jazz de Montréal
**TEL** (514)492-1775
**FAX** (1-855)219-0576
**URL** www.montrealjazzfest.com
**開** 6/26〜7/5('25)
　蒙特婁最大的活動，活動期間在各種場所都會舉行現場音樂表演，除了爵士樂以外，還能享受森巴、藍調、騷沙等不同類型的音樂。

蒙特婁國際煙火大會
L'International des Feux Loto-Québec
**TEL** (514)397-2000
**URL** www.sixflags.com/larondeen
**開** 6月下旬〜8月上旬
　蒙特婁夏天的代表活動，以聖海倫島上的La Ronde樂園（**MAP** 385-A4）為舞台，集合來自世界的煙火師，向空中施放感動人心的美麗煙火。活動期間的每週四晚間登場。

太陽劇團
Cirque du Soleil
**URL** www.cirquedusoleil.com
　在全世界擁有高人氣的太陽劇團2024年12/27〜2025年1/5在蒙特婁的表演內容是《OVO蟲林森巴》。

↑舊城區的聖保羅街

為聖勞倫斯河的河中沙洲而發展成加拿大的第2大城，整個都市圈擁有超過360萬人，僅次於巴黎是全世界第2大的法語城市。

　1642年法國人Maisonneuve選擇在現在的舊城區建設瑪莉城，這個小聚落成為蒙特婁的城市起源，之後雖然是作為新法蘭西的重要據點而

↑聖母大教堂的點燈秀

迅速發展起來，但法國卻在18世紀中葉的「亞伯拉罕平原戰役Battle of the Plains of Abraham」中輸給英國，對蒙特婁的統治權也移轉到英國人的手上。不過，占有人口2/3的法裔加拿大人，在生活中依舊守護著自己的文化，因此蒙特婁的街道上到處是法文招牌，人們交談使用的也是法語；但是可以立刻切換成英語的雙語環境，則刻劃出城市的歷史。若是沿著Rue Sherbrooke從北走到南，更能深刻感受這種複雜的歷史背景，經過皇家山高原區Plateau-Mont-Royal、拉丁區Quartier Latin，到聖羅蘭大道Boul. St-Laurent以南一帶，街道氛圍截然不同，直到麥基爾大學才開始有英國風格的建築出現。

　而對於居住在蒙特婁的民眾來說，他們的座右銘是法文的「享樂人生Joie de Vivre」，所以街上有多到數

↑餐廳和紀念品店聚集的舊城區

不清的博物館、美術館、劇院，還有餐廳及商店，還有NHL（冰上曲棍球）等職業運動的比賽可以觀賞，可說是能盡情享受娛樂的娛樂之城。

※開館時間、營業時間等日期時間基本上為2023年資訊，因每年資訊會有所變動，請記得上網再次確認。(→P.7)

蒙特婁

N

0    1.5    3
km

力拓加鋁天文館
Planétarium Rio Tinto Alcan
昆蟲館
Insectarium
P.399
奧林匹克公園
Parc Olympique
Maisonneuve公園
Parc Maisonneuve
蒙特婁植物園
Jardin Botanique de Montréal
自然生態館
Biodôme
奧林匹克體育館&蒙特婁塔
Olympic Stadium
& Montréal Tower

Boul. de l'Assomption
Assomption
Rue Viau
Viau
Pie-IX
Joliette
Préfontaine
Frontenac
Papineau
Sherbrooke
巴士總站

聖勞倫斯河
Fleuve St-Laurent
St. Lawrence River

Saint-Michel
D'Iberville
Fabre

Jean-Talon Market
小義大利
Little Italy

Jarry
De Castelnau
Parc
Acadie
Outremont

Jean-Talon
Beaubien
Rosemont
Laurier
Mont-Royal

St. Viateur
Bagel Shop  P.405
P.404 Beauty's
Luncheonette

Leméac P.403
觀景台
十字架
墓地
P.398 皇家山公園
Parc du Mont-Royal

Édouard-
Montpetit
Université-
de-Montréal

麥基爾大學
McGill University

中央車站
Central Station/
Gare Central

Gare Centrale
Lucien-L'Allier
Guy-
Concordia

Montréal General
Hospital
P.391

Atwater

聖海倫島
Île Ste-Hélène

蒙特婁賭場
Casino de Montréal

聖母島
Île Notre-Dame

Griffintown-
Bernard-
Landry

P.386
蒙特婁猶太人
屠殺紀念館
Montréal Holocaust
Museum

Plamondon
Côte Sainte-
Catherine
Snowdon

Côte-
des-Neiges

Duc de Lorraine
聖約瑟夫大教堂
Oratoire St-Joseph
P.398

Chalet de la Montagne

Georges-
Vanier

Lionel-
Groulx
Charlevoix

蒙特婁周邊

拉瓦爾
Laval

耶穌島
蒙特婁島

往魁北克市
方向

N

0    5
km

P.387
蒙特婁皮耶·埃利奧特·
杜魯道國際機場

往溫哥華方向

VIA國鐵·郊區火車
Dorval
多瓦爾車站

右上放大圖

Place
Saint-Henri
Vendôme
LaSalle
Marché Atwater
Île-des-Sœurs
De L'Église
Verdun
Jolicoeur
Monk

地下鐵路線
—— 橘線 (Ligne orange)
—— 綠線 (Ligne verte)
—— 黃線 (Ligne jaune)
—— 藍線 (Ligne bleue)
—— REM

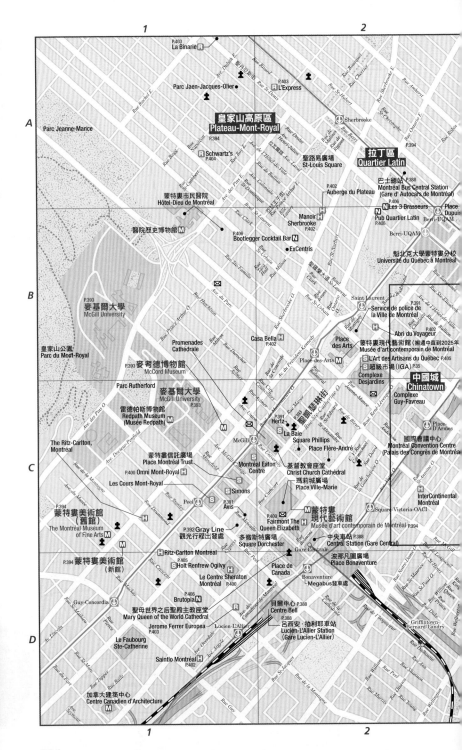

P.403
La Binarie R

L'Express P.403

Parc Jaen-Jacques-Olier

皇家山高原區
Plateau-Mont-Royal
P.394

拉丁區
Quartier Latin

Parc Jeanne-Mance

Sherbrooke

聖路易廣場
St-Louis Square

Schwartz's
P.404

巴士總站 P.388
Montréal Bus Central Station
(Gare d' Autocars de Montréal)

P.402
Auberge du Plateau

P.406
Les 3 Brasseurs

Place
Dupuis

Pub Quartier Latin
P.406

Berri-UQAM

蒙特婁市民醫院
Hôtel-Dieu de Montréal

Manoir
Sherbrooke
P.402

Berri-UQAM

醫院歷史博物館 M

P.406
Bootlegger Cocktail Bar

ExCentris

魁北克大學蒙特婁分校
Université du Québec à Montréal

麥基爾大學
McGill University
P.393

Promenades
Cathédrale

Saint Laurent

Service de police de
la Ville de Montréal
P.391

Abri du Voyageur
P.402

蒙特婁現代藝術館 (搬遷中直到2025年)
Musée d'art contemporain de Montréal

Casa Bella
P.402

皇家山公園
Parc du Mont-Royal

麥考德博物館
McCord Museum
P.393

雷德帕斯博物館
Redpath Museum
(Musée Redpath)

Place
des Arts

L'Art des Artisans du Québec P.405

超級市場 (IGA) P.35

中國城
Chinatown

Complexe
Desjardins

Complexe
Guy-Favreau

Parc Rutherford

麥基爾大學
McGill University
P.393

Hertz
P.391

蒙特婁伊頓街
La Baie

Square Phillips

國際會議中心
Montréal Convention Centre
(Palais des Congrès de Montréal)

McGill

Place Flère-André

The Ritz-Carlton,
Montréal

蒙特婁信託廣場
Place Montréal Trust

Montréal Eaton
Centre

基督教會座堂
Christ Church Cathédral

Place
D'Armes

P.400 Omni Mont-Royal

Les Cours Mont-Royal

瑪莉城廣場
Place Ville-Marie

InterContinental
Montréal

Simons

Square-Victoria-OACI

P.394
蒙特婁美術館
（舊館）
The Montréal Museum
of Fine Arts

Peel

P.391
Avis

Gray Line P.392
觀光行程出發處

多徹斯特廣場
Square Dorchester

P.400 Fairmont The
Queen Elizabeth

蒙特婁
現代藝術館
Musée d'art contemporain de Montréal P.394

中央車站 P.388
Central Station (Gare Central)

Ritz-Carlton Montréal

P.394 蒙特婁美術館
（新館）

Holt Renfrew Ogilvy P.405

Place
de Canada

Gare Centrale

波那凡圖廣場
Place Bonaventure

Guy-Concordia

Le Centre Sheraton
Montréal P.400

Bonaventure
Megabus發車處

貝爾中心 P.388
Centre Bell

Griffintown-
Bernard-Landry

Brutopia N

聖母世界之后聖殿主教座堂
Mary Queen of the World Cathedral

Jerome Ferrer Europea
P.403

Lucien-L'Allier

呂西安·拉利耶車站
Lucien-L'Allier Station
(Gare Lucien-L'Allier)

Le Faubourg
Ste-Catherine

Saintlo Montréal
P.402

加拿大建築中心
Centre Canadien d'Architecture

384

3　　　　　4

往隆蓋伊方向↑
Longueuil

Papineau

Le Cartier B&B
P.402

Beaudry

P.401
Hyatt Place Montréal-Downtown

Place
Viger

放大圖P.395

Champ-de-Mars

鐘塔
Clock Tower

蒙特婁市政廳
City Hall (Hôtel de Ville)

舊城區
Old Montréal
(Vieux Montréal)

舊港
Old Port
(Vieux-Port)

聖母大教堂
Basilique
Notre-Dame

維多利亞碼頭
Quai Victoria

傑克卡地爾碼頭
Quai Jacques-Cartier

往聖海倫島渡輪
Maritimes Shuttle乘船處

愛德華國王碼頭
Quai King-Edward

亞歷山大碼頭
Quai Alexandra

Parc des Écluses

Pont-Jacques-Cartier

La Ronde遊樂園
La Ronde

Old Fort

P.399
聖海倫島
Île Ste-Hélène

生物圈
La Biosphère

Jean-Drapeau

往聖母島方向
Île Notre-Dame

往舊港渡輪乘船處

往蒙特婁賭場方向

Parc de la Cité-du-Havre

Pont de la Comcorde

聖母島
Île Notre-Dame

聖勞倫斯河
Fleuve St-Laurent
St. Lawrence River

A

B

C

D

地下鐵路線
橘線 (Ligne orange)
綠線 (Ligne verte)
黃線 (Ligne jaune)
藍線 (Ligne bleue)
REM

0　　250　　500
m

蒙特婁
市中心

3　　　　　4

## 如何前往蒙特婁

### ▶▶▶ 飛機

<table>
</table>

**加拿大航空（→P.542）**

**西捷航空（→P.542）**

**搭乘廉價航空前往蒙特婁**

　　從多倫多有波特航空Porter Airlines（→P.542邊欄）1日飛航12～13班，起飛地為市區的比利畢曉普多倫多市機場Billy Bishop Toronto City Airport（→P.279邊欄）。

　　而從魁北克市則有PAL Airlines與越洋航空Air Transat等航班飛行（→P.542邊欄）。

**從機場到市區的便宜交通方式**

　　由蒙特婁皮耶‧埃利奧特‧杜魯道國際機場前往市區，雖然搭乘機場巴士非常便捷，但若是轉乘市區巴士或郊區火車Commuter Train進入市區則更便宜。首先從機場到多瓦爾車站Dorval有市區巴士#204、#209行駛（單程大人$3.5），再由多瓦爾車站搭乘郊區火車直達呂西安‧拉利耶車站Lucien-L' Allier；若是由多瓦爾車站搭乘VIA國鐵，則能抵達中央車站Central Station/Gare Central。另外，還有從多瓦爾車站搭乘市區巴士#211、#405、#411、#485等到地下鐵Lionel-Groulx站，再轉乘地下鐵進城的方法。

**認識猶太人大屠殺的歷史**

　　距離地下鐵橘線Côte-Sainte-Catherine站徒步5分鐘的博物館，館內展示著在第二次世界大戰中因納粹迫害而逃亡的猶太人聲音與相關資料。

蒙特婁猶太人屠殺紀念館
Montréal Holocaust Museum

**MAP** P.383-C1

🏠5151 Chemin de la Côte-Sainte-Catherine

☎(514)345-2605

🌐museeholocauste.ca

🕐週一～四10:00～17:00
　　週五10:00～（閉館時間依日期而異）
　　週日10:00～16:00

🚫週六

💰大人$10、銀髮族‧學生$8
（常設展為8歲以上入場）

---

　　作為加拿大第2大城市的蒙特婁，也是加拿大東部的交通要衝，擔負起旅客前往加拿大東部、西部及大西洋省分的門戶角色。從溫哥華出發的加拿大航空Air Canada（AC）與西捷航空WestJet（WS）有直飛班機往來，加拿大航空1日4～5班、西捷航空僅限夏季1日1班，所需時間4小時50分；卡加利Calgary出發的加拿大航空1日2～4班、西捷航空1日1～2班，所需時間約4小時15分；多倫多出發的加拿大航空1日16～24班、西捷航空則為1班左右，所需時間約1小時20分；渥太華出發的加拿大航空1日6～7班，所需時間約45分鐘；魁北克市出發的加拿大航空1日4～5班，所需時間約1小時。還有哈利法克斯Halifax出發的加拿大航空1日4班，所需時間約1小時50分；夏綠蒂鎮出發的加拿大航空1日1～2班，所需時間約1小時50分。

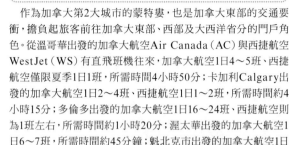

👆加拿大東部的樞紐機場

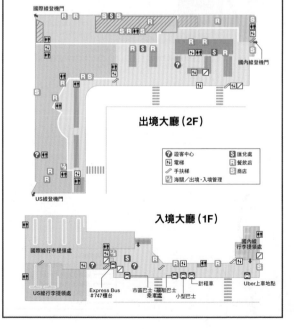

# ✈ 蒙特婁皮耶·埃利奧特·杜魯道國際機場
## Montréal-Pierre Elliott Trudeau International Airport

蒙特婁的空中交通門戶，在市中心以西約22km的蒙特婁皮耶·埃利奧特·杜魯道國際機場Montréal-Pierre Elliot Trudeau International Airport；不過蒙特婁還有另一座機場，是市中心西北方約55km處的蒙特婁米拉貝爾國際機場Montréal-Mirabel International Airport，這裡是屬於貨機專用的機場。

↑非常現代化的蒙特婁皮耶·埃利奧特·杜魯道國際機場

**蒙特婁皮耶·埃利奧特·杜魯道國際機場**
（舊蒙特婁多瓦爾國際機場）
**MAP** P.383-D1
🏠975 Roméo-Vachon Blvd. North
**TEL** (514)633-3333
**FREE** (1-800)465-1213
**URL** www.admtl.com

---

## 機場前往市區

### ■ 機場巴士 Express Bus #747

蒙特婁皮耶·埃利奧特·杜魯道國際機場有由STM經營的Express Bus#747，會前往地下鐵Lionel-Groulx站、Boul. René-Lévesque街上的8處站牌、地下鐵Berri-UQAM站及巴士總站；車票在入境

↑市區巴士、地下鐵有1日券、3日券可以使用

大廳的自動售票機（可使用信用卡）購買，或是在上車時將車資（僅限使用硬幣，不找零）直接投入司機旁邊的車資箱。前往機場則是與市區巴士在同樣的站牌，或是在巴士總站等車。

**STM社**(→P.389)
Express Bus#747
機場→市中心
**運行** 24小時
市中心→機場
**運行** 24小時
**費用** 單程 1人$11
　每小時行駛1~10班，所需時間45分鐘~1小時10分。

↑機場內的Express Bus#747櫃台

### ■ 計程車／小型巴士 Taxi/Limousin

蒙特婁皮耶·埃利奧特·杜魯道國際機場到市中心需要20~30分鐘，除了計程車之外也有小型巴士，兩者的車資都是採取固定收費。

**計程車**
**費用** 到市中心約$49~

**小型巴士**
**費用** 到市中心$75~

## ▶▶▶ 長途巴士

多倫多~蒙特婁之間有Megabus行駛，1日6~13班，所需時間6~7小時；渥太華出發的Orléans Express為每日7:45~18:45左右，每隔2~3小時行駛1班，所需時間約2小時10分~2小時35分；至於魁北克市出發的Orléans Express，則是在6:30~19:30間大約30分鐘~2小時發車，所需時間3小時~3小時55分。

**Megabus**(→P.543)
多倫多出發
**費用** 單程 1人$64.99~

**Orléans Express**(→P.543)
渥太華出發
**費用** 單程 大人$56.54~
魁北克市出發
**費用** 單程 大人$65.74~

**MAP** P.384-A2
住 1717 Rue Berri
TEL (514)842-2281

↑巴士總站內設有便利商店與咖啡館

**VIA國鐵（→P.545）**

↑串連安大略省與魁北克省主要城市交通的VIA國鐵

**中央車站**
**MAP** P.384-C2
住 895 de la Gauchetière O.
FREE (1-888)842-7245
　在車站大樓內的購物中心Les Halles de la Gare，進駐許多漂亮的咖啡館、商店。

**呂西安‧拉利耶車站**
**MAP** P.384-D2

↑位於地下樓層的VIA國鐵車站

## 巴士總站前往市區

　巴士總站的名稱為Montréal Bus Central Station/Gare d'Autocars de Montréal，長途巴士、機場巴士Express Bus #747都從這裡發車，從市區中心過來可以搭乘地下鐵，從直通的地下鐵Berri-UQAM站徒步到達。Megabus則在地下鐵波那凡圖站Bonaventure發車。

## ▶▶▶ 鐵路

　行駛於魁北克市與溫莎之間的VIA國鐵魁北克市～溫莎線（Corridor），連結安大略省與魁北克省的主要城市。多倫多出發1日行駛5～7班，所需時間4小時50分～5小時30分；渥太華出發1日行駛3～6班，所需時間約2小時；魁北克市出發1日行駛3～5班，所需時間3小時10分。另外也是哈利法克斯出發的海洋號The Ocean終點站，雖然也有加斯佩～蒙特婁路線，目前則停駛中。

## 火車站前往市區

　共有2座火車站，VIA國鐵或從美國來的美國國鐵Amtrak所停靠的中央車站Central Station/Gare Central，位於市區中心地段，與購物中心瑪莉城廣場Place Ville-Marie、波那凡圖廣場Place Bonaventure、地下鐵波那凡圖站Bonaventure及麥基爾站McGill都有地下通道連接，要前往市中心各區不妨搭乘地下鐵；但因為入口分設在各個地點並不好找，建議從「Fairmont The Queen Elizabeth（→P.400）」的飯店大廳走往地下室最快。另一座火車站則是位於中央車站西南邊的呂西安‧拉利耶車站Lucien-L'Allier Station/Gare Lucien-L'Allier，僅限郊區火車（→P.389）停靠。

COLUMN

## 來蒙特婁看冰上曲棍球賽！

　冰上曲棍球可說是加拿大的國民運動，所擁有的高人氣非外人所能想像；而以蒙特婁作為主場地、隸屬於美國NHL的蒙特婁加拿大人隊Montréal Canadiens，是從1909年創隊以來拿下過24次史坦利盃冠軍的強隊。比賽場地是市中心的貝爾中心Centre Bell，賽季在每年9月下旬～4月中旬，每天還有參觀蒙特婁加拿大人隊休息室等場所的導覽之旅（大人$20，所需時間約1小時）。

DATA

貝爾中心
**MAP** P.384-D2
住 1909 Ave. des Canadiens-de-Montréal
TEL (514)932-2582
URL www.centrebell.ca
售票
TEL (514)492-1775
URL www.nhl.com/canadiens

# 市區交通

STM（Société de transport de Montréal）負責經營地下鐵與市區巴士，只要能善用這2種交通工具，就可以完美地暢遊各個觀光景點。另外也有由Exo經營、從市中心通往郊區的郊區火車Commuter Train，不過主要是居民通勤運輸為主，應該不太可能作為觀光之用。而在夏季期間，舊城區的舊港Vieux Port與聖海倫島Île Ste-Hélène之間則有渡輪行駛。

➡向下的箭頭記號是地下鐵站的指標

## 轉乘與票價

如果搭乘STM經營的地下鐵與市區巴士，從開始搭乘的120分鐘內可以自由轉乘，只要將車票通過地下鐵的驗票閘口、市區巴士司機旁的刷卡機，就會在車票背面印上搭車地點與時間的紀錄，轉乘時只要把車票再過一次驗票機即可。車票種類分為可無限次搭乘地下鐵、市區巴士的Day Pass（有1日與3日兩種）、10張一組的回數票10 passages/10 trips，以及可從18:00到翌日早上5:00無限次搭乘的Evening Pass、可從週五16:00至週一早上5:00無限次搭乘的Weekend Pass、儲值式IC卡Opus等。

⬆地下鐵車站的驗票閘口，單程票與回數票放入紅色票口，Day Pass則是觸碰上方的藍色部分（市區巴士也是相同方式）

### 蒙特婁地下鐵路線圖

橘線 Ligne orange
綠線 Ligne verte
黃線 Ligne jaune
藍線 Ligne bleue

Montmorency
De la Concorde
Cartier
Henri-Bourassa
Sauvé
Crémazie
Jarry
D'Iberville
Fabre
Beaubien
Rosemont
Laurier
Mont-Royal
Sherbrooke
Papineau
Beaudry

Saint-Michel
Radisson
Honoré-Beaugrand
Langelier
Cadillac
Assomption
Viau
Pie-IX
Joliette
Préfontaine
Frontenac

Jean-Talon

Côte-Vertu
De Castelnau
Parc
Acadie
Outremont
Édouard-Montpetit
Côte-des-Neiges
Du Collège
Université-de-Montréal
De la Savane
Namur
Plamondon
Côte Sainte-Catherine

Snowdon
Villa-Maria
Vendôme
Place Saint-Henri
Lionel-Groulx

Saint-Laurent
Place-des-Arts
Guy-Concordia
McGill
Peel
Atwater
Bonaventure
Lucien-L'Allier
Georges-Vanier

Berri-UQAM
Champ-de-Mars
Place-D'Armes
Square-Victoria-OACI

Jean-Drapeau

Longueuil-Université-de-Sherbrooke

Charlevoix
LaSalle
De L'Église
Verdun
Jolicoeur
Angrignon
Monk

聖勞倫斯河 Fleuve St-Laurent
聖海倫島

**STM**
☎ (514)786-4636
🖥 www.stm.info
顧客服務中心
🕐 週一～五11:00～18:00
休 週六・日
位於 Berri-UQAM站（MAP P.384-B2）的驗票閘口旁。
市區巴士、地下鐵車資
💲 單程票$3.75
2次票$7
10張一組回數票$32.5
Day Pass
1日$11、3日$21.25
Evening Pass$6
Weekend Pass$15.25

⬆Day Pass也可以搭乘機場巴士，建議停留超過1日，而且要搭乘地下鐵或市區巴士的旅客使用

**Exo**
☎ (514)287-8726
📠 (1-888)702-8726

**渡輪**
☎ (514)281-8000
🖥 navettesmaritimes.com
🕐 5/15～10/15
週一～四9:00～19:00
週五～日9:00～22:00
💲 單程　1人$5.5
由Navettes Maritimes的渡輪Maritimes Shuttle負責營運，於夏季的週六・日行駛於舊港～聖海倫島之間，所需時間為30分鐘。

⬆連結舊港與聖海倫島

## 🚇 地下鐵 Métro

路線共有4條，從東北向西南貫穿市中心的綠線Ligne verte、與綠線平行行駛於城市西北邊的藍線Ligne bleue、與綠線呈U字型交會的橘線Ligne orange，還有

↑地下鐵使用的是與巴黎列車相同的橡膠輪胎

連結市中心與聖海倫島，越過聖勞倫斯河Fleuve St-Laurent到對岸的黃線Ligne jaune。

使用單程票、回數票搭車的話，必須將車票放入驗票閘口的紅色部分；Day Pass或Evening Pass則是觸碰驗票閘口的藍色部分，就可以推動橫桿通過。電車每一站都會停車，車門也是自動開關。要注意的是，使用單程票、回數票搭車，一旦走出地下鐵車站就無法轉乘了。

## 🚌 市區巴士 Autobus

市區巴士的路線幾乎涵蓋整座城市，車班也很多所以非常便捷，不過路線交錯縱橫比較難以理解，不妨先到遊客中心或地下鐵Berri-UQAM站等地，索取「Plan des Réseaux」路線地圖，或

↑只要熟悉之後就很便利的市區巴士

是在STM的官網上確認路線。此外，市區巴士分為日間行駛，以及從深夜到清晨5:00行駛的深夜巴士Réseau de Nuit/Allnight Service（300多號），一共23條路線。市區巴士通常是前門上車、後門下車，不過在車內乘客較少時也可以在前門下車；要下車前可以拉扯車窗上半部的鐵線，或是按下車內柱子上寫有STOP的停車鈕通知司機。從後門下車時，用手靠近車門正中央的感應區，透過感應就可以開門；若是從前門下車，就要請司機開車門。

## 🚕 計程車 Taxi

蒙特婁街上有許多計程車行駛，不必特別到飯店門口等地點就可以叫得到車，只要是車身上印有Taxi字樣且車頂燈點亮就可以載客，車頂燈熄滅就表示車上已經載有客人。計程車都是採跳表方式，起跳價為$4.1，之後每行駛1km增加$2.05，每停車1分鐘則還會追加$0.77（23:00～翌日日5:00車資會加成）。

# 漫遊蒙特婁

蒙特婁正因為是加拿大的第2大城市，市區規模當然很大，而觀光景點也分布在相當廣闊的範圍；城市的中心在皇家山公園Parc du Mont-Royal的東南邊一帶，隔著汽車專用道Auto. Ville-Marie分成市中心（新城區）與東南方的舊城區。

↑街頭會有法文的路名標誌

皇家山公園以北是遼闊的住宅區，其中一隅為小義大利Little Italy，再往東北方走就是奧林匹克公園Parc Olympique；想要暢遊這些景點，搭乘地下鐵是最便捷的交通方式，只是從車站出來需要走一點路。

位在舊港Vieux Por正前方、清晰可見的聖海倫島Île Ste-Hélène與聖母島Île Notre-Dame 2座島嶼，都有橋梁連接交通，也可以搭乘地下鐵黃線直達聖海倫島，或是由舊港搭渡輪前往。

來到冬季氣候非常酷寒的蒙特婁，想要躲避街上的刺骨寒風，不妨利用以瑪莉城廣場Place Ville-Marie（**MAP** P.384-C2）為中心，全長30km的巨大地下街（Underground）。

## 市中心

市中心的主要街道是聖凱瑟琳街Rue Ste-Catherine，從這條街延伸往西北、東南各1～2街區，以及被地下鐵Peel與麥基爾站包圍的區域，就是市中心最為熱鬧的地帶；地面上是櫛比鱗次的高樓大廈，地下則是連結各主要建築、設施的四通八達地下街Underground。聖凱瑟琳街往南1條街道的Boul.

### 街道與方位

街道以聖羅蘭大道Boul. St-Laurent為界線分成東西兩邊，而橫跨這兩邊的長街道都會在街名稱後面加上Ouest（西）或Est（東）做為區別，大多會縮寫成O.或E.來加在路名之後。由於是以聖羅蘭大道為起點來標示街道號碼，因此即使街道名與號碼相同，卻有可能是距離很遠的東西兩邊，要格外注意。另外城市是以東北～西南的傾斜主軸為中心，通常會將東北方稱為東方，西南方則稱為西方。

↑整修之後的瑪莉城廣場，出現巨大的環狀裝置藝術品

### ❓遊客中心

Tourist Information Centre of Montréal
**MAP** P.395-A1
🏠30 Rue Ste-Catherine O.
📞(514)873-2015
📠(1-877)266-5687
🌐www.bonjourquebec.com
開 夏季
　週二～日10:00～18:00
休 週一、冬季

## 實用資訊
### Useful Information

**警察**
Service de police de la Ville de Montréal
**MAP** P.384-B2
🏠1441 Rue St-Urbain
📞(514)393-1133

**醫院**
Montréal General Hospital
**MAP** P.383-C1
🏠1650 Cedar Ave.　📞(514)934-1934

**主要租車公司**
Avis
皮耶·埃利奧特·杜魯道國際機場
📞(514)636-1902
市中心
**MAP** P.384-C1
🏠1225 Rue Metcalfe
📞(514)866-2847
Hertz
皮耶·埃利奧特·杜魯道國際機場
📞(514)636-9530
市中心
**MAP** P.384-C2
🏠1475 Rue Aylmer
📞(514)842-8537

**❓ 舊城區的遊客中心**

Bureau d'accueil touristique du Vieux-Montréal

**MAP** P.395-A2

🏠174 Rue Notre-Dame E.

☎(514)844-5757

URL www.mtl.org

🕐5/1～6/15、9・10月
　　每日10:00～18:00
　　6/16～8/31
　　每日9:00～19:00
　　11～4月
　　週四～一10:00～18:00

🚫11～4月的週二・三

**公共腳踏車**

　蒙特婁推出名為BIXI的公共腳踏車服務，市區內設有800處站點，可以輕鬆借車。註冊會員後有可享45分鐘自由騎乘的定額制、方便短時間與距離騎乘的以量計價制One Way Pass（單次）2種計費方式，可以在各站點設置的收費機或手機app以信用卡付費（電動腳踏車只能以app付費）。

BIXI Montréal

URL bixi.com

🕐4/15～11/15

💰One Way Pass$1.25～
　（需要另付押金$100）

René-Lévesque有座多徹斯特廣場Square Dorchester，廣場前面設有遊客中心，不妨以這裡作為觀光出發點。Boul. René-Lévesque、聖凱瑟琳街及北邊平行而走的Boul. de Maisonneuve、Rue Sherbrooke等是從西南一路貫穿市中心通往東北方的主要街道，沿著這些街道往東北邊前進，就是年輕人聚集的拉丁區及時尚住宅區的皇家山高原區。雖然市中心範圍不算太大，靠徒步方式也不至於逛不完，不過以地下鐵來代步會更加方便。

## 舊城區

汽車專用道路Auto Ville-Marie以南，從地下鐵橘線的Square-Victoria-OACI站、Place-D'Armes站到Champ-de-Mars站，直到聖勞倫斯河Fleuve St-Laurent一帶都屬於舊城區，只要在其中一站下車即可，交通相當簡單。中心區域是傑克卡地爾廣場Place Jacques-Cartier，廣場正北的聖母街Rue Notre-Dame及南邊的聖保羅街Rue St-Paul，為舊城區2大主要街道；聖母街上有著蒙特婁市政廳、聖母大教堂，聖保羅街則能拜訪進教之佑聖母小堂、邦斯庫爾市場等地，還有許多餐廳及商店林立，觀光靠徒步就行，而石板鋪成的街道也勾起漫步遊逛的興致。

⬆許多新人來此拍攝婚紗照

## 🍁 在 地 觀 光 之 旅 🍁

　蒙特婁推出周遊市中心、舊城區等主要觀光景點的觀光巴士，特別推薦給想要在短時間內有效率觀光的人。

### Gray Line Montréal

　推出搭乘雙層觀光巴士周遊市區景點的Hop-On Hop-Off Double Decker Tour，可以在10個觀光景點自由上下車，所需時間約2小時，車票僅限2日內有效。

　對於不習慣自助旅遊的人，也推薦參加Heart of Montréal Motorcoach City Tour，

是搭乘大型巴士周遊舊城區、聖約瑟夫教堂、聖海倫島等主要名勝；雖然費用並不包含景點門票，但會保留主要觀光景點的拍照與休息時間，享有極高的自由度。上午及下午各有1班次，所需時間為3小時30分，出發地點在多徹斯特廣場（**MAP** P.384-C1）旁，提供主要飯店接送服務，車票可上官網購買、預約。

⬆上層為露天座位

**DATA**

**Gray Line Montréal**

☎(514)398-9769

📠(1-800)461-1233

URL www.grayline.com/canada/things-to-do-in-montreal

Hop-On Hop-Off Double Decker Tour(Red Loop)

🕐4月下旬～10月下旬
　　每日10:00～16:00每隔15～30分鐘出發

💰大人$46.5～、兒童（5～11歲）$29.5～

Heart of Montréal Motorcoach City Tour

🕐每日9:00、13:00出發（依時期而變動）

💰大人$46.5～、兒童（5～11歲）$29.5～

# 主要景點

## 市中心

### 聖凱瑟琳街
Rue Ste-Catherine

**MAP** P.384-D1〜P.385-A3

★★★

⬆無數店鋪林立的聖凱瑟琳街

從西南到東北貫穿市中心的主要街道，特別在Rue Guy〜聖羅蘭大道之間是最熱鬧的中心區域，街道兩旁有百貨公司「La Baie」與「Holt Renfrew Ogilvy（→P.405）」、IMAX劇院進駐的「Simons」、「Montréal Eaton Centre」及「Les Cours Mont-Royal」等大型購物中心林立，還有分布於這些建築物之間的許多高品味小店。而且幾乎所有大樓之間都有地下街道連接，是整座地下城市Underground City的心臟所在。

### 麥基爾大學
McGill University

**MAP** P.384-B1〜C1

★★★

⬆博物館2樓中央展示著恐龍的骨頭標本

因為靠動物毛皮貿易而累積無數財富的英國商人詹姆斯・麥基爾James McGill，1821年以其遺產創立這所英語系大學，周圍隨處可見創校當時保留的古樸石頭建築。而位於校園內的雷德帕斯博物館Musée Redpath/Redpath Museum則展示無數來自埃及的古董收藏，像是木乃伊、乾燥頭顱，以及重新復原的恐龍骨頭標本、化石和來自日本的鎧甲。

此外，從大學正門口往瑪莉城廣場延伸的Ave. McGill-College，林立著各式新潮時尚的建築，可說是走在蒙特婁現代建築最先端的道路。

### 麥考德博物館
McCord Museum

**MAP** P.384-C1

★★★

位在麥基爾大學斜前方的博物館，透過18世紀以後的日常生活用品，來解說以魁北克省為中心的加拿大民眾生活與文化。館內分為3個樓層，1樓是包括因紐特人Inuit的加拿大原住民服裝史相關展示，可

⬆認識蒙特婁的歷史

欣賞加拿大原住民實際穿過的外套、洋裝、裝飾用品等；2樓及3樓則是隨時會舉辦企劃展。

---

**聖羅蘭大道**
以西北〜東南方向貫穿市中心，通稱為The Main，大道以東屬於法語區，以西則為英語區。

**超值的觀光通行證**
由觀光局發行，適用於博物館、美術館、活動、觀光之旅等處的觀光通行證Passport MTL，非常方便好用，可以在下列網站購買、註冊會員、選擇喜歡的體驗活動，以及享有免費的票券或折扣優惠。

**Passport MTL**
**URL** www.mtl.org/en/passeport-mtl
**圖** 3景點$50
　5景點$80

**麥基爾大學**
**地** 845 Rue Sherbrooke O.
**TEL** (514)398-4455
**URL** www.mcgill.ca
雷德帕斯博物館
**TEL** (514)398-4861
**URL** www.mcgill.ca/redpath
**開** 週二〜五9:30〜14:30
**休** 週六〜一
**費** 自由捐款（大人$10）

⬆校區內可自由出入

**麥考德博物館**
**地** 690 Rue Sherbrooke O.
**TEL** (514)861-6701
**URL** www.musee-mccord-stewart.ca
**開** 6/26〜9/4
　週一・二・四・五10:00〜18:00
　週三10:00〜21:00
　週六・日10:00〜17:00
　9/5〜6/25
　週二・四・五10:00〜18:00
　週三10:00〜21:00
　週六・日10:00〜17:00
**休** 9/5〜6/25的週一
**費** 大人$20、銀髮族$19、學生$15、17歲以下免費
　（週三17:00〜入場免費）

↑可享受購物之樂

↑讓人想起古老美好的巴黎街道

### 蒙特婁美術館　MAP P.384-C1
The Montréal Museum of Fine Arts　★★★

位於Rue Sherbrooke與Rue Crescent的交叉口，有如神殿一般的舊館與時髦的新館相對而建；舊館於1860年成立，是加拿大最古老的美術館，收藏像是魁北克的畫家Marc-Auréle de Foy Suzor-Côté等以加拿大與魁北克省

↑舊館與新館相對而立

藝術為主，範圍包含版畫、素描、繪畫、雕刻、攝影、家具等超過4萬5000件的作品。新館則是以斜坡串連起各個樓層的嶄新設計空間。2座建築物之間以地下通道連接，可以自由暢行無阻。

### 蒙特婁現代藝術館　MAP P.384-B2
Musée d'art contemporain de Montréal

目前因整修工程而長期休館中，不過搬遷到瑪莉城隔壁的大樓（MAP P.384-C2）暫時開館（預定2025年重新開館）。

←在搬遷的副館內展覽部分收藏品

### 拉丁區　MAP P.384-A2
Quartier Latin　★★★

在市中心的東北端，從聖丹尼斯街Rue St-Denis及Boul. de Maisonneuve往北一帶就是拉丁區，由於舊蒙特婁大學、即現在的魁北克大學蒙特婁分校（UQAM），這所法語系大學的學生都喜歡聚集在這裡，才被稱為「拉丁區Quartier Latin」。特別是地下鐵Berri-UQAM站與Mt-Royal站之間，更是時尚咖啡館、餐廳及畫廊等聚集地帶。

### 皇家山高原區　MAP P.384-A1·2
Plateau-Mont-Royal　★★★

從聖丹尼斯街的拉丁區往西邊巷子1～3個街區的皇家山高原區，在20世紀初期是清貧知識分子及法裔加拿大工人階級的住宅區，不過穿越聖丹尼斯街上的聖路易廣場St-Louis Square，以拉瓦爾大道Ave. Laval為中心的這一帶，街道兩旁是維多利亞式的兩層樓洋房林立的寂靜住宅區，還有在玄關設置美麗的螺旋狀階梯，或是將外牆漆成鮮紅或亮藍等顏色的繽紛建築。

↑面對聖路易廣場的時尚住宅區

## 舊城區

### 傑克卡地爾廣場
Place Jacques-Cartier

MAP P.395-A2
★★★

沿著聖母街往舊港方向前行，眼前是和緩而狹長的斜坡，為舊城區的中央廣場，有著花店、水果攤、幫路人畫像的畫師等熱鬧又有趣的地方。而豎立在廣場入口的紀念圓柱，頂端是曾經於特拉法加海戰中，英勇奮戰的英國尼爾森將軍Horatio Nelson雕像。在圓柱附近設有遊客中心（→P.392邊欄），正好是漫遊舊城區的最佳據點。

↑周邊咖啡館與餐廳櫛比鱗次

（地圖內文字）

Rue Ste-Catherine E.
Rue Berger
Rue Ste-Elisabeth
Ave. de l'Hôtel-de-Ville
Rue St-Dominique
Rue Charlotte
Rue St-Laurent
Boul. St-Laurent
Rue Clark
Rue Sanguinet
Rue Berri
Rue St-Denis
Ave. de l'Hôtel-de-Ville E.
Boul. René-Lévesque E.
Rue de la Gauchetière E.
Rue de Bullion

Parc Jean-Chenier

Champ-de-Mars
Rue St-Louis
Rue St-Antoine E.

P.397
進教之佑聖母小堂
Chapelle Notre-Dame-de-Bon-Secours

Rue de la Commune E.
Rue de la Friponne
Rue Bonsecours

**A**

P.391
遊客中心

哈默介城堡博物館
Château Ramezay Museum
P.396

蒙特婁市政廳
City Hall/Hôtel de Ville
Camp de Mars P.396
Place Vanquelin

中國城
Chinatown
京都飯店
P.404

Complexe Guy-Favreau

Holiday Inn Montréal Centre Ville

Rue St-Urbain
Rue Côté

尼爾森雕像

P.398
邦斯庫爾市場
Bonsecours Market

P.396
蒙特婁摩天輪
La Grande Roue de Montréal

兒童遊樂設施
傑克卡地爾廣場
Place Jacques-Cartier P.395
遊客中心 P.392

傑克卡地爾碼頭
Quai Jacques-Cartier P.401

**A**

法院
Courthouse
(Palais de Justice)

舊法院
Old Courthouse

Place-D'Armes

國際會議中心
Montréal Convention Centre
(Palais des Congrès de Montréal)

兵器廣場
Place d'Armes

蒙特婁銀行博物館
Bank of Montreal Museum

P.401
Place D'Armes

Côte de la Place d'Armes
Rue St-Antoine O.
Rue des Fortifications

Rue Notre-Dame E.
Rue St-Vincent
Rue Le Royer E.
Rue St-Paul E.
Rue St-Gabriel
Rue St-Claude
Rue Bonsecours

Auberge du Vieux-Port
Délices Erable & Cie P.405

Pavillon Jacques-Cartier

往聖海倫島渡輪
Maritimes Shuttle乘船處 P.405

La Boutique Boréale

聖母大教堂 P.397
Basilique Notre-Dame

Modavie
P.406

Nelligan
P.401

**舊港** P.396
**Old Port (Vieux Port)**

蒙特婁科學中心
Centre des Sciences de Montréal

愛德華國王碼頭
Quai King-Edward

**B**

InterContinental Montréal
P.400

Chez Delmo
P.404

Crew Collectif & Café
P.404

Auberge Bonaparte P.401
Bonaparte P.404

Rue St-Pierre
Rue St-Sulpice
Rue St-François-Xavier
Rue de l'Hôpital
Rue Le Royer O.
Rue St-Nicolas

聖敘爾皮斯神學院
St-Sulpice Seminary

**B**

Rue de la Commune O.

Gault
P.401

Holder
P.403

P.397
蒙特婁考古學歷史博物館
Pointe-à-Callière Musée d'archéologie et d'histoire de Montréal

Rue McGill
Rue Notre-Dame O.
Rue William

亞歷山大碼頭
Quai Alexandra

N

0    125    250
m

**蒙特婁**
舊城區

**蒙特婁市政廳**

住 275 Rue Notre-Dame E.
電 (514)872-0311
網 montreal.ca/en/places/
　　city-hall
時 週一～五8:00～17:00
休 週六・日

**自由魁北克萬歲**
　　主張獨立的魁北克省展開爭取獨立的外交手段，震撼加拿大聯邦政府的事件。

**哈默介城堡博物館**

住 280 Rue Notre-Dame E.
電 (514)861-3708
網 www.chateauramezay.
　　qc.ca
時 每日10:00～17:00
休 無休
費 大人$13.5、銀髮族$11.5、學生$10、兒童（5～17歲）$6

↑1929年被指定為魁北克省第一座歷史古蹟

**邦斯庫爾市場**

住 350 Rue St-Paul E.
電 (514)872-1654
網 www.marchebon
　　secours.qc.ca
時 週一～六10:00～20:00
　　週日10:00～18:00
　　（依照季節會有變動）
休 無休

**蒙特婁摩天輪**

MAP P.395-A2
住 362 Rue de la Commune E.
電 (514)325-7888
網 lagranderouedemontreal.
　　com
時 每日10:00～23:00
休 無休
費 大人$30.47、銀髮族・學生$25.87、兒童（3～17歲）$23
　　夜晚點燈後，在空中俯瞰舊城區的夜景也很美。

↑能一覽港灣風景的摩天輪

## 蒙特婁市政廳
City Hall/Hôtel de Ville　　MAP P.395-A2　★★★

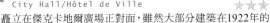

　　聳立在傑克卡地爾廣場正對面，雖然大部分建築在1922年的火災中燒毀，但在1926年修復完成；市政廳內部以大理石築牆鋪地，還有金色水晶吊燈、細膩的雕刻，裝飾得華麗無比。1967年時任法國總統戴高樂訪問魁北克之際，因為他在建築後側的陽台上發表演講，說出「自由魁北克萬歲Vive le Québec libre!」，讓市政廳因而成名；夜間還會點燈，讓人一睹市政廳的美麗面貌。此外，市政廳旁邊的法院及2座舊法院，也是必看的建築景點。

↑建於1878年巴洛克式的建築

## 哈默介城堡博物館
Château Ramezay Museum　　MAP P.395-A2　★★★

　　擁有石牆及鍍鋅鐵板屋頂的古老建築，是1705年為當時蒙特婁總督哈默介Claude de Ramezay所興建的宅邸，之後則作為歷代加拿大總督的官邸。在美國獨立戰爭時則成為反抗軍的指揮所，美國革命之父班傑明・富蘭克林Benjamin Franklin就曾經居住過這裡。保留著當年模樣的館內還展示著18～19世紀的家具及衣飾服裝等，而四季開滿不同花卉的美麗中庭也不能錯過。

## 邦斯庫爾市場
Bonsecours Market　　MAP P.395-A2　★★★

↑銀色的圓頂格外醒目

過去每當船隻要進入港口時的指標，就是這座新古典式的長型建築，從1845年建造以來，隨著時代演進而擔任市政廳、公共市場、聯邦政府議會場等角色；現在則是進駐以販售魁北克省為主的加拿大手工藝品商店、餐廳與藝廊。

## 舊港
Old Port（Vieux Port）　　MAP P.395-B2　★★★

　　位於聖勞倫斯河畔廣達2.5km，擁有世界最大的內陸港——亞歷山大碼頭等4個碼頭，以蒙特婁摩天輪La Grande Rou de Montréal為地標。

## 進教之佑聖母小堂

Chapelle Notre-Dame-de-Bon-Secours  MAP P.395-A2

⬆可以欣賞細膩裝飾的教堂聖壇

蒙特婁第一位老師Marguerite Bourgeoys在1655年所創建的教堂,不過現在所看到的是1771年重建的建築;這座教堂又稱為「水手的教堂」而廣為人知,從天花板垂吊著祈求船員航海安全的船隻模型。在教堂內還有博物館Museé Marguerite-Bourgeoys,除了收藏關於Marguerite的資料及出土的古老禮拜堂,還能從館內登上尖塔頂端,一覽舊港及舊城區街景。

## 聖母大教堂

Basilique Notre-Dame ★★★ MAP P.395-B1

建造於1829年的新哥德式莊嚴建築,往天空延伸的2座高聳鐘塔,東塔由10座鐘組成鐘琴,西塔則放置重達10.9公噸的巨鐘,在教堂內部則是能欣賞有柔和鈷藍色的燈光照射,彷彿漂浮在空中的黃金祭壇;而透過玫瑰窗及美麗彩繪玻璃所灑落的陽光照亮教堂內,映照出精緻細膩雕刻及翠綠色的天花板,可說是蒙特婁舊城區中最重要的觀光景點。

⬆舊城區觀光的焦點

聖壇內擁有多達7000根音管的世界最大規模管風琴,一整年都會舉辦音樂會,尤其是在夏季登場、由蒙特婁交響樂團演出的莫札特音樂會最為知名,還有5月中旬～10月中旬舉行的古典管風琴音樂會「Take a Seat at the Organ」(限定60人,需要預約)。夜晚時教堂內部更有名為「AURA」的燈光秀,可享受音樂與光所交織的饗宴。

## 蒙特婁考古學歷史博物館

Pointe-à-Callière Musée d'archéologie et d'histoire de Montréal  ★★★ MAP P.395-B2

位於舊城區的南端,是可以認識蒙特婁歷史的博物館,原本位於其他地點,在搬遷過來之際順便改名為省長Louis-Hector de Callière之名,這裡也是蒙特婁的發源之地——瑪莉城的建造之地。博物館內透過圖板、立體模型和雷射投影、全像攝影等各式各樣的方法來展示,非常有意思;地下室還有全市歷史最古老的天主教教徒地下墳墓,穿過走道的前方則是舊海關改裝而成的新館。

---

### 側欄

魁北克省

蒙特婁 Montréal ◆ 主要景點

**進教之佑聖母小堂**
🏠400 Rue St-Paul E.
☎(514)282-8670
🌐margueritebourgeoys.org
🕐5/15～10/15
　每日10:00～18:00
　10/16～5/14
　週二～日11:00～17:00
休10/16～5/14的週一
💰免費
Marguerite-Bourgeoys博物館
💰大人$14、銀髮族$12、學生(18～25歲)$7、青少年(13～17歲)$5、12歲以下免費

**聖母大教堂**
🏠110 Rue Notre-Dame O.
☎(514)842-2925
🌐www.basiliquenotredame.ca
🕐週一～五9:00～16:30
　週六9:00～16:00
　週日12:30～16:00
休無休
💰大人$15、學生(17～22歲)$13、兒童(6～16歲)$9.5
彌撒
🕐週一～五7:30、12:15
　週六17:00
　週日9:00、11:00、17:00
　週六・日會有管風琴演奏。只用法語佈道。
AURA
🌐www.aurabasiliquemontreal.com
☎(1-866)908-9090
　(預約門票專用)
🕐週一～五18:00、20:00
　週六19:00、21:00
　(依照季節會有變動)
休週日
💰大人$32、銀髮族$27、學生$21、兒童(6～16歲)$18
※每次的30分鐘前進場。參觀點燈的教堂內部20分鐘、燈光秀20分鐘,合計約40分鐘。

**蒙特婁考古學歷史博物館**
🏠350 Place Royale
☎(514)872-9150
🌐pacmusee.qc.ca
🕐週一～五10:00～18:00
　週六・日11:00～18:00
休無休
💰大人$26、銀髮族$24、學生$17、青少年(13～17歲)$13、兒童(5～12歲)$8、4歲以下免費

**皇家山公園**
URL www.lemontroyal.qc.ca
⊠從地下鐵橘線的Mont-Royal站搭乘市區巴士#11，在公園內的5處巴士站牌下車；北之觀景台要在第2站（Camillien-Houde）下車、Chalet de la Montange後方的觀景台或河狸湖則在第5站（Lac aux Castor）下車。如果是從市中心徒步過來，從Rue Peel沿著通往公園的階梯往上走。

**十字架**
根據1643年Maisonneuve向上帝祈求，若能讓城市免於洪患就建立十字架讚揚神蹟的故事，於1924年建造。

**聖約瑟夫教堂**
🏠3800 Ch. Queen-Mary
☎(514)733-8211
URL www.saint-joseph.org
教堂
🕐每日6:00～21:00
休無休
圓頂式教堂
🕐每日6:30～20:30
休無休
💴免費
禮拜堂博物館
🕐每日10:00～16:30
休無休
💴大人$3、兒童$1
管風琴音樂會
🕐週日15:30（所需時間約30分鐘）
※目前暫停中。
⊠地下鐵藍線的Côte-des-Neiges站徒步約10分鐘，或是從地下鐵橘線Laurier站搭乘市區巴士#51，而從皇家山公園則可搭乘市區巴士#166到正門口。從正門口到禮拜堂入口有接駁巴士可搭乘（🕐每日6:15～20:45）。

# 郊區

## 🍁 皇家山公園
Parc du Mont-Royal　MAP P.383-C1　★★★

↑從觀景台一覽市中心街景

位於市中心以西，海拔232m的小丘陵——皇家山，幾乎整個區域都是廣闊的公園，是由與紐約中央公園同一位園藝造景師所設計，所以在廣大的公園裡有慢跑或騎腳踏車的人、愉快地做著日光浴的人，為蒙特婁市民放鬆身心的場所而深受喜愛。園內設有2處觀景台，位於山丘頂端的石造建築Chalet de la Montange後方的觀景台，可以一覽市中心的全貌；而北之觀景台Observatoire de l'Est Mont-Royal Lookout/ Détour Vers Observatoire則是能遠望蒙特婁街。從Chalet de la Montange後方觀景台往右邊坡道向上走10分鐘左右，過了山頂處豎立著約30m高的鐵製十字架；一入秋就會遍地楓葉，彷彿多彩拼布一樣美不勝收。

## 🍁 聖約瑟夫教堂
Oratoire St-Joseph　MAP P.383-C1　★★★

建於蒙特婁最高地點263m的天主教禮拜堂，為紀念加拿大的守護聖人——聖約瑟夫而打造的義大利文藝復興式的建築，1942年起花費18年歲月才終於完成。其實原本只是由以信仰的力量醫療無數人疾病或

↑氣派的圓頂式教堂

傷口，而有「奇蹟之人」稱號的安德烈修士所建造，面積僅數公尺見方的禮拜堂；在他死後，仰賴眾多熱忱信徒的行動力，才完成如此宏偉的建築物，現在每年則吸引200萬人前來造訪參拜。

大門口的右邊是教堂，在最裡面放置著聖約瑟夫雕像，沿著走廊牆壁上排列著數量驚人的枴杖，全都是經由安德烈修士治療而能重新走路的人們所奉獻的。搭乘電梯上到2樓則是紀念品商店，往外走還有一處觀景台；在3樓特別展示廳的禮拜堂博物館Musée de l'Oratoire裡，還保存著安德烈修士的心臟。至於建築最頂端則為僅次於梵蒂岡聖彼得大教堂、全世界第2大的圓頂式教堂，每到週日會在教堂內舉行管風琴音樂會。

## 聖海倫島
### Île Ste-Hélène
MAP P.383-B2/P.385-A4～C4
★★★

1967年舉辦世界博覽會的會場，整座島嶼都規劃成公園，並分布眾多的景點；像是由美國建築師富勒Richard Buckminster Fuller所設計的美國館，在博覽會結束後變成生物圈La Biosphère，介紹關於

↑圓形建築物就是生物圈

聖勞倫斯河、五大湖等水環保議題。在島嶼正中央則是建於1822年的碉堡Old Fort，18世紀時曾有法國與蘇格蘭軍隊駐紮於此，碉堡內為展示法國士兵使用過的武器及軍服的軍事博物館，於2021年之前對外開放。島上的Jean-Drapeau站附近設置了公共腳踏車BIXI的站點，可以騎腳踏車開心暢遊。

## 奧林匹克公園
### Parc Olympique
MAP P.383-A1～2
★★★

原本是1976年舉辦蒙特婁奧運的會場，現在成為運動與休閒遊樂聚集的一大複合設施。

可以容納約6萬人的奧林匹克體育館Olympic Stadium，在2004年之前都是美國職棒大聯盟蒙特婁博覽會隊Montreal Expos的地主球場，可以透過導覽之旅來參觀體育館及緊鄰的游泳池，還包含可認識奧林匹克公園歷史的Since 1976 Exhibition。作為公園地標象徵的蒙特婁塔Montréal Tower，高度為165m，也是全世界最高的斜塔，搭乘沿著塔樓斜坡而上的纜車約2分鐘就能抵達觀景台，天氣晴朗時可以看到80km外的遠方。

園內共有4項娛樂設施，與聖海倫島的生物圈統稱為Space For Life/Escape Pour La Vie，其中不可錯過的是緊鄰體育館的自然生態館Biodôme；由玻璃帷幕構成的圓球建築內生長著茂盛植物，分成洛朗區的落葉闊葉林、聖勞倫斯灣等不同生態系的5個區域，使用科技的展示方式十分刺激感官。還有全世界規模前幾大的蒙特婁植物園Jardin Botanical de Montréal，擁有10座溫室，以及原住民第一民族花園、日本庭園等約20座庭園，栽培約2萬2000種世界植物。如果有多餘時間，還可以去昆蟲館Insectarium或力拓加鋁天文館Planétarium Rio Tinto Alcan逛逛。

↑斜塔與體育館都是由法國人所設計

### 聖海倫島
🚇 地下鐵黃線的Jean-Drapeau站下車，或是搭乘從舊城區舊港的傑克卡地爾碼頭Quai Jacques-Cartier出發的渡輪（→P.389邊欄）。

### 生物圈
🏠 160 Chemin du Tour de l'isle
☎ (514)868-3000
☎ (1-855)514-4506
🌐 espacepourlavie.ca
🕐 4月下旬～9月上旬
　每日9:00～17:30
　9月上旬～4月下旬
　週二～日9:00～16:30
🚫 9月上旬～4月下旬的週一
💲 大人$22.75、銀髮族$20.5、兒童（5～17歲）$11.5
　有與奧林匹克公園內的自然生態館及蒙特婁植物園等5設施的通用套票。
5設施的通用套票
💲 大人$83、兒童（5～17歲）$31

### 奧林匹克公園
☎ (514)252-4141
🚇 從地下鐵綠線Pie-IX站，徒步5分鐘。
奧林匹克塔與蒙特婁塔
☎ (514)252-4737
🌐 parcolympique.qc.ca
🕐 ※目前因整修工程而關閉中（預定2026年秋天重新開放）。

### Space For Life
自然生態館
🕐 4月下旬～9月上旬
　每日9:00～18:00
　9月上旬～4月下旬
　週二～日9:00～17:00
🚫 9月上旬～4月下旬的週一
蒙特婁植物園
🕐 4月下旬～6月中旬
　每日9:00～18:00
　6月中旬～9月上旬
　週一～四9:00～18:00
　週五・六9:00～19:00
　9月上旬～10月
　週一～四9:00～21:00
　週五～日9:00～22:00
　11月～4月下旬
　週二～日9:00～17:00
🚫 11月～4月下旬的週一

# 蒙特婁的住宿
## ——Hotels in Montréal——

在市中心從高級飯店到青年旅館各種等級的住宿應有盡有，由於客房總數相當多，通常不會發生找不到房間可住宿的問題；不過要是碰上蒙特婁國際爵士音樂節、太陽劇團（→P.382）的公演期間，遊客非常多的狀況，一定要事先預約。市中心以高級～中級飯店居多，經濟型旅館分布於北邊的Rue Sherbrooke或巴士總站的周邊，至於B&B則聚集在皇家山高原區Plateau-Mont-Royal及其周邊，很多都是1、2樓集合式住宅改成的時尚住宿；在舊城區有利用老舊石頭建築改成的雅致精品旅館。

在蒙特婁，住宿除了要外加5％的聯邦政府消費稅GST、9.975％的省住宿稅以外，還有3.5％的市住宿稅金。

---

## 最高級飯店

### Fairmont The Queen Elizabeth

〔市中心〕

建於1960年，冠上伊莉莎白女王之名的最高級飯店。配置古董家具並鋪上沉穩色調地毯的飯店內，令人感受其高級感；館內設有聚集在地產品的市集，以及特調酒吧和SPA，地下樓層則與中央車站、購物中心連結，非常便利。

MAP P.384-C2
900 Boul. René-Lévesque W.
TEL (514)861-3511
FREE (1-866)540-4483
URL www.fairmont.com/queen-elizabeth-montreal
⑤①$369～
Tax另計
CC A D M V
房 950房

### Hôtel InterContinental Montréal

〔舊城區〕

座落在市中心與舊城區之間，彷彿高塔般聳立的飯店，標準客房配合每間各自的主題來命名，並以深棕與米色為主調，營造出非常舒適而沉穩的氛圍。餐廳、酒吧及室內游泳池、健身中心、SPA、烤箱等，飯店設備非常充實。

MAP P.395-B1
360 Rue St-Antoine O.
TEL (514)987-9900
URL montreal.intercontinental.com
⑤①$363.5～
Tax另計
CC A D M V
房 360房

## 高級飯店

### Hôtel Omni Mont-Royal

〔市中心〕

就在高級飯店、百貨公司、商店林立的Rue Sherbrooke一隅，使用時尚木製家具或沙發等優雅家具的客房，建議來此度蜜月。還有游泳池、按摩池齊全的健身中心，法式料理「Le Petit Opus Café」提供早餐服務。

MAP P.384-C1
1050 Rue Sherbrooke O.
TEL (514)284-1110
URL www.omnihotels.com
夏5～10月⑤①$279.65～
冬11～4月⑤①$207.4～
Tax另計
CC A D M V
房 299房

### Le Centre Sheraton Montréal

〔市中心〕

矗立於市中心的高樓層飯店，奢華美麗的室內家具與開闊舒適的客房空間，加上工作人員的貼心應對等，都讓人相當滿意。至於餐廳、咖啡館、游泳池、健身中心、SPA、三溫暖、按摩池等設備也是應有盡有，能夠享受愉快的住宿時光。

MAP P.384-D1
1201 Boul. René-Lévesque O.
TEL (514)878-2000
URL sheratoncentremontreal.com
⑤①$263～
Tax另計
CC A D J M V
房 825房

---

浴缸　電視　吹風機　Minibar和冰箱　保險箱　網路
部分房間　部分房間　出借　部分房間　櫃台提供

## Auberge du Vieux-Port

舊城區

**MAP** P.395-B2
97 Rue de la Commune E.
**TEL** (514)876-0081
**FREE** (1-888)660-7678
**URL** aubergeduvieuxport.com
**HIGH** 夏季ＳＤ$359〜
**LOW** 冬季ＳＤ$233〜　含Tax
**CARD** A M V
**房** 45房

位於聖勞倫斯河畔的度假飯店,將超過百年歷史的倉庫建築重新改裝而成,客房善用原建築的風格質感,運用紅磚與石頭打造出古典優雅的氛圍;可坐在附設餐廳的露天座位,一邊眺望聖勞倫斯河景致、一邊優雅用餐。

## Hôtel Gault

舊城區

**MAP** P.395-B1
449 Rue Sainte-Hélène
**TEL** (514)904-1616
**FREE** (1-866)904-1616
**URL** hotelgault.com
**HIGH** 夏季ＳＤ$339〜
**LOW** 冬季ＳＤ$203〜　含Tax
**CARD** A M V
**房** 30房

將曾有金融機構辦公室進駐的大樓重新改裝而成的奢華飯店,每間客房都擁有嶄新設計,並以融入現代感的訂製懷舊家具來裝潢,寢具與備品也嚴選高品質。館內的健身房及接待櫃檯為24小時服務。

高級飯店

## Hôtel Place D'Armes

舊城區

**MAP** P.395-B1
55 Rue St-Jacques O.
**TEL** (514)842-1887
**FREE** (1-888)450-1887
**URL** hotelplacedarmes.com
**room** ＳＤ$224〜
　　Tax另計
**CARD** A M V
**房** 169房

由4座19世紀建造的歷史建築所改裝的飯店,室內設計依各建築不同而有新古典主義、當代藝術風格、雅致風格等風格主題,還有附設蒸汽浴的正統SPA。夏天還可以在屋頂露台飲酒或用餐,也設有日本餐廳。

## Hotel Nelligan

舊城區

**MAP** P.395-B2
106 Rue St-Paul O.
**TEL** (514)788-2040
**FREE** (1-877)788-2040
**URL** hotelnelligan.com
**room** ＳＤ$287〜
　　Tax另計
**CARD** A M V
**房** 105房

位於舊城區的中心,利用建於19世紀前半的4棟建築物,巧妙地運用古老磚牆的韻味,搭配深色木製家具的客房,營造出既都會又溫暖的氣息,行政套房還備有暖爐、按摩浴缸,每間客房都提供浴袍,夏季時還有屋頂酒吧。

## Auberge Bonaparte

舊城區

**MAP** P.395-B1
447 Rue St François-Xavier
**TEL** (514)844-1448
**URL** bonaparte.com
**HIGH** 5〜10月ＳＤ$284〜
**LOW** 11〜4月ＳＤ$177〜
　　Tax另計　含早餐
**CARD** A M V
**房** 37房

完全融入舊城區景觀的石頭建築興建於1886年,客房共有7種房型,最頂樓的行政套房還提供2間浴室及視野絕佳的陽台,站在屋頂上更能一覽聖母大教堂、舊城區的美景。附設有法式餐廳「Restaurant Bonaparte」(→P.404)。

中級飯店

## Hyatt Place Montréal-Downtown

市中心

**MAP** P.385-A3
1415 Rue St-Hubert
**TEL** (514)842-4881
**URL** www.hyatt.com
**room** ＳＤ$213〜
　　Tax另計　含早餐
**CARD** A D M V
**房** 354房

直通地下鐵Berri-UQAM站,距離巴士總站也很近的絕佳地點,於20223年6月盛大開幕。30層樓的飯店內,擁有室內游泳池、三溫暖、健身中心、時尚的餐酒館等設施,從高樓層還能眺望市區的美麗夜景。部分客房附有簡易廚房。

## Hôtel Casa Bella

市中心

MAP P.384-B2
住 264 Rue Sherbrooke O.
TEL (514)849-2777
URL www.hotelcasabella.com
費 HG 6～9月含衛浴 S $90～ D $99～、
　衛浴共用 S $75～ D $85～
LOW 10～5月含衛浴 S $70～ D $79～、
　衛浴共用 S $60～ D $70～
　Tax另計
CC A M V
房 20房

位於市中心北邊且鄰近住宅區,是擁有寧靜環境及合理房價的魅力飯店,1890年建造的建築內稍嫌老舊的階梯雖然有些陡峭,卻重新裝潢得整潔而漂亮,預約時還可以要求附有微波爐的客房。工作人員也非常親切,可以住得相當愉快。

## Hôtel Abri du Voyageur

市中心

MAP P.384-B2
住 9/15 Rue Ste-Catherine O.
TEL (514)849-2922
FREE (1-866)302-2922
URL abri-voyageur.ca
費 含衛浴 S D $117～
　衛浴共用 S D $90～
　Tax另計
CC A M V
房 50房

位在聖凱瑟琳街,是觀光相當便利的地點,客房分成有衛浴共用的經濟型及包含衛浴的高級客房;接待櫃檯必須走上階梯到2樓,24小時提供服務。網路預約可享折扣優惠,還有附廚房的公寓式住宿。

## Hotel Manoir Sherbrooke

市中心

MAP P.384-B2
住 157 Rue Sherbrooke E.
TEL (514)845-0915
URL www.manoirsherbrooke.ca
費 S D $119～
　Tax另計　含早餐
CC M V
房 24房

使用超過100年的獨棟古老民宅改裝成的小型飯店,分為5種類型的客房,統一以古典風格的裝潢搭配維多利亞式的建築,呈現優雅的氛圍,而且雖然內裝古典,不過設備卻是最新規格。提供歐陸式早餐,但沒有電梯。

## Le Cartier B&B

市中心

MAP P.385-A3
住 1219 Rue Cartier
TEL (514)917-1829
URL bblecartier.com
費 S D $85～
　Tax另計　含早餐
CC A D M V
房 2房

距離地下鐵站步行約5分鐘,位於市中心北邊的閒靜住宅區。有2間套房形式的寬闊客房,各有不同室內設計;附有含冰箱、微波爐、熱水瓶的開放式簡易廚房。提供歐陸式早餐。

## Saintlo Montréal

市中心

MAP P.384-D1
住 1030 Rue Mackay
TEL (514)843-3317
FREE (1-866)843-3317
URL saintlo.ca/en/hostels/montreal
費 夏季 團體房 $36～、S D $105～
　冬季 團體房 $28～、S D $90～
　Tax另計 含早餐
CC A M V
房 50房、205床

雖然位在市中心的中心地段,但周圍非常安靜,環境條件絕佳。由於是使用過去的汽車旅館改裝而成,因此全部客房都有房門鑰匙及廁所。還會定期舉辦健行之旅、腳踏車之旅等各種活動。

## Auberge du Plateau

市中心

MAP P.384-B2
住 185 Rue Sherbrooke E.
TEL (514)284-1276
URL aubergeduplateau.com
費 夏季 團體房 $57～ 含衛浴 S D $129～
　衛浴共用 S D $105～
　冬季 團體房 $50～ 含衛浴 S D $114～
　衛浴共用 S D $104～
　Tax另計 含早餐
CC M V
房 25房、84床

位置就在市中心北邊,利用充滿磚石趣味建築改成的青年旅館,不僅打掃得非常乾淨,旅館內也非常漂亮;屋頂還設有露台,一到夏季是百花齊放的繽紛景象。前往市中心、皇家山高原區或聖丹尼斯街都是徒步5分鐘左右就能到達。房價包含床單費。

經濟型旅館

小型飯店

B&B

青年旅館

# 蒙特婁的餐廳
## —— Restaurants in Montréal ——

既然被稱為北美洲的巴黎，蒙特婁當然擁有眾多以法國料理為首的西歐美食餐廳。舊城區內充滿歷史氣息的餐廳，分布在聖丹尼斯街、聖羅蘭大道，而亞瑟王子大道Rue Prince Arthur則是聚集年輕人喜愛的咖啡館、酒吧，還有各國料理的餐廳。

## 魁北克料理

### La Binerie

可以大啖魁北克料理的餐廳，雖然是空間不大的大眾食堂，而用餐時段卻被當地人擠得水洩不通。燉煮豆類料理相當受歡迎，餐點有加入培根、香腸的鹹可麗餅$16.75、歐姆蛋$13～等，每一道價格都很合理，也很推薦湯品加主餐的套餐。

市中心

**MAP** P.384-A1
🏠 4167 Rue St-Denis
**TEL** (514)285-9078
**URL** labineriemontroyal.com
🕐 週一～三6:00～14:00
　週四・五6:00～21:00
　週六7:30～21:00
　週日7:30～14:00
🈺 無休
💴 $15～
💳 M V

### Jerome Ferrer Europea

在老饕之間的評價極高，深受矚目的法式餐廳，靈活運用魁北克省的當季新鮮食材，烹調出現代法國菜。晚餐的8道套餐$185～、10道套餐則為$225，招牌的蒜味奶油龍蝦$68，味道也很有層次；酒類選擇也很豐富，雞尾酒、葡萄酒等一應俱全。

市中心

**MAP** P.384-D1
🏠 1065 Rue de la Montagne
**TEL** (514)398-9229
**URL** jeromeferrer.ca
🕐 週三～五11:00～13:00/17:00～20:30
　週六・日17:00～20:30
🈺 週一・二
💴 午餐$60～、晚餐$120～
💳 A M V

### Restaurant L'Express

自1980年開幕以來就受到當地人喜愛，是吸引許多熟客造訪的法式小酒館。除了韃靼牛肉等傳統法式料理之外，也有隨意的菜色，直到深夜都可享用美食而受到好評。並且提供以當地食材製作的每日更換料理，店內空間則區分為用餐區與酒吧區。

市中心

**MAP** P.384-A2
🏠 3927 Rue St-Denis
**TEL** (514)845-5333
**URL** restaurantlexpress.com
🕐 週一～六11:30～翌日2:00
🈺 週日
💴 午餐$25～、晚餐$45～
💳 A M V

## 法國料理

### Restaurant Leméac

位在皇家山公園周邊，是間氣氛輕鬆的法式料理店，人氣菜色為韃靼牛肉與韃靼鮭魚$36.5～，以及油封鴨腿Confit $34.5等；葡萄酒的選擇也很豐富，還有許多搭配葡萄酒的料理。玻璃幃幕的明亮店內除了吧台座位與桌位之外，也設有露天座位。

郊區

**MAP** P.383-B1
🏠 1045 Laurier O.
**TEL** (514)270-0999
**URL** restaurantlemeac.com
🕐 週一～五11:30～15:00/17:00～23:00
　週六・日10:00～15:00/17:00～23:00
🈺 無休
💴 午餐$35～、晚餐$55～
💳 A M V
🚇 從地下鐵橘線Laurier站徒步17分鐘。

### Holder

位在歷史建築大樓的1樓，是氣氛輕鬆休閒的法式小酒館，從古典的法式料理到創意法國菜都能以合理的價格品嘗到，店內有許多家庭客人十分熱鬧。供應包含韃靼鮭魚佐優格醬$15～、紅酒燉牛頰肉$37等，甜點也很平價$5～13。

舊城區

**MAP** P.395-B1
🏠 407 Rue McGill, 100-A
**TEL** (514)849-0333
**URL** restaurantholder.com
🕐 週一～三11:30～22:00
　週四・五11:30～22:30
　週六17:30～22:30
　週日17:30～22:00
🈺 無休
💴 午餐$25～、晚餐$35～
💳 A M V

## Restaurant Bonaparte

舊城區

法國料理

位在舊城區內，紅磚建築相當醒目，用餐區分為3大塊，有古典風格的包廂、昏暗而浪漫的包廂，以及明亮時尚的休閒風格包廂，各有不同的氛圍特色。晚餐以套餐為主\$124～，也能品嚐與葡萄酒搭配的餐點，並附設同名的住宿設施(→P.401)。

MAP P.395-B1
住443 Rue St-François-Xavier
TEL(514)844-4368
URL restaurantbonaparte.com
休無休
預\$124～
CC A M V

---

## Chez Delmo

舊城區

海鮮料理

創業於1934年的老牌海鮮餐廳，可以品嚐使用當季魚貝類，並以法式料理為基礎的傳統菜色，招牌菜色是堅守延續創業以來味道的香煎多佛比目魚\$70，還有用魁北克產的龍蝦(時價)做成的各種創意料理，像龍蝦三明治就是值得推薦的午餐。

MAP P.395-B1
住275 Notre Dame O.
URL www.chezdelmo.com
營週二・六17:30～23:00
週一～五11:30～15:00/17:30～23:00
休週日・一
預午餐\$30～、晚餐\$50～
CC A M V

---

## Schwartz's

市中心

燻肉

創立於1928年的老字號燻肉鋪，將牛肉以傳統香料醃清入味10天、再進行燻製的燻肉三明治\$13.95，吃起來入口即化非常軟嫩，配菜則有酸黃瓜\$2.65等選擇。餐廳隔壁則是提供外帶的專賣店，週末午餐時段會排起長長人龍。

MAP P.384-A1
住3895 Boul. St-Laurent
TEL(514)842-4813
URL schwartzsdeli.com
營週一～四8:00～23:00
週五・六8:00～24:00
休無休
預\$15～
CC不可

---

## Crew Collectif & Café

舊城區

咖啡館

1928年建造的加拿大皇家銀行的雄偉建築，改裝而成的咖啡館。店內活用銀行的構造，直接使用當時的銀行窗口做成的吧台是必看的陳設。供應拿鐵咖啡等飲料、輕食、健康餐點等豐富餐點，採取在櫃台以名字點餐的方式；電源與無線網路也可免費使用。

MAP P.395-B1
住360 Rue Saint-Jacques
TEL(514)285-7095
URL crewcollectivecafe.com
營週一～五8:00～16:00
週六・日10:00～17:00
休無休
預\$5～
CC A M V

---

## Beauty's Luncheonette

郊區

位在市中心北邊的知名咖啡館，原本從供應早餐給縫紉工場的師傅開始，後來經過口耳相傳名氣也愈來愈大。最受歡迎的是口感蓬鬆的鬆餅\$11～，在貝果內夾入起司與火腿等食材的Beauty's Special \$15，午餐時間人潮相當擁擠。

MAP P.383-B1
住93 Ave. du Mont-Royal O.
TEL(514)849-8883
營週一・三～六8:00～16:00
週日8:00～17:00
休週二
預\$15～
CC A M V
交從地下鐵橘線Mont-Royal站徒步10分鐘。

---

## 京都飯店
### Restaurant Beijing

市中心

中華料理

使用新鮮海產的平價中華料理店，最受歡迎的就是酸辣香味令人垂涎且料多的酸辣湯\$10.5，還有使用Q彈蝦仁的雲吞麵\$9.25及春捲\$3.5。不但營業到深夜，而且全品項都提供外帶。

MAP P.395-A1
住92 Rue de la Gauchetière O.
TEL(514)861-2003
營週一～四・六11:30～翌日3:00
週五・日11:30～翌日1:30
休無休
預午餐\$15～、晚餐\$25～
CC A M V

# 蒙 特 婁 的 購 物
## —— Shops in Montréal ——

百貨公司及時尚潮店全都集中在聖凱瑟琳街，而高級品牌或精品店則是在Rue Sherbrooke上Rue University與Ave. du Musée所包圍的區域，至於舊城區的聖保羅街兩旁則有許多紀念品店。

## Holt Renfrew Ogilvy

市中心

百貨公司

創業於1866年的老字號百貨公司「Ogilvy」，經過約3年的整修，於2020年變身為大型百貨「Holt Renfrew」的旗艦店，令人耳目一新。關心永續發展議題的館內，進駐超過90家高級精品，並推出快閃店或期間限定活動，每次造訪都充滿樂趣。

MAP P.384-D1
住1307 Rue St-Catherine O.
TEL (514)842-7711
URL www.holtrenfrew.com
營週一～三10:00～18:00
　週四・五10:00～20:00
　週六10:00～19:00
　週日11:00～18:00
休無休
CC依店鋪而異

## L'Art des Artisans du Québec

市中心

紀念品

位於有超級市場進駐的購物中心Complexe Desjardins地下1樓，專門收集魁北克出身的藝術家創作小物件；從玻璃製品到舊模樣式的陶瓷、手工飾品、禮物卡等，每件都是充滿感情的設計，非常適合當作紀念品。至於楓葉的相關商品種類也很豐富。

MAP P.384-B2～C2
住150 Rue Ste-Catherine O.
TEL (514)288-5379
URL www.artdesartisans.ca
營週一～三10:00～18:00
　週四・五10:00～20:00
　週六10:00～17:30
　週日12:00～17:00
休無休
CC A M V

## La Boutique Boréale

舊城區

包含加拿大原住民因紐特人Inuit手工製作的雕刻作品、莫卡辛鞋Moccasin與藝術卡片等，店內蒐羅加拿大製造的各式商品；熊或海豹主題的因紐特人雕刻$250～，若想欣賞更多雕刻作品，還可前往相鄰的藝廊一探究竟。

MAP P.395-B2
住4 Rue St-Paul E.
TEL (514)903-1984
URL www.boutiqueboreale.com
營每日10:00～18:00
休無休
CC A M V

## Délices Érable & Cie

舊城區

楓糖漿商品

位於舊城區內，專門提供楓糖漿商品的專賣店，最受歡迎的有楓糖漿$6.15～、果醬$4.4～、楓葉茶$3.5～等，價格平實很適合當作伴手禮。現場製作的楓糖太妃糖Maple Taffy $2.3等獨特商品也相當豐富，還有使用當地食材製作的義式冰淇淋$4.1～。

MAP P.395-B2
住84 Rue St-Paul E.
TEL (514)765-3456
URL www.deliceserableetcie.com
營週四～日12:00～18:00
　（依照時期而變動）
休週一～三
CC A M V

## St. Viateur Bagel Shop

郊區

貝果

1957年創業以來持續以柴燒烤爐製作貝果的人氣店家，招牌口味的芝麻與芥子貝果1個$1.2、12個$13.75，還有肉桂葡萄乾貝果$1.4也是長銷商品。住1127 Ave. du Mont-Royal E.還有直營的咖啡館（營7:00～20:00），可順道前往。

MAP P.383-B1
住263 St-Viateur O.
TEL (514)276-8044
URL www.stviateurbagel.com
營每日6:00～24:00
休無休
CC不可
交從地下鐵藍線Outremont站徒步20分鐘。

魁北克省

蒙特婁 Montréal ◆ 餐廳／購物

405

# 蒙特婁的夜店
## —— Night Spots in Montréal ——

因為治安非常好，更可以安心享受夜生活。市中心以Rue Crescent、聖丹尼斯街等地為酒吧、酒館、夜店等夜生活娛樂集中的區域；無論有多麼安全，在人群聚集的場所仍然要多加注意扒手等問題。

爵士俱樂部

酒館

Live House・酒吧

## Pub Quartier Latin

市中心

位於拉丁區的休閒酒吧，總是擠滿年輕人，充滿熱鬧氛圍。啤酒、雞尾酒各為$8.5～，也供應各種口味的無酒精調酒飲料。附設的Bordel Comédie Club每晚都有現場喜劇表演登場，因為推出各種活動，請上官網確認節目表。

**MAP** P.384-B2
**住** 318 Rue Ontario E.
**TEL** (514)845-3301
**URL** pubquartierlatin.com
**營** 每日16:00～24:00
**休** 無
**CC** A M V

## Modavie

舊城區

位在舊城區，以現場爵士演奏出名的餐廳，可以一邊品嚐地中海美食，一邊享受現場音樂演奏，表演為每晚19:00～22:00登場。活用石牆及磚牆的餐廳內更是氣氛十足，並且以提供豐富的酒精類飲料而自豪，店內一隅還設有酒吧櫃檯，建議週末最好要預約。

**MAP** P.395-B2
**住** 1 Rue St-Paul O.
**TEL** (514)287-9582
**營** 週日～四11:30～22:30
週五・六11:30～23:00
**休** 無
**CC** A M V

## Brutopia

市中心

位於Rue Crescent的自製啤酒酒館Brewpub，可用$8～品嚐如棕色愛爾、蜂蜜啤酒等超過10種的自家釀造啤酒，其中最受歡迎的是帶有覆盆莓香氣的微甜覆盆莓啤酒Raspberry Blonde，也可以品嚐普切塔Bruschetta、墨西哥玉米餅等世界各國的下酒菜。每週四～一會有DJ及現場表演。

**MAP** P.384-D1
**住** 1219 Rue Crescent
**TEL** (514)393-9277
**URL** www.brutopia.net
**營** 週日～四14:00～24:00
週五・六12:00～翌日1:00
**休** 無休
**CC** A M V

## Les 3 Brasseurs

市中心

從白天到晚上都相當熱鬧的人氣店，知名的原創啤酒有5種，加上每月更替的1種，1杯$5.75～；料理則每都和啤酒很搭，除了漢堡$17～、德國酸菜拼盤$19.75之外，也有在麵衣加入啤酒的炸魚薯條$17。店內設有吧台座位與桌位。

**MAP** P.384-A2～B2
**住** 1658 Rue St-Denis
**TEL** (514)845-1660
**URL** les3brasseurs.ca
**營** 週日～三11:30～24:00
週四11:30～翌日1:00
週五・六11:30～翌日2:00
**休** 無休
**CC** A M V

## Bootlegger Cocktail Bar

市中心

位在直到夜晚都很熱鬧的聖羅蘭大道上的2樓酒吧，雞尾酒1杯$15～，全品項都是店家研究出來的原創調酒，若有喜歡的口味與心情也能現場客製，威士忌的收藏更是出類拔萃。平日17:00～19:00實施Happy Hour。

**MAP** P.384-B2
**住** 3481 St Laurent Blvd.
**TEL** (438)383-2226
**URL** www.barbootlegger.com
**營** 週四～日19:00～翌日3:00
**休** 週一～三
**CC** M V

# 兜風暢遊楓葉街道的焦點
# 洛朗區
Laurentians

蒙特婁北部的高原地帶，過去曾是肺結核病患療養地而有眾多人造訪歷史的度假勝地，現在更是以秋天的楓葉美景而聞名全世界。其實春夏時節可以騎馬和泛舟，冬季則有滑雪樂趣，一整年都能體驗玩樂，尤其是以全世界規模最大的夜間滑雪場而知名。

| 洛朗區基本DATA MAP P.380-C1～D1 | 據點城市：蒙特婁 歷史景點：★ 自然景點：★★★★ | 洛朗區情報網 URL www.laurentides.com |
| --- | --- | --- |

## 漫遊洛朗區

從蒙特婁前往洛朗區的各個城鎮，可沿著#15公路或與此平行的#117公路，一條路直行即可；#15公路雖然只能到達聖愛葛沙山Ste-Agathe-des-Monts，但因為路上沒有紅綠燈，可以節省不少時間。出發約30分鐘後，道路兩側開始出現闊葉樹林，就來到洛朗區的入口城鎮聖傑洛姆Saint-Jérôme，下Exit 51之處就有遊客中心。前往聖索弗爾山St-Sauveur-des-Monts要走#15公路下QC-364往西行，在Rue Principaley往

東北走，再左轉#117公路朝北前行到聖阿德雷Ste-Adèle；從這裡行駛兩側為山岳景色的#370公路，就是埃斯特雷爾Estérel，若是轉回原路#15公路往北走，下QC-117就能抵達聖愛葛沙山。

↑鮮豔奪目的紅葉

## 兜風路線

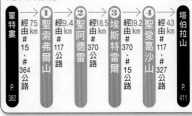

| 蒙特婁 P.382 | 經75km 由#15#364公路 | ① 聖索弗爾山 | 經9.4km 由#117公路 | ② 聖阿德雷 | 經18.5km 由#370公路 | ③ 埃斯特雷爾 | 經39.2km 由#370#15公路 | ④ 聖愛葛沙山 | 經43km 由#117#327公路 | 塔伯拉山 P.411 |
| --- | --- | --- | --- | --- | --- | --- | --- | --- | --- | --- |

### 其他交通情報
**長途巴士**
蒙特婁出發的Galland Laurentides巴士會經過聖阿德雷、聖愛葛沙山抵達塔伯拉山，1日上午及下午共行駛2班，所需時間約2小時50分～3小時25分，單程大人$34.65。
**Galland Laurentides**
TEL (450)687-8666　FAX (1-877)806-8666
URL www.galland-bus.com

**☑CHECK!**

**❓聖索弗爾山的遊客中心**

La Vallée de Saint-Sauveur
Bureau d'information touristique

🏠30 Ave. Filion
☎(450)227-2564
URL www.valleesaint
　 sauveur.com
　下#15公路的Exit 60之處。

**☑CHECK!**

**❓聖阿德雷的遊客中心**

MRC des Pays-d'en-Haut

🏠1014 Rue Valiquette
☎(450)229-6637
URL lespaysdenhaut.com
　下#15公路的Exit 67之處。

# 主要景點

## 🍁① 聖索弗爾山　　　　MAP P.408
St-Sauveur-des-Monts　★★★

　是洛朗區最靠近蒙特婁的城鎮，在主要街道Rue Principale的兩側盡是由五彩繽紛木造房屋改裝成的咖啡館、餐廳、商店，周邊還有4星飯店「Manoir Saint-Sauveur」及B&B、暢貨中心。而位於城鎮以南聖索弗

↑可愛店鋪林立的Rue Principale

爾山Mt-St-Sauveur的滑雪場，到了夏天就會變成能玩樂滑水道的人氣主題公園。

## 🍁② 聖阿德雷　　　　MAP P.408
Ste-Adèle　★★★

　由聖索弗爾山沿著#117公路稍微往北之處，過去是重要的物流地點，現在則是以Rond湖Lac Rond為中心的度假地區。

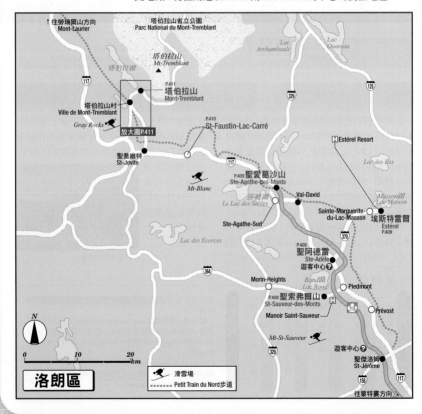

## 3 埃斯特雷爾
Estérel

MAP P.408

★★★

從聖阿德雷沿著
#370公路往北走，
位於Masson湖Lac
Masson南端的湖
畔，這裡有著提供豐
富戶外活動的長住
型度假飯店Estérel
Resort。

↑想悠閒停留的寧靜湖畔

## 4 聖愛葛沙山
Ste-Agathe-des-Monts

MAP P.408

★★★

以暢遊優美莎玻湖Le Lac des Sables的觀光船為主要活動，
尤其是在楓葉季節更是美得醉人，非常受歡迎。除了獨木舟及帆
船等湖上活動外，夏季也可以來游泳、戲水。

↑莎玻湖畔別墅林立

COLUMN

# 騎腳踏車暢遊洛朗區

在能夠充分享受洛朗區豐富大自然的無數戶
外體驗中以騎腳踏車最受歡迎，而值得介紹的
路線，是利用1989年停駛的聖傑洛姆Saint-
Jérôme～勞瑞爾山Mont-Laurier線火車鐵軌
舊址重新規劃而成的步道Petit Train du Nord
（5月中旬～10月中旬開放通行，冬季則是越野
滑雪、雪上摩托車專用道路）。這條穿越溪流與
湖泊的步道為232km，在紅葉妝點的秋天時
節，最能享受美麗的自然美景。在洛朗區的官方
導覽手冊（免費）上，刊載著詳細地圖及腳踏車
租借情報，記得去遊客中心索取。

↑騎腳踏車也沒問題的完善步道Petit Train du Nord

Petit Train du Nord　　　　DATA
URL ptittraindunord.com

**歐米伽野生動物園**

住399 Route 323 N.
TEL(819)423-5487
URLwww.parcomega.ca
圖5/20～6/16、9/5～10/9
　週一～五10:00～18:00
　週六・日9:00～18:00
　6/17～9/4
　每日9:00～19:00
　10/10～5/19
　每日10:00～17:00
　（最後入園為休園前1～2
　小時）
休無休
費大人$40.88～、銀髮族
$36.53、青少年（6～15
歲）$30.44、兒童（2～5
歲）$16.09～
（依照時期而變動）

**蒙特貝羅的住宿**

Farimont Le Château
Montebello
住392 Rue Notre-Dame
TEL(819)423-6341
FREE(1-866)540-4462
URLwww.fairmont.com/
montebello
費ⓈⒹ$329～　Tax另計

# 郊區小旅行

## 🍁 蒙特貝羅
### Montebello

MAP P.380-D1
★★★

在抵達塔伯拉山之前，由聖喬維特St-Jovite往＃323公路南下約77km處，就是以小木屋度假村聞名的蒙特貝羅Montebello；1981年舉辦七大工業國G7高

↑可以近距離看到動物的歐米伽野生動物園

峰會的會場Fairmont Le Château Montebello正是此地最具代表性的知名飯店，廣闊的腹地上有高爾夫球場、網球場等齊全的運動設施，可以度過愉快的假期。在飯店後方則有在英國殖民時期，揭起反布爾喬亞大旗並發動革命的領導者Louis-Joseph Papineau的房舍。距離飯店約3km處還有一座歐米伽野生動物園Oméga Park，遊客可以搭乘觀光車來觀察放養的北美野牛、糜鹿，約12km的路線都是透過車上廣播，一邊聽解說、一邊暢遊園區。

COLUMN

# 見識傳統的楓糖漿製作過程

↑將管子插入楓樹樹幹再取出樹木汁液，是古早傳承下來的方法

加拿大的人氣紀念品中，絕對少不了的就是將楓樹汁液煮過裝瓶的楓糖漿，負責生產楓糖漿的農家，在每年3～4月積雪融化的季節就開始工作，這時的楓樹會吸收地底豐富的水分轉化成樹木汁液，而汲取出來的楓糖水要花幾小時熬煮成楓糖漿；如今一般常見的方式是透過裝設在樹上

的管線收集，完全屬於機械化作業，但同時也有許多設有傳統手工方式作業的Sugar Shack採集場，開放讓觀光客參觀。

在洛朗區的St-Faustin-Lac-Carré，也有許多像La Tablée des Pionniers歡迎遊客到訪的Sugar Shack採集場，千萬別錯過造訪的機會；而且依照季節還有機會穿上民族服飾、聆聽民族樂曲，品嚐以楓糖漿烹調的獨特鄉土料理，不妨詢問一下。

DATA

St-Faustin-Lac-Carré
MAP P.408
La Tablée des Pionniers
住1357 Rue Saint-Faustin
TEL(819)688-2101　FREE(1-855)688-2101
URLwww.latableedespionniers.com
圖3月～5月中旬
休5月中旬～2月
交聖愛葛沙山往西北約20km。

# 塔伯拉山

## 魁北克省

　　洛朗區觀光的重點就是知名的塔伯拉山，以及分布在塔伯拉山腳下的廣闊度假區，而被楓樹林所覆蓋的群山，到了秋天時節就會被楓葉染成一整片豔紅。在塔伯拉山的北側是廣達數百平方公里的塔伯拉山國家公園，可以在大自然中享受各種戶外體驗。

↑商店林立的Rue des Remparts

**MAP** P.380-C1／P.408
**人口** 1萬992
**面積** 819/450

塔伯拉山情報網
**URL** www.tremblant.ca

▶▶▶ 如何前往
🚌 蒙特婁出發的Galland Laurentides（→P.407）巴士，1日行駛2班，所需時間約2小時50分～3小時25分，單程大人\$34.65。

## 漫遊塔伯拉山

　　作為氣候爽朗高原度假地的塔伯拉山，被度假飯店、餐廳及商店等建築妝點得十分繽紛，中心所在是塔伯拉山登山纜車站附近的St-Bernard廣場Place St-Bernard。由於城鎮就建造在山坡上，從St-Bernard廣場到遊客中心是非常和緩的下坡路，而遊客中心到St-Bernard廣場附近則有免費的吊椅Cabriolet可以搭乘，約1個小時就能逛完整個城鎮，推薦自在漫步逛逛。至於城鎮西邊的塔伯拉湖Lac Tremblant，也只需要徒步10分鐘左右。

塔伯拉湖 Lac Tremblant
塔伯拉山〇 Mont-Tremblant
塔伯拉山村 Ville de Mont-Tremblant
Auberge Le Lupin B&B P.412
Auberge Manitonga P.412
Room-Suite-Condo
摩爾湖 Lac Moore
梅謝爾湖 Lac Mercier
327
Ouimet湖 Lac Ouimet
0　1　2 km
N
**塔伯拉山周邊**

P.412
Fairmont Tremblant H
纜車（僅限冬季）
往塔伯拉山方向 Mont-Tremblant P.412
纜車（往塔伯拉山）
P.413 Le Shack R
塔伯拉山戶外活動中心 Le Centre d'Activités Tremblant P.413
步道入口
St-Bernard廣場 Place St-Bernard
Fluide Juice Bar S P.413
Beaver Tails S P.413
免費吊椅 Cabriolet
Le Westin Tremblant P.412
Rue des Remparts
Chemin Kandahar
Chemin de la Chapelle
鏡湖 Lac Miroir
遊客中心 P.412
長途巴士乘車處
塔伯拉湖 Lac Tremblant
Cabane à Sucre de la Montagne S P.413
Chemin du Curé-Deslauriers
Chemin des Voyageurs
0　100m

**❓ 遊客中心**

Tourisme Mont-Tremblant
**MAP** P.411右圖
**住** 1000 Chemin des
Voyageurs
**TEL** (514)764-7546
**URL** www.tremblant.ca
**開** 每日9:30～17:00
**休** 無休

---

**塔伯拉山**

前往山頂的纜車
**TEL** (514)764-7546（遊客中心）
**圖** 5/19～6/16
週一～五9:00～16:30
週六‧日9:00～17:00
6/17～9/2
週日～四9:00～17:00
週五‧六9:00～18:30
9/3～10/15
週一～四9:00～16:30
週五‧六9:00～18:30
週日9:00～17:00
**圈** 大人$27.02（$25.02）、青
少年（6～12歲）$21.11
（$19.11）、兒童（3～5歲）
$12.67（$10.67）
※（ ）內是48小時前在官
網購買的價格。冬季會配合
天候縮短營業時間。

## 主要景點

### 🍁 塔伯拉山

Mont-Tremblant

**MAP** P.411右圖外

★★★

聳立於城鎮後方、海拔875m的小山，可以搭乘全年無休的纜車直達山頂。站在山頂俯瞰秋季的楓紅美景非常有名，不時會出現在楓葉街道的簡介上；從山頂也延伸出多條健行步道，不妨來體驗

↑享受從山頂眺望城鎮的樂趣

健行的樂趣，步行下山回到城鎮裡。塔伯拉山的纜車站位在St-Bernard廣場，也有販售附帶午餐等項目的套票；廣場上餐廳與飯店林立，是這個眾多觀光客聚集的城鎮最為熱鬧的地點，能體驗戶外活動的塔伯拉山戶外活動中心也在旁邊。

↑熱鬧的St-Bernard廣場

# 塔伯拉山的住宿
## Hotels in Mont Tremblant

## Fairmont Tremblant

塔伯拉山代表性的最高級飯店，擁有購物中心、餐廳、護膚、游泳池、SPA、洗衣等館內設施完善，也可以安排各種戶外活動。
**MAP** P.411右圖
**住** 3045 Chemin de la
Chapelle
**TEL** (819)681-7000
**URL** www.fairmont.com/
tremblant
**圈** ⑤①$350～ Tax另計
**CA** D J M V **房** 314房

## Le Westin Tremblant

聳立在塔伯拉山的中心，屬於較為新穎的飯店，館內有附設三溫暖的健身房，戶外還能體驗高爾夫、網球、騎馬等運動，並有露天的按摩池。
**MAP** P.411右圖
**住** 100 Chemin Kandahar
**TEL** (819)681-8000
**URL** www.marriott.com
**圈** ⑤①$407～ Tax另計
**CA** D J M V **房** 122房

## Auberge Le Lupin B&B

距離市中心約3分鐘車程的溫馨居家B&B，充滿整潔感的客房、有暖爐的客廳等，讓住宿時光更加愉快，也可以免費使用能上網的電腦。
**MAP** P.411左圖
**住** 127 Rue Pinoteau
**TEL** (819)425-5474
**FAX** (1-877)425-5474
**URL** lelupin.com
**圈** ⑤①$200～ Tax另計
含早餐
**CA** M V **房** 9房

## Auberge Manitonga Room-Suite-Condo

房型從團體房、家庭房到公寓式，選擇十分多樣；客房雖然簡單卻很乾淨，還有著有電視的交誼廳、廚房、洗衣機、咖啡館、撞球台等設備。
**MAP** P.411左圖
**住** 2213 Chemin du Village
**TEL** (819)425-6008
**URL** www.aubergemanitonga.com
**圈** 團體房$45～ ⑤①$100～ Tax另計
**CA** M V **房** 19房、70床

---

🛁 浴缸　📺 電視　💨 吹風機　📶 Minibar和冰箱　🔒 保險箱　🖥 網路
🛁 部分房間　📺 部分房間　💨 出借　📶 部分房間　🔒 櫃台提供

# 塔伯拉山的餐廳
## ──Restaurants in Mont Tremblant──

## Le Shack

位在St-Bernard廣場的一角，擁有鮮豔多彩的外觀，成為廣場上格外醒目的焦點。餐點有三明治、義大利麵、牛排等，主菜為$20左右。

**MAP** P.411右圖
**住**3035 Chemin de la Chapelle
**TEL**(819)681-4700
**URL**www.leshack.com
**營**每日11:00～21:30　**休**無休　**料**$20～　**CC**A M V

## Beaver Tails

販售河狸尾巴造型的酥皮點心的人氣連鎖店，除了招牌的原味，還有肉桂蜜糖、巧克力等各種口味，最適合當作逛街時的點心。

**MAP** P.411左圖
**住**116 Chemin des Kandahar（地點經常變動，需要確認）
**TEL**(819)717-1932　**URL**beavertails.com
**營**週日～四11:00～18:00　週五、六11:00～21:00
**休**無休　**料**$10～　**CC**M V

# 塔伯拉山的購物
## ──Shops in Mont Tremblant──

## Cabane à Sucre de la Montagne

楓糖漿商品的專賣店，奶油或焦糖等用楓糖漿為原料製作的商品選項也很多，現場表演將楓糖漿放在冰上凝固做成的楓糖太妃軟糖也很受歡迎。

**MAP** P.411右圖
**住**161 Chemin du Curé Deslauriers
**TEL**(819)681-4995
**營**週日～四10:00～18:00　週五、六10:00～21:00
　（依照時期而變動）
**休**無休　**CC**A M V

## Fluide Juice Bar

將魁北克產的蘋果，或是覆盆子、香蕉、鳳梨等新鮮水果混合打成新鮮果汁的專賣店。接到訂單之後才現場製作果汁，超級新鮮。

**MAP** P.411右圖
**住**118 Chemin des Kandahar
**TEL**(819)681-4681
**營**每日10:00～18:00（依照時期而變動）
**休**無休　**CC**M V

# 塔伯拉山的**戶外體驗**

### 健行　Hiking

塔伯拉山最受歡迎的活動便是健行，在塔伯拉山的周邊規劃有11條距離從1～20km的步道，而在半山腰一帶也有許多步道，尤其是從St-Bernard廣場旁出發，不到2km短程步道，就算對體力沒有信心的人也沒問題。健行地圖可至遊客中心、塔伯拉山戶外活動中心索取。

### 直升機遊覽飛行　Helicopter Flights

從Ouimet湖Lac Ouimet湖畔的機場起飛，20分鐘的行程是飛行在塔伯拉山的上空，30分鐘行程則在國家公園的上空遊覽。

### 騎馬　Horseback Riding

坐在馬背上搖晃，充分感受大自然狂野的活動當屬騎馬，主要的行程是暢遊森林或山區。

**塔伯拉山戶外活動中心**
**MAP** P.411右圖
**住**118 Chemin Kandahar
**TEL**(819)681-4848
**營**每日8:00～18:00
**休**無休
　可報名各種戶外活動。

**直升機遊覽飛行**
**營**每日10:00～19:00
　（依照時期、天候而變動）
**料**20分鐘飛行
　2人起$357、3人$441
　30分鐘飛行
　2人起$462、3人$561

**騎馬**
1小時行程(Forest Ride)
**營**6/1～10/9
　每日9:00、10:45、14:00
　10/10～11/15
　週五～日9:00、10:45
**料**1人$94.5

## 新英格蘭與法國文化的交流地
# 東方鎮 Eastern Townships

東方鎮是位於蒙特婁以東約80km的地區，18世紀美國獨立戰爭時眾多保皇黨移民至此地，將新英格蘭的文化習慣帶過來，與既有的魁北克法式氛圍融合而誕生全新的獨特文化。不僅如此，東方鎮因為酪農業與農業發達，無論是酒莊或是使用在地食材的客棧也很多，更是人氣度假勝地；並且也以楓葉之美而聞名。

| 東方鎮的基本DATA | 據點城市：蒙特婁 | 東方鎮情報網 |
|---|---|---|
| **MAP** P.380-C2～D2 | 歷史景點：★★<br>自然景點：★★★ | **URL** www.easterntownships.org |

## 漫遊東方鎮

　　東方鎮大致分為6大區域，主要城鎮是社布魯克及梅戈格＝奧佛，至於酒莊及東方鎮特有的圓形倉庫建築、廊橋等，因為距離城鎮有一點距離，最好租車前往比較方便。

　　從蒙特婁出發沿著#10公路往東前行，下Exit68再由#139公路向南走，就是魁北克葡萄酒的產地——鄧納姆，從鄧納姆繼續往西沿#202公路走，周邊就是葡萄酒路線，隨處都看得到葡萄記號的指標或酒莊的路標，不怕會迷路。從布羅姆湖鎮前往聖本篤修道院Saint Benoît-du Lac Abbey，

可由#243公路前行約28km，途中會經過地勢起伏多變的山區道路；而從修

↑在各地都保存著木造廊橋

道院去梅戈格，可以眺望著右邊的門弗雷梅戈格湖Lac Memphré Magog前行。往北哈特利是行走在悠閒丘陵地帶的#108公路，不用30分鐘就能抵達；繼續再往社布魯克則是由#108、#143公路。

### 兜風路線

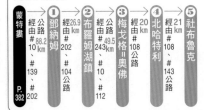

| 蒙特婁 | → | ① 鄧納姆 | → | ② 布羅姆湖鎮 | → | ③ 梅戈格＝奧佛 | → | ④ 北哈特利 | → | ⑤ 社布魯克 |
|---|---|---|---|---|---|---|---|---|---|---|
| P.382 | 經由#88.2 10km<br>#139<br>#202 | | 經由26.9km<br>#202<br>#104公路 | | 經由49.5km<br>#243公路<br>#10公路<br>#112 | | 經由20km<br>#108公路 | | 經由21km<br>#108<br>#143公路 | |

### 其他交通情報

**長途巴士**

　　蒙特婁出發的Limocar經由梅戈格前往社布魯克，平日1日行駛10班、週末1日8班，到梅戈格所需時間約1小時30分～3小時20分，單程大人$36.98；到社布魯克所需時間則約為2～4小時，單程大人$41.71。

**Limocar**
**TEL** (1-866)692-8899　**URL** limocar.ca

※開館時間、營業時間等日期時間基本上為2023年資訊，因每年資訊會有所變動，請記得上網再次確認。(→P.7)

# 主要景點

##  ① 鄧納姆
### Dunham

MAP P.415
★★★

↑沿途都是開闊的葡萄園

位於東方鎮西端的鄧納姆，是非常知名的魁北克葡萄酒產地，#202公路的鄧納姆～Stanbridge路段被稱為葡萄酒路線；在城鎮中最大的酒莊奧派勒L'Orpailleur，可以體驗試飲及導覽之旅。除了葡萄之外，這裡也是著名的蘋果產地，在城鎮中也看得到販售蘋果酒或果汁的直營店。

↑葡萄酒路線的指標

## ② 布羅姆湖鎮
### Lac-Brome

MAP P.415
★★★

是東方鎮裡早期移民居住的地區，原本是名為Knowlton的村莊，與周邊的幾個村落合併後才改成現在的地名。位於布羅姆湖Lac-Brome的南邊，是至今依舊完整保留當年移民時代的維多利亞式建築的少數城鎮之一。

↑被湖水及綠意環繞的寧靜城鎮

**鄧納姆**
🚗由#10公路在Exit 68進入#139朝南走，到Cowansville的南邊轉入#202公路，再一路往南行。

---

☑**CHECK!**

**鄧納姆**
**MAP** P.415
🏠1086 Rue Bruce Dunham
☎(450)295-2763
🌐orpailleur.ca
🕐每日10:00～17:00
🚫無休

奧派勒酒莊
🕐每日10:00～16:30
💰1人$15（不用預約）

↑認識葡萄酒產業的歷史

---

**布羅姆湖鎮**
🚗由#10公路在Exit 90轉入#243公路往南行。

---

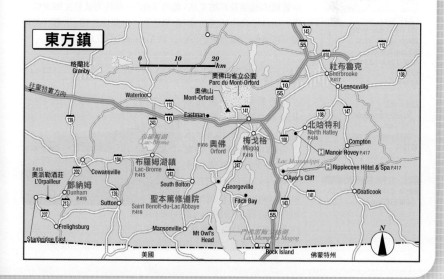

**東方鎮**

格蘭比 Granby
往蒙特婁方向
Waterloo
奧佛山省立公園 Parc du Mont-Orford
奧佛山 Mont-Orford
杜布魯克 Sherbrooke P.417
Lennoxville
Eastman
布羅姆湖 Lac-Brome
奧佛 Orford P.416
梅戈格 Magog P.416
北哈特利 North Hatley P.416
Compton
Manoir Hovey P.417
奧派勒酒莊 L'Orpailleur P.415
Cowansville
鄧納姆 Dunham P.415
Sutton
布羅姆湖鎮 Lac-Brome P.415
South Bolton
Georgeville
Ayer's Cliff
Ripplecove Hôtel & Spa P.417
Coaticook
Frelighsburg
聖本篤修道院 Saint Benoît-du-Lac Abbaye P.416
Fitch Bay
Stanbridge East
Mansonville
Mt Owl's Head
門菲雷梅格湖 Lac Memphé Magog
Rock Island
美國
佛蒙特州
0 10 20 km

N

**梅戈格=奧佛**

⊠ 就在與#10公路Exit 118連接的#141公路旁，另外從Exit 115往#112公路前行也能到達。

**☑CHECK!**

❓ **梅戈格的遊客中心**

Bureau d'information touristique de Memphrémagog

🏠 2911 Milletta Magog
☎ (819)843-2744
📠 (1-800)267-2744
🌐 tourisme-memphremagog.com
🕐 每日9:00～17:00
　（依照時期而變動）
🚫 無休

**梅戈格的住宿**

À La Maison Campbell B&B

🏠 68 Rue Bellevue
☎ (819)843-9000
📠 (1-888)843-7707
🌐 www.maisoncampbell.com
💰 S/D\$160～
　Tax另計　含早餐
💳 M V
🛏 5房

　充滿優雅氣息的B&B，也可提供無麩質或蔬食早餐。

**☑CHECK!**

**聖本篤修道院**

🗺 P.415
🏠 1 Rue Principale
☎ (819)843-4080
🌐 abbaye.ca
🕐 每日5:00～19:45
🚫 無休
💰 免費
禮品店
🕐 5～10月
　　每日9:00～18:00
　11～4月
　　每日9:00～17:00
🚫 無休

**北哈特利**

⊠ 由梅戈格進入#108公路，往東約17km。

🍁 ③ **梅戈格＝奧佛**　🗺 P.415

Magog-Orford　★★★

梅戈格＝奧佛是以奧佛為入口的奧佛省立公園Parc du Mont-Orford，以及位於南端的門弗雷梅戈格湖Lac Memphré Magog一帶的總稱；奧佛省立公園是位於奧佛山Mont-Orford（792m）山腳下的自然公園，一整年都有各種戶外活動可以體驗。

⬆梅戈格湖畔設有漫遊步道及野餐區

門弗雷梅戈格湖是跨越美國邊境，南北狹長約44.5km的細長

湖泊，和尼斯湖一樣有湖怪傳說而聞名。作為地區據點的梅戈格則是位於湖泊北岸，人口約有2萬8000人左右的城鎮。順帶一提，鎮名Magog來自於原住民語的Memphré Magog

⬆擁有精美馬賽克圖案迴廊的聖本篤修道院

（開闊而大的湖水），並直接作為英文發音。

在門弗雷梅戈格湖的西側，是以優美尖塔令人印象深刻的本篤教派之聖本篤修道院Saint Benoît-du-Lac Abbaye，修道院內的迴廊上有如鑲嵌木工般的馬賽克圖案，非常精緻美麗，開放一般民眾參加的早晚彌撒中，還能聆聽莊嚴的葛利果聖歌Gregorian Chant；至於地下室的禮品店裡，則陳列著修士們所栽種的蘋果及其加工品、起司等商品。前往方式是從梅戈格出發，由#112公路往西前進，在第一個十字路口左轉，沿著門弗雷梅戈格湖的西岸往南走19km，到Austin的交叉口再左轉。

🍁 ④ **北哈特利**　🗺 P.415

North Hatley　★★★

北哈特利是在南北戰爭後，由搬遷過來的美國富人而發展起來，人口約680人的城鎮，地點就在梅戈格＝奧佛以東的Massawippi湖Lac Massawippi北側，是一處知名的美麗度假勝地。湖

⬆小小的度假區

畔假飯店、時尚餐廳林立，周圍盡是豐富綠意，受到彷彿風景明信片般的美麗風景所吸引，移居到這裡的藝術家也很多。

# 5 社布魯克
Sherbrooke
★★★

社布魯克約有15萬人口，是東方鎮經濟、行政的主要地，博物館、美術館等觀光景點非常豐富，飯店、餐廳及商店也為數眾多，在城鎮北部還有政府認定的保存住宅區，漫

↑有很多紅磚打造別有韻味的建築

遊其間十分有趣。至於位於東南方郊區的Lennoxville，則有紅磚建築林立的主教大學。

**社布魯克**
🚍由北哈特利進入#108、#143公路，往北約21km。

**☑CHECK!**

❓社布魯克的遊客中心
Bureau d'information Touristique de Sherbrooke
🏠785 Rue King O.
☎(819)821-1919
🌐www.destinationsher brooke.com
🕐每日9:00~17:00（依照時期而變動）
休無休

COLUMN

## 在客棧度過奢華的假日時光

在東方鎮遍布能品嚐以在地食材製作料理的客棧，在法文中意味著「含住宿設施的餐廳」的客棧Auberge，是將古老宅邸重新改裝成具有獨特成熟氛圍的美食住宿。以下介紹2間建於湖畔的推薦住宿。

### Manoir Hovey
MAP P.415

位在Massawippi湖畔的奢華小飯店，純白的建築是1899年作為某富豪的別墅而建，多數客房都附有暖爐和頂篷四柱床，營造出優雅的氛圍；而活用湖裡捕撈的鮮魚等在地食材所烹調的料理也深獲好評。另外還有網球場及游泳池，當然也能在湖中體驗划獨木舟、滑水樂趣。

↑庭園內設置可眺望湖景的涼椅

DATA
🏠575 Rue Hovey, North Hatley
☎(819)842-2421 📠(1-800)661-2421
🌐www.manoirhovey.com
💰5/31~10/14、12/20~1/2⑤ⓓ\$535~
10/15~12/19、1/3~5/30⑤ⓓ\$260~
Tax另計 含2餐 📇A V 🛏36房

### Ripplecove Hôtel & Spa
MAP P.415

矗立在Massawippi湖南端半島上、附設SPA的優雅飯店，湖景客房的窗外就是開闊的湖泊美景，也有附設陽台或按摩浴缸的客房。夏季可到湖泊游泳，冬季則能體驗溜冰或越野滑雪等活動，到湖岸的露台上用餐也別有氣氛。

↑擁有古典裝潢的客房內部

DATA
🏠700 Rue Ripplecove, Ayer's Cliff
☎(819)838-4296
📠(1-800)668-4296
🌐ripplecove.com
💰⑤ⓓ\$199~ Tax另計
📇A M V 🛏32房

---

🛁浴缸　📺電視　💨吹風機　🧊Minibar和冰箱　🔒保險箱　💻網路
🛁部分房間　📺部分房間　💨出借　🧊部分房間　🔒櫃台提供

# TROIS-RIVIÈRES
# 三河市
### 魁北克省

**MAP** P.380-C1
**人口** 13萬9163
**面積** 819

三河市情報網
**URL** www.tourismetrois
rivieres.com

### ▶▶▶ 如何前往

🚌 Orléans Express從
蒙特婁出發1日行駛3
班，所需時間1小時45分～2
小時10分，單程大人$41.5；
魁北克市出發也是1日3班，
所需時間約1小時45分～2
小時，單程大人$41.5。

### 巴士總站
**MAP** P.418
**住** 275 Rue St. Georges
**TEL** (819)374-2944

### ❓ 遊客中心
Bureau d'information Tourisque
**MAP** P.418
**住** 1433 Rue Notre-Dame
Centre
**TEL** (819)375-1122
**免費** (1-800)313-1123
**URL** www.tourismetrois
rivieres.com
**開** 每日9:00～17:00
**休** 無休

👆遊客中心裡也有販售紀念品

---

位在蒙特婁與魁北克市接近中央位置的三河市，僅次於魁北克市是加拿大歷史第2悠久的古都；沿著聖勞倫斯河Fleuve Saint-Laurent而發展的城市裡，至今依然完整保留18世紀的教堂及住宅建築。城市名稱為法文的「3條河川」之意，由於是聖莫里斯河匯入聖勞倫斯河的河口處且分岔成3條河流，因而得名。

👆城市的象徵——三河教堂

## 漫遊三河市

觀光景點集中在烏爾蘇拉街Rue des Ursulines的周邊，只要1天時間就可以徒步逛完。從遊客中心出發，右轉Rue des Bonaventure後馬上就可以看到Tonnancour宅邸Le Manoir de Tonnancour/La Galerie d'Art du Parc；建於17世紀前半

三河市

※開館時間、營業時間等日期時間基本上為2023年資訊，因每年資訊會有所變動，請記得上網再次確認。(→P.7)

因火災而燒毀，並於1795年重建，現在作為現代藝術的畫廊之用。朝Rue des Bonaventure往西北方前行，則是建於1730年左右的Boucher-de-Niverville宅邸Manoir Boucher-de-Niverville，以及以高聳尖塔為特色的三河教堂Cathédrale de l'Assomption de Trois-Rivières；另外還有展示魁北克省生活、飲食文化及藝術等相關

↑春天繁花盛開的庭園也很引人注目

物品的魁北克民族文化博物館Musée Pop也不能錯過。博物館的地下室是介紹19世紀監獄景象的監獄博物館，看得到加裝鐵柵欄的獨居房、禁閉室等；至於Rue des Forges則屬於餐廳、商店

↑歷史建築櫛比鱗次

林立之地。由於三河市是藝術、文化活動非常興盛的城市，因此由古蹟建築改裝成的藝廊之多，也成為當地一大特色。

➡熱鬧的Rue des Forges

**Tonnancour宅邸**
MAP P.418
TEL (819)374-2355
URL www.galeriedartduparc.qc.ca
開 週二～日12:00～17:00
休 週一
費 免費

**Boucher-de-Niverville宅邸**
MAP P.418
TEL (819)372-4531
URL www.cultur3r.com/lieux/manoir-boucher-de-niverville
開 6/3～9/4
　　每日10:00～18:00
休 9/5～6/2
費 大人$7、銀髮族‧學生$6、兒童（6～17歲）$4、5歲以下免費

**三河教堂**
MAP P.418
TEL (819)379-1432

**魁北克民族文化博物館**
MAP P.418
TEL (819)372-0406
URL museepop.ca
開 6/24～9/4
　　每日10:00～17:00
　　9/5～6/23
　　週三～五10:00～16:00
　　週六‧日10:00～17:00
休 9/5～6/23的週一‧二
費 大人$17（$28）、銀髮族$16（$25）、學生$13（$21）、兒童（5～17歲）$10（$17）
※（ ）內是包含監獄博物館的套票費用。

## 三河市的住宿
### Hotels in Trois-Rivières

### Travelodge by Wyndham Trois-Rivières

距離市中心不算近，卻能以合理價格享受舒適住宿的飯店，設有酒吧、餐廳、戶外游泳池，房間乾淨整潔，所有客房都備有咖啡機，還提供數類可選擇的自助式早餐。
MAP P.418外
住 3600 Boul. Gene-H.-Kruger
TEL (819)379-3232
URL www.wyndhamhotels.com
費 S D$94～
Tax另計　含早餐
CARD A M V　房102房

### Auberge du Monde

位在鄰近市政廳的寂靜街道上，是紅磚打造的小而美青年旅館。團體房之外也有雙人房及家庭房，館內設施則有廚房、電視交誼廳、洗衣機、投幣式寄物櫃等。
MAP P.418
住 497 Rue Radisson
TEL (819)378-8010
URL www.hihostels.ca
費 團體房$45～
S D$90～　Tax另計
CARD M V　房8房、29床

# QUÉBEC CITY

# 魁北克市

魁北克省

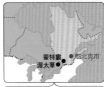

**MAP** P.380-C2
**人口** 54萬9459人
（魁北克市）
**區碼** 418

魁北克市情報網
**URL** www.quebec-cite.com

**魁北克市的正式名稱**

魁北克省首府魁北克市的正式名稱應該是「魁北克」，但在本書中為了避免與省的名稱混淆，而使用「魁北克市」。

**魁北克市的活動**

魁北克冬季嘉年華
Carnaval de Québec
**TEL** (418)626-3716
**FAX** (1-866)422-7628
**URL** carnaval.qc.ca
**開** 2/7～16('25)
　北美洲最大的雪祭，使用冰雪來設計的獨特慶典。

魁北克夏日節
Festival d'été de Québec
**TEL** (418)800-3347
**URL** www.feq.ca
**開** 7/3～13('25)
　邀請來自全世界超過20個國家的街頭藝人、音樂家，在市區裡到處舉辦音樂會或各式各樣的表演。

↑魁北克夏季的代表性活動而聞名　©Renaud Philippe

魁北克國際煙火節
Les Grands Feux Loto-Québec
**TEL** (418)523-3389
**URL** lesgrandsfeux.com
**開** 7月上旬～8月下旬
　以魁北克市與對岸萊維Lévis之間的聖勞倫斯河為舞台的煙火大會，在週二・四的18:00～登場。

↑據說是北美最古老的鬧區——小尚普蘭街

　魁北克省的首府——魁北克市，就如同印第安語中「河流狹窄處」之意，位於聖勞倫斯河Fleuve Saint-Laurent的最狹窄處；是北美洲唯一的要塞城市，擁有狹窄的石板路及石造建築林立的舊城區，以「魁北克歷史城區」而列入聯合國教科文組織的世界文化遺產。

　城市的歷史起源於1608年，法國探險家尚普蘭Samuel de Champlain在此地建造木造碉堡而開始的，之後作為北美洲的法國殖民地——新法蘭西的交通要衝，藉由毛皮交易、傳教布道等為中心而發展興盛。但是隨著英法七年戰爭的爆發，戰火也波及到殖民地，1759年英國軍隊在魁北克市的亞伯拉罕平原Plains of Abraham擊敗法軍，也讓新法蘭西時代走向結束。法國戰敗的結果是讓英國順利取得魁北克，卻無法完全支配人口超過9成法裔居民的文化與傳統；因此隨著聯邦政府的成立而成為一省首府的魁北克市，不久由法裔居民發起擴大自治權的行動就活躍地展開，並且以此思想為中心，尋求一條獨立的道路。

　在魁北克省的車牌都會印上「我記得Je me Souviens」，正是Québécois（魁北克人）最喜歡說的口頭禪。來到這座刻劃著法國文化與傳統的美麗城市，隨著自己的喜好去探索遊逛，正是享受魁北克市觀光樂趣的方式。

➡擁有閃耀黃金光輝美麗祭壇的聖母大教堂

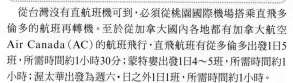

# 如何前往魁北克市

## ▶▶▶ 飛機

　　從台灣沒有直航班機可到，必須從桃園國際機場搭乘直飛多倫多的航班再轉機。至於從加拿大國內各地都有加拿大航空Air Canada（AC）的航班飛行，直飛班有從多倫多出發1日5班，所需時間約1小時30分；蒙特婁出發1日4～5班，所需時間約1小時；渥太華出發為週六・日之外1日1班，所需時間約1小時。

　　此外，從加拿大西部溫哥華的直飛航班為週三・五之外1日1班（冬季則為週二・四・六每週3班），所需時間約5小時。

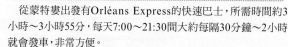

### 機場前往市區

　　位於市中心西方15km處的讓・勒薩熱國際機場Jean-Lesage International Airport，是魁北克市的空中門戶，從機場到市中心的交通方式以搭計程車最為便利，所需時間約20分鐘，車資統一為$41.4，夜間（23:00～翌日5:00）則為$47.6。

## ▶▶▶ 長途巴士

　　從蒙特婁出發有Orléans Express的快速巴士，所需時間約3小時～3小時55分，每天7:00～21:30間大約每隔30分鐘～2小時就會發車，非常方便。

### 巴士總站前往市區

　　所有的長途巴士，都會停靠在上城北側VIA國鐵Palais火車站旁的巴士總站La Gare Centrale d'Autobus（Interurbain），火車站正前方則有RTC（→P.424邊欄）經營的市區巴士#11、#25、#800可以搭乘，前往聖約翰門Porte St-Jean附近的德尤維爾廣場Place d'Youville，而徒步到舊城區也只要約15分鐘，所以徒步比較快。

## ▶▶▶ 鐵路

　　從多倫多、渥太華、蒙特婁出發有VIA國鐵的魁北克市～溫莎線（Corridor）行駛，停靠在Palais火車站La Gare de Palais。蒙特婁出發1日3～5班，所需時間3小時10分；渥太華出發1日2～4班，所需時間5小時40分～6小時10分；多倫多出發必須在蒙特婁轉車，所需時間9小時30分～13小時40分（1日2～3班，接駁前往魁北克市）。哈利法克斯方向出發則會停靠在郊區的Sainte-Foy火車站，海洋號The Ocean週三・五・日每週行駛3班，哈利法克斯13:00出發，隔天6:13抵達魁北克市（Sainte-Foy火車站）。還有蒙特婁～加斯佩Gaspésie路線行駛，但目前停駛中。

---

加拿大航空（→P.542）

**讓・勒薩熱國際機場（YQB）**

🗺 **MAP** P.422-A1
📍505 Rue Principale
☎(418)640-3300
FREE(1-877)769-2700
URL www.aeroportdequebec.com

↑小而美的機場

**機場公認的共享計程車**
Uber

**Orléans Express（→P.543）**

蒙特婁出發
**單程**
大人$65.74～、銀髮族・青少年（14～25歲）$55.87～、兒童（3～13歲）$46.1～、3歲以下$32.87～

**巴士總站**
🗺 **MAP** P.423-A3
📍320 Rue Abraham-Martin
☎(418)525-3000
也可從Palais火車站大樓內的通道前往巴士總站，位於現代化大樓中的巴士總站，商店、投幣式寄物櫃應有盡有。至於Palais火車站內也有咖啡館與餐廳，完全不必擔心等車時間會無聊。

↑停靠在巴士總站的Orléans Express巴士

**VIA國鐵（→P.545）**

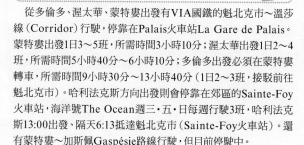

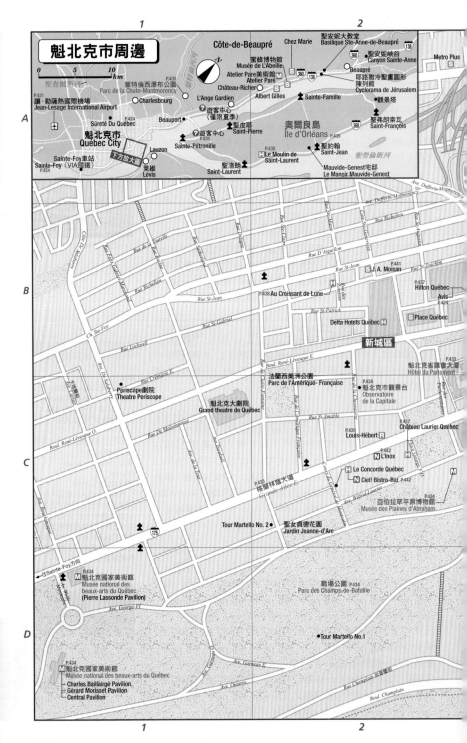

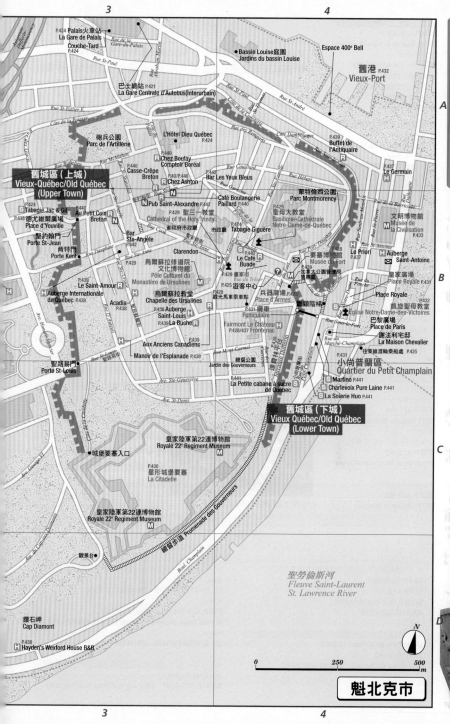

3　　　　　　　　4

P.424 Palais火車站
La Gare de Palais
Couche-Tard P.424

Rue de la
Gare-du-Palais

Rue St-Paul

Bassin Louise庭園
Jardins du bassin Louise

Espace 400e Bell

舊港 P.432
Vieux-Port

巴士總站 P.421
La Gare Centrale d'Autobus(Interurbain)

Côte de la Canoterie

Rue St-André

A

Rue St-Vallier E.

Côte de la Potasse

砲兵公園
Parc de l'Artillerie

L'Hôtel Dieu Québec
P.424

Rue des Remparts

Côte Dambourges

P.439 Buffet de
l'Antiquaire

P.437
Le Germain

Rue Richelieu

P.440
Casse-Crêpe
Breton

Chez Boulay
Comptoir Boréal P.440

Rue Couillard

Rue Hébert

蒙特倫西公園
Parc Montmorency

Rue de la Dalhousie

舊城區（上城）
Vieux-Québec/Old Québec
(Upper Town)

P.40/P.440
Chez Ashton

P.442
Bar Les Yeux Bleus

Pub Saint-Alexandre P.442

Café Boulangerie
Paillard P.440

聖母大教堂
Basilique-Cathédrale
Notre-Dame-de-Québec

文明博物館
Musée de
la Civilisation P.433

Tabagie Jac & Gil
P.435 德尤維爾廣場
Place d'Youville
聖約翰門
Porte St-Jean
肯特門
Porte Kent

Au Petit Coin
Breton

P.440

P.429 聖三一教堂
Cathedral of the Holy Trinity

省政府市政廳

市政廳

Tabagie Giguère

Le Priori P.437

Auberge
Saint-Antoine

Bar
Ste-Angèle P.442

Rue Dauphine

Rue Ste-Anne

Clarendon

Le Café
Buade P.440

皇家廣場
Place Royale P.431

B

Rue Cook

P.429

烏爾蘇拉修道院
文化博物館
Pôle Culturel du
Monastère des Ursulines

Rue St-Jean

P.429 畫家街
Rue du Trésor

遊客中心
P.425 兵器廣場 P.428
Place d'Armes

加拿大公園管理局
售票處 P.426

Place Royale P.432

勝母堂
Église Notre-Dame-des-Victoires

Auberge Internationale
de Québec P.438

烏爾蘇拉教堂
Chapelle des Ursulines

要塞博物館
Musée du Fort

巴黎廣場
Place de Paris

P.439
Le Saint-Amour

Acadia P.438

Rue des Jardins

Rue Ste-Ursule

P.438 Auberge
Saint-Louis
P.439 La Buche

觀光馬車乘車點

P.431 纜車
Funiculaire

Fairmont Le Château
P.428/437 Frontenac

新頭階梯

Rue Sous-le-Fort

凱旋聖母教堂
謝法利宅邸 P.431
La Maison Chevalier

Rue du
Marché-Champlain

住家維渡輪乘船處 P.425

Rue Dufferin

Aux Anciens Canadiens P.439

Manoir de l'Esplanade P.438

Ave. St-Louis
聖路易街

Rue Mont-Carmel

總督公園
Jardin des Gouverneurs

小尚普蘭區
Quartier du Petit Champlain

聖路易門
Porte St-Louis

Ave. Ste-Geneviève

P.441
La Petite cabane à sucre
de Québec

Martino P.441
Charlevoix Pure Laine P.441
La Soierie Huo P.441

Ave. St-Denis

舊城區（下城）
Vieux Québec/Old Québec
(Lower Town)

C

皇家陸軍第22連博物館
Royale 22e Regiment Museum

Promenade des Gouverneurs

城堡要塞入口

P.430
星形城堡要塞
La Citadelle

皇家陸軍第22連博物館
Royale 22e Regiment Museum

Ave. George VI

Ave. du Cap-aux-Diamants

總督步道 Promenade des Gouverneurs

觀景台

Boul. Champlain

聖勞倫斯河
Fleuve Saint-Laurent
St. Lawrence River

鑽石岬
Cap Diamant

P.438
Hayden's Wexford House B&B

N

D

0　　　250　　　500
m

魁北克市

3　　　　　　　　4

## Palais火車站

**MAP** P.423-A3

🏠450 Rue de la Gare du Palais

車票販售處

🕐週一～五4:45～18:00/
19:30～21:00
週六・日7:00～18:00/
19:30～21:00

休無休

## Sainte-Foy火車站

**MAP** P.422-A1

🏠3255 Chemin de la Gare,
Sainte-Foy

↑有著中世紀城堡外觀的Palais
火車站

## 市區巴士（RTC）

📞(418)627-2551

🌐www.rtcquebec.ca

🎫車票：大人$3.4、銀髮族・青
少年（6～18歲）$2.75、5歲
以下免費
1日乘車券Day Pass　1人
$9.25
付現金則為1人$3.75，不找
零。

## 車票、1日乘車券販售處

舊城區（上城）
Tabagie Giguère

**MAP** P.423-B4

🏠61 Rue du Buade

舊城區（下城）
Couche-Tard（Palais火車站）

**MAP** P.423-A3

🏠320 Rue Abraham-Martin

新城區
Tabagie Jac & Gil

**MAP** P.423-B3

🏠775 Honoré Mercier

Palais火車站是停靠來自多倫多或蒙特婁等地的VIA國鐵，位於舊城區的北邊，大廳後方可以直接通往巴士總站；搭乘計程車到舊城區的車資$8～10，徒步則約15分鐘（前往上城要沿著斜坡而上）。

Sainte-Foy火車站則是停靠來自哈利法克斯、加斯佩方向的VIA國鐵海洋號，以及蒙特婁～加斯佩的火車（目前蒙特婁～加斯佩路線停駛中），位於魁北克市的西郊，有配合火車發車時間的接駁巴士（收費）。

↑Palais火車站內有餐廳、牙醫診所等設施

# 市區交通

如果只在市中心觀光，以徒步方式就十分足夠，不過也可以搭乘RTC（Réseau de Transport de la Capitale）經營的市區巴士，有循環於舊城區的#1，也有前往郊區的Metrobus #800、#801等，而德尤維爾廣場Place d'Youville巴士總站有方便觀光的巴士停靠，利用度最高，另外也很推薦循環於舊城區與新城區的#11。在車資的支付方式上，除了現金也可以使用優惠車票，需要頻繁搭車的話，1天內可以自由乘車的1日乘車券最劃算；付現金的話可在上車時將錢投入司機旁邊的車資箱，車票或1日乘車券可在貼有「RTC」的書報攤（菸鋪、藥店等）、超級市場購買，在90分鐘內還可以轉乘同方向的巴士。先到遊客中心索取巴士路線圖，才能善加運用市區巴士。

↑也能上官網確認市區巴士的路線

---

## 實用資訊
### Useful Information

**警察**

Sûreté Du Québec

**MAP** P.422-A1

🏠1050 Rue des Rocailles

📞(418)623-6249

**醫院**

L'Hôtel Dieu de Québec et CRCEO

**MAP** P.423-A3

🏠11 Côte du Palais　📞(418)525-4444

**主要租車公司**

Avis

讓・勒薩熱國際機場　📞(418)872-2861

市中心

**MAP** P.423-B3(Hilton Québec內)

🏠1100 Boul. René-Lévesque E.　📞(418)523-1075

Hertz

讓・勒薩熱國際機場　📞(418)871-1571

**主要計程車公司**

Taxi Coop Québec

📞(418)525-5191　🌐www.taxicoop-quebec.com

# 漫遊魁北克市

魁北克市的市區是由3大區域所組成，首先是被城牆圍繞的山崖之上，然後是山崖下沿著聖勞倫斯河Fleuve Saint-Laurent河岸發展的舊城區Vieux Québec/Old Québec，以及拓展於舊城區城牆以西的現代化新城區；而舊城區在山崖上的城牆內區域稱為上城Upper Town，山崖下則稱為下城Lower Town。各區域都是可以徒步觀光的適中範圍。

## 舊城區（上城）

上城被四面城牆包圍一圈，重點為夫隆特納克城堡飯店Fairmont Le Château Frontenac一帶，城牆在西側設有3座城門，從夫隆特納克城堡飯店最南邊的聖路易門Porte St-Louis延伸的是聖路易街Rue St-Louis，以及從最北邊的聖約翰門Porte St-Jean起往東延伸的聖約翰街Rue St-Jean，這2條道路就是此區域的主要街道。在上城的南端有座星形城堡要塞La Citadelle，建議可從達費林平台Terrasse Dufferin經過總督步道Promenade des Gouverneurs前往。

## 舊城區（下城）

所謂下城是以皇家廣場Place Royal為中心的細長區域，西北為Palais火車站，南至渡輪乘船處附近。從上城可沿著達費林平台的北邊階梯而下，進入Côte de la Montagne再走下斷頸階梯Breakneck Staircase就能抵達下城；而由階梯正面往南側一帶，就是時尚店家、咖啡館林立的小尚普蘭街Quartier du Petit Champlain。要返回上城時，可以在斷頸階梯下方的乘車處搭乘纜車（→P.431）。

⬆斷頸階梯雖然陡峭，但因設有扶手所以走起來很輕鬆

## 新城區

分布在城牆以西的是集合大都會功能的新城區，從魁北克省議會大廈到向西南延伸的格蘭林蔭大道Grande-Allée為主要街道，飯店、餐廳及咖啡館聚集；而街道以南是過去英法發生激烈戰鬥的戰場公園Parc des Champs-de-Bataille，公園以西則是魁北克國家美術館。

➡魁北克省議會大廈前方設有魁北克市400週年時由省政府贈送的噴水池

### ❓遊客中心

Tourisme Québec
Centre Information de Québec
(MAP) P.423-B4
🏠12 Rue Ste-Anne
(FREE)(1-877)266-5687
(URL)www.quebecoriginal.com
🕐每日9:00～17:00
（依照時期而變動）
🚫無休

⬆遊客中心在兵器廣場旁

### 斷頸階梯

完成於1660年，負責銜接上城與下城的階梯，因為過於陡峭，失足摔落可能會摔斷脖子，因而得名。

⬆可以從星形城堡要塞外牆通往達費林平台

### 從渡輪一覽整座城市

由小尚普蘭街河岸出發的渡輪，往來於魁北克市及對岸的萊維Lévis；因為從船上可以一覽下城區五顏六色的街道景致而擁有高人氣，不僅是白天可賞景，也推薦萬家燈火的美麗夜景之旅。至於穿梭在流冰之間的冬季乘船更是另一種樂趣，單程約12分鐘。

Société des Traversiers Québec
(MAP) P.423-B4（乘船處）
(FREE)(1-877)787-7483
(URL)www.traversiers.com
🚢每日4:30～翌日2:20
每隔15分鐘～1小時發船
💵單程 大人$3.95、銀髮族$3.35、青少年（6～15歲）$2.7、5歲以下免費

# 散發歷史韻味的
# 舊城區散步路線

**Bonjour Québec City!**

魁北克市的最大魅力，
就在保有濃濃法國文化的美麗街道。
一起來到名列世界遺產的舊城區，
悠閒地散步遊逛吧。

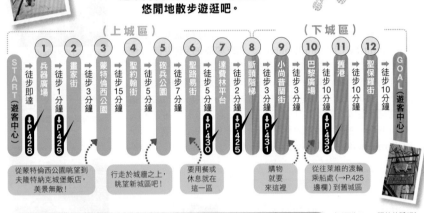

（上城區）
（下城區）

START（遊客中心）→ 徒步即達 → ① 兵器廣場 → 徒步1分鐘 ↓P.428 → ② 畫家街 → 徒步3分鐘 ↓P.429 → ③ 蒙特倫西公園 → 徒步15分鐘 → ④ 聖約翰街 → 徒步5分鐘 → ⑤ 砲兵公園 → 徒步7分鐘 → ⑥ 聖路易街 ↓P.430 → ⑦ 達費林平台 → 徒步5分鐘 ↓P.425 → ⑧ 斷頸階梯 → 徒步2分鐘 ↓P.431 → ⑨ 小尚普蘭街 → 徒步3分鐘 → ⑩ 巴黎廣場 → 徒步3分鐘 ↓P.432 → ⑪ 舊港 → 徒步10分鐘 → ⑫ 聖保羅街 → 徒步10分鐘 → GOAL（遊客中心）

從蒙特倫西公園眺望到
夫隆特納克城堡飯店，
美景無敵！

行走於城牆之上，
眺望新城區吧！

要用餐或
休息就在
這一區

購物
就要
來這裡

從往萊維的渡輪
乘船處（→P.425
邊欄）到舊城區

（以下為P.427照片的說明）

**1**餐飲店林立的聖路易街 **2**可追憶當時的砲兵公園 **3**立有聯合國世界遺產紀念碑的兵器廣場 **4**站在達費林平台一覽下城景致 **5**在地藝術家聚集的畫家街

**1**昔日陡峭的斷頸階梯，如今變得安全 **2**石造建築群並列的下城皇家廣場 **3**以古董街聞名的聖保羅街 **4**從17世紀延續至今的商店街——小尚普蘭街

魁北克市
舊城區散步路線

## 上城

周 遊被城牆環繞於山崖之上的上城及遍布於山崖之下的下城，為舊城區兩地之旅，出發地點是上城的遊客中心。

從豎立著魁北克開拓者法國探險家尚普蘭Samuel de Champlain雕像的兵器廣場Place d'Armes，穿越畫家街Rue du Trésor往東走下斜坡，就是能俯瞰下城的蒙特倫西公園Parc Montmorency；再沿著砲台密布的城牆旁道路往西行，前往熱鬧非凡的聖約翰街Rue St-Jean。接著從位在北邊外圍曾是加拿大砲兵隊駐紮遺址的砲兵公園Parc de l'Artillerie，順著城牆繼續往南走，到達飯店、餐廳林立的聖路易街

Rue St-Louis後往東行，順便繞去烏爾蘇拉修道院Convent Ursulines後往南前往達費林平台；返回兵器廣場的途中可以欣賞下城與聖勞倫斯河景致，然後經過斷頸階梯Breakneck Staircase進入下城。

往 南延伸的小尚普蘭街保留大量殖民地時代的古老建築，穿過街道後往左轉，順著大馬路往北走就是巴黎廣場Place de Paris，為法國人最早踏上北美大陸的紀念之地；接著來到聖勞倫斯河岸邊，漫步於舊港設置在河邊的步道，再繼續前往聖保羅街Rue St-Paul。從東端南下再返回到上城，全程徒步周遊總計約1小時30分。

## 下城

**搭乘觀光馬車回到過去**

要想更加融入魁北克市的古典街頭氛圍，最好的方法就是搭乘名為Calèches的觀光馬車，在聖路易門、兵器廣場旁都設有乘車點，有暢遊舊城區、新舊城區合併等觀光路線。

**MAP** P.423-B4

**營** 每日9:00～21:00（冬季時間會縮短）

**費** $120～（最多可4人搭乘，所需時間30分鐘～）

↑路線一共有3條，可依希望時間出發

**夫隆特納克城堡飯店**
（→P.437）

**夏季限定！**
**一窺達費林平台的地下室**

從達費林平台（→P.430）走往地下室，即可參觀過去矗立於此地的城堡與堡壘遺跡，門票在位於達費林平台的加拿大公園管理局Parks Canada售票處（**MAP** P.423-B4）購買。

**FREE** (1-888)773-8888

**URL** parks.canada.ca/lhn-nhs/qc/saintlouisforts

**營** 5/20～9/4
每日9:30～16:30
9/5～10/9
週三～日9:30～16:30

**休** 9/5～10/9的週一、二、10/10～5/19

**費** 大人$11.25、銀髮族$10.75、青少年（6～18歲）$7、5歲以下免費（包含導覽之旅費用）

**要塞博物館**

**住** 10 Rue Ste-Anne

**TEL** (418)692-2175

**URL** www.museedufort.com

**營** ※目前休館中。

# 主要景點

## 舊城區（上城）

### 🍁 兵器廣場
Place d'Armes

**MAP** P.423-B4 ★★★

在興建星形城堡要塞之前，這處舊城區的主要廣場是法國軍隊進行訓練、各種儀式使用的場地，廣場中央豎立著多爾波神父的雕像，也是眾多觀光之旅的巴士發車處；而夫隆特納克城堡飯店就悠然矗立在廣場前，一旁則是魁北克省觀光局，最適合作為城市漫遊的出發點。

➡中央豎立著魁北克第一位神父多爾波的雕像

### 🍁 夫隆特納克城堡飯店
Fairmont Le Château Frontenac

**MAP** P.423-B4 ★★★

矗立在可俯瞰聖勞倫斯河的高地上，可說是城市象徵的飯店；模仿法式古堡外觀的設計別有氣質，而咖啡色外牆與綠色屋頂的絕妙配色更是完美。

↑法國羅馬式風格的豪華飯店

建築物在1893年開始興建，伴隨著橫跨北美大陸的太平洋鐵路通車，加拿大太平洋鐵路公司（CP鐵路）決定在魁北克市打造豪華飯店，聘請美國建築師Bruce Price，並由擔任過2屆新法蘭西總督的Frontenac伯爵為飯店命名；而聳立在建築物中央的醒目高塔則是於1924年增建的部分，也因為是第二次世界大戰時英國首相邱吉爾與美國總統羅斯福的會晤場所而聞名。

### 🍁 要塞博物館
Musée du Fort

**MAP** P.423-B4 ★★★

包括1759年亞伯拉罕平原戰役在內，以英法兩國之間多次上演的戰爭為主題，透過立體模型及語音導覽，對魁北克市歷史做深入淺出的說明。博物館就緊鄰兵器廣場，彷彿小小城堡般的外觀也顯得格外可愛。

↑認識魁北克市的歷史

## 畫家街
### Rue du Trésor
 P.423-B4 ★★★

畫家街是位於遊客中心旁一條數十公尺長的小徑，經常可以看到畫家在這裡販售自己的作品。原本是1960年代魁北克市的美術學校學生在街上展出個人繪畫而開始，從此之後就聚集

↑街道上也有幫人現場畫肖像畫

愈來愈多畫家，到1980年代還有以此地為據點的藝術團體The Association des Artistes de la Rue du Trésor（AART）成立；如今則是舊城區裡迷人的風景而成為觀光景點。

## 聖母大教堂
### Basilique-Cathédrale Notre-Dame-de-Québec
 P.423-B4

↑面對祭壇的右邊是Laval主教紀念雕像

法國探險家尚普蘭在17世紀中葉所建造的大教堂，但是幾經火災與修建，改變過多次外觀，現在的大教堂規模完成於1925年。奢華的彩繪玻璃、閃耀著黃金光芒的祭壇都非常完美；地下室則是新法蘭西第一位主教François de Laval的墓室，他對法裔加拿大人的思想留下深遠的影響，不過只能透過導覽之旅入內參觀。進行導覽的時間會在教堂門口標示，請現場確認。

## 烏爾蘇拉修道院文化博物館
### Pôle Culturel du Monastère de Uruslines
 P.423-B3 ★★★

建於1639年的烏蘇拉會修道院的博物館，為了魁北克的女性教育，在館內展示著古樂器、刺繡製品、記載沒有暖氣生活的書信等能看出當時生活的物品，還能參觀美麗的教堂及藝術品。另外在附設的博物館商店裡，則販售傳統的手工肥皂及在地創作者親手製作的工藝品。

## 聖三一教堂
### Cathedral of the Holy Trinity
 P.423-B4 ★★★

仿造位於倫敦聖馬田堂St. Martin-in-the-Fields的聖公會教堂，內部的圓形天花板、整面窗戶的彩繪玻璃都非常美麗，並裝飾著許多由喬治三世George Ⅲ捐贈的珍貴美術品。

---

**聖母大教堂**
- 16 Rue Buade
- (418)692-2533
- www.notre-dame-de-quebec.org
- 週一7:30～15:00
  週二7:30～16:00
  週三～六7:30～17:00
  週日8:45～17:00
- 無休
- 免費
  （博物館及地下室的門票為1人\$5）

彌撒
- 週一～六8:00
  週日9:30、11:30

↑於2024年迎接360週年

---

**烏爾蘇拉修道院文化博物館**
- 12 Rue Donnacona
- (418)694-0694
- www.polecultureldesursulines.ca
- 5/13～10/15
  週二～日10:00～17:00
  10/16～5/12
  週二～五13:00～17:00
  週六・日10:00～17:00
- 週一
- 大人\$12・銀髮族・學生\$10・青少年（6～17歲）\$6、5歲以下免費

---

**聖三一教堂**
- 31 Rue des Jardins
- (418)692-2193
- www.cathedral.ca
- 6～9月
  每日10:00～17:00
  10～5月
  每日10:00～16:00
- 無休
- 1人\$3

針對個人的導覽之旅
- 7 8月
  每日10:00～17:00
- \$6（不必預約）

↑散步時還能欣賞聖勞倫斯河

**星形城堡要塞**
🏠1 Côte de la Citadelle
📞(418)694-2815
🌐www.lacitadelle.qc.ca
導覽之旅（英語）
🕐5/20～9/4
　每日9:00～17:30
　9/5～5/19
　每日10:00～17:30
休無休
💰大人$18、銀髮族‧學生
　$16、青少年（11～17歲）
　$6、10歲以下免費
　所需時間約1小時。
音樂隊夜間表演
🕐6/24～9/1
　週三～日10:00（雨天取消）
💰免費（包含在門票內）
※衛兵交接儀式在6月下旬～
9月上旬每日10:00舉行。

↑設置在城塞內的大砲

### 達費林平台
Terrasse Dufferin
🗺 P.423-B4～C4 ★★★

　從夫隆特納克城堡飯店後方，往南延伸約670m長的木棧步道，是可以眺望下城及聖勞倫斯河的絕佳景點，夏季時還會聚集音樂家、街頭藝人與觀光客而熱鬧不已。平台北端豎立著魁北克市開拓始祖尚普蘭Samuel de Champlain的15m高雕像，另一端則是長長的總督步道Promenade des Gouverneurs，向上走完310階樓梯就能穿越星形城堡要塞旁，到達戰場公園。

### 星形城堡要塞
La Citadelle
🗺 P.423-C3 ★★★

　是英國治理時建造的加拿大最大規模要塞，而星形要塞卻是屬於法式設計；地點在可一覽聖勞倫斯河景致的鑽石岬Cap Diamont頂端，從路易門進入城牆內部，再沿著Côte de la Citadelle右轉到

↑大門口裝飾著陸軍第22連的徽章

底就是要塞入口。城塞的建築於1820年開始，包含城牆內的建築物全部完成則是在1857年，目前依舊屬於軍事設施，由加拿大陸軍第22連駐紮在這裡；因此想參觀要塞內部只能透過導覽行程，夏季時還能觀賞仿照白金漢宮的衛兵交接儀式。在皇家陸軍第22連博物館Royal 22e Regiment Museum中，除了能看到英軍在1759年亞伯拉罕平原戰役擊潰法軍的景象，也可以透過模型來認識魁北克市的歷史，非常有意思。

COLUMN

## 魁北克的黎明「寂靜革命」

　魁北克省長期以來，英裔加拿大人的地位與薪水持續高於法裔加拿大人，具體來說就是上位的經營者說英文，而勞工階級則是說法文的狀況。

　即使是到了1940年代後半，已經非常現代化的魁北克省依舊處處可見不符合時代的價值觀，醫院或教育界都受到教會的控制，許多民眾小學畢業後就直接進入社會工作，幾乎沒有法裔加拿大人成為技術人員或老闆。

　不過進入1950年代，以魁北克市為中心的改革運動開始，對於人口有81%都是法裔加拿大人的魁北克市來說，法裔加拿大人的問題就等於是整個魁北克省的問題；這次的改革運動由魁北克省有為的年輕人們所發動，認為隨著魁北克省的現代化與工業化，教育應該擺脫教會、減低教會的影響力，增加法裔加拿大人在政治與經濟上的權力。

　這一連串的社會改革在1960年代由掌控魁北克省政權的自由黨強力推行，終於提高「寂靜革命」的巨大成果；之後高昂的國家意識也出現要求分離獨立的激進派，甚至發生綁架政治家並加以殺害的恐怖行動（1970年10月危機），後來在杜魯多總理Pierre Elliott Trudeau（當時）的強硬政策下，才終於將事態緩和下來。

## 舊城區（下城）

### 小尚普蘭街
Quartier du Petit Champlain

MAP P.423-B4～C4 ★★★

↑各色紀念品店櫛比鱗次的熱鬧區域

從上城沿著斷頸階梯走下來，正前方是北美歷史最古老的繁華區——小尚普蘭街，在17世紀後半就已經是市區的一部分，貿易所、貴族宅邸林立，現在則是以小尚普蘭街Rue du Petit-Champlain為中心，商店、咖啡館等店家應有盡有。

### 纜車
Funiculaire

MAP P.423-B4 ★★★

往來於舊城區的上城與下城之間，傾斜約45度的交通工具——纜車，上城的乘車處在達費林平台的北端，下城的乘車處則設置在小尚普蘭街北邊，透過纜車的大車窗能夠飽覽下城景致；而下城的纜車站還是屬於1683年的歷史古蹟建築，為發現密西西比河的探險家Louis Jolliet的住家所改建。

➡設置於1879年，直到1978年才成為現在的模樣

### 皇家廣場
Place Royale

MAP P.423-B4 ★★★

↑路易十四的雕像與凱旋聖母教堂

成為下城中心的皇家廣場，也是1608年法國探險家尚普蘭第一個建造殖民地房舍的場所，可說是魁北克市的發源地；而且作為北美歷史最悠久的交易廣場，直到19世紀為止都是城市的重要地帶。低矮的雅緻建築座落在古老石板路上，這些幾乎都是過往有錢商人們的宅邸，現在大部分都改裝為紀念品店；在廣場中央則豎立著有「太陽王」之稱的法國國王路易十四半身雕像。

---

**小尚普蘭街**
URL www.quartierpetit
champlain.com

↑從下城可看到夫隆特納克城堡飯店

**纜車**
TEL (418)692-1132
URL www.funiculaire.ca
開 每日7:30～21:00
（依時期而變動）
休 無休
費 單程1人$5（僅限現金）

> **下城的2幅壁畫**
> 　從斷頸階梯沿著斜坡Côte de la Montagne往下走，眼前會出現巨大的壁畫，將魁北克的生活與歷史伴隨四季——描繪出來，最頂端是雪景中的魁北克市，接著是楓葉之秋、繁花盛開的春天，穿著短袖的人們則代表夏天；而在人群當中還可以找到尚普蘭Samuel de Champlain、傑克·卡地爾Jacques-Cartier等加拿大的歷史人物。
> 　另外在小尚普蘭街南邊的建築物外牆上，則是畫著實際住在這裡的居民及他們的生活景象，2幅壁畫都非常有意思。

↑描繪魁北克歷史的壁畫

**皇家廣場**
URL www.placeroyale.ca

**凱旋聖母教堂**
🏠 32 Rue Sous-le-Fort
☎ (418)692-2533
🌐 www.notre-dame-de-quebec.org
🕐 週三～日10:00～17:00
休 週一・二
💰 免費
彌撒
🕐 週日11:00

## 凱旋聖母教堂
### Église Notre-Dame-des-Victoires

⬆ 經過無數次的修復，才成為今日的面貌

**MAP** P.423-B4 ★★★

佇立於皇家廣場一角，是北美洲最古老的石造教堂。「凱旋」之名其實是為了紀念分別在1690年及1711年遭到英軍攻擊而不斷敗退的法軍，好不容易逃脫的2次戰役。教堂內設計成城堡模樣的祭壇非常獨特，而懸吊於天花板的木造帆船模型，則是1664年法國指揮官Marquis de Tracy所搭乘的Le Breze號帆船複製品。

## 舊港
### Vieux-Port

**MAP** P.423-A4 ★★★

在聖勞倫斯河與聖查爾斯河Saint-Charles匯流處所開發的地帶，遊客不妨沿著港邊的步道或單車道漫遊，這可是魁北克市民最熱愛的散步路線。在舊港中央還有為紀念市政400週年而建的

⬆ 最適合尋找紀念品的舊港市場

Espace 400e Bell展覽中心，以當代藝術為主，舉辦各式各樣的展覽。

**魁北克的夜間散步**
魁北克市的舊城區有許多景點在夜間會上演燈光秀，充滿夢幻氣氛，尤其是位於星形城堡要塞南邊的Ave. St-Denis眺望舊城區，以及從小尚普蘭街（→P.431）往上仰望的風景，都是讓人讚嘆不已的絕美景致。

⬆ 魁北克省議會大廈的夜景

COLUMN

# 韓劇的拍攝場景巡禮

從2016年12月到2017年1月由韓國tvN播出，並創下電視台最高收視率紀錄的連續劇《孤單又燦爛的神一鬼怪》，劇中擁有神奇能力的男主角金信（孔劉）與女主角池恩卓（金高銀）展開浪漫戀情的舞台之一就在魁北克市。金信發現對恩卓愛意的噴水池，是魁北克省議會大廈前的圖爾尼噴泉Fontaine de Tourny；在夫隆特納克城堡飯店（→P.437）的大廳，恩卓寄信的金色郵筒還保存著。連續劇在台灣也有播出，造成很大回響，擁有許多粉絲；不妨在旅行前先看過一遍，在漫步市區時應該會增加許多樂趣。

⬆ 成為男女主角戀情萌芽舞台的圖爾尼噴泉

**DATA**
《鬼怪》官方網站
🌐 tvn.cjenm.com/ko/dokebi/

## 文明博物館
### Musée de la Civilisation
MAP P.423-B4
★★★

文明博物館展示世界各地的工藝品及魁北克省的歷史、文化資料，而從博物館現址挖掘出來約250年前的木造帆船La Barque更是令人嘆為觀止；遊客透過館內展覽，可以思考人類的文明是如何進步發展。館內擁有明亮而時尚的氣氛，紀念品店的商品種類也很豐富。

↑擺放在入口旁的木造帆船La Barque

**文明博物館**
🏠85 Rue Dalhousie
☎(418)643-2158
FAX(1-866)710-8031
URLwww.mcq.org
開6月下旬～9月上旬
　每日10:00～17:00
　9月上旬～6月下旬
　週二～日10:00～17:00
休9月上旬～6月下旬的週一
費大人$24、18～34歲$19、銀髮族$23、青少年（12～17歲）$8、兒童（6～11歲）$5.5、5歲以下免費

---

## 新城區

## 魁北克省議會大廈
### Hôtel du Parlement
MAP P.422-B2～P.423-C3
★★★

↑裝潢極盡奢華的參議院議場

建造於1886年的法國文藝復興風格的沉穩建築，是魁北克省的象徵——魁北克省議會大廈，由於座落在可俯瞰被城牆環繞的舊城區上方山丘，因此又有「國會山莊Parliament Hill」的別稱。聳立於正面塔樓的旁邊還有尚普蘭、Paul Chomedey de Maisonneuve等對魁北克省的發展有重大貢獻的人物雕像。議會內部僅能透過免費的導覽行程來參觀，豪華的水晶吊燈、有精美濕壁畫的議場，以及美輪美奐的彩繪玻璃等，都不能錯過。此外，議會大廈內也設有一般遊客可以進入的餐廳及咖啡廳。

↑華美的裝飾讓人目不轉睛

## 格蘭林蔭大道
### Grande-Allée
MAP P.422-D1～P.423-C3
★★★

從聖路易門通往魁北克省議會大廈旁，再一路向西南延伸，成為新城區中心的林蔭大道，馬路兩旁聚集著飯店、餐廳、咖啡館、酒吧及夜店；由於有露台的餐廳、咖啡館林立，夏季的氣氛更顯得熱鬧無比，繁華的優美景象可與巴黎的香榭麗舍大道相比擬。

➡入夜後也可享樂的格蘭林蔭大道

**魁北克省議會大廈**
🏠1045 Rue des Parlementaires
☎(418)643-7239
FAX(1-866)337-8837
URLwww.assnat.qc.ca
導覽之旅
（英語／法語）
開週一～六9:00～17:00
費免費

入口在建築正面樓梯下方的地下通道，需要經過安全及護照檢查。地下室採現代設計，擁有粉紅或藍色的廁所及通道等極具藝術感的空間，也有紀念品店。走上樓梯就能進入省議會大廈內。

↑走過充滿藝術感的地下室進入省議會大廈內

**在省議會大廈內享用午餐**
以為市民召開議會為目的的省議會大廈，也開放給觀光客進入內部餐廳「Le Parlementaire Restaurant」享用平日的午餐。餐廳內擁有1917年開幕時的學院派Beaux-Arts風格豪華裝潢，因為擁有高人氣，建議事先預約。
☎(418)643-6640
開週一～五11:30～14:00
休週六‧日

↑午餐限定的餐廳

**魁北克市觀景台**
- 1037 Rue de la Chevrotière 31st Floor
- ☎(418)644-9841
- FAX(1-888)497-4322
- URLobservatoire-capitale.com
- 週日～三10:00～17:00 週四～六10:00～19:00
- 無休
- 大人\$14.75、銀髮族・學生\$11.5、兒童（6～17歲）\$7

**魁北克國家美術館**
- 179 Grande Allée O.
- ☎(418)643-2150
- FAX(1-866)220-2150
- URLwww.mnbaq.org
- 6月～9月上旬 週四～二10:00～18:00 週三10:00～21:00 9月上旬～5月 週三・四～日10:00～17:00 週三10:00～21:00
- 9月上旬～5月的週一
- 大人\$25、18～30歲\$15、銀髮族\$23、青少年（13～17歲）\$7、12歲以下免費（週三17:00～半價、每月第一個週日免費入場）

↑在Pierre Lassonde Pavilion 還設有時尚的紀念品店

**亞伯拉罕平原博物館**
- MAP P.422-C2
- 835 Ave. Wilfrid-Laurier
- ☎(418)649-6157
- URLwww.ccbn-nbc.gc.ca
- 每日9:00～17:00
- 大人\$16.5（\$13.25）、銀髮族・青少年（13～17歲）\$12.5（\$11）、兒童（5～12歲）\$5.5（\$4.5）、4歲以下免費
- ※（ ）為冬季票價。

## 魁北克市觀景台
MAP P.422-C2

Observatoire de la Capitale　★★★

說起一覽魁北克市的最佳場所，非魁北克省議會大廈後方Édifice Marie-Guyart大樓31樓的觀景台莫屬；360度的落地窗可以將開闊的聖勞倫斯河盡收眼底，格蘭林蔭大道的五彩繽紛則彷彿模型街景，甚至還能眺望遠處的奧爾良島，特別是秋天的楓紅與冬季的雪景最美。

↑從221m高處飽覽魁北克市街景

## 魁北克國家美術館
MAP P.422-D1

Musée national des beaux-arts du Québec　★★★

從殖民時代的17世紀至今，能回顧魁北克省美術史的國家美術館，擁有繪畫、雕刻、攝影、裝置藝術等廣泛多元的收藏品數量超過4萬2000件。一共分為4個展覽空間，以通道相互連結，其中位於入口處的是面對Grande Allée的Pierre Lassonde Pavilion，以玻璃帷幕的時尚建築來展示現代藝術，除了有裝飾設計及因紐特藝術的展覽室，也附設氣氛絕佳的餐廳「Café Québecor」；而Central Pavilion是以家庭親子為對象的主要展覽館，至於1933年興建、美術館最早的建築Gérard Morisset Pavilion，則是展出近代之前作品及企劃展的場館。然後Charles-Baillairgé Pavilion是利用1970年之後的舊監獄建築，2樓還保留部分過去的獨居房。

## 戰場公園
MAP P.422-D1・2

Parc des Champs-de-Bataille　★★★

位處星形城堡要塞旁，面對著聖勞倫斯河的丘陵上，有著遼闊草坪的公園。如果從下城出發，可沿著河邊往南走，從尚普蘭街Rue Champlain爬完400階的陡峭樓梯之後，眼前風景便瞬時開闊起來。也被稱為亞伯拉罕平原的這個地點，為不斷發生大小戰役的英、法軍隊在1759年的最後決戰場所，是法軍吃下屈辱敗仗的地點；而戰爭的最後結果，則是讓魁北克市不得不成為英國的殖民地。公園內雖然豎立著追悼陣亡士兵的紀念碑，不過現在卻是當地民眾野餐、散步等休憩的最佳場所。公園北邊設有亞伯拉罕平原博物館Musée des Plaines d'Abraham，可以透過影像及展覽認識亞伯拉罕平原戰役。

←以180公頃的遼闊面積而自豪

# 郊 區

## 蒙特倫西瀑布公園
### Parc de la Chute-Montmorency
MAP P.422-A1 ★★★

位於蒙特倫西河與聖勞倫斯河匯流點稍微上游處的瀑布，距離魁北克市北邊約13km，開車約20分鐘就能到達。瀑布落差為83m，這樣的高度還超過尼加拉瀑布，要登上瀑布頂端，可

☝瀑布周邊有規劃完善的觀景台、漫遊步道

以搭乘纜車或是走樓梯（487階）而上；瀑布上方設有餐廳及漫遊步道，走在橫跨瀑布的吊橋上，則可欣賞將瀑布盡收眼底的震撼景觀，還能體驗空中飛索等戶外活動。等到冬季降臨時，整座瀑布會凍結成冰，吸引冰攀好手前來挑戰。

## 奧爾良島
### Île d'Orléans
MAP P.422-A1・2 ★★★

座落在聖勞倫斯河上、海岸線67km長的小島，從魁北克市經由#360公路往東北方前行約10km，越過連接島嶼的唯一橋樑就能到達。島上的殖民開始於17世紀，如

☝島上遍布著悠閒風景

今依舊保留開拓當時的蹤影，能看到許多魁北克傳統形式的房舍，還遍布著蘋果園、楓樹林、牧草地等悠閒的田園風光。奧爾良島共分為6大區域，有聚集英國殖民風格白色建築的Ste-Pétronille、培養出無數造船木工的聖洛朗St-Laurent、豎立著傑克‧卡地爾Jacques-Cartier登陸紀念碑的聖弗朗索瓦St-François等，每一區的特色都有些微不同；雖然可以當天來回觀光，但不妨在島上的B&B住宿，租腳踏車環島暢遊，而島上地圖可在遊客中心索取。不僅是楓紅的秋天迷人，洋溢紫丁香、野薔薇的濃郁花香，以及恣意綻放薰衣草、蘋果花的5～7月也一樣值得推薦。

☝有如歐洲鄉下小鎮的氛圍

---

**蒙特倫西瀑布**
TEL (418)663-3330
URL www.sepaq.com/ct/pcm
纜車
圖2/3～3/17、12/26～1/3
　每日10:00～16:00
　3/18～4/30
　週三～日9:30～16:30
　5/1～6/23、10/16～11/5
　每日9:00～17:00
　6/24～8/20
　每日9:00～18:30
　8/21～10/15
　每日9:00～17:30
休3/18～4/30的週一・二、11/6～12/25、1/4～2/2
圜來回 大人$14.95、銀髮族$13.64、兒童（6～17歲）$7.48、5歲以下免費
空中飛索
圖6/3～23
　週六・日11:00～16:00
　6/24～8/27
　每日10:00～16:30
　8/28～10/19
　週六～一11:00～16:00
圜大人$39.5～、17歲以下$22.5～
交從Honoré-Mercier Ave的德尤維爾廣場（MAP P.423-B3）搭乘市區巴士＃800，約40分鐘在Royale/des Rapides下車，到瀑布頂端徒步5分鐘。

**奧爾良島**
交通常是開車前往或參加觀光之旅，沒有市區巴士可以抵達島上。從德尤維爾廣場搭乘市區巴士＃800到T. La Cimenterie，再轉乘市區巴士＃53到Saint-Grégoire下車，從這裡搭乘計程車過橋，徒步則需約30分鐘。

❓奧爾良島的遊客中心
Bureau touristique de Île d' Orléans
MAP P.422-A1
住490 côte du Pont, Saint-Pierre
FREE (1-866)941-9411
URL tourisme.iledorleans.com
圖夏季 每日8:30～18:00
　冬季 週一～五8:30～16:30
　（依照時期而變動）
休冬季的週六・日

**奧爾良島的住宿**
Le Moulin de Saint-Laurent
MAP P.422-A2
TEL (418)829-3888
URL moulinstlaurent.qc.ca
圖HGH5～10月SD$250～（2晚）
　LOW11～4月SD$350～（2晚）
　Tax另計
CA A M V

**夏洛瓦情報網**
URL www.tourisme-charle
voix.com

**▶▶▶ 前往夏洛瓦**

從魁北克市到聖保羅灣可經由#138公路，距離約94km。

魁北克市出發的Intercar會經過聖保羅灣、拉馬爾拜、塔杜薩克Tadoussac再前往科摩灣Baie-Comeau，1日行駛1班，到聖保羅灣所需時間約2小時，到拉馬爾拜所需時間約2小時40分～3小時20分。

前往榛子島，可從位於聖保羅灣往北14km的聖約瑟河岸Saint-Joseph-de-la-Rive搭乘免費的汽車渡輪，所需時間約20分鐘。

**Intercar**
FREE (1-800)806-2167
URL intercar.ca

**渡輪**
FREE (1-877)562-6560

**❓ 聖保羅灣的遊客中心**
Bureau d'information
touristique de Baie-Saint-Paul
6 Rue St-Jean-Baptiste
FREE (1-800)667-2276
URL www.baiesaintpaul.com
URL destinationbaiestpaul.
com

**❓ 榛子島的遊客中心**
Tourisme Isle-aux-Coudres
1024 chemin des
Coudriers, bureau 103
TEL (418)760-1066
URL tourismeisleaux
coudres.com

**❓ 拉馬爾拜的遊客中心**
Maison du tourisme de la
Malbaie
495 Boul. de Comporté
TEL (418)665-4454

**夏洛瓦美術館**
10 Chemin du Havre
TEL (418)665-4411
URL www.museede
charlevoix.qc.ca

## 夏洛瓦
Charlevoix

MAP P.380-C1・2　★★★

座落於魁北克市北部的高級度假區，不僅是加拿大或美國上流階級人士的避暑勝地，更以美麗迷人的楓葉季節而聞名，無論是健行、騎馬、騎腳踏車、高爾夫或滑雪，一整年都能體驗各種精彩的戶外活動。

▲楓葉季節來兜風最棒

主要景點分布在#138公路沿線，像是深受夏洛瓦無敵自然美景所吸引，眾多藝術家定居的聖保羅灣Baie-Saint-Paul，可說是魁北克藝術的重要地，聖保羅灣當代美術館Musée d'art contemporain de Baie-Saint-Paul及藝術家的畫廊、商店等林立。

位於聖保羅灣對面的榛子島Île-aux-Coudres則是由傑克・卡地爾所命名的狹長小島，島上有完善的自行車道，可以騎腳踏車去參觀以風車或水車為動力的磨坊等地。另外在聖保羅灣東北方的拉馬爾拜／皮克角La Malbaie/Pointe-au-Pic，因為擁有大河、峭壁斷崖及山峰交織而成的風景，是魁北克省內數一數二的自然名勝地；在鎮上還有收藏魁北克藝術家作品的夏洛瓦美術館Musée de Charlevoix，往東2km則為健行區的艾格勒角Cap-à-l'Aigle。

# 魁北克市的住宿
## ── Hotels in Québec City ──

所有住宿設施的規模超過1萬2000間客房,因此追求住宿設備的遊客,可前往大型飯店林立的新城區,而在舊城區則是分布小而美的飯店或是小型飯店、B&B;其中在下城,將古老建築重新改裝的特色飯店最引人矚目。

### 最高級飯店

## Fairmont Le Château Frontenac

建於1893年,原本是作為新法蘭西總督的宅邸,是魁北克市的一大象徵建築。飯店內的奢華裝飾也突顯出老字號飯店的風格,客房則為搭配古董風格家具的高雅裝潢,可以品嚐正統法式美食的餐廳,以及健身房、室內游泳池、SPA等設備服務都是最頂尖的。

舊城區

MAP P.423-B4
🏠 1 Rue des Carrières
TEL (418)692-3861
URL www.fairmont.com/frontenac-quebec
料 HG 5月中旬～10月中旬⑤①$616～
LOW 10月中旬～5月中旬⑤①$249～
Tax另計
CA M V 房610房

## Hôtel Le Germain

建於1912年的貿易公司大樓,經過重新裝潢的設計飯店。客房內採用最新的設計觀點,像是能越過整個客房欣賞窗外美景、有落地玻璃的浴室等;至於CD播放機、咖啡機、熨斗等設備也是每間客房都有,衛浴備品則使用加拿大護膚品牌Ruby Brown。

舊城區

MAP P.423-A4
🏠 126 Rue St-Pierre
TEL (418)692-2224
FAX (1-888)833-5253
URL www.germainhotels.com
料 HG 5～10月⑤①$350～
LOW 11～4月⑤①$215～
Tax另計 含早餐
CA M V
房60房

### 高級飯店

## Hôtel Le Priori

座落在下城區寂靜街道的4星飯店,建築物本身曾經是18世紀著名建築師的住家,內部裝潢活用石塊堆砌而成的牆壁,讓人感受到時代感的同時,卻又使用時尚摩登的家具與設備。位於別棟建築的Junior套房,則有按摩浴缸及高級衛浴備品等完善設備,而且所有客房都備有咖啡機。

舊城區

MAP P.423-B4
🏠 15 Rue Sault-au-Matelot
TEL (418)692-3992
FAX (1-800)351-3992
URL www.hotellepriori.com
料 HG 6～10月⑤①$239～
LOW 11～5月⑤①$159～
Tax另計 含早餐
CA M V
房28房

## Hilton Québec

位在魁北克省議會大廈附近的23層樓飯店,客房擁有洗練的裝潢,還設有可享用多國籍料理的餐廳,以及酒吧、健身中心、游泳池、乾式三溫暖等齊全設施。從擁有舊城區景觀的客房,還能一覽魁北克市的美麗街景。

新城區

MAP P.423-B3
🏠 1100 Boul. René-Lévesque E.
TEL (418)647-2411
FAX (1-800)447-2411
URL www.hilton.com
料 HG 夏季⑤①$364～
LOW 冬季⑤①$212～ Tax另計
CA M V 房571房

## Hôtel Château Laurier Québec

位於格蘭林蔭大道靠近舊城區的4星飯店,提供從經濟型到豪華型、選擇非常豐富多樣的客房;至於健身中心、商務中心、室內游泳池等飯店設施也是應有盡有。並且規劃有結合晚餐、美術館或博物館門票、SPA、按摩等不同內容的住宿套裝價格。

新城區

MAP P.422-C2
🏠 1220 Place George-V O.
TEL (418)522-8108
FAX (1-800)463-4453
URL www.hotelchateaulaurier.com
料 HG 5～10月⑤①$279～
LOW 11～4月⑤①$189～
Tax另計
CA D J M V
房271房

---

🛁 浴缸　📺 電視　🎐 吹風機　🍷 Minibar和冰箱　🔒 保險箱　🖥 網路
🛁 部分房間　📺 部分房間　🎐 出借　🍷 部分房間　🔑 櫃台提供

## Hôtel Acadia

位在烏爾蘇拉修道院Convent Ursulines附近的飯店，改建於1822年建造的歷史建築，大廳與部分客房還留有當時的石砌牆壁，洋溢懷舊的氣氛。所有房間備有咖啡機、微波爐、空調，屋頂還設有小型SPA，可免費使用。

舊城區

MAP P.423-B3
43 Rue Ste-Ursule
TEL (418)694-0280
URL www.hotelsnouvellefrance.com/fr/hotel-acadia
費 S D $120～
含Tax
CA A D J M V
房 40房

## Hôtel Manoir de l'Esplanade

位在舊城區的西邊入口——聖路易門前方的絕佳位置，石造建築是1845年時為烏爾蘇拉修道院修女們而建。飯店雖古老但備有電梯，而每間格局各不相同的客房裡，則有有線電視、空調；早餐供應自製馬芬、貝果、可頌麵包、優格等。

舊城區

MAP P.423-B3
83 Rue D'Auteuil
TEL (418)694-0834
URL www.manoiresplanade.ca
費 HGH 夏季 S $235～ D $335～
LOW 冬季 S $225～ D $325～
Tax另計 含早餐
CA A M V
房 35房

## Auberge Saint-Louis

位於餐廳、商店林立的聖路易街，是觀光便利的好地點。搭配簡樸家具的客房雖然有些老舊，卻打掃得乾淨而舒適；有附設上下床鋪、浴缸或共用衛浴的房間種類可供選擇，以及有微波爐及冰箱的交誼廳，很受長期停留者的歡迎。

舊城區

MAP P.423-B3
48 Rue St-Louis
TEL (418)692-2424
FAX (1-888)692-4105
URL www.aubergestlouis.ca
費 夏季 S D $79～
LOW 冬季 S D $69～
Tax另計
CA M V
房 28房

## Hayden's Wexford House B&B

在尚普蘭街Rue Champlain，充滿溫馨居家氣息的B&B，利用殖民時代的港邊酒吧建築改裝成，老舊的石牆充滿時代韻味。以提供水果沙拉、鬆餅等每天不同菜色且分量豐富的早餐而自豪；其中1間客房設有寬敞浴室，夏季還可在精心照顧的庭園好好放鬆身心。

新城區

MAP P.423-D3
450 Rue Champlain
TEL (418)524-0524
URL www.haydenwexfordhouse.com
費 S D $140～
Tax另計 含早餐
CA M V
房 3房
搭乘市區巴士#1至巴士站1013 Rue Champlain下車，徒步2分鐘。

## Au Croissant de Lune

從舊城區徒步約15分鐘，位在新城區閑靜地帶的B&B，擁有20年以上的歷史，旅館主人Patricia會熱情地迎接來客。每間客房在細節處都可見到主人的用心及品味，也很乾淨，還可享用鬆餅、可麗餅、歐姆蛋、水果等品項豐富的早餐。

新城區

MAP P.422-B2
594 Rue St-Gabriel
TEL (418)523-9946
URL www.aucroissantdelune.com
費 HGH 6～10月 S $85～110 D $95～125
LOW 11～5月 S $75～90 D $85～100
Tax另計 含早餐
CA A M V
房 3房

## Auberge Internationale de Québec

位於舊城區聖烏蘇爾街Rue Ste-Ursule的人氣青年旅館，館內設備從廚房、洗衣機、電視交誼廳、咖啡館、酒吧等都有；團體房也相當乾淨，新式床鋪還附有USB插座，個人房則分為附接衛浴或衛浴共用。並且依照季節而推出不同的戶外活動，提供付費早餐。

舊城區

MAP P.423-B3
19 Rue Ste-Ursule
TEL (418)694-0755
FAX (1-866)694-0950
URL hiquebec.ca
費 團體房 $25～（會員）、$27～（非會員）
含衛浴 S D $89～（會員）、$99～（非會員）
衛浴共用 S D $54～（會員）、$60～（非會員）
Tax另計 含床單費
CA A J M V
房 55房、188床

# 魁北克市的餐廳
## ── Restaurants in Québec City ──

數量最多的就是法國料理，或是法裔加拿大美食餐廳，也有許多是標榜供應龍蝦、淡菜等新鮮海產的店家；值得矚目的是魁北克鄉土料理，像是豆子湯或絞肉派等樸素卻充滿自然風味的菜餚，不妨嘗試一下。

## Aux Anciens Canadiens

可以品嚐魁北克料理的老字號餐廳，建築本身是建於1675年的紅色屋頂古老民宅，值得推薦的餐點為魁北克傳統的肉派與肉丸子等拼盤$39.95，午餐時段則推薦附上葡萄酒或啤酒、前菜、主菜、甜點的超值套餐$24.9～。

舊城區
MAP P.423-B3
34 Rue St-Louis
TEL (418)692-1627
URL auxancienscanadiens.qc.ca
每日12:00～21:00
無休
午餐$20～、晚餐$50～
AMV

## Buffet de l'Antiquaire

鄰近舊港的魁北克料理，在地人能輕鬆用餐、充滿大眾食堂的氣氛。餐廳從清晨就開始營業，一整天都可享用早餐餐點；而分量十足的肉派或燉豬肉等家庭料理都是$20左右，價格相當平實，也供應奧爾良島的冰酒。

舊城區
MAP P.423-A4
95 Rue St-Paul
TEL (418)692-2661
URL lebuffetdelantiquaire.com
週一～三6:00～16:00
週四～六6:00～21:00
無休
$25～
MV

## Le Saint-Amour

接受過無數雜誌的採訪，得到當地人好評的餐廳，由前高級官員的宅邸整修而成。除了主廚推薦的羔羊、鹿肉等肉類料理$56～，使用當季海鮮或有機蔬菜的餐點也很受歡迎，餐後甜點的美味更是深獲好評；依季節而更換菜色的套餐料理$155，最好事先預約訂位。

舊城區
MAP P.423-B3
48 Rue Ste-Ursule
TEL (418)694-0667
URL www.saint-amour.com
週三～六17:30～23:30
週日～二
$100～
AMV

## La Buche

能品嚐現代風的創意魁北克料理名店，供應早餐（早午餐）、午餐到晚餐的豐富餐點，其中早餐的招牌菜色是淋上滿滿魁北克產楓糖漿的魁北克可麗餅$18，而晚上則能享用魁北克知名的牧羊人派及使用大量在地食材烹調的創意法式料理。

舊城區
MAP P.423-B3
49 Rue St-Louis
TEL (418)694-7272
URL www.restolabuche.com
每日8:00～22:00
無休
早餐・午餐$20～、晚餐$45～
MV

## Louis-Hébert

位於格蘭林蔭大道上相當受到好評的法式餐廳，夏季時只要一開始營業，露天座位區就會馬上客滿。店內裝潢則在入口區採高雅設計，進入後方則為時尚氛圍的2種不同風格。料理以海鮮為主，屬於添加亞洲口味的創意法式料理，可以選擇主菜的套餐也很受歡迎（週六不供應）。

新城區
MAP P.422-C2
668 Grande-Allée E.
TEL (418)525-7812
URL www.louishebert.com
週二～三11:00～22:00
週四・五11:00～23:00
週六17:00～23:00
（依照時期而變動）
週日・一
午餐$30～、晚餐$60～
AJMV

439

# Au Petit Coin Breton

舊城區

所謂的Breton指的是法國布列塔尼
地區,工作人員會穿上當地的民族服飾。
店內供應可以從雞蛋、火腿等5種食材中
挑選的鹹可麗餅$13.5～,平日11:00～
15:00只要多加$3.25就可以附飯和薯條
的套餐,而手工焗烤類$16.5～及洋蔥湯
$8.25也很推薦。

**MAP** P.423-B3
1029 Rue St-Jean
**TEL** (418)694-0758
**URL** aupetitcoinbreton.ca
每日8:30～20:30
無休
$15～
**CC** A M V

# Casse-Crêpe Breton

舊城區

擁有30年以上歷史的可麗餅人氣店,
可以當作正餐品嚐的鹹可麗餅,能選擇以
麵粉、蕎麥粉製作的無麩質餅皮,還有火
腿、雞蛋、起司等餡料$1.95～隨意組合
口味。甜點類可麗餅則有香蕉、純楓糖漿
等口味,與現榨的各種果汁$5也很絕配。

**MAP** P.423-A3～B3
1136 Rue St-Jean
**TEL** (418)692-0438
**URL** cassecrepebreton.com
每日7:30～22:30
無休
$10～
**CC** M V

# Café Boulangerie Paillard

舊城區

販售麵包、馬卡龍、湯品、熱壓三明治、
義式冰淇淋等食物的咖啡館兼烘焙坊,最
受歡迎的是口感酥脆的可頌麵包,也有搭
配飲料的多種套餐;午餐時段推薦三明治
與湯品、沙拉的Combo套餐$12.9～,也
有販售自製果醬。所有商品都提供外帶。

**MAP** P.423-B3
1097 Rue St-Jean
**TEL** (418)692-1221
**URL** www.paillard.ca
週一～四7:00～19:00
週五～日7:00～20:00
無休
$10～
**CC** M V

# Le Café Buade

舊城區

創業於1919年,位於Rue Buade聖母
大教堂對面。每天早上7:00～12:00供應
早餐,歐姆蛋$15～、三明治$11～、焗烤
$17～等,主菜也有燒烤$17～、義大利麵
$17～等選擇豐富。照片為炒雞肉$19。

**MAP** P.423-B4
31 Rue Buade
**TEL** (418)692-3909
**URL** www.cafebuade.ca
週二～日8:00～21:00
週一
$15～
**CC** A M V

# Chez Boulay Comptoir Boréal

舊城區

以活用北加拿大食材製作甜點而自豪
的咖啡館,如使用沙棘果或藍靛果等野
生果實做成的蛋糕,顏色美麗又美味;還
有發酵飲料康普茶、楓糖可樂等獨特的飲
料,很適合搭配自製的可頌及鹹派一起享
用。

**MAP** P.423-A3
42 Côte du Palais
**TEL** (418)380-8237
**URL** chezboulay.com
週二～五7:00～19:00
週六8:00～16:00
週日‧一
$10～
**CC** M V

# Chez Ashton

舊城區

1969年開業,在魁北克市有20間以
上分店的速食店,知名的肉汁起司薯條
Poutine $6～,收銀台旁有盤子尺寸的樣
品可供參考;肉汁起司薯條是在炸薯條淋
上肉汁與起司的魁北克發源平民美食,午
餐時間經常需要排隊等候。

**MAP** P.423-A3
54 Côte du Palais
**TEL** (418)692-3055
**URL** chezashton.ca
週日～四11:00～20:00
週五‧六11:00～22:00
無休
$10～
**CC** M V

可麗餅

咖啡館

速食

# 魁北克市的購物
## —— Shops in Québec City ——

在聖約翰街上有著五花八門各種類別的店家,而在市政廳附近的Rue Buade及聖安妮街Rue Ste-Anne則有不少精品店,在下城區要前往小尚普蘭街;至於皇家廣場周邊或是古董店林立的聖保羅街也很值得推薦。

## La Soierie Huo

圍巾

位在小尚普蘭街的圍巾專賣店,每條圍巾都是由在地人的老闆從用染料將絲或羊毛等材料染成獨特色彩,再加以手工製作,每條$21~86,而男性商品則以領帶最受歡迎。在週一~三10:00~12:30與週四・五・日10:00~17:00,還能夠親眼見識染色作業。

舊城區

MAP P.423-C4
住91 Rue de Petit-Champlain
TEL (418)692-5920
URL www.soieriehuo.com
營 每日10:00~17:00
　（依照時期而變動）
休 無休
CC A M V

## Charlevoix Pure Laine

生活雜貨

店內販售100%使用夏洛瓦Charlevoix產羊毛手工製作的時尚商品,與牧場合作,從紡紗到染色、編織都一手包辦;除了編織帽、襪子,也有羊毛皂、毛氈藝術品等各種小商品,很適合在此挑選自用的紀念品。

舊城區

MAP P.423-B4
住61 1/2 Rue du Petit-Champlain
TEL (418)692-7272
URL charlevoixpurelaine.ca
營 每日10:00~17:00
休 無休
CC M V

## Martino

鞋類

自魁北克的鞋子品牌,擁有從正式到休閒場合種類豐富的「Martino」,以及時尚的莫卡辛鞋「Amimoc」2條生產線。以高筒莫卡辛鞋$89.99(女性尺寸)、綁帶長靴$244.99等鞋種最為熱賣,不妨找自己喜歡的鞋子。

舊城區

MAP P.423-B4
住35 1/2 Rue du Petit-Champlain
TEL (418)914-9933
URL www.boutiquemartino.com
營 週一~五10:00~17:00
　週六・日10:00~18:00
休 無休
CC A M V

## La Petite cabane à sucre de Québec

楓糖製品

小尚普蘭街上的楓糖製品專賣店,楓糖漿$5.95~,以及使用楓糖製的楓糖冰淇淋、霜淇淋各$3.25(夏季限定),而將楓糖漿淋在冰上製作而成的楓糖太妃糖$3也很受歡迎,還有香味讓人心情愉悅的楓糖蠟燭$11.95也極為推薦。

舊城區

MAP P.423-C4
住94 Rue du Petit-Champlain
TEL (418)692-5875
URL lapetitecabaneasucreinc.com
營 5~10月　每日9:30~20:00
　11~4月　每日10:00~17:00
　（依照時期而變動）
休 無休
CC A M V

## J.A.Moisan

市場

座落在聖約翰街上,是創立於1871年的老字號市場,從熟食小菜到甜點餅乾、酒或肥皂,只要是生活必需品通通都有,還有秤重計價的咖啡豆及用餐區。沉穩佇立的長方形建築令人想起歐洲中世紀時期,2樓則是提供住宿的客棧(TEL (418)529-9764)。

新城區

MAP P.422-B2
住685 Rue St-Jean
TEL (418)522-0685
URL jamoisan.com
營 週一~三10:00~18:00
　週四・五9:00~19:00
　週六・日9:00~17:00
休 無休
CC M V

441

# 魁北克市的夜店
## ——— Night Spots in Québec City ———

白天熱鬧的舊城區到夜晚則陷入寂靜，取而代之是充滿活力的新城區；夜店、酒吧、迪斯可舞廳集中的格蘭林蔭大道，還有卡地爾街Ave. Cartier附近直到深夜人潮都川流不息。舊城區則在聖約翰街、舊港周邊的Rue St-André、聖保羅街上都有酒館及酒吧。

酒館

## Pub Saint-Alexandre

聖約翰街上的英國式酒館，曾經在市民的票選中獲得最佳酒館的頭銜，包含超過250種品牌的啤酒$6.75～，酒類的選項非常豐富多樣。至於起司漢堡、牛排、炸魚薯條等眾多餐點也是受歡迎的原因，主菜$20左右；每日21:00開始還有現場表演。

舊城區
- **MAP** P.423-B3
- **住** 1087 Rue St-Jean
- **TEL** (418)694-0015
- **URL** www.pubstalexandre.com
- **營** 每日11:00～24:00
- **休** 無休
- **CC** A M V

## L'Inox

位於格蘭林蔭大道上的釀酒廠酒館，可以品嘗到固定4種品牌及7～8種季節限定的自家釀造啤酒$7.75～，而帶有清爽酸味的Hibiscus Raspberry Mead及Seltzer則很容易入口，適合不愛啤酒的人。同時提供有披薩$15.75及熱狗$10.5等餐點。

新城區
- **MAP** P.422-C2
- **住** 655 Grande Allée E.
- **TEL** (418)692-2877
- **URL** www.brasserieinox.com
- **營** 週日～三11:00～翌日1:00
  週四～六11:00～翌日3:00
- **休** 無休
- **CC** M V

## Bar Ste-Angèle

位在觀光客眾多的聖約翰街巷弄內，是受到當地人強力支持的爵士酒吧。入口很隱密不太顯眼，店內空間也不大，卻散發悠閒的沉穩氣氛，適合想要隨著爵士節奏搖擺、盡情沉浸在旅遊氛圍中的人。雞尾酒的種類也很豐富。

舊城區
- **MAP** P.423-B3
- **住** 26 Rue Ste-Angèle
- **TEL** (418)473-9044
- **營** 週二～日20:00～翌日3:00
- **休** 週一
- **CC** A M V

酒吧

## Bar Les Yeux Bleus

位在聖約翰街後方廣場的酒吧，店內能享受由DJ播放的音樂，從爵士、藍調、靈魂、電子等多元種類音樂，並供應啤酒$5.75～、雞尾酒$11～及下酒菜。17:00～19:00為Happy Hour很划算。

舊城區
- **MAP** P.423-B3
- **住** 1117 Rue St-Jean
- **TEL** (418)204-0501
- **營** 每日12:00～翌日3:00
- **休** 無休
- **CC** M V

## Ciel! Bistro-Bar

位在「Hôtel Le Concorde Québec」最高樓層(28樓)，是約1小時30分就會慢慢轉一周的旋轉餐廳酒吧，可一邊眺望魁北克市街景一邊用餐。雞尾酒的種類也很豐富，推薦使用魁北克產香料製作的Marie Vicorin $12，週末還會提供早午餐。

新城區
- **MAP** P.422-C2
- **住** 1225 Cours du Général-de Montcalm
- **TEL** (418)640-5802
- **URL** www.cielbistrobar.com
- **營** 週一・二17:00～22:00
  週三17:00～24:00
  週四・五11:30～23:00
  週六・日9:00～14:00/17:00～22:00
- **休** 無休
- **CC** A M V

# 能欣賞鯨魚&白海豚的城鎮——塔杜薩克

塔杜薩克Tadoussac是位於聖勞倫斯河Fleuve Saint-Laurent與薩格奈河Saguenay River匯流點的閒靜小鎮，自古以來就是加拿大人熟悉的夏季避暑勝地，最近幾年更因為可以出海賞鯨而讓名聲愈加響亮；特別是塔杜薩克灣還是加拿大東部唯一的白海豚棲息地，吸引來自全世界的觀光客造訪。小鎮以環繞塔杜薩克灣呈扇形分布，沿著海灣還設有完善的步道及道路，幾乎所有景點就在這條路上。

來到塔杜薩克的最大樂趣，首先當然就是出海賞鯨、看白海豚，有多家旅行社推出賞鯨之旅的行程，能以電話、電子郵件報名，也可透過Hôtel Tadoussac等主要飯店的櫃台申請。賞鯨團或觀光船都是從突出於塔杜薩克灣海岬最前端的碼頭出發，在鎮上還設有海洋（哺乳類）觀察中心Centre d'Interprétation des Mammifères Marins（C.I.M.M.），是對白海豚等鯨豚類進行研究、觀察的設施，由於有關於白海豚與鯨魚的相關展覽，在出發賞鯨之前最好先到這裡學習基本知識。

海岬的外圍就是漫遊步道，夠幸運的話，也

能在海岬的觀景台Pointe de l'Islet看到鯨魚的身影。在城鎮以西則是湖泊Lac de l'Anse à l'Eau，湖畔設有薩格奈公園，設有長達17km的冰河小徑Sentier du Fjord；雖然只是個小鎮，卻充滿散步漫遊的樂趣。

**塔杜薩克**
**MAP** P.380-C2　**URL** tadoussac.com

**如何前往塔杜薩克**
**長途巴士**
魁北克出發的Intercar可前往科摩灣Baie-Comeau，所需時間4小時15分，1日行駛1班，單程大人$58.9。
**Intercar**
**FREE** (1-800)806-2167　**URL** intercar.ca

**🅿遊客中心**
**Maison du Tourisme de Tadoussac**
**🏠** 197 Rue des Pionniers　**TEL** (418)235-4744
**FREE** (1-866)235-4744

**觀賞鯨魚&白海豚**
**Croisières Dufour**
**FREE** (1-866)856-6668　**URL** www.dufour.ca
**Whale Watching Boat Tour in Tadoussac**
**時** 5/13〜10/29 每日9:45、12:00、13:00、17:00出發（依照時期及天候而變動）
**費** 大人$109.99〜、青少年（5〜12歲）$79.99〜、兒童（2〜4歲）$39.99，所需時間約3小時。

**Otis Excursions**
**FREE** (1-800)563-4643
**URL** www.otisexcursions.com
2小時行程
**時** 6/3〜10/8 每日8:00、16:30出發
**費** 大人$99.99、兒童（6〜12歲）$84.99
2小時30分行程
**時** 5/6〜10/29 每日10:15、13:30出發
**費** 大人$109.99〜、兒童（6〜12歲）$94.99〜
使用可乘坐12人的橡皮艇。

**海洋（哺乳類）觀察中心**
**🏠** 108 Rue de la Cale-Sèche
**TEL** (418)235-4701
**URL** gremm.org
**時** 5/14〜6/17
每日12:00〜17:00
6/18〜10/9
每日9:00〜18:00
**休** 10/10〜5/13
**費** 大人$15、兒童免費

**塔杜薩克的住宿**
**Hôtel Tadoussac**
**🏠** 165 Rue Bord de l'Eau
**TEL** (418)235-4421
**URL** www.hoteltadoussac.com
**時** 5/10〜10/29
**費** ⑤①$143〜　Tax另計
塔杜薩克具代表性的高級飯店。

塔杜薩克

薩格奈公園
Saguenay park

Sentier le Fjord 冰河小徑

Lac de l'Anse à l'Eau

往Maisons des Dunes方向

Rue du Bateau Passeur
Rue des Forgerons
Rue des Jésuites
Chambard
Dupont Gravé

🅿遊客中心

巴士總站
市政廳
Rue des Pionniers
Morin

印第安教堂
Petite Chapelle de Tadoussac

塔杜薩克養魚場
Station piscicole de Tadoussac

Tadoussac
Bord de l'Eau

Chauvin交易所
Poste de traite Chauvin

Rue du Cap de l'Islet
Rue du Bord de l'Eau
Rue du Cap

聖勞倫斯河
Fleuve St-Laurent/
St. Lawrence River

賞鯨／觀光船乘船處

海洋（哺乳類）觀察中心
Le Centre d'Interprétation des Mammifères Marins (CIMM)

漫遊步道
Sentier de la Pointe

往聖羅倫茲薩琳灣方向
渡輪

薩格奈河
Saguenay River

薩格奈／聖勞倫斯灣省立海洋公園
Parc Marin du Saguenay-Saint-Laurent

Pointe de l'Islet

塔杜薩克灣
Baie de Tadoussac

新法蘭西的發祥地——加斯佩半島

# 加斯佩半島 Gaspésie

魁北克省東南方突出於聖勞倫斯河口處的半島為Gaspésie（加斯佩半島），也是1534年法國探險家傑克·卡地爾Jacques-Cartier成功登陸加拿大的歷史地點，因為直到20世紀之前陸路交通並不發達，也讓這裡保留完整的古老習慣與風俗。

© Jean-Pierre Huard/ATRG

| 加斯佩半島基本DATA MAP P.380-C2 | 據點城市：加斯佩<br>歷史景點：★★<br>自然景點：★★★★ | 加斯佩半島情報網<br>URL www.tourisme-gaspesie.com<br>URL gaspepurplaisir.ca |
|---|---|---|

## 漫遊加斯佩半島

雖然有Oreléans Express的長途巴士及名為RÉGÎM的公共巴士行駛加斯佩半島，因為班次

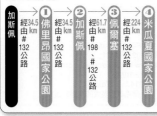
↑#132公路在風光明媚的佛里昂國家公園內濱海而走

很少，租車暢遊是最好的觀光方式。造訪主要景點只要沿著濱海的#132公路行走即可，單純的開車兜風看海十分舒爽。

觀光起點是加斯佩半島的最大城鎮——加斯佩，首先朝#132公路北上，繞行佛里昂

國家公園一圈之後就返回加斯佩；接著從加斯佩繼續沿著#132公路往東南方行，約50分鐘之後到達佩爾塞，因為途中會遇上連續急轉彎，開車時要格外小心。由佩爾塞回到#132公路向西前行，在Nouvelle小鎮看到路標跟著走，就會抵達最終目的地的米瓜夏國家公園；因為從佩爾塞到米瓜夏國家公園是長距離的行車路段，不妨在中途的城鎮或海邊景點停車稍作休息。

↑米瓜夏國家公園的路標

## 兜風路線

加斯佩 → 經34.5km 由#132公路 → ① 佛里昂國家公園 → 經34.5km 由#132公路 → ② 加斯佩 → 經61.7km 由198、#132公路 → ③ 佩爾塞 → 經224km 由#132公路 → ④ 米瓜夏國家公園

### 如何前往加斯佩

**飛機**
從魁北克市到加斯佩之間，有在地航空公司Pascan Aviation的航班1日2班，所需時間約1小時40分，在加斯佩機場（YGP）也有租車公司的服務櫃台。

**長途巴士**
Oreléans Express從魁北克

市出發1日行駛1班（途中會在里穆斯基Rimouski轉車），所需時間約11小時45分，單程大人$142、銀髮族·青少年$121、兒童（3～13歲）$99.5、2歲以下$71。

**鐵路**
VIA國鐵有蒙特婁～加斯佩路線，目前停駛中。

# 主要景點

## ① 佛里昂國家公園
### Parc National de Forillon
MAP P.445/P.446外
★★★

↑有不少觀景點

位於加斯佩半島的最前端端，占地廣達244km²的公園，是1970年魁北克省劃定的第一座國家公園，擁有豐富自然地形的公園內，當然也規劃了完整的露營區、健行步道、騎馬路線等戶外活動設施，也能體驗賞鯨的樂趣。在公園南側Boul. de Grande-Grave旁的博物館Hyman & Sons Genernal Store，則介紹加斯佩半島民眾的生活及歷史。要前往國家公園最前端處的加斯佩岬Cap Gaspé，可在2.6km前的觀景點L'Anse-aux-Amérindiens停車，沿著單車程4km的步道走就能到達。

↑位於海邊的Hyman & Sons Genernal Store

## ② 加斯佩
### Gaspé
MAP P.445/P.446
★★★

加斯佩半島最大的城鎮，也是行政中心。Gaspé的地名來自於原住民密克馬克族Micmac語中「世界盡頭」之意的「Gaspeg」一詞而來。

↑加斯佩鎮上也有速食店

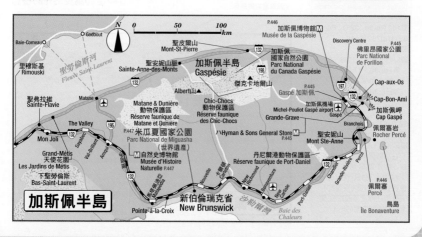

## ☑CHECK!

**❓ 加斯佩的遊客中心**

Gaspé Tourist Welcome Bureau
**MAP** P.446
🏠 8 Rue de la Marina
**TEL** (418)368-6335
**URL** www.tourisme-
gaspesie.com
🕐 週一～五8:30～18:00
週六8:30～17:00
（依照時期而變動）
🚫 無休

**主要租車公司**
Enterprise
**TEL** (418)368-1541

**主要計程車公司**
Porlier Taxi
**TEL** (418)368-3131

**加斯佩博物館**
**MAP** P.445/P.446外
🏠 80 Boul. de Gaspé
**TEL** (418)368-1534
**URL** museedelagaspesie.ca
🕐 6/5～9/3
每日9:00～17:00
9/4～6/4
每日11:00～16:00
🚫 無休
💰 大人$18、銀髮族$16、兒
童（6～17歲）$4.4、5歲
以下免費

**加斯佩的住宿**
Hôtel Plante
**MAP** P.446
🏠 137 Rue Jacques-Cartier
**FREE** (1-888)368-2254
**URL** www.hotelplante.com
💰 ⓢ ⓓ $95～

由於是座小巧城鎮，觀光以徒步就足夠，雖然景點並不多，還是有北美洲罕見的木造教堂——加斯佩大教堂Cathédrale du Gaspé及加斯佩博物館Musée de la Gaspésie等觀光點。

⬆竪立著傑克‧卡地爾雕像的加斯佩博物館

---

🍁 ③ **佩爾塞**　**MAP** P.445/P.447
　Percé　★★★

距離加斯佩東南方68km，閑靜聚落佩爾塞是#132公路上商店與住宿設施林立的小度假區。

城鎮最為自豪的美景是長483m、高88m的巨大佩爾塞岩Rocher Percé。佇立於離海岸180m海中間的佩爾塞岩，據說形成於3億7500萬年前，岩石表面埋有無數的遠古化石，退潮時可以從Rue du Mont-Joli斜坡頂端的停車場一路走到佩爾塞岩（僅限夏季）。周邊也有不少輕鬆的健行步道，像是不論身在小鎮何處都能看到的聖安妮山Mont Ste-Anne，其登山步道就是人氣路線之一；登山口在聖米歇爾教堂的後方，從這裡慢慢走到山頂需要約45分鐘，彷彿沿著山脈表面蜿蜒而上的登山步道，可以一覽小鎮全景及佩爾塞岩、鳥島Îles Bonaventure的美景。佩爾塞也是觀光船的知名景點，幾乎所有路線都會繞經佩爾塞岩，並前往海鳥保護區的鳥島。位於佩爾塞外海的鳥島是歐洲人最早在加拿大殖民開墾的地點之一，如今則是被指定為塘鵝Gannet等海鳥群的保護區，另外也是海鸚、崖海鴉等多達20萬隻鳥兒的棲息

⬆佩爾塞岩與鳥島

## ☑CHECK!

**❓ 佩爾塞的遊客中心**

Bureau D'information Touristique
**MAP** P.447
🏠 142 Route 132 O., Percé
**TEL** (418)782-5448
**URL** perce.info
🕐 5/15～6/10、10/8～21
每日9:00～17:00
6/11～10/7
每日8:30～18:00

**公共巴士**
RÉGÎM
**FREE** (1-877)521-0841
**URL** regim.info
💰 單程票1人$4
　在加斯佩半島上有14條路線，從加斯佩前往佩爾塞（#22）平日1日行駛1班，於傍晚16:55出發（要預約）。沒有前往佛里昂國家公園、米瓜夏國家公園的巴士。

地。在加斯佩～佩爾塞之間雖然平日有巴士可以搭乘，但班次很少不方便觀光。

## ④ 米瓜夏國家公園
### Parc National de Miguasha
MAP P.445 ★★★

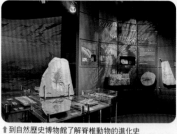
↑到自然歷史博物館了解脊椎動物的進化史

1999年被聯合國教科文組織列為世界遺產的國家公園，位在加斯佩半島的南邊，面對著沙勒爾灣Baie des Chaleurs。據說在距今3億7000萬年前的泥盆紀，這一帶屬於亞熱帶氣候，受到流經附近暖流的影響，曾經存在過非常豐富多樣的魚類物種，在自然歷史博物館Musée d'Histoire Naturelle就能認識有著原始模樣的溝鱗魚Bothriolepis Canadensis，或是魚類中最為接近四肢動物的真掌鰭魚Eusthenopteron Foordi等從周邊挖掘出土的魚類化石。在博物館外還有立有自太古元到新生代各種生物解說牌的健行步道L'Évolution-de-la-vie，1圈約3.9km（僅限4月～10月開放）。

➡可沿著沙勒爾灣而走的健行步道

往加斯佩Gaspé方向

聖勞倫斯灣
Galfe-du-Saint-Laurent

La Crevasse

Route du Mont-Blanc

Mont Blanc

瀑布
Cascade
(La Grotte)

Petit mont Sainte-Anne

P.446 遊客中心

聖米歇爾教堂
Église Saint-Michel-de-Percé

公園解說中心
Centre de découverte du Parc de l'Île-Bonaventure-et-du-Rocher-Percé

聖安妮山▲
Mont Ste-Anne

觀光船售票處

聖保羅教堂
Église Anglicane Saint-Paul

Pic de l'Aurore

巴士站

Au Poste de Vue

佩爾塞岩
Rocher Percé
(Persé Rock)

Rue du Mont-Joli

觀光船乘船處

La Normandie
P.447

佩爾塞灣
Baie de Percé

往Cap Blanc方向

鳥島
Île Bonaventure

**佩爾塞**

0  1  2 km  N

**觀光船**
Les Bateliers de Percé
TEL (418)782-2974
URL www.lesbateliersdeperce.com
圆6月～10月中旬
圏大人$45、學生$45、12歲以下$25

**佩爾塞的住宿**
Hôtel La Normandie
MAP P.447
回221 Route 132 O., Percé
TEL (418)782-2112
FREE (1-800)463-0820
URL www.normandieperce.com
圆5/20～10/8
圏⑤①$99～　Tax另計
CC M V
圆45 房
座落在可以眺望海景的絕佳位置，是加斯佩半島具代表性的高級飯店。

**米瓜夏國家公園**
自然歷史博物館
MAP P.445
回231 Route Miguasha O., Nouvelle
TEL (418)794-2475
FREE (1-800)665-6527
URL www.sepaq.com/pq/mig
URL www.miguasha.ca
圆5/29～10/13
　每日9:00～17:00
圆10/14～5/28
圏大人$9.55、17歲以下免費
（只參觀國家公園）
大人$21.46、17歲以下免費
（國家公園與自然歷史博物館）

↑不只是魚類，也挖掘出不少植物化石

# 冬天登上馬德萊娜島看豎琴海豹

馬德萊娜島Îles-de-la-Madeleine是位於聖勞倫斯灣Gulfe du St-Laurent上，總面積約200km²方圓的小島，周圍環繞著紐芬蘭島Newfoundland、加斯佩半島Gaspésie、愛德華王子島Prince Edward Island。由於聖勞倫斯灣是北極海南下流冰的積聚地點，因此每年2月下旬到3月中旬會有25萬頭的豎琴海豹Harp Seal來這裡繁殖下一代。

## 漫遊馬德萊娜島

馬德萊娜島是由12座島嶼組成的馬德萊娜群島的中心，是以沙洲連結6座小島而成，靠著＃199公路可以往來各島間，而6座島嶼的名稱分別是Île du Cap aux Meules、Île du Havre Aubert、Île de la Grande-Entrée、格羅斯島La Grosse Île、Île du Havre-aux-Maisons、Île Pointe aux-Loups，重點島嶼在行政機關聚集的Île du Cap aux Meules，與愛德華王子島之間有渡輪往來，也設有遊客中心及推出豎琴海豹觀賞之旅的飯店Hôtel Château Madelinot，機場則是設在Île du Havre-aux-Maisons。由於島上沒有大眾交通工具，想要移動只能參加飯店的導覽之旅，或是搭乘計程車、租車出遊。

## 豎琴海豹觀賞之旅

通常生活於北極一帶的豎琴海豹，在每年2月下旬就會為了生產而出現在聖勞倫斯灣，生產在2月27日前後進行，會有成群全身長滿鬆軟白毛的可愛海豹寶寶誕生。

©小原玲

海豹觀賞之旅在3月初到下旬之間登場，由飯店Hôtel Château Madelinot舉辦，不過還是要依照天候及冰層狀況才能決定是否成行，因此會是3～6日包含住宿的套裝行程。由於豎琴海豹的棲息地是在流冰之上，必須搭乘直升機前往，在流冰上的停留時間約2小時，幸運的話還能看到海豹媽媽餵奶或是小海豹剛出生的景象。

⬆非常可愛的豎琴海豹寶寶

---

**DATA**

馬德萊娜島
**MAP** P.380-C2
**URL** www.ilesdelamadeleine.com

**如何前往馬德萊娜島**
飛機　加斯佩有Pascan Aviation的直飛航班，1日2班，所需時間約1小時（夏季以外減為1週1班）；也有PAL Airline的直飛航班。魁北克市出發有兩家航空公司的航班，所需時間約1小時50分～3小時10分。馬德萊娜島機場（YRG）設置在Île du havre-aux-Maisons。島嶼雖然屬於魁北克省，但時區和大西洋省分同樣為太平洋標準時間，與魁北克市、加佩斯之間有1小時的時差。

從台灣沒有直飛航班可到，必須先飛到溫哥華、多倫多，再轉往魁北克市或加斯佩等城市。

❓遊客中心
🏠128 Chemin Principal, Cap aux Meules
☎(418)986-2245　📠(1-877)624-4437
**URL** www.tourismeilesdelamadeleine.com
🕐1/5～5/14、9/16～30　週一～五9:00～17:00
　5/15～6/17　每日9:00～17:00
　6/18～9/15　每日9:00～18:00
　11/1～12/18　週一～五12:00～17:00
🚫1/5～5/14和9/16～30、10/1～12/18的週六・日、12/19～1/4

Hôtel Château Madelino
🏠323, Chemin Principal, Fatima
☎(418)986-2211　📠(1-855)986-2211
**URL** www.hotelsaccents.com
💰Ｓ①$149～　Tax另計
含海豹觀賞之旅的套裝行程費用
💰3晚Ｓ①$4223.27～　4晚Ｓ①$4902.85～
　5晚Ｓ①$5582.43～　6晚Ｓ①$6262.01～
　Tax另計　含3餐
　包含單趟海豹觀賞之旅（所需時間約3小時，включ包含防寒配備的租用）、島上導覽之旅、機場接送服務，以及雙人房住宿費。

# 馬德萊娜島

N　0　10　20 km

格羅斯島
Île de Grosse

往Brion島方向→

北沙洲

Île de la Pointe aux-Loups ●

Île de la Grande-Entrée ●

南沙洲

Île du Cap aux Meules

Fatima ●
遊客中心
L'Étang-du-Nord ●

● Île du Havre-aux-Maisons
● Île du Cap-aux-Meules
渡輪

聖勞倫斯灣
Gulfe du St-Laurent

Plaisance灣
Baie de Plaisance

● L'Île-d'Entrée

往魁貝特方向→

Île du Havre Aubert

Bassin ●

往愛德華王子島的Souris方向→

位於新斯科細亞省的盧嫩堡

大西洋省分

# 大西洋省分
## ATLANTIC CANADA

愛德華王子島省、新斯科細亞省、新伯倫瑞克省及紐芬蘭&拉布拉多省4省合稱為大西洋省分，是歐洲人最早殖民的地區，也是與英國及法國抗爭誕生加拿大聯邦的重要歷史舞台，可說是加拿大的發源地。

### 愛德華王子島省

| 首府 | 夏綠蒂鎮 |
|---|---|
| 面積 | 5660km² |
| 人口 | 15萬4331（2021年人口普查） |
| 時間 | 大西洋標準時間（AST）<br>與台灣時差−12小時<br>（夏令時間−11小時） |
| 省稅 | 合併銷售稅HST 15% |

### 紐芬蘭&拉布拉多省

| 首府 | 聖約翰 |
|---|---|
| 面積 | 51萬5212km² |
| 人口 | 51萬550（2021年人口普查） |
| 時間 | 紐芬蘭標準時間（NST）<br>與台灣時差−11小時30分<br>（夏令時間−10小時30分） |
| 省稅 | 合併銷售稅HST 15% |

## 愛德華王子島省

加拿大最小的省分，是《紅髮安妮》作者露西·蒙哥馬利Lucy Maud Montgomery的故鄉而廣為人知。紅土道路與綠色大地、花田等所組合的美麗景致，有如拼畫一般無限延伸，美麗的海岸線上還矗立著白色燈塔。

**主要城市**
夏綠蒂鎮（→P.457）
卡文迪許（→P.461）

## 紐芬蘭&拉布拉多省

被濕地覆蓋、有多種野生動物棲息的紐芬蘭省，位於北美最東端，內陸為針葉林及廣闊凍原的孤島。由於地處北美最靠近歐洲的位置，也在歷史上扮演重要的角色。

**主要城市與公園**
聖約翰（→P.493）
格羅摩恩國家公園（→P.498）

## 新伯倫瑞克省

與魁北克省和美國的緬因州相鄰，擁有東部最寬廣的森林地帶，人口中35%為法語系，是加拿大唯一以英、法語2種語言作為官方語言的省分。聚集在聖約翰河沿岸的城市，都在閒靜中散發出悠然自得的氣氛。

**主要城市**
弗雷德里克頓（→P.486）、聖約翰（→P.490）
蒙克頓（→P.492）

## 新斯科細亞省

突出於聖羅倫斯灣Gulf of St. Lawrence的半島，因而散發著島國風情，是加拿大最早被殖民的地區，因而成為英法抗爭的重要歷史舞台。銜接大西洋的灣岸海岸線上，擁有首府哈利法克斯等眾多美麗城市。

**主要城市** 哈利法克斯（→P.473）

**主要兜風路線** ▶▶▶
★ 燈塔路線（→P.480）
★ 布雷頓角（→P.483）

### 新伯倫瑞克省

| 首府 | 弗雷德里克頓 |
|---|---|
| 面積 | 7萬2908km² |
| 人口 | 77萬5610（2021年人口普查） |
| 時間 | 大西洋標準時間（AST）<br>與台灣時差−12小時<br>（夏令時間−11小時） |
| 省稅 | 合併銷售稅HST 15% |

### 新斯科細亞省

| 首府 | 哈利法克斯 |
|---|---|
| 面積 | 5萬5284km² |
| 人口 | 96萬9383（2021年人口普查） |
| 時間 | 大西洋標準時間（AST）<br>與台灣時差−12小時<br>（夏令時間−11小時） |
| 省稅 | 合併銷售稅HST 15% |

# PRINCE EDWARD ISLAND
# 愛德華王子島
## 愛德華王子島省

**MAP** P.450-C2
**人口** 15萬4331
**面積** 902

愛德華王子島情報網
**URL** www.tourismpei.
com

---

**加拿大航空 (→P.542)**

**夏綠蒂鎮機場 (YYG)**
**MAP** P.455-B2
**住** 250 Maple Hills Ave.
Suite 132, Charlottetown
**TEL** (902)566-7997
**URL** flyyyg.com

---

**愛德華王子島的暱稱**
愛德華王子島Prince
Edward Island也稱為PEI,本
書中的部分內容也採用此稱
呼。

---

**愛德華王子島的活動**
PEI國際貝類節
PEI International Shellfish
Festival
**FREE** (1-866)955-2003
**URL** peishellfish.com
**時** 9月中旬
在夏綠蒂鎮登場的海鮮慶
典,以牡蠣、淡菜為主的新鮮
海產招待遊客,舉行剝牡蠣殼
大賽、音樂會等活動來炒熱氣
氛。

---

↑有著綠色尖頂的綠屋

露西・蒙哥馬利 (1874～1924年) 的小說《紅髮安妮
Anne of Green Gables》書中舞台愛德華王子島,面
積約為5660km²,是位在聖羅倫斯灣Gulf of St. Law-
rence上的美麗小島。書中描寫安妮所居住的艾凡里村
Avonlea的原型卡文迪許Cavendish周邊,分布著許多
故事中描寫的場景地點。

龍蝦則是愛德華王子島的名產,特別是在漁業解禁的
5月到10月之間,可以在市區各餐廳品嚐到肉質飽滿的
新鮮龍蝦。

## 如何前往愛德華王子島

愛德華王子島的入口城市是位於島嶼中央的夏綠蒂鎮,從各
地有飛機與巴士前往,市區交通也很四通八達。

### ▶▶▶ 飛機

從台灣通常都搭乘經由多倫多的班機前往,從多倫多出發的
加拿大航空Air Canada (AC) 1日1～3航班,飛行時間約為2小
時;從蒙特婁出發的加拿大航空1日則有1～2班,所需時間約1小
時40分。所有航班都在夏綠蒂鎮機場Charlottetown Airport
(YYG) 起降。

### 機場前往市區

從市區北方約8km處的夏綠蒂鎮機場前往夏綠蒂鎮市中心
時,可搭乘計程車、租車或市區巴士T3 Transit。在入境大廳設

※開館時間、營業時間等日期時間基本上為2023年資訊,因每年資訊會有所變動,請記得上網再次確認。(→P.7)

有租車公司櫃台及計程車聯絡電話（免費），計程車會依照班機抵達時間在外候客，到市區車程約10分鐘，費用採區域制，單人為$20，每增加1人追加$5。搭乘市區巴士T3 Transit的話，則必須在途中的Charlottetown Mall換車。

### ▶▶▶ 長途巴士

從哈利法克斯前往夏綠蒂鎮有Maritime Bus巴士1日行駛1班，途中要在新伯倫瑞克省（NB省）的阿默斯特Amherst換車；哈利法克斯12:00出發，哈利法克斯‧斯坦菲爾德國際機場12:45出發，到達夏綠蒂鎮17:05。從蒙克頓出發也是1日行駛1班，長途巴士都會經過島上的博登卡爾頓Borden-Carleton。

### 巴士總站前往市區

巴士總站位於夏綠蒂鎮中心東北方1.8km的Mount Edward Rd.，若攜帶行李步行前往會很辛苦，建議最好搭計程車前往（約$7.25～），計程車通常會配合巴士抵達時間候客。

### ▶▶▶ 渡輪

可從新伯倫瑞克省（NB省）的Caribou搭乘NFL渡輪Northumberland Ferries Limited Ferry到伍德島Wood Islands，所需時間約1小時15分，航行季節為5月～12月下旬，1天4～8班，要

↑來往於Caribou與伍德島之間的渡輪

事先預約。NFL渡輪的乘船處周邊沒有住家，僅設有遊客中心。沒有開車的人必須搭計程車前往最近城鎮，從渡輪碼頭到夏綠蒂鎮約52km。

### ▶▶▶ 開車

可開車從多孟汀角Cape Tormentine（NB省）經過聯邦大橋Confederation Bridge前往；從新伯倫瑞克省行駛#2公路，從新斯科細亞省則走#104公路，在Aulac（NB省）轉16號線。橋全長12.9km，車程約10分鐘，速限時速80公里，禁止在橋上中途停車；只供車輛通行，行人或腳踏車騎士必須搭乘接駁巴士過橋，等巴士時間最長2小時左右。聯邦大橋僅於PEI側設置收費站，過橋費為離開愛德華王子島時支付。

**T3 Transit（→P.458）**
🚌單程　1人$2

**Maritime Bus（→P.543）**
哈利法克斯出發
🚌單程
大人$58.25、青少年（5～12歲）$29.13
蒙克頓出發
🚌單程
大人$41.75、青少年（5～12歲）$20.88

**巴士總站**
夏綠蒂鎮
(MAP) P.455-B2/P.457-2外
🏠7 Mt. Edward Rd.
☎(902)566-1567
博登卡爾頓
(MAP) P.454-A1
🏠23912 Hwy.1
☎(902) 855-2060

**NFL渡輪**
(MAP) P.455-A2
☎(902)962-2016
FAX(1-877)762-7245
URL www.ferries.ca
🚢單程
大人$23、銀髮族‧學生$20、青少年（6～13歲）$16、兒童免費、汽車1台$86

**聯邦大橋**
(MAP) P.454-A1
URL www.confederation
bridge.com
🚗汽車$50.25、機車$20
接駁巴士
徒步$4.75、腳踏車$9.5

**搭車前往PEI**
由於新斯科細亞省側的渡輪、聯邦大橋Confederation Bridge都未設置車輛收費站，只需要在離開PEI時支付船資及通行費，建議可以搭渡輪前往，回程則走聯邦大橋較為划算。

↑1997年開通的聯邦大橋

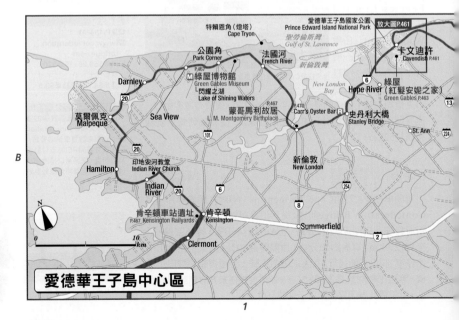

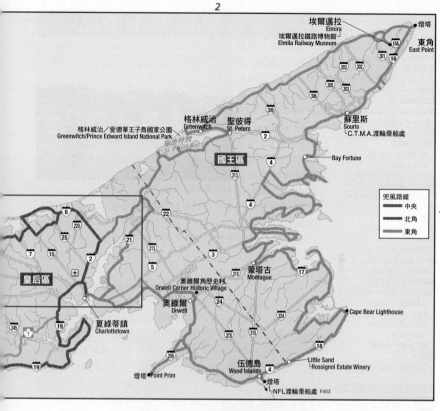

埃爾邁拉
Elmira
埃爾邁拉鐵路博物館
Elmila Railway Museum

燈塔

東角
East Point

16A
301
16

303
302

305
303

306

蘇里斯
Souris
C.T.M.A.渡輪乘船處

308

格林威治／愛德華王子島國家公園
Greenwitch/Prince Edward Island National Park

格林威治
Greenwitch

聖彼得
St. Peters

2

Bay Fortune

聖彼得灣
St. Peters Bay

國王區

4

313

A

兜風路線
中央
北角
東角

22

皇后區

6
220

25

7
15

2

21

213

5

3

210

蒙塔古
Montague

17

奧維爾角歷史村
Orwell Corner Historic Village

奧維爾
Orwell

24

324

Cape Bear Lighthouse

245

19

23

315

18

19

209

伍德島
Wood Islands

Little Sand
Rossignol Estate Winery

燈塔 Point Prim

燈塔

4

NFL渡輪乘船處 P.453

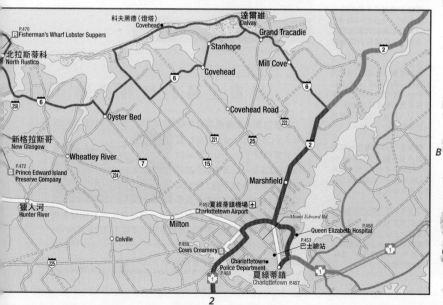

科夫黑德（燈塔）
Covehead

達爾維
Dalvay

Grand Tracadie

2

P.470
Fisherman's Wharf Lobster Suppers

Stanhope

Mill Cove

北拉斯蒂科
North Rustico

6

Covehead

6

258
6

Oyster Bed

Covehead Road

222

B

新格拉斯哥
New Glasgow

221

25

2

Wheatley River

7

15

P.472
Prince Edward Island
Preserve Company

224

Marshfield

獵人河
Hunter River

P.452 夏綠蒂鎮機場
Charlottetown Airport

Mount Edward Rd.

P.458
Queen Elizabeth Hospital

1

Milton

P.453
巴士總站

Colville

P.459
Cows Creamery

Charlottetown
Police Department P.468

225

1

夏綠蒂鎮
Charlottetown P.457

1

夏綠蒂鎮
Charlottetown
（→P.458邊欄）
薩默賽德
Summerside Visitor Information
Centre
**MAP** P.454-A1
🏠124 Heather Moyse Dr.,
　　Summerside
📞(902)888-8364
📅6/4～9/29
　　每日9:00～18:00
　　9/30～6/3
　　週一～五9:00～16:00
🚫9/30～6/3的週六・日
　　位於The Waytt Centre
內。
博登卡爾頓
Borden-Carleton Visitor
Information Centre
**MAP** P.454-A1
🏠100 Abegweit Dr.,
　　Borden-Carlton
📞(902)437-8570
📅6/4～24、8/26～10/7
　　每日9:00～18:00
　　6/25～8/25
　　每日9:00～19:00
　　10/8～6/3
　　每日9:00～16:30
🚫無休
　　位於Gateway Village內。

### 愛德華王子島的兜風路線
**MAP** P.454-A1 2
中央
　　環繞愛德華王子島的中央
（皇后區），全長約206km，
可遊覽紅髮安妮相關景點及
南海岸，主要據點為夏綠蒂
鎮。
北角
　　以薩默賽德為起點，島嶼西
部為目的地的路線，總距離約
308km；擁有島上名產馬鈴薯
及蒙哥馬利相關的博物館、可
以住宿與用餐的燈塔等獨具
特色的景點。
東角
　　開車經過分布著面臨錯綜
複雜內灣美麗小鎮的東部，總
距離約418km；從NB省
Caribou出發的渡輪停靠的伍
德島也在路線上。

### 開車注意需知
　　由於路線距離長，途中還經
過起伏大的山丘地形，不易看
到前方車輛；須注意控制車
速。此外因為路燈稀少，最好
避免深夜開車。

# 漫遊愛德華王子島

　　愛德華王子島分為3大區域，以機場所在地的夏綠蒂鎮、卡文迪許的新倫敦New London及公園角Park Corner等《紅髮安妮》相關區域的皇后區為中心，西側為王

↑皇后區北部的法國河景致

子區、東側為國王區，主要據點為首府夏綠蒂鎮。以《紅髮安妮》為觀光重點的遊客，通常都會參加從夏綠蒂鎮Charlottetown出發的觀光行程，遊覽卡文迪許與周邊《紅髮安妮》的景點。卡文迪許及其他城鎮雖然也有住宿設施，由於交通不便，建議最好住宿在夏綠蒂鎮。

　　島上有Maritime Bus的巴士行駛，由於路線較少，除了參加觀光行程，建議租車旅遊較為方便。3大區域內有中央Central（皇后區）、北角North Cape（王子區）及東角Points East（國王區）等兜風路線，雖然每條路線都需要花上一天時間，建議時間充裕的人一定要開車遊覽。

↑從中央車道可看到特賴恩角燈塔

COLUMN

## 橫貫全島的自然步道

　　沿著廢棄火車鐵軌興建的聯邦步道Confederation Trail，西起於蒂格尼什Tignish，東端到埃爾邁拉Elmira，為橫貫全島長達237km的長程步道（包含支線全長為449km）；由於全程多

←夏綠蒂鎮的步道入口

為平坦易行的道路，除了健行也開放腳踏車和乘坐輪椅者使用，步道沿線還有騎馬路線。夏綠蒂鎮的步道入口位於Grafton St.與市中心東邊愛德華街Edward St.的交叉口。

聯邦步道
**MAP** P.457-2外
**URL** www.tourismpei.com/pei-confederation-trail
**DATA**

# 夏綠蒂鎮

### 愛德華王子島省

↑省議會廳是舉行過加拿大建國會議的歷史建築

地處愛德華王子島省（PEI）中央位置的夏綠蒂鎮，是島上重要的觀光據點城鎮，周遊紅髮安妮和蒙哥馬利相關景點的觀光行程都由此地出發。夏綠蒂鎮的名稱來自於英國接替法國威權的1763年時，當時英國國王喬治三世George III的皇后夏綠蒂Sophia Charlotte of Mecklenburg-Strelitz；1864年英系殖民地代表齊聚在這裡，首次舉行成立加拿大聯邦的會議，成為「加拿大聯邦發源地」也是知名的原因。可以走逛保留著省議會廳Province House或市政廳等19世紀懷舊建築的市區，或是沿著海邊步道散步，度過悠閒的時光。

大西洋省分

愛德華王子島省Prince Edward Island（夏綠蒂鎮Charlottetown）

**MAP** P.450-C2／P.455-B2
人口 3萬8809
面積 902

夏綠蒂鎮情報網
URL discovercharlotte
town.com

↑一定要在日暮時分造訪的維多利亞公園

## 夏綠蒂鎮地圖

P.458往MacQueen's Bike Shop（腳踏車出租）方向

往田士傳站 約750m

維多利亞公園 Victoria Park
St. Peters Church
比肯斯菲爾德歷史宅邸 Beaconsfield Historic House
P.469 Shipwright Inn
Dundee Arms Inn P.469
Hojo's Japanese Cuisine P.471
羅奇福德廣場 Rochford Square
Rodd Charlottetown Signature P.468
The Hotel on Pownal P.468
聯邦藝術中心 Confederation Centre of the Arts P.459
《紅髮安妮》音樂劇會場 P.460
往 Glendenning Hall方向 P.469
國王廣場 King Square
荷蘭大學 Holland College
Florence Simmons Performance Hall
《安妮與吉伯特》音樂劇會場
市政廳 City Hall
遊客中心 P.458
Zion Presbyterian Church
Confederation Court Mall P.472
往聯邦步道入口 Confederation Trail P.460
省議會廳 Province House
維多利亞區 Victoria Row
The Guild
St. Paul's Church
Henley
康諾特廣場 Connaught Square
Anne's Chocolates P.472
Claddagh Oyster House P.470
Hillsborough Square
Sim's Corner Steakhouse & Oyster Bar P.471
The Anne of Green Gables Store P.472
St. Danstans Basilica Cathedral
The Gahan House P.471
The Great George P.469
Kettle Black
Water Prince Corner Shop P.470
Holland College Tourism & Culinary Centre
Piatto Pizzeria + Enoteca P.471
Delta Hotels Prince Edward P.468
PEI Car Rental P.458
Peake's Quay P.471
創始人美食紀念館&市集 Founders Food Hall & Market
遊客中心 P.458
皮克碼頭 Peake's Wharf P.460
聯邦紀念公園 Confederation Landing Park
Lobster on the Wharf P.470

0 ─ 300 m

夏綠蒂鎮

※開館時間、營業時間等日期時間基本上為2023年資訊，因每年資訊會有所變動，請記得上網再次確認。(→P.7)

## 市區交通

↑遊逛市鎮很便利的T3 Transit巴士

市中心區域可以徒步遊覽，前往郊區則搭乘T3 Transit經營的循環巴士最為方便，分成順時針（＃2）與逆時針（＃3）2條路線，沿途會停靠聯邦藝術中心、郊區的購物中心等處。另外也有行經University Ave.與Great George St.，並連結聯邦藝術中心、購物中心之間的＃1，以及停靠肯辛頓Kensington、薩默賽德Summerside、博登卡爾頓Borden-Carleton、蘇里斯Souris、蒂格尼什Tignish，連結島上東西南北的Rural Transit。

### T3 Transit
☎(902)566-9962
URL www.t3transit.ca
#2、3（Charlottetown City Loop）
週週一～五6：45～18：45
可在寫有「BUS」字樣的巴士站上下車。
#1（University Ave. Express）
週週一～五6:45～22:30
從首班車到21:00每隔15分鐘發車，之後則每隔30分鐘發車。
費單程票 1人$2
車票可直接向司機購買，不會找零，記得事先準備好零錢。

### ❓遊客中心

Visitor Information Centre
（位於創始人美食紀念館&市集內）
MAP P.457-2
住6 Prince St.
☎(902)368-4444
URL www.tourismpei.com
開6/1～9/4
每日8:00～20:00
9/5～10/31
週日～四8:00～18:00
週五・六8:00～20:00
11/1～5/31
週日～四9:00～18:00
週五・六9:00～20:00
休無休

Tourist Bureau
（位於市政廳City Hall內）
MAP P.457-1
☎(902)629-4116
開夏季 每日8:00～18:00
冬季 週一～五9:00～17:00
休冬季的週六・日

## 漫遊夏綠蒂鎮

↑氣氛熱鬧的維多利亞區

夏綠蒂鎮的景點多集中於港口旁的市中心區，可以徒步遊覽各景點；市中心位於格拉夫頓街Grafton St.與皇后街Queen St.交會處的聯邦藝術中心Confederation Centre of the Arts周邊。聯邦藝術中心後側的理查蒙街Richmond St.，是商店及露天餐廳林立的時髦區域——維多利亞區Victoria Row；若沿著王子街Prince St.往海邊走，則是創始人美食紀念館&市集Founders' Food Hall & Market、商店及餐廳聚集的皮克碼頭Peake's Wharf，而肯特街Kent St.西側為維多利亞公園。

---

### 實用資訊
### Useful Information

**警察**
Charlottetown Police Department
MAP P.455-B2　☎(902)629-4172

**醫院**
Queen Elizabeth Hospital
MAP P.455-B2　☎(902)894-2111

**主要租車公司**
Avis（機場）
☎(902)892-3706
Hertz（機場）
☎(902)566-5566

**PEI Car Rental**（Delta Hotels Prince Edward內）
☎(902)894-7797　URL peicarrental.ca

**主要計程車公司**
Co-op Taxi（定額制）　☎(902)628-8200
Yellow Cab ☎(902)566-6666
City Taxi ☎(902)569-9999

**腳踏車出租**
MacQueen's Bike Shop
MAP P.457-1外　住430 Queen St.
☎(902)368-2453　開週一～六8:30～17:00　休週日
費1日$20～

# 主要景點

## 聯邦藝術中心
### Confederation Centre of the Arts
`MAP P.457-1` ★★★

↑音樂劇《紅髮安妮》的演出場地

為了紀念聯邦會議100週年，由全加拿大國民每人貢獻15¢，於1964年興建的綜合文化中心。館內設有劇院、圖書館、紀念品店，藝廊更收藏展示了畫家羅伯特·哈里斯Robert Harris的作品及蒙哥馬利相關資料共1萬7000件；於夏季上演的《紅髮安妮》音樂劇（→P.460），更是從1965年持續長期演出超過50年的人氣表演。

聯邦藝術中心
🏠145 Richmond St.
☎(902)628-1864
🌐www.confederation
　centre.com
🕐週二～四8:00～20:30
　週五～一8:00～18:00
🚫無休
藝廊
🕐週四10:00～20:00
　週五～三10:00～17:00
🚫無休
💰自由捐款

## 省議會廳
### Province House
`MAP P.457-1·2` ★★★

1847年由建築師艾薩克·史密斯Isaac Smith所建，1864年各地殖民代表首次在此召開促成建立加拿大聯邦的重要會議。2樓保留深具歷史意義的「聯邦誕生大廳」會議室，以當時原有樣貌與其他辦公室一同對外公開

↑為加拿大第二古老的立法議會的聯邦誕生大廳

展示。目前因修復工程而休館中，由隔壁的聯邦藝術中心代替，規劃名為《聯邦故事Story of Confederation》的特展，並重現且對外公開「聯邦誕生大廳」。

省議會廳
🏠165 Richmond St.
☎(902)566-7050
📠(1-888)773-8888
🌐parks.canada.ca/lhn-
　nhs/pe/provincehouse
※目前因修復工程而休館中。
《聯邦故事》
🕐6·9·10月
　週一～六10:00～16:00
　週日12:00～17:00
　7·8月
　週一～六10:00～16:00
　週日12:00～17:00
　11～5月
　週六10:00～15:00
🚫11～5月的週日～五
💰免費

---

COLUMN

## 參觀 Cows 的工廠

從市中心前往約10分鐘車程的冰淇淋店Cows工廠，參觀冰品與起司的製作過程與歷史相關展示，還能在附設商店買到起司、T恤等原創商品，最適合當伴手禮。工廠於2017年變更街道名稱，若在汽車導航輸入新地址無法找到的話，可輸入原地址「397 Capital Dr.」。

↑誕生於PEI，在加拿大各地都設有分店的Cows

DATA
Cows Creamery
`MAP P.455-B2` 🏠12 Milkyway
☎(902)628-3614
🌐www.cowscreamery.ca
🕐每日10:00～19:00
🚫無休
💰免費

↑碼頭旁停靠許多船隻

比肯斯菲爾德歷史宅邸
TEL (902)368-6603
URL www.peimuseum.ca/
visit/beaconsfield-
historic-house
開週一～六9:00～16:00
休週日
費大人$6、銀髮族、學生$5、
4歲以下免費

### 皮克碼頭
Peake's Wharf

MAP P.457-1‧2 ★★★

　　出席1864年加拿大聯邦成立會議的「建國之父們」曾造訪的碼頭，沿海設有美麗的漫遊步道，五彩繽紛的建築內設有禮品店和餐廳等，夏季期間是觀光客最佳的休閒去處。

### 維多利亞公園
Victoria Park

MAP P.457-1 ★★★

↑迎著海風悠閒漫步

位於高級住宅區附近的大型公園，海邊設置完善的海岸步道，是當地人經常散步及慢跑的路線，也可以坐在長椅上欣賞海岸風光，度過悠閒的時光。步道入口處豎立著造船大王James Peake Jr.於1877年所建的比肯斯菲爾德歷史宅邸Beaconsfield Historic House，公園一隅還有副總督宅邸（不對外開放）。

---

COLUMN

## 欣賞《紅髮安妮》音樂劇

　　夏綠蒂鎮演出超過50年的音樂劇《紅髮安妮Anne of Green Gables》，讓遊客可以透過歌曲與舞蹈認識那個好奇心旺盛、熱愛幻想的可愛少女安妮‧雪麗Anne Shirley，音樂劇只在夏季期間於聯邦藝術中心（→P.459）上演。故事從安妮來到綠屋開始，一直到馬修過世為止，不管是安妮用石板打嘲弄她的吉伯特、黛安娜爛醉如泥事件等，完整呈現一幕幕熟悉的內容。但是，在2020年因新冠疫情而取消演出之後，目前尚未恢復公演。

　　此外，從2022年起在Florence Simmons Performance Hall上演的《安妮與吉伯特Ann & Gilbert》，是繼《紅髮安妮Anne of Green Gables》之後描寫青春時期的浪漫喜劇。

DATA

《紅髮安妮Anne of Green Gables》
**Confederation Centre**
MAP P.457-1　URL www.confederationcentre.com
※2024年停演，2025年6月下旬～9月上旬的公演日期及詳情請上官網確認。

《安妮與吉伯特Ann & Gilbert》
**Florence Simmons Performance Hall**
MAP P.457-2
住140 Weymouth St.
URL www.anneandgilbert.com
開5月中旬～10月中旬13:00、19:30（所需時間約2小時30分）
費1人$43.41～103.18（依座位而異）

售票處　Box Office
TEL (902)894-6885
營週一～五12:00～16:00　休週六‧日

↓《紅髮安妮》音樂劇演出的場景

©Barrett & Mackay Photo Confederation Summer Festival

# 卡文迪許與周邊

## 愛德華王子島省

愛德華王子島北海岸區域包含《紅髮安妮》中艾凡里的原型城鎮卡文迪許，以及新倫敦New London、公園角Park Corner等地，分布著

↑所有遊客都想造訪的蒙哥馬利故居

綠屋及銀色森林小屋（綠屋博物館）等安妮與蒙哥馬利的相關景點。一離開汽車旅館和小木屋集中的6號公路，

↑不斷受到海水侵蝕的愛德華王子島國家公園斷崖景致

在閑靜大地上是蔓延的紅土田地，有牛群悠閒吃草的牧歌景致；可以將安妮口中的「世界最美的地方」，以及眼中閃耀光芒所稱讚的島上風景盡收眼底。

**MAP** P.450-C2/P.454-B1
**區碼** 902

卡文迪許情報網
**URL** cavendishbeachpei.com

▶▶▶ 如何前往卡文迪許

🚌 從夏綠蒂鎮出發可搭乘T3 Transit，平日1日行駛5班、週末1日4班；但是，除了班次很少，再加上與紅髮安妮相關的景點都散布在卡文迪許周邊的廣闊區域，以參加觀光之旅或租車前往較為方便。

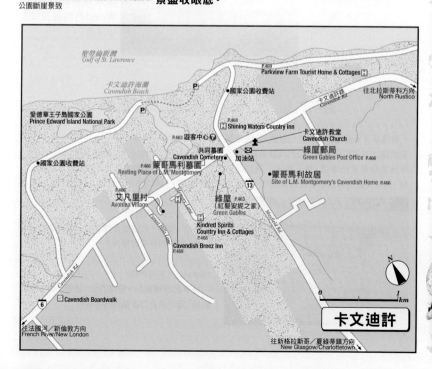

聖勞倫斯灣
Gulf of St. Lawrence

卡文迪許海灘
Cavendish Beach

愛德華王子島國家公園
Prince Edward Island National Park

P.469 Parkview Farm Tourist Home & Cottages

●國家公園收費站

往北拉斯科方向
North Rustico

卡文迪許路
Cavendish Rd.

P.468
🏠Shining Waters Country Inn

卡文迪許教堂
Cavendish Church

P.463 遊客中心 ❓

共同墓園
Cavendish Cemetery

加油站

綠屋郵局
Green Gables Post Office P.466

●國家公園收費站

P.466 蒙哥馬利墓園
Resting Place of L.M. Montgomery

●蒙哥馬利故居
Site of L.M. Montgomery's Cavendish Home P.466

艾凡里村
Avonlea Village

綠屋
（紅髮安妮之家）
Green Gables P.463

Kindred Spirits
Country Inn & Cottages P.468

Cavendish Breez Inn P.469

🚻 Cavendish Boardwalk

往法國河／新倫敦方向
French River/New London

往新格拉斯哥／夏綠蒂鎮方向
New Glasgow/Charlottetown

0 ——— 1 km

N

**卡文迪許**

**在地觀光之旅**
Prince Edward Tours
☎(1-887)286-6532
URL princeedwardtours.com
安妮之旅
圖5～10月
　每日12:00～16:00
圓大人$97.5、兒童（4～12
歲）$77.5、3歲以下免費，
Tax另計

# 市區交通

卡文迪許沒有大眾交通工具，通常觀光必須搭計程車或租車，若租車可以繞行卡文迪許周邊及島內的兜風路線（→P.456）。

若想有效率地暢遊《紅髮安妮》的相關景點，建議參加在地觀光之旅較為便利，通常都會從夏綠蒂鎮出發。

↑參加在地觀光之旅可有效率周遊景點

# 漫遊卡文迪許與周邊

由於卡文迪許與周邊景點的範圍分散，參加從夏綠蒂鎮出發的觀光之旅或租車遊玩較為方便，不過《紅髮安妮》中的重要景點——綠屋Green Gables及綠屋郵局Green Gables Post

Office周邊則可徒步遊覽。綠屋周邊還有由安妮取名為戀人小徑Lover's Lane、鬧鬼森林Haunted Wood的路線可供散步漫遊。

↑安妮最愛的「閃耀之湖」

COLUMN

## 遵守垃圾分類守護美麗島

愛德華王子島上有大片紅土田園、丘陵地帶和閃耀之湖等可以洗滌人心的美麗風景。為了守護這個美麗的環境，島上規定必須垃圾分類，即使是觀光客也希望能協助執行。市區的

↑不知如何歸類時就丟入Waste內

垃圾箱分為以下3種：
●Recycle（回收紙類及塑膠類等）
報紙、收據、廣告單、果汁或牛奶等包裝紙盒、瓶罐、乾電池。

●Compost（廚餘類）
紙巾、面紙、披薩或蛋糕紙盒、咖啡濾紙或茶包、植物的花朵或葉片。

●Waste（不可燃物）
損壞的玻璃製品、塑膠刀叉、吸管、零食包裝袋，其他還有口香糖和菸蒂等。

# 主要景點

## 卡文迪許

### 綠屋（紅髮安妮之家） MAP P.454-B1/P.461/P.463
Green Gables　　　　　　　　　★★★

↑蒙哥馬利也稱這裡為「綠屋」

故事裡從孤兒院被領養的安妮度過少女時代「綠屋（綠色屋頂之家）」的原型房屋，白色與綠色搭配的木造房屋，與故事裡所描寫的完全相同；實際上這裡是蒙哥馬利外祖父的表兄妹Macneill，以及與蒙哥馬利同年的養女Martel所居住的房子。與外祖父母同住在綠屋附近的蒙哥馬利，對這裡周圍的森林等自然環境非常熟悉，也經常來找Martel遊玩。

以建築物為中心的整塊園區於1937年被指定為國家歷史古蹟，內部完整重現故事裡安妮的房間Ann's Room及馬修的房間Matthew's Room、瑪莉拉的房間Marilla's Room等，詳細介紹請參閱P.464。

### ❓ 遊客中心

Cavendish Visitor Information Centre
**MAP** P.461/P.463
🏠 7591 Cawnpore Lane, Cavendish
☎ (902)963-7830
🌐 cavendishbeachpei.com
🕐 5/15～6/30、8/28～10/13
　每日9:00～17:00
　7/1～8/27
　每日9:00～18:00
　10/14～11/10
　週一～五9:00～17:00
　11/11～5/14
　每日10:00～16:00
🚫 10/14～11/10的週六・日

### 綠屋
🏠 8619 Cavendish Rd., Cavendish
☎ (902)963-7871
📠 (1-888)773-8888
🌐 parks.canada.ca/lhn-nhs/pe/greengables
🕐 5～10月
　每日9:00～17:00
🚫 11～4月
　（11月中旬即可預約參觀）
💰 大人$8.5、銀髮族$7、17歲以下免費

### 卡迪文許步行時間表
綠屋
↓徒步即達
戀人小徑
↓徒步15分鐘
鬧鬼森林
↓徒步16分鐘
蒙哥馬利墓園
↓徒步3分鐘
綠屋郵局
↓徒步3分鐘
蒙哥馬利故居遺址
↓徒步15分鐘
艾凡里村

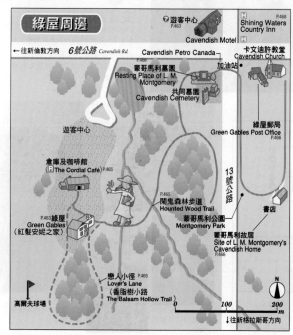

綠屋周邊

❓遊客中心 P.463
Cavendish Motel
H Shining Waters Country Inn P.468
← 往新倫敦方向　6號公路 Cavendish Rd.
Cavendish Petro Canada
加油站
卡文迪許教堂 Cavendish Church
蒙哥馬利墓園 P.466 Resting Place of L. M. Montgomery
共同墓園 Cavendish Cemetery
遊客中心
綠屋郵局 Green Gables Post Office P.466
倉庫及咖啡館 R The Cordial Café P.465
13號公路
書店
P.465 綠屋 Green Gables（紅髮安妮之家）P.463
鬧鬼森林步道 P.465 Hounted Wood Trail
蒙哥馬利公園 Montgomery Park
蒙哥馬利故居 Site of L. M. Montgomery's Cavendish Home P.466
戀人小徑 P.465（香脂樹小路）The Balsam Hollow Trail
高爾夫球場
N
0　100　200 m
↓往新格拉斯哥方向

↑與綠屋並列為卡迪文許知名觀光景點的綠屋郵局

**Check!**
安妮的房間窗戶可以看到她向黛安娜傳送的信號

**Check!**
安妮將建築旁的樹木取名為「冰之女王」

安妮粉絲們的聖地
*Green Gables*
# 綠屋

安妮的眼中閃耀著光芒，讚譽為「全世界最棒的地方」，就是這個綠色尖頂小屋（綠屋）。在館內參觀時，全心沉浸在故事裡的世界吧。

**2F Ⓚ**
## 安妮的房間
*Anne's Room*

有著可愛碎花圖案壁紙的房間，內部重現安妮來到綠屋1年半左右的模樣，隨處擺放著妝點故事知名場景的小道具。

⬆就連室內裝飾等細節也極為講究

### 綠屋平面圖

**1st Floor**

Ⓐ 餐廳
Ⓑ 客廳
Ⓒ 馬修的房間
Ⓓ 大廳
Ⓔ The Dairy Porch
Ⓕ 餐具室
Ⓖ 廚房

玄關

Ⓗ 瑪莉拉的房間
Ⓘ 裁縫室
Ⓙ 客房
Ⓚ 安妮的房間
Ⓛ 傭人房

**2nd Floor**

⬇上課時被譏笑為「紅蘿蔔」的安妮，一怒之下用來打吉伯特頭的石板

⬇安妮從孤兒院帶來的手提袋

⬆床邊擺著安妮向黛安娜傳送信號的小燈台

⬆馬修扭扭捏捏地送給安妮的禮物——絲綢蓬袖洋裝

愛德華王子島省Prince Edward Island（卡文迪許與周邊Cavendish & Around）

**(1F) C**

### 馬修的房間
*Matthew's Room*

心臟不好的馬修房間位於1樓，與餐廳相連，房間設有2扇門，若有女性從玄關進入，就能很方便地悄悄逃到廚房。

↑椅子上掛著馬修最愛用的吊帶

↑位在2樓最裡面

**(2F) H**

### 瑪莉拉的房間
*Marilla's Room*

無論裝潢或布料都採用沉穩的顏色，很有瑪莉拉風格的簡約房間，床邊的桌子上則擺放著因遺失而引起一陣騷動的紫水晶胸針。

↑胸針是過世母親留下來的遺物，對瑪莉拉來說非常重要

↑3人當中最小的房間

↓安妮最愛的珍藏茶具組

**(1F) A**

### 餐廳
*Dining room*

安妮與瑪莉拉、馬修休息的餐廳，桌上放著安妮與黛安娜舉辦茶會所使用的玫瑰花苞圖案茶具組。

↑放置廚具與食材的房間——餐具室 ➡廚房架上有害黛安娜醉醺醺的「莓汁」

**(1F) F G**

### 廚房＆餐具室 *Kitchen & Pantry*

廚房與餐具室相鄰，是卡斯伯特Cuthbert家的廚房，雖然小巧，但卻整理得很可愛，眼前彷彿浮現不擅長煮飯的安妮正在苦戰的景象。

↑寬敞的餐廳，最裡頭還有起居間

---

## 綠屋周邊注目景點

### 鬧鬼森林步道
*Hauntad Wood Trail*

可從種植蘋果樹的庭園越過小河前往鬧鬼森林，路上會經過共同墓園、蒙哥馬利故居、教堂；步道全長約1.6km，沿途光線微弱，一個人走會覺得恐怖。

### 戀人小徑
*Lover's Lane*

從安妮取名為「戀人小徑Lover's Land」開始的香脂樹小路The Balsam Hollow Trail，全長約1km，可以在陽光灑落下的安靜步道漫步。

### The Cordial Café

位在綠屋倉庫一角的咖啡館，可在裡面購買莓汁（覆盆子汁Raspberry Cordial）、餅乾等，在綠屋的庭園小歇片刻。
圀5～10月
每日10:00～17:00

**蒙哥馬利墓園**

⊞Rt. 13, Cavendish
🚗13號公路與6號公路的交叉
　口附近。

⬆夏季時墓碑前方盛開五彩繽紛的花壇

**綠屋郵局**

⊞8555 Cavendish Rd.,
　Cavendish
☎(902)963-2660
📠(1-800)267-1177
🔗www.canadapost-
　postescanada.ca
📅5月下旬～10月上旬
　週一～五9:00～17:00
　週六9:00～13:00
　週日13:00～17:00
❌10月上旬～5月下旬
💰免費

**蒙哥馬利故居遺址**

⊞8521 Cavendish Rd.,
　Cavendish
☎(902)626-1784
🔗parks.canada.ca/lhn-
　nhs/pe/cavendish
🔗www.lmmontgomery
　cavendishhome.com
📅5/20～6/30、9/1～10月中
　旬 每日10:00～17:00
　7·8月 每日9:30～17:30
❌10月中旬～5/19
💰大人$6、銀髮族$5、兒童免
　費

⬆現在只殘存石頭地基

**艾凡里村**

⊞8779 Rt. 6, Cavendish
☎(902)963-3111
🔗avonlea.ca
📅6/4～25、9/7～17
　每日10:00～17:00
　6/26～9/6
　每日10:00～20:00
　（依店鋪而變動）
❌9/18～6/3
💰免費

## 🍁 蒙哥馬利墓園（共同墓園） MAP P.461/P.463

Resting Place of L. M. Montgomery (Cavendish Cemetery) ★★★

1942年去世於多倫多的蒙哥馬利之墓，據說是照她生前遺願長眠在能看到「綠屋」的地方，她的丈夫麥克唐納Ewen Macdonald牧師也與她同葬與此，墓碑上刻有先生的姓氏麥克唐納，下方則刻有蒙哥馬利之名。而故事中安妮對名字堅持不是Ann而是Anne，墓碑上蒙哥馬利的名字上方，則是將丈夫的Ewen Macdonald刻成Ewan。蒙哥馬利的墓園旁，還有她外祖父母與母親的墓。

## 🍁 綠屋郵局 MAP P.461/P.463

Green Gables Post Office ★★★

重現蒙哥馬利與外祖父母同住時的郵局建築，同時經營農場與郵局的外祖父去世後，到外祖母過世前約3年間，蒙哥馬利一邊在郵局工作，一邊寫書稿。郵局內重現當時郵

⬆自尊心強的蒙哥馬利，剛好可以從自家郵局偷偷寄多次原稿給出版商

局的模樣，並當成博物館對外開放，展示著《紅髮安妮》於1908年決定出版時的日記，與100年前的明信片、安妮的郵票等。夏季期間還會重啟郵局業務，從這裡寄信可以蓋上綠屋的郵戳作為紀念。

## 🍁 蒙哥馬利故居遺址 MAP P.461/P.463

Site of L. M. Montgomery's Cavendish Home ★★★

蒙哥馬利在母親結核病過世後，便搬到外祖父母家，一直到她36歲外祖母去世前都一直住在這裡。可惜的是由於蒙哥馬利搬離島上後，房子已毀壞，現在只剩下石頭地基和當時的水井。入口的書店販賣許多與蒙哥馬利相關的書籍與明信片，還能了解蒙哥馬利生前的事情。

## 🍁 艾凡里村 MAP P.461

Avonlea Village ★★★

蒙哥馬利執筆寫下《紅髮安妮》當時的建築，經遷移後改建成為戶外博物館與購物中心，夏天還會舉辦音樂會和遊樂活動等。園區內包含蒙哥馬利擔任教師的學校Belmont School，與蒙哥馬利聚會的長河教堂Longer River Church，教堂內也可舉辦婚禮。

## 綠屋博物館
### Green Gables Museum
★★★ MAP P.454-B1

《銀色森林的芭特Pat of Silver Bush》內出現的銀色森林小屋（別名Sliver Bush），是蒙哥馬利的嬸嬸家，現在仍為Campbell家族居住於此。在嚴格的外祖父母管教下成長的蒙哥馬利，據

↑可與蒙哥馬利一樣在此舉辦婚禮

說非常喜歡這間房子，經常在回來島上時造訪。蒙哥馬利在外祖母過世後曾經在這裡居住4個月，並於1911年在1樓的廳房內與麥克唐納牧師舉行結婚典禮，內部裝飾著手工拼布和蒙哥馬利最愛的管風琴。園區內的「閃耀之湖Lake of Shining Water」，湖岸道路還可行走馬車。

## 蒙哥馬利故居
### L.M. Montgomery Birthplace
★★★ MAP P.454-B1

蒙哥馬利於1874年11月30日誕生於此，父親是約翰·蒙哥馬利John Montgomery，母親為克拉拉·麥克內爾·蒙哥馬利Clara Woolner Macneill Montgomery。在她

↑蒙哥馬利誕生的宅邸

母親過世被外祖父母養育前，曾經在此居住1年9個月。裡面展示著蒙哥馬利穿過婚紗的複製版、在英國蘇格蘭蜜月旅行所穿的鞋子，以及她個人的收藏品與貓的剪貼本等，1樓則有蒙哥馬利家所擁有的管風琴。

## 肯辛頓車站遺址
### Kensington Railyards

★★★ MAP P.454-B1

蒙哥馬利過去曾經在此搭車，是建於1905年的石造舊車站。1989年火車停駛後，便將部分建築改為小酒吧。據說故事中安妮搭車的Bright River車站原型，應該是已經不存在的Hunter River車站，車站前馬路的對面則是聯邦步道Confederation Trail入口。

↑車站前還留有鐵軌遺跡

綠屋博物館
📍4542 Rt. 20, Park Corner
☎(902)886-2884（週六・日）
FREE(1-800)665-2663（週一～五）
URL www.annemuseum.com
開6・9月
　　每日10:00～16:00
　　7・8月
　　每日9:00～17:00
　　10/1～15
　　每日11:00～16:00
休10/16～5/31
　（冬季參觀要預約）
費大人$9、兒童（6～16歲）
　$3、5歲以下免費
🚗從卡文迪許開車約20分鐘，過了法國河French River沿著20號公路走，位在262、101號公路前的左側。

↑蒙哥馬利的房間

蒙哥馬利故居
📍6461 Rt. 20, New London
☎(902)886-2099（夏季）
　(902)836-5502（冬季）
URL lmmontgomerybirth
　　place.ca
開5/20～10/14
　　每日9:00～17:00
休10/15～5/19
費大人$5、兒童$2.5
🚗從卡文迪許開車約15分鐘，位於8號公路及6號公路交會處。

↑不可錯過蒙哥馬利婚紗的複製品

肯辛頓車站遺址
🚗從卡文迪許開車約25分鐘，從6號公路轉進20號公路後不久即達。

# 愛德華王子島的住宿
## ──Hotels in Prince Edward Island──

為了能夠充分體驗愛德華王子島的魅力，建議可以入住百年以上歷史的古蹟飯店Heritage Inn，或是以景觀與料理自豪的B&B。古蹟飯店分布在夏綠蒂鎮中心及郊區等地，而卡文迪許也有許多氣氛很棒的B&B。

高級飯店

## Delta Hotels Prince Edward

位於港岸區的4星半現代高級飯店，客房約6成都擁有海景觀，飯店內除了附設室內游泳池和三溫暖、健身中心，還有規劃出臉部美容和美體等豐富療程的都會型Day SPA；而使用周邊地區食材的餐廳「Water's Edge Resto Grill」也頗受好評。

夏綠蒂鎮

MAP P.457-1
18 Queen St., Charlottetown
TEL (902)566-2222
URL www.marriott.com
費 5月～10月上旬⑤①$369～679
LOW 10月上旬～4月⑤①$209～379
Tax另計
CC A D J M V
房 211房

## Rodd Charlottetown Signature Hotel

創業於1931年的紅磚建築老牌飯店，外觀古典、氣氛雅緻，館內也經改裝十分舒適。設有室內泳池及三溫暖、熱水按摩池等，每天早上7:00開始營業、也會當作優雅行政酒廊的「Chambers Dining Room」，相當推薦前往用餐。

夏綠蒂鎮

MAP P.457-1
75 Kent St., Charlottetown
TEL (902)894-7371
FREE (1-800)565-7633
URL roddvacations.com/hotels/rodd-charlottetown
費 6～9月⑤①$198～290
LOW 10～5月⑤①$114～225
Tax另計
CC A D J M V
房 115房

## The Hotel on Pownal

位於距離聯邦藝術中心約1條半街的中心位置，地點方便深具吸引力。除一般客房外，也有3間附設廚房的房間，行政套房內還備有按摩浴缸和大型液晶電視。早餐依季節提供歐陸式早餐，大廳並有咖啡及紅茶服務。

夏綠蒂鎮

MAP P.457-1
146 Pownal St., Charlottetown
TEL (902)892-1217
FREE (1-800)268-6261
URL thehotelonpownal.com
費 6～9月⑤①$189～249
LOW 10～5月⑤①$119～209
Tax另計　含早餐
CC A M V
房 45房

中級飯店

## Kindred Spirits Country Inn & Cottages

有如安妮房間一般的可愛裝潢，與溫暖親切的接待，因而相當受歡迎。客房也有廚房及客廳、附按摩浴缸的木屋房型，7～8月每週還會舉辦數次茶會。早餐提供自製司康或馬芬等，住木屋則沒有提供早餐。

卡文迪許

MAP P.461
46 Memory Lane, Cavendish
TEL (902)963-2434　FREE (1-800)461-1755
URL www.kindredspirits.ca
營 5月下旬～10月上旬
費 6月中旬～9月上旬⑤①$168～468
LOW 5月下旬～6月中旬、9月上旬～10月上旬⑤①$120～230
木屋$163～（2晚以上，7～8月為5晚以上）含Tax 含早餐
CC A J M V　房 45房、木屋22棟

## Shining Waters Country Inn

位在Macneill家族所擁有的土地，大廳部分的原始建築為1850年代所建，據說蒙哥馬利當時曾以住在這裡的夫人為原型，塑造了書中的林頓夫人。旅館外有2座溫水游泳池，此外還有3種木屋房型。

卡文迪許

MAP P.461/P.463
Route 13, Cavendish
TEL (902)963-2251　FREE (1-877)963-2251
URL www.shiningwatersresort.com
營 5月中旬～10月中旬
費 6月下旬～9月上旬⑤①$124～209
LOW 5月下旬～6月下旬、9月上旬～10月上旬⑤①$89～150
Tax另計　含早餐
CC A M V
房 7房、木屋37棟、汽車旅館10房

🛁 浴缸　📺 電視　💨 吹風機　🍸 Minibar和冰箱　🔒 保險箱　💻 網路
🛁 部分房間　📺 部分房間　💨 出借　🍸 部分房間　🔑 櫃台提供

## Glendenning Hall

**經濟型旅館**

平常是學生宿舍，只有在夏季才提供住宿的公寓式飯店。因為所有房間都附有廚房，推薦給想自己下廚的人或長住者，也有電視與免費無線網路；地點則位在夏綠蒂鎮市中心徒步約15分鐘處。

夏綠蒂鎮

**MAP** P.457-2外
331 Grafton St., Charlottetown
(902)367-7702
(1-866)740-7702
www.hollandcollege.com/summer_accommodations
6/1～8/23
6月⑤①$119～
7月～8/23⑤①$149～
Tax另計　含早餐
AMV　85房

## The Great George

**古蹟飯店**

以紅綠黃交錯五彩繽紛的木造建築為特徵，飯店老闆買下當時加拿大聯邦成立時與會代表社交場所的飯店，善用原有19世紀的風情，並加上完善設施變身為時尚飯店。除本館「The Pavillion」外，還有可充分享受私人時光的17棟別館。

夏綠蒂鎮

**MAP** P.457-2
58 Great George St.,Charlottetown
(902)892-0606
(1-800)361-1118
thegreatgeorge.com
6～9月⑤①$269～
10～5月⑤①$199～
Tax另計　含早餐
AMV
54房

## Dundee Arms Inn

四周環繞著楓樹林的4星飯店，建築本身建於1903年，於1972年改裝成住宿設施。每間房間有不同的主題裝潢，如貼著可愛碎花圖案壁紙的「Anne's Room」、「Jedediah's Room」等各種不同名稱與氛圍。隔壁還建有別館。

夏綠蒂鎮

**MAP** P.457-1
200 Pownal St., Charlottetown
(902)892-2496
(1-877)638-6333
www.dundeearmspei.com
6～9月⑤①$215～
10～5月⑤①$155～
Tax另計　冬季含早餐
ADJMV
22房

## Shipwright inn

位在寧靜住宅區的5星古蹟飯店，利用1865年由當地造船業者所建造的維多利亞式建築，裝飾著許多與船隻相關的物品，客房則優雅且寬敞舒適。早餐提供主廚的創意料理，也能品嚐手工蛋糕。

夏綠蒂鎮

**MAP** P.457-1
51 Fitzroy St., Charlottetown
(902)368-1905
(1-888)306-9966
shipwrightinn.com
4～9月⑤①$169～269
10～3月⑤①$119～199
Tax另計　含早餐
MV
9房

## Cavendish Breeze Inn

**B&B**

地處卡文迪許的中心位置，由日本人經營的B&B與小木屋，早餐供應每日更換的雞蛋料理、手工馬芬與麵包、餅乾等。步行3分鐘即可到達綠屋，到海灘也只要走15分鐘；並提供付費的機場接送或專屬觀光之旅，有意可洽談。

卡文迪許

**MAP** P.461
40 Memory Lane, Cavendish
(902)963-3385　(1-866)963-3385
ja.cavendishbreezeinn.com
6月下旬～9月上旬⑤①$110～270
6月下旬～6月下旬、9月上旬～10月上旬⑤①$85～150
Tax另計　含早餐（僅限B&B）
※旺季2晚以上，木屋為3晚以上
MV　7房、木屋4棟

## Parkview Farm Tourist Home & Cottages

由牧場兼營的民宿設施，可以充分享受愛德華王子島的閒靜風光，據說老闆是蒙哥馬利的遠親，待客十分親切。1棟木屋（1～4人）收費為$170～305（不含早餐），所有客房皆為衛浴共用，並開放擠牛奶、餵牛等農業體驗及牧場參觀活動。

卡文迪許

**MAP** P.461
8214 Cavendish Rd.
(902)963-2027
www.parkviewfarms.com
6月中旬～10月下旬
⑤①$170～　Tax另計　含早餐
冬季
MV
5房、木屋9棟
位於6號公路上，距13號公路交叉口約2km。

# 愛德華王子島的餐廳
## — Restaurants in Prince Edward Island —

海鮮是來到愛德華王子島不可錯過的美食，其中又以龍蝦和淡菜、牡蠣最有名。春天到夏天的漁業解禁時期，可以品嚐到新鮮的龍蝦，島上則有養殖淡菜與牡蠣，而肥沃紅土所培育的美味馬鈴薯也相當有名。

海鮮

## Lobster on the Wharf

位於碼頭絕佳位置的海鮮餐廳，可以品嚐龍蝦1磅$39～（時價）、龍蝦濃湯$10、龍蝦汁起司薯條$29；此外還有愛德華王子島蛤蜊$18、蒸淡菜$18。天氣晴朗時建議選擇露天座位。

夏綠蒂鎮

MAP P.457-2
住2 Prince St., Charlottetown
TEL (902)368-2888
URL www.lobsteronthewharf.com
營5月上旬～10月下旬
　　每日11:30～22:00
休10月下旬～5月上旬
料午餐$20～、晚餐$40～
CC A J M V

## Claddagh Oyster House

裝潢時髦的牡蠣吧，包含愛德華王子島的莫爾佩克灣Malpeque Bay、Colville Bay的牡蠣1個$3.5在內，共可品嚐到7種（冬季為5種）牡蠣，與葡萄酒超搭的Oyster Rockefeller $23，也很推薦龍蝦燉飯（時價）。

夏綠蒂鎮

MAP P.457-1
住131 Sydney St., Charlottetown
TEL (902)892-9661
URL claddaghoysterhouse.com
營週日～四16:00～22:00
　　週五・六16:00～23:00
休無休
料$40～
CC A J M V

## Water Prince Corner Shop

可以品嚐到PEI周邊捕獲的新鮮海鮮，是相當受當地人歡迎的餐廳。供應的餐點有使用島上栽種馬鈴薯烹調的海鮮巧達濃湯（杯裝）$9.95等輕食，以及龍蝦、扇貝與蒸淡菜組合的Water Prince Platter（時價）等，選擇相當豐富。

夏綠蒂鎮

MAP P.457-2
住141 Water St., Charlottetown
TEL (902)368-3212
URL www.waterprincelobster.ca
營每日9:00～21:00
　　（依とき時期而變動）
休無休
料$25～
CC M V

## Fisherman's Wharf Lobster Suppers

在北拉斯蒂科North Rustico品嚐新鮮龍蝦的最佳去處，肉質飽滿鮮美的龍蝦1磅$17.95～（時價），長達18m的沙拉吧也是店家最大賣點；龍蝦加上沙拉吧與湯品、淡菜、點心、飲料為$44.99～（時價）。店內還有附設小型紀念品店。

北拉斯蒂科

MAP P.455-B2
住Route 6, North Rustico
TEL (902)963-2669 免費(1-877)289-1010
URL fishermanswharf.ca
營5月中旬～底　週六・日12:00～20:00
　　6・7月　每日16:00～20:30
　　8月～9月上旬　每日12:00～21:00
　　9月中旬～10月　每日16:00～20:00
　　餐廳
　　5月上旬～10月中旬　每日12:00～20:00
休5月中旬～底的週一～五、11月～5月中旬
料$45～
CC A M V

## Carr's Oyster Bar

由於是漁市場的直營餐廳，能以實惠價格品嚐到最新鮮的海產。眼前港口所撈起的莫爾佩克生蠔Malpeque Oyster 1個$2.75～，可品嚐到各種貝類與龍蝦的蒸海鮮拼盤$20～，露天座位的視野很棒。

史丹利大橋

MAP P.454-B1
住32 Campbellton Rd., Stanley Bridge
TEL (902)886-3355
URL www.carrspei.ca
營5月下旬～10月中旬
　　週五11:30～20:00
　　週六～四11:30～19:00
休10月中旬～5月下旬
料午餐$20～、晚餐$30～
CC M V

## Sim's Corner Steakhouse & Oyster Bar

加拿大料理

位在城區中心的紅磚建築餐廳，店內洋溢優雅氛圍，在從PEI周邊當天捕獲的新鮮生蠔各\$3.25～5.25，淋上特製雞尾酒醬；除了海鮮之外，以當地牛肉製作的菲力牛排\$51～、肋眼牛排\$58～等牛排也很受歡迎。

夏綠蒂鎮
**MAP** P.457-1
🏠 86 Queen St., Charlottetown
☎ (902)894-7467
🌐 simscorner.ca
🕐 週日～四11:00～22:00
　 週五・六11:00～22:30
休 無休
🍴 午餐\$20～、晚餐\$50～
💳 A M V

## Piatto Pizzeria + Enoteca

義大利料理

2014年開幕的義大利披薩專賣店，石窯燒烤的正宗拿坡里披薩\$15～22，以番茄醬汁或橄欖油為基底，夏季時還會推出龍蝦口味的披薩。在時尚的店內還附設酒吧，並且提供種類豐富的葡萄酒，深受當地人喜愛。

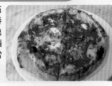

夏綠蒂鎮
**MAP** P.457-1
🏠 45 Queen St., Charlottetown
☎ (902) 892-0909
🌐 www.piattopizzeria.com
🕐 週一～四11:30～21:00
　 週五・六11:30～22:00
　 週日17:00～21:00
休 無休
🍴 午餐\$20～、晚餐\$30～
💳 A M V

## Peake's Quay

國際料理

位於港口步道旁，可向下俯瞰碼頭的2樓餐廳＆酒吧，露天座位也很寬敞；供應PEI煎魚餅Fish Cake、墨西哥肉醬脆片Nachos各\$18、龍蝦三明治（時價）等，菜單種類多元豐富。夏季每晚19:00～22:00還有現場演唱，充滿熱鬧氣氛。

夏綠蒂鎮
**MAP** P.457-1
🏠 11 Great George St., Charlottetown
☎ (902)368-1330
🌐 peakesquay.com
🕐 5月中旬～10月中旬
　 週一・二日11:00～20:00
　 週三～六11:00～翌日2:00
　 10月中旬～5月中旬
　 午餐\$20～、晚餐\$30～
💳 A M V

## Hojo's Japanese Cuisine

日本料理

由日本人所經營，可品嚐到日本主廚製作的道地日本料理，以PEI島產的黑鮪魚握壽司、龍蝦壽司卷等能品嚐在地新鮮食材的餐點最受歡迎；而湯頭與麵條都為自家製作的講究拉麵，口味包含豚骨、味噌、醬油、蔬食等6種口味，1碗\$16～。

夏綠蒂鎮
**MAP** P.457-1
🏠 119 Kent St., Charlottetown
☎ (902)367-5272
🌐 hojosjapanese.com
🕐 週二～四12:00～14:00/16:30～20:00
　 週五・六12:00～14:00/16:30～21:00
　 週日16:30～20:00
休 11～5月的週一
🍴 午餐\$15～、晚餐\$20～
💳 M V

## Kettle Black

咖啡館

位於市中心的歷史建築內，雖然沙發座位很受歡迎，不過旁邊的吧檯座位也適合1個人用餐。不僅供應咖啡、馬芬等輕食，還有湯品及三明治的午餐也很人氣；並有嚴選產地及沖泡方式的精品咖啡，並提供外帶服務。

夏綠蒂鎮
**MAP** P.457-1
🏠 45 Queen St., Charlottetown
☎ (902)892-9184
🌐 www.kettleblackpei.com
🕐 週一～五8:00～17:00
　 週六・日9:00～17:00
　 （午餐～15:00）
休 無休
🍴 \$8～
💳 M V

## The Gahan House

在地啤酒

可品嚐到自家釀造啤酒的人氣酒館，供應藍莓艾爾、蜂蜜小麥艾爾、Sydney Street Stout等個性明顯的啤酒；餐點方面，推薦以PEI生產的馬鈴薯做成的煎魚餅\$15、啤酒蒸淡菜\$17等。週末的店內會擠滿當地人。7種啤酒，價格小杯\$5.75，大杯\$7.25。

夏綠蒂鎮
**MAP** P.457-1
🏠 126 Sydney St., Charlottetown
☎ (902)626-2337
🌐 charlottetown.gahan.ca
🕐 週一～四11:30～23:00
　 週五・六11:30～24:00
　 週日11:30～22:00
　 （依照時期而變動）
休 無休
🍴 \$10～
💳 A M V

最具PEI特色的禮品，以《紅髮安妮》相關商品與拼布製品、果醬等最受歡迎；購物地點有創始人美食紀念館&市集Founders' Food Hall & Market（**MAP** P.457-2）、Cavendish Boardwalk（**MAP** P.461）、Gateway Village（**MAP** P.454-A1）等普通規模的購物中心。

**購物中心**

## Confederation Court Mall

位於聯邦藝術中心前的購物中心，除了流行服飾、紀念品店和致力於永續發展的食品店，還有餐廳及郵局、銀行、旅行社、藥局、書店等約60間店鋪進駐；2樓並設有美食街。

夏綠蒂鎮
**MAP** P.457-1
134 Kent St., Charlottetown
(902)894-9505
confedcourtmall.com
週一~六9:00~17:00
週日
依店家而異

**紅髮安妮商品**

## The Anne of Green Gables Store

由蒙哥馬利的親戚所經營，是島上販賣紅髮安妮相關商品最齊全的官方商店，從玩偶到CD、影片、包包、洋裝、擺飾等一應俱全。此家店歷史十分悠久，據說過去蒙哥馬利也曾在此購物，在艾凡里村（→P.466）設有分店。

夏綠蒂鎮
**MAP** P.457-1
72 Queen St., Charlottetown
(902)368-2663
www.annestore.ca
每日9:00~20:00
（依照時期而變動）
無休
M V

## Shop & Play

穿戴《紅髮安妮》的洋裝、假髮和帽子來拍攝照片的人氣拍照點，另外也有販售玩偶、擺飾、T恤、楓糖餅乾、楓糖糖果、龍蝦罐頭等伴手禮，位在聯邦大橋旁的Gateway Village內。

博登卡爾頓
**MAP** P.454-A1
99 Abegweit Blvd., Borden-Carleton
(902)437-2663
(1-800)558-1908
shopandplay.ca
5月、9月上旬~11月上旬
　每日9:00~17:00
6月~9月上旬
　每日8:00~18:00
11月上旬~4月　M V

**巧克力**

## Anne's Chocolates

陳設於Anne's of Green Gables Store店內的巧克力專賣店，以安妮背影的彩色招牌為標誌，推薦商品為PEI產馬鈴薯淋上巧克力的Cow薯片$2.98~17.98，在店裡還能看到手工製作巧克力的情形。

夏綠蒂鎮
**MAP** P.457-1
100 Queen St., Charlottetown
(902)368-3131
annechocolates.com
每日9:00~21:00
（依照時期而變動）
無休
A J M V

**果醬**

## Prince Edward Island Preserve Company

店內陳設著以覆盆子、野莓&檸檬等14種的自製果醬，每瓶為125ml $6.99、250ml $9.99，還有種類豐富的芥末醬與醬料等，並提供試吃服務。店內附設咖啡餐廳（5月下旬~10月上旬），冬季最好事先預約。

新格拉斯哥
**MAP** P.455-B2
2841, New Glasgow Rd., New Glasgow
(902)964-4300
preservecompany.com
6/22~9/4
　每日9:00~20:30
9/5~6/21
　每日9:00~17:00
無休
A M V

# 哈利法克斯

## 新斯科細亞省

哈利法克斯是新斯科細亞省（NS省）的首府，位於大西洋的半島上。過去為密克馬克族Micmac所居住的這塊土地，1749年由英軍的 Edward Cornwallis

↑站在舊城鐘塔可以看見哈利法克斯灣

上校帶領2500名士兵進入殖民、展開拓荒，是加拿大國內最早由英國人建築的街道。法國人在布雷頓角Cape Breton建造路易斯堡要塞Fortress of Louisbourg，英軍則在山丘上建築可以一覽城市景致的哈利法克斯城堡Halifax Citadel。

位於哈利法克斯灣的寬闊港灣，是世界第2大因自然地形所形成的港口，並以港口為據點發展出大西洋省最大的城市。港口周邊的市中心有許多以18～19世紀的歷史建築改裝而成的商業設施，氣氛典雅復古，而遊輪和賞鯨船也都是從這裡出發。

只要前往聯合國教科文組織的世界遺產盧嫩堡Lunenburg和佩姬灣Peggy's Cove的燈塔路線Lighthouse Route（→P.480），或是阿卡迪亞Acadia歷史之旅的伊凡吉林之路Evangeline Trail（→P.482）等郊區的兜風遊覽路線，便可更深入認識這個城市的歷史及文化。

**MAP** P.450-C2
**人口** 43萬9819
**區碼** 902

**哈利法克斯情報網**
**URL** discoverhalifaxns.com
**URL** www.novascotia.com

**哈利法克斯的活動**
新斯科細亞皇家國際軍樂節
Royal Nova Scotia International Tattoo
**TEL** (902)420-1114
**FREE** (1-800)563-1114
**URL** nstattoo.ca
**開** 6月底～7月初
　每年夏季舉行的軍樂節，有來自加拿大及世界各國的市民團體和軍隊參加。

**加拿大航空（→P.542）**

**西捷航空（→P.542）**

**哈利法克斯・斯坦菲爾德國際機場（YHZ）**
**MAP** P.450-C2
**TEL** (902)873-4422
**URL** halifaxstanfield.ca

**❓機場內的遊客中心**
**TEL** (902)873-1223
**開** 每日9:00～17:00
**休** 無休

↑位於國內線入境大廳的遊客中心

## 如何前往哈利法克斯

### ▶▶▶ 飛機

加拿大主要城市都有航班前往，多倫多出發的加拿大航空Air Canada（AC）1日7～8班、西捷航空WestJet（WS）1日1～2班，所需時間約2小時；蒙特婁出發的加拿大航空1日4班，所需時間約1小時30分。從台灣沒有直達航班，一般多經由多倫多轉機。

### ✈ 哈利法克斯・斯坦菲爾德國際機場
Halifax Stanfield International Airport

哈利法克斯・斯坦菲爾德國際機場Halifax Stanfield International Airport位於市中心東北方35km處。

**Maritime Bus**（→P.543）
哈利法克斯機場接駁巴士
☎(1-800)575-1807
🌐www.maritimebus.com/
　en/airport-transportation
※目前停駛中。
機場→巴士總站／火車站
🕐每日14:05、17:30出發
🎫單程　大人$17.97

**Halifax Transit**
☎(902)480-8000
🌐www.halifax.ca/
　transpor
　tation/halifax-transit
Metro X（#320）
機場→市中心
🕐週一～五5:45～24:15
週六・日5:15～24:15
市中心→機場
🕐週一～五4:40～23:20
週六・日4:20～23:20
每隔30～60分鐘（週六・日
則全天每隔60分鐘）發車。
🎫大人$4.75、銀髮族・青少年
（13～17歲）$3.25、兒童免費

**巴士總站**
🗺P.475-B1
🏠1161 Hollis St.（火車站內）
☎(902)429-2029
　Maritime Bus（包含前往夏
綠蒂鎮班次）停靠此處。

**VIA國鐵**（→P.545）

**火車站**
🗺P.475-B1

**渡輪**
🗺P.475-B2
　來往哈利法克斯與達特茅
斯、Woodside之間，每隔
15～30分鐘發船。
前往達特茅斯
🕐每日6:45～23:45
🚫無休
前往Woodside
🕐週一～五6:52～20:52
🚫週六・日
🎫大人$2.75、青少年（13～17
歲）$2、兒童免費

**主要旅行社**
Ambassatours Gray Line
🗺P.475-B2
☎(902)420-1015
🌐www.ambassatours.com
Hop On Hop Off City Tour
🕐5/16～11/3
　每日8:00～16:30
🎫大人$72.45、銀髮族$66.15、
青少年（6～15歲）$60.4
　周遊市區景點，可自由上下
車的循環觀光巴士，繞行1圈
約90分鐘。

---

## 機場前往市區

■ **機場巴士** Halifax Airport Shuttle & Metro X #320/City Bus

　搭乘Maritime Bus經營的哈利法克斯機場接駁巴士Halifax Airport Shuttle，可前往市區主要飯店（目前停駛中）；此外，前往巴士總站／火車站的巴士，1日行駛2班，所需時間約40分鐘。

　還有Halifax Transit經營的巴士市區巴士Metro X（#320），則會前往Scotia Square（🗺P.475-B2），所需時間約1小時。至於搭乘計程車，車資則為$64～。

### ▶▶▶ 長途巴士

　Maritime Bus的長途巴士，從弗雷德里克頓Fredericton出發1日1班，所需時間約6小時35分；弗雷德里克頓11:25出發，中途在蒙克頓轉車，到達哈利法克斯18:00。

### ▶▶▶ 火車

　從蒙特婁可搭乘VIA國鐵海洋號The Ocean，週三・五・日每週3班車，蒙特婁19:00出發，抵達哈利法克斯為翌日17:51。

## 巴士總站／火車站前往市區

　火車站位於Hollis St.跟和平與友誼公園Peace & Friendship Park（舊Cornwallis公園Cornwallis Park）的轉角，巴士總站則位於火車站內。可搭乘市區巴士#7A走巴林頓街Barrington St.，或是#29走Hollis St.，相當方便。

## 市區交通

↑善用市區巴士吧

　市區內的交通以Halifax Transit所營運的市區巴士與渡輪Harbour Ferries為主，兩者皆為單程票大人$2.75，10次回數票為大人$24.75，90分鐘內可以自由轉乘，必須向司機索取轉乘券。市中心路線的行駛時間平日為6:00左右～翌日1:00左右，週六・日則會減少班次；而寫有「Regional Express」的巴士則為來往機場等郊區的高速巴士。

　渡輪則有2條航線，往來於歷史商場Historic Properties的渡輪乘船處與對岸的達特茅斯Dartmouth（Alderney）、Woodside，可與市區巴士互相轉乘。

# 漫遊哈利法克斯

　　市中心為18～19世紀的歷史建築與現代辦公大樓新舊建築交錯，港口與Upper Water St.之間是稱為歷史商場Historic Properties的紅磚建築區，是將在20世紀以前海盜用來存放掠奪品的倉庫加以活用，現在則保留當時的懷舊氛圍，成為進駐商店及餐廳的購物拱廊街；而南側的碼頭停放著加拿大唯一的大型帆船Bluenose二世號，以及許多遊艇帆船。充分感受海港的熱鬧氣氛並參觀大西洋海洋博物館Maritime Museum of the Atlantic後，沿著港口往火車站方向前行，就會到達哈利法克斯港Halifax Seaport，這裡也是知名的豪華客船瑪莉皇后號停靠的港口，21號碼頭Pier 21有加拿大移民歷史博物館Canadian Museum of Immigration，在Pavilion 23則有哈利法克斯農夫市集Halifax Farmers' Market（→P.479）進駐。

　　省議會和閱兵場Grand Parade、新斯科細亞美術館Art Gallery of Nova Scotia等幾乎所有景點都集中在港口與Brunswick St.之間，Brunswick St.的西側小山丘上，則有哈利法克斯城堡Halifax Citadel與舊城鐘塔Old Town Clock。商店與餐廳則集中在巴林頓街Barrington St.與Spring Garden Rd.周邊，背對著海向前走，便可看到繁花盛開的公共花園Public Gardens。

**❓ 遊客中心**

Nova Scotia Visitor Information
Centre Halifax
☎ (902)742-0511
📠 (1-800)565-0000
🌐 www.novascotia.com
　　上述電話僅限於詢問，因為目前市區並無設置遊客中心，只能利用機場內的遊客中心（→P.473）。

**加拿大移民歷史博物館**

🗺 P.475-B1
🏠 1055 Marginal Rd.
☎ (902)425-7770
📠 (1-855)526-4721
🌐 www.pier21.ca
📅 5～10月
　　每日9:30～17:30
　　11～4月
　　週三～日10:00～17:00
🚫 11～4月的週一・二
💰 大人$15.5・銀髮族
$12.25・青少年（6～16歲）
$10.25・兒童免費

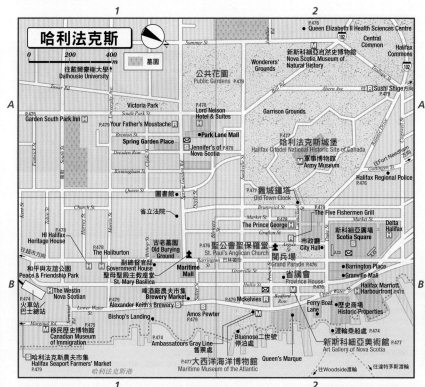

475

↑晶立在廣場北側的市政廳

**聖公會聖保羅堂**
🏠1749 Argyle St.
☎(902)429-2241
🔗stpaulshalifax.org
🕐週一～五9:00～14:00
　（依照時期而變動）
❌週六
💰免費

**省議會**
🏠1726 Hollis St.
☎(902)497-6942
🔗nslegislature.ca
🕐週一～五8:30～16:00
❌週六‧日
💰免費

# 主要景點

## 🍁 閱兵場
Grand Parade
MAP P.475-B2 ★★★

由開拓哈利法克斯的Edward Cornwallis上校與2500名殖民者所建造的廣場，過去經常在此舉辦軍隊遊行，左右兩側為維多利亞式建築的市政廳City Hall與聖公會聖保羅堂聳立。

## 🍁 聖公會聖保羅堂
St. Paul's Anglican Church
MAP P.475-B2 ★★★

↑閱兵場上的聖公會聖保羅堂

1749年由當時的英國國王喬治二世George II所興建，是加拿大最古老的新教教堂。教堂完成於1750年，以倫敦的聖彼得教堂為設計基礎，支柱則從當時同為英國殖民地的美國波士頓運來；1787年英國主教首次到訪，之後便成為大教堂。

## 🍁 省議會
Province House
MAP P.475-B2 ★★★

加拿大最古老的省議會，喬治式Georgian風格的建築為1811年～1818年所建，庭院裡並立有新斯科細亞省民主主義領袖Joseph Howe的雕像。2樓圖書館對外開放參觀。

↑喬治式建築的省議會

# 實用資訊
Useful Information

**警察**
Halifax Regional Police
MAP P.475-A2　🏠1975 Gottingen St.
☎(902)490-5020

**醫院**
Queen Elizabeth II Health Sciences Centre
MAP P.475-A2　🏠1799 Summer St.
☎(902)473-2700

**主要租車公司**
Avis　☎(902)429-0963
Hertz　☎(902)873-3700
　皆位於哈利法克斯國際機場內。

**主要計程車公司**
Air Cab
☎(902)802-4047　🔗aircabns.ca
Casino Taxi
☎(902)429-6666　🔗www.casinotaxi.ca

## 新斯科細亞美術館
Art Gallery of Nova Scotia ★★★

將建於1868年、過去為郵局大樓的莊嚴建築,改為醒目的省立美術館,擁有加拿大國內外繪畫、雕刻、攝影、陶器等約1萬9000件收藏品;並於企劃展展出以機械與影像呈現的作品,以及新銳藝術家充滿挑戰精神的創作,內部附設紀念品店。

## 大西洋海洋博物館
Maritime Museum of the Atlantic

加拿大最古老的海洋史相關省立博物館,常設展中有遇難船隻的紀錄與海軍歷史、20艘小型船等展覽。其中最知名的便是鐵達尼號與1917年哈利法克斯大爆炸的展覽室,裡面展出鐵

↑1906～1967年使用過的燈塔燈

達尼號的船隻模型、船票、船上客房內部、椅子等珍貴的殘留物品。館內附設商店,還有可一覽港口風光的露天甲板。

## 舊城鐘塔
Old Town Clock ★★★

位於山丘上俯瞰著港口的舊城鐘塔,是哈利法克斯極具象徵性的建築。1803年英國國王喬治三世的兒子,因為對於時間非常要求,因而下令建造這個鐘塔,以帕拉第奧式建築的美麗八角形高塔與精巧的機械作工而聞名。除了鐘塔部分外觀之外沒有明顯的損傷,經過200年以上的歷史至今仍準確計時。

## 哈利法克斯城堡
Halifax Citadel National Historic Site of Canada ★★★

外觀有如日本函館的五稜郭般令人印象深刻的城堡,是建造於小山丘上、能遠眺哈利法克斯的街道與四周的要塞。英軍為了對抗法軍從布雷頓角Cape Breton的路易斯城堡Fortress of Louisbourg與魁北克的進攻,於1749年在此興建哈利法克斯城堡作為海外海軍基地;現今的星形城堡要塞,是於1856年為抵抗美軍的攻擊而增建完成。中午時分所舉辦的大砲射擊儀式「noon gun ceremony」,則是從1857年延續至今。

↑城堡入口站哨的衛兵

城堡內部藉由解說牌、服裝等實物和兵器複製品等展覽,來介紹軍隊與城堡的歷史,同時也有影片解說(片長15分鐘)。若想更深入了解,可參加免費的導覽行程(所需時間45～60分鐘)。

↑舊城鐘塔為哈利法克斯的象徵建築

---

**新斯科細亞美術館**
- 1723 Hollis St.
- TEL (902)424-5280
- URL agns.ca
- 開 週六日10:00～21:00
  週五～三10:00～17:00
- 休 無休
- 費 大人\$12、銀髮族\$10、學生\$7、青少年(6～17歲)\$5、兒童免費
  (週四17:00後免費入場)

**大西洋海洋博物館**
- 1675 Lower Water St.
- TEL (902)424-7490
- URL maritimemuseum.
  novascotia.ca
- 開 5～10月
  週二9:30～20:00
  週三～一9:30～17:30
  11～4月
  週二9:30～20:00
  週三～六9:30～17:00
  週日13:00～17:00
- 休 11～4月的週一
- 費 大人\$9.55(\$5.15)、銀髮族\$8.5(\$4.4)、青少年(6～17歲)\$5.15(\$3.1)、兒童免費
  ※( )內為11～4月的票價。

**哈利法克斯城堡**
- TEL (902)426-5080
- URL parks.canada.ca/lhn-nhs/ns/halifax
- 開 5/6～10/31
  每日9:00～17:00
- 休 11/1～5/5
  (園區內為全年開放)
- 費 大人\$12.5(\$8.5)、銀髮族\$10.75(\$7)、17歲以下免費
  ※( )內為7、8月以外的票價,設施關閉的11/1～5/5期間則為免費入場。

公共花園
URL www.halifaxpublic
gardens.ca
圖 每日8:00～日落的30分鐘前
休 無休
圖 免費

## 公共花園
### Public Gardens
MAP P.475-A1・2　★★★

公共花園開幕於1836年，為維多利亞式庭園，占地6.8公頃的廣大園區，一年四季都有不同花朵綻放，噴泉和小河流貫的美麗花園，可說是市民的綠洲。夏季的假日期間，在戶外音樂廳前還會舉辦音樂會，咖啡館內則販售咖啡和點心。

# 哈利法克斯的住宿
## Hotels in Halifax

## Halifax Marriott Harbourfront Hotel

面對海港、位置絕佳的高級飯店，並附設賭場，提供賭場籌碼加住宿的優惠房價方案，詳細資訊可至官網查詢。2樓還設有人氣美容SPA「Interlude Spa」（TEL(902)469-2700）。

MAP P.475-B2
住 1919 Upper Water St.
TEL (902)421-1700
URL www.marriott.com
HIGH S D $234～
LOW 11～4月 S D $180～
Tax另計
CARD A D J M V
房 352房

## The Prince George Hotel

以仔細貼心服務頗受好評的4星飯店，洗練風格的客房十分舒適，沉穩的大廳與中庭等格局，雖身處市中心卻有閒靜的氣氛。提供游泳池及健身中心、按摩池等完善設施。

MAP P.475-B2
住 1725 Market St.
TEL (902)425-1986
FREE (1-800)565-1567
URL www.
　　princegeorgehotel.com
HIGH 夏季 S D $229～
LOW 冬季 S D $221～
Tax另計
CARD A D M V
房 203房

## Lord Nelson Hotel & Suites

位於Spring Garden Rd.，建於1928年的風格飯店，內部裝潢沉穩，散發優雅氣息。衛浴備品使用自然保養品牌AVEDA。

MAP P.475-A1
住 1515 South Park St.
TEL (902)423-6331
FREE (1-800)565-2020
URL lordnelsonhotel.ca
HIGH 5～10月 S D $269～
11～4月 LOW S D $199～
Tax另計
CARD A D J M V
房 262房

## The Halliburton

以哈利法克斯的歷史建築改裝成的精品飯店，29間客房有的附暖爐、有的附陽台等各有不同的氛圍。位於市中心，地點十分方便。

MAP P.475-B1
住 5184 Morris St.
TEL (902)420-0658
FREE (1-888)512-3344
URL thehalliburton.com
HIGH 6～9月 S D $165～375
LOW 5月 S D $105～
　　300
CARD A D M V
房 29房

## Garden South Park Inn

將19世紀維多利亞式建築重新翻新的B&B，交通還算方便，附有歐陸式早餐，價格平實，所有客房都有衛浴。

MAP P.475-A1
住 1263 South Park St.
TEL (902)492-8577
FREE (1-877)414-8577
URL www.gardensouthpark
　　inn.com
HIGH 5～10月 S D $129～
LOW 11～4月 S D $119～
Tax另計　含早餐
CARD A M V
房 23房

## HI Halifax Heritage House

利用1864年建造歷史建築的青年旅館，VIA國鐵、巴士總站、市中心中央地帶都在徒步範圍內。多人房皆為男女混住，也有附淋浴、廁所的個人房，床單及棉被免費使用，設有投幣式洗衣機（收費）。

MAP P.475-B1
住 1253 Barrington St.
TEL (902)422-3863
URL hihostels.ca
HIGH 團體房 $40.85～（會員）、
　　$43～（非會員）S $93.1～
　　（會員）、$98～（非會員）
Tax另計
CARD M V　房 6房、60床

 浴缸　 電視　 吹風機　 Minibar和冰箱　 保險箱　 網路
部分房間　部分房間　出借　部分房間　櫃台提供

# 哈利法克斯的餐廳
## Restaurants in Halifax

## The Five Fishermen Grill

當地人氣No.1的海鮮餐廳，2樓為高級餐廳，招牌為5種海鮮的拼盤$53。1樓則是同老闆所開設的酒館餐廳，午餐時段也有營業。

**MAP** P.475-B2
🏠 1740 Argyle St.
☎ (902)422-4421
**URL** fivefishermen.com
營 每日17:00～22:00
休 無休
用 $40～
CC A D M V

## Mckelvies

可盡情大啖新斯科細亞省的名產，放了滿滿龍蝦肉的龍蝦義大利麵$49，也一定要品嚐蟹肉餅$13～與海鮮巧達濃湯$10～。

**MAP** P.475-B2
🏠 1680 Lower Water St.
☎ (902)421-6161
**URL** mckelvies.com
營 週一～五11:30～21:00
週六・日12:00～21:00
休 無休
用 午餐$25～、晚餐$35～
CC A M V

## Your Father's Moustache

位於Spring Garden Rd.的人氣酒館，不只精釀啤酒就連餐點也很美味，週六晚上還有樂團現場演唱，十分熱鬧。

**MAP** P.475-A1
🏠 5686 Spring Garden Rd.
☎ (902)423-6766
**URL** www.yourfathersmoustache.ca
營 週一～三11:30～22:00
週四・五11:30～23:00
週六11:00～23:00
週日11:00～22:00
用 $20～　CC A D M V

## Sushi Shige

哈利法克斯最有名的壽司店，提供外帶服務，推薦福山主廚的無菜單料理（1人$80、2人以上需預約）。距離市中心約10分鐘車程。

**MAP** P.475-A2外
🏠 5688 Almon St.
☎ (902)422-0740
**URL** www.shige.ca
營 週二・三・六17:30～20:00
週四・五11:30～14:00/
17:30～20:00
休 週日・一　用 $30～　CC M V

# 哈利法克斯的購物
## Shops in Halifax

## Halifax Seaport Farmers' Market

週末登場的農夫市集，夏季時包含戶外攤位有超過50間店家，從蔬菜、水果到楓糖漿、手工藝品都買得到，也能在此享用午餐。

**MAP** P.475-B1外
🏠 961 Marginal Road, Pavilion 23
☎ (902)492-4043
**URL** halifaxfarmersmarket.com
營 週六8:00～14:00
週日10:00～14:00
休 週一～五
CC 依店鋪而異

## Jennifer's of Nova Scotia

當地的人氣手工藝品專賣店，以花呢格紋布料做成的童裝和帽子、新斯科細亞的陶杯和盤子、鉛錫合金製的小東西最受歡迎。

**MAP** P.475-A1
🏠 5635 Spring Garden Rd.
☎ (902)425-3119
**URL** www.jennifers.ns.ca
營 每日9:30～18:00
休 無休
CC M V

## Amos Pewter

販售以新斯科細亞省的特產——鉛錫合金製作的飾品與雜貨，像是龍蝦、海星、海膽等海底生物造型的設計相當可愛，小型吊飾售價$10～。

**MAP** P.475-B1
🏠 1535 Lower Water St
☎ (1-800)565-3369
**URL** www.amospewter.com
營 1～5月
每日9:00～18:00
6～9月
每日9:00～20:00
10～12月
每日9:00～17:00
休 無休　CC M V

## Alexander Keith's Brewery

店家位於啤酒廠農夫市集內，販賣原創商品如啤酒杯和T恤等，並每天開放參觀工廠行程（大人$29.95）。

**MAP** P.475-B1
🏠 1496 Lower Water St.
☎ (902)455-1474
**URL** www.keiths.ca
營 週二・日11:30～18:00
週三～五11:30～20:00
週六10:00～20:00
休 週一　CC A J M V

479

# 燈塔路線 Lighthouse Route

太平洋沿岸的舊城之旅

燈塔路線是從哈利法克斯沿著大西洋海岸線的#3、#329和#333公路行駛，連結沿線古都的路線，包括知名的燈塔城市佩姬灣和世界遺產盧嫩堡等，可以周遊歐洲移民所建立的美麗城市。

| 燈塔路線基本DATA MAP P.450-C2 | 據點城市：哈利法克斯 歷史景點：★★★★★ 自然景點：★★ | 燈塔路線情報網 URL novascotia.com |
| --- | --- | --- |

## ☑CHECK!

**哈利法克斯出發的觀光行程**

Gray Line

URL www.grayline.com

**Peggy's Cove Tour**
開6月～10月上旬
每日13:00
費大人$50.7～
（依照時期而變動）
所需時間約3小時30分。

**Lunenburg Tour**
開6月～10月上旬
週日・二・四・六10:00出發
費大人$87.6～
（依照時期而變動）
所需時間約6小時。

## 漫遊燈塔路線

從起點哈利法克斯沿#333公路往南行，經過West Dover後再往前進，左轉直走Peggy's Point Rd.就可看到佩姬灣Peggy's Cove燈塔。然後回到#333公路往北

佩姬灣小而美的港灣風景

行，在27km處與#3公路的路口往左行，向西前進則是切斯特Chester，繼續走#3公路南下便會抵達馬宏灣Mahone Bay、盧嫩堡Lunenburg。沿著海岸線的開車時間較長，也可改走加拿大橫貫公路 Trans-Canada Highway #103縮短車程，各城鎮之間車程約20分鐘～1小時左右。

### 兜風路線

哈利法克斯 P.473 → 經由45km #333公路 → ❶佩姬灣 → 經由68km #333、#3公路 → ❷切斯特 → 經由24km #3公路 → ❸馬宏灣 → 經由10km #3公路 → ❹盧嫩堡

※開館時間、營業時間等日期時間基本上為2023年資訊，因每年資訊會有所變動，請記得上網再次確認。（→P.7）

# 主要景點

## ① 佩姬灣
### Peggy's Cove
`MAP P.481` ★★★

海灣附近只有約30人居住的小漁村，以聳立於突出上的佩姬灣燈塔風景聞名，花崗岩的岩石平台是受到冰河切割而堆積形成的特殊景觀。燈塔1樓設有郵局，從這裡寄信可以蓋上燈塔圖案的紀念郵戳。

▼

## ② 切斯特
### Chester
`MAP P.481` ★★★

可以體驗海上拖曳傘及高爾夫的度假地，前往Tancook群島Tancook Islands的渡輪平日4～6班、週末2班。

▼

## ③ 馬宏灣
### Mahone Bay
`MAP P.481` ★★★

↑3座教堂聳立的美麗風景

海灣景致加上聖詹姆斯教堂St. James Church等3座教堂交織出浪漫美景，這裡在1754年由德國、瑞士新教殖民開始建設，於19世紀因造船業而繁榮。此處同時也是知名的鉛錫合金Pewter產地，許多商店都有販賣鉛錫合金的工藝品。

▼

## ④ 盧嫩堡
### Lunenburg
★★★ `MAP P.481`

新斯科細亞省最早成為英國殖民地的城鎮，建設於1753年。市區可以看到保存19世紀創建當時模樣的盧嫩堡學院Lunenburg Academy，以及加拿大最古老長老教派的聖安德魯長老教會St. Andrews Presbyterian Church等歷史建築，而「盧嫩堡舊城區」則已列入聯合國教科文組織的世界文化遺產。

在港邊的醒目紅色建築是大西洋漁業博物館The Fisheries Museum of the Atlantic，可觀察到棲息於大西洋的魚類。

燈塔路線

---

↑佩姬灣燈塔

### ☑CHECK!

**❷ 佩姬灣的遊客中心**

🏠 96 Peggy's Point Rd.
☎ (902)823-2253
🌐 www.peggyscove region.ca
📅 5/13～11/4
　每日9:00～17:00

### ☑CHECK!

**❷ 切斯特的觀光資訊**

🌐 tourismchester.ca

**前往Tancook群島的渡輪**
☎ (902)275-7885
🌐 chester.ca/ transportation/tancook-ferry
🎫 來回　1人$7

### ☑CHECK!

**❷ 馬宏灣的遊客中心**

🏠 165 Edgewater Rd.
☎ (902)624-6151
🌐 www.mahonebay.com

### ☑CHECK!

**❷ 盧嫩堡的遊客中心**

🏠 11 Blockhouse Hill Rd.
☎ (902)634-8100
🌐 www.lunenburgns.ca
📅 每日9:30～17:00

**大西洋漁業博物館**
🏠 68 Bluenose Dr.
☎ (902)634-4794
📠 (1-866)579-4909
🌐 fisheriesmuseum. novascotia.ca
📅 5月下旬～9月上旬
　每日9:30～17:00
　9月上旬～5月下旬
🎫 大人$14.5、銀髮族$12、學生$9、青少年（6～17歲）$4、兒童免費

↑盧嫩堡學院校舍至今仍作為辦公室之用

# 法國移民歷史巡禮 —— 伊凡吉林之路

↑🏛立在Grand Pré的伊凡吉林雕像

位於哈利法克斯到雅茅斯Yarmouth之間，延伸於半島西岸的舊1號公路，是被稱為「伊凡吉林之路Evangeline Trail」的人氣兜風路線。這裡留下過去加拿大法移民殖民地「阿卡迪亞Acadia」的歷史足跡，四處可見當時所留下的城鎮與史跡。

## 伊凡吉林之路的景點

歷史景點集中在Grand Pré與Annapolis Royal 2個城鎮。

Grand Pré是18世紀中葉阿卡迪亞最大的村落，在阿卡迪亞國家歷史遺址Grand Pré National Historic Site，可看到1755年發表「驅逐阿卡迪亞人」聲明的教堂，教堂前則有美國詩人朗費羅Henry Wadsworth Longfellow以驅逐阿卡迪亞人悲劇為背景而寫下的小說《伊凡吉林Evangeline》主角伊凡吉林的雕像，遊客中心內也有放映及展示以「驅逐阿卡迪亞人」為主題的電影。2012年以「Grand Pré的景觀」列入聯合國教科文組織的世界文化遺產。

Annapolis Royal的安妮堡國家歷史遺址Fort Anne National Historic Site，則是法軍為了與英軍爭奪殖民地而興建的碉堡，可以看到17～18世紀建築的碉堡與戰爭歷史的介紹；其中出自日本藝術家之手，描寫當時生活變遷的4張織布藝術品更是必看作品。遙望安納波利斯河Annapolis River的Port Royal國家歷史遺址Port Royal National Historic Site，則是復原自建於1605年的碉堡與住家，有砲台與教堂、工坊等建築。

**DATA**

**伊凡吉林之路**
**MAP** P.450-C1 2

**如何前往**
**Grand Pré**
從#101公路的Exit 10下交流道，往Wolfville方向走舊1號公路約1km，接著在Grand Pré Rd.往北行1km。
**Annapolis Royal**
從#101公路的出口Exit 22下交流道，接著沿#8公路（St. George St.）往北行，在與舊1號公路的交叉口便可看到安妮堡國家歷史遺址；若要前往Port Royal國家歷史遺址則在交叉口右轉，過河後繞堤防往西走約15分鐘即達。

**Grand-Pré國家歷史遺址**
☎(902)542-3631
URL parks.canada.ca/lhn-nhs/ns/grandpre
URL www.experiencegrandpre.ca
開 5/19～10/9　每日9:00～17:00
休 10/10～5/18
費 大人$8.5、銀髮族$7、17歲以下免費

**安妮堡國家歷史遺址**
☎(902)532-2397（5月中旬～10月中旬）
☎(902)532-2321（10月中旬～5月中旬）
URL parks.canada.ca/lhn-nhs/ns/fortanne
開 5/19～10/8　每日9:00～17:00
休 10/9～5/18（園區全年開放）
費 大人$4.25、銀髮族3.75、17歲以下免費

**Port Royal國家歷史遺址**
☎(902)532-2898（5月中旬～10月中旬）
☎(902)532-2321（10月中旬～5月中旬）
URL parks.canada.ca/lhn-nhs/ns/portroyal
開 5/19～10/8　每日9:00～17:00
休 10/9～5/18（園區全年開放）
費 大人$4.25、銀髮族$3.75、17歲以下免費

伊凡吉林之路

# 布雷頓角 Cape Breton

位於新斯科細亞省北部、面積約6500km²的島嶼，島上自然充滿生氣的美麗景觀令人嘆為觀止。由於當地有許多愛爾蘭和蘇格蘭裔移民，所以四處都能感受到其文化風情。

| 布雷頓角基本DATA | 據點城市：雪梨 | 布雷頓角情報網 |
|---|---|---|
| **MAP** P.450-C2 | 歷史景點：★★★<br>自然景點：★★★ | **URL** www.cbisland.com |

## ☑CHECK!

**在地出發的觀光之旅**

**Bannockburn Discovery Tours**

行程包含搭乘渡輪遊聖安妮灣St. Ann's Bay，前往布雷頓角高地國家公園、Cheticamp等地遊覽，可到巴德克飯店接送，全程約6～8小時。
**TEL** (902)979-2001
**URL** bannockburntours.com
Cabot Trail Tour
**費** 大人$150、16歲以下$80

**主要租車公司**

Avis
**住** 280 Airport Rd., Sydney
**TEL** (902)563-2847
位於雪梨機場內。

## 漫遊布雷頓角

起點為島上的主要城鎮雪梨Sydney，可從#105公路往北行，遊覽據說為北美最美的兜風路線——卡伯特之路Cabot Trail一周。這條線路暱稱為Big Hill，除了上下不斷的陡坡，還有多急彎，對駕駛技術是一大挑戰，因為路上處處是優美風景，就算技術再好也要專心開車。從卡伯特之路經由#105公路前往巴德克Baddeck時，可在Margaree Harbour轉入#19公路，順道去加拿大唯一一單一純麥釀造威士忌的Glenora酒廠Glenora Inn & Distillery參觀。然後從巴德克回到雪梨，由#22公路往南前往路易斯堡要塞Fortress of Louisbourg。1天不太可能逛完所有景點，建議可安排住宿在卡伯特之路沿線或巴德克。

↑美麗的海岸線風景

## 兜風路線

| 雪梨 | → 經由#83公路125km、#105、#312 | ❶卡伯特之路 | → 經由#105公路130km | ❷巴德克 | → 經由#105公路125km、#22 | ❸路易斯堡要塞 | → 經由40km#22公路 | 雪梨 |
|---|---|---|---|---|---|---|---|---|

### 如何前往雪梨

**飛機**

從多倫多搭乘加拿大航空（→P.542）前往雪梨機場Sydney Airport，1日1班，所需時間約2小時15分。

雪梨機場（YQY）
**MAP** P.484
**TEL** (902)564-7720
**URL** sydneyairport.ca

**長途巴士**

從哈利法克斯機場或巴士總站搭乘Maritime Bus（→P.543）的巴士前往雪梨，1日1～2班，車程6小時30分～約7小時，單程大人$72.5～。

### 1 卡伯特之路
Cabot Trail
MAP P.484
★★★

連結巴德克～聖安妮St. Ann's全長約300km，被稱為北美最美的兜風路線，特別是從東海岸Ingonish與White Point的斷崖所見的大海景色十分壯觀；而布雷頓角高地國家公園Cape Breton Highlands National Park及林道，隨季節變換顏色的景致在10月下旬～11月中旬最是美不勝收。整條路線陡坡和急彎不斷，在欣賞景色的同時也須注意行車安全。

↑沿著海岸線延伸的道路

### 2 巴德克
Baddeck
MAP P.484
★★★

位於布拉多爾湖Bras d'Or Lake畔的度假勝地，湖泊面積廣達1099m²，又被稱為「Inland Sea（內陸海）」，這裡同時也是鱈魚和龍蝦的產地，以美味的海鮮而聞名。在巴德克可以享受釣魚及潛水、遊艇之旅等水上娛樂活動，19世紀中葉時，發明家亞歷山大·格拉漢姆·貝爾Alexander Graham Bell經常在休假時造

**布雷頓角**

N　0　40 km

P.484 卡伯特之路 Cabot Trail
Capstick
North Point
St. Lawrence
Bay
Pleasant Bay
北角 Cape North
White Point
布雷頓角高原國家公園 Cape Breton Highlands National Park
Chéticamp
Neil's Harbour
P.484 遊客中心
Ingonish
Margaree Harbour
P.485 Keltic Lodge at the Highlands
Cape Smokey
Margaree Forks
19
Inverness
Glenora酒廠 Glenora Inn & Distillery P.484
聖安妮 St. Ann's
往新斯克細亞方向
Englishtown
St. Ann's Bay
Mabou
Lake Ainslie
P.485 巴德克 Baddeck
P.484 Inverary Resort
北雪梨 North Sydney
往阿爾真夕方向 Argentia方向
28
19
105
渡輪
Iona
雪梨 Sydney
4
Glace Bay
往哈利法克斯方向
布拉多爾湖 Bras d'Or Lake
格拉漢姆·貝爾博物館 Alexander Graham Bell National Historic Site P.485
雪梨機場 Sydney Airport P.483
22
327
Hastings
104
聖彼得 St.Peters
L'Ardoise
Gabarouse
路易斯堡 Louisbourg
Port Hawkesbury
大西洋 Atlantic Ocean
路易斯堡要塞 Fortress of Louisbourg National Historic Site P.485

訪此處，並受到閑靜與優美景致所吸引，而在此興建別墅。格拉漢姆‧貝爾博物館 Alexander Graham Bell Notional Historic Site內，展示著他所發明的電話、留聲機、水上飛機、飛機、醫療器

↑認識格拉漢姆‧貝爾的發明

✓CHECK!

格拉漢姆‧貝爾博物館

MAP P.484

📍559 Chebucto St., Baddeck

☎(902)295-2069

URL parks.canada.ca/lhn-nhs/ns/grahambell

🕐5/19～10/30
每日9:00～17:00

🚫10/31～5/18

💰大人$8.5、銀髮族$7、17歲以下免費

材、放射能源、聾啞教育等對社會的廣大貢獻，夏季還會舉行實驗與導覽活動。

▼

🍁 ③ **路易斯堡要塞**　　　MAP P.484
Fortress of Louisbourg National Historic Site　★★★

這裡重現18世紀中葉法國移民所建築的城堡與村落，城堡曾為1745年英法戰爭的戰場，而村莊也是過去加拿大的法國人主要產業捕鱈魚，以及對法國、魁北克省、阿卡迪亞、新英格蘭的重要貿易據點。從遊客中心搭乘接駁巴士（僅限夏季）約10分鐘可到達，一進入城堡，時光彷彿停止在18世紀般呈現當時的景象，而城堡內扮演士兵和村民的工作人員，讓人感受到回到過去的氛圍。

↑能體驗18世紀生活的路易斯堡要塞

路易斯堡要塞

📍259 Park Service Rd.

☎(902)919-8392

URL parks.canada.ca/lhn-nhs/ns/louisbourg

🕐5/22～10/9
每日9:30～17:00
10/10～5/21
週一～五9:30～16:00

🚫10/10～5/21的週六‧日

💰大人$18.75（$8）、銀髮族$16（$6.5）、17歲以下免費
※（　）內為5/22～6/30、9/16～10/9的票價。

接駁巴士

🕐6/22～9/15

💰免費（包含在門票內）

# 布雷頓角的住宿
—— Hotels in Cape Breton ——

## Keltic Lodge at the Highlands

位於卡伯特之路沿線城鎮Ingonish的高級度假村，分為Main Lodge、Inn、Cottage 3種住宿設施。

MAP P.484
📍383 Keltic Rd., Middle Head Pennisula, Ingonish Beach
☎(902)285-2880
FAX(1-800)565-0444
URL kelticlodge.ca
🕐5月中旬～10月中旬
💰⑤①$200～　Tax另計
💳A D M V
🏨86房、木屋10棟

## Inverary Resort

位於巴德克的布拉多爾湖Bras d' Or Lake畔的度假村，有遊艇俱樂部、高爾夫球場、SPA等設施，還有獨木舟等各類豐富活動可以參加。

MAP P.484
📍368 Shore Rd.
FEE(1-800)565-5660
URL inveraryresort.com
🕐5～11月
💰⑤①$195～　Tax另計
💳A D M V
🏨183房

🛁浴缸　📺電視　💨吹風機　🧊Minibar和冰箱　🔒保險箱　💻網路
部分房間　部分房間　出借　部分房間　櫃台提供

# FREDERICTON
# 弗雷德里克頓
## 新伯倫瑞克省

**MAP** P.450-C1
**人口** 6萬3116
**區碼** 506

弗雷德里克頓情報網
**URL** www.fredericton.ca
**URL** www.fredericton
capitalregion.ca

**弗雷德里克頓的活動**

爵士藍調音樂節
The Harvest Jazz & Blues
Festival
**TEL** (506)454-2583
**FAX** (1-888)622-5837
**URL** harvestmusicfest.ca
**開** 9月中旬
**費** 依活動而異
　（也有免費音樂會）
　可欣賞到來自加拿大國內外
眾多音樂家所舉辦的爵士與
藍調音樂會。

**加拿大航空（→P.542）**

▲充滿歷史與文化的首府

　為新伯倫瑞克省首府的弗雷德里克頓，是散發出沉穩氣氛的城市。擁有茂密榆樹林，以及印第安語稱為「Wolastoq（美麗之河）」的聖約翰河緩緩流過市中心北側，在河流沿岸設有步道，非常適合散步或慢跑。最早由法國人所開拓的這塊土地，因美國獨立戰爭而逃離的親英派保皇黨Loyalist移民於1762年入住，進而完成城市的基礎建設。在市區內，隨處可見超過200年以上歷史的親英派大宅院蹤跡。

## 如何前往弗雷德里克頓

### ▶▶▶ 飛機

　加拿大航空Air Canada（AC）從國內主要都市皆有航班前往，從多倫多出發1日2～3班，所需時間約1小時45分～2小時；蒙

特婁則為1日2班，所需時間約1小時20分。

　　弗雷德里克頓國際機場Fredericton International Airport位在市中心東南方16km處，從機場搭乘計程車到市中心，車資為$25。

## ▶▶▶ 長途巴士

　　Maritime Bus的巴士從哈利法克斯（在蒙克頓轉車）出發1日1班，所需時間約6小時20分；聖約翰出發1日2班，約1小時30分；蒙克頓則為1日1班，約1小時50分。

　　從巴士總站前往市中心，可搭乘由Fredericton Transit所經營的市區巴士＃13S或計程車；徒步前往需要約15分鐘。

# 漫遊弗雷德里克頓

　　弗雷德里克頓的景點都在徒步範圍內，商店和餐廳集中的市中心為東西向的皇后街Queen St.與國王街King St.，其中皇后街西側有弗雷德里克頓市政廳，東側則有省議會等諸多景點聚集。市區由聖約翰河St. John River分為南北，沿著河岸設有稱為綠茵道The Green的完善步道，步道一直延伸到市區北邊，河上則有長約607m的步道橋Bill Thorpe Walking Bridge連結兩岸。

↑商店聚集的皇后街

**弗雷德里克頓國際機場（YFC）**
**MAP** P.486-2 外
🏠 22-2570 Route 102, Lincoln
☎ (506)460-0920
🔗 yfcfredericton.ca

**Maritime Bus（→P.543）**
哈利法克斯出發
🎫 單程　大人$72.5
聖約翰出發
🎫 單程　大人$25.5
蒙克頓出發
🎫 單程　大人$41.75

**巴士總站**
**MAP** P.486-1
🏠 105 Dundonald St.
☎ (506)455-2049

**Fredericton Transit**
☎ (506)460-2020
🔗 www.fredericton.ca/en/resident-services/fredericton-transit
＃13S(Prospect)
🕐 每日6:15～22:36
　 每隔30分鐘～1小時發車。
🎫 單程車票
　 大人$2.75、6歲以下免費

**❓遊客中心**

Fredericton Tourism
**MAP** P.487-1
🏠 397 Queen St.
☎ (506)460-2129
🕐 5/20～6/25
　 每日10:00～18:00
　 6/26～8/31
　 每日10:00～20:00
　 9/1～10/9
　 每日10:00～16:30
休 10/10～5/19

弗雷德里克頓 市中心

P.488
Westmorland St. Bridge
St.Anne Point Dr.
弗雷德里克頓地區博物館
Fredericton Region Museum P.488
衛兵崗哨 The Guard House
軍官廣場 Officers' Square P.488
聖約翰河 St.John River
Regent St.楼桥
燈塔
0　100　200 m
（概念圖：距離為估算）
弗雷德里克頓市政廳 P.488 Fredericton City Hall
P.487 遊客中心
Campbell
圖書館
Crowne Plaza Fredericton Lord Beaverbrook P.488
比佛布魯克美術館 Beaverbrook Art Gallery P.489
N
Fredericton Police Force P.488
Queen St. 皇后街
Hertz P.488
Play House
比佛布魯克雕像
The New Brunswick College of Craft and Design & Gallery
Northumberland St.
Westmorland St.
Smythe St.
King St. 國王街
Carleton St.
省議會 Legislative Assembly Building P.488
耶穌大教堂 Christ Church Cathedral
Kings Palace Shopping Centre
Brunswick St.
York St.
Sunbury
Regent St.
St. John St.
Church St.
英軍軍營 P.489 Soldiers' Barracks
古老墓園
市場

**弗雷德里克頓市政廳**

參加導覽之旅可免費參觀
議事廳。
※目前導覽活動暫停中。
**TEL** (506)460-2129
　　（遊客中心）

**軍官廣場**

衛兵交接儀式
**營業** 7/2～9/4
　夏季在弗雷德里克頓市政廳
前有衛兵站崗，週三的12:30、
16:30在市政廳前廣場也有行
進及訓練情形可以參觀。

**弗雷德里克頓地區博物館**

571 Queen St.
**TEL** (506)455-6041
**URL** www.frederictonregion
　　museum.com
**營業** 4～6月、9～11月
　　週二～六13:00～16:00
　　7・8月
　　每日10:00～17:00
**公休** 4～6月與9～11月的週日・一
　　（12～3月為預約制）
**費用** 大人$6、學生$3、6歲以下
　　免費

**省議會**

706 Queen St.
**TEL** (506)453-2527
**URL** www.legnb.ca/en/
　　legislature/visit
**營業** 7/1～9/4
　　每日8:30～16:30
　　9/5～6/30
　　週一～五8:30～16:30
**公休** 9/5～6/30的週六・日
**費用** 免費

---

# 主要景點

### 🍁 弗雷德里克頓市政廳
Fredericton City Hall **MAP** P.487-1 ★★★

面對皇后街的鐘塔紅磚建築，1樓
設有遊客中心，2樓議會席的牆上，
裝飾著為紀念弗雷德里克頓建市
200週年所製作的27幅掛毯，內容包
含Maliseet Indian的聚落、建設要
塞、皇家軍隊進入等，精采呈現弗雷
德里克頓的歷史。

➡市政廳的1樓入口
處設有遊客中心

### 🍁 軍官廣場
Officers' Square **MAP** P.487-2 ★★★

過去英國陸軍（1785～1869年）和加拿大陸軍（1883～1914
年）的駐紮地點，現在則四處綠草如茵，成為市民的最佳休憩場
所。每年7月～8月下旬期間，還可看到由身穿紅色制服、威風凜
凜的衛兵所進行的傳統衛兵交接儀式。

### 🍁 弗雷德里克頓地區博物館
Fredericton Region Museum **MAP** P.487-2 ★★★

位於軍官廣場的西側建築，原為1784年英政府作為駐軍設施
所建，現在則成為展示來自新伯倫瑞克省各地所收集歷史文物
的博物館；從裝飾皇家房屋的家具，到18世紀後半至19世紀前半
所使用過的農耕機具、阿卡迪亞Acadia的工藝品等，展覽品十
分豐富。

### 🍁 省議會
Legislative Assembly Building **MAP** P.487-2 ★★★

1880年因發生
火災燒毀舊省政
府廳舍，之後於
1882年重新建設
而成，古典的銀
色圓頂與砂岩外
牆的對比十分美
麗。登上華麗木
製螺旋梯，可參
加於旁聽席參觀

⬆省議會的議事廳

議事廳的導覽行程。立法會議期間也對外開放參觀，但須注意遵
守議事廳內保持安靜的規範，禁止使用手機與相機。

## 比佛布魯克美術館
### Beaverbrook Art Gallery

★★★

展示由比佛布魯克爵士所捐贈藝術作品的美術館，包括透納Joseph Mallord William Turner及根茲巴羅Thomas Gainsborough、康斯特勃John Constable等英國一流畫家作品，以及西班牙鬼才大師達利

↑位於入口處的達利作品

Salvador Dalí的作品《Santiago El Grande》等，還有加拿大藝術大師湯姆·湯姆遜Tom Thomson的繪畫等精選的收藏品。新館內則展示著宗教畫及家具、20世紀歐洲繪畫的優秀作品等。

## 英軍軍營
### Soldiers' Barracks

★★★

1827年由英軍所建設，容納超過200人英國駐軍居住的石造建築。除了重現建築內當時的模樣，並作為在地藝術家的商店。而位於斜對面的石造平房，則是衛兵崗哨The Guard House。

↑被指定為史蹟公園

### 比佛布魯克美術館
- 🏠 703 Queen St.
- ☎ (506)458-2028
- 🌐 beaverbrookartgallery.org
- 🕐 4～9月
  - 週一～三、五、六10:00～17:00
  - 週四10:00～21:00
  - 週日12:00～17:00
  - 10～5月
  - 週二、三、五、六10:00～17:00
  - 週四10:00～21:00
  - 週日12:00～17:00
- 🚫 10～5月的週一
- 💰 大人$12、6歲以下免費
  （週四17:00之後為自由捐款）

### 比佛布魯克爵士
本名為William Maxwell Aitken，少年時期在新伯倫瑞克省度過，1910年前往英國進入政界而受封貴族頭銜，布魯克則是自家附近的小河之名。他過去曾擁有知名的報紙Daily Express，活用自我的財力，在弗雷德里克頓留下眾多捐贈品。

### 英軍軍營
- ☎ (506)460-2041
- 🕐 6月上旬～9月上旬
  - 每日10:00～17:00
- 🚫 9月上旬～6月上旬
- 💰 免費

---

## 弗雷德里克頓的住宿
### Hotels in Fredericton

### Crowne Plaza Fredericton Lord Beaverbrook
位於市中心的老牌飯店，除觀光客外還有許多商務客人住宿；除了餐廳、酒館之外，也有室內游泳池及三溫暖、按摩池等設施。
- 🗺 P.487-2　🏠 659 Queen St.
- ☎ (506)455-3371
- 🌐 www.ihg.com
- 💰 ⑤①$187～　Tax另計
- 💳 A D J M V　🛏 168房

### Carriage House Inn
改建自1875年維多利亞式宅邸的小型古蹟飯店，客房位於2～3樓卻沒有電梯，稍嫌不便，但全館房間皆附衛浴。
- 🗺 P.486-2　🏠 230 University Ave.
- ☎ (506)452-9924
- 🌐 www.carriagehouse-inn.net
- 💰 高峰 6～10月⑤①$150～
  - 淡季 11～5月⑤①$134～　Tax另計　含早餐
- 💳 A M V　🛏 11房

### Delta Hotels Fredericton
面對聖約翰河的4星高級飯店，館內設有溫水游泳池、SPA、健身中心等設施，可以度過舒適的度假時光。
- 🗺 P.486-1
- 🏠 225 Woodstock Rd.
- ☎ (506)457-7000
- 🌐 www.marriott.com
- 💰 ⑤①$205～　Tax另計
- 💳 A D J M V　🛏 222房

### Quartermain House B&B
從市中心徒步約10分鐘，位在閑靜住宅區的B&B，客房皆使用加大雙人床，以簡潔沉穩的裝潢而受好評。夏季還可在豐盈綠意的後院喝咖啡。
- 🗺 P.486-2　🏠 92 Waterloo Row
- ☎ (506)206-5255
- 📠 (1-855)758-5255
- 🌐 quartermainhouse.com
- 💰 ⑤①$135～　Tax另計　含早餐
- 💳 A D M V　🛏 2房

---

🛁 浴缸　📺 電視　💨 吹風機　🍸 Minibar和冰箱　🔒 保險箱　💻 網路
🛁 部分房間　📺 部分房間　💨 出借　🍸 部分房間　🔒 櫃台提供

# SAINT JOHN
# 聖約翰
## 新伯倫瑞克省

**MAP** P.450-C1
**入口** 6萬9895
**區碼** 506

聖約翰情報網
**URL** www.discoversaint
john.com

▶▶▶ 如何前往

✈ 加拿大航空從多倫多出發1日2～3班,所需時間約2小時,從蒙特婁也有航班。聖約翰機場St. John Airport位於市中心東北方14km處,搭乘計程車前往市區約20分鐘,車資$30左右,也可搭乘市區巴士#32,單程大人$5.5。

🚌 Maritime Bus從弗雷德里克頓出發1日行駛2班,所需時間約1小時30分,單程大人$25.5;從蒙克頓則為1日1班,所需時間約2小時10分,單程大人$33.75。巴士總站位於郊區Station St.,搭乘計程車前往市中心約10分鐘。

⛴ 從新斯科細亞省的迪格比Digby搭乘Bay Ferries的渡輪,全年通航,1日1～2班,所需時間2小時30分,單程大人$43～。

加拿大航空(→P.542)

聖約翰機場(YSJ)
**MAP** P.491-2外
**TEL** (506)638-5555
**URL** ysjsaintjohn.ca

Maritime Bus(→P.543)

巴士總站
**MAP** P.491-1外
**住** 125 Station St.
**TEL** (506)672-2055

Bay Ferries
**MAP** P.491-1外
**TEL** (506)649-7777(碼頭)
**URL** www.ferries.ca

聖約翰擁有加拿大數一數二的貿易港,同時也是新伯倫瑞克省工商業中樞及最大城市,港口的工業區和紅磚建築,在現代中

↑位於市中心的國王廣場

帶有懷舊氛圍。約4000名親英派保皇黨,加上19世紀中期因大饑荒而移民此地的愛爾蘭人,使得聖約翰發展成為新伯倫瑞克省頂尖的工商業都市。另一方面也致力於保存城市風貌,如超過100年歷史的市場和17世紀建造的古老建築等,城市裡四處可見反映悠久歷史的文化遺跡,來到聖約翰絕對不能錯過歷史文化景點。

## 漫遊聖約翰

↑歷史悠久的巴伯爾雜貨店

市區以國王廣場King's Square為中心,規模並不大,因此徒步就能走遍。景點分布於港口旁和國王廣場四周,港口旁的市集廣場Market Square內有餐廳、商店及新伯倫瑞克博物館New Brunswick Museum進駐,附近則有19世紀建造的巴伯爾雜貨店Barbour's General Store;而從市集廣場2樓以玻璃結構的空中走廊與隔壁的市政廳City Hall相連,還可通往大型購物中心——伯倫瑞克廣場Brunswick Square、City Market。市區巴士則由Saint John Transit負責營運。

↑港口最具代表性的購物中心——市集廣場

# 主要景點

### 保皇黨之家
Loyalist House

MAP P.491-1
★★★

保皇黨之家於1811年動工、1817年完成，聖約翰曾在1877年發生大火，當時共有超過1600棟建築被燒毀，還好保皇黨之家倖免於難，因而成為聖約翰最古老的建築之一，至今仍被小心保存。在夏季還能看到身穿當時服裝的導遊為遊客導覽，日期、詳情須洽詢。

### 新伯倫瑞克博物館
New Brunswick Museum

MAP P.491-1
★★★

設立於1842年，為加拿大最有歷史的博物館，於1996年遷移至市集廣場Market Square內。展覽室共有3層樓，區分為展示帆船模型的海洋歷史展覽室、收藏動物和昆蟲化石的地質學展覽室，以及新伯倫瑞克藝術作品的展覽室等。

### 逆流瀑布
Reversing Falls

MAP P.491-1外
★★★

↑從河畔觀景台眺望的景色

在深入聖約翰河內的橋基下，可以看見「渦旋逆流現象」的景點。芬迪灣Bay of Fundy是世界上漲退潮差距最大的海灣，高低差達14m，河川的水流與漲潮的潮水在橋下相衝擊，由於深入河底，因此形成超大漩渦而造成逆流現象。河岸旁有遊客中心，館內設有可欣賞漩渦的景觀餐廳。逆流現象在每天退潮及漲潮期間各出現2次，因為每日時間不同，建議先在遊客中心或介紹手冊上先行確認再前往，晚上則會打燈。

---

**❓遊客中心**
Saint John Region Welcome Centre
MAP P.491-1
🏠47 Charlotte St.
☎(506)658-2855
🕐每日9:00～17:00
休無休

**保皇黨之家**
🏠120 Union St.
☎(506)652-3590（夏季）
　(506)650-8293（冬季）
URL loyalisthouse.com
🕐週一～五10:00～12:00/
　13:00～16:00
　（以電話預約，依照時期而
　變動）
休週六‧日
💰大人$5、12歲以下$2

**新伯倫瑞克博物館**
🏠1 Market Square
☎(506)643-2300
URL www.nbm-mnb.ca
※目前因整修工程而休館中。

**逆流瀑布**
🏠200 Bridge Rd.
☎(1-866)463-8639
💰免費
🚌從市中心中央沿著#100公
　路往西走，過橋不久便出
　現在左側；也可搭乘市區巴
　士#1前往。

**聖約翰的住宿**
Delta Hotels Saint John
MAP P.491-1
🏠39 King St.
☎(506)648-1981
URL www.marriott.com
💰⑤①$185～
💳ADMV　🛏250房

---

**聖約翰 市中心**

# 新伯倫瑞克省的第3大城蒙克頓

新伯倫瑞克省的城市蒙克頓Moncton，是從魁北克省往新斯科細亞省及愛德華王子島

↑潮汐公園

省的必經之地，為交通要衝而聞名。城鎮規模雖然不大，若從蒙特婁或魁北克市搭乘VIA國鐵前往愛德華王子島省，必須在此地轉乘巴士，因此成為許多觀光客順路停留的地方。

## 漫遊蒙克頓

景點都在市中心的徒步範圍內，中心區域位於緬因街Main St.周邊，而在潮汐公園Tidal Bore Park內，可欣賞到珀蒂克的克河Petitcodiac River白色浪潮依下往上逆流的奇特自然現象，是不可錯過的重要景點。逆流現象1天出現2次，每次約20分鐘，逆流時間因每天漲退潮時間而有所不同，請參考遊客中心及公園的時間表。

市中心的東側則有過去鐵路大王湯瑪斯‧威廉Thomas Williams的維多利亞式優雅宅邸——湯瑪斯‧威廉之家Thomas Willams House，以及介紹蒙克頓從原住民時代造船與鐵道建設而發展的歷史——蒙克頓博物館Monction Museum。

**蒙克頓**
MAP P.450-C1　URL www.moncton.ca

**如何前往蒙克頓**
飛機 從多倫多有加拿大航空的航班1日3班，所需時間約2小時10分；蒙特婁出發1日2班，所需時間約1小時20分。
巴士 從哈利法克斯搭轉Maritime Bus巴士1日1班，所需時間約4小時；從弗雷德里克頓則為1日行駛1班，所需時間約1小時50分。
鐵路 開往哈利法克斯的VIA國鐵海洋號，週三‧五‧日每週3班，從蒙特婁19:00出發，抵達時間為隔天13:23。

**從蒙克頓前往愛德華王子島**
Maritime Bus 14:00從蒙克頓出發的巴士1日1班，因為巴士總站位於VIA國鐵火車站內，搭乘VIA國鐵前來雖然可以直接轉乘，但可能會碰到VIA國鐵誤點，因此最好還是在蒙克頓住1晚，隔天再搭巴士前往島上；抵達夏綠蒂鎮為17:05。

**巴士總站**
77 Canada St.（VIA國鐵火車站內）
TEL(506)854-2023

**❓遊客中心**
20 Mountain Rd.　FAX(1-800)363-4558
URL www.resurgo.ca
開週一～六10:00～17:00　週日12:00～17:00
休9月～5月中旬的週一

**湯瑪斯‧威廉之家**
103 Park St.
TEL(506)856-4383
開6/28～8/27 週三～日11:00～17:00
休週一‧二、8/28～6/27　費自由捐款

**蒙克頓博物館**
20 Mountain Rd.　TEL(506)856-4383
開週一～三‧五‧六10:00～17:00　週四10:00～20:00　週日12:00～17:00
休無休
費大人$12、銀髮族$9、青少年（12～17歲）$8、兒童$6

**蒙克頓的住宿**
Château Moncton
MAP P.492外　100 Main St.
TEL(506)870-4444　FAX(1-800)576-4040
URL www.chateaumoncton.ca
費⑤①①$159～　CA D M V　房103房

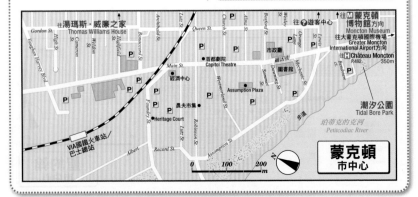
蒙克頓市中心

# 聖約翰

## 紐芬蘭&拉布拉多省

位於北美大陸東端的聖約翰，是紐芬蘭&拉布拉多省的首府，1497年首次由約翰·卡伯特John Cabot發現此地，於

↑五彩繽紛住家林立的聖約翰

1583年成為英國的第一個殖民地；這裡也是知名的鱈魚漁場，17世紀到19世紀因漁業而興盛一時。可以眺望海灣景觀的斜坡上五彩繽紛的木造建築林立，至今仍充滿港都特有的悠閒風情，初夏時節還能看到從北極漂來的冰山，是世界盡頭之處才有的奇景。

## 如何前往聖約翰

### ▶▶▶ 飛機

從哈利法克斯有加拿大航空Air Canada（AC）1日飛航3～4班，所需時間約1小時50分；從多倫多1日4～5班，所需時間約3小時；從蒙特婁1日則有2～3班，所需時間約2小時30分。

### 機場前往市區

聖約翰國際機場St. John's International Airport位於距市中心西北方約10km處，前往市區交通以搭乘計程車最方便，到市中心約15分鐘，車資採定額制，到主要飯店$35。另外也可以搭乘Metrobus #14，但巴士站距離機場需步行約10分鐘，而且前往市中心還要轉乘，稍嫌不便。

### ▶▶▶ 長途巴士&渡輪

Marine Atlantic的渡輪從新斯科細亞省的北雪梨North Sydney到巴斯克港Port-aux-Basques（→P.496）全年航行，每日1～3班，所需時間7小時。從巴斯克港到聖約翰則有DRL的大型巴士1日行駛1班，所需時間約13小時40分；從巴士總站到市區搭乘計程車約10分鐘，車資$20左右。

---

渥太華●
聖約翰●

**MAP** P.450-B2
**人口** 11萬525
**區碼** 709

聖約翰情報網
**URL** www.stjohns.ca

---

**加拿大航空（→P.542）**

**聖約翰國際機場（YYT）**
**MAP** P.494外
**TEL** (709)758-8500
**URL** stjohnsairport.com

**Metrobus**
**TEL** (709)772-9400
**URL** www.metrobus.com
**圏** 單程票
　大人$2.5、兒童（12～17歲）$2
　10次卡
　大人$22.5、兒童$18
　市區巴士是聖約翰唯一的大眾交通工具，時刻表可上官網確認，卡片可於市政廳等處購買。

**Marine Atlantic**
**FREE** (1-800)341-7981
**URL** www.marineatlantic.ca
前往巴斯克港
**圏** 單程
　大人$43.78、銀髮族$40.23、兒童（5～12歲）$20.34

**DRL**
**TEL** (709)263-2171
**URL** drl-lr.com
巴斯克港出發
**圏** 單程
　大人$152～、銀髮族·學生$136～

**巴士總站**
**MAP** P.494外
　位在紐芬蘭紀念大學Memorial University of Newfoundland旁。

---

※開館時間、營業時間等日期時間基本上為2023年資訊，因每年資訊會有所變動，請記得上網再次確認。（→P.7）

City of St. John's Visitor Tourism Information
MAP P.494
348 Water St.
TEL (709)576-8106
FAX (1-844)570-2009
URL www.stjohns.ca
圖 每日9:00～16:30
休 無休

## 華特街

MAP P.494左下圖

華特街東側的海濱公園Harbourside Park內，設有1583年發表英國領土宣言的漢弗萊‧吉爾伯特爵士Humphrey Gilbert的紀念碑。

## 喬治街

MAP P.494左下圖

過去被稱為「酒吧城」的特色小巷，每晚直到深夜都熱鬧不已，週末更是人聲鼎沸。

St. John's Hop On Hop Off
TEL (709)631-4677
URL stjohnshoponhopoff.ca
圖 6/23～9/4
每日9:00～16:53
圓 大人＄50、銀髮族＄45、兒童＄35

# 漫遊聖約翰

聖約翰主要道路為聖約翰港St. John's Harbour北岸的港灣路Harbour Dr.，以及並行的華特街Water St.、達克沃斯街Duckworth St. 3條街，華特街上有許多從16世紀成立的漁業相關店家，據說是北美最古老的商店街，現在則為餐廳及商店、銀行等設施林立的熱鬧商圈。而隔壁的達克沃斯街，則是聚集工藝品店及藝廊、博物館等的文化街；若想享受夜生活，不妨前往位於華特街與達克沃斯街之間的喬治街George St.，分布許多酒館和酒吧等夜店。

↑有陡峭坡道的市中心

市中心範圍不算大，以徒步觀光就足夠，不過因為坡道多，加上道路交錯複雜，走起來不算輕鬆。市區設有散步路線（Grand Concourse），並隨處設置旅遊路標，順著散步路線遊覽也是不錯的選擇。由於主要景點離市中心有段距離，開車較為方便，夏季則會推出連結市中心與信號山丘國家歷史遺址等地的巡迴巴士St. John's Hop On Hop Off，可善加利用；而郊區景點通常是靠租車或參加觀光之旅前往。

# 主要景點

## 信號山丘國家歷史遺址
### Signal Hill National Historic Site
MAP P.494
★★★

信號山丘聳立在海港入口處，是海拔160m左右的山丘，由於過去船靠近港口時在此立信號旗而得名。過去也曾經作為港口防禦據點，時常有戰爭發生；1762年北美七年戰爭中，英

↑一覽聖約翰的城鎮與港口風景

軍與法軍對決而取得勝利的最後決戰地也在這裡，所以在港口周邊可以看到砲台遺跡。

山丘最上方的卡伯特塔Cabot Tower，是1897年為紀念首次登陸加拿大的英國人約翰·卡伯特登陸400年，以及維多利亞女王統治60週年而建，內部有工程師古列爾莫·馬可尼Guglielmo Marconi於1901年在此山丘成功接收來自英國橫跨大西洋的無線電訊號等相關展示。

↑直到1960年仍作為傳送信號用的卡伯特塔

## 地質中心博物館
### Johnson Geo Centre
MAP P.494
★★★

↑博物館內收藏地質學相關的豐富資料

在紐芬蘭＆拉布拉多省發現約40億年前為地球上最古老（地球誕生於45億年前）的岩石，是地質學上相當重要的地區。在博物館劇場內欣賞影片之後，可以參觀各種岩石樣品，以認識這裡的地形和地球形成的過程；還有在聖約翰海域沉沒的鐵達尼號相關展示。

### 實用資訊
警察
**Police Department**
MAP P.494左下圖
TEL (709)729-8000
醫院
**St. Clare's Mercy Hospital**
MAP P.494外
154 Le Marchant Rd.
TEL (709)777-5000
主要租車公司
**Avis**（機場）
TEL (709)722-6620
**Hertz**（機場）
TEL (709)726-0795
主要計程車公司
**City Wide Taxi**
TEL (709)722-7777

### 信號山丘國家歷史遺址
TEL (709)772-5367
URL parks.canada.ca/lhn-nhs/nl/signalhill
搭乘市區巴士＃3到Cavendish Square下車，徒步25分鐘。
遊客解說中心
MAP P.494
TEL (709)772-5367
6/1～10/6
每日10：00～18：00
10/7～5/30
（園區全年開放）
大人$8.5、銀髮族$7、17歲以下免費
卡伯特塔
免費（包含在門票內）

### 地質中心博物館
175 Signal Hill Rd.
TEL (709)864-3200
URL www.mun.ca/geocentre
5/3～10/9
每日9:30～17:00
10/10～12/22
週三～日9:30～17:00
10/10～12/22的週一・二、12/23～5/2
大人$12、銀髮族・學生$9、青少年（5～18歲）$6、兒童免費
搭乘市區巴士＃3到Cavendish Square下車，徒步15分鐘。

大西洋省分

聖約翰 St. John's ◆ 漫遊／主要景點

**奎迪威迪村**
🚌搭乘市區巴士#15在終點站
Cuckholds Cove Rd.下
車,徒步5分鐘。

**斯必爾角燈塔國家歷史遺址**
☎(709)772-2191
🌐parks.canada.ca/lhn-
nhs/nl/spear
🕐6/1～10/6
　　每日10:00～18:00
🚫10/7～5/30
　　(園區全年開放)
💰大人$8.5、銀髮族$7、17歲
　　以下免費
燈塔
💰免費(包含在門票內)

**威特利斯灣的海鳥棲息地**
🌐www.gov.nl.ca/ecc/
natural-areas/wer/r-wbe

### 🍁 奎迪威迪村    MAP P.494

Quidi Vidi Village ★★★

位於花崗岩環繞的海口處,分布著古老民宅及教堂的小漁村。聚落內的Mallard Cottage(現為餐廳)為建於18世紀末的愛爾蘭移民住宅,被列為省立文化古蹟,周邊還有法軍砲台和啤酒廠等景點。

↑散發純樸氣息的奎迪威迪村

---

郊　區

---

### 🍁 斯必爾角燈塔國家歷史遺址    MAP P.494外

Cape Spear Lighthouse National Historic Site ★★★

位於聖約翰南方約11km處的北美最東端景點,1836～1955年使用的木造燈塔,已改裝為介紹燈塔守衛生活的博物館;並保存著在第二次世界大戰為監視德軍潛水艇而建的軍營,以及燈塔下的砲台遺跡。一到夏天,則能觀賞鯨魚和海豚、鸌科鳥類等各種生物的蹤跡。

### 🍁 威特利斯灣的海鳥棲息地    MAP P.494外

Witless Bay Ecological Reserve ★★★

在聖約翰南方約30km處的威特利斯灣上3座島嶼,每年夏天會有100萬隻以上的海鳥前來產卵,而紐芬蘭&拉布拉多省的吉祥物——海鸚Fratercula棲息區的規模為全美最大,海燕棲息數則是世界第2大,還有如崖海鴉、黑脊鷗、三趾鷗等許多海鳥棲息。每年5～9月有從Bay Bulls出發的遊艇觀光行程,6月中旬～8月中旬為觀賞座頭鯨與小鬚鯨,5月～6月下旬則有賞冰山之旅。

---

COLUMN

## 紐芬蘭的門戶——巴斯克港

從新斯科細亞省出發的渡輪,停靠在放眼望去沒有樹木、充滿粗糙岩石的山丘上木造民房林立,呈現出一片冷清氣息,這裡就是紐芬蘭島的入口——巴斯克港Port-aux Basques。正如其名,這裡曾是16世紀初期來自巴斯克的捕鯨船漁夫停靠的港口,從本島有渡輪與來往聖約翰之間的長途巴士停靠。

DATA
巴斯克港
MAP P.450-B2
🚢從新斯科細亞省的北雪梨出發有Marine Atlantic大型渡輪行駛(→P.493)。
❓巴斯克港的遊客中心
☎(709)695-2262
🌐www.portauxbasques.ca
🕐5月中旬～10月上旬　每日7:00～20:00
　(依照時期而變動)
🚫10月上旬～5月中旬
🚶位在從渡輪碼頭走#1公路約2km後的北側。

# 聖約翰的住宿
## Hotels in St. John's

## Sheraton Hotel Newfoundland

位於17世紀英軍城堡所在高地的高級飯店，約半數的客房擁有海港景觀，內裝沉穩的房間充滿舒適氛圍，附設室內游泳池及健身中心等設施。

**MAP** P.494左下圖
住115 Cavendish Sq.
TEL (709)726-4980
URL www.marriott.com
料⑤①D$155～ Tax另計
CARD A D M V
房301房

## Balmoral House

維多利亞風格的傳統房屋改建而成的B&B，室內空間挑高舒適，並有附暖爐和按摩浴缸的房型。位於高地的住宅區，靠海的客房還可一覽港口和信號山景致。

**MAP** P.494左下圖
住38 Queen's Rd.
TEL (709)693-8937
URL balmoralhouse.com
料⑤①D$318～
Tax另計 含早餐
CARD A M V 房4房

COLUMN

## 賞馴鹿＆冰山之旅

### 阿瓦隆半島　Avalon Peninsula
**MAP** P.450-B2

從聖約翰南下約50km處的阿瓦隆半島Avalon Peninsula，內陸為濕地覆蓋的野生保護區Avalon Wildnss Reserve，是野生麋鹿的棲息地，進入保護區必須事先申請許可，幸運的話也可從外側看到麋鹿的蹤跡。從#10公路南下，左側為大西洋，右側則是針葉林繁密的溼地，之後便抵達Ferryland；這裡是全北美歷史最悠久的英國殖民地之一，目前正在進行加拿大政府和省政府的聯合挖掘計畫，現場對外開放參觀，可在遊客中心內參觀出土碎片的復原工程。接著繼續往南前行，就是人口僅有約600人的小鎮Trepassey。

### 特威林蓋特　Twillingate
**MAP** P.450-B2

面聖母灣Notre-Dame Bay的特威林蓋特是冰山與賞鯨的聖地，位於北側斷崖處的Long Point是最佳觀賞點，觀賞季節為5月下旬～7月。從拉布拉多北側漂流而來的冰山會往南漂至聖母灣，沿著島嶼往東繼續南下至阿瓦隆半島。

↑欣賞閃耀著光輝的冰山景致

DATA

❓阿瓦隆半島的遊客中心
Colony of Avalon Foundation
住1 The Pool, Ferryland
TEL (709)432-3200
URL colonyofavalon.ca

特威林蓋特
✈從甘德國際機場Gender International Airport（**MAP** P.450-B2）走#330公路往北行，接著轉#331、#340公路到最北端，所需時間約1小時30分。

Twillingate Island Boat Tours
住50 Main St., Twillingate
FREE (1-800)611-2374　URL www.icebergtours.ca
觀光船之旅
時夏季9:30、13:00、16:00出發
Twillingate Adventure Tours
住128 Main St., Twillingate　FREE (1-888)447-8687
URL twillingateadventuretours.com
觀光船之旅
時夏季10:00、13:00、15:30出發

🛁浴缸　📺電視　🌬吹風機　🍷Minibar和冰箱　🔒保險箱　💻網路
部分房間　部分房間　出借　部分房間　櫃台提供

# GROS MORNE NATIONAL PARK
# 格羅摩恩國家公園
## 紐芬蘭＆拉布拉多省

格羅摩恩國家公園

渥太華

**MAP** P.450-B2
**區碼** 709
**面積** 1805km²
**入園費** 大人$10.5、銀髮族$9

**格羅摩恩國家公園情報網**
**URL** parks.canada.ca/
pn-np/nl/
grosmorne

**加拿大航空（→P.542）**

**PAL航空（→P.542）**

**鹿湖區域機場（YDF）**
**MAP** P.450-B2/P.498外
**TEL** (709)635-3601
**URL** deerlakeairport.com

**主要租車公司**
Avis（機場）
**TEL** (709)635-5010
Hertz（機場）
**TEL** (709)635-8211

位於紐芬蘭島西部，於1987年由聯合國教科文組織登錄為世界自然遺產的國家公園。由紅土與岩石構成荒涼台地的Tablelands、石英岩裸露的格羅摩恩山Gros Morne Mountain，與斷崖峭壁峽灣不斷的西布魯克湖Western Brook Pond等，保存數億年前地殼變動的自然痕跡，創造出令人震撼的特殊景觀。雖然在同一個公園內，卻能看見完全不同的景觀，是世界上非常珍貴稀有，且能深刻感受大自然偉大力量的地方。

除此之外，公園內還規劃出超過20條不同難度的健行步道，包含適合入門者的Robster Cove Head、適合中級程度的Lookout Hill，以及可讓高手挑戰的格羅摩恩山Gros Morne Mountain等，可依自己的體力和經驗享受健行的樂趣（→P.500邊欄）。

## 如何前往格羅摩恩國家公園
### ▶▶▶ 飛機

離國家公園最近的機場是位於東南方約70km處的鹿湖區域機場Deer Lake Regional Airport，加拿大航空Air Canada（AC）從多倫多出發1日1～2班，所需時間約2小時35分；從哈利法克斯也有1日1～2航班，所需時間約1小時30分；從聖約翰St. John's則有以聖約翰為據點的PAL航空PAL Airline（PB），1日2～3班，所需時間約1小時15分。從機場前往格羅摩恩國家公園，通常會參加在地觀光之旅，也可以從機場租車前往。

↑格羅摩恩國家公園

# 漫遊格羅摩恩國家公園

↑可享受健行樂趣的特勞特河

由於公園內沒有大眾交通工具，必須開車前往，光是開車繞行就要花費一整天。若想參加西布魯克湖Western Brook Pond觀光船之旅或步道健行等活動，因為當地氣候不穩定，至少要停留4～5天；如果無法有太多時間，建議事先鎖定目標景點，或是參加在地觀光之旅有效率地遊覽各地。

公園內的主要據點為洛磯港Rocky Harbour與特勞特河Trout River、伍迪角Woddy Point，預約飯店可選擇位於公園中心點的洛磯港，前往景點較為方便。從洛磯港走＃430公路向南行，在中途的岔路往右走，便是視野極佳的諾瑞斯角Norris Point；然後回到岔路處往南走，在Wiltondale向＃431公路走，從這裡到伍迪角Woody Point約30～40分鐘車程，伍迪角前有探索中心，建議在此索取導覽手冊及步道路線等資料。從探索中心往Tablelands約10分鐘，繼續往下走便是特勞特河Trout River。

從洛磯港往北約40分鐘可到達西布魯克湖，前方是有博物館的小鎮Cow Head，以及寬闊海灘延伸的露營地Shallow Bay，從洛磯港到Shallow Bay之間約50km。

## 主要景點

### 探索中心
#### Discovery Centre
★★★　MAP P.498

兼營遊客中心與公園研究中心的設施，位於2樓的入口，設有資訊介紹及國家公園的地質解說牌與模型，館內並設有劇院，隨時上映公園概要與地質學相關影片，也有書店。1樓則為藝廊空間，裝飾著公園的風景畫作，3樓的觀景台則擁有絕佳景觀視野。

↑在此收集觀光資訊

---

**Martin's Transportation**
TEL (709)453-2207
**圖** 依目的地而異

若要前往伍迪角、特勞特河，可以搭乘由Martin's Transportation營運的巴士；從機場到巴士總站則搭乘計程車。行駛時間、車資則需要確認。

**? 遊客中心**

有靠近洛磯港的Visitor Centre，以及伍迪角的探索中心2處遊客中心，兩處都僅限夏季營業，並可使用Wi-Fi。

Visitor Centre
MAP P.498
TEL (709)458-2417
圖 5/19～10/22
　　每日9:00～17:00
休 10/23～5/18

**探索中心**
TEL (709)453-2417
圖 5/19～10/22
　　每日9:00～17:00
休 10/23～5/18

**公園內開車注意事項**

公園內的道路多連續彎道與斜坡，而且幾乎沒有設置防護欄，急彎後前方有時會突然出現壯觀的景色，容易讓人失去距離感，而路上可能還會出現駝鹿。

紐芬蘭島以多霧而聞名，當出現濃霧時，道路能見度會變得相當低，因此要特別小心注意。

↑提醒駕駛小心駝鹿的標誌

499

公園內有超過20條步道，從無障礙設計、輕鬆散步，到難度較高適合健腳者的健行步道，種類繁多，可選擇適合自己等級的步道。健行前記得先去探索中心（→P.499）索取地圖與資料，穿著適合健行的鞋子，並攜帶外套、雨具、水和食物。在Visitor Centre與探索中心都有販售附有防水步道導覽的地圖$19.95。

初級路線

**Lobster Cove Head**

繞行洛磯港周邊的2km路線，所需時間約30分鐘。

**Tablelands**

在Tablelands中、來回約4km的路線，所需時間約2小時。

中級路線

**Lookout Hill**

從探索中心出發約5km的路線，所需時間約2～3小時。

高級路線

**Green Gardens**

前往海岸線與牧草地的路線，短距離路線為9km，所需時間約3～4小時。

格羅摩恩山

**Gros Morne Mountain**

所有路徑中難度最高的行程，途中多岩石非常危險，適合有相當經驗的專業登山者，路程16km，所需時間6～9小時，登山前必須在遊客中心Vistor Centre或探索中心登記。為了保護野生動物，5、6月禁止前往山頂，山頂步道的開放時間為6月底起。

↑可輕鬆挑戰的健行

## 洛磯港
Rocky Harbour

MAP P.498
★★☆

房屋圍繞著洛磯港Rocky Harbour海灣而建的漁村，以面對海灣的緬因街Main St.為中心，飯店及餐廳、商店林立，是格羅摩恩國家公園內的中心村莊。還有19世紀末建造的鑄鐵燈塔Lobster Cove Head，村莊西側則可看到村落名字由來的岩石海岸景觀。

## 伍迪角
Woody Point

MAP P.498
★★★

從19世紀初期，以捕撈鮭魚、龍蝦等漁業及加工業而興盛繁榮的港口，以港邊一帶為中心，1919年建造的燈塔和收藏城鎮歷史資料的博物館、教堂、古蹟建築改裝的B&B都集中於此。

↑走下Tablelands即可抵達伍迪角

## 特勞特河
Trout River

MAP P.498
★★★

是1815年由英國人喬治・克洛克George Crocker所開拓的漁村，港口周邊有設施完善的步道，還有遊客中心及郵局、海鮮餐廳林立。Trout River Pond周邊則有小木屋式住宿設施和餐廳零星分布，散發著閑靜的氣氛。

## 格羅摩恩山
Gros Morne Mountain

MAP P.498
★★★

↑荒涼景致的格羅摩恩山

粉紅色石英岩裸露的格羅摩爾山，海拔806m是國家公園內最高峰。在如凍土般的自然環境，有著岩雷鳥Rock Ptarmigan和北極兔Arctic Hare等稀有動物棲息，並有延續至山上的步道。

## Tablelands

MAP P.498
★★★

由於北美大陸板塊與歐亞／非洲大陸板塊的擠壓，因而造成地層從海底隆起所形成的桌狀台地。周邊可看到從乾枯土地上吸收稀薄水分，有如枯木般歷經數百年生長的樹木，以及捕食昆蟲的豬籠草Pitcher Plant等珍貴植物。

##  Green Gardens

MAP P.498

★★★

　直立的斷崖上是一片綠油油的廣闊草原，可以體驗來回9km的健行步道（→P.500邊欄）；草原的盡頭就是海灘，並設有露營區，斷崖下還可看到熔岩凝固後形成的岩石與洞窟。登山口在1號公路旁，距離伍迪角約13km。

##  布魯姆角
Broom Point

MAP P.498

★★★

　1941年～1975年Mudge Family三兄弟與家族曾在此居住，可參觀當時所留下的住家、實際使用過的船隻與道具。

## 西布魯克湖
Western Brook Pond

MAP P.498

★★★

　西布魯克湖是格羅摩恩山的觀光重點之一，眺望眼前曾經直立的峽灣風光，被切割出鋸齒狀的特殊峽灣景色，是在1萬5000年前因冰河不斷侵蝕所形成，高達數百公尺的岩壁，證明了冰河期末期的冰河作用。這裡也是世界上能證明地質構造學中板塊構造論的稀少案例，6億年前原本相連的美洲大陸與歐亞大陸開始分裂，從海底龜裂處不斷冒出的岩漿形成熔岩，5億7000萬～4億2000萬年前兩塊大陸更加分離，中間則形成海洋。從峽灣處挖掘出的許多化石，都是過去曾經深埋在海底時代的物質。

　參觀西布魯克湖時，建議參加觀光船行程。從＃430公路上的停車場步行濕原步道約3km，約在中間位置可看到西布魯克湖，旁邊則是可欣賞峽灣的觀景點，繼續往步道前進便可抵達西布魯克湖的遊客中心。在櫃台報到之後（須事先預約），然後前往碼頭乘船；搭船5分鐘左右，眼前便會出現充滿震撼力的粗獷峽灣景致；一邊欣賞高達600m直峭的斷崖，以及從斷崖落下的瀑布景觀，觀光船接著往峽灣深處開去，讓人深刻感受到古老地球的震動。

### 布魯姆角
- 開 5月下旬～9月上旬
  每日10:00～17:30
- 費 免費

### 西布魯克湖的觀光船之旅
Bon Tours
- TEL (709)458-2016
- FREE (1-888)458-2016
- URL bontours.ca
- 開 5月中旬～6月、9月～10月中旬
  每日12:30出發
  7・8月
  每日10:00、11:00、12:30、13:30、15:00出發
- 費 大人$72、青少年・兒童$39
  所需時間約2小時（要預約），由於船上寒冷，即使夏天也要帶外套。

### 格羅摩恩國家公園的住宿
Ocean View Hotel
- MAP P.498
- 住 38-42 Main St.
- TEL (709)458-2730
- FREE (1-800)563-9887
- URL www.theoceanview.ca
- 營 4～12月
- 費 S D $159～　Tax另計
- CARD A D M V 　房 52房
  位於洛磯港的中心。

Crocker Cabins
- MAP P.498
- 住 57-61 Duke St., Trout River
- TEL (709)451-3236
- FREE (1-877)951-3236
- URL www.crockercabins.com
- 費 S $114.15～　D $131.5～
  Tax另計
- CARD M V
- 房 木屋4棟
  位於特勞特河南側山麓的小木屋，十分幽靜。

↑穿過斷崖間的觀光船

# Humber Arm海灣深處的科納布魯克

距離聖羅倫斯灣Gulf of St. Lawrence約30km，位於Humber Arm海灣深處，沿著山丘斜坡延伸的城鎮——科納布魯克Corner Brook；直到19世紀中期都還是人口不到100人的小村莊，在漁業與豐富森林資源的基礎下發展，到20世紀中期因造紙業而大大繁榮。作為列入聯合國教科文組織世界遺產的格羅摩恩山國家公園及L' Anse aux Meadows國家歷史公園的據點城市而聞名。

↑從庫克船長紀念碑遠眺的絕佳視野

## 漫遊科納布魯克

城鎮中心在有市政廳及博物館、購物中心的緬因街Main St.、Herald Ave.、Caribou Rd.周邊，科納布魯克河Corner Brook River沿岸設有步道，可輕鬆地親近大自然；商店和餐廳集中的鬧區則位於緬因街往西，一直到過Millbrook Mall的Broadway。立有紀念18世紀中葉前來地形調查的庫克船長紀念碑Captain James Cook Monument的觀景台、遊客中心、巴士總站等地與市中心都有一段距離，建議最好搭計程車前往。

➡碑上刻有庫克船長繪製的地圖

---

### 科納布魯克　　　　　　　　DATA
**MAP** P.450-B2
**URL** www.cornerbrook.com

### 如何前往科納布魯克
**飛機**
　從哈利法克斯搭乘加拿大航空，1日1～2班，所需時間約1小時30分；機場為位於科納布魯克東北方約55km的鹿湖區域機場Deer Lake Regional Airport（→P.498）。從機場前往市區有機場巴士行駛，所需時間40～50分鐘，票價為單程大人$35，若搭計程車則約$85。

**長途巴士**
　從聖約翰St. John's搭乘DRL巴士1日1班，所需時間約10小時25分。巴士總站位於市區東南方，到市中心徒步約30分鐘，若搭計程車車資約$15。
**DRL**
聖約翰出發
**圈**單程　大人$134
巴斯克港出發
**圈**單程　大人$55
**巴士總站**
**住**Circle K, Confederation Dr.

### 渡輪與巴士
　Marine Atlantic的渡輪從新斯科細亞省的北雪梨North Sydney出發，航行巴斯克港Port-aux-Basques（→P.493、496）之間，全年都為1日1～3班，所需時間約7小時。從巴斯克港再搭乘DRL巴士1日1班，所需時間約3小時。
**Marine Atlantic**
**FREE**(1-800)341-7981（預約）
**URL**www.marineatlantic.ca
**圈**單程　大人$43.78、銀髮族$43.28、兒童（5～12歲）$20.34、4歲以下免費

### 遊客中心
Corner Brook Bay of Islands Visitor Information
**住**15 Confederation Dr.
**TEL**(709)639-9792
**圆**5～9月
　　每日9:00～18:00
**休**10～4月
　　位於加拿大橫貫公路旁的山丘上。

### 庫克船長紀念碑
**住**Crow Hill Rd.
**交**從市中心徒步30分鐘，從Poplar Rd.往Atlantic Ave.走。

### 科納布魯克的住宿
**The Glynmill Inn**
**住**1B Cobb Lane
**TEL**(709)634-5181
**FREE**(1-800)563-4400
**URL**www.steelehotels.com
**圖S D**$162～　Tax另計
**CA** A M V
**圆**82房
　建於1923年，都鐸式建築的古典高級飯店。除了有提供傳統紐芬蘭料理的餐廳The Carriage Room，也備有可以舉行婚禮的宴會廳及會議室。

---

# 極地
# Arctic
# Canada

白馬鎮的極光

# 極地

ARCTIC CANADA

極地地區共有育空、西北、努勒維特3個領地，超過一半的面積都位於北極圈內極度酷寒。西部有雄偉的山脈高聳，中部一帶則是草木稀少的廣闊凍土層，冬天完全被深雪所覆蓋，氣溫更是達到零下30～50℃的極限地區。

## 西北領地

| 首府 | 黃刀鎮 | 面積 | 134萬6106 km² |
|---|---|---|---|
| 人口 | 4萬1070人（2021年人口普查） | | |
| 時間 | 山岳標準時間（MST）與台灣時差－15小時（夏令時間－14小時） | | |
| 省稅 | 無 | | |

## 努勒維特地區

| 首府 | 伊魁特 | 面積 | 209萬3190km² |
|---|---|---|---|
| 人口 | 3萬6858人（2021年人口普查） | | |
| 時間 | 山岳標準時間（MST） 與台灣時差－15小時（夏令時間－14小時）、中部標準時間（CST） 與台灣時差－14小時（夏令時間－13小時）、東部標準時間（EST） 與台灣時差－13小時（夏令時間－12小時）※部分採用大西洋標準時間（AST）（與台灣時差－12小時） | | |
| 省稅 | 無 | | |

## 育空領地

| 首府 | 白馬市 | 面積 | 48萬2443km² |
|---|---|---|---|
| 人口 | 4萬232人（2021年人口普查） | | |
| 時間 | 太平洋標準時間（PST）與台灣時差－16小時（夏令時間－15小時） | | |
| 省稅 | 無 | | |

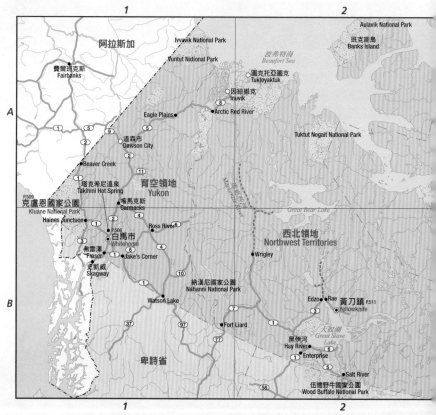

## 育空領地

育空領地的最大魅力是雄偉未經人工雕琢的大自然景觀，這裡有保留淘金潮時代氣氛的懷舊城鎮，還能在大自然中享受刺激冒險的戶外活動。

**主要城市** 白馬市（→P.506）

## 努勒維特地區

1999年脫離西北領地，成為自治領土的努勒維特地區，範圍包含哈德森灣北側到北極海諸島的廣大區域。居住在這裡的因紐特人Inuit，過著以狩獵為主的傳統生活。

**主要城市** 伊魁特（→P.516）

黃刀鎮

白馬市

伊魁特

## 西北領地

西北領地面積廣大，人口卻只有4萬1000人，是個除了人類以外，四處充滿冰的世界。首府黃刀鎮是極光觀測的聖地，吸引許多遊客前往造訪。

**主要城市** 黃刀鎮（→P.511）

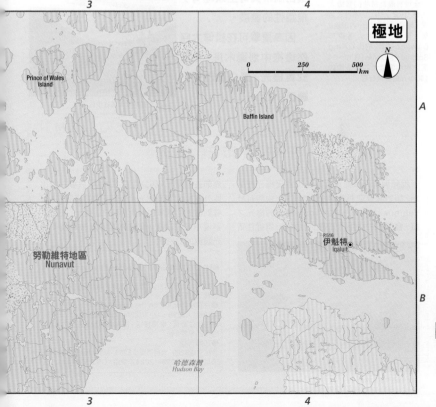

極地

N

0　　250　　500
km

Prince of Wales Island

Baffin Island

努勒維特地區
Nunavut

P.516
伊魁特
Iqaluit

哈德森灣
Hudson Bay

# 白馬市

育空領地

白馬市情報網
**URL** www.travelyukon.com
**URL** www.yukoninfo.com

---

**白馬市的活動**

育空國際雪橇犬賽
Yukon Quest
**TEL** (867)668-4711
**URL** www.yukonquest.com
**時** 2/1( '25)

　全世界最為嚴峻的雪橇犬比賽，在零下50℃的寒冷天氣裡，越過阿拉斯加州內3座山脈，再登上加拿大道森市Dawson City的山峰King Solomon's Dome，在10～14天之內由雪橇犬拉雪橇跑約1600km的野地行程。

---

　與阿拉斯加國境接壤的育空領地總面積為48萬3450km²，是由北方針葉林與凍土地帶所組成的廣闊大地。與地勢平坦的西北領土不同，這裡有山脈分布，而被聯合國教科文組織登錄為世界自然遺產的克盧恩國家公園Kluane National Park內，有加拿大的最高峰洛根山Mount Logan矗立，標高5959m，僅次於阿拉斯加德納利峰 Denali（Mount McKinley，6190m），為北美第2高峰，有著險峭深峻的大自然景觀。人們開始聚集在育空領地，是因為1896年在道森市Dawson City近郊的克朗代克Klondike溪谷發現金礦，當時的礦山工人必須先搭船前往阿拉斯加的史凱威Skagway，再越過奇爾庫特隘口Chilkoot Pass才能抵達礦山；作為礦工的聚集地，也讓白馬市與育空領地有了飛躍性的發展。

　因為夏季可在雄偉大自然懷抱中划獨木舟、冬季欣賞極光，讓白馬市受到矚目。

↑格外美麗的秋天楓紅景色

---

COLUMN

## 在白馬市賞極光

　說起與黃刀鎮並駕齊驅的加拿大極光觀測地，絕對非育空領地的白馬市莫屬。由旅行社Yamnuska Mountain Tours推出的極光之旅，會下榻於白馬市郊區的小木屋，再從住宿處前去追極光；因為住在小木屋，只要一踏出屋外就能欣賞到極光，沒有時間的限制，所以看到極光的機率也大大提高，是最大的魅力。到達小木屋當天，會有專屬導遊教導夜間極光觀測的訣竅。

DATA
**Yamnuska Mountain Tours**
**TEL** (1-877)678-9404 **URL** auroranavi.com
　所有員工皆為日本人，以小團制的溫馨氣氛為最大魅力，為賞極光入門者到進階者提供各式各樣的行程活動。
●住宿小木屋Inn on the Lake之旅
4天3夜1人$899～（小木屋2晚、市區飯店1晚，2人1房）
※包含住宿費、機場接送、極光觀測訣竅解說、木屋住宿的早晚2餐。
●加購行程
狗拉雪橇$220、大自然漫步$260、Meet the Wild $260
※以上皆為2023～2024年費用，GST 5%另計

↑Inn on the Lake

# 如何前往白馬市

## ▶▶▶▶ 飛機

從溫哥華搭乘加拿大航空Air Canada（AC）1日1～2班，加拿大北方航空Air North（4N）1日3班，所需時間約2小時20分。

機場位於市區後方標高700m的台地上，往下繞行約5km即可到達市區，搭計程車約10分鐘，車資$20左右；也可搭市區巴士，1小時只有1班，班次極少。

# 漫遊白馬市

白馬市市區位於育空河Yukon River與阿拉斯加公路Alaska Highway之間，是南北呈細長形開展的區域，中心點位於舊懷特隘口鐵路的火車站向西筆直延伸的緬因街Main St.，與第二

↑冬天的市區景致

大道2nd Ave.到第四大道4th Ave.交叉口之間，約200～300m的方形地帶。這塊區域內除了聚集商店、餐廳、戶外用品及舉辦體驗活動的店家，也有遊客中心，是觀光的重點區域；附近也有飯店，基本上可以步行活動。因為市區內光害較多，不容易看到強度不高的極光；以極光為觀光重點的遊客建議住宿郊區，或參加極光之旅。至於家庭餐廳及大型購物中心則距離市中心1km左右。

---

加拿大航空（→P.542）

加拿大北方航空（→P.542）

埃里克·尼爾森白馬國際機場（YXY）
MAP P.508-C1

❓遊客中心
Whitehorse Visitor Information Centre
MAP P.508-C2
🏠100 Hanson St.
☎(867)667-3084
URL travelyukon.com
開5～9月
　每日8:00～20:00
　10～4月
　週一～五8:30～17:00
　週六10:00～14:00
休10～4月的週日

實用資訊
警察
Royal Canadian Mounted Police
MAP P.508-B2
🏠4100 4th Ave.
☎(867)667-5551
醫院
Whitehorse General Hospital
🏠5 Hospital Rd.
☎(867)393-8700
主要租車公司
Budget
☎(867)667-6200
主要計程車公司
Victory Taxi
☎(867)667-6789

極地

白馬市 Whitehorse ◆ 如何前往／漫遊

---

COLUMN

## 克朗代克的淘金熱

育空掀起淘金熱的時間為1896年，因為道森市Dawson City的克朗代克河Klondike River發現金礦，投機者們聞訊立即趕到溫哥華或西雅圖的港口，搭船前往阿拉斯加，然後跨越懷特隘口White Pass或奇爾庫特隘口Chilkoot Pass前往育空，最後還要沿育空河北上800km才能抵達道森市；其人數在1897～1898年的短短2年就多達10萬人，不過能順利抵達道森市的人卻連半數都不到，因為在冬天翻山越嶺、搭獨木舟或船徒順流而下等嚴峻條件，讓淘金之行充滿障礙。

1899年在阿拉斯加發現金礦後，多數投機

者也改前往阿拉斯加，克朗代克淘金熱則宣告終結；雖然只有短短2年，不過挖掘到的金礦量卻多達390公噸，是北美各地淘金熱中挖掘量最為龐大的地區。

雖然淘金熱結束，但是銀礦與銅礦等礦山仍持續開採，隨著1900年通往阿拉斯加的鐵路開通，白馬市也有突飛猛進的發展；育空河上承載貨物的蒸氣輪船來往交錯，據說巔峰時期1天超過100艘，在白馬市市區還有展出當時大為活躍的蒸汽輪船克朗代克號SS Klondike。

MAP P.508-C2

## 主要景點

### 🍁 克朗代克號蒸汽輪船
SS Klondike

MAP P.508-C2 ★★★

放置於面對育空河公園內的大型蒸汽輪船，這類蒸汽輪船對此區域發展有莫大貢獻。第一代克朗代克號蒸汽輪船建造於1929年，且在育空河沉沒；展示船是於1937年重建，並完整保留當時的模樣，船艙內部則成為博物館對外開放。

↑輪船放置於公園內

---

**克朗代克號蒸汽輪船**
- TEL (867)667-4511（夏季）
  (867)667-3910（冬季）
- URL pc.gc.ca/en/lhn-nhs/yt/ssklondike
- 大人$4.25

**導覽之旅**
- 每日10:00、11:00、13:30、14:30、15:30
- 大人$10.25

**白馬市的獨木舟**

夏季有許多人會專程來白馬市划獨木舟，獨木舟的季節為7～9月，從白馬市到道森市Dawson City 700km長的順流而下2週行程，是獨木舟玩家的夢幻之旅，另外也有半日及1日行程。

**Kanoe People**
- MAP P.508-B2
- 1147 Front St. (1st Ave.)
- TEL (867)668-4899
- FAX (867)668-4891
- URL www.kanoepeople.com

獨木舟租金到終點道森市為$450（16天），到中途的Carmacks為$290，而4小時的半日行程（無教練）為1人$85。店長McDougall是著有《育空漂流》日本作家野田知佑的好友，店內並有作家本人的親筆簽名。

**還有更多！白馬市的景點**

**參觀啤酒工廠**

在地精釀啤酒品牌Yukon Brewing會舉辦參觀之旅，行程最後還有試飲，並附設商店。

**Yukon Brewing**
- MAP P.508-A1外
- TEL (867)668-4183
- URL yukonbeer.com
- 週一～六10:00～20:00
  日11:00～18:00
- 無休

**工廠參觀之旅**
- 週一～六13:00、15:00
- $10（所需時間約45分鐘，最多6人）

**塔基尼溫泉Takhini Hot Springs ＆野生動物保護區之旅**

造訪郊區溫泉與野生動物保護區的行程；雖然也可租車前往，但參加行程比較方便。

**Black Bear Wilderness Adventures**
- TEL (867)633-3993
- URL www.wildernessyukon.com
- 塔基尼溫泉1人$170
  野生動物保護區 1人$110

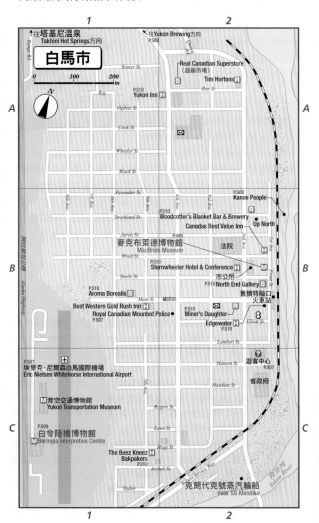

往塔基尼溫泉 Takhini Hot Springs方向

往Yukon Brewing方向 P.508

**白馬市**

0 100 200 m

Real Canadian Superstore（超級市場）
Tim Hortons

Yukon Inn

Kanoe People P.508

Woodcutter's Blanket Bar & Brewery P.510
Canadas Best Value Inn
Up North

麥克布萊德博物館 MacBride Museum P.509
法院

Sternwheeler Hotel & Conference P.510
市公所
North End Gallery P.510
舊懷特隘口火車站

Aroma Borealis P.510

Best Western Gold Rush Inn
Royal Canadian Mounted Police P.507
Miner's Daughter P.510
Edgewater P.510

遊客中心
省政府

埃里克·尼爾森白馬國際機場 P.507
Eric Nielsen Whitehorse International Airport

育空交通博物館 M
Yukon Transportation Museum

白令陸橋博物館 P.509
M Beringia Interpretive Centre

The Beez Kneez Bakpakers P.510

克朗代克號蒸汽輪船 P.508 SS Klondike

育空河 Yukon River

## 麥克布萊德博物館
MacBride Museum

 ★★★

館內展示19世紀後半淘金熱時代的資料、原住民的手工藝品，以及育空地區的自然與地質相關物品。

MAP P.508-B2

## 白令陸橋博物館
Beringia Interpretive Centre

★★★

解說距今5萬年前的冰河時期，許多生物橫渡白令海峽而來遷徙史的博物館。育空領地可說是大型哺乳類化石的寶庫，至今仍不斷挖掘出許多化石，而以這些化石所做成的長毛象及樹獺骨骼標

↑古代水牛的骨骼標本

本更是震撼力十足。此外，從地質相關資料、立體模型、原住民的狩獵生活風貌等，可以認識當時的狀況。

MAP P.508-C1

## 克盧恩國家公園
Kluane National Park

★★★

擁有僅次於阿拉斯加德納利峰 Denali的加拿大最高峰洛根山Mount Logan（5959m）等高峰與冰河，是被冰原覆蓋的國家公園，也被登錄為聯合國教科文組織的世界自然遺產。園內有阿拉斯加高速公路橫貫，也可搭乘當地巴士中途下車，若想步行遊覽廣大的公園腹地，一定要有裝備與事先的詳細計畫，建議最好參加白馬市當地旅行社的觀光行程。國家公園內的山麓也是加拿大最大的熊類棲息區。

MAP P.504-A1〜B1

---

**麥克布萊德博物館**
- 🏠 1124 Front St.
- ☎ (867)667-2709
- 🌐 www.macbridemuseum.com
- 🕐 5月中旬〜8月
  週一〜六9:30〜17:00
  9月〜5月中旬
  週二〜六9:30〜17:00
- 休 週日、9月〜5月中旬的週一
- 💰 大人$12、銀髮族・學生$11、12歲以下免費

**白令陸橋博物館**
- ☎ (867)667-8855
- 🌐 www.beringia.com
- 🕐 5月上旬〜9月
  週二〜六10:00〜17:00
  10月〜5月上旬
  週日・一12:00〜17:00
- 休 5月上旬〜9月的週日・一、10月〜5月上旬的週二〜六
- 💰 大人$6、銀髮族$5、學生$4

❓ **克盧恩國家公園的遊客中心**
Kluane Park & Reserve Visitor Centre
- 🏠 280 Alaska Hwy.
- ☎ (867)634-5248（夏季）
  (867)634-7250（冬季）
- 🌐 parks.canada.ca/pn-np/yt/kluane
- 🕐 5/19〜6/8、9/5〜17
  每日9:00〜17:00
  6/9〜9/4
  每日9:00〜19:00
  9/18〜5/18
- ✈ 從白馬市到據點城鎮的Haines Junction約160km。

---

COLUMN

# 連結加拿大與阿拉斯加的火車之旅
# 懷特隘口＆育空鐵路

在育空的克朗代克Klondike 發現金礦的淘金熱時代，不斷有許多人從內陸渡海來到阿拉斯加史凱威Skagway，越過奇爾庫特隘口Chilkoot Pass，歷經約70km路程而來；但是為運送金礦因而不可或缺的鐵路於1889年動工，並於1900年鋪設完成從史凱威跨越懷特隘口White Pass到白馬市，是一條跨越溪谷、穿山越嶺的高難度鐵路。

觀光之旅的懷特隘口＆育空鐵路White Pass & Yukon Route有數條路線，一般是從白馬市搭巴士到弗雷澤Fraser（所需時間約2小時30分），之後搭乘火車直接前往史凱威（所需時間約1小時5分）；途中可欣賞陡峭的斷崖與山峰景色、積雪溪谷、驚險的鐵橋、淘金熱時期的遺跡，與標高873m的懷特隘口等，是沿途驚喜不斷的火車之旅。另外也有白馬市出發的1日之旅或2天1夜的行程。

DATA
**懷特隘口＆育空鐵路**
- ☎ (1-800)343-7373
- 🌐 wpyr.com
- 🕐 5月下旬〜9月中旬
- 💰 來回$190
- ※跨越國境須攜帶護照，搭乘火車可透過旅行社預訂或自行訂票。

# 白馬市的住宿
## Hotels in Whitehorse

## Sternwheeler Hotel & Conference

飯店位於市中心中央地帶，是附設會議中心的大型飯店，客房氣氛沉穩，所有房間皆提供咖啡機與熨斗，附設的餐廳以提供義大利料理為主。

**MAP** P.508-B2
🏠 201 Wood St.
📞 (867)393-9700
🌐 www.sternwheelerhotel.ca
📅 5～9月⑤⑥$289～309
📅 10～4月⑤⑥$204～239
　Tax另計
💳 A M V 　🛏 181房

## Edgewater Hotel

位於舊懷特臨口火車站對面，將淘金熱時期的建築整修成飯店營業，目前的房舍是2017年改裝的，擁有寬敞的標準客房及附廚房的行政套房等多種功能性的房型，也有能欣賞育空河景觀的房間。地理位置對觀光而言十分便利。

**MAP** P.508-B2　🏠 101 Main St.
📞 (867)667-2572
🌐 www.edgewaterhotelwhitehorse.com
🛏 ⑤⑥$239～　Tax另計　💳 A M V　🛏 33房

## Yukon Inn

位於市區外圍的大型汽車旅館，雖然離鬧區遙遠，但周圍有超市、居家生活賣場、連鎖餐廳等，客房空間寬敞，還附設餐廳。

**MAP** P.508-A2
🏠 4220 4th Ave.
📞 (867)667-2527
📠 (1-800)661-0454
🌐 yukoninn.com
🛏 ⑤⑥$165～　Tax另計
💳 A M V 　🛏 90房

## The Beez Kneez Bakpakers

白馬市唯一的青年旅館，團體房為男女混住，房間乾淨整潔。共有2處公共空間，附設廚房與電視等設備，適合長期停留的旅客。戶外有可以烤肉的陽台，聚集來自全世界的背包客，洋溢活潑而溫馨的氣氛。

**MAP** P.508-C1　🏠 408 Hoge St.
📞 (867)456-2333
🌐 www.bzkneez.com
🛏 團體房$40～
　　⑤⑥$100～　　含Tax
💳 M V 　🛏 房5床、10床

# 白馬市的餐廳
## Restaurants in Whitehorse

## Miner's Daughter

使用在地食材製作的餐點很受歡迎，推薦餐點有鮭魚、野牛肉等7種類的漢堡$26～，以及炸牛排$38。附設酒館Dirty Northern（營：週一～六15:00～23:00左右）

**MAP** P.508-B2　🏠 103 Main St.
📞 (867)633-3305　🌐 www.dirtynorthernyukon.com
🕐 週五·六17:00～24:00　🚫 週日～四
💰 $20～　💳 M V

## Woodcutter's Blanket Bar & Brewery

由淘金熱時期所建的歷史建築改裝而成，並附設小巧的啤酒廠；除了供應超過10種的在地啤酒，還能享用使用當地食材做成的墨西哥薄餅、綠咖哩等無國界料理。

**MAP** P.508-B2　🏠 2151 2nd Ave.
📞 (867)334-5843　🌐 woodcuttersblanket.com
🕐 週二～六 11:30～24:00　週日15:00～23:00　🚫 週一
💰 $15～　💳 M V

# 白馬市的購物
## Shops in Whitehorse

## Aroma Borealis

主要以加拿大產香草製作的原創香氛產品、香草茶等，人氣商品有使用大西洋玫瑰製作的乳霜$29.95～、薄荷香草茶$18.95等。

**MAP** P.508-B1　🏠 504B Main St.
📞 (867)667-4372
🌐 www.aromaborealis.com
🕐 週一～六10:00～18:00（依照時期而變動）
🚫 週日　💳 M V

## North End Gallery

販賣居住於育空的因紐特人Inuit等原住民族製作的手工藝品，以及育空當地藝術家的作品、沙金首飾等，是宛如藝廊的商店。

**MAP** P.508-B2　🏠 118-1116 Front St. (1st Ave.)
📞 (867)393-3590
🌐 yukonart.ca
🕐 每日10:00～18:00
🚫 無休　💳 M V

🛁 浴缸　📺 電視　🌬 吹風機　🍸 Minibar和冰箱　🔐 保險箱　💻 網路
🛁 部分房間　📺 部分房間　🌬 出借　🍸 部分房間　🔐 櫃台提供

# 黃刀鎮

### 西北領地

↑冬天的黃刀鎮市區景致，氣溫為零下34℃

西北領地位於北緯60度以北，總面積達134萬6106km²的遼闊區域內有眾多河川與湖泊；從大奴湖Great Slave Lake到波弗特海Beaufort Sea與馬更些河Mackenzie River區域約4250km縱貫大地，在河口附近則形成馬更些三角洲。西北領地全區人口僅約4萬1000人左右，大部分土地都是綿延不斷、沒有人跡的永凍土大地，是無法想像的地區。

首府黃刀鎮位於西北領地南方的大奴湖畔，近半數人口都居住在此地，居住人種以原住民因紐特人Inuit為主，並有數個印第安族群，與過去前來挖礦的歐美移民混合，創造出獨特的文化。這裡共有11種官方語言，路標上也列著各種語言。

黃刀鎮的歷史起源於1930年代周邊發現金礦的時期，之後開始建造城鎮，1950年代開始實施地方自治。過去曾經因礦山而繁榮興盛，近年來更因發現鑽石礦山，整個城鎮正在不斷擴大中。

●白馬市
●黃刀鎮
●溫哥華

**MAP** P.504-B2
**人口** 2萬340
**面積** 867

黃刀鎮情報網
**URL** extraordinaryyk.com
**URL** www.yellowknife.ca

---

**黃刀鎮的活動**
Snowking's Winter Festival
**URL** snowking.ca
**時** 時:3/1〜28(25)

從1995年舉辦至今的冬季慶典，在黃刀灣上有巨大的冰雪城堡登場，也能體驗使用冰雕或雪的活動，還推出樂團演奏、影展等活動炒熱氣氛，一整天都擠滿人潮。

COLUMN

## 在 黃 刀 鎮 賞 極 光

讓黃刀鎮舉世聞名的就是極光，地處北緯62度24分極光帶正下方的黃刀鎮，是觀賞極光的絕佳地點，據說在此地停留4天的極光出現機率超過95%。

市區內有好幾家推出追極光行程的旅行社，其中規模最大的是Aurora Village，行程內容為前往位在郊區的極光觀賞村，待在名為Tepee的原住民帳棚內一邊取暖、一邊等待極光出現，村落內還設有餐廳與禮品店。極光觀賞季節為夜晚變長、天候也穩定的11〜4月左右，而最近8〜9月秋天的極光之旅也很受歡迎。

至於防寒用具，從台灣帶去其實在太占空間且價格太高，推薦可以向旅行社租借。

**DATA**

**Aurora Village**
**MAP** P.513-A2　**住** 4709 Franklin Ave.
**TEL** (867)669-0006　**URL** auroravillage.com
●極光套裝方案4天3夜（2023〜2024年冬季費用）
**費** $782〜868（依飯店等級而異，為2人1房時單人的費用）。※包含住宿費、極光觀賞3次、機場接送、防寒用具、迎賓禮包（導覽手冊、極光明信片）等。
●賞極光之旅
**費** $129（第2次為$110）
●加購行程
**費** 狗拉雪橇體驗$110、傳統雪鞋體驗$110 ※以上皆為2023〜2024年費用，GST 5%另計

加拿大航空（→P.542）

西捷航空（→P.542）

Canadian North
（→P.542）

**黃刀鎮機場（YZF）**
**MAP** P.513-B1
🏠100 Idaa Rd., Yellowknife
Hwy.
📞(867)767-9091
🌐www.dot.gov.nt.ca/
Airports/Yellowknife

**❓遊客中心**
Northern Frontier Visitors
Association
**MAP** P.513-A1
🏠5014-49 St., Centre
Square Mall
📞(867)920-8687
🌐extraordinaryyk.com
🕐每日10:00～18:00
❌無休

↑越過北緯60度的證書，由遊客中心免費發行

# 如何前往黃刀鎮

## ▶▶▶ 飛機

　　前往黃刀鎮的主要據點城市為溫哥華、亞伯達省Alberta的卡加利Calgary與艾德蒙頓Edmonton，從台灣出發必須搭乘直航班機到溫哥華轉機，才能抵達黃刀鎮，詳細請參閱「旅行準備與技術 購買機票」（→P.530）。溫哥華出發的加拿大航空Air Canada（AC）1日1～2班，所需時間約2小時20分；從卡加利搭乘西捷航空West Jet（WS）1日1～2班、Canadian North（5T）1日1班，所需時間約2小時～2小時30分；從艾德蒙頓則有加拿大航空1日1班、Canadian North 1日1～2班、西捷航空每週1～3班，所需時間1小時50分。

## 機場前往市區

　　黃刀鎮機場距離市區約6km，從機場前往市區可搭乘計程車，或是利用飯店和旅行社的接機服務；計程車到市區車資約$20。

# 漫遊黃刀鎮

　　黃刀鎮市區分為機場附近新興住宅區的新城區、面對大奴湖Great Slave Lake和Frame Lake的市中心，以及突出在大奴湖上半島的舊城區3大區域。市區

↑以YK Centre Mall的電子螢幕為指標

以中心區域如棋盤般向外開展，並有高樓建築林立；雖然市區

## 實用資訊
### Useful Information

**警察**
Royal Canadian Mounted Police
**MAP** P.513-A1　🏠5010-49th Ave.
📞(867)765-3900

**醫院**
Stanton Territorial Health Authority
**MAP** P.513-B1　🏠548 Byrne Rd.
📞(867)669-4111

**主要租車公司**
Hertz　📞(867)766-3838
Budget　📞(867)920-9209
National　📞(867)920-2970
　全都位於黃刀鎮機場內。

**主要計程車公司**
Aurora Taxi　📞(867)873-5050
City Cab　📞(867)873-4444

位於永凍層地帶，但由於市中心大樓都建造在岩盤上，因此可發展高樓建築。另外舊城建於永久凍土層上方，夏季氣溫和房屋排出的熱氣會使地盤上下移動，為使房屋保持水平，因此在房屋與地面之間特別保留空間。舊城的交通雖然不便，而且自來水與下水道設備不夠完善，卻擁有避開都市喧囂的寧靜與美麗的景色，還有許多有錢人居住的高級住宅。此外原住民聚落也位於舊城區。

市區的中心區域位於法蘭克林街Franklin Ave.，街上購物中心、商店、餐廳林立，在小小1km範圍內幾乎容納所有民生娛樂。YK購物中心YK Centre Mall前，還有顯示時間與氣溫的電子螢幕。

**市中心前往舊城區**

市中心前往舊城區車程約10分鐘，可搭乘計程車或公共巴士（大人$3）。路線C的巴士為40分鐘1班，週日停駛。

**黃刀鎮的酒類專賣店**
Liquor Store
**MAP** P.513-A2
**TEL** (867)920-4977

黃刀鎮酒類專賣店位於市中心，價格十分昂貴。

省議會大廈
Legislative Assembly
P.514

The Explorer H
P.515

P.514
威爾斯王子北方傳統中心
Prince of Wales Northern Heritage Centre

K Centre Mall

Royal Canadian Mounted Police

P.515 Sushi North R

市政廳
City Hall

P.512 遊客中心

大奴湖
Great Slave Lake

往舊城區方向

P.515 Nova Inn
Yellowknife

電子螢幕
P.511
Aurora Village

P.515
Quality Inn & Suites
Yellowknife

P.515
NWT Diamond &
Jewellery Centre

酒類專賣店
Liquor Store
P.513

舊城區

Centre Square Mall

Ingraham Trail

Long Lake

Jackfish Lake

Nyen Lake

黃刀鎮機場
Yellowknife Airport
P.512

Old Airport Rd.

Frame Lake

Bullock's Bistro R
P.515

Bush Pilots Monument

S Gallery of P.515
the Midnight Sun

貝克灣
Back Bay

P.514
冰路
Ice Road

市中心
左上放大圖

新城區

Range Lake

P.512
Stanton Territorial
Health Authority

Ruth Inch Memorial Pool

Franklin Ave.

P.515 Capital Suites Yellowknife

黃刀鎮

**威爾斯王子北方傳統中心**
住4750 48th St.
電(867)767-9347
URLwww.pwnhc.ca
時週二~日10:00~17:00
休週一
費自由捐款

↑也有因紐特人等原住民的相關展示

**省議會大廈**
住4570 48th St.
電(867)767-9130
傳(1-800)661-0784
URLwww.ntassembly.ca
時週一~五7:00~18:00
　　週六‧日10:00~18:00
休無休
導覽行程
時7/2~8/31
　　週一~五10:30、13:30
　　9/1~7/1
　　週一~五10:30
費免費

↑議會開始前會取出的權杖

**Winter Road**
　黃刀鎮以北是大小湖泊零星分布的湖泊地帶，一到冬天便成為冰凍大地，1月中旬~3月中旬便在此地打造Winter Road。由於西北領地有許多鑽石與金銀礦山，夏季會以飛機運送物資及人力，但無法運送重型機具且費用過高，所以在冬季大型卡車便行駛冰路以運送物資。據說在短短2個月內，卡車數量竟高達6400輛。

### 威爾斯王子北方傳統中心
Prince of Wales Northern Heritage Centre
MAP P.513-A1 ★★★

　展出超過10萬件西北領地相關資料的博物館，內容包含因紐特人與此地居民生活型態的模型展示，以及雕刻和民俗工藝品，還有陸上孤島三角地帶發展不可或缺的飛機相關展館等豐富的歷史資料，館內還可看到以7隻馴鹿所製成的甸尼族Dene小船。

### 省議會大廈
Legislative Assembly
MAP P.513-A1 ★★★

　省議會大廈建於1993年，參觀重點之一是1999年西北領地脫離努勒維特地區Nunavut Territory時，全新打造的權杖The Mace。權杖的頂端部分鑲有

↑鋪設氣派熊皮的議場

1.3克拉的鑽石，周圍則為銀製的雪花結晶，下面還有北方動物及魚類雕刻的大理石，柄上則放入領地內33區各地的石頭；至於權杖下方的大理石，則描繪著馬更些河形成三角洲流入北極海的水流景象，以及象徵區域的33個金子，與省內挖掘到4億年前的岩石。

　鋪著北極熊毛皮的議場共有19席座位，議長席前方的祕書座椅以海豹皮製作而成，院會期間會使用11種語言同步翻譯系統，1年舉行5次左右會議。

### 冰路
Ice Road
MAP P.513-B2 ★★★

　1月中旬~3月中旬結冰期間限定通行的冰路，是利用凍結的大奴湖湖面所作成宛如溜冰場的道路。入口處設有可通行車輛種類的告示，冰路從黃刀鎮一直延伸到6km遠的Dettah村。

↑以冰層厚度2倍x4倍決定通行車輛重量的冰路

# 黃刀鎮的住宿
## —— Hotels in Yellowknife ——

## The Explorer Hotel

飯店位於台地上，是黃刀鎮最好的高級飯店，從3樓以上的房間可一覽Frame Lake及舊城區，大廳設計也十分時尚高雅。

**MAP** P.513-A1
🏠4825-49th Ave.
☎(867)873-3531
📠(1-800)661-0892
📠(867)873-2789
🌐www.explorerhotel.ca
💰⑤$180～ ⑩$259～
Tax另計
💳A M V 🛏257房

## Nova Inn Yellowknife

餐廳、健身中心等館內設備完善，客房放置加大雙人床相當舒適。雖然距離中心地段稍遠，但位在主要街道上還是相當方便。

**MAP** P.513-A2
🏠4401 Franklin Ave.
📠(1-877)839-1236
🌐novahotels.ca/nova-inn-yellowknife
💰⑤⑩$179～ Tax另計 💳A D M V 🛏80房

## Quality Inn & Suites Yellowknife

附設有商店及餐廳進駐的Centre Square Mall，房間雖然布置簡單、窗戶較小，但相當乾淨整潔，提供狗拉雪橇、觀賞極光等各種觀光行程的預約報名。

**MAP** P.513-A2
🏠5010-49th St.
📠(1-877)424-6423
🌐www.choicehotels.com
💰⑤⑩$198～ Tax另計
💳A M V 🛏120房

## Capital Suites Yellowknife

客房採用簡約時尚的裝潢，雖位在市中心外圍，但周圍有餐廳與超市，鬧區也在徒步範圍內。

**MAP** P.513-B2 🏠100-5603 50th Ave. ☎(867)669-6400
📠(1-877)669-9444 🌐capitalsuites.ca/yellowknife
💰⑤⑩$169～ Tax另計
💳A M V 🛏78房

# 黃刀鎮的餐廳
## —— Restaurants in Yellowknife ——

## Bullock's Bistro

位於舊城區，改建自1936年小木屋的餐廳，可品嚐燒烤或油炸白斑狗魚Northern Pike、北極紅點鮭Arctic Char等北方魚種。

**MAP** P.513-B2
🏠3534 Weaver Dr.
☎(867)873-3474
🌐www.bullocksbistro.ca
🕐週一～六12:00～21:00
🚫週日
💰午餐$20～、晚餐$25～
💳M V

## Sushi North

由日本人經營的日式料理店，可品嚐北極紅點鮭等北極圈魚種所作成的握壽司，推薦菜色為包含3種握壽司的極光套餐$17，也有照燒丼和烏龍麵各$11，可上網確認菜單。

**MAP** P.513-A1
🏠200-4910 50th Ave.
☎(867)669-0001
🌐www.sushinorth.ca
🕐週一～五11:30～19:00
🚫週六·日
💰$15～
💳不可

# 黃刀鎮的購物
## —— Shops in Yellowknife ——

## Gallery of the Midnight Sun

販賣民俗藝品、服飾、毛皮等豐富種類的物品，尤其是因紐特人的皂石雕刻品，從小東西到高價商品一應俱全。

**MAP** P.513-B2 🏠5005 Bryson Dr. ☎(867)873-8064
🕐週一～六10:00～18:00
週日12:00～17:00（依照時期而變動）
🚫無休 💳A D M V

## NWT Diamond & Jewellery Centre

販售在西北領地所挖掘到的鑽石，種類豐富，有許多平價的商品，還附設可學習挖掘鑽石或礦山相關知識的展示區。

**MAP** P.513-A2 🏠5105-49th St.
☎(867)920-7108 🌐www.nwtdiamondcentre.com
🕐週二～六10:00～17:30
🚫週日·一 💳M V

---

🛁浴缸　📺電視　💨吹風機　🍸Minibar和冰箱　🔒保險箱　💻網路
🛁部分房間　📺部分房間　💨出借　🍸部分房間　🔒櫃台提供

# 伊魁特

## 努勒維特地區

↑漂浮著冰山的海洋景觀

**MAP** P.505-B4
**人口** 7429
**面積** 867

伊魁特（努勒維特地區）
情報網
**URL** www.iqaluit.ca
**URL** travelnunavut.ca
**URL** destinationnunavut.ca

Canadian North
（→P.542）

伊魁特機場（YFB）

? 遊客中心
Unikkaarvik Visitor Centre
**住** 220 Sinaa, Iqaluit
**TEL** (867)979-4636
**URL** destinationnunavut.ca
**MAIL** info@destinationnunavut.ca

過去占西北領地東半部面積的原住民因紐特人Inuit土地，在住民的交涉下，從1999年4月1日起正式獨立成為努勒維特地區（「努勒維特」是因紐特語「我們的土地」之意），首府設於伊魁特。努勒維特地區的範圍從哈德森灣Hudson Bay北側到北極海上眾多島嶼，占加拿大國土面積的5分之1，區域內氣候嚴寒，人口僅只有3萬6000人左右，當中約有85％為因紐特人，至今仍過著以狩獵為主的傳統生活。交通路線設施並不完善，觀光季節很短，所以很少有觀光客造訪；近年來開始逐漸加強觀光規劃，是未來備受矚目的地區。

## 如何前往伊魁特

### ▶▶▶ 飛機

　　目前從黃刀鎮沒有直飛班機前往伊魁特，只能經由蘭京海口Rankin Inlet搭乘Canadian North（5T）每週3班航班，所需時間約4小時30分。

## 漫遊伊魁特

　　包含位於巴芬島Baffin Island南部的首府伊魁特，還有動植物寶庫的蘭京海口與因紐特藝術之城的貝克湖Baker Lake，以及北極圈線上的Repulse Bay、巴芬島東岸風光明媚的Clyde River、以冰山之旅聞名的龐德因萊特Pond Inlet、極地探險基地的雷索盧特Resolute，還有加拿大最北端的格里斯峽灣Grise Fjord等，這個區域擁有許多充滿吸引力的景點，而且都有飛機可以搭乘。造訪嚴寒極地之旅雖有許多困難點，卻能享受到其他地方所無法經歷的特殊體驗。

 ※開館時間、營業時間等日期時間基本上為2023年資訊，因每年資訊會有所變動，請記得上網再次確認。（→P.7）

萬聖節時期的蒙特婁市集

# 〔旅行準備與技術〕

# 旅行情報收集

## 在台灣收集情報

### ■ 加拿大旅遊局

加拿大旅遊局
URL travel.destinationcanada.
cn

加拿大旅遊局備有完整加拿大相關的觀光資訊，網頁上還提供加拿大基本資訊與收集情報時有用的網站。

### ■ 加拿大駐台北貿易辦事處

一般人也可利用加拿大駐台北貿易辦事處，索取加拿大的旅遊資訊。

加拿大駐台北貿易辦事處
住 台北市信義區松智路1號6樓
TEL (02) 8723-3000
URL www.Canada.ca/
CanadaAndTaiwan
開 週一～四8:15～12:00、
12:30～17:00
週五8:15～12:45
休 週五下午、週六、日、台灣與
加拿大部分節日

## 加拿大當地收集情報

加拿大的各城市鄉鎮幾乎都設有遊客中心，大城市除了設置於機場、車站與市中心外，主要觀光景點也設有分處或觀光票亭可索取資料，部分遊客中心會設置在距離市中心數km處或公路旁。遊客中心內通常備有地圖、導覽手冊及景點介紹，還可索取巴士或地下鐵路線圖與時刻表，並放置許多體驗活動介紹和B&B等廣告單，而導覽手冊及廣告單上通常會有體驗活動和博物館、餐廳等設施的折價券。此外，多數遊客中心提供住宿和觀光諮詢，並有訂房專用的免費電話可以使用，多數資料皆可免費索取，建議善加利用。

計畫造訪國家公園或省立公園的遊客，可以前往公園入口處的遊客中心，裡面除了提供公園地圖外，還有步道地圖及自然觀察行程介紹等資訊。

↑滿載餐廳及住宿情報的導覽手冊

↑也可代為預約各種活動

## 透過網路收集情報

對遊客來說，網路可說是最有用的情報資訊來源，幾乎所有城鎮都設有觀光資訊網站；此外當地的相關旅遊網站也是很好的資訊來源，旅遊網站上有許多當地生活人士才了解的詳細資訊和最新情報。而地方小鎮所設置的網站，更是許多在台灣找不到的情報資訊寶庫。

↑許多城鎮也會提供餐廳與景點的折價券

# ＊＊＊ 推薦網站 ＊＊＊

## 加拿大綜合情報

### MOOK景點家
🔗 www.mook.com.tw
加拿大當地旅遊資訊。

### 加拿大駐台北貿易辦事處（英文）
🔗 www.Canada.ca/CanadaAndTaiwan

### 加拿大旅遊局（中文）
🔗 travel.destinationcanada.cn
　提供加拿大各地活動及慶典行事曆等資訊，有許多旅遊相關的實用情報。

### 加拿大公園
🔗 www.pc.gc.ca
　加拿大的國家公園、國家歷史遺址、世界遺產等情報資訊網站，此外還有許多台灣找不到的小型公園、歷史遺蹟等景點情報。

## 地區情報

### 卑詩省
加拿大卑詩省旅遊局
🔗 www.hellobc.com

### 亞伯達省
亞伯達省旅遊局
🔗 travelalberta.com

### 薩克其萬省
Tourism Saskatchewan
🔗 www.tourismsaskatchewan.com

### 曼尼托巴省
Travel Manitoba
🔗 www.travelmanitoba.com

### 安大略省
安大略省旅遊局
🔗 www.destinationontario.com

### 魁北克省
Tourism Québec
🔗 www.quebecoriginal.com

### 愛德華王子島省
愛德華王子島省政府觀光局
🔗 www.tourismpei.com

### 新斯科細亞省
Nova Scotia Tourism
🔗 www.novascotia.com

### 新伯倫瑞克省
Tourism New Brunswick
🔗 www.tourismnewbrunswick.ca

### 紐芬蘭＆拉布拉多省
Newfoundland & Labrador Tourism
🔗 www.newfoundlandlabrador.com

### 育空領地
Travel Yukon
🔗 travelyukon.com

### 西北領地
The Northern Frontier Visitors Association
🔗 extraordinaryyk.com

### 努勒維特地區
Nunavut Tourism
🔗 nunavuttourism.com

### Visitor's Choice（加拿大洛磯山脈、溫哥華島）
🔗 www.visitors-info.com

## 交通情報

### 加拿大航空 Air Canada
🔗 www.aircanada.com
　可線上確認行程與預訂航班。

### 西捷航空 WestJet
🔗 www.westjet.com
　加拿大的大型航空公司，以卡加利為據點飛往加拿大各地。

### VIA國鐵
🔗 www.viarail.ca（英文）
　網站上可查詢時刻表及預訂火車班次。

## 住宿情報

### BB Canada.com
🔗 m.bbcanada.com
　登錄旅館數1萬家以上，可指定禁菸、小孩同行等條件搜尋，相當方便。

### Hostelling International Canada
🔗 www.hihostels.ca
　加拿大國營青年旅館的網站。

# 旅行季節

## 加拿大洛磯山脈

縱貫北美大陸的洛磯山脈是由許多3000m以上的山脈相連而成的山岳地帶，其中如班夫、傑士伯等山岳度假勝地一帶，夏季炎熱時正午溫度高達30℃，冬天最低則到零下30℃，一天之內的天氣變化也相當大，冷熱溫差劇烈，即使是夏天也可能氣溫驟降，須備妥外套等保暖衣物。

## 西海岸

溫哥華及維多利亞受到太平洋濕潤溫暖的氣流影響，夏季涼爽濕度較低，冬季則溫暖多雨。這類太平洋的空氣受到加拿大洛磯山脈與海岸山脈等科迪勒拉山系的阻擋，西側高處造成大雪，低地地區則有大雨，尤其是降雨量多的溫哥華島及部分大陸沿岸因而形成溫帶雨林。

## 大平原地帶

亞伯達省與薩克其萬省、曼尼托巴省等地為一望無際的大平原地帶，整年降雨量稀少、氣候乾燥，冷熱差距極大。冬天有來自太平洋穿過洛磯山脈吹來的乾燥暖風「欽諾克風Chinook」，使得亞伯達省南部的氣溫，會出現一天內上升近20℃的奇特現象。

### 時差速見表（平常時）

| 台灣標準時間 | 11:00 | 12:00 | 13:00 | 14:00 | 15:00 | 16:00 | 17:00 | 18:00 | 19:00 | 20:00 |
|---|---|---|---|---|---|---|---|---|---|---|
| 太平洋標準時間 (PST) -16小時 | 19:00 | 20:00 | 21:00 | 22:00 | 23:00 | 24:00 | 1:00 | 2:00 | 3:00 | 4:00 |
| 山岳標準時間 (MST) -15小時 | 20:00 | 21:00 | 22:00 | 23:00 | 24:00 | 1:00 | 2:00 | 3:00 | 4:00 | 5:00 |
| 中部標準時間 (CST) -14小時 | 21:00 | 22:00 | 23:00 | 24:00 | 1:00 | 2:00 | 3:00 | 4:00 | 5:00 | 6:00 |
| 東部標準時間 (EST) -13小時 | 22:00 | 23:00 | 24:00 | 1:00 | 2:00 | 3:00 | 4:00 | 5:00 | 6:00 | 7:00 |
| 大西洋標準時間 (AST) -12小時 | 23:00 | 24:00 | 1:00 | 2:00 | 3:00 | 4:00 | 5:00 | 6:00 | 7:00 | 8:00 |
| 紐芬蘭標準時間 (NST) -11小時30分 | 23:30 | 24:30 | 1:30 | 2:30 | 3:30 | 4:30 | 5:30 | 6:30 | 7:30 | 8:30 |

### 時差速見表（夏令時間實施時 3月第2個週日～11月第1個週日）

| 台灣標準時間 | 11:00 | 12:00 | 13:00 | 14:00 | 15:00 | 16:00 | 17:00 | 18:00 | 19:00 | 20:00 |
|---|---|---|---|---|---|---|---|---|---|---|
| 太平洋標準時間 (PST) -15小時 | 20:00 | 21:00 | 22:00 | 23:00 | 24:00 | 1:00 | 2:00 | 3:00 | 4:00 | 5:00 |
| 山岳標準時間 (MST) -14小時 | 21:00 | 22:00 | 23:00 | 24:00 | 1:00 | 2:00 | 3:00 | 4:00 | 5:00 | 6:00 |
| 中部標準時間 (CST) -13小時 | 22:00 (21:00) | 23:00 (22:00) | 24:00 (23:00) | 1:00 (24:00) | 2:00 (1:00) | 3:00 (2:00) | 4:00 (3:00) | 5:00 (4:00) | 6:00 (5:00) | 7:00 (6:00) |
| 東部標準時間 (EST) -12小時 | 23:00 | 24:00 | 1:00 | 2:00 | 3:00 | 4:00 | 5:00 | 6:00 | 7:00 | 8:00 |
| 大西洋標準時間 (AST) -11小時 | 24:00 | 1:00 | 2:00 | 3:00 | 4:00 | 5:00 | 6:00 | 7:00 | 8:00 | 9:00 |
| 紐芬蘭標準時間 (NST) -10小時30分 | 24:30 | 1:30 | 2:30 | 3:30 | 4:30 | 5:30 | 6:30 | 7:30 | 8:30 | 9:30 |

＊（ ）內為薩克其萬省時間。

**加拿大各地氣候**

巴芬灣
Baffin Bay

Greenland（丹麥）

巴芬島
Baffin Is.

戴維斯海峽
Davis Str.

大西洋標準時間
（AST）

伊魁特

拉布拉多海
Labrador Sea

紐芬蘭標準時間
（NST）

東部標準時間
（EST）

哈德森灣
Hudson Bay

拉布拉多半島
Labrador Peninsula

紐芬蘭＆
拉布拉多省

紐芬蘭島
Newfoundland Is.

聖約翰

拉布拉多高原
Labrador Plateau

愛德華王子島省

聖勞倫斯灣
Gulf of St. Lawrence

魁北克省

加斯佩半島
Gaspe Peninsula

夏綠蒂鎮

安大略省

洛朗高原
Laurentian Plateau

弗雷德里克頓

哈利法克斯

魁北克市

新斯科細亞省

蒙特婁

渥太華

京士頓

新伯倫瑞克省

蘇必略湖
L. Superior

休倫湖
L. Huron

多倫多

安大略湖
L. Ontario

大西洋
Atlantic Ocean

尼加拉瀑布

紐約

密西根湖
L. Michigan

伊利湖
L. Erie

0        800km

---

### 極地

往北經過橫貫加拿大北部的廣闊針葉林便是北極圈，是完全不見樹木蹤影，放眼望去盡是一片凍土層的世界。白馬市所在的育空領地與阿拉斯加之間的國境區域，是急峻山峰相連的山岳地帶；至於而黃刀鎮所在的西北領地，則是一望無際的大平原地帶。短暫夏季期間的日照時間長達20小時，氣溫甚至會逼近30℃；冬季1、12月的日照時間則只有6小時左右，氣溫則低達零下40℃。

### 大西洋沿岸

位於大西洋沿岸的大西洋省分，由於冰冷的拉布拉多洋流與內陸的暖空氣交會，使得整年容易起霧；沿岸地區為夏季涼爽、冬季溫暖的舒適氣候，內陸地區則是夏季高溫、冬季嚴寒。

### 五大湖、聖勞倫斯地區

五大湖與聖勞倫斯河的河岸附近有安大略省、魁北克省，夏季炎熱悶濕，秋天則乾燥晴朗。落葉喬木的樹葉則轉為紅、黃、金黃色，是舒適涼爽的季節。冬天降雪量多，氣溫經常低達零下10度以下。

---

| 21:00 | 22:00 | 23:00 | 24:00 | 1:00 | 2:00 | 3:00 | 4:00 | 5:00 | 6:00 | 7:00 | 8:00 | 9:00 | 10:00 |
|---|---|---|---|---|---|---|---|---|---|---|---|---|---|
| 5:00 | 6:00 | 7:00 | 8:00 | 9:00 | 10:00 | 11:00 | 12:00 | 13:00 | 14:00 | 15:00 | 16:00 | 17:00 | 18:00 |
| 6:00 | 7:00 | 8:00 | 9:00 | 10:00 | 11:00 | 12:00 | 13:00 | 14:00 | 15:00 | 16:00 | 17:00 | 18:00 | 19:00 |
| 7:00 | 8:00 | 9:00 | 10:00 | 11:00 | 12:00 | 13:00 | 14:00 | 15:00 | 16:00 | 17:00 | 18:00 | 19:00 | 20:00 |
| 8:00 | 9:00 | 10:00 | 11:00 | 12:00 | 13:00 | 14:00 | 15:00 | 16:00 | 17:00 | 18:00 | 19:00 | 20:00 | 21:00 |
| 9:00 | 10:00 | 11:00 | 12:00 | 13:00 | 14:00 | 15:00 | 16:00 | 17:00 | 18:00 | 19:00 | 20:00 | 21:00 | 22:00 |
| 9:30 | 10:30 | 11:30 | 12:30 | 13:30 | 14:30 | 15:30 | 16:30 | 17:30 | 18:30 | 19:30 | 20:30 | 21:30 | 22:30 |

| 21:00 | 22:00 | 23:00 | 24:00 | 1:00 | 2:00 | 3:00 | 4:00 | 5:00 | 6:00 | 7:00 | 8:00 | 9:00 | 10:00 |
|---|---|---|---|---|---|---|---|---|---|---|---|---|---|
| 6:00 | 7:00 | 8:00 | 9:00 | 10:00 | 11:00 | 12:00 | 13:00 | 14:00 | 15:00 | 16:00 | 17:00 | 18:00 | 19:00 |
| 7:00 | 8:00 | 9:00 | 10:00 | 11:00 | 12:00 | 13:00 | 14:00 | 15:00 | 16:00 | 17:00 | 18:00 | 19:00 | 20:00 |
| 8:00 (7:00) | 9:00 (8:00) | 10:00 (9:00) | 11:00 (10:00) | 12:00 (11:00) | 13:00 (12:00) | 14:00 (13:00) | 15:00 (14:00) | 16:00 (15:00) | 17:00 (16:00) | 18:00 (17:00) | 19:00 (18:00) | 20:00 (19:00) | 21:00 (20:00) |
| 9:00 | 10:00 | 11:00 | 12:00 | 13:00 | 14:00 | 15:00 | 16:00 | 17:00 | 18:00 | 19:00 | 20:00 | 21:00 | 22:00 |
| 10:00 | 11:00 | 12:00 | 13:00 | 14:00 | 15:00 | 16:00 | 17:00 | 18:00 | 19:00 | 20:00 | 21:00 | 22:00 | 23:00 |
| 10:30 | 11:30 | 12:30 | 13:30 | 14:30 | 15:30 | 16:30 | 17:30 | 18:30 | 19:30 | 20:30 | 21:30 | 22:30 | 23:30 |

# 季節行事曆與活動行事曆

| | 1月 | 2月 | 3月 | 4月 | 5月 | 6月 |
|---|---|---|---|---|---|---|

## 季節行事曆

- 溫哥華　金鏈花開花季　（溫杜森植物園）　5月中旬～下旬
- 維多利亞　賞花季節　（布查花園）
- 托菲諾　賞鯨
- 加斯佩半島
- 維多利亞　觀賞殺人鯨
- 安大略省
- 尼加拉瀑布
- 馬德萊娜島　豎琴海豹之旅　3月上旬～下旬
- 惠斯勒、加拿大洛磯山脈等　滑雪、滑雪板　11月中旬～6月上旬
- 白馬市、黃刀鎮　觀賞極光　11～4月
- NHL（冰上曲棍球）溫哥華、卡加利、愛德蒙頓、多倫多、渥太華、蒙特婁
- MLB（大聯盟）多倫多

## 四季

**冬 WINTER**　洛磯山脈等山區及加拿大東部天氣嚴寒，11月開始為滑雪季節；極地則推出觀賞極光之旅

**春 SPRING**　溫哥華和維多利亞等區域花朵綻開，開始進入賞花季節；而降雪地區的惠斯勒和洛磯山脈則可享受春季滑雪樂趣

## 活動行事曆

- 1月中旬～下旬　尼加拉冰酒節
- 2月上旬～中旬　魁北克冬季嘉年華　**魁北克市**
- 2月上旬～中旬　冬季嘉年華　**渥太華**
- 2月上旬　育空國際雪橇犬賽　**白馬市**
- 加拿大楓糖節　3月上旬～4月　**安大略省、魁北克省**
- **黃刀鎮**　3月　Snowking Festival
- 3月～12月下旬
- 加拿大鬱金香節　5月中旬～下旬
- 同志驕傲節　**多倫多**　**6月**
- 溫哥華國際爵士音樂節　**溫哥華**　6月下旬～7月上旬
- 蒙特婁國際爵士音樂節　**蒙特婁**　6月下旬～7月上旬
- **基隆拿**　歐肯那根葡萄酒節　一年3次

| 7月 | 8月 | 9月 | 10月 | 11月 | 12月 |
|---|---|---|---|---|---|

**季節行事曆**

3～10月

3～10月

聖約翰　賞鯨　6月上旬～10月上旬

3～12月

加拿大洛磯山脈（班夫、傑士伯）　6月上旬～10月上旬

～魁北克省　楓葉街道的紅葉　9月中旬～10月中旬

尼加拉城市觀光船航行　5月中旬～11月下旬

愛德華王子島　綠屋開館　5～10月

邱吉爾　北極熊觀察之旅　9月下旬～11月中旬

10月～6月上旬

4～9月

**四季**

夏 SUMMER　天氣乾爽舒適，最適合從事戶外活動，各地慶典活動也多在此時熱鬧登場

秋 AUTUMN　加拿大東部楓葉開始染紅，天氣晴朗適合賞楓旅遊

尼加拉瀑布、尼加拉湖邊小鎮

**活動行事曆**

尼加拉湖邊小鎮　蕭伯納戲劇節

安大略省、渥太華

7月上旬～中旬　卡加利牛仔節　**卡加利**

7月下旬～8月上旬　煙火節　**溫哥華**

8月上旬～下旬　魁北克國際煙火節　**魁北克市**

多倫多國際影展　9月上旬～中旬　**多倫多**

尼加拉葡萄酒節　9月中旬～下旬　**尼加拉瀑布、尼加拉湖邊小鎮**

11月中旬～2月中旬　冬季燈光節　**尼加拉瀑布**

（春5月上旬～中旬、秋10月下旬～11月上旬、冬1月中旬～下旬）

出處：加拿大環境部Environment Canada
URL：climate.weather.gc.ca

## 加拿大各地每月平均最高、最低氣溫與降雨量

| | | 1月 | 2月 | 3月 | 4月 | 5月 | 6月 | 7月 | 8月 | 9月 | 10月 | 11月 | 12月 |
|---|---|---|---|---|---|---|---|---|---|---|---|---|---|
| 卑詩省 溫哥華 | 最高氣溫(℃) | 6.9 | 8.2 | 10.3 | 13.2 | 16.7 | 19.6 | 22.2 | 22.2 | 18.9 | 13.5 | 9.2 | 6.3 |
| | 最低氣溫(℃) | 1.4 | 1.6 | 3.4 | 5.6 | 8.8 | 11.7 | 13.7 | 13.8 | 10.8 | 7.0 | 3.5 | 0.8 |
| | 降雨量(mm) | 168.4 | 104.6 | 113.9 | 88.5 | 65.0 | 53.8 | 35.6 | 36.7 | 50.9 | 120.8 | 188.9 | 161.9 |
| 維多利亞 | 最高氣溫(℃) | 7.6 | 8.8 | 10.8 | 13.6 | 16.9 | 19.9 | 22.4 | 22.4 | 19.6 | 14.2 | 9.7 | 7.0 |
| | 最低氣溫(℃) | 1.5 | 1.3 | 2.6 | 4.3 | 7.2 | 9.8 | 11.3 | 11.1 | 8.6 | 5.7 | 3.0 | 1.1 |
| | 降雨量(mm) | 143.2 | 89.3 | 78.4 | 47.9 | 37.5 | 30.6 | 17.9 | 23.8 | 31.1 | 88.1 | 152.6 | 142.5 |
| 惠斯勒 | 最高氣溫(℃) | 0.6 | 3.2 | 7.2 | 11.8 | 16.4 | 19.9 | 23.6 | 24.0 | 19.8 | 11.2 | 3.5 | -0.2 |
| | 最低氣溫(℃) | -4.9 | -4.2 | -2.3 | 0.3 | 3.8 | 7.2 | 9.2 | 8.9 | 5.6 | 2.0 | -1.8 | -5.4 |
| | 降雨量(mm) | 176.0 | 104.6 | 97.6 | 75.9 | 66.7 | 58.9 | 44.7 | 47.5 | 54.9 | 154.6 | 192.1 | 154.1 |
| 亞伯達省 卡加利 | 最高氣溫(℃) | -0.9 | 0.7 | 4.4 | 11.2 | 16.3 | 19.8 | 23.2 | 22.8 | 17.8 | 11.7 | 3.4 | -0.8 |
| | 最低氣溫(℃) | -13.2 | -11.4 | -7.5 | -2.0 | 3.1 | 7.5 | 9.8 | 8.8 | 4.1 | -1.4 | -8.2 | -12.8 |
| | 降雨量(mm) | 9.4 | 9.4 | 17.8 | 25.2 | 56.8 | 94.0 | 65.5 | 57.0 | 45.1 | 15.3 | 13.1 | 10.2 |
| 愛德蒙頓 | 最高氣溫(℃) | -0.6 | -2.7 | 2.2 | 11.2 | 17.5 | 21.0 | 23.1 | 22.6 | 17.1 | 10.4 | 0.0 | -4.5 |
| | 最低氣溫(℃) | -14.8 | -12.5 | -7.2 | -0.5 | 5.4 | 9.9 | 12.3 | 11.3 | 5.8 | -0.2 | -8.2 | -13.1 |
| | 降雨量(mm) | 21.7 | 12.0 | 15.8 | 28.8 | 46.1 | 77.5 | 93.8 | 61.9 | 43.5 | 21.7 | 18.0 | 15.0 |
| 加拿大 洛磯山脈 班夫 | 最高氣溫(℃) | -5.3 | 0.1 | 3.8 | 9.0 | 14.2 | 18.7 | 22.1 | 21.6 | 16.1 | 10.1 | 0.5 | -5.3 |
| | 最低氣溫(℃) | -14.9 | -14.0 | -7.9 | -2.8 | 1.5 | 5.4 | 7.4 | 6.8 | 2.7 | -1.1 | -8.2 | -13.8 |
| | 降雨量(mm) | 2.4 | 1.7 | 1.6 | 10.6 | 42.4 | 58.4 | 51.1 | 51.2 | 37.7 | 15.4 | 6.0 | 2.0 |
| 傑士伯 | 最高氣溫(℃) | -2.1 | 0.8 | 4.9 | 10.7 | 16.2 | 20.0 | 22.7 | 21.6 | 16.4 | 10.2 | 1.9 | -2.0 |
| | 最低氣溫(℃) | -11.7 | -10.1 | -6.9 | -2.4 | 1.9 | 5.8 | 7.8 | 6.8 | 3.2 | -0.4 | -6.7 | -10.7 |
| | 降雨量(mm) | 22.6 | 16.8 | 29.7 | 33.9 | 65.6 | 90.0 | 88.9 | 91.5 | 68.6 | 40.8 | 30.5 | 19.8 |
| 薩克其萬省 里賈納 | 最高氣溫(℃) | -9.3 | -6.4 | 0.4 | 11.6 | 18.5 | 22.8 | 25.8 | 25.5 | 19.1 | 11.0 | 0.1 | -7.1 |
| | 最低氣溫(℃) | -20.1 | -17.0 | -9.9 | -2.0 | 4.1 | 9.5 | 11.9 | 10.7 | 4.6 | -2.4 | -10.5 | -17.7 |
| | 降雨量(mm) | 15.3 | 9.4 | 19.7 | 24.1 | 51.4 | 70.9 | 66.9 | 44.8 | 32.8 | 24.5 | 14.2 | 15.7 |
| 曼尼托巴省 溫尼伯 | 最高氣溫(℃) | -11.3 | -8.1 | -0.8 | 10.9 | 18.6 | 23.2 | 25.9 | 25.4 | 19.0 | 10.5 | -0.5 | -8.5 |
| | 最低氣溫(℃) | -21.4 | -18.3 | -10.7 | -2.0 | 4.5 | 10.7 | 13.5 | 12.1 | 6.4 | -0.5 | -9.2 | -17.8 |
| | 降雨量(mm) | 19.9 | 13.8 | 24.5 | 30.0 | 56.7 | 90.0 | 79.5 | 77.0 | 45.8 | 37.5 | 25.0 | 21.5 |
| 安大略省 多倫多 | 最高氣溫(℃) | -0.7 | 0.4 | 4.7 | 11.5 | 18.4 | 23.8 | 26.6 | 25.5 | 21.0 | 14.0 | 7.5 | 2.1 |
| | 最低氣溫(℃) | -6.7 | -5.6 | -1.9 | 4.1 | 9.9 | 14.9 | 18.0 | 17.4 | 13.4 | 7.4 | 2.3 | -3.1 |
| | 降雨量(mm) | 61.5 | 55.4 | 53.7 | 68.0 | 82.0 | 70.9 | 63.9 | 81.1 | 84.7 | 64.4 | 84.1 | 61.5 |
| 尼加拉瀑布 | 最高氣溫(℃) | -0.4 | 1.3 | 5.9 | 12.8 | 19.4 | 24.5 | 27.4 | 26.0 | 21.9 | 15.1 | 8.7 | 2.7 |
| | 最低氣溫(℃) | -7.8 | -6.6 | -3.5 | 2.2 | 7.7 | 13.7 | 17.0 | 16.2 | 12.3 | 6.3 | 1.1 | -4.1 |
| | 降雨量(mm) | 75.6 | 61.8 | 61.7 | 72.0 | 86.8 | 80.9 | 78.9 | 79.2 | 98.2 | 79.7 | 91.8 | 81.1 |
| 渥太華 | 最高氣溫(℃) | -5.8 | -3.1 | 2.4 | 11.4 | 19.0 | 24.1 | 26.6 | 25.4 | 20.5 | 12.8 | 5.5 | -2.0 |
| | 最低氣溫(℃) | -14.4 | -12.5 | -6.6 | 1.5 | 8.0 | 13.3 | 15.7 | 14.5 | 10.1 | 4.0 | -1.5 | -9.2 |
| | 降雨量(mm) | 62.9 | 49.7 | 57.5 | 71.1 | 86.6 | 92.7 | 84.4 | 83.8 | 92.7 | 85.0 | 82.7 | 69.5 |
| 魁北克省 蒙特婁 | 最高氣溫(℃) | -5.3 | -3.2 | 2.5 | 11.6 | 18.9 | 23.9 | 26.3 | 25.3 | 20.6 | 13.0 | 5.9 | -1.4 |
| | 最低氣溫(℃) | -14.0 | -12.2 | -6.5 | 1.2 | 7.9 | 13.2 | 16.1 | 14.8 | 10.3 | 3.9 | -1.7 | -9.3 |
| | 降雨量(mm) | 77.2 | 62.7 | 69.1 | 82.2 | 81.2 | 87.0 | 89.3 | 94.1 | 83.1 | 91.3 | 96.4 | 86.8 |
| 魁北克市 | 最高氣溫(℃) | -7.9 | -5.6 | 0.2 | 8.3 | 17.0 | 22.3 | 25.0 | 23.6 | 17.9 | 11.1 | 2.9 | -4.2 |
| | 最低氣溫(℃) | -17.7 | -15.6 | -9.4 | -1 | 5.4 | 10.5 | 13.5 | 12.5 | 7.5 | 2.0 | -4.2 | -12.8 |
| | 降雨量(mm) | 86.6 | 74.5 | 76.1 | 83.5 | 115.9 | 111.4 | 121.4 | 104.2 | 115.5 | 98.3 | 102.5 | 99.9 |
| 愛德華 王子島省 夏綠蒂鎮 | 最高氣溫(℃) | -3.4 | -2.9 | 0.9 | 7.2 | 14.3 | 19.4 | 23.3 | 22.8 | 18.6 | 12.3 | 6.3 | 0.5 |
| | 最低氣溫(℃) | -12.1 | -11.7 | -7.0 | -1.2 | 4.1 | 9.6 | 14.1 | 13.7 | 9.6 | 4.4 | -0.5 | -7.0 |
| | 降雨量(mm) | 101.0 | 83.2 | 86.3 | 83.7 | 91.0 | 98.8 | 79.9 | 95.7 | 95.9 | 112.2 | 112.5 | 118.1 |
| 新斯科 細亞省 哈利法克斯 | 最高氣溫(℃) | -1.3 | -0.6 | 3.1 | 9.1 | 15.3 | 20.4 | 23.8 | 23.6 | 19.4 | 13.1 | 7.3 | 1.7 |
| | 最低氣溫(℃) | -10.4 | -9.7 | -5.7 | -0.3 | 4.6 | 9.7 | 13.7 | 13.7 | 9.7 | 4.2 | -0.4 | -6.4 |
| | 降雨量(mm) | 134.3 | 105.8 | 120.1 | 114.5 | 111.9 | 96.2 | 95.5 | 93.5 | 102.0 | 124.9 | 154.2 | 143.3 |
| 育空領地 白馬市 | 最高氣溫(℃) | -11.0 | -7.7 | -0.7 | 6.6 | 13.5 | 19.1 | 20.6 | 18.5 | 12.1 | 4.2 | -6.0 | -8.5 |
| | 最低氣溫(℃) | -19.2 | -17.6 | -11.9 | -4.6 | 1.0 | 5.6 | 8.0 | 6.7 | 2.1 | -3.2 | -12.9 | -16.5 |
| | 降雨量(mm) | 17.8 | 11.8 | 10.3 | 7.0 | 16.3 | 32.4 | 38.1 | 35.8 | 33.3 | 23.2 | 20.1 | 16.3 |
| 西北領地 黃刀鎮 | 最高氣溫(℃) | -21.6 | -18.1 | -10.8 | 0.4 | 9.7 | 18.1 | 21.3 | 18.1 | 10.4 | 0.9 | -10.0 | -17.8 |
| | 最低氣溫(℃) | -29.5 | -27.5 | -22.7 | -11.0 | -0.5 | 8.5 | 12.6 | 10.2 | 4.0 | -4.2 | -17.5 | -25.7 |
| | 降雨量(mm) | 14.3 | 14.1 | 13.9 | 11.3 | 18.4 | 28.9 | 40.8 | 39.3 | 36.3 | 30.3 | 24.8 | 16.2 |
| 努勒維特 地區 伊魁特 | 最高氣溫(℃) | -22.5 | -23.8 | -18.8 | -9.9 | 0.0 | 6.8 | 11.6 | 10.3 | 4.7 | -2.0 | -8.9 | -18.5 |
| | 最低氣溫(℃) | -30.6 | -32.2 | -28.6 | -19.6 | -7.8 | 0.3 | 3.7 | 3.3 | -0.4 | -7.7 | -16.7 | -26.9 |
| | 降雨量(mm) | 21.1 | 15.0 | 21.8 | 28.2 | 26.9 | 35.0 | 59.4 | 65.7 | 55.0 | 36.7 | 29.1 | 18.2 |

# 行程規劃

## 旅遊經典路線

前往世界面積第2大的加拿大旅行時，建議最好事先詳細規劃行程。以下特別介紹4條經典路線，不妨參考之後再訂定個人旅行計畫。　　✈飛機　🚌巴士　⛴渡輪

### Route 1 西部中心8日遊路線

以洛磯山脈為主，周遊溫哥華、維多利亞的路線，享受參觀花園的樂趣。

- 第1天 台灣▶溫哥華　　✈
- 第2天 溫哥華▶維多利亞　🚌⛴
- 第3天 維多利亞▶卡加利　✈
- 第4天 卡加利▶班夫　🚌
- 第5天 班夫▶傑士伯　🚌
- 第6天 傑士伯▶愛德蒙頓▶溫哥華　🚌✈
- 第7天 溫哥華▶台灣　✈
- 第8天 抵達台灣

**ADVICE** 從溫哥華有長途巴士前往維多利亞，但建議最好搭乘水上飛機以縮短交通時間。若想在洛磯山脈停留時間稍長的人，可直接從卡加利國際機場飛往班夫。

### Route 2 東部中心8日遊路線

周遊尼加拉瀑布、多倫多、蒙特婁、魁北克市，還有楓葉街道。

- 第1天 台灣▶多倫多▶尼加拉瀑布　✈🚌
- 第2天 尼加拉瀑布▶多倫多　🚌
- 第3天 多倫多
- 第4天 多倫多▶蒙特婁　🚌
- 第5天 蒙特婁▶魁北克市　🚌
- 第6天 魁北克市
- 第7天 魁北克市▶多倫多▶台灣　✈
- 第8天 抵達台灣

**ADVICE** 多倫多是加拿大東部的門戶，建議抵達後可直接從機場前往尼加拉瀑布觀光，或是跳過城市直接前往阿岡昆、洛朗區等度假勝地避暑。

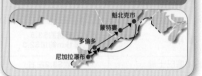

### Route 3 加拿大洛磯山脈與尼加拉瀑布8日遊路線

一次遊遍加拿大最具代表性的2大景點，路線緊湊，可安排早上或深夜班機。

- 第1天 台灣▶溫哥華　✈
- 第2天 溫哥華▶卡加利▶班夫　✈🚌
- 第3天 班夫
- 第4天 班夫▶傑士伯　🚌
- 第5天 傑士伯▶愛德蒙頓▶多倫多　🚌✈
- 第6天 多倫多▶尼加拉瀑布　🚌
- 第7天 尼加拉瀑布▶多倫多▶台灣　🚌✈
- 第8天 抵達台灣

**ADVICE** 加拿大洛磯山脈與尼加拉瀑布周遊之旅，春天可以前往維多利亞；楓葉時期則選擇蒙特婁、洛朗區、魁北克市路線；也可從多倫多出發當天來回遊覽尼加拉。

### Route 4 加拿大周遊10日遊路線

台灣團體旅遊也難得一見的行程安排，周遊加拿大重要觀光景點之旅。

- 第1天 台灣▶溫哥華　✈
- 第2天 溫哥華▶維多利亞　🚌⛴
- 第3天 維多利亞▶卡加利▶班夫　✈🚌
- 第4天 班夫
- 第5天 班夫▶卡加利▶多倫多　🚌✈
- 第6天 多倫多▶尼加拉瀑布▶多倫多　🚌
- 第7天 多倫多▶魁北克市　✈
- 第8天 魁北克市
- 第9天 魁北克市▶多倫多▶台灣　✈　第10天 抵達台灣

**ADVICE** 移動地點較多，需要充足的體力並載守行程時間，建議參加在地1日觀光行程，例如從溫哥華前往維多利亞、從多倫多前往尼加拉，可避免攜帶行李移動的不便。

# 旅行預算與金錢

加拿大幾乎所有場所，如美術館及市區巴士、長途巴士等都有銀髮族、兒童、學生的折扣優惠，優惠幅度約為10～50%。銀髮族及兒童優惠可直接出示護照，至於學生優惠，則必須事先申請國際學生證ISIC，申請方式請參考P.529。

## 加拿大的物價

加拿大的物價很高，住宿及餐飲、交通等費用幾乎與日本差不多，洛磯山脈等觀光地的費用更是高出許多。

### ■ 花費標準

制定旅行預算時須具體考量所有因素，首先絕不可少的是住宿與餐費，然後是交通費、體驗活動等支出，以及稅金和小費等。以下為各類花費平均金額，可用來作為預算參考，不過根據地區及季節還是會有所差異。

| 住宿 | | 餐費 | |
|---|---|---|---|
| 高級飯店 | $200～ | 午餐 咖啡廳（單品+飲料） | $15左右 |
| 中級飯店 | $120～ | 一般餐廳 | $20～ |
| 經濟型旅館 | ～$120 | 高級餐廳 | $35～ |
| B&B | $50～90 | 晚餐 一般餐廳 | $30～ |
| 青年旅館 | $25～50 | 高級餐廳 | $60～ |
| 交通費 | | 其他開銷 | |
| 計程車 | 起跳約$3.5 每1km約加$2.3 | 礦泉水 | 500ml $2左右 |
| | | 啤酒 | 350ml $3左右 |
| 市區巴士等 | 1次$3.2左右 | 香菸 | $15左右 |
| Day Pass等 | $11左右 | 乾電池（3號4顆裝） | $8左右 |

※1C$=台幣23.68元（2024年10月18日匯率）。

**卑詩省**
銷售稅7%、住宿稅8%
**亞伯達省**
無銷售稅、住宿稅4%
**薩克其萬省**
銷售稅6%、住宿稅6%
**曼尼托巴省**
銷售稅7%、住宿稅7%
**安大略省**
HST 13%
**魁北克省**
銷售稅9.975%、住宿稅3.5%
**大西洋省分4省**
HST 15%
**極地3領地**
無省稅

※以法文為官方語言的魁北克省，收據上標示聯邦銷售稅GST為TPS，省稅PST則是TVQ。

## 關於稅金

在加拿大購物及住宿等，須課聯邦銷售稅（GST）與省稅（PST）。GST一律為5%，省稅則依各省的課稅對象及稅率有所差異。而安大略省和大西洋省分4省（愛德華王子島、紐芬蘭&拉布拉多、新伯倫瑞克、新斯科細亞）共5省適用合併銷售稅（HST）。

加拿大的商品和住宿費用的標示金額內並未含稅，結帳時會另外加上稅金，不過B&B和民宿等則多為內含稅金；還有部分城鎮除當地住宿稅外，還要加上省稅及合併銷售稅的住宿稅。各地的稅率和金額不同，多為3.5～8%或$3左右，一般而言大都市及觀光地稅率較高。

## 攜帶金額

幾乎加拿大的所有銀行及城鎮都能以美金兌換加拿大幣,但現金匯兌需要收取手續費,匯率也不好;而且若現金遭竊或遺失時也要不回來,最好不要隨身攜帶大量現金。以安全性與匯率高低為考量,推薦可以使用信用卡在ATM預借現金,或是使用金融卡等卡片提領當地貨幣;雖然兩者都需要支付手續費,但匯率大多比現金匯兌好。使用ATM時,為了避免成為「密碼被側錄後、卡片遭搶走」的犯罪被害者,輸入密碼時記得用身體或手掌擋住按鍵後再操作,即使有人攀談也不要回應,切記要有所警戒。

結論為以信用卡為主,並攜帶出入境時所需的最低限度美金,再以信用卡、金融卡於ATM提領當地貨幣,是最理想的方式。

### ■ 信用卡

加拿大的信用卡使用率相當普及,不需要隨身攜帶高額現金,也不需要花費時間與手續費進行匯兌,相當方便,還可用來提領當地現金。此外,入住飯店與租車時,大多需要出示信用卡作為押金保證,最好攜帶至少1張信用卡。餐廳及商店等店家門口會標示可使用的信用卡,但實際通常不限於所顯示的卡片種類,若擔心則可在刷卡前先詢問店員。

最近信用卡的主流為IC(Integrated Circuit)晶片信用卡,使用的店家若為IC信用卡對應機器加盟店,大多都會裝設專用刷卡機,機器上可選擇英文或法文後以按鍵操作,其中還有能輸入幾成小費後自動計算消費總金額的機器;不過每種刷卡機都需要輸入密碼(PIN)而非簽名,在使用ATM時也需要PIN密碼,不知道密碼的話,務必於出國前2週左右至發卡銀行確認。

加拿大當地使用最普遍的信用卡為VISA與MasterCard,其次為美國運通卡、大來卡、JCB卡,為防萬一信用卡刷不過,最好多帶1張以備不時之需。

另外,萬一不幸信用卡被偷或遺失,一定要儘速聯絡信用卡公司止付以避免被盜刷,要先將信用卡背面的緊急連絡電話記下(→P.558),並與錢包分開保管。

### ■ 金融卡

使用方式與信用卡相同,但金融卡並非事後付款,原則上是從發卡銀行的活存帳戶內即時扣款,使用金額不得超過存款金額,對預算管理來說也很方便。還可以在ATM提領當地貨幣。

**信用卡結帳貨幣**

最近在國外使用信用卡時,結帳貨幣是台幣而不是當地幣別的案例不斷增加,雖以台幣結帳並不違法,但通常匯率較差,須多加留意。付款時店家可能會詢問是否要以台幣計算,若未回答對方即視同接受台幣計算,簽名前務必要確認清楚。

**金融卡**

可在多家金融機構申請VISA、JCB等國際品牌發行的金融卡。
🔲 www.visa.com.tw
🔲 www.tw.jcb

# 出國前的手續

**護照相關資訊詢問處**

外交部領事事務局
- 台北市濟南路一段2-2號3～5F（中央聯合辦公大樓北棟）
- TEL (02)2343-2888
- URL www.boca.gov.tw

中部辦事處
- 台中市黎明路二段503號1樓
- TEL (04)2251-0799

雲嘉南辦事處
- 嘉義市吳鳳北路184號2樓之1
- TEL (05)225-1567

南部辦事處
- 高雄市苓雅區政南街6號3～4樓（行政院南部聯合服務中心）
- TEL (07)715-6600

東部辦事處
- 花蓮市中山路371號6樓
- TEL (03)833-1041

## 取得護照

護照是在海外能證明持有者身分的唯一官方文件，沒有護照就不能從台灣出境，因此若是要出國的話，首要條件就是要先取得護照。

首次申辦護照，必須由本人親自至領事事務局或外交部中、南、東部或雲嘉南辦事處辦理，並繳交相關文件。若無法親自辦理，則須親自至外交部委辦的戶政事務所進行「人別確認」後，再委任代理人續辦護照。代理人必須攜帶身分證正本及親屬關係證明，或是服務機關相關證件正本，並填寫申請書背面的委任書及黏貼受代理人的身分證影本。

領取護照時，若由本人親自領取，必須攜帶身分證正本及繳費收據正本領取護照，由他人代為領取時，代理人必須攜帶身分證正本與繳費收據正本才能代領。此外，護照自核發之日起3個月內未經領取者，即予註銷，所繳費用概不退還。

護照的有效期限為10年（未滿14歲者以5年為限），護照一般件為10個工作天（自繳費之次半日起算），為了不要在出發前才趕忙送急件，記得要提早申請。

## ＊＊＊ 申請護照需要的文件 ＊＊＊

### ❶ 簡式護照資料表（1份）

在外交部網站上網路填表申請（URL ppass.boca.gov.tw/sp-ia-login-2.html），或是下載填寫紙本。

### ❷ 身分證明文件（1份）

身分證正本及正、反面影本分別黏貼於申請書正面。未滿14歲且沒有身分證的人，需準備戶口簿正本及影本1份。

### ❸ 相片（2張）

準備6個月內拍攝光面、白色背景護照專用照片。照片規格為直4.5cm×橫3.5 cm，自頭頂至下顎之長度不得少於3.2 cm及超過3.6 cm，半身、正面、脫帽、露耳、嘴巴閉合，五官清晰之照片。

### ❹ 護照規費

1300元

### ❺ 其他

未成年人如要申請護照，應附父母親或監護人在簡式護照資料表下方之「同意書」簽名表示同意，並繳驗新式國民身分證正本。

## 簽證、eTA（電子旅行授權許可證）

　　包含台灣國籍人士在內，享有加拿大免簽證入境待遇者，停留時間若為6個月以內即必須申請eTA，護照有效日必須比停留天數多1天以上。自2016年3月15日開始，搭機前往加拿大者必須申請eTA，費用為\$7，有效期限為5年，若護照在有效期間過期，則效期只到護照到期日為止。申請方式為上網辦理，且必須要有護照、信用卡與電子信箱，雖然只要短短幾分鐘即可申請完成，但建議還是要提早辦理；申請介面只有英文或法文，但也有提供繁體中文的申請表欄位說明。此外，在美國過境轉機者還須申請ESTA（→P.531），商務及留學、打工度假等預計停留超過6個月的人，則必須提供生物辨識資料，請上IRCC網站確認。

## 國際駕照

　　在加拿大境內開車，須事先在台灣取得國際駕照International Driving Permit，申請方式為前往台灣國內各縣市的監理所，攜帶右列所需文件與手續費申請國際駕照，通常可以直接當場取得，有效期限為1年。

## 國際學生證（ISIC卡）

　　12歲以上的學生都可以申請聯合國認可的國際學生證（ISIC），當作全球共通的學生身分證明文件使用，除此之外，還可享有海內外美術館、博物館等設施門票及交通工具的折扣優惠，適用於約15萬項以上優惠。

　　於全球130多個國家發行，台灣發行單位為中華民國國際青年旅舍協會，只接受線上填表申請、現場取件，申請費為400元（若以郵寄申請，郵資另計）。國際學生證有效期限為發卡日起1年內。

## 海外旅遊保險

　　旅遊中為防發生事故，建議須購買海外旅遊保險。許多保險公司都會推出自己設計的保險，此外信用卡附帶保險通常承保範圍有限。旅遊當地最常用到的保險項目，則有「疾病醫療費用」、「攜帶物品保險」等，投保時可選擇必須項目，或各項套裝保險等。

　　購買旅遊險可委託購買機票的旅行社，或是網路申請，桃園國際機場也設有保險公司櫃台，也可在出發日投保。

### 加拿大駐台北貿易辦事處
🏢 台北市信義區松智路1號6樓
📞 (02)8723-3000
🌐 www.Canada.ca/
　 CanadaAndTaiwan
🕐 週一～四8:15～12:00、
　 12:30～17:00
　 週五8:15～12:45
🚫 週五下午、週六‧日、台灣與
　 加拿大部分節日

### 申請eTA
🌐 www.canada.ca/en/
immigration-refugees-
citizenship/services/visit-
canada/eta/apply-zh.html

### 申請國際駕照
交通部公路總局
🌐 www.thb.gov.tw
可到各縣市所屬監理單位辦理
台北、新北 (02)2688-4366
新竹 (03)589-2051
台中 (04)2691-2011
高雄 (07)771-1101

### 申請國際駕照必備文件
①身分證
②本人最近6個月內拍攝2吋
　照片2張
③駕照
④護照影本（查核英文姓名）
⑤費用250元

### 國際學生證相關諮詢單位
中華民國國際青年旅舍協會
🏢 台北市中山區南京東路2段
　 97號12樓
📞 0911-909257
🌐 www.yh.org.tw

### 申請國際學生證必備文件
①身分證件正本（如身分證、
　健保卡）
②1吋照片1張
③申請表格（英文姓名填寫護
　照英文名，就讀學校填寫英
　文全名或簡稱）
④學生證正反面影本或國內外
　入學通知單影本，證明文件
　上須註明有效期限或註冊
　章
⑤費用400元

# 購買機票

## 航空

前往加拿大航空路線大致分為2種,可搭乘從桃園機場直航班機,或經由美國各城市轉機前往。搭乘直航班機當然最為快速方便,規劃旅遊行程後建議及早購票。

### ■ 機票種類

機票除了一般價格機票外,還分為PEX特惠機票與破盤機票等種類,PEX優惠機票是各航空公司推出的優惠票價,像是加拿大航空Air Canada(AC)的經濟艙優惠票價分為Standard、Flex及Latitude。

PEX特惠機票與破盤機票的不同,在於價格與使用限制。一般來說,PEX特惠機票的有效期間較長,出發前取消訂票的手續費也較低,還可以事先劃位及設定兒童票價。而破盤機票最大吸引力在於價格便宜,即使是同一天同一航班的機票,也可能因為旅行社而有不同的價格,不妨多方比價;可以使用Skyscanner或KAYAK等機票搜尋及預約網站,來比較各航空公司與旅行社的機票價格。此外,若國際線與當地國內線航班為相同航空公司,票價也會比較便宜。

台灣直航加拿大的航空公司都已經將機票電子化,由電子機票e-Ticket取代實體機票,訂完票後旅客會收到電子郵件,附有記載有航班資訊(電子機票副本)的航程表機票檔案,可以列印出紙本攜帶,以備不時之需。

↑加拿大航空©MOOK

## ■ 往加拿大的直飛航班

從台灣飛往加拿大的直飛航班，有中華航空、長榮航空、加拿大航空3家，飛往溫哥華的航班有中華航空China Airlines（CI）每天各1班，去程約10小時45分，回程約12小時30分；長榮航空EVA Air（BR）每天各1班，去程約10小時40分，回程約12小時30分；加拿大航空Air Canada（AC）每天各1班，去程約10小時40分，回程約12小時30分。飛往多倫多的航班有長榮航空及加拿大航空皆為每天各1班，去程約13小時50分，回程約15小時55分。

而要飛往加拿大其他城市，可轉乘加拿大航空的國內班機。若是入境時轉乘，記得預留在海關辦理入境手續的時間（至少2小時）。

近來備受矚目的廉價航空LCC，至目前為止尚無航班從台灣飛往加拿大，加拿大國內的西捷航空West Jet（WS）則有航班從卡加利直飛日本東京成田機場。

## ■ 經美國飛往加拿大

經美國轉機前往溫哥華及卡加利等加拿大西部城市，通常是經由西雅圖、洛杉磯、舊金山3個城市；而前往多倫多及蒙特婁等東部城市，則經由芝加哥或紐約較為方便。可先從台灣飛往美國，再轉搭北美航空公司的航班轉往加拿大。搭機入境加拿大時需要事先申請eTA，但若是搭船、搭車或徒步等方式經海路或陸路入境加拿大，則不需要eTA。

## ■ 美國轉機的注意事項

在美國轉機同樣要接受美國入境審查，入境審查結束後必須提領行李，然後再重新辦理登機手續；即使是90天以內的短期旅行，也須遵守US-VISIT規定按指紋和臉部照相。回程也須再次接受美國入境審查，但可先在加拿大完成手續。

## ■ 美國入境簽證與旅遊許可電子系統 ESTA

台灣國籍人士因商務、觀光，或是因過境而必須入境美國者，只要是停留90天以內，適用免簽證計畫Visa Waiver Program不需簽證。

自2009年1月起，美國規定前往美國前須事先申請旅遊許可電子系統ESTA，對象為適用免簽證計畫搭乘飛機或船入境美國的所有遊客。經由美國入境加拿大的遊客也不例外，一定要事先申請，申請手續費為US$21，有效期限為2年。

---

### US-VISIT 計畫

為因應反恐計畫而開始的出入境管理系統，入境審查時須按指紋及拍攝臉部照片，未滿14歲及80歲以上不適用。

### 旅遊許可電子系統（免簽證計畫）

台灣為免簽證計畫國家之一，因此若為台灣國籍，且為90天內的短期停留者，只要持有效護照與來回或前往第3國家的機票，可免簽證入境美國。但從空路或海路入境時，必須事先確認搭乘的交通機關公司是否適用此計畫。

2011年3月之後曾赴伊朗、伊拉克、蘇丹、敘利亞等國家旅行或停留者，或是2021年1月12日以後曾赴古巴旅行或停留者，不符合資格使用免簽證計畫前往美國或入境美國。

### ESTA申請官網

🔗 esta.cbp.dhs.gov/esta（有中文）

### ESTA申請手續費

ESTA手續費為US$21，必須直接在ESTA系統上以信用卡付費。雖接受搭機前申請，建議最好在出發72小時前申請完畢。

### 未滿18歲入境美國的注意事項

沒有父母陪同的兒童若要入境美國，可能會被要求出示其中一方家長或監護者的出國同意書（英文），詳情請至美國在台協會洽詢。

## ■ 長途巴士

加拿大與美國陸地相連，因此也可搭乘長途巴士跨越國境。行駛美國境內的灰狗巴士Greyhound（USA）等長途巴士，雖然需要經過數次轉車，但路線十分多樣；可跨國境的城市點位於卑詩省、亞伯達省、曼尼托巴省、安大略省、魁北克省。雖然加拿大灰狗巴士已經停止營運，但灰狗USA仍繼續行駛中。

此外也有連結美國與加拿大大城市的直達巴士，具代表性的為行駛美國西雅圖～溫哥華之間的Quick Shuttle，1日2班，從西雅圖的66號碼頭Pier 66出發到溫哥華的Waterfront站，所需時間約5小時15分；還有從美國波特蘭～西雅圖到溫哥華之間的Flix Bus。至於加拿大東部，從美國紐約到安大略省多倫多之間的灰狗USA巴士，1日3～4班，所需時間12小時～13小時15分；除了灰狗USA，Megabus及Flix Bus的巴士也有行駛這條路線。

## ■ 火車

從美國紐約有美國國鐵Amtrak與VIA國鐵聯營班次——楓葉號Maple Leaf，1日行駛1班，途中經尼加拉瀑布前往多倫多；紐約發車為7:15，抵達多倫多時間為當天19:38。同樣從紐約出發前往蒙特婁的Adirondack號，由美國國鐵Amtrak與VIA國鐵聯營，每日1班，目前停止行駛。而從西雅圖前往溫哥華則有美國國鐵Amtrak的Amtrak Cascades號1日2班，所需時間約4小時。此外，還有由Amtrak營運的巴士Thruway也行駛於西雅圖～溫哥華之間，1日4班，所需時間約3小時30分。

## ■ 渡輪

從美國西雅圖到維多利亞的Victoria Clipper渡輪1日航行1～2班（→P.103），所需時間2小時45分～3小時。從阿拉斯加的史凱威Skagway等城市往來太平洋沿岸的城市，並前往
↑來往美國與加拿大之間的Victoria Clipper

魯珀特王子港，則有Alaska Marine Highway System航行。

### 灰狗巴士（USA）
☎(1-800) 231-2222
URL www.greyhound.com

### Quick Shuttle
☎(1-800) 665-2122
URL www.quickcoach.com

### Megabus（USA）
URL us.megabus.com

### Flix Bus
URL global.flixbus.com

### Amtrak
☎(1-800) 872-7245
URL www.amtrak.com

↑停靠尼加拉瀑布站的楓葉號

### 懷特隘口White Pass
懷特隘口是從阿拉斯加的史凱威，到加拿大白馬市之間搭乘火車與巴士的觀光路線（→P.509）。

### Victoria Clipper
☎(1-800) 888-2535
URL www.clippervacations.com

### Alaska Marine Highway System
☎(1-800) 642-0066
URL dot.state.ak.us/amhs

# 旅行攜帶物品

## 服裝與物品

旅行中攜帶的服裝與物品、裝備，依季節及場所不同，會有相當大的差異。加拿大即使在夏天，早晚溫差也很大，記得攜帶長袖襯衫或毛衣、刷毛衣等保暖衣物，尤其是參加賞鯨等水上活動時，更是特別寒冷；若是熱愛戶外活動的人，更是必備雨衣褲或連帽防寒外套。只在城市旅遊的話，雨具只要攜帶摺疊傘就足夠，尤其是溫哥華及維多利亞等西部沿岸城市，秋冬季節氣候多雨；而安大略省及魁北克省，則以冬季的酷寒天氣而聞名，建議穿著刷毛衣、羽絨外套等洋蔥式穿搭，而且多積雪，最好穿著防滑鞋。至於極地地區即使夏季，也需要攜帶刷毛衣與羽絨外套，而冬季前往零下40℃的極地時，可在當地租借防寒衣物。

鞋類則以習慣穿著的運動鞋或休閒鞋為主，若計畫要前往正式場合，記得攜帶正式的鞋子。加拿大日照強度是台灣的7倍左右，防紫外線用的太陽眼鏡更是夏季與冬季的必備用品，此外也不要忘記攜帶帽子與防曬用品。

另外，加拿大野外有很多蚊子與黑蠅Blackfly，特別是夏日前往極地與紐芬蘭、愛德華王子島的遊客，更是必備防蚊液。

## 關於行李

### ■ 機內託運行李（Check in Baggage）

各人可依旅行行程及攜帶的物品，決定使用行李箱或背包。攜帶背包兩手活動較為方便，但較不容易取物品；經常會用到的物品與小東西，可放置在背包的側袋或分成小包放在上方，背包的收納重點是重物放在下方。建議最好攜帶附帶輪子的軟式行李箱，及附後背帶的包包。

加拿大航空經濟艙的託運行李（免費託運行李Free Baggage、Free Checked Baggage）為1件，單件高度（H）＋長（L）＋寬（W）合計須在158cm內，重量在23kg以下，超過規定大小及重量則須加收超重費。

另外打火機等物品不可放入託運行李內，隨身攜帶打火機限個人使用品，每人以1個為限，可以帶上飛機；也要留意液體與電池類產品的相關規定（→邊欄）。

### 機上託運行李

以長榮航空經濟艙為例，免費託運行李為2件，每件限23kg以下，單件行李3邊總和不可超過158cm。每家航空公司規定有所不同，請自行向各航空公司確認。

### 隨身手提行李

**禁止攜帶物品**

萬用瑞士刀及剪刀等尖銳物品，需放入託運行李內。

瓦斯和燃油（打火機補充用）、露營用瓦斯罐等易燃物，不管是託運或隨身皆禁止攜帶。

**可攜帶上機但禁止使用物品（有附帶條件）**

行動電話、無線電對講機、無線音響器材、遙控器材等會發出訊號的物品，在機內僅限機艙門開啟時，或是設為飛航模式時才可使用。

飛機上電子用品使用規定
URL www.evaair.com/zh-tw/fly-prepare/flying-with-eva/safety-and-health-care/inflight-safety/

### 攜帶液體物品

台灣出發的國際線所有航班，對隨身攜帶上機液體類物品（包含果凍類、噴霧類、牙膏、慕絲、乳液）有特別限制。少量液體須裝入100mℓ以下容器，再放進1ℓ以下的透明夾鏈袋（1人攜帶1份），即可攜帶上機。

交通部民航局
URL www.caa.gov.tw

### 請留意電池類產品！

電器內若裝有鋰電池，不超過160wh可帶上飛機，也可託運。備用電池若為100wh以上且不超過160wh，每人最多可於手提行李中攜帶2個上機，超過160wh的製品與wh資訊不詳的製品則一律不得帶上飛機。

### 滑雪板、雪橇等物品

滑雪雙板和單板等物品與滑雪杖或雪鞋加起來一整套視為一件託運物品，須於訂票時事先申請託運。

**航空公司手提行李資訊**

加拿大航空
URL www.aircanada.com/ca/en/aco/home/plan/baggage/carry-on.html

中華航空
URL www.china-airlines.com/tw/zh/fly/prepare-for-the-fly/baggage/carry-on-baggage

長榮航空
URL www.evaair.com/zh-tw/fly-prepare/baggage/free-baggage/carry-on-baggage/

※其他可否攜帶物品及是否可在機內使用物品資訊，請自行詢問各航空公司。

## ■ 隨 身 手 提 行 李（Cabin Baggage）

　　加拿大航空經濟艙規定之隨身手提行李（Cabin Baggage），可攜帶1件一般手提行李（23cm×40cm×55cm以內）與隨身包1件（16cm×33cm×43cm以內）合計2件，沒有重量限制，但必須能放入座位上方的置物箱；而手提包與外套則不在此限，相機也不算在內，但若放入相機包內也可能被視為一件行李。通常辦理登機手續時會測量是否在規定尺寸範圍，若超過尺寸則須託運，實際狀況則視現場情況而有所不同。

## 攜帶物品檢查表

| | 物品 | 必要度 | 已帶 | 包放包入 | 備註 |
|---|---|---|---|---|---|
| 貴重物品 | 護照 | ◎ | | | 確認護照有效期限，務必準備影本另行存放！ |
| | 現金（美金） | △ | | | 若預計順便前往美國，攜帶美金較為方便。 |
| | 現金（台幣） | ◎ | | | 記得準備回程從機場回家的交通費。 |
| | 機票（e-Ticket） | ◎ | | | 確認名字順序、出發日期、行程是否正確。 |
| | 海外旅遊險保險 | ◎ | | | 購買海外旅遊以備不時之需。 |
| | 信用卡 | ◎ | | | 隨身攜帶信用卡較為方便，租車必備。 |
| | 國際駕照 | △ | | | 打算租車的人必備。 |
| | 飯店預訂確認單 | ○ | | | 雖然沒有也能入住，但列印出來帶著比較安心。 |
| 衣服類 | 襯衫 | ◎ | | | 攜帶最低限度衣服，減輕行李重量。 |
| | 貼身衣物、襪子 | ◎ | | | 攜帶健行用吸汗快乾的化纖材質衣物。 |
| | 毛衣 | ○ | | | 即使夏天夜晚也十分寒冷，至少需1件。 |
| | 薄外套 | ○ | | | |
| | 帽子 | ○ | | | 防曬、防寒最佳幫手。 |
| | 睡衣 | △ | | | 避免增加重量也可以T恤替代。 |
| | 泳衣 | ○ | | | 夏季游泳必備，溫泉或SPA、泳池也需要。 |
| 藥品・雜物・其他 | 洗臉用品 | ◎ | | | 當地也可購得，攜帶最輕便用量即可。 |
| | 吹風機 | △ | | | 雖有變壓式吹風機，但會增加行李重量不建議攜帶。 |
| | 洗衣清潔劑 | ○ | | | 攜帶少量洗衣用，洗衣粉較為方便。 |
| | 藥品類、口罩 | ◎ | | | 腸胃藥、感冒藥、OK繃、蚊蟲藥膏等常備藥。 |
| | 筆記用品 | ◎ | | | 為了回程時可在機上填寫海關申報單，記得放進手提行李。 |
| | 裁縫用品* | ○ | | | 小型攜帶用（線、針、剪刀等）。 |
| | 瑞士刀* | ○ | | | 附小刀、開罐器、開瓶器等輕便類型。 |
| | 防蚊液*／蚊香 | ○ | | | 國家公園等地蚊子較多。 |
| | 除菌濕紙巾 | ○ | | | 無法洗手時使用。 |
| | 橡皮筋&繩子 | ○ | | | 用來整理行李，也可當成曬衣繩。 |
| | 塑膠袋、環保袋 | ○ | | | 分類衣服與髒衣物，去超市可自備環保袋。 |
| | 拖鞋or海灘鞋 | ○ | | | 在飯店和車上、海灘穿。 |
| | 紀念品 | ○ | | | 小巧的台灣商品。 |
| | 望遠鏡 | △ | | | 欣賞運動比賽或表演時可用。 |
| | 數位相機 | △ | | | 小型、輕便、習慣使用的相機。 |
| | 記憶卡 | △ | | | 除了平時使用的，再加1張備用的較為安心。 |
| | 智慧手機&充電線 | ○ | | | 只要有Wi-Fi就能在海外使用，即使沒有連線也可以當計算機使用。 |
| | 雨具 | ○ | | | 輕便摺傘，戶外活動者則攜帶雨衣。 |
| | 證件照（長4.5×寬3.5cm） | ○ | | | 以防遺失證照時使用，2～3張。 |
| | 筆記本 | ○ | | | 記錄護照與信用卡號碼、集合場所的地址等。 |
| 書類 | 會話書、電子字典 | ○ | | | 手機的app也能代替。 |
| | 旅遊書 | ○ | | | 《地球步方》及其他。 |
| | 記帳本 | △ | | | 記錄每天旅遊內容及花費。 |

＊不可隨身帶入機艙內（→P.533邊欄）

# 出入境手續

## 關於加拿大入境手續

加拿大於2017年已取消海關申報書Customs Declaration Card，抵達後直接到自助通關機輸入必要項目即可；但是事先下載ArriveCAN的app，將個人資料輸入完成的話，可以大幅縮短入境時操作自助通關機的時間。

## 台北出境

①**出發抵達機場：**至少在航班2小時前抵達。

②**搭機手續（Check in）：**前往搭乘航空公司櫃台辦理（桃園國際機場依航空公司分為第1航廈與第2航廈，長榮航空與中華航空均在第2航廈，加拿大航空由長榮航空代理，同樣位在第2航廈），向櫃台人員出示護照及電子機票副本，辦理行李託運，並領取登機證Boarding Pass。託運行李時會拿到行李託運單收據Claim Tag（通常會貼在登機證背面），到達當地萬一行李不見時可作為證明文件，須小心保管。

③**手提行李檢查：**為預防劫機等事件，必須通過金屬探測器檢查，手提行李則要通過X光檢查。

④**海關：**如果攜有超額台幣（10萬元）、外幣現鈔（超過等值1萬美元現金）、有價證券（總面額超過等值1萬美元），或是攜帶貨樣和其他隨身自用物品（如個人電腦、專業用攝影、照相器材等），其價值超過免稅限額（2萬美元）且日後預備再由國外帶回者，應向海關申報。

⑤**出境審查：**向審查官員出示護照及登機證，審查完畢後會在護照上蓋章。已申辦入出國自動查驗通關系統e-Gate者，則可走自動通關閘門。

⑥**登機：**登機時間通常為起飛前40分鐘，登機前可到免稅店逛逛，記得把握時間，提早前往登機門等候登機。登機時間及登機門有時會有變動，為防萬一，最好不時確認公告登機資訊畫面。

## 加拿大入境

①**入境審查：**抵達機場後，依循入境路線前往入境審查窗口（Immigration）排隊，已取消海關申報書，抵達後直接到自助通關機輸入必要項目，機器也有繁體中文介面，可安心操作；事先下載ArriveCAN的app並註冊的話，可以縮短操作自助通關機的時間。結束後機器會列印出憑據，接著與護照一同交給移民官，此時可能會被詢問停留天數和住宿地點、入境目的等，只要照實回答即可，有時移民官會要求出示行程表（電子機票副本）。

---

### 桃園國際機場
**TEL** 第1航廈報到大廳服務台
(03)306-5081
第2航廈報到大廳服務台
(03)306-5086
**URL** www.taoyuan-airport.com

### 安全檢查
登機前必須進行搭機手提行李X光檢查與身體探測門檢查，刀子、剪刀類與超過100mℓ的液體記得放入託運行李內。
近年來因發生多起飛安事故，因此安全檢查也更加嚴謹。

### 自動查驗通關系統e-Gate
若想加快通關速度，可事先申請自動查驗通關服務，年滿12歲、身高140cm以上，在台灣有戶籍國人或具有在台居留資格且有多次入出境許可證件之外來人口皆可申請，申請文件為護照與身分證（或駕照、健保卡）或居留證。
過自動閘門時先讀取護照，閘門開啟後進入，並進行臉部與指紋同步辨識，完成後即可順利通過。

### 國際機場服務費
從台灣出境的旅客，由航空公司隨機票代為收取機場服務費每人500元。

### 加拿大入境免稅範圍
酒類
葡萄酒1.5公升、啤酒8.5公升、其他1.14公升以上任一
煙
紙煙 200根、煙草 200g、捲煙 50根以上任一
禮品
單件$60
攜帶酒類及煙類限18～19歲以上（各省有所不同）。

- 毒品危害防制條例所列毒品
- 槍砲彈藥刀械管制條例所列槍砲、彈藥及刀械
- 野生動物活體和保育類野生動植物及其產製品
- 侵害專利權、商標權及著作權的物品
- 偽造或變造之貨幣、有價證券及印製偽幣印模
- 所有非醫師處方或非醫療性之管制物品及藥物
- 禁止攜帶活動物及其產品、活植物及其生鮮產品、新鮮水果
- 其他法律規定不得進口或禁止輸入之物品

根據華盛頓公約所規定的動植物及其加工品(象牙、鱷魚及蛇、蜥蜴等皮革製品,貓科動物皮毛製品及毛毯)等,禁止帶入台灣;此外,所有動物肉類、加工肉類(如火腿、香腸等)、植物(包含水果、蔬菜、種子)等,一律禁止攜帶入境。個人自用非處方藥每種至多12瓶,合計以不超過36瓶為原則。

衛生福利部疾病管制署
URL www.cdc.gov.tw
行政院農委會動植物防疫檢疫局
URL www.baphiq.gov.tw

| 品項 | 罰鍰 |
|---|---|
| 捲煙 | 500元/條 |
| 煙絲 | 3000元/磅 |
| 雪茄 | 4000元/25支 |
| 酒 | 2000元/公升 |

**②提領行李：** 在公告螢幕上確認搭乘航班的行李轉盤編號後前往領取行李,萬一行李沒有出現或有破損狀況,則須憑行李收據前往航空公司行李櫃台(Baggage Claim)詢問。

**③海關：** 若無特別需要申報的物品,一般不會檢查行李,可直接通過官員前方,往出口移動。

## 加拿大出境

加拿大出境手續與台灣出境手續相同,於航班起飛2小時前辦理登機並託運行李,領取行李收據及登機證;接受完安檢後,於指示登機時間內前往登機門。不過,加拿大沒有出境審查,只需要在辦理登機時,由航空公司人員確認護照。

與台灣出發的國際航班相同,加拿大出發航班也禁止攜帶100ml以上的液體登機,購買的伴手禮如楓糖漿、冰酒同樣也適用此規定,記得事先放入託運行李內,只有安檢後在免稅商店購買的才可帶上飛機。

## 台灣入境

飛機降落後,首先經過檢疫檢查站,若身體不適的遊客可能會被請到詢問室詢問。接著接受入境審查,並在護照上蓋印後歸還,已申請自動查驗通關系統e-Gate者,則可經由機器通關;之後前往顯示航班班次的行李轉盤,提領託運行李。持有物品都在免稅範圍內,選擇「免申報檯」(即綠線檯)通關;若是超出免稅範圍或者不清楚有無超出免稅範圍,必須由「應申報檯」(紅線檯)通關。而未成年者不適用酒類、香菸免稅規定,須特別注意。

### 入境台灣免稅範圍(每位成人)

| 品項 | | 數量、價格 | 備註 |
|---|---|---|---|
| 酒類 | | 1公升 | |
| 香菸 | 捲菸 | 200支 | 限滿20歲之成年旅客始得適用 |
| | 雪茄 | 25支 | |
| | 菸絲 | 1磅 | |
| 其他 | 非管制進口物品,並且是攜帶者已使用過的行李物件 | 每件完稅價格在台幣1萬元以下 | 管制品及菸酒除外 |
| | 未使用的禮品,完稅價值總值低於台幣3萬5000元 | 旅客攜帶貨樣,其完稅價格在新台幣1萬2000元以下者免稅 | |

*上列為攜帶品與另行運送品(回國後6個月內進口物品)合計範圍。
*詳細資訊請上財政部關務署 URL web.customs.gov.tw查詢。

# 關於租車

## 方便自由的租車之旅

租車旅遊可以不受時刻表限制自由旅行，還能前往大眾交通工具沒有到達的地點觀光；但是，加拿大的交通規則及標誌和台灣不盡相同，開車時更要特別小心注意，不過只要遵守交通規則，便可享受一趟安全舒適的租車之旅。像是加拿大洛磯山脈的冰原大道Icefield Parkway（→P.193）與跨越安大略省、魁北克省的楓葉街道（→P.274）等處，為加拿大首屈一指的兜風路線。

加拿大幾乎所有城市都有租車公司，從規模最大的Avis、Hertz外，還有Budget、National等大型公司，此外也有中小型租車公司；大公司的車款新穎，也能在台灣直接預約，相當方便；中小型的租金較為便宜，但多為舊款車，此外也有不能不同地點還車等規定。

### ■ 在台灣預約

租車可以直接在當地機場或市區輕鬆租借，不過先在台灣預約好的話，則是較為安心的方法。像Avis、Hertz等在台灣設有服務據點的租車公司，都可以透過官網或電話，以中文輸入借車與還車地點、日期、車種等資料，就能清楚價格；連增加駕駛、GPS等附加項目也能先申請。

### ■ 在當地租車

租車時必須出示信用卡與台灣駕照、國際駕照，未滿25歲的年輕駕駛（21～24歲）可能會有加收費用或是無法借租的情況。另外，部分租車公司不接受未預約當場租車，建議即使當天也最好先打電話預訂。

預約時要提供姓名、住宿飯店、租借車種、租車地點等資訊，拿到預約編號後務必記錄下來，前往租車公司時，只要告知預約編號即可辦理租車。簽訂租車合約時務必確認車輛為手排或自排，以及何時何地還車，租車保險的涵蓋範圍、車輛是否有刮痕損傷等（預計租車旅遊時，務必在出國前購買海外旅遊險時加購租車附帶保險），只要簽下合約書就有付錢的義務，因此務必要謹慎確認其內容。坐上駕駛座後，記得檢查方向燈、煞車位置是否正確和正常運作。

### ■ 關於保險

車輛行駛期間的基本保險包含在租車費用裡，是指賠償因為事故而造成對人及物損失的汽車損害賠償保險Liability Protection（LP），以及因為失竊、糾紛、事故等造成車輛受

**關於國際駕照**
（→P.529）

**CAA**
URL www.caa.ca

**主要租車公司台灣聯絡方式**
Avis
TEL 080-060-0601
URL www.avis.tw
Hertz
TEL (02)2731-0377
URL www.hertz.com.tw

**加拿大國內租車公司**
Avis
FREE (1-800) 879-2847
URL www.avis.ca
Hertz
FREE (1-800) 654-3131
URL www.hertz.ca
Budget
FREE (1-800) 268-8900
URL www.budget.ca
National
FREE (1-844) 307-8014
URL www.nationalcar.ca

加拿大取締違規停車相當嚴格，建議最好停在停車場或有停車表的停車格內。停車表為投幣式，必須事先投入預計停車時間的停車費(部分地區有時間限制或節日、週六、日免費等)。高級飯店和餐廳則是將車鑰匙交由入口處泊車人員，由對方代為停車Valet Parking。停車費為預收或事後付費都有，泊車人員則需要給小費(一般為$3～5)。

損時，可以免除支付其賠償金額的車輛損害賠償制度CDW/LDW(Collision Damage Waiver / Loss Damage Waiver)等，為避免發生未投保的狀況，在簽約時請務必確認清楚。其他還有因事故造成駕駛人或同車乘客受傷會賠償一定金額的個人意外險Personal Accident Insurance (PAI)，或是車內物品的竊盜險Personal Effects Coverage(PEC)，也可以加保。

## ■ 加油方式

加拿大加油站(Gas Station)多為自助加油，加油時將車子停在加油機前，選擇油品種類(會有3～4種辛烷值不同的汽油，一般汽油約1ℓ $1.8左右)，拿取油槍押下把手後插入油箱內，按壓後開始加油，加滿後會自動停止；加完油後前往店內櫃台，告知服務人員加油機編號付款即可(若以信用卡付款，部分加油站為將信用卡插入加油機後，再開始加油)。

↑最大的加油站Petro Canada

---

### 加拿大開車注意事項

**❶右側通行**
加拿大與台灣相同為靠右行駛，記得右轉時繞小圈，左轉時繞大圈。

**❷交通規則**
各省的交通規則稍有不同須多加注意，除了魁北克省之外，紅燈時只要沒有來車，可停車後直接右轉；沒有交通號誌的路口，則由最先抵達路口的車輛優先通行，若不知道優先順序則由右側車輛先行。法定速限設有分離區域的公路為時速100公里，其他公路則為80～90公里，市區街道為30～50公里。還有若看到校車亮起停車燈，對向車、後方車輛都必須完全停止。

**❸繫安全帶與開車燈**
加拿大規定前後座乘客都須繫上安全帶，另外即使白天開車也鼓勵開車頭燈。

**❹道路標誌**
加拿大道路標誌較為簡單易懂(→P.539)。

**❺隨時加油**
加拿大國土廣大，加油站之間距離可能超過200km，為避免沒油最好記得提早加油。

**❻冬季開車注意事項**
冬季車輛通常使用雪胎，部分地區禁止使用雪鏈，小心凍結路面及慢速行駛。

**❼跨越美國國境時**
在美國租車入境加拿大，或在加拿大租車入境美國時，有時需要事先申請，請事先詢問各租車公司。

**❽使用手機與酒後開車**
與台灣相同，加拿大禁止開車中使用手機，當然也嚴格禁止酒後開車。

**❾預防物品遭竊**
離開車上時，貴重物品務必隨身攜帶，此外其他行李物品不要放置在車內顯眼處，可放在儀表板下方或放置行李廂上鎖。

# 認 識 道 路 標 誌

　加拿大道路標誌簡單易懂，不過由於大自然風景十分優美，容易分散開車注意力，一不小心就會漏看標誌或是超速行駛。開車時要謹記交通安全，享受暢快的開車之旅。

停車再開

禁止進入

優先道路

禁止進入

單行道

禁止左轉

最低速限50km

最高速限70km

禁止超車

紅燈時禁止右轉

行人優先

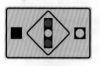
前方有燈號

禁止停車

停車限1小時內

巴士專用車道

災害時禁止通行

前方雙向通行

左彎道

連續彎道

右線縮減

小心打滑

前有陡坡

道路不平

注意動物

前有平交道

前有校車站牌

附近有醫院

前有加油站

# 當地交通

## 加拿大交通一覽圖

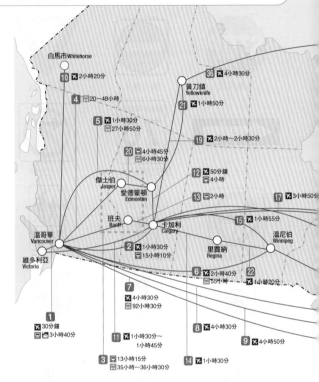

**1 溫哥華→維多利亞**
- ✈ 加拿大航空 1日7～10班
  太平洋海岸航空
  1日2～3班
  西捷航空 1日4～5班
  Harbour Air Seaplanes
  1日12～25班
- 🚌 ⛴ BC Ferries Connector
  1日2～4班

**2 溫哥華→卡加利**
- ✈ 加拿大航空 1日10～14班
  西捷航空 1日8～14班
- 🚌 Rider Express
  1日1～2班

**3 溫哥華→班夫**
- 🚌 Rider Express
  1日1～2班
- 🚋 洛磯登山者鐵路
  營運期間1週2～3班

**4 溫哥華→傑士伯**
- 🚋 VIA國鐵加拿大人號
  1週2班
  洛磯登山者鐵路
  營運期間1週2班

**5 溫哥華→愛德蒙頓**
- ✈ 加拿大航空 1日7～10班
  西捷航空 1日3～8班
- 🚋 VIA國鐵加拿大人號
  1週2班

**6 溫哥華→溫尼伯**
- ✈ 加拿大航空 1日3班
  西捷航空 1日2～7班
- 🚋 VIA國鐵加拿大人號
  1週2班

**7 溫哥華→多倫多**
- ✈ 加拿大航空 1日11～14班
  西捷航空 1日5～6班
- 🚋 VIA國鐵加拿大人號
  1週2班

**8 溫哥華→渥太華**
- ✈ 加拿大航空 1日2～3班

**9 溫哥華→蒙特婁**
- ✈ 加拿大航空 1日4～5班
  西捷航空
  僅限夏季1日1班

**10 溫哥華→白馬市**
- ✈ 加拿大航空 1日1～2班
  加拿大北方航空 1日3班

**11 維多利亞→卡加利**
- ✈ 加拿大航空 1日8～10班
  西捷航空 1日14～19班

**12 卡加利→愛德蒙頓**
- ✈ 加拿大航空 1日4～7班
  西捷航空 1日7～11班
- 🚌 E Bus 1日2班
  Red Arrow 1日4～5班
  Rider Express
  1日4～6班

**13 卡加利→班夫**
- 🚌 Banff Airporter、Brewster
  Express 1日18班

**14 卡加利→里賈納**
- ✈ 西捷航空 1日4～7班

**15 卡加利→溫尼伯**
- ✈ 加拿大航空 1日2～3班
  西捷航空 1日2～7班

**16 卡加利→多倫多**
- ✈ 加拿大航空 1日7～12班
  西捷航空
  1日7～10班

**17 卡加利→渥太華**
- ✈ 加拿大航空 1日1～3班
  西捷航空 1日1～3班

**18 卡加利→蒙特婁**
- ✈ 加拿大航空 1日2～4班
  西捷航空 週1～2班

… 飛機
… 巴士
… 火車
… 渡輪

伊魁特
Iqaluit

25 ✈1小時
🚌5小時~5小時45分
🚆4小時20分~4小時50分

30 ✈45分鐘
🚌2小時10分~2小時35分
🚆1小時

✈2小時40分
🚢38小時

26 🚌1小時20分
🚌6~7小時
🚆4小時50分~5小時30分

18 ✈4小時15分

31 ✈1小時

32 ✈1小時
🚌1小時~3小時55分
🚆3小時10分

33 ✈1小時40分

16 ✈3小時40分

魁北克市
Québec City

夏綠蒂鎮
Charlottetown

35 🚢5小時5分

渥太華
Ottawa

蒙特婁
Montréal

哈利法克斯
Halifax

34 ✈1小時30分
🚆22小時50分

多倫多
Toronto

27 ✈1小時30分

尼加拉瀑布
Niagara Falls

24 ✈1小時30分~2小時30分
🚌2小時

29 ✈2小時

28 ✈2小時

**26 多倫多→蒙特婁**
✈ 加拿大航空　1日16~24班
　西捷航空　1日1班
🚌 Megabus　1日6~13班
🚆 VIA國鐵　1日5~7班

**27 多倫多→魁北克市**
✈ 加拿大航空　1日3~5班

**28 多倫多→夏綠蒂鎮**
✈ 加拿大航空　1日1~3班

**29 多倫多→哈利法克斯**
✈ 加拿大航空　1日7~8班
　西捷航空　1日1~2班

**30 渥太華→蒙特婁**
✈ 加拿大航空　1日6~7班
🚌 Orléans Express
　1日6班
🚆 VIA國鐵
　1日3~6班

**31 渥太華→魁北克市**
✈ 加拿大航空
　除週六・日之外1日1班

**32 蒙特婁→魁北克市**
✈ 加拿大航空　1日4~5班
🚌 Orléans Express
　每隔30分鐘~2小時1班
🚆 VIA國鐵　1日3~5班

**33 蒙特婁→**
**夏綠蒂鎮**
✈ 加拿大航空　1日1~2班

**34 蒙特婁→**
**哈利法克斯**
✈ 加拿大航空　1日4班
🚆 VIA國鐵海洋號
　1週3班

**35 哈利法克斯→**
**夏綠蒂鎮**
🚌 Maritime Bus　1日1班

**36 黃刀鎮→伊魁特**
✈ Canadian North　1週3班
　（經由Rankin Inlet）

**19 卡加利→黃刀鎮**
✈ 西捷航空　1日1~2班

**20 愛德蒙頓→傑士伯**
🚌 SunDog Tours
　1日1班
　Tompson Valley Charters
　1週2班
🚆 VIA國鐵加拿大人號
　1週2班

**21 愛德蒙頓→黃刀鎮**
✈ 加拿大航空　1日1班
　西捷航空　1週1~3班
　Canadian North　1日1~2班

**22 里賈納→溫尼伯**
✈ 西捷航空　1週4~7班

**23 溫尼伯→多倫多**
✈ 加拿大航空　1日6~8班
　西捷航空　1日4~8班
🚆 VIA國鐵加拿大人號
　1週2班

**24 多倫多→尼加拉瀑布**
🚌 FlixBus　1日8班
　Megabus　1日3~16班
　Niagara Airbus
　要預約
🚆 VIA國鐵　1日1班

**25 多倫多→渥太華**
✈ 加拿大航空　1日12~16班
　西捷航空　1日1班
🚌 Megabus　1日5~8班
🚆 VIA國鐵　1日7~8班

主要國內航空公司

加拿大航空（AC）
FREE (1-888) 247-2262（預約）
URL www.aircanada.com
西捷航空（WS）
FREE (1-888) 937-8538
URL www.westjet.com
Canadian North（5T）
FREE (1-800) 267-1247
URL www.canadiannorth.com
加拿大北方航空Air North
航空（4N）
FREE (1-800) 661-0407
URL www.flyairnorth.com
太平洋海岸航空Pacific
Coastal Airlines（8P）
FREE (1-800) 663-2872
URL www.pacificcoastal.com
Harbour Air Seaplanes（H3）
FREE (1-800) 665-0212
URL www.harbourair.com
Calm Air航空（MO）
FREE (1-800) 839-2256
URL www.calmair.com
天賦航空Flair Airlines（F8）
URL flights.flyflair.com
PAL Airlines（PB）
FREE (1-800) 563-2800
URL www.palairlines.ca
越洋航空Air Transat（TS）
URL www.airtransat.com

優惠票價資訊

由於優惠票價經常變動，建議最好先尋找有效期間及路線適合個人旅遊條件的機票多比較，並向航空公司或旅行社索取最新資訊，以買到最有利票價的機票。

廉價航空

廉價航空將服務或保險費用等非必要項目免除，將機票價格壓到最低，若在台灣訂票須透過官網線上訂購。

多倫多飛往東部航空公司

波特航空Porter Airlines有航班從多倫多前往渥太華、蒙特婁、魁北克市、哈利法克斯等地，多倫多起降機場為比利畢曉普多倫多市機場Billy Bishop Toronto City Airport。

波特航空（PO）
TEL (416) 619-8622
FREE (1-888) 619-8622
URL www.flyporter.com
比利畢曉普多倫多市機場
MAP P.282-D2
TEL (416) 203-6942
URL www.billybishopairport.com

# 飛機之旅

　　加拿大國土範圍相當廣大，舉例來說，溫哥華與多倫多之間距離約為4000km，若搭乘巴士需要3天時間；在如此遼闊的地區移動，搭飛機是最好的選擇。

## ■ 國內航線航空公司

　　加拿大航空連結加拿大國內幾乎所有城市，若從台灣透過旅行社購買機票，除部分城市外，幾乎都是搭乘加拿大航空班機。此外，近年來西捷航空

↑眾多航班起降的溫哥華國際機場

West Jet的航線也日漸增多，2023年還開航日本東京成田～卡加利的新國際航線；據點位於卡加利，全國各地都有航線。往來極地的航空公司則有Canadian North和加拿大北方航空Air North等航班。從溫哥華到維多利亞等溫哥華島上城市，則有太平洋海岸航空Pacific Coastal Airlines的航班，以及Harbour Air Seaplanes等水上飛機飛航；前往溫尼伯與邱吉爾等曼尼托巴省城市，航班則為Calm Air航空。至於加拿大也有許多廉價航空飛往各地的航班，其中最有名的是連結加拿大與美國東海岸城市航線的波特航空Porter Airlines；還有從愛德蒙頓、溫哥華、多倫多前往溫尼伯航線的天賦航空Flair Airlines，以及連結蒙特婁～魁北克市的PAL Airlines與越洋航空Air Transat等。

## ■ 利用多點進出機票

　　多點進出機票Multitrip是指機票去程與回程的地點有一地或是兩地都不同的行程，可以在超過2處的目的地停留1天以上，稱為「環遊票」、「開口票Open Jaw」、「中停票Stopover」，在各航空公司官網的訂票頁面上都可以購買。「環遊票」是從台灣飛往第1個目的地溫哥華，再從溫哥華飛往第2個目的地多倫多，卻不回到溫哥華，而是直接從多倫多搭直航班機回台灣；若是第1和第2個目的地之間的交通，選擇搭乘火車或巴士的話，稱為「開口票Open Jaw」，陸路交通必須自行負責。至於「中停票Stopover」則是轉機機票的附加選項，必須由航空公司提供地點，不能自己選擇。

## 長途巴士之旅

加拿大公路總計長達8萬km，長途巴士利用加拿大境內的完善道路網行駛各城市之間。但是2021年5月加拿大灰狗巴士Greyhound Canada退出加拿大之後，巴士市場產生極大變化，由各巴士公司各自經營不同路線。

### ■ 加拿大巴士公司

加拿大擁有許多巴士公司，其中最主要的公司包含行駛於卑詩省溫哥華～維多利亞之間的BC Ferries Connector、行駛於溫哥華島上的托菲諾巴士Tofino Bus、從溫哥華行經甘露市、班夫等地前往卡加利的Rider Express，以及從溫哥華前往甘露市、基隆拿等地的E Bus等。亞伯達省有連結卡加利與愛德蒙頓2大城市的Red Arrow等巴士公司，加拿大洛磯山脈內有多間接駁巴士，規模最大的就屬Pursuit Banff Jasper Collection負責營運的Brewster Express，而卡加利到班夫的Banff Airporter接駁巴士也很便利；還有在坎摩爾、班夫、露易絲湖之間可以搭乘Bow Valley Regional Transit Services

↑行駛於市區的Megabus

**主要長途巴士公司**

BC Ferries Connector
FREE (1-888)788-8840
URL bcfconnector.com

托菲諾巴士
FREE (1-866)986-3466
URL tofinobus.com

Rider Express
FREE (1-833)583-3636
URL riderexpress.ca

E Bus
FREE (1-877)769-3287
URL myebus.ca

Red Arrow
FREE (1-800)232-1958
URL www.redarrow.ca

Pursuit Banff Jasper Collection
FREE (1-866)606-6700
URL www.banffjaspercollection.com

Megabus
URL ca.megabus.com

FlixBus
URL global.flixbus.com

Galland Laurentides
FREE (1-877) 806-8666
URL www.galland-bus.com

Limocar
FREE (1-866) 692-8899
URL limocar.ca

Orléans Express
FREE (1-833) 449-6444
URL www.orleansexpress.com

Maritime Bus
FREE (1-800) 575-1807
URL www.maritimebus.com

DRL
TEL (709) 263-2171
URL www.drl-lr.com

### ＊＊＊關於灰狗巴士的加拿大路線＊＊＊

過去擁有加拿大大部分巴士路線的灰狗巴士，繼2018年10月取消加拿大西部路線的行駛後，又於2021年5月將剩餘的安大略省、魁北克省的路線也停駛，完全退出加拿大市場。雖然部分路線轉由合作巴士繼續經營，但目前仍有許多城市沒有長途巴士行駛；而巴士總站的狀況也一樣，在溫哥華、維多利亞等地雖然有其他巴士公司接手使用，但卡加利、愛德蒙頓、多倫多、渥太華等地的巴士總站則仍然關

閉中。關於新的巴士發車站，請參閱各城市的介紹頁面。

本書儘可能介紹新的巴士路線，因為路線很可能會有所變動，計畫搭乘長途巴士觀光的遊客，最好到當地索取最新資訊，並將旅遊行程安排鬆一點；至於時間不夠的人，則建議以飛機或租車移動會比較好。

Commission的漫遊巴士Roam Bus，除了班夫市區，也能前往近郊的坎摩爾及露易絲湖，非常方便。安大略省與魁北克省有車資便宜的Megabus（→P.323、P.543邊欄），魁北克省另外還有規模最大的Orléans Express巴士，以及開往洛朗區的Galland Laurentides、開往東方鎮的Limocar等巴士。大西洋省分則有Maritime Bus巴士行駛愛德華王子島省、新斯科細亞省、新伯倫瑞克省3省，紐芬蘭＆拉布拉多省則有DRL巴士等當地巴士行駛。一座城市當中雖然有多家巴士公司行駛，但巴士總站通常都在同一地點。

**長途巴士票價**

本書內記載的長途巴士票價，所有金額皆為未稅，各頁所記載的金額必須另行加上GST與省稅金，所有價格僅供讀者參考。

↑不同目的地的搭車地點也有所不同，記得事先確認清楚

**巴士總站Bus Depot**

Depot是「車站」之意，所有灰狗巴士的巴士站都稱為Bus Depot，車站內設有咖啡店及自動販賣機、廁所等。灰狗巴士以外的巴士站雖有其他名稱，當地一般也都稱為Bus Depot，本書內也都採用同樣名稱。

**關於Megabus**

Megabus是主要行駛於安大略省與魁北克省蒙特婁以西的便宜票價巴士公司，一定要事先上網預約，越早訂票，票價越便宜。巴士大多從巴士總站發車，但也會有像蒙特婁從其他地點發車的狀況，請多加留意。

**在長途巴士上連線上網**

依據巴士的種類而定，有些可連接Wi-Fi，幾乎所有Megabus與Orléans Express的巴士都可以上網，可上網的巴士以後也會愈來愈多。

## ■ 查詢巴士時刻

可上各巴士公司網站查詢，既方便又簡單。巴士總站內設有各路線時刻表可供參考，或是詢問售票處的工作人員。通常巴士都會準時發車，不過有時也會遇到誤點30分鐘的狀況，移動時記得要預留充裕的時間。

↑在巴士總站或遊客中心可索取各巴士公司的時刻表

## ■ 購買車票與搭車

建議最好事先上網訂票或購票，網路購票時需要有信用卡，買完票將收到的車票列印出來，或是下載存放在手機裡，搭車時給司機看就可以上車。開放搭乘時間為開車前30分鐘左右，

↑巴士發車時間可以在螢幕上確認

應該都會有位子坐。搭車前將行李箱等大型物品，交給司機寄放在巴士下方行李廂內，下車時記得要拿回行李。

## ■ 巴士路線

在同樣城市間移動的巴士也會有數條不同路線，不同路線的車程時間可能會差上數倍之多。

而在搭車過程中，通常每1～2小時會在中途休息站停留15分鐘～1小時，讓乘客用餐或上廁所；休息前會事先廣播休息時間，若擔心可在下車前再向司機確認一次。

↑Megabus發車的多倫多聯合車站巴士總站Union Station Bus Terminal

# VIA國鐵之旅

加拿大幾乎所有鐵路都是VIA國鐵，VIA鐵路為囊括加拿大全國路線的加拿大國鐵Canadian National Railway（CN）與加拿大太平洋鐵路Canadian Pacific Railway（CP）2家公司的聯運鐵路。

↑東部短程火車內備有無線網路

## ■ 購買車票

雖然VIA國鐵車票可以在當地車站購買，因為許多路線都很熱門，常一票難求，建議最好在台灣先預訂購買。上右側VIA國鐵網站（英文）線上訂票，訂票完成後，會收到付有乘車券（e-Boarding Pass）的電子郵件，只要將有QR Code的e-Boarding Pass列印出來帶著，到當地向VIA國鐵櫃台出示QR Code即可。上車時為了確認年齡，有可能會要求出示護照或信用卡等證件，請注意；如需託運行李務必在發車1小時前到達。

**VIA國鐵**
FREE (1-888) 842-7245
（僅限加拿大國內）
URL www.viarail.ca/en

### 搭乘VIA火車小常識
攜帶行李
　經濟車廂免費攜帶行李每人最多2件（部分區間為1件），尺寸大小限制為長54.5cm×寬39.5cm×高23cm以內，重量在23kg以下；而隨身行李則為3邊長度合計在158cm以內、23kg以下的行李1件。

託運行李
　1人可託運2件免費行李，每件行李重量為23kg以下，3邊長合計短於158cm。託運行李的重量與尺寸會依路線與車廂等級而異，請上下面網站確認。
URL www.viarail.ca/en/plan/baggages

禁菸／抽菸／飲酒
　車上全面禁菸，喝酒則遵照行經各省的飲酒規定。

## 主要列車種類

| 列車名稱 | 區間 | 行駛距離 | 備註 |
|---|---|---|---|
| 溫哥華～多倫多（加拿大人號） | 溫哥華～傑士伯～愛德蒙頓～薩斯卡通～溫尼伯～多倫多 | 4466km | 行駛溫哥華～多倫多之間的大陸橫貫鐵路，Prestige臥鋪列車又被稱為「行駛的高級飯店」超級豪華。 |
| 傑士伯～魯珀特王子港線 | 傑士伯～喬治王子城～魯珀特王子港 | 1160km | 連結太平洋沿岸與洛磯山脈的觀光列車，途中會在喬治王子城停留1晚。6月中旬～9月下旬開放設有景觀座位的觀光車廂Tour Class。 |
| 邱吉爾～溫尼伯線 | 邱吉爾～溫尼伯 | 1697km | 來往溫尼伯與邱吉爾之間的臥鋪列車，道路中途中斷，凍土層上只有火車路線行駛，又稱為「極光列車」。 |
| 魁北克市～溫莎線 | 溫莎、尼加拉瀑布、多倫多、渥太華、蒙特婁、魁北克市等共14條路線 | 1765km | 連結安大略省與魁北克省各主要都市的路線（舊稱Corridor號），班次多又便利，路線依目的地而細分，部分須中途轉車。 |
| 蒙特婁～哈利法克斯（海洋號） | 蒙特婁～蒙克頓～哈利法克斯 | 1346km | 行駛聖勞倫斯河沿岸，終點站為哈利法克斯，途中在蒙克頓下車，隔天搭乘Maritime Bus前往愛德華王子島。 |
| 蒙特婁～森特爾線、蒙特婁～容基耶爾線 | 蒙特婁～Hervey～森特爾Senneterre、蒙特婁～Hervey～容基耶爾Jonquière | 蒙特婁～森特爾717km、蒙特婁～容基耶爾510km | 從蒙特婁前往魁北克省北部的路線，是一條能飽覽急流河川、瀑布、數百座湖泊與原始大自然景色的路線。 |

↑各站設有時刻表可確認正確時刻

## ■ 各種折扣票價

各車廂等級車票都設定有淡旺季價格，淡季的時間依路線而異；而且依照路線還有Escape、Economy Plus、Business Plus等各種票價，Escape是經濟車廂折扣最多的價格，但不能取消，且出發前更改必須收取票價50%的手續費等規定也多。

↑享受車內的舒適旅程

## ■ 座位種類

火車座位分為經濟車廂與頭等車廂等，魁北克市～溫莎線的商務車廂則提供用餐及飲料服務。加拿大人號則有經濟車廂（座位）與臥鋪車廂Sleeper Plus Class、Prestige Sleeper Class，其中Sleeper Plus Class還分為2人用的獨立臥鋪Cabin for two、單人用臥鋪Cabin for one及上下臥鋪Berth。

> ## 其 他 鐵 路

除了VIA國鐵之外，加拿大各地有頗具當地特色的火車，相當受到觀光客歡迎。

## ■ 洛磯登山者鐵路 Rocky Mountaineer Railway

僅限夏季營運，行駛於加拿大洛磯山脈的觀光列車，純粹作為觀光用，不適合當作移動的交通工具。主要分為從溫哥華出發在甘露市飯店住宿1晚，之後前往傑士伯的Journey through the Clouds、前往露易絲

↑行駛於雄偉的大自然當中

湖～班夫的First Passage to the West，以及行經溫哥華、惠斯勒連結傑士伯的Rainforest to Gold Rush，合計共3條路線。

阿爾戈馬中央鐵路
FAX (844)246-9458
URL agawatrain.com
亞加華峽谷觀光列車
開 7月下旬～10月中旬
每日8:00出發、18:00到達
（7月下旬～8月為週四～日、9月～10月中旬為每日）

## ■ 阿爾戈馬中央鐵路 Algoma Central Railway

阿爾戈馬中央鐵路Algoma Central Railway是連結安大略省西部的蘇聖瑪麗Sault Ste. Marie到北部的Hearst之間路線的鐵路公司，在夏季與秋季之間還會推出中途停靠知名紅葉景點亞加華峽谷Agawa Canyon的亞加華峽谷觀光列車Agawa Canyon Tour Train，從蘇聖瑪麗出發的火車單程4小時抵達亞加華峽谷，在峽谷休息2小時左右再由原路折返。

# 關於住宿

## 加拿大的飯店

加拿大的住宿費用並不便宜，通常單人房與雙人房或雙床房價格差距不大，2個人住宿分擔費用會比較划算。基本上雙人房Double為1張大床房型，雙床房Twin則是2張單人床，不過2種房型不一定有明顯區隔，想指定有2張床的房型時，最好說明「Room with two beds」，會比「Two persons」或「Twin」好。加拿大即使是商務飯店，房間也很大，也通常是雙人加大以上的大床，設備及房間備品也十分充足。而且，廣告單或官網上所標示的金額，通常是1間房的價錢。

➡高樓層客房通常可一覽街景

### ■ 想 選 擇 便 宜 住 宿

便宜住宿的首選就是青年旅館，加拿大有很多青年旅館，和他人共用房間的團體房大概1晚$30左右就能過夜；也推薦由家庭經營的B&B及廉價住宿的首選背包客棧Guest House，大多是將自用住宅整棟或部分做為民宿提供住宿服務。在平價旅館中，也有共用衛浴的房間1晚$100以下的情形，不過在訂房時最好先詢問是幾間客房共用1間衛浴，以及確認有無提供沐浴乳等盥洗備品。

### ■ 如 何 訂 房

可委託旅行社，或是上飯店官網自行訂房；一般旅行社多半只提供團體旅遊常用的飯店或中等級以上飯店，雖可清楚了解飯店資訊，但幾乎未提供如B&B等個人經營旅館代訂。若想預訂旅遊書上介紹或朋友曾入住、網路推薦旅館時，最好上官網自行預訂。不管是透過何種方式訂房，務必確認清楚取消訂房的各項規定。還有在Expedia、Hotels等訂房網站平台上訂房也是目前很熱門的方式。

### 各種折扣價格

加拿大觀光地區的飯店房價，旺季與淡季的價差高達2倍以上，而非觀光景點的商務旅客區域則多半設有週末優惠價，若正好碰上週末，通常能以超優惠價格住到高級飯店。而中級以下的旅館，通常會有以週或月為住宿單位的折扣價，其他像B&B及民宿等家庭式的住宿設施，也非常適合長期住宿。

另外，飯店通常會有體驗活動等套裝住宿優惠，建議訂房時可多加詢問。

### 取消訂房須知

每家飯店針對取消訂房的規定有所不同，特別是度假飯店較為嚴格，有時甚至1個月前就開始收取消費用；訂房時若已預留信用卡號，飯店會依取消規定自動從信用卡帳戶扣款。為避免取消費用爭議，詢問及訂房時務必詳加確認相關取消規定（Cancellation Policy）。

### 訂房網站

在Expedia及Hotels.com等國外飯店預訂網站，可能會訂到當時最便宜的價格，還會針對各家飯店設備等資訊詳加介紹。通常訂房時需要事先信用卡扣款或預付訂金。

Expedia
URL www.expedia.com.tw
Hotels.com
URL tw.hotels.com
Booking.com
URL www.booking.com

# 飯店以外的住宿設施

加拿大的住宿設施一般而言都相當乾淨，且服務完善，除了現代化飯店、汽車旅館、高級度假村之外，還有活動豐富的小木屋設施及客棧、家庭式B&B等，種類繁多，可依個人目的選擇適合的住宿設施。

## ■ YMCA/YWCA

由「Young Men's（Women's）Christian Association」所經營的經濟型旅館，非營利為目的，因此單間房間1晚只需$40左右，其中部分YMCA為男性專用，而YWCA為女性專用。

## ■ B&B

B&B是Bed & Breakfast的簡稱，也就是含早餐的民宿設施，種類包含從比擬高級飯店、附有豪華家具的客房，到擁有專用浴室或洗衣設施等各式各樣都有，特別是溫哥華和維多利亞、蒙特婁有許多個性化的B&B。費用一般多為單間房計算，若2人入住分攤十分划算。通常這類旅館為設在自家住宅內，可以融入反映民宿主人個性的加拿大家庭生活中，也是旅遊的寶貴經驗。

唯一缺點是這類設施多位於住宅區內，交通較為不便；部分B&B則可提供前往最近火車站或巴士站、機場等接送服務，訂房時可事先詢問。

此外，住宿期間可能會有民宿主人的親友來訪，務必遵守住宿禮儀。最近在Airbnb上訂民宿的情形比直接上民宿官網來得普遍。

## ■ 青年旅館

青年旅館是「有時間和體力，但錢不多」旅行者的最佳選擇，國際青年旅社連鎖Hostelling International（HI）的團體房只需$30～45左右（會員可享9折優惠），同時還附設廚房及洗衣等完善設施。另外雖以團體房型為主，部分旅館也設有單獨房型，有些則有連續住宿天數限制，或冬天不開放營業等。

青年旅館會員證還可享受交通或觀光設施的優惠，建議可多加利用。

## ■ Airbnb

可搜尋並預約當地人出租公寓等住宿設施的「Airbnb」，搜尋時只要連結左側網站並輸入城市名稱與日期即可，地圖上會列出有空房的房間，只要符合個人條件即可預約。由於登記住房的方法依房東而有所不同，請確認清楚。

# 餐廳的基本知識

## 餐廳的種類

高級餐廳大多為法國、義大利、加拿大料理，晚餐價位約$50～，不算太貴。加拿大即使是高級餐廳也幾乎沒有服裝規定，只要避免穿破舊的牛仔褲或髒汙的T恤，通常不會被餐廳拒絕進入。

加拿大有許多台灣人熟悉的麥當勞、肯德基、星巴克Starbucks等速食連鎖及咖啡店，至於最有名的在地咖啡店便是Tim Hortons和Second Cup。大城市的購物中心多設有美食街，可以品嚐到中華及泰式、印度、義大利、日本料理等各國美食，由於價格合理，是節省旅費的最佳選擇。

## 各地的名產美食

### ■ 卑詩省

位於太平洋沿岸的卑詩省除了鮭魚及鱈魚、大比目魚外，還有如黃金蟹等蟹類、淡菜及牡蠣等豐富美味的海鮮。溫哥華則以壽司最受歡迎，此外還有道地的飲茶和美味中華料理店。

### ■ 亞伯達省

亞伯達省最有名的便是亞伯達牛牛排，等級中以AAA為最高級。加拿大一般喜歡品嚐沒有油脂的部位，因此餐廳的牛排大多為瘦肉，若想品嚐入口即化的牛排，建議可點肋排，厚切肋排稱為Prime Rib。

### ■ 安大略省

首府渥太華及加拿大最大都市多倫多所在地的安大略省，有來自加拿大各地的新鮮食材，可品嚐到各種不同種類的美味料理，多倫多則是以當地食材，所創作的各國當代融合料理最受歡迎。此外，有許多知名的專業主廚，發展出當地特有的美食文化。

### ■ 魁北克省

魁北克省以法國料理餐廳居多，麵包類除貝果外，可頌及法國麵包也相當受歡迎，隨處可見美味的麵包店。至於包入起司與蔬菜、火腿的可麗餅是魁北克市的招牌料理，而傳統魁北克料理則

### 加拿大招牌美食

早餐為土司或法式土司、馬芬等，點心則以甜甜圈及啤酒下酒菜的炸魚薯條最為普遍，家常料理則以烤牛肉為代表。

### 家庭餐廳

家庭餐廳是以便宜價格用餐的最佳選擇，加拿大代表性的全國連鎖餐廳有「KEG」、「Milestones」、「Earls」等。「KEG」是牛排餐廳，「Milestones」與「Earls」是西式料理餐廳。

### 麥當勞

經常可看到熟悉的「M」字招牌，有時還可看到小小的楓葉圖案。在魁北克省會以貝果代替麵包，在愛德華王子島還有季節限定的龍蝦漢堡等當地限定餐點。

### 如何買單

通常餐廳都是在座位上直接買單，只要向服務生說：「Check, please」，對方便會送來帳單。付錢時加上小費放在桌上等服務生收取，若有找零則等服務生找錢，若需收據通常需自行索取。

### 吃不完怎麼辦

加拿大通常習慣吃剩的料理會以容器打包帶走，稱之為To Go Box（或是Container、Bag）。只要向服務生說：「To Go Box Please」、「To take away」、「Take it to go」，即可得到打包的容器。

### 預約餐廳

除了電話之外，也有許多餐廳可以上網預約，也可利用Open Table等餐廳預約網站訂位。
Open Table
URL www.opentable.ca

**楓糖火腿
Maple Ham**

在切片火腿的單面塗抹黃芥末，並沾上蘋果汁與白酒後放入烤箱燒烤，完成後再淋上楓糖漿享用。

**脆皮楓糖肋排
Crispy Maple Ribs**

在肋排上塗抹番茄醬、紅酒醋、楓糖漿等醬料後加以燒烤。

**橙汁楓糖鴨
Orange Maple Glazed Duck**

魁北克風的橙汁烤鴨。

**經典楓糖醬汁
Maple Classic Dressing**

以巴薩米克醋與楓糖漿、黃芥末、大蒜、黑胡椒、橄欖油等調配而成的醬汁。

**酒類專賣店的營業時間**

酒類專賣店的營業時間基本上為週一～六的9:00～18:00，但是溫哥華及多倫多等都會區有很多商店會營業到22:00，或是週日也營業。

**可自行帶葡萄酒的餐廳**

在魁北克省，特別是蒙特婁的大眾餐廳內沒有賣葡萄酒，因此允許客人自行帶酒。窗戶或門上若標示「Apportez Votre Vin」（＝可自行攜帶葡萄酒），便可前往附近酒類專賣店買酒。

↑以夏多內及梅洛、黑皮諾葡萄釀製的葡萄酒最受歡迎

➡在當地又被稱為「CC」的加拿大俱樂部威士忌

---

是香草肉丸或豆子湯、肉派等，在魁北克市舊城區的餐廳及奧爾良島Île d'Orléans的農家都可品嚐到。

## ■ 大西洋省分

大西洋岸的愛德華王子島及新斯科細亞省等，有豐富的龍蝦、大西洋鮭魚、淡菜、扇貝等海鮮，特別是只有在大西洋省才能捕獲的龍蝦，可以到稱為Lobster Suppers的專賣店品嚐。

## ■ 極 地

麝牛及馴鹿、北極紅點鮭Arctic Char是極地的3大料理，也經常吃棲息在黃刀鎮眾多湖泊裡的淡水魚。

## 加拿大的酒類

在加拿大只有政府直營的酒類商店可販賣瓶裝酒類（只有魁北克省在23:00前可以在百貨公司或便利商店購買），但是公園及巴士、火車等公共場所禁止喝酒，須特別注意；也禁止直接拿著酒罐或酒瓶在路上行走。

## ■ 啤 酒

加拿大啤酒以2大品牌Molson與Labatt為代表，2種啤酒都以清淡口感為特色，很容易入口；最有名的下酒菜為炸魚薯條，更是讓人深刻感受到英國文化的影響。炸魚薯條是以鱈魚或大比目魚等白肉魚，裹粉油炸配上薯條而成。而各省及不同城市也有豐富的在地精釀啤酒，近來擁有自家小型釀酒廠，可以在店裡直接喝到自製啤酒的酒館（Brew Pub、Brewing Co.）也有增加的趨勢。

## ■ 葡萄酒

加拿大最有名的葡萄酒產地位於卑詩省的歐肯那根地區，與安大略省的尼加拉，兩地特色均為夏季氣候乾燥、日照時間長，最適合釀造葡萄酒。

加拿大葡萄酒屢屢獲得歐洲品評會等無數獎項，在全球擁有高度評價，其中冰酒更是世界上只能在德國、奧地利、加拿大3地生產，數量稀少，而受到世界高度矚目。

## ■ 威士忌

加拿大除了啤酒和葡萄酒受到歡迎，威士忌也相當有名，其中加拿大俱樂部威士忌Canadian Club、皇冠威士忌Crown Royal 2大品牌都產自加拿大，使用中部大平原生產的裸麥所釀製出的琥珀色威士忌，味道香醇獨特。

# 小費與禮儀

## 關於小費

**刷卡時如何給小費**
可在簽單上寫下小費金額，或是另外給現金當作小費。

小費是在飯店、餐廳、計程車及參加觀光之旅時依個人心意支付的小錢，台灣人或許不太習慣，但在加拿大小費是常識。一般而言餐廳小費約15%，而適用合併銷售稅HST稅的5個省分，在收據上會標示13～15%稅額，小費給同樣金額即可。

### 小費標準

| 餐廳 | 合計金額的10～20%左右，若消費內已含服務費時則不一定要給，留下一些零錢當小費即可。偶爾也會遇到在帳單上直接列入小費金額的餐廳，為避免重複支付小費，要好好確認清楚。 |
|---|---|
| 計程車 | 車資的10～15%，車資最低為50¢，若行李較多就多給一點小費，也可以直接將找零當成小費。 |
| 床頭小費 | 不一定要放，通常在離開房間時於床頭櫃上留下每床$1即可。 |
| 客房服務 | 客房消費的10～15%，若是請對方補充毛巾或毛毯則大約給50¢～$1。 |
| 司機 | 觀光巴士司機兼導遊時，在行程結束時給$3～5。 |

### 小費換算速見表

| $金額 | 10% | | 20% | |
|---|---|---|---|---|
| | 小費 | 合計金額 | 小費 | 合計金額 |
| 10 | 1.0 | 11.0 | 2 | 12 |
| 15 | 1.5 | 16.5 | 3 | 18 |
| 20 | 2.0 | 22.0 | 4 | 24 |
| 25 | 2.5 | 27.5 | 5 | 30 |
| 30 | 3.0 | 33.0 | 6 | 36 |
| 35 | 3.5 | 38.5 | 7 | 42 |
| 40 | 4.0 | 44.0 | 8 | 48 |
| 45 | 4.5 | 49.5 | 9 | 54 |
| 50 | 5.0 | 55.0 | 10 | 60 |
| 55 | 5.5 | 60.5 | 11 | 66 |
| 60 | 6.0 | 66.0 | 12 | 72 |
| 65 | 6.5 | 71.5 | 13 | 78 |
| 70 | 7.0 | 77.0 | 14 | 84 |
| 75 | 7.5 | 82.5 | 15 | 90 |
| 80 | 8.0 | 88.0 | 16 | 96 |
| 85 | 8.5 | 93.5 | 17 | 102 |
| 90 | 9.0 | 99.0 | 18 | 108 |
| 95 | 9.5 | 104.5 | 19 | 114 |
| 100 | 10.0 | 110.0 | 20 | 120 |

## 關於禮儀

**其他注意事項**
在加拿大餐廳點菜時不會大聲叫店員，要等服務生自行過來服務。在店裡若什麼都沒買時，出店門口前也別忘了說聲「Thank you」。
加拿大與其他歐美國家相同，十分重視女士優先，進出店家時記得禮讓女士優先通過。

### ■ 問候

進入店內，若店員以「Hi」問候時，記得回答「Hi」或「Hello」；另外「How are you?」也是常見的問候語，只要回答「Fine, Thank you」即可。若購物時店員詢問「May I Help You?（在找什麼嗎?）」，記得回答「I'm Just Looking（只是看看）」或是也可以請店員幫忙找。

### ■ 飲酒

加拿大禁止在公園及巴士、火車上等公共場所喝酒，根據各省法律更禁止未滿18～19歲飲酒，購買酒類有時會被要求出示身分證件。

# 電話與郵政

**市內電話收費**

從住家等室內電話撥打市內電話免費，使用公共電話則投入最低金額後，即可無限制時間撥打。

**查號台**

市內：411
市外：1＋區域號碼＋555＋1212

**免付費電話**

開頭為(1-800)及(1-888)、(1-877)等號碼為免付費電話，從省內、國內或美國等地撥打，免費範圍依號碼而有所不同，也可從台灣撥打但需要付費。

**溫哥華市內電話**

只有溫哥華的市內電話也需要撥打區域號碼(604)，但撥打長途(市外)電話則不需要按「1」。

## 電話

公共電話大多為投幣按鍵式，機場及大型車站也有信用卡式電話，所有公共電話都可撥打國內及國際電話，投幣硬幣為¢5、¢10、¢25、$1共4種。

## 如何撥打國內電話

### ■市內電話與長途電話

國內電話分為市內電話Local Call與長途電話Long Distance Call兩種，撥打市內電話時不需要按區域號碼(只有溫哥華需要→邊欄)，拿起話筒後投幣，接著直接按7碼電話號碼。撥打長途電話時，則需要先按長途識別碼「1」，再依序撥打區域號碼及電話號碼，總機會告知前3分鐘費率，接著再投入金額。超過時間時，電話總機會再告知收費標準。

## 如何撥打電話

### (國內電話)

**市內通話**
**Local Call**

(例)從多倫多撥打
市內電話號碼
(416)123-4567時

| 123 | + | 4567 |

**長途電話**
**Long Distance Call**

(例)從溫哥華撥打
渥太華電話號碼
(613)123-4567時

| 1 | + | 613 | + | 123 | + | 4567 |

### (國際電話)

**從台灣撥往加拿大時**

首先先輸入國際電話識別碼「002」，接著撥加拿大國碼「1」，之後是區域號碼，最後撥打對方電話號碼。

(例)從台灣撥往加拿大(溫哥華)的(604)123-4567時

| 國際電話識別碼 | | 加拿大國碼 | | 區域號碼 | | 對方的電話號碼 |
|---|---|---|---|---|---|---|
| 002 | + | 1 | + | 604 | + | 123-5678 |

**從加拿大撥往台灣時**

首先輸入國際電話識別碼「011」，接著撥打台灣國碼「886」，之後是區域號碼(去除最前面的0)，最後撥打對方電話號碼。

(例)從加拿大撥往台灣(台北)的(02)1234-5678時

| 國際電話識別碼 | | 台灣國碼 | | 區域號碼(去除開頭的0) | | 對方的電話號碼 |
|---|---|---|---|---|---|---|
| 011 ※1 | + | 886 | + | 2 ※2 | + | 1234-5678 |

※1) 從公共電話打回台灣時依以上順序撥打，若從飯店房間撥打時必須加上外線號碼。　※2) 撥打行動電話時，將「09XX」等號碼最前面的0去除。

# 郵 政

寄航空明信片和航空信（簡單信件）、信件（30g以下）到台灣的郵資全部都是$2.71，寄達台灣天數依寄信地點有所不同，通常航空郵件約1～3週。加拿大國內郵資為$1.07（須填寫郵遞區號，30g以下），郵票可在郵局、飯店櫃台、機場、火車站、巴士總站的販賣部、紀念品店等地購買。加拿大的購物中心或藥妝店內大多設有稱為Postal Outlet的簡易郵局，有些地方只有販賣郵票，或者不收取規定以外的郵件（如包裹）等；包裹除了最便宜但也耗時最久（5～8天）的小包Small Packet之外，也可選擇Priority Worldwide、Xpresspost、Expedited Parcel、Tracked Packet等寄送服務，每項服務的寄送天數與費用都不同。營業時間基本上為週一～五9:00～17:00與週六10:00～14:00。

另外，寄送物品時建議購買保險（Liability Coverage），以防物品遺失或被偷，附帶保險可降低被偷的風險，也可針對實際損失，要求寄送國與目的地國家調查及賠償，寄件時須使用保險專用寄件單。

↑外觀花俏而醒目的郵筒

**Canada Post**
URL www.canadapost.ca
可上網查詢郵件服務及郵資等相關資訊。

**從加拿大寄送信件至台灣的郵資**
國際航空信函
（信件、明信片）
30g $2.71
50g $3.88
小型國際包裹（船運）
1kg $28.16
2kg $41.39
小型國際包裹（航空）
1kg $54.52
2kg $75.68

## INFORMATION

# 在加拿大使用智慧型手機、網路

首先，可善加利用飯店等處的網路服務（收費或免費）、Wi-Fi熱點（無線網路連接處，免費）。在加拿大的主要飯店與市區都有Wi-Fi熱點，最好能事先上網查詢住宿飯店是否可以使用、哪裡有Wi-Fi熱點等資訊；不過Wi-Fi熱點可能會遇到網路速度不穩定、無法連線、連線地點有限制等缺點。此外也可以使用各電信公司的「漫遊上網定額方案」，或是與當地業者合作的SIM卡等選擇相當豐富；如果想毫無壓力地使用智慧型手機與網路的話，可以考慮以下方式。

### ☆租借海外Wi-Fi分享器

選擇租借在加拿大可以使用的Wi-Fi分享器，在定額費用內使用，有多間公司提供此項服務。Wi-Fi分享器是可以在當地提供智慧型手機、平板電腦與電腦等設備連線的機器，可事先預約，選擇在機場等處領取。不僅費用便宜、1台分享器可供多台機器連線（可以分享給同行者），而且還可以隨時隨地使用，移動時也可以舒服地使用網路，因此使用者也愈來愈多。

# 網路

## 網路連線狀況

帶著智慧型手機、平板或筆記型電腦等3C用品出國旅行，已經成為時下的常態，除了可以在當地透過網路得到最新的旅遊資訊，也能預定飛機航班、長途巴士及住宿設施，非常方便。在加拿大國內無線網路十分普遍，只要攜帶具有無線網路功能的筆電、手機或平板，即可在許多地方連上網路，部分長途巴士及VIA國鐵車內也有免費Wi-Fi。以下則介紹包含使用當地免費Wi-Fi、使用當地付費SIM卡等關於上網的資訊。

### ■ 機場網路連線

加拿大國內幾乎所有機場都有提供免費Wi-Fi服務，只要打開Wi-Fi，選擇機場網路連線，就會自動跳到Wi-Fi連線網站，之後依照畫面指示操作即可連線。各機場也有可使用個人電腦的網路服務區域，有些地方還設置附插座的座椅。

### ■ 市區網路連線

許多餐廳及咖啡館都有Wi-Fi，店家入口處會貼有「Wi-Fi FreeSpot」、「Free Internet Access」等標示，不妨試著連接上網，若遇到需要輸入密碼的情況，可以詢問店內的服務人員。部分觀光地或城鎮還有公共無線網路熱點，不過大多數網路的速度都很慢。

➡發源自加拿大的Second Cup提供免費無線網路服務

### ■ 飯店網路連線

加拿大幾乎所有飯店都提供Wi-Fi，登入時需要輸入使用者名稱與密碼（有時只需要輸入密碼），記得在辦理住房登記時詢問櫃台。高級飯店只有商務使用的高速網路需要收費，1天約$15左右，費用則在退房時與住宿費一同支付。特別是在廉價旅館，雖然提供全館免費無線網路，但部分客房區域訊號較弱，要特別注意。

## 在當地使用手機

將手機帶到國外有幾種使用方式，一是在當地使用免費Wi-Fi上網，二是無需任何設定就直接使用，三為租借海外Wi-Fi分享器，四則是在當地購買預付式的SIM卡。以下介紹各自的詳細說明。

### ① 在當地使用免費 Wi-Fi

加拿大在飯店、餐廳、咖啡館等各種場所都能使用免費Wi-Fi，無須付任何費用就能用手機上網；不過依據飯店或店家的設定，有些需要輸入密碼，可以詢問服務人員。尤其是Tim Hortons、Starbucks等大型連鎖咖啡店，不但家數多又能免費使用Wi-Fi；而如溫哥華等城市或觀光地，則是當地市政府會提供免費Wi-Fi，但因為使用人數太多，通常不容易連上網。

### ② 無須設定直接使用

向台灣原本使用的電信業者，透過網路或電話申請國際漫遊，只要告知出國日期並選擇網路流量和時間，無須任何設定，就能在國外任何地點時間上網，加拿大國際漫遊的基本費用約為2G 268～399，適合網路用量不大，或是怕麻煩的商務人士。

### ③ 租借海外 Wi-Fi 分享器

是加拿大的遊客間最普遍的方式，在台灣先透過網路預約後，在桃園國際機場出發時領取Wi-Fi分享器，非常方便。費用雖然會依天數或方案變動，不過因為是固定租金，所以能放心使用，而且1台分享器可以同時供手機、平板、筆電等多台設施連線使用，還能分享給同行者使用。詳情請上各公司官網確認。

### ④ 在當地購買預付式的 SIM 卡

經常旅遊或長時間待在國外的人最常使用的方法，就是在當地購買預付式的SIM卡。從台灣搭乘直航班機到達溫哥華國際機場時，一出境大廳在旁邊的匯兌處ICE Currency Exchange就能購買當地的SIM卡，價格依流量而定，3G 500MB為$35～，在SIM卡的有效期間內還可以享有加拿大全國電話的通話費免費；其中也包含據說費用便宜且網路穩定的Lucky Mobile、fido、PhoneBox 的SIM卡。費用分為預付式及月租式2種，可以在市區的超級市場、便利商店、藥妝店等地購買，也有部分SIM卡可以在台灣從網路上購買。

**使用智慧型手機上網注意事項**

使用智慧型手機上網可方便在當地收集旅遊資訊，須注意若透過國外漫遊連線時，若沒連到所合作的國外電信公司網路，通常會被收取高額連線費用；出國前記得將數據漫遊連線關閉，並開啟Wi-Fi功能。操作方法請向各電信系統業者確認。

**海外Wi-Fi分享器**

分享器可在桃園國際機場租借，除了智慧型手機外，可連接無線網路的筆電、平板電腦也可連線使用。

**租借海外Wi-Fi分享器**

GLOBAL WiFi
☎ (02)2564-1189
🔗 globalwifi.com.tw
GoWiFi
☎ (02)7751-5335
🔗 www.gowifi.com.tw

# 推薦國外旅遊使用的免費app

## 地圖類

**Google Map**
必備地圖app，若連接Wi-Fi就能搜尋要前往地點的路線，並能與Gmail連線儲存喜愛的景點，做成自己專屬的地圖。

**maps.me**
離線也能使用的地圖app，若是事先把要去地點的地圖下載，即使沒有網路也能搜尋路線。

## 語言類

**Google 翻譯**
手寫文字、相機或語音輸入都能翻譯的app，若用相機拍攝菜單，就能直接翻成中文，相當方便。

## 通訊

**LINE**
可以免費通話、傳送或接收訊息，其他還有「Skype」等訊息app可以使用。

## 交通類

**Transit**
在加拿大城市必備的交通類app，可以告知想去地點目前交通工具的行駛狀況及路線。

**Uber**
主要城市都能使用的計程車叫車app。輸入上車地點就能派車，以帳號登記的信用卡支付車資。

## 安全資訊

**旅外安全指南**
結合智慧型手機之適地性服務，能隨時隨地查詢旅遊國家資訊、進行「出國登錄」服務、查詢急難救助服務資訊，與使用即時翻譯等功能。

## 匯兌

**World Currency Converter Tool**
可以簡單搜尋當天匯率的app，只要輸入金額，就能從加拿大元自動換算成新台幣。

## 旅遊類

**Yelp**
蒐羅北美餐廳資訊的美食導覽，可以從地區、類型、營業時間等項目搜尋，並有去過顧客的評論。

**Tripadvisor**
傳播全世界城市或觀光地的資訊的app，可以知道實際去過這些觀光地或餐廳遊客的評論和意見。

## 住宿類

**Hotels.com**
預訂飯店的app，能用分類、價格、分數來搜尋；若加入會員，預訂超過10晚住宿就能享有折扣。

**Airbnb**
主要為介紹針對個人的住宿設施，輸入城市與日期就能在地圖上標示住宿設施，大多比飯店便宜。

# 旅行急難與安全對策

## 加拿大的治安

加拿大除了大城市的部分區域外，遠比歐美其他國家治安良好。當地雖較少重大犯罪或恐怖攻擊事件，但仍不時聽聞扒手或詐欺、搶劫案件，其中特別有許多案件是針對亞洲觀光客。出國前若能事先了解犯罪手法及如何應對，通常可達到預防的效果，國外旅遊時須特別注意自身安全。

### ■ 安全對策

即使在飯店大廳和餐廳等普遍較為安全的場所，也要隨時注意行李不離開視線範圍內，才能避免被人拿走。另外如錢包等貴重物品，儘量不要放在褲子後方口袋，最好放在包包裡較為安全；而與其使用背在後面看不到的背包，建議最好改用側肩包或有拉鍊的手提袋。

此外為預防東西被偷，建議金錢和護照等貴重物最好寄放在飯店保險箱內，將財物分散保管，或是將貴重物品放在隱形腰包內也是一種方法。

## 遭遇急難狀況時

### ■ 護照

護照遺失、毀損、燒毀或遭竊時，除儘速向警方報案外，之後即刻前往駐外使館（台灣駐當地代表處、辦事處）等處辦理必要手續。

申請護照遺失及補發的必備文件有：普通護照申請書（申請書可在駐外館處領務櫃台取得，或自外交部領事事務局網站下載「國外用或在台無戶籍國民在國內填用」之護照申請書）、最近6個月內相片2張（長4.5cm×寬3.5cm）、

當地身分證件（外國護照或當地居留證件）、報案證明（若當地警察機關不受理、不發給報案證明，可以自己書寫一份「遺失護照說明書」代替），手續費分為內植晶片護照，每本收費美金US$45；若因急需使用護照，來不及等候晶片護照補發或是獲發專供返國使用護照，每本收費US$31；無內植晶片護照，每本收費美金$10。

如果急於回國，無法等待補發新護照，就要申請入國證明書，需要以下文件：警察局發給的護照遺失報案證明、最近6個月內相片2張（長5cm×寬3.5cm）、身分證或駕照影本，由本人親自到辦事處填寫「具結書」、「護照遺失說明書」、「入國證明書申請書」各乙份，每本收費美金$5。

### 信用卡遺失的緊急聯絡電話

美國運通卡
American Express
0800-656-660
大來卡Diners
0800-44-3688
MasterCard
0800-44-9140
VISA
+1-303-967-1090（由當地接線生轉撥之緊急聯絡電話）

### 遺失行動電話時

遺失行動電話之際，請撥打以下電話辦理停話。
中華電信
（國際識別碼011）
+886+928000086（須付費）
台灣大哥大
（國際識別碼011）
+886+2+66062995（須付費）
遠傳電信
（國際識別碼011）
+886+936010888（須付費）

### 重要資料備份記錄

護照影本（號碼、發照日、發照地）、信用卡號及有效期限、緊急聯絡電話、旅行社當地聯絡資訊、海外旅遊險當地及台灣聯絡資訊等。

### 大城市主要診所

溫哥華
Granville Medical Clinic
2578 Granville St.
(604)733-4700
維多利亞
Burnside Family Medical Clinic
101 Burnside Rd. W.
(250)381-4353
班夫
Alpine Medical Clinic
211 Bear St.
(403)762-3155
多倫多
Bay College Medical Lockwood Diagnostic
790 Bay St.
(416)921-2121
蒙特婁
Métro Médic Centre Ville
1538 Rue Sherbrook O.
(514)932-2122
渥太華
Apple Tree Medical Centre
240 Sparks St.
(613)482-0118
愛德華王子島（夏綠蒂鎮）
Downtown Walk-in Clinic
220 Water St.
(902)367-4444

## ■ 信用卡

遺失時須立刻聯絡發卡銀行，辦理掛失止付手續；須完整提出遺失證明並掛失，才能確保萬一被盜刷時由保險理賠，記得事先記錄信用卡號碼等資訊和緊急聯絡電話，並與錢包分開保管，也可在海外申請補發手續，手續及補發天數依各信用卡公司而不同，申請時須提供信用卡號與有效期限、護照等身分證明文件，補發天數從2天到1週不等。

## ■ 行李、貴重物品

行李或貴重物品遺失、遭竊時，請到最近的警察局報案，並請警察開立遺失或失竊證明，若沒有證明，即使有投保海外旅遊保險也無法得到理賠，一定要記得索取。製作筆錄時，警察會詢問遺失、遭竊日期與地點、物品特徵等資訊，記得先準備好最基本的描述內容。

回國後連絡保險公司，並提出保險理賠申請書與遺失或失竊證明，以申請理賠金。

### 緊急聯絡資訊

加拿大國內的警察與消防隊、救護車等所有緊急聯絡電話都是「911」，此號碼幾乎在所有加拿大城市都相通。遇到緊急狀況聯絡時，記得冷靜告知對方需要警察、消防車、救護車何種協助，公共電話也可免費撥打911。此外，在大城市有提供中文翻譯的服務，不妨開口詢問。如果「911」無法撥通時，就撥「0」請總機聯絡警察、消防車、救護車。

### 旅行中生病、受傷時

旅行中最容易發生的疾病為腹瀉與感冒，生病時最重要的是吃藥並好好休息一天，千萬不要逞強繼續旅程而延誤救治。若出現劇烈頭痛或奇怪症狀時，要馬上去看醫生；加拿大的醫療水準相當高，但遊客不適用醫療保險，因此得自行負擔昂貴的醫療費用，出國前務必購買海外旅遊保險。

感冒或頭痛藥、暈車藥等成藥可直接在藥局購買，代表性的藥局有加拿大全國連鎖的Shoppers Drug Mart與London Drugs等。當地藥品不一定適合台灣人的體質，建議最好攜帶個人慣用的藥品。

# 旅行英語會話

## 市區移動

**我要換錢。**

（英）I'd like to change some money.

（法）Je voudrais changer de l'argent, S.V.P.

**我要去巴士總站。**

（英）I'd like to go to the bus terminal.

（法）Je voudrais aller à l'arrêt d'autobus.

**這裡可以使用Wi-Fi嗎？**

（英）Can I use wifi here?

（法）Puis-je utiliser le wifi ici?

**請問廁所在哪裡？**

（英）Where is the washroom?

（法）Où sont les toilettes ?

## 在飯店

**請問今晚還有空房嗎？**

（英）Is there any vacancy tonight?

（法）Avez-vous une chambre libre ce soir?

**我已事先網路訂房，**

**住宿日期為今天開始共3晚，我的名字是○○。**

（英）I have a reservation getting by internet for 3 nights from tonight. My name is ○○.

（法）J'ai réserve par internet, pour 3 jours. Je máppelle ○○.

**我的房間鑰匙不見了。**

（英）I lost my room key.

（法）J'ai perdu la clé de ma chambre.

**我要退房。**

（英）I'd like to check out.

（法）La note, S. V. P.

### 在市區移動中常用單字

迷路：（英）get lost

（法）suis perdu

交通號誌：（英）signal

（法）feux

近：（英）near

（法）près

遠：（英）far

（法）loin

十字路口：（英）intersection

（法）carrefour

後面：（英）behind

（法）derrière

往右（左）轉：（英）turn right(left)

（法）droite(gauche)

直走：（英）straight

（法）tout droit

### 飯店常用單字

空房::（英）vacancy

（法）chambre libre

訂房：（英）reservation

（法）réservation

小費：（英）tip

（法）un pourboire

### 法文基礎單字●機場、飛機上

護照：passeport

單程／來回：simple／retour

過境：transit

機票：billet

票價：tarif

轉機：la correspondance

候補：liste d'attente

確認：confirmer

出發：départ

抵達：arrivée

遊客中心：à l'information

行李：bagage

提領行李：livraison de bagage

匯兌處：le bureau de change

錢：（英）money
　　（法）argent
信用卡：
（英）credit card
（法）carte de crèdit
收據：（英）receipt
　　　（法）reçu
電池：（英）battery
　　　（法）une pile
領帶：（英）tie
　　　（法）une cravate
戒指：（英）ring
　　　（法）une bague
錢包：（英）wallet
　　　（法）un portefeuille
鞋子：（英）shoes
　　　（法）chaussures
褲子：（英）pants
　　　（法）un pantalon
（價格）貴：（英）expensive
　　　　　（法）cher
香菸：（英）Tobacco／cigarette
　　　（法）une cigarette

## 購　物

**請問您需要什麼？（店員的問話）**

（英）Can(May) I help you?

（法）Que désirez-vous?

**不用，我看看而已。**

（英）No thanks. I am just looking.

（法）Non, je regarde seulement.

**請問有大（小）一點的尺寸嗎？**

（英）Do you have any larger (smaller) one?

（法）En avez-vous 1 plus grand (petit)?

**請問可以試穿嗎？**

（英）Can I try this on?

（法）Puis-je l'essayer?

**我要買這個。**

（英）I'll take it.

（法）Je prends ça.

**請問多少錢？**

（英）How much is it?

（法）Combien coûte-t-il?

**不需要，謝謝。**

（英）No thanks.

（法）Non, merci.

### 法語基本單字

#### 數字

| | | |
|---|---|---|
| 0：zéro | 5：cinq | 10：dix |
| 1：un | 6：six | 11：onze |
| 2：deux | 7：sept | 12：douze |
| 3：trois | 8：huit | 13：treize |
| 4：quatre | 9：neuf | 14：quatorze |
| | | 15：quinze |
| | | 16：seize |
| | | 17：dix-sept |
| | | 18：dix-huit |
| | | 19：dixneuf |
| | | 20：vingt |
| | | 100：cent |
| | | 1000：mille |
| | | 1萬：dix mille |

### 法語基本單字●問候、基本用語

早安、午安：bonjour
晚安：bonsoir
謝謝：merci
不客氣：je vous en prie
好吃：c'est bon
對不起：pardon
再見：au revoir
不好意思（詢問時）：excusez-moi
喂（電話）：allô
是：oui　　不是：non
我：Je　　你：Vous
台灣人（男）：taïwanais
　　　　（女）：taïwanaise

#### 日期、時間

昨天：hier
今天：aujourd'hui
明天：demain
後天：après demain

## 在餐廳

我想預約今晚8:00的晚餐。

人數有3位，預約姓名是○○。

（英）I'd like to make a reservation tonight at 8:00 p.m. My name is ○○, and I need a table for 3 people.

（法）Je voudrais réserver une table pour 3 personnes pour ce soir huit heures. Je máppelle ○○.

請問「今日例湯」的內容是什麼？

（英）What is the soup of the day?

（法）Quel est le potage du jour?

我要點橙汁鴨肉與烤鮭魚。

（英）I'd like to have a boiled duck with orange sauce and grilled salmon.

（法）Le Canard á l'orange, et le saumon grillé, S.V.P.

請幫我結帳。

（英）Check, please.

（法）L'addition, S. V. P.

## 緊急時

不准動！

（英）Freeze！

（法）Attendez！

請叫救護車！

（英）Call an ambulance！

（法）Appelez une ambulance, S.V.P.

我發燒了。

（英）I have a fever.

（法）J'ai de la fiévre.

我不太舒服，要去看醫生。

（英）I feel sick, so I'd like to see a doctor.

（法）Je me sens mal. Je voudrais aller á l'hôpital.

我的相機被偷了。

（英）My camera was stolen.

（法）On m'a volé ma camera.

### 餐廳（用餐）常用單字

好吃：（英）delicious/tastes good
　　　（法）bon
難吃：（英）unsavory
　　　（法）pas bon
甜：（英）sweet
　　（法）scuré
辣：（英）hot
　　（法）piquantj̀
（肉類熟度）
三分：（英）rare
　　　（法）saignant
五分：（英）medium
　　　（法）à point
全熟：（英）well-done
　　　（法）bien cuit
前菜：（英）appetizer
　　　（法）hors d'oeuvre
海鮮料理：（英）seafood
　　　　　（法）fruits de mer
肉類料理：（英）meat dish
　　　　　（法）viandes
甜點：（英）dessert
　　　（法）desserts
咖啡：（英）coffee
　　　（法）café

### 緊急時常用單字

失竊證明書：（英）theft certificate
　　　　　　（法）déclaration de vol
遺失證明書：（英）loss certificate
　　　　　　（法）certificat perdu
旅遊保險：（英）travel insurance
　　　　　（法）voyage assurance
警察：（英）police
　　　（法）à la police
藥局：（英）pharmacy
　　　（法）pharmacie
醫院：（英）hospital
　　　（法）hôpital
醫生：（英）doctor
　　　（法）docteur
診療：（英）medical examination
　　　（法）examen
藥：（英）medicine
　　（法）médicament
處方籤：（英）prescription
　　　　（法）ordonnance
手術：（英）operation
　　　（法）opération
頭痛：（英）headache
　　　（法）la téte

吃了什麼樣的東西
生的：(英) raw
　　　(法) cru
野生的：(英) wild
　　　　(法) sauvage
油膩的：(英) greasy
　　　　(法) hulieux
沒熟的：
(英) undercooked
(法) n'est pas assez cuit

受傷
被刺：(英) stabbed
　　　(法) mordu
被咬：(英) bite
　　　(法) piqué
割到：(英) cut
　　　(法) coupé
跌倒：(英) fall over
　　　(法) tombé
扭到：(英) twisted
　　　(法) tordu
摔下：(英) fall out
　　　(法) tombé
燙傷：(英) burned
　　　(法) brûlé

疼痛
麻：(英) soar
　　(法) sourde
刺痛：(英) stabbing pain
　　　(法) poignant
劇痛：(英) severely
　　　(法) sévère

原因
蚊子：(英) mosquito
　　　(法) moustique
蜜蜂：(英) wasp
　　　(法) abeille(guêpe)
馬蠅：(英) horsefly
　　　(法) taon
毒蟲：(英) poisonous insect
　　　(法) insecte (venimeux)

# 醫療

我想吐。

(英) I'm going to throw up.

(法) J'ai envie de vomir.

附近有醫院嗎？

(英) Is there a hospital near here?

(法) Est-ce qu'il y a un hôpital prè d'ici?

我要掛號。

(英) I'd like to make an appointment.

(法) Je voudrais réserver une consultation.

我需要住院嗎？

(英) Do I have to be hospitalized?

(法) Faut-il être hospitalisé?

診療費多少錢？

(英) How much is consultation?

(法) Combien est-ce que je dois payer?

　　　 pour les honoraires médicaux?

可以用保險給付嗎？

(英) Can I use my medical insurance?

(法) Pourrais-je utiliser mon assurance?

可以刷卡嗎？

(英) Can I pay by credit card?

(法) Est-ce que vous acceptez les cartes de crit?

■ 若有以下症狀可打勾，拿給醫生看（英文／法文）

☐ 想吐..........nausea/nausée
☐ 發冷..........chills/frisson de fièvre
☐ 食欲不振...anorexia/manque d'appétit
☐ 頭暈..........dizziness/vertige
☐ 心悸..........beating/palpitation
☐ 發燒 ..........fever/fièvre
☐ 腹瀉..........diarrhea/diarrhée
☐ 便秘..........constipation/constipation
☐ 水瀉..........Watery stools/
　　　　　　excréments comme de l'eau
☐ 軟便..........loose or soft stool/
　　　　　　excréments relâchés
☐ 有時..........Some time/de temps en temps

☐ 頻繁 ............frequently/fréquent
☐ 感冒..............cold/rhume
☐ 流鼻水..........runny nose/morve
☐ 打噴嚏..........sneeze/éternuement
☐ 鼻塞............nasal congestion/enchifrénement
☐ 咳嗽..............a cough/toux
☐ 痰 ................phlegm/crachat
☐ 血痰..............bloody phlegm/
　　　　　　　crachats sanguinolents
☐ 耳鳴..............buzzing in the ears/
　　　　　　　tintement d'oreilles
☐ 眼睛充血......inflamed eyes/yeux injectés de sang
☐ 視力模糊.......hard to see/C'est difficile à voir.

# 實用旅遊資訊

## 航空公司

**加拿大航空** Air Canada
☎(1-888) 247-2262(訂票)
URL www.aircanada.com
　加拿大最大的航空公司，航線遍及全加拿大。

**西捷航空** WestJet
☎(1-888) 937-8538
URL www.westjet.com
　總公司位於卡加利的航空公司，價格低廉是最大吸引力。

## 長途巴士公司

**Pursuit Banff Jasper Collection**
☎(1-866)606-6700
URL www.banffjaspercollection.com
　加拿大洛磯山脈最大的旅行社，負責營運Brewster Express。

**Megabus**
URL ca.megabus.com
　廉價巴士公司，來往於美國紐約州水牛城到尼加拉瀑布、多倫多之間，也行駛多倫多、京士頓、蒙特婁之間的路線。

**Orléans Express**
☎(1-833) 449-6444
URL www.orleansexpress.com
　以魁北克省2大城市蒙特婁與魁北克市為中心，以魁北克省一帶為主要行駛路線。

**Maritime Bus**
☎(1-800) 575-1807　URL maritimebus.com
　行駛愛德華王子島省與新斯科細亞省、新伯倫瑞克省的長途巴士公司。

**DRL**
☎(709) 263-2171　URL www.drl-lr.com
　行駛紐芬蘭＆拉布拉多省的巴士路線。

## 鐵路

**VIA國鐵** VIA Rail
☎(1-888) 842-7245　URL www.viarail.ca/en
　加拿大最大鐵路公司，為原國鐵公司。

**洛磯登山者鐵路** Rocky Mountaineer
☎(604) 606-7245(訂票)
☎(1-877) 460-3200
URL www.rockymountaineer.com
　行駛溫哥華～露易絲湖～班夫、溫哥華～甘露市～傑士伯等3條路線的觀光鐵路公司。

## 渡輪

**B.C. Ferries**
☎(1-888) 223-3779　URL www.bcferries.com
　行駛於卑詩省西海岸沿岸的廣大路線，來往溫哥華及溫哥華島之間。

## 代表處、辦事處

**駐加拿大台北經濟文化代表處**
Taipei Economic and Cultural Office, Canada
MAP P.361-B1
45 O'Connor St., Suite 1960, Ottawa
TEL (613)231-5080
FAX (613)231- 8491
URL www.taiwanembassy.org/ca/
開週一～五　9:00～16:00
休週六·日、節日

**駐溫哥華台北經濟文化辦事處**
Taipei Economic and Cultural Office, Vancouver
MAP P.49-B3
Suite 2200, 650 West Georgia Street
TEL (604)689-4111
URL www.taiwanembassy.org/cayvr/
開週一～五　9:00～17:00
休週六·日、節日

**駐多倫多台北經濟文化辦事處**
Taipei Economic and Cultural Office, Toronto
MAP P.283-A3
151 Yonge Street, Suite 501
TEL (416)369-9030
FAX (416)369-1473
URL www.taiwanembassy.org/cayyz/
開週一～五　9:00～17:00
休週六·日、節日

## 信用卡遺失聯絡資訊

**美國運通卡** American Express
☎0800-656-660
**大來卡** Diners
☎0800-44-3688
**MasterCard**
☎0800-44-9140
**VISA**
☎+1-303-967-1090
　（由當地接線生轉撥之緊急聯絡電話）

**緊急聯絡電話** 警察／急救／消防 ☎911

# 加拿大的歷史

## 原住民與維京人

加拿大這塊土地最早開始出現人類蹤跡為距今2萬年前，當時從亞洲渡過白令海峽前來的，是因紐特人Inuit與北美印第安原住民，在現今的加拿大仍有重要的地位。

之後於西元1000年左右，維京人開始移居紐芬蘭島北部，但並未定居。

## 英國與法國的對立

歐洲人最早來到加拿大是在維京人遷徙至加拿大500年後的1497年。一開始是由英國派遣來的約翰·卡伯特John Cabot首先抵達現今的紐芬蘭，並向英國政府報告發現新大陸。至於最早在加拿大建立殖民地的則是法國，1534年法國人傑克·卡地爾Jacques Cartier在聖勞倫斯河探險，並主張聖勞倫斯灣一帶的領土所有權。而晚法國約50年，英國於1583年在紐芬蘭島開始建立殖民地，擔任殖民地交易中心的是當時流行於歐洲貴族間的河狸帽原料──河狸皮毛。進入17世紀後，英國與法國的殖民地之爭開始白熱化，當時兩國在歐洲與亞洲的抗爭不斷發生且擴大，而加拿大則成為點燃戰火的關鍵地。

1603年法國開始在聖勞倫斯河中游的魁北克建立殖民地「Nouvelle-France（新法蘭西）」，1608年法國派遣來的尚普蘭Samuel de Champlain建立現在的魁北克城堡，1642年則由Maisonneuve於現在的蒙特婁建立瑪麗村Ville-Marie。

另一方面，英國也在1670年設立哈德森灣公司，擔任哈德森灣周邊的統治與交易管理，於是當地原住民也捲入殖民地支配的抗爭，各地開始有許多小型武力衝突。這些抗爭在1759年於魁北克市的戰場公園Parc des Champs-de-Bataille發生「亞伯拉罕平原戰役」，法國全面戰敗，在1763年的巴黎條約決定由英國統治「Nouvelle-France」，時間持續將近1世紀。

## 美國的威脅與 加拿大聯邦形成

法國與英國的殖民地戰爭結束後，等待加拿大的是相鄰大國美國的威脅。1775年美國獨立戰爭結束後，加拿大人民對大英帝國宣誓效忠（親英派），之後英國便全力貫注地統治北

美最後的殖民地——加拿大；1791年將殖民地分為上加拿大（現在的安大略省）與下加拿大（魁北克省）2部分，並在京士頓Kingston設立首都。

進入19世紀後美國與英國的對立繼續，終於在1812年美國對加拿大與英國宣戰，開始歷時2年的美英戰爭。加拿大的安大略省與魁北克省戰爭規模也不斷擴大，多倫多與蒙特婁也曾一度陷入美國的統治。

美英戰爭結束後，兩國之間的緊張情勢仍然持續，英國政府為強化對加拿大殖民地的統治，決定統合分裂的各殖民地，於1867年制定賦予北美殖民地自治權的「英國領土北美法」，於是安大略省、魁北克省、新斯科細亞省、新伯倫瑞克省4省組成的加拿大自治領地誕生。

## 加拿大西部的發展

加拿大西海岸（現今卑詩省）過去曾經比距離歐洲較近的東海岸更加殖民化，西部海岸線最早出現歐洲人是在18世紀後期，而正式殖民化的契機是1793年來自英國的喬治‧溫哥華總督George Vancouver。當時西部地區最重要的產業，便是哈德森公司的毛皮交易，而西部地區發展的急速起飛，則是在1860年代於現今卑詩省北部的卡里布地區Cariboo發現金礦以後，而且1885年又在溫哥華近郊的菲沙河Fraser River發現金礦；由於這股淘金熱，許多人從加拿大東部及美國移居至此地。

## 加拿大聯邦的形成

最早的加拿大只有4省自治領地，1870年曼尼托巴省、1873年卑詩省與愛德華王子島省、1898年育空領地，1905年則有亞伯達省、薩斯其萬省、西北領地陸續加入，然後是1949年紐芬蘭省，才形成現有的加拿大領土。

而現今的加拿大，是擁有各色人種融合的多民族國家，除了聯邦政府，各省也有各自制定的法律與官方語言，並因地形和歷史而擁有不同的文化及風俗習慣；包含法裔、英裔，與其他許多各國移民，此外還有居住各地的原住民族。各省及各類不同人種在微妙的緊張感平衡下，持續地發展其獨自的文化。

2024年，加拿大邁入建國157週年，於全國各地舉辦慶祝活動。

# 加拿大歷史年表

| | |
|---|---|
| 1000年<br>左右 | 北歐維京人短期殖民紐芬蘭島北部（最早的歐洲人） |
| 1492 | 哥倫布首次登陸巴哈馬群島 |
| 1497 | 英國派遣的義大利人約翰・卡伯特John Cabot首次發現加拿大東海岸，登陸島嶼被命名為聖約翰島（現今紐芬蘭島） |
| 1534 | 法國的傑克・卡地爾Jacques Cartier登陸加斯佩半島，發表法國領土宣言 |
| 1583 | 漢弗萊・吉爾伯特Humphrey Gilbert在紐芬蘭建立英國海外第一個殖民地 |
| 1603 | 法國的尚普蘭在阿卡迪亞（現今新斯科細亞省）建設法國殖民地 |
| 1608 | 尚普蘭建設魁北克城堡 |
| 1610 | 亨利・哈德森Henry Hudson穿越亞洲尋找西北航道，而發現大陸北部海灣（哈德森灣），並前往內陸探險 |
| 1620 | 英國的清教徒搭乘五月花號在麻薩諸塞州登陸 |
| 1627 | 法國設立「新法蘭西公司Nouvelle-France」，負責管理加拿大 |
| 1642 | Maisonneuve在蒙特婁建立瑪麗村 |
| 1670 | 英國成立哈德森灣公司，積極開拓大西洋沿岸 |
| 1682 | 法國的拉薩爾Sieur de La Salle在密西西比河流域探險，開拓路易斯安納州 |
| 1689 | 威廉王之役（～1697年） |
| 1702 | 安妮女王之役（～1713年） |
| 1713 | 烏得勒支和約（紐芬蘭、阿卡迪亞、哈德森灣成為英國領土） |
| 1754 | 法國印第安人戰爭（七年戰爭）（～1763年） |
| 1763 | 巴黎條約（密西西比以西的北美大陸土地成為英國領土，新法蘭西改名魁北克殖民地） |
| 1775 | 美國獨立戰爭爆發（～1776年）<br>數萬名宣示對英國效忠的保皇黨（Loyalist）逃往加拿大 |
| 1791 | 英國議會將魁北克殖民地一分為二，渥太華河以西為上加拿大（現今安大略），以東為下加拿大（現今魁北克） |
| 1812 | 美國向加拿大與英國宣戰，爆發美英戰爭（～1814年） |
| 1837 | William Lyon Mackenzie在上加拿大・Louis-Joseph Papineau在下加拿大發起叛亂 |
| 1839 | 被派遣前來鎮壓叛亂的達勒姆勳爵Durham向英國政府建言，建議統合上、下加拿大並使其政治獨立 |
| 1841 | 經由聯合法案（加拿大法）實現上、下加拿大統合，加拿大聯合省誕生（上加拿大改名為西加拿大，下加拿大改名為東加拿大），首都為京士頓Kingston |
| 1846 | 制定北緯49度為與美國國界 |
| 1848 | 在新斯科細亞首次實現責任政府 |
| 1859 | 渥太華成為首都 |
| 1864 | 採納夏綠蒂鎮會議、魁北克會議的聯邦連結決議 |
| 1867 | 英國領土北美法生效（7月1日），加拿大自治領地成立（東加拿大&西加拿大、新斯科細亞、新伯倫瑞克4殖民地參加），首任總理麥克唐納J.A. Macdonald就任 |
| 1868 | 哈德森灣公司將Rupert's Land委任聯邦政府 |
| 1869 | 路易斯・瑞爾Louis Riel叛亂（紅河暴動），以來自曼尼托巴的路易斯・瑞爾（法國與印第安混血）為領袖的梅蒂人Métis成立臨時政府 |
| 1870 | 曼尼托巴省脫離Rupert's Land，加入聯邦，叛亂終結 |
| 1873 | 創立西北警警（皇家加拿大騎警RCMP前身），卑詩省加入聯邦 |
| 1873 | 愛德華王子島省加入聯邦 |
| 1896 | 育空的克朗代克Klondike發現金礦，淘金熱開始。（～1903年） |
| 1898 | 育空領地成立 |
| 1901 | 古列爾莫・馬可尼Guglielmo Marconi在聖約翰接收英國無線電信號成功 |
| 1905 | 亞伯達省與薩克斯其萬省脫離Rupert's Land，加入聯邦（Rupert's Land的剩餘地區成為西北領地） |
| 1949 | 紐芬蘭&拉布拉多省加入聯邦 |
| 1976 | 舉辦蒙特婁奧運 |
| 1980 | 制定《啊，加拿大》為加拿大國歌 |
| 1982 | 1982年憲法頒布 |
| 1988 | 舉辦卡加利冬季奧運 |
| 1999 | 努勒維特地區脫離西北領地 |
| 2010 | 舉辦溫哥華冬季奧運 |
| 2017 | 建國150週年 |

# 索引　INDEX

### Q

### R

### S

魁北克省©MOOK

皇家加拿大造幣局©MOOK

地球の歩き方

# 加拿大　NO.68

主編　Senior Editor
林昱霖

執行編輯　Editor
吳秀雲、張若言

作者　Writer & Editor
地球の歩き方編集室

譯者　Translator
吳秀雲

美術編輯　Designer
林意玲

日版工作人員與圖片來源
**Producer:**Kumi Kaneko
**Editors:**Grupo Pico/Kensaku Tanaka,Megumi Sasaki
**Reporters:**Kensaku Tanaka,Megumi Sasaki
**Photographers:**Grupo Pico/Taizo Takei,Kuninobu Akutsu,
Makoto Hirata,Hiroyuki Azuma
**Designers:**Terumi Oike, SAKAI DESIGN OFFICE
**DTP&MAP:**guild inc.
**Maps:**Tokyo Inshokan Printing Co.,Ltd.,P-man,Geo Co.,Ltd.,
Tatsuya Kurosawa(Niagara Falls)
**Proofreading:**Tokyo Shuppan Service Center
**Cover Design:**Akio Hidejima
**Special Thanks:**Destination Canada,Destination British
Columbia,Destination Alberta,Destination Ontario,VIA Rail,
National Gallery of Canada,Vancouver Art Gallery,PEI Select
Tours,MIKI Enterprises,Eyes/Kyoko Ise,Rei Obara,Yuko Kashima,
Hisami Sueki,Yasushi Tanikado,Kaori Fujiki,Tadatoshi Hosoi,
Jun Yanagisawa(JAPANADA Enterprises Inc.),©iStock,
©Thinkstock,©PIXTA

國家圖書館出版品預行編目資料

加拿大 = Canada/地球の歩き方編集室作；吳秀雲譯. -- 初
版. -- 臺北市：墨刻出版股份有限公司出版：英屬蓋曼群島
商家庭傳媒股份有限公司城邦分公司發行, 2024.12
576面；13.5×21公分. -- (地球の歩き方；KJ0068)
譯自：地球の歩き方 カナダ 2024～2025
ISBN 978-626-398-093-8（平裝）
1.CST: 旅遊 2.CST: 加拿大

753.9　　　　　　113015826

總經理　PCH Group President
李淑霞

社長　Managing Director
李淑霞

總編輯　Editor in Chief
汪雨菁

行銷經理　Marketing Manager
呂妙君

出版公司　Publication
墨刻出版股份有限公司
地址：115台北市南港區昆陽街16號7樓
電話：886-2-2500-7008
傳真：886-2-2500-7796
E-mail：mook_service@cph.com.tw
讀者服務：readerservice@cph.com.tw
網址：travel.mook.com.tw

發行公司　Publication(TW)
英屬蓋曼群島商家庭傳媒股份有限公司城邦分公司
地址：115台北市南港區昆陽街16號8樓
電話：886-2-2500-7718　886-2-2500-7719
傳真：886-2-2500-1990　886-2-2500-1991
城邦讀書花園：www.cite.com.tw
劃撥：19863813
戶名：書虫股份有限公司

香港發行所　Publication(HK)
城邦(香港)出版集團有限公司
地址：香港九龍土瓜灣土瓜灣道86號順聯工業大廈6樓A室
電話：852-2508-6231
傳真：852-2578-9337
E-mail：hkcite@biznetvigator.com

馬新發行所　Publication(M)
城邦(馬新)出版集團 Cite (M) Sdn Bhd
地址：41, Jalan Radin Anum, Bandar Baru Sri Petaling,
57000 Kuala Lumpur, Malaysia.
電話：(603)90563833
傳真：(603)90576622
E-mail：services@cite.my

製版　Production
藝樺彩色印刷製版股份有限公司

印刷　Printing
漾格科技股份有限公司

經銷商　Agency
聯合發行股份有限公司（電話：886-2-29178022）
金世盟實業股份有限公司

城邦書號
KJ0068

定價
NT $ 720元　HK $ 240

ISBN
978-626-398-093-8、978-626-398-091-4（EPUB）

2024年12月初版